中國人口通史

8

辽金卷

袁祖亮主编

王孝俊著

人民出版社

目　录

上编　辽代卷

下编　金代卷

上 编

辽代卷

第一章　绪论

第一节　辽代人口研究的意义与方法

一、研究的意义

辽朝(907年—1125年)是契丹族在我国北方建立的王朝。契丹族是我国古老的民族之一,它是由秦汉时期东胡族的后裔鲜卑族发展而来的。从南北朝时期开始,它和中原地区发生了比较密切的联系。隋唐以来,鲜卑族在辽河流域得到了进一步发展。伴随着唐代的灭亡,辽太祖耶律阿保机于907年(唐昭宗天祐三年,唐亡)在同旧贵族势力的斗争中,废除氏族制,取代了遥辇氏的统治,成为契丹族第十一位首领,统一了契丹各部。916年自称皇帝,建立了国家,国号"契丹"(辽太宗耶律德光于大同元年,即947年改国号"大辽",辽圣宗耶律隆绪于统和元年,即983年又改称"大契丹",辽道宗耶律洪基于咸雍二年,即1066年复改为"大辽"。为叙述方便,本文统一称其为辽朝),建元"神册",至1125年被宋、金联军攻灭,其政权前后历219年,大致和五代同始,与北宋共终,是我国金代以前国运最长、疆域最广的少数民族政权,正如《辽史·地理志》所言:"东朝高丽,西臣夏国,南子石晋而兄弟赵宋,吴越、南唐航海输贡。嘻,其盛矣!"

辽金两朝的地位,陈述先生的评价是"中国历史上的第二次南北朝"[①],在谈到辽朝的贡献时,陈述先生说:"辽代不但在事实上融化了万里长城,而且在唐朝东北、北方边疆的基础上,作了进一步的开发建设",甚至"金朝一百多年,只是辽代的继续"[②]。

历史是由人创造的,人是构成社会历史的主要因素,人口数量的增减,空间分布的改变,同经济的发展,生态环境的变迁,甚至王朝的更迭都有直接的关系。契丹作为我国北方一个少数民族,从臣服于突厥、回鹘,朝贡于齐魏、隋唐,到建立"东自海,西至于流沙,北绝大漠,信威万里,历年二百"的强大国家政权,正是契丹族和汉族、渤海、奚等各族人民共同努力的结果。因此,人口史也是辽代历史的重要组成部分,在中国人口史上占有重要的地位。

但是,正如刘浦江先生所言,在中国古代史中,辽金史是一个相对"单薄"的断代,无论是就史料数量还是就研究状况而言③,而辽史尤甚。《金史》在二十四史中尚有良史之称,而《辽史》则是舛误、错漏最多的一部史书。更要命的是,辽代严禁民间私刊书籍,更禁文字出境,违者处死,当时流传就不多,加之金元两代战火焚毁,"五京兵燹,缣帛扫地,辽朝典籍文献散佚殆尽。至元人修史之时,几乎无直接文字可依,只能求助宋、金人的间接记载,再加上国柄将移,匆匆从事,敷衍塞责,期年而毕,缺略讹误,不可殚指"④,给后来学者研究辽史带来极大困难,以致后来三百多年,辽史研究陷于沉寂。清代乾嘉以来,对辽史的考证渐多,到了现当代,关于辽朝的研究取得了很大进展,但相较其他断代史仍很薄弱,人口问题的研究就是其中最薄弱的环节之一。

关于人口史的定义,葛剑雄先生认为:"人口史,简单地说就是人口的历史。说得具体一点,就是对某一特定的地域范围内在全部或较长的历史时期中人口的规模、构成、分布和迁徙等方面的变化过程的记述。"⑤有的学者认为,这个定义将学科研究对象与学科本身混在了一起,是不准确的。⑥按笔者的理解,人口史就是各种人类群体生存、繁衍和发展的历史。研究人口史就是要从人口学的角度、用历史学的方法,把当时人口的生存、繁衍和发展的状况相对准确地反映出来。辽代人口史就是契丹王朝人口生存、繁衍和发展的历史,它是中国人口史的重要组成部分,但是这方面的研究还很薄弱。仅就"人口的规模、构成、分布和迁徙等方面的变化过程"这几个方面来讲,辽代人口问题的研究也是远远不够的,其成果突出集中在对人口数量的蠡测方面(研究综述另有专门介绍),构成、分布、迁徙等很少有人涉及,或者仅从某一方面做简单介绍,没有深入探讨,其他方面,如性别比例、姓氏分布、人口素质等方面,更鲜有人涉及。而把这些方面综合起来,作为一个有机整体进行研究,把辽代人口生存和发展的状况完整地呈现给大家,目前还没有人做。因此,我认为这项工作最重要的意义应该在这里。

辽史研究本身就是断代史研究的一个薄弱环节,辽代人口史更是这一环节的瓶颈,辽代人口问题的研究有助于政治、经济、文化研究的进一步深入;反过来,整个断代史研究的发展必然带动人口问题研究整体水平的提升。

二、研究方法

人口史是以历史时期的人口活动为研究对象的,它所要借助的首要工具就是历史研究方法,离开这个工具,人口史研究就成了空中楼阁;第二个方法当然应该是人口学研究方法,包括现代人口学的研究体例和范畴;否则,面对浩如烟海的历史资料,我们就会无从下手,也实现不了我们的研究目的。这两种方法是研究所有朝代人口问题都必须使用的基本方法,辽代人口问题当然也不例外。同时,由于辽代史料的缺漏较其他朝代尤其严重,考古学、社会学、人类学、历史地理学等也是非常重要的方法。

1.历史学方法

历史学研究的基本方法就是如何运用史料的问题,辽代历史的基本史料就是二十四史中的《辽史》。对《辽史》的研究态度,目前有两种:第一种态度,正如前文指出的那样:"缺略讹误,不可殚指"[⑦],因此,一些学者在推测辽代人口数量时,几乎全部抛开了这些数据记载,转而按照自己的臆测,主观制造了一组数字,这些看似科学的推论,因其没有史料依据,从历史学研究的角度是站不住脚的。有"错讹"的史料固然遗憾,但经过考证是完全可以使用的,那种以此全盘否定原始记录的方法是历史唯心主义的方法,是不可取的;第二种态度不分对错、不分时间和范围,眉毛胡子一把抓,将现有数据简单相加,这种形而上学的方法也是不可取的,在关于辽代人口问题的早期研究成果里这种错误和争论比较多。正确的态度和方法应该是在考证的基础上,充分利用现有史料,不可盲从,更不可轻易放弃宝贵的原始材料。

辽代史料关于人口方面的记载主要还是在《辽史》三志,即《地理志》、《营卫志》、《兵卫志》中,但仅仅囿于三志、限于《辽史》,只能得到一定的户口数据记录,要得到其他人口方面的信息还需要扩大视野,更多地收集史料。如,关于家庭人口规模问题(即口户比问题),在《辽史》三志中看不到任何相关材料,但在列传中有一段记载:"夫西北诸部,每当农时,一夫为侦候,一夫治公田,二夫给糺圳官之役,大率四丁无一室处。刍牧之事,仰给妻孥。"[⑧]这就为我们考察其家庭结构提供了一定的信息。如果我们把视野再扩大到其他史料就会发现更多的线索,以下是从《续资治通鉴长编》所引资料:

> (太平兴国五年二月)乙丑,岢岚军言,近界戎人二百六十余户,老幼二千三百余口归附。壬申,岢岚军又言,戎人八十九户,老幼六百三十二口归附。[⑨]
>
> 三交口言,戎人二百三十四户,老幼五千三十七口归附。己丑,代州言戎人二百三十五户,二千四百二十四口归附。[⑩]

　　乙卯，岚州言，戎人五十三户，三百六十三口内附，遣戍卒迎之，为敌骑所邀，因击破其众，斩首十七级。⑪

上面三组数字有明显的口、户对比特征，能够非常容易地计算出辽代家庭的人口规模。

因此，在辽代可资利用的史料有限的情况下，这种方法尤为重要。

2. 人口学方法

人口学方法就是参考现代人口学的体例、框架和方法研究辽代人口问题，把当时的人口状况尽可能地复原出来，使其能够与当代的人口状况通过时空连接起来，给我们的现代经济社会发展、人口资源、环境资源的开发利用提供参考。这也是我们研究辽代人口的目的和初衷，因此，在研究辽代人口问题时，人口学方法是必不可少的。

首先，要参考现代人口学的理论框架。同其他断代人口研究一样，在有限的史料里面，关于辽代人口的记录还是支离破碎、残缺不全的，怎么样把他们组织起来是非常重要的。如，《辽史》里经常见到的"通括户口"、"籍诸道兵"等记载，我们自然会想到这应该属于人口政策、户籍制度的范畴；看到上述《续资治通鉴长编》所引资料，马上就会想到人口学里的口户比问题或家庭结构问题。因此研究辽代人口同其他断代人口研究一样，必须参考现代人口学的框架，把相关史料及其分析、研究结果组织起来，才能达到我们的研究目的。

其次，要注意运用现代人口学中的统计、计算、分类方法。如，人口学中的复利公式或数学上的对数曲线方程，对于推测不同时期的人口数量有很大的帮助，其难点就在于如何计算人口的自然增长率，同时，辽代前期的机械增长率（通过掠夺造成的人口机械增长）也必须考虑到，还要注意计算的起点和终点的时间问题。

最后，要说明的是，利用人口学方法，不能盲目照抄现代人口学的方法。古今社会制度不同，人口状况、人口观念、人口政策也差别很大，现代人口学的体例、概念只适合现代人口状况和人口政策，在古代社会里很难找到完全对应的例子。因而历史人口学应"因史制宜"，总结、创造出一套适合历史人口状况的人口学体例和概念，而不是机械地将现代人口学概念的帽子硬戴在古人的头上。

3. 考古学方法

在辽代史料错讹、奇缺的情况下，充分利用现代考古发掘的遗址、墓葬资料，甚至近代以来出土、流传下来的碑刻、金石文字资料，是非常必要的补充，甚至有时能起到关键性的作用。例如，关于契丹的族源问题，历来都有争议，1992 年发现的耶律羽之墓，出土墓志一方，上面对契丹族先世有这样一段记载："其先宗分佶首，派出石槐，历汉魏隋唐以来世为君之"。⑫佶首，当为《辽史》所载辽之先奇首可汗，石槐即东汉时鲜卑首领檀石槐,耶律羽之是辽太祖、太宗朝的重臣,皇室宗亲,他的墓志的出土有力地证明了契丹族源正是鲜卑族。再如,上面提到的例子,关于家庭口户比问题,如果上两条史料仍不能说明问题的话,通过分析辽代石刻、墓志、经幢等资料,可以非常清楚地列出几十个家庭的基本情况,包括子女数量、性别、死亡等情况,不但能进一步搞清辽代的家庭结构,甚至其人口素质、性别比例等问题都可在此窥见一斑。另外,通过对墓葬资料的分析可以看出当时的葬俗,通过对尸骨的检测,可以看出当时人的身体素质和体型特征。通过对聚落遗址的分析和考察,也可以在某种程度上看出当时的人口环境和人口密度等方面的基本情况。这些都是在《辽史》等传统历史文献中无法找到的,其作用为一般史料所无法替代。

4.历史地理学方法

历史地理学同历史人口学一样,从历史的角度讲,其研究方法是一样的,它对人口史的研究最有帮助的地方,就是地理学的手段,因为一切人口都是在一定范围内生存和活动的,运用地理人口学的方法,首先搞清研究对象的地理范围是非常必要的,就像皮与毛的关系一样。辽代疆域"东至于海,西至金山,暨于流沙,北至胪朐河,南至白沟,幅员万里"[13],史料记载非常明显,但这个地理四至的具体地方,如"海"、"金山"、"流沙"、"胪朐河"、"白沟"在现在的哪里,就需要运用历史地理的研究方法进行考证,当然,许多前辈学者已经做了大部分工作,我们无需重复劳动,如谭其骧先生主编的《中国历史地图集》,非常清楚地标明了古今地名对照和辽代的疆域范围,但个别地方,需要我们运用前辈们开创的路子进一步考证。除了考证地名、区域范围之外,研究者还要对区域面积进行测算以便对人口分布情况进行量化研究;再者人口史研究还离不开历史时期气候、水文、动植物及农业、工商业等其他自然、人文现象分布的研究,这对于人口分布的成因、人口迁移的规律有着重要的意义。

5.民族学方法

契丹族是我国古老的少数民族,今天已经消失在历史长河里,但是它只是名字的消失,它的血脉融入了中华民族,包括汉族在内的大家庭里,今天我们在达斡尔族、蒙古族中都能发现契丹民族的身影。在云南的契丹族后裔中,所报称的民族有:汉族、彝族、布朗族、佤族、德昂族、基诺族、傣族、景颇族、莽族和本族(或本人族),共为十个民族。我们在研究契丹民族人口的兴、衰、亡、迁的过程中,必然要用民族学的方法,才能对契丹民族的人口发展史有一个完整的认识。民族学方法就是借用与历史时期生活条件近似的民族学人口事例去比较、推测已经消失的历史人口状况,这种方法在文献缺乏的情况下,是一个重要的辅助手段。辽代人口家庭规模较大,可能是生产条件落后所致。家庭规模的大小受各种因素的制约,其中生产力水平是一个重要方面。在落后的生产条件下,氏族内部有许多生产项目,分工细密,占用劳动力较多,是一个劳动力所不能胜任的。所以一夫一妻制小家庭难以满足生产需要,必须维持一个相当规模的大家庭以适应落后的生产力水平和恶劣的生产条件。

这在民族学上可找到类似的例子。如我国四川省木里县俄亚村居民,在1956年民主改革以前,就处在这样一个经济阶段。当地的居民——70岁的窝支梅赤里老人说出了他们维持大家庭的理由:"俄亚村每家的人口数量要合适。人口太少,如四五人,顾了农活忘了牲畜,家务孩子也没有人照顾,这种家庭十个有九个比较穷困,所以我们都不愿意建立一对夫妻的小家庭。人口太多,如二十人,生产还好说,吃饭就难了,也要分开生活。常言说'人少怕穷,人多怕分'。一般有十二三口人最合适,其中有七八个劳动力,有搞农业的,有放牲口的,有当家的,有管理家务的,力量强大又有分工,这样的家庭能维持中等的生活水平。"其他人也有类似的看法。木瓜梭拉达吉说:"家庭人数,最少要八个人,其中有五个劳动力,也可以多达十几个人,但是不能超过二十人,因为人多嘴杂,七嘴八舌闹矛盾,做饭吃饭也不好掌握,容易导致分家。以十口之家来说,至少有六个劳动力,能够实行分工,两三个搞农活,一人管牲口,一人去木里大寺当喇嘛,一个管家务和照顾孩子,这才有利于生产,生活也较富裕。劳动力太少就受穷了。"[14]辽代家庭虽然比上述摩梭人略小一些,但道理是一致的,我国战国以前有不少家庭人口规模较大也是出于同样的原因。

第二节　辽代人口研究的基本史料

同其他问题一样,研究辽代人口问题离不开基本文献的运用,辽史研究所能利用的文献资料非常有限,元修《辽史》是最基本的史料,其他如《契丹国志》、《续资治通鉴长编》、《资治通鉴》,以及现代编纂的《全辽文》、《辽代石刻文编》等也是必不可少的资料。

一、元修《辽史》的基本情况

《辽史》是元代官修的一部纪传体正史,全书共116卷,其中本纪30卷、志32卷、表8卷、列传45卷,另附《国语解》1卷,比较全面地记载了辽代(907年—1125年)的历史事实。与《金史》、《宋史》一样,《辽史》也是元朝至正三年(1343年)四月开始纂修的,但《辽史》用了不到一年的时间即在至正四年三月(1344年)便告完成。这部史书是二十四史中缺陷最为明显的正史之一,后世学者对其评价是"谬戾非偻指所可计"⑮、"缺略、伪误堪称二十四史之最"⑯,这与纂修时间短促,修史者不能仔细整理、考订有关史料有关系,也与旷时日久、文献散佚太多有关系。

关于《辽史》源流,清人已做过探索。赵翼《二十二史札记》卷27"辽史"条,对《辽史》中部分内容进行了初步考察,今人冯家昇先生的《辽史证误三种》⑰,对《辽史》的内容、编修情况、取材等进行了全面考证。这里对《辽史》的介绍就参考了这些史料和研究成果。

辽朝初年,庶事草创,还没有如中原各朝的史官制度。会同四年(941年)二月,曾"诏有司编《奇首可汗事迹》",⑱官修本朝史,则是始于圣宗时期,⑲设立有国史馆,修纂有起居注、日历、实录、国史等,但这些原始材料大部分已经散佚。元后期修《辽史》依据的主要是辽、金、宋人著作中的第二手资料。原始文献主要有以下几种:

一是辽耶律俨的《辽实录》70卷。乾统三年,"召监修国史耶律俨纂太祖诸帝实录"⑳,耶律俨"修《皇朝实录》七十卷"㉑,成为其主要功绩之一。在此之前有几次撰国史、实录的记录:如,耶律谷欲"奉诏与林牙耶律庶成、萧韩家奴编辽国上世事迹及诸帝《实录》,未成而卒"㉒;室昉"表进所撰《实录》二十卷"㉓。耶律俨《实录》当是在前几次《实录》的基础上编纂而成。

二是金陈大任的《辽史》。金灭辽之后,曾两次下令纂修《辽史》,一次是在熙宗皇统年间(1141年—1149年)由耶律固主持修纂,书未成而去世,其门人萧永琪续成《辽史》75卷,但未刊行;另一次是在章宗时期,因为皇帝的重视和支持,这次修《辽史》投入了大量人力、物力、财力,历时达17年之久,参加的史官除陈大任之外,还有党怀英、移剌履、贾铉、萧贡等十余人,最后由陈大任完成。后人一般称此书为陈大任《辽史》,此书亦未正式刊行。

三是南宋叶隆礼的《契丹国志》。元世祖中统年间、仁宗延祐年间、文宗天历年间曾多次诏修辽、宋、金三史,都因正统问题的争论未决,义例未定,因而都未成功。直至元顺帝至正三年三月(1343年),在右丞相脱脱、平章也先帖木儿、铁睦尔达世、右丞太平、参议长仙、郎中享里不花、员外郎老老等人的奏请下,诏修辽、金、宋三史,在君臣同心、而且由脱脱裁定三史各为正统、从而彻底解决正统、义例问题的前提下,《辽史》才最后纂修成功。当时以脱脱为辽、金、宋三史都总裁官,《辽史》的总裁官是铁木儿塔识、贺惟一(太平)、张世岩、欧阳玄、揭傒斯、吕思诚。由廉惠山海牙、王沂、徐昺、陈绎曾等4人分别执笔撰写而成。从至正三年四月(1343年)始修,至次年三月完成,只用了11个月时间。

《辽史》所据资料既少,时间又仓促,其错讹是必然的,数百年来,一直受到学者们的诟病。清代史学家顾炎武、钱大昕、赵翼等对它都有过评论。概括地说,其缺点主要表现在：

过于简略，以致漏载了许多修史所必不可少的内容。如建国后，曾几次改变国号，先称契丹、后称大辽、后又称大契丹、后又复称大辽。这样重大的事件，在《辽史》中竟然没有反映。又如从整体上看，《辽史》有 116 卷，卷数为《宋史》的 1/5，而字数却仅 47 万字，只有后者的 1/10。

记事前后矛盾。如《太祖记》载："天赞三年，获甘州回鹘都督毕离遏，因遣使谕其主乌母主可汗。"而《属国表》载同一事件却说成是"天赞三年，获甘州回鹘都督乌母主可汗。"究竟俘获的是毕离遏还是乌母主可汗？ 使人无所适从。

记事错误甚多。其中既有纪年错误，如《太祖纪》：元年（907 年）"夏四月丁未朔，唐梁王朱全忠废其主，寻弑之，自立为帝，国号梁，遣使来告。"而据欧阳修《五代史记》等书记载：朱全忠自立为帝是在四月甲子，明年正月才弑济阴王；也有文字、史实错误，如《辽史》中记载道宗有寿隆年号，这显然是错误的。其一，道宗先帝圣宗名隆绪，绝对不应该取祖先名字作为自己的年号。其二，现在所见辽代碑刻、钱币皆作"寿昌"。因为以上诸种缺陷，学者们一般认为元修三史中《辽史》是最差的一部。

但是，保存到现在的辽朝史料已经非常之少，《辽史》作为现存唯一的一部比较系统、完整地记载了辽朝历史事实的著作，其珍贵和重要性是不言而喻的。而且《辽史》保存了许多由耶律俨的《辽实录》和陈大任的《辽史》二书所记载的许多材料，因而其史料价值还是比较高的。同时，《辽史》在体例及内容上也有许多为其他正史所不及的优点：首先，《辽史》立了许多的表，如世表、部族表、属国表、皇子表、公主表、皇族表、外戚表、游幸表等等，内容极为丰富而且简明扼要，为其他正史所望尘莫及；其次，其《营卫志》及《国语解》的设立也是颇为独特的。前者的设立，为我们保留了契丹早期宫帐（斡鲁朵）、捺钵（行营）及部族的组织与历史等方面的重要史料；后者的设立则对在本纪、列传、表、志中出现的有关官制、人事、物产、部族、地理、姓氏等方面的契丹词汇作了详解，成了我们研究契丹语言文字历史的珍贵资料。正因为如此，《辽史》在二十四史中有其不可替代的地位，也是研究辽代人口问题主要的、必不可缺的资料。[24]

《辽史》关于人口方面的记录遍布于纪、传、志、表各个体例文字当中，需要细心收集、归类、整理，但主要人口数字集中在《地理志》、《营卫志》、《兵卫志》中。

《地理志》共 5 卷（总卷目 37—41，分卷目 7—11）。辽分五京，每京为一卷，其户口数据分列于各京、府、州、县下。对于《辽史·地理志》，向南先生曾言："二十四史以《辽史》为最劣，而《辽史》中又以《地理志》问题为最多"[25]。《辽史》户口数据（严格讲只是州县户数记录）主要记录在《地理志》里，其关于人口记载之不足突出表现在以下几个方面：一是数据残缺不全。五京州县户数，除南京道记录相对完整，其他均缺载甚多，中京道仅有高州三韩一县户数；二是无明确系年，在计算全辽户数时缺乏一个统一的参照标准；三是数据记录单位不统一，有的以州为单位，有的以县为单位，在统计州县数量、计算平均户数时造成了很大的困难；四是只有户数没有口数，如果不能测算口户比的话，就无法估算辽代人口的总规模。

《营卫志》共 3 卷（总卷目 31—33，分卷目 1—3）。《营卫志上·宫卫》记载了辽代一个主要户口类型宫卫户的户数，记录较为完整，使宫卫户成为《辽史》中唯一有完整户数记录的户口类型；《营卫志中·部族上》和《营卫志下·部族下》，记录了辽代 56 个部族的基本情况，但没有相关户、口、丁数记录。

《兵卫志》共 3 卷（总卷目 34—36，分卷目 4— 6）。该志记录了辽代的兵制、军队数量、五京乡丁数目等，其中《兵卫志下·五京乡丁》记录了辽代五京州县户、宫卫户的丁数，且与《地理志》、《营卫志》所记户数基本成二比一的比例，即所谓"一户两丁"，虽然这种准确的对应让人怀疑，但却为我们考察辽代户口提供了另外一个重要的途径。

另外《食货志》2 卷（总卷目 59— 60，分卷目 28—29）。多记录了辽朝的经济制度、人口政策、职业类型等相关史料信息。

二、其他古代文献

研究辽代人口问题，需要参考的史料还有《契丹国志》、《续资治通鉴长编》等，以及清代学者的考证、汇编文献，如厉鹗《辽史拾遗》等。

1.《契丹国志》

该书是南宋人所著关于辽朝的纪传体史书，共 27 卷，署名叶隆礼撰，也有学者认为是后世假托。该书所取皆南宋所存有关辽朝的资料，与元人所编《辽史》主要根据辽朝《实录》有所不同，所载不免传闻失实之辞，但一些资料还是足资参考的。纪传之外，卷首附《契丹国初兴本末》、《契丹国九主年谱》，末附《番将除授职名》、《汉官除授职名》。又收录部分档案材料：石晋降表二、澶渊誓书二、关南誓书三（契丹致宋书、宋朝回契丹书、契丹回宋誓书）、议割地界书二。另有南、北朝馈献礼物单及宋朝劳契丹人使物件。对州县及四京本末，周邻的少数民族风俗制度，岁时仪制，都有所记载，并附有宋人入辽行程录。它是宋朝所存有关契丹的材料总汇。旧有承恩堂本、扫叶山房本及国学文库诸版本，1985 年上海古籍出版社出版贾敬颜、林荣贵的校点本，系以元刻本为底本与其他版本参校的较好版本。

2.《续资治通鉴长编》

该书是中国古代私家著述中卷帙最大的断代编年史。原本 980 卷，今存 520 卷。作者李焘(1115 年—1184 年)，字仁甫，四川眉州丹棱人，作者仿司马光著《资治通鉴》体例，记录北宋九朝 168 年事，该书于正史、实录、政书之外，凡家录、野记，广征博采，校其同异，订其疑误，考证详慎，多有依据。作者本着"宁失于繁，无失于略"的原则，凡记载不同者，则两存是说，时附己见，以注文标出。近代治宋史者对该书史料价值评价甚高，《长编》记述详赡，史料丰富，为研究辽、宋、西夏等史的基本史籍之一。980 卷本，久已亡佚，今本系清编《四库全书》时从《永乐大典》中辑录，厘为 520 卷，中华书局 1979 年开始分册出版《续资治通鉴长编》点校本，是以流行的清光绪浙江书局刻本为底本，用辽宁图书馆、北京图书馆藏本和文津阁本对校，改正了不少错讹。正是由于该书"宁失于繁，无失于略"，保留了许多当时弥足珍贵的史料，在考证辽代家庭规模时，笔者找到了部分在《辽史》中所没有的关于"口数"的记载。

3.《资治通鉴》

该书是我国第一部编年体通史，我国古代著名历史学家司马光和他的助手刘攽、刘恕、范祖禹、司马康等人历时 19 年编纂的一部规模空前的编年体通史巨著。《资治通鉴》全书 294 卷，约三百多万字。《资治通鉴》所记历史断限，上起周威烈王二十三年(前 403 年)，下迄后周显德六年(959 年)，前后跨 1362 年。《资治通鉴》的内容以政治、军事和民族关系为主，兼及经济、文化和历史人物评价，目的是通过对事关国家盛衰、民族兴亡的统治阶级政策的描述，以警示后人。关于辽代的史料因其精、简，容量不及《续资治通鉴长编》丰富，但也是治辽史尤其早期历史不可或缺的重要文献。

研究辽代人口问题所需要的史料很多，限于篇幅问题，不再作更多的介绍。其他，如研究契丹族早期甚至建国前的历史，就要注意同时期的其他史料，如《隋书》、《旧唐书》、《新唐书》、《新五代史》、《旧五代史》，研究辽代中期以后的人口问题，就要参考《宋史》等史料，研究辽末及契丹族后期人口的有关情况，就要参考后来的《金史》、《三朝北盟会编》等，这些史料不再一一介绍。

三、现代文献资料

1.《全辽文》

陈述辑校的辽代诗文总集。陈述在补注《辽史》的过程中，致力于收集辽代诗文。清代史学家在这方面已做了大量的工作。如缪荃孙《辽文存》、王仁俊《辽文萃》、黄任恒《辽文补录》、罗福颐《辽文续拾》等各自成书,陈述先生认为这些"佚文坠简"今日"弥足珍贵",于是他将诸家所编诗文重新整理、校订,补苴缺漏。除诸帝、后妃外,皆按作者生卒先后编次,共得诗文五百多篇,名为《辽文汇》,1953 年由中国科学院印行。《辽文汇》问世以后,编者又陆续收录近 30 年新发现的材料,成《辽文汇续编》(未刊)。《辽文汇》和《辽文汇续编》合并为《全辽文》,共收诗文八百余篇,为研究辽代历史和辽代文学提供了一部较完备的史料。用陈述先生自己的话说:"辽文的校辑,一面丰富了《辽史》研究的资料,一面为历代全文延长了一大段。"此书于 1982 年由中华书局出版,在研究人口素质、姓氏分布、家庭规模(子女人数)、性别结构等问题时,有许多有用的史料。该书 1982 年由中华书局出版。

2.《辽代石刻文编》

向南整理编校。《辽代石刻文编》共收录石刻资料三百余篇,是到目前为止收录辽代石刻篇数最多、最全的集大成之作,是一部辽代石刻总集。向南先生在整理、校订、考证这部石刻文集过程中,对每篇石刻文字都进行了认真的标点断句,为使用者扫除了阅读障碍。同时,对前人所收录的辽代石刻文字中出现的谬误,也根据原石或拓本进行校订,使石刻文字力求准确。在编纂过程中,作者又将每篇石刻都按撰刻年代进行了顺序排列,以王朝分篇,极大地方便了读者的查阅。作者还在每篇石刻之前加了简要说明,以便于读者对每篇石刻的了解。同时,对同一家族墓地的墓主人之间的关系、世系也进行了考证,从而帮助我们认识和了解辽代世家大族的族源、势力、人口等情况。辽代石刻文字中涉及了大量辽代人名、地名、机构名称、人物世系、职官制度、官衔爵位等等,对研究辽代的疆域、姓氏、家庭、性别结构、人口分布等问题有非常大的帮助。例如,通过考察出土的石刻资料,就会发现人口分布的规律性,即汉文石刻主要分布在长城以南的京津及河北、山西一带,而契丹文石刻则多出土于内蒙古东部及辽宁西北部地区。由此亦可大致推断出辽代汉人与契丹人的活动区域及分布规律。该书 1995 年由河北教育出版社出版。[26]

3.《内蒙古辽代石刻文研究》

盖之庸编著。是一部内蒙古已发现的辽代石刻文总汇,同时对这些石刻文也进行了一些较为系统的考证。共收录内蒙古辽代石刻文 68 篇,包括墓志、哀册、碑铭、石棺铭等,包括部分契丹文石刻拓片或摹本。该书的体例为:石刻录文、石刻概况、石刻文考释、家族谱系表四部分,排列一般以时间为序,同时照顾到内容彼此联系的夫妻、直系亲属或家族成员关系等,这也是该书的特点。因内蒙古地区,尤其是东部地区,为辽政治、经济的中心,也是辽代石刻文分布最集中的地区之一,特别是近二十余年中,更是发现了颇具价值的辽墓志多方,其中包括辽皇族、后族及汉族统治者的墓志。如 1992 年 7 月出土于赤峰市阿鲁科尔沁旗罕庙苏木古勒布胡硕嘎查德《耶律羽之墓志》,非常权威地解决了长期争论不休的契丹族族源问题,而这些石刻文都是过去其他文集所未收录的。该书 2002 年由内蒙古大学出版社出版。

以上史料和文献是经常用到的资料,研究辽代人口绝不仅仅限于上述几种,详细参考文献文末有附,此处不再一一介绍。

第三节　辽代人口研究成果综述

辽朝从 916 年耶律阿保机建国开始,至 1125 年天祚帝政权为金朝所灭,共历九帝,雄踞祖国北疆 219 年,疆域广阔,总面积相当于北宋版图的两倍。但是,"在中国古代史中,辽金史是一个相对'单薄'的断代,无论是就史料数量还是就研究状况而言"[㉗],而辽史尤甚,至于人口问题就更显"其薄"了。如前所述,《辽史》是二十四史中舛误错漏最多的一部史书,关于人口的记载更是略而又简,正如陈述先生所说:"二百多年,牧区农区,均无人口统计。地理志仅著户数,中京道三韩县一县而外,户数也没有记载,所以大辽人口,只能估量不能计算"[㉘],这是辽代人口研究面临的主要问题;据刘浦江先生统计,20 世纪关于辽代人口与户籍方面的文章仅 16 篇,人口思想、人口素质、人口构成等方面的成果更是少见,这就是辽代人口问题研究的现状。感此,现将辽代人口问题研究的主要成果小结于后,以期使这一方面的研究取得突破找到新的起点。

一、关于人口数量问题

人口数量问题是研究人口问题的基础,辽代人口问题的研究成果主要集中在对人口数量的蠡测和分析上。概括来说,对辽代的人口数字,研究结论从不到 230 万到一千多万,相差四至五倍,从早期到近期,呈现逐步增多的趋势。

20 世纪 70 年代及其以前的研究,属于初始阶段,对辽全国人口的推测没有超过 400 万人。

对辽朝户口问题最早进行的研究,肇始于 20 世纪 40 年代。(美)魏特夫格(K. A. Wittfogel)和冯家昇先生根据《辽史·地理志》所记五京户数,参照各族人口的地理分布情况,以《辽史·兵卫志》所记每户二丁数为准,假定每户五口,认为辽国计有户 76 万,丁 152 万,口 380 万。他们首次提出《辽史·地理志》户口统计的缺陷,部分州县户口没有得到反映,指出"人口调查的数字通常代表著籍人口,而不是实际人口",

同时,提出了脱户和隐户问题㉒。

50 年代,袁震根据《辽史·地理志》记载,认为辽代户数为 573004 户,以每户 2 丁 4 口计,约 2290000;以每户 5 口计,约 2860000 口,则辽之总人口应介于此二者之间㉚。对此,费国庆先生发表了不同的意见,认为袁震先生在推算辽代人口时,仅仅依据的是《辽史·地理志》中有户数记载的 79 州,而许多没有记载户数的州县并不能说明他们没有户数存在,对照《金史·地理志》至少漏掉了 62 个有户数而没有记载的州县,还有一部分无法证实户数存在的州县,理应有人居住,再加上部族人口,辽代全国人口肯定不止上述数字㉛。费先生虽然没有对辽代全国人口进行推算,但他所依据的方法无疑为进一步研究奠定了一定基础,后来相当一部分学者的研究成果都建立在这个理论框架上。

70 年代,张正明先生通过对整个辽代历史的系统研究,在肯定费国庆先生考证思路的基础上,进一步考证辽朝实有户数当在 100 以上,实有丁数当在 200 以上,实有人口当不下 400㉜。这是经过二十多年的沉寂,特别是经过十年动乱以后辽史研究,尤其是人口数量问题研究的最新成果。

二是 80 到 90 年代的研究,方法多样,成果丰富,对辽代人口数量的推测达到了 900 万人。

80 年代是辽代人口数量研究的酝酿时期,唯一成果就是赵文林、谢淑君的《中国人口史》,他们在计算辽国人口时,首次运用了数学方法,测算其人口增值率在 1‰到 3‰不等,然后采用对数曲线方程进行推算,认为辽国鼎盛时期的州县人口(除去现国境外部分的人口)约 855504 户,加上宫卫户共计 1060504 户,以每户五口计,则辽国共有 5300000 人口。㉝

90 年代是研究辽代人口数量的高潮阶段,新的成果不断出现,新的方法不断引入。葛剑雄先生认为《辽史·地理志》所载各府军州县户数合计为 57.6204 万户,其余无户口的单位,在《金史·地理志》中相应的户数约 45 万,考虑到金代户口较辽代有较大幅度地增加,取其半为 22.5 万户,加上辽末诸宫卫约 14 万户(采用了魏特夫格、冯家昇的考证数据),共计约 94.12 万户,以每户 5 口计,为 470 万人。葛剑雄先生同时认为,虽然其估计数比魏、冯估计数多,但实质是接近的㉞。王育民先生认为,辽代五京中有户数记载的仅及全部府、州、军、城的 42%,因此,辽代人口只能参照有关情况进行推论:五京州、县、军、城人口约有 104.7 万户,宫户 10 万户,部民 15 万户,御帐亲军 3 万户,僧尼 36 万,再加上著帐户、二税户、陵户以及私人奴隶等其他无户数记载的人户,认为辽代总人口估计不会少于 150 万户,以每户平均 6 口计,约 900 万人左右㉟。

现代人口学方法的引入是这一时期的另一特点。孟古托力先生引进了现代人口统计学中的复利公式,并且将辽朝人口推算同疆域、时间联系起来,按照契丹族、汉族、女真族、渤海、奚、五国、铁利、兀惹、吐谷浑、高丽,以及大漠南北各族各部等逐一蠡测,最后得出结论:公元1000年时,辽朝总体人口当为600万左右[36]。袁祖亮先生通过对五京、宫帐、部族、亲军等人口状况分别进行了考证,对民族、属国人口进行了分析,认为辽国强盛时,全疆域内约有户130万,每家隶兵籍的人数约占三分之一,每家出兵丁2人,则每户平均有口6人,甚或6人以上,那么,辽全国人口计780万人以上[37]。

地方人口规模研究方面。项春松先生认为,辽代内蒙古赤峰地区人口包括京都(上京、中京)所在地人口、州军县城人口、军队人口、宗教人口、其他(中原汉民、俘民、流民、商人等)五个方面的人口,达到了70余万人,是赤峰古代史上人口最多的时期,也是经济发展的黄金时代[38]。佟宝山先生认为,辽代阜新地区包括9个州、军队、宗教、城堡等人口,总计应该超过了20万人以上[39]。

三是进入21世纪的研究,在整理、吸收前期成果的基础上,出现了新的进展,对人口数量的推测突破了1000万人。

路遇、滕泽之先生参照《辽史·地理志》、《金史·地理志》,根据自然条件和人文环境对五京道人口状况进行了估测,认为:上京道280多万,东京道230万,中京道150万,南京道220万,西京道170万,则辽朝人口达1050万人,且"只能偏低于实际,而不会偏高于实际"[40]。吴松弟先生首先对过去人口数量研究成果进行了简评,继而得出结论,"只有依据丁数,才能推测出比较可靠的辽代人口"。认为辽朝人口(包括宫卫五京道人口、漏计的中京道人口、漏计的东京道人口、未著籍的契丹和其他部族,以及僧侣、宫帐户、奴隶等不入籍及隐漏户口)共计141万户,901万人,且认为这一数字存在于辽代人口鼎盛时期的天祚帝初期(12世纪初)[41]。这一时期的区域人口规模研究还有韩茂莉,她认为辽前中期是历史上西拉木伦河流域以及毗邻地区农业人口最多的时期之一,主要包括编户人口、提辖司户人口以及迁往中京地区的人口,三部分人口约35万人[42]。

二、关于人口迁移问题

辽代人口迁移问题具有极其复杂的过程和历史背景,因此,研究的角度和方法各不相同,成果也非常丰富。

1. 在专题研究方面

一是对汉人北迁及其分布的研究。辽代汉族人口的大规模北迁,构成了该时期人口迁移的主旋律,学界对此认识比较一致。谭其骧先生早在 30 年代就指出,"辽代东蒙、南满(按:20 世纪前期对今内蒙古东部、东北南部的称呼)为塞内外民族之大杂处场,当时塞内外民族之被契丹武力所劫徙,以处于阴山、辽水间者,不下二十余种,其中以汉人为最多,渤海、党项次之,吐浑、女直、奚、乌古、高丽等又次之",其杂处的特点包括两个:一是渤海族西迁至辽河上游,一是幽、冀、镇、定四州汉人之北徙,"以后者关系尤为重大"[43]。邹逸麟先生在论及辽代西拉木伦河流域的农业发展问题时,将辽代汉人北迁的情况分为两种,一是自愿,包括避战乱、叛入、逃入等,二是在契丹南侵战争中被掳掠者。通过考证,邹先生认为,被掳掠入辽境的汉人有七八十万之多,且一半都被安置在西拉木伦河流域[44]。葛剑雄先生亦持上述观点,并绘出了北迁汉人的分布图,认为辽代汉人在东北分布地域是极为广阔的,最北达到今嫩江下游的泰州兴国县(今黑龙江泰来县塔子城镇),东南达鸭绿江畔。根据《辽史·地理志》记载,甚至在位于今蒙古国鄂尔浑河和克鲁伦河的镇、维、防三州,也有渤海、女真、汉人等配流之家七百余户。如以人数论,当以今内蒙古东南部西辽河流域和辽宁省境为多[45]。

二是对渤海人迁徙及其分布的研究。杨保隆认为,辽时渤海人的迁徙包括逃亡与迁徙两部分。渤海人国破前后外逃有三个地区,即高丽(今朝鲜)、女真人居住区(今黑龙江中下游流域)、后周、北宋(即中原地区),总人数约有三四十万;渤海人被强制迁徙主要有两次:其一是国灭之时,阿保机将战争中俘掠的军民迁到辽上京临潢府周围,其二是辽天显三年(928 年),辽太宗迁东丹民实东平(郡治在辽宁辽阳市),大批渤海人被迁到辽东地区[46]。

三是对西拉木伦河流域农业人口迁移的研究。韩茂莉先生认为,辽代农业人口应包括《辽史·地理志》所记载的编户人口和提辖司户口两部分,其迁移具有阶段性,并且直接影响到农田开发的阶段性。从唐末至燕云十六州并入辽土为第一阶段,中原人口的迁入地以西拉木伦河流域为主,渤海人在迁入辽东的同时,也有相当一部分被安置在西拉木伦河流域。燕云十六州并入辽土以后至"澶渊之盟"为第二阶段,渤海人口已不再大规模迁移,中原人口的迁入地则以燕云十六州为主,直接进入塞外草原的只是其中的一部分。"澶渊之盟"后为第三阶段,辽圣宗将大量居住在西拉木伦河流域的农业人口迁移到中京地区,加强了中京地区的经济实力,辽本土的经济中心呈现出由上京向中京地区转移的趋向[47]。

四是对徙民置州问题的研究。杨福瑞先生认为,辽朝的迅速崛起并雄踞北方二百余年,与其大规模的移民密不可分,除南京道、西京道沿革唐五代建置外,上京道、东京道、中京道中的百余个州县都是通过移民建立起来的,所迁人口约一百五十余万,在辽朝人口结构中,已远远超过契丹族人口规模。所徙民族涉及汉、渤海、女真、高丽、回鹘、党项、吐浑等北方较大民族,且早期以强掠人口为主,主要分布在契丹本土和东京道。后来的州主要以析离人口稠密的州县和削夺诸宫提辖司、投下军州的人户所置[48]。

2. 在综合研究方面

一是对汉族、契丹族双向交叉迁徙问题的研究。韩光辉先生认为,辽代是中国北方人口迁移的重要时期,包括北方汉族人口迫于五代战乱的北徙、契丹贵族南下对汉人的俘掠,以及迁移宫卫军户于辽南京与西京地区等,无论是汉人北迁或是各少数民族南迁,都带有军事强迫性质,从规模讲,北迁人口远大于南迁人口,这对中国北方的社会政治、经济和文化产生了深远的影响,揭开了古代中国北方少数民族长驱南下、与汉族联合建立统一的多民族国家政权并奠都北京的序幕[49]。孟古托力先生认为,辽代人口的迁移包括了契丹人口的大幅度南下和西进及汉族人口的大规模北上,构成了中国人口南北流向之交叉。契丹人南下的幅度两千余里,西进幅度七千余里,以幅度论,仅次于汉朝的北匈奴和后来的蒙古族;汉人北迁幅度最远达三千余里,创造了汉族人口北上的记录。在人口分布方面,提出了三个特点:一是从北向南由稀疏变稠密,二是辽海地区人口密度空前加大,三是大杂居小集聚。同时,伴随着经济社会的发展,人口城镇化进一步加深[50]。

二是对汉族及除汉族外的其他各民族迁徙问题的综合研究。吴松弟先生认为,辽代华北地区的人口迁移,包括辽境内燕云地区来自契丹、渤海、汉族的移民,辽境内燕云地区向宋境内的迁移,尤其是关于后者的研究,是其他学者所少有涉及的。东北的人口迁移,分汉族人民自中原迁入东北、东北土著民族(包括契丹、奚、渤海)在区域内部迁移、非汉族人民(包括突厥、回鹘、铁骊、兀惹等)自周边迁入东北等三种类型,以前两种最为重要[51]。王德忠先生认为,辽朝的民族迁徙,包括了汉族、渤海人口向契丹族聚居地区,契丹族人口向北方、西北地区和向渤海故地、中原地区的流动。这种不同民族、不同地区间的对流迁徙,尽管是伴随着辽朝对周边的征服战争和巩固统治需要而进行的,但在客观上对辽朝统治下的广大北方地区的历史发展产生了深远的影响[52]。

对这一问题进行研究的还有韩光辉[53]、申友良[54]、马尚云[55]、张弢、吕秀伟[56]等,观点同上述大体一致,不再赘述。

三、关于户籍制度问题

关于辽朝户籍制度问题(包括户口统计、户口类型、户等制度等),过去一直认为

"二百多年,牧区农区,均无人口统计"[57],但是经过学者们的努力,目前的研究还是取得了很大的进展。

一是户口统计制度。孟古托力先生认为,作为户籍制度的重要内容,"括户口"分为前后两个时期,前期多侧重于"徭役"、"兵役"的基本对象"丁",这一时期定户准确、数字合理;后期针对户口的变化、混乱,侧重于定户、查脱户,这一时期同晚期辽朝政治一样,走下坡路,数字亦不够真实。同时,辽代括户口多是根据需要临时检括,二百多年中未见定期括户口的规定,这是辽朝户籍制度的特点[58]。吴松弟先生认为,《辽史》所提到的"通括户口"、"括户口"调查统计的范围比较宽,可能是各个地区均进行的对各类人口的调查统计;"通括宫分人户"和"通括南院部民"的范围较窄,只对某一部分特定人口进行调查,因此可以推测,辽代户口调查统计的对象并不统一,有时以全国各地的各类人户为统计对象,有时只统计某一部分人口[59]。

二是户口类型。王育民先生将其分为三大类:一是"五京"州县人口,二是"宫户"与"御帐亲军",三是其他无户数记录的人户,包括部民、著帐户及陵户、寺观僧尼、二税户、奴隶[60];孟古托力先生将其分为五大类:一般州县户口、二税户户口(头下州中的二税户、寺庙中的二税户)、宫卫户口、部族属部、属国户口[61];韩光辉、张清华认为其户口分州县、宫分、头下州县、部族、属国、僧寺等六种不同的户籍类型,而实际上,辽朝政府经常有效掌握和控制的户口仅限于王朝州县赋役户口和宫卫军户[62]。杨若薇认为,辽代的户籍主要分州县和宫卫两种,隶属宫卫的人户和隶属州县的人户分属于不同的户籍系统,隶属宫卫的人户在户籍上属于宫籍,隶属某斡鲁朵的州县民户不属宫籍,其身份地位与普通州县民户并无区别,只是他们每岁要向各宫卫提供差役。[63]吴松弟先生亦持此观点[64]。

三是户等制度。张正明先生认为,辽朝的宫户、部曲、部民都存在上中下三等户[65]。孟古托力先生认为,辽朝户等制度不仅在农业区即燕云地区牢固地存在着,而且推广到了游牧为主的契丹族和狩猎为主的鸭绿江女真族中。我国历史上这项重要的政治、经济制度,在辽代不是断裂,而是向北大幅度北渐,扩展到东北边疆许多地区,说明户等制度不仅适合农业区,也适合某些牧业区乃至狩猎业区[66]。邢铁先生认为,辽代汉、契丹户中存在户等制度是肯定的,只是其户等划分比较简单,投下军州和二税户中似乎没有户等制的必要[67]。

四、关于户、丁系年问题

户、丁是研究人口的基础,其具体年代或谓系年又是研究人口的动态过程、变化特点及其规律的前提。但是《辽史·地理志》的户、丁记录并未明确系年,对这一问题,过去史家一般采取回避的态度,20 世纪 80 年代以来,对其研究和争论的意见大致包括以下几个方面。

一是笼统的辽末说。漆侠、乔幼梅先生认为:"初步估计,南京西京两道户口,大约是辽晚期户籍数。"[68]赵文林、谢淑君认为,1114 年金兵开始攻辽,1115 年起辽国迅速大量丢失土地,因此,较完整的辽国地理人口资料当是 1114 年以前的记录[69]。

二是天庆三年或天庆六年(1113 年或 1116 年)说。葛剑雄据《辽史·地理志》所载的州县建置年代和辽代历史状况,推定应为辽末天祚帝天庆三年(1113 年)或此前的数据,以反映辽极盛时期的人口状况[70]。韩光辉认为"只有在州县建置之后才有可能进行州县境域内户、丁的检括统计,因此,拥有户、丁记录的州县建置年代成为判断户、丁检括年代的第一位条件"。根据这一原理,结合《辽史》所载历次"籍诸道户"和"籍诸路兵"的具体情况,韩光辉先生认为"《辽史·地理志》所载户数就是天庆三年'籍诸道户'的统计数;而《辽史·兵卫志》所载乡丁数则是天庆六年'籍诸路兵'的统计数"[71]。

三是无统一系年说。吴松弟先生认为,辽代各地户、丁记录的系年并不一致,"上京、南京、西京三道为重熙以后或辽后期某年的数据,中京道高州三韩县户数为统和二十三年之后的数年或十数年内的某年的数据,东京道各府州县的户数(除东京辽阳府序文的全府总户数之外)为太平十年之后的数年或一二十年内的数据,宫卫户是辽末数据。"[72]

五、辽代城市人口问题

王德忠先生考证了辽朝五京的城市功能,包括军事功能、经济功能、文化功能,然后直接引用《辽史·地理志》,推算五京城市户口:上京户 3.65 万,如果按 1 户 5 口计算有人口近 20 万,这对于草原深处的新兴城市来说是相当可观的;东京有户 4.64 万,有人口约 23 万。五京中的城市人口以南京最多,约有 30 万之众。[73]

事实上,王德忠先生的分析存在一些问题。他引用的上京、东京、南京户口数据,实际上都是府级行政区的人口数据,是各府所统县级行政区户口数据之和,而不是现代意义上的城市人口数据。

《辽史·地理志》关于京府户数记载的只有上京、东京两条。关于上京临潢府是这样记载的:"上京临潢府……户三万六千五百,辖军、府、州、城二十五,统县十。"

吴松弟先生认为"统县十"当为临潢府所"统","户三万六千五百"应为临潢府而非上京道各府州的合计数。[74]所统十县中的八县有户数记载,合计为 22500 户,与"户三万六千五百"并不相符,相差 14000 户,其余 2 县平均户数为 7000,似乎过大。

虽然这里面还存在一些矛盾，但他认为这一户口数据属于临潢府的论断还是可信的。笔者怀疑"户三万六千五百"为"户二万六千五百"之误，史书"二"、"三"字形接近，容易误写。如按此推论，则缺载户数的二县平均每县为 2000 户，比较合理。

《辽史·地理志》关于东京辽阳府的户数记录是：

东京辽阳府……户四万六百四。辖州、府、军、城八十七。

《辽史·兵卫志》关于其他三京的丁数记录是：

南京析津府，统县十，辖军、府、州、城九，有丁五十六万六千。

西京大同府，统县七，辖军、府、州、城十七，有丁三十二万二千七百。

大定府，号中京。统县九，辖军、府、州、城二十三。草创未定，丁籍莫考。

根据笔者对各县户口的考证与合计，上京临潢府 10 县共 27450 户，东京辽阳府 9 县共 10257 户，南京府 11 县共 102000 户，西京府 7 县共 38000 户，中京府 9 县共 32000 户，除南京府人口规模较大外，其他各府人口均在 1 万至 3 万户左右，这是各府城乡全部人口的规模，而不是城市人口。上京临潢府 36500 户，东京辽阳府 40604 户（王德忠引作 4.64 万户，有误）虽与笔者研究不符，可能是出于记载数字的笔误，或是由于历史人口的变动，但从总体规模上看，上述两个数字与行政区人口规模接近，不宜视为城市人口。另据韩光辉的研究，辽代最繁华的城市——南京，城市人口只有 13 万人[⑦]，比较接近事实，按此比例推算，其他四京城市人口均在 1 万— 4 万人之间，不会超过 5 万人。另据《辽史拾遗》卷十四引《契丹国志》称："（辽）建为南京，又为燕京析津府，户口三十万，大内壮丽，城北有市，陆海百货聚于其中。"此句中"户口三十万"似指析津府所辖南京道 30 万户（笔者统计为近 25 万户，《辽史·地理志》中有丁五十六万六千，按一户两丁推测为 28.3 万户，与 30 万户接近），而非指南京城市人口。

此外，孟古托力先生还谈到了辽代人口城镇化的问题。他认为："所谓人口城镇化，一般是指农村、牧区、猎区的人口向城镇聚集和部分农牧猎区转化为城镇，从而出现城镇人口在总人口中的比重逐渐提高。"并说："辽代城镇人口比例之高，人口城镇化迅速加深等，在我国北方地区的人口发展史上，都是史无前例的。"关于辽代人口城镇化的特点，他有一段分析，摘引如下[⑦]：

"城镇虽然是人口聚集的地方，但辽代长城以北的城镇，除个别外，其人口数量均不甚多。这一点，已引起中原人士的注意。石晋灭亡后，其官员胡峤进入辽朝。他记载："卫州，有居人三十余家，盖契丹所房中国卫州人，筑城而居之。"[⑦]实际上，卫州人不只三十余家，胡峤有意缩小了人口数字。当时，卫州初建，其后还要陆续增加些人口。尽管如此，卫州人口也不可能太多。1125 年北宋许亢宗出使金朝，沿途经过辽朝许多州县的城镇，目睹后记载如下："所谓州者，当契丹全盛时，但土城存居民数百家及官舍三数椽。不及中朝一小镇，强名为州。"⑦据《辽史·地理志》，横州200家，宁州300家，福州300家。辽代长城以北多数城镇人口与中原城镇人口相比，差距太大。这是辽代人口城镇化的地区特点。

　　孟古托力的分析与王德忠存在同样的问题，将行政区人口视为城市人口。从《辽史·地理志》的记载看，辽的人口都是以州、县为单位记载的。按他的说法，将州的人口都视为城镇人口，岂不是辽代人口全是城镇人口了？乡村人口在哪里呢？事实上，古代关于人口的记载，多是以行政区为单位，而很少以城市或乡村为单位，而且古代城乡一体，长期以来城乡制度没有严格的区分，城市人口大多数也以农业为生。《辽史拾遗》卷17引《契丹国志》曰："室韦国……契丹之类，其在南者为契丹，在北者号为室韦。路出和龙北千余里，入契丹国与契丹同，夏则城居，冬逐水草。"这一记载说明，辽代有些地方的居民实行"两居制"，夏天住在城中，冬天住在城外。并未有明显城乡居民的区分。虽然我们承认在一些较大的城邑里，如五京等，有一些较为固定的"城市人口"，但从总体上讲，辽代各地的人口并没有明显的城乡区分，孟古托力先生所说的辽代"城镇化"只不过是建州置县，设立行政区的活动，与现在乡村人口转化为城镇人口的"城镇化"概念是完全不同的，将两者混为一谈是不妥当的。根据一般的估计，我国从战国至明清时期的城市人口的比重，在10%—20%左右，辽国政权相对中原地区而言，经济较为落后，工商业并不发达，其城市人口比重可能在15%以下。

六、关于人口构成、人口素质、人口政策、人口思想及人口与自然环境关系等问题

　　按照人口学体系，人口问题研究的范畴还有：人口分布、人口构成、人口素质、人口政策和人口思想以及人口与自然环境的关系等方面，但是辽代部分鲜有人涉及。项春松和佟宝山等在这方面进行了有益的探索，但没有展开论述和深入研究。

　　关于辽代的人口分布或地域构成问题。（人口分布与人口地域构成是理论上不易区分的概念，葛剑雄先生说："人口分布与人口结构在论述的对象与数据的运用上往往会是重合的，但两者的侧重点不同。前者是强调人口过程在空间上的表现形式，即特定的人口与其存在的空间范围的关系，而后者则强调这一特定人口内部各种人口数量、指标或现象的比例关系"⑦本文不详加区分这两个概念）。项春松先生认为，辽境内共有二十多个民族，其中契丹族与奚族世居两河流域，占总人口的12%—15%，汉族占65%—70%，其余人口渤海人最多，高丽人次之。西京、南京地区，即今河北北部、山西大部，以原隋唐五代以来汉民为主；中京地区，今内蒙古赤峰南部、辽

宁义县以西、河北隆化以东等地，以移居汉民为主，契丹、奚人次之；上京地区，今内蒙古巴林左旗以北、阿鲁科尔沁旗、蒙古草原，以契丹部族为主；东京地区，今辽阳及东北边远地带，以女真族为主[80]。佟宝山先生认为，辽代阜新地区汉族占80%，契丹族占10%，还有一些其他民族，占总人口10%，阜新西部的成、懿、顺州等地汉民较多，彰武及近邻地区的横州、遂州等地契丹人较多。头下州中，豪州、顺州、欢州（《辽史》缺载），大多数为汉族人，按人数由多至少，排在前头的是李、张、刘、王、赵五姓；横州、闻州、遂州三州则以契丹族为主，杂少许其他少数民族，如奚、渤海等，也有个别汉族，上层应以耶律姓为主，萧姓占少数。徽州、韶州、成州，是公主建的私城，是媵臣户置，从嫁户大多数是汉人，契丹正户少量，汉族约占80%，契丹占5%，其他少数民族占15%[81]。关于人口职业分布，项春松先生认为，上京附近及其北部、东北地区广阔的草原，多为契丹人口中从事畜牧活动的基地；辽河、蒙古境内的主要河流、西辽河上游流域，是汉民和高丽人从事农业的基地；中京地区的宁城、朝阳等地，多为汉民从事养蚕纺织、烧造等行业；山区多林木，几乎为库莫奚人的打造业人口所居；东北地区森林资源丰富，其民多从事渔业狩猎，甚至有相当人口专业从事养鹰（海东青）；南京、西京的居民则从事综合职业，故经济最为发达[82]。

人口素质问题。项春松先生认为，契丹人一般说来多用肉食，体格健壮，尤善骑射，身体素质良好。同时，辽国是一个人才荟萃、歌舞升平、文坛争艳，科技竞雄的时代，在中国文化史上有着特殊的地位。辽国人口总体文化素质既高于前代，也胜过后代，在中国文化发展史上有着深远影响，说明辽朝是一个"文化总体素质普遍较高"的帝国[83]。

人口政策和人口思想。项春松先生认为，辽国统治者们顺应社会历史大势，将涌入辽地的中原人口妥善安置，使他们定居安身，辽朝安定的社会环境，对动乱的中原居民具有极大的诱惑力和吸引力。辽国是我国历史上人口政策和民族关系处理得较好的封建政权之一，对人口的基本策略是安居、移入、招徕、鼓励等四个方面[84]。杨福瑞先生认为，契丹自懿祖匀德实起，即不断受到中原汉族影响，最终在撒剌的、述澜时期形成了"广土众民之志"，至阿保机即位之时已形成清晰完整的建国方略，遂成为辽朝统治的百年大计。"广土众民"的具体化过程，便是开拓疆土，大量军事移民[85]。

人口与自然环境关系。项春松先生认为，辽代自然生态环境良好，如内蒙古赤峰地区，汉、唐以来，草木茂密、森林葱郁。"千里松林"（平地松林）逐渐发育成熟，到辽代正进入鼎盛时期，契丹人正是根植于这片肥沃的热土，居民得以生息繁衍，这可谓地利助辽[86]。另外，张志勇先生认为，辽金统治者在长期的渔猎活动过程中认识到滥猎滥捕的危害，产生了"珍爱物命"保护野生动物的意识，设置渔猎管理机构，提倡节俭,规定禁令,制颁法令,严惩违法行为,运用法律的手段调整、保护狩猎和游牧的经济秩序,反映出了积极的人地关系思想[60]。

综上所述,辽代人口问题研究在史料匮乏、基础薄弱的情况下,几代人经过近一个世纪的努力,还是取得了一定的成就,尤其体现在人口的数量和迁移及户籍制度等方面,但是从整个人口学体系来看,有些方面还缺乏深入研究,特别是人口的社会构成、人口素质、人口政策和人口思想、人口与环境的关系等方面,有的几乎还是空白。当然,由于受条件限制,一些成果本人没有看到,尤其是国外和中国港台的最新研究成果,但并不影响本人对辽代人口研究现状的总体评价。这些问题的原因,除了史料不足外,还有学术界对人口史理论认识上的分歧和不足方面的原因。传统人口研究只集中在人口数量和人口分布迁徙两个方面,现在看来,这种研究过于狭窄,人口史研究的领域需要扩展,不过如何将历史人口学与现代人口学体系的研究框架很好的联结起来,不仅是辽代人口研究的问题,也是整个中国古代人口史和近现代人口史研究中面临的重要问题。笔者认为,只有转变传统人口史观念,扩大人口史研究领域,在研究方法方面开拓创新,辽代人口研究才能取得进一步突破。

注　释:

① 陈述《辽金两朝在祖国历史上的地位》,载《辽金史论集》第一辑,上海古籍出版社1987年版,第1页。

② 陈述《辽代史话》,河南人民出版社1981年版,第3页;陈述《契丹政治史稿》,人民出版社1986年版,第14页。

③ 刘浦江《二十世纪辽金史论著目录·前言》,上海辞书出版社2003年版。

④ 向南《辽代石刻文编·前言》,河北教育出版社1996年版。

⑤ 葛剑雄《中国人口史》第一卷《导论、先秦至南北朝时期》,复旦大学出版社2002年版。

⑥ 焦培民、李莎《什么是历史人口学》,《人口研究》2005年第6期。

⑦ 向南《辽代石刻文编·前言》。

⑧ 《辽史》卷104《耶律昭传》,中华书局1974年版。

⑨ 《续资治通鉴长编》卷21,"太平兴国五年二月",中华书局1992年版。

⑩ 《续资治通鉴长编》卷21,"太平兴国五年闰四月"。

⑪ 《续资治通鉴长编》卷22,"太平兴国六年七月"。

⑫ 引自盖之庸《内蒙古辽代石刻文研究》,内蒙古大学出版社2002年版,第2页。

⑬ 《辽史》卷37《地理志一》。

⑭ 宋兆麟《伙婚与走婚》,云南人民出版社2003年版,第60页。

⑮ 罗继祖《辽史校勘记·序》,上海人民出版社1958年版。

⑯ 宋德金《二十世纪中国辽金史研究》,载《历史研究》1998年第4期。

⑰ 冯家昇《辽史证误三种》,中华书局1959年版。

⑱ 《辽史》卷4《太宗纪上》。

⑲　李锡厚、白滨、周峰《辽西夏金史研究》，福建人民出版社 2005 年版，第 8 页。

⑳　《辽史》卷 27《天祚帝纪一》。

㉑　《辽史》卷 98《耶律俨传》。

㉒　《辽史》卷 104《耶律谷欲传》。

㉓　《辽史》卷 79《室昉传》。

㉔　参见张秀平、王晓明《影响中国的 100 本书》，广西人民出版社 1993 年版，第 269—271 页。

㉕　向南《〈辽史·地理志〉补正》，《社会科学辑刊》1990 年第 5 期。

㉖　参见张国庆《辽代石刻文化刍论》，《中国文化研究》1996 年第 4 期。

㉗　刘浦江《二十世纪辽金史论著目录·前言》，上海辞书出版社 2003 年版。

㉘　陈述《契丹社会经济史稿》，三联书店 1963 年版，第 54 页。

㉙　[美]魏特夫格（K. A. Wittfogel）冯家昇《辽代中国社会史（907—1125 年）》，History of Chinese Society Liao，907—1125，纽约麦克米伦出版公司 1949 年版。

㉚　袁震《宋代户口》，《历史研究》1957 年第 3 期。

㉛　费国庆《关于〈宋代户口〉一文辽代部分的意见》，《历史研究》1958 年第 8 期。

㉜　张正明《契丹史略》，中华书局 1979 年版，第 44 页。

㉝　赵文林、谢淑君《中国人口史》，人民出版社 1988 年版，第 252—255 页。

㉞　葛剑雄《中国人口发展史》，福建人民出版社 1991 年版，第 193 页。

㉟　王育民《中国人口史》，江苏人民出版社 1995 年版，第 110 页。

㊱　孟古托力《辽朝人口蠡测》，《学习与探索》1997 年第 5 期。

㊲　袁祖亮《中国古代边疆民族人口研究》，中州古籍出版社 1999 年版。

㊳　项春松《辽代历史与考古》，内蒙古人民出版社 1996 年版，第 429 页。

㊴　佟宝山《阜新史》，东方出版社 1999 年版，第 126 页。

㊵　路遇、滕泽之《中国人口通史》，山东人民出版社 2000 年版，第 464—465 页。

㊶　葛剑雄主编，吴松弟著《中国人口史》第三卷《辽宋金元时期》，第 197 页。

㊷　韩茂莉《辽代前中期西拉木伦河流域以及毗邻地区农业人口探论》，《社会科学辑刊》2001 年第 6 期。

㊸　谭其骧《辽代"东蒙"、"南满"境内之民族杂处》载《长水集》上，人民出版社 1987 年版，第 247 页。

㊹　邹逸麟《辽代西河流域的开发》，载《辽金史论集》第二辑，上海古籍出版社 1987 年版。

㊺　葛剑雄等《简明中国移民史》，福建人民出版社 1993 年版。

㊻　杨保隆《辽代渤海人的逃亡与迁徙》，《民族研究》1990 年第 4 期。

㊼　韩茂莉《辽金农业地理》，社会科学文献出版社 1999 年版，第 4 页。

㊽　杨福瑞《辽朝徙民置州考》，《昭乌达盟族师专学报》1990 年第 3 期；又见杨福瑞《辽朝移民问题研究》，《昭乌达蒙族师专学报》(汉文哲学社会科学版)2004 年第 5 期。

㊾　韩光辉《辽代中国北方人口的迁移及其社会影响》，《北方文物》1989 年第 2 期。

㊿　孟古托力《辽代人口的若干问题探讨》，《北方文物》1997 年第 4 期。

51　葛剑雄主编，葛剑雄、吴松弟、曹树基著《中国移民史》第四卷，福建人民出版社 1997 年版，第 59 页。

52　王德忠《辽朝的民族迁徙及其评价》，《东北师大学报》1998 年第 4 期。

53　《辽金元明时期北京地区的人口迁移》，《中国史研究》1996 年第 4 期。

(54)《辽金元时期东蒙古地区人口迁徙研究》,《内蒙古社会科学》1996 年第 1 期。
(55)《辽金时期中原汉人外迁与东北女真人内聚浅探》,《内蒙古大学学报》2005 年第 5 期。
(56)《辽代黑龙江地区汉族人口考述》,《黑龙江史志》2004 年第 4 期。
(57) 陈述《契丹社会经济史稿》,第 54 页。
(58)(61)(66) 孟古托力《辽代括户口探微——边疆户口制度的发展》,《黑龙江民族丛刊》2000 年第 3 期。
(59)(64)(72)(74) 葛剑雄主编,吴松弟著《中国人口史》第四卷《辽宋金元时期》,第 164—165 页、165 页、第 171 页、第 183 页。
(60) 王育民《中国人口史》,第 110 页。
(62) 韩光辉、张清华《关于辽朝户口类型考察》,《北方文物》2003 年第 3 期。
(63) 杨若薇《契丹王朝政治军事制度研究》,中国社会科学出版社 1991 年版,第 40—57 页。
(65) 张正明《契丹史略》,第 120 页。
(67) 邢铁《户等制度史纲》,云南大学出版社 2000 年版,第 99 页。
(68) 漆侠、乔幼梅《辽夏金经济史》,经济日报出版社 1998 年版,第 49 页。
(69) 赵文林、谢淑君《中国人口史》,第 253 页。
(70) 葛剑雄《中国人口发展史》,第 195 页。
(71) 韩光辉《论〈辽史〉户、丁系年问题》,《北方文物》1999 年第 1 期。
(73) 王德忠《论辽朝五京的城市功能》,《北方文物》2002 年第 1 期。
(75) 韩光辉《建都以来北京历代城市人口规模蠡测》,《人口与经济》1988 年第 1 期。
(76) 孟古托力《辽代人口的若干问题探讨》,载《北方文物》1997 年第 4 期。
(77) 胡峤《陷虏记》,载《新五代史》卷 73《四夷附录第二》,中华书局 1974 年版。
(78) 许亢宗《宣和乙巳奉使金国行程录》,《辽史拾遗》卷 14,商务印书馆 1936 年版。
(79) 葛剑雄《中国人口史》第一卷《导论、先秦至南北朝时期》,第 104 页。
(80) 项春松《辽代历史与考古》,第 430 页。
(81) 佟宝山《阜新史》,第 125 页。
(82)(83)(84) 项春松《辽代历史与考古》,第 429— 430 页、430— 431 页、431— 432 页。
(85) 杨福瑞《辽朝移民问题研究》,《昭乌达蒙族师专学报》(汉文哲学社会科学版)2004 年第 5 期。
(86) 项春松《辽代历史与考古》,第 432 页。
(87) 张志勇《辽金对野生动物的保护及启示》,《北方文物》2004 年第 2 期。

第二章 辽代基本概况

第一节 辽代疆域与自然环境

一、辽代的疆域

关于辽代疆域，《辽史》中有这么几条记载：

东际海，南暨白檀，西逾松漠，北抵潢水，凡五部，咸入版籍[①]；

东逾蟠木，西越流沙[②]；

东自海，西至于流沙，北绝大漠，信威万里，历年二百[③]；

东至于海，西至金山，暨于流沙，北至胪朐河，南至白沟，幅员万里[④]。

通过这几条记录，我们可以看出辽代疆域在不同时期的变化情况。

1.辽建国时的疆域

"东际海，南暨白檀，西逾松漠，北抵潢水，凡五部，咸入版籍"，这条记录载于太祖五年(911年)，这时耶律阿保机仅是契丹族第十一位首领，尚未称帝建国，其统治范围基本上是潢河、土河流域及其南部的"奚、霫之地"(相当于后来的中京道的大部分地区)，这时的海应该指的是渤海。这一区域即是辽立国之本的"契丹腹地"。

"东逾蟠木，西越流沙"，反映的是辽代建国初期，灭渤海国之前的疆域，蟠木应指大兴安岭森林地带，抵达渤海国西界，大致约为今东北平原的南北中轴线。向西到了阿尔泰山以西的沙漠地区。辽建国之初的疆域往南到燕山山脉长城一带，向南即中原五代各政权的疆域，北为契丹国之疆域[⑤]。这时辽太祖东讨西伐，南征北战，基本上就在这个范围里面。据《辽史》等文献记载，神册元年(916年)，耶律阿保机亲统契丹大军征突厥、党项、吐谷浑、沙陀等部，俘其酋长、部民，掠获大量铠甲、兵杖、器服及宝货、驼马牛羊等。神册三年(918年),又命皇弟耶律安端等人率军攻打西南诸部。神册四年(919年),耶律阿保机又命皇太子耶律倍击乌古部,俘获大量人口,掠得不少牛马、车辆、庐帐、器物等,迫乌古部降服契丹。天赞元年(922年),耶律阿保机又出兵征西南诸部。

2. 东灭渤海国、南得燕云十六州后的疆界

"东至于海,西至金山,暨于流沙,北至胪朐河,南至白沟,幅员万里",指的是辽东灭渤海国、南得到燕云十六州,后周世宗柴荣又复夺回三关之地后的疆界。

天赞三年(924年),阿保机诏曰:"三年之后,岁在丙戌,时值初秋,必有归处。然未终两事,岂负亲诚!"⑥即奉天意,三年之后他会归天,然在此之前,他要办两件事,一是西征,二是东征,正是这两件事奠定了辽代的东西边界的基础,太宗时期的第三件事奠定了南部边界的基础。

第一件事是率次子、天下兵马大元帅耶律德光再征吐谷浑、党项、阻卜、回鹘等部。此次西北征伐,契丹大军过回鹘城(今蒙古国哈喇八尔哈孙),逾流沙,拔浮图城(今新疆吉木萨尔北石城子),尽降西部各游牧部落,也为辽的中、后期西、北疆域之形成,奠定了基础。

第二件事是东征渤海国。渤海国始建于唐代,是古代东北地区粟末靺鞨人建立的一个地方政权,据有今东北地区东北部及俄罗斯的远东部分地区。至辽建国之初,渤海已有"五京、十五府、六十二州"⑦。其中,设置于乌苏里江东岸一带的,计有四府十一州,辖有今绥芬河流域及乌苏里江、兴凯湖以东海滨之地。

阿保机为了解除南征中原的后顾之忧,决定先举兵东灭渤海国。《契丹国志》载:"时东北诸夷皆服属,惟渤海未服。太祖谋南征,恐渤海掎其后,乃先举兵击渤海之辽东。"⑧天赞四年(925年)冬,阿保机借口"渤海世仇未雪",亲统契丹大军主力,在皇后述律平、太子耶律倍、次子天下兵马大元帅耶律德光及汉官韩知古、康默记、韩延徽等人的陪伴下,浩浩荡荡,向东讨伐。天显元年(926年)正月,契丹大军攻下扶余府(今吉林农安),进围渤海国都上京龙泉府所在地忽汗城(今黑龙江宁安东京城),渤海国王大諲譔被迫投降。二月,渤海安边(今属俄罗斯,临日本海)、鄚颉(今黑龙江阿城)、南海(今朝鲜咸兴)、安理(今属俄罗斯,临日本海)等府及诸边道节度使、刺史纷纷归降,渤海国灭亡。耶律阿保机灭渤海国后,为因地制宜,更为有效地统治这一地区,在这里建立了东丹国,以皇太子耶律倍为东丹国王,并设置了一套相应的管理机构。至此,辽的东部疆域已抵日本海,奠定了辽朝疆域的东部边界。

第三件事是太宗耶律德光占据燕云十六州。燕云十六州位于长城以南,辽初时属中原五代诸政权所有。辽太宗耶律德光天显十一年(936年),后唐河东节度使石敬瑭

与末帝李从珂互相猜忌,石敬瑭欲谋取后唐而代之,遣使向辽帝求援,称臣、称子,约以事成后割燕云十六州地给辽。是年九月,耶律德光亲统契丹大军南下,援立石敬瑭。契丹军队于晋阳(今山西太原)大败后唐守将杨光远。十一月,正式扶立石敬瑭为后晋皇帝。石敬瑭如约割幽(今北京市)、蓟(今天津蓟县)、瀛(今河北河间)、莫(今河北任丘)、涿(今河北涿州)、檀(今北京密云)、顺(今北京顺义)、新(后改称奉圣州,今河北涿鹿)、妫(今河北怀来)、儒(今北京延庆)、朔(今山西朔县)、应(今山西应县)、云(今山西大同)、武(今河北宣化)、寰(今山西朔县东北马邑)、蔚(今河北蔚县)十六州地给辽。燕云十六州地入辽版图,使辽的南部疆域进一步扩大到了中原北部地区。辽东灭渤海,南并燕云,加之北疆的进一步拓扩,其王朝疆域已较建国之初,有了很大改变。

关于辽国南北疆界有两点需要说明。一是北部边界。根据有关史料及考古资料证明,至辽太宗朝,辽的北疆绝不仅仅以胪朐河为界,而是更要向北。《辽史·营卫志》即载,"太宗会同二年,以乌古之地(今额尔古纳河以东及海拉尔河流域)水草丰美,命居之。三年,益以海勒水(今海拉尔河)之地为农田"⑨。非常明显,纬度高于胪朐河的乌古之地及海勒水流域,已成了辽的半农半牧区,辽的北疆显然已越过了胪朐。此外,据蒙古国与苏联考古工作者的考古发掘证明,在蒙古国首都乌兰巴托西北的布尔干省和东部肯特省等地,均发现了辽代古城遗址,其中,考古人员还在青·托罗盖城址中,找到了一些有铭文瓦片,这些铭文是关于研究契丹史的一些珍贵资料⑩。在苏联的贝加尔湖地区,也发现了一些"随着契丹统治的开始"在那里修建的城堡。⑪这都说明辽的北疆已越过了胪朐河。

二是南部边界。辽的南部疆域在吞并燕云十六州之后的一段时期内,即辽太宗至辽穆宗执政期间,也曾有过变动。辽初得燕云十六州地后,其南部边界已达今河北中部的保定、高阳一线,大致为西界军都山,东至海。这一界限已向南越过了《辽史·地理志》所记的"南至"白沟河。辽穆宗应历九年(959年),后周世宗柴荣攻打燕京,夺回了三关之地,关南的瀛、莫、宁、易四州十县均入后周。此后,辽又将易州夺回,但其余州县已无力收复。至此,辽疆域的南界才以白沟河(今拒马河中部及东部海河)为限,直至辽末。

张国庆先生结合《辽史》的记载及谭其骧先生主编的《中国历史地图集》、舒焚先生的《辽史稿》、邹逸麟先生的《中国历史地理概述》等书进行了考证,将辽穆宗以后的辽疆域范围、走向,用今日之地名,进行了大致的勾勒⑫:从今天津市海河入海口溯流而上,沿今河北霸县、雄县、徐水以北,永清、定兴以南的拒马河(白沟河)向西,经易县、涞源与满城、阜平间进入山西境内,向西再经灵丘、浑源、应县、朔县、宁武、五寨、偏关与繁峙、代县、原平、岢岚、保德间,进入陕西境内,向西经府谷、神木与内蒙古伊克昭盟准格尔旗之间,是为辽疆域的"南线西段"。

从今内蒙古伊克昭盟伊金霍洛旗与东盛之间,向西北,过黄河,进入巴彦淖尔盟境内,再向西,在河套以东折向西北,然后进入今蒙古国境内,大体上与中、蒙两国国界平行,再向西,至我国甘肃和新疆交界附近,是为辽疆域的"西南线"。

在今蒙古国境内,大致与中、蒙两国国界平行,再向西北,在今阿尔泰山山脉西南,进入我国新疆境内,沿着乌伦古河,再向西北,在吉木乃以南,和布克赛尔、塔城以北,进入今哈萨克斯坦境内,到萨瑟科尔湖以北,再向北,至俄罗斯巴尔瑙尔,折向东,是为辽疆域之"西线"。

从巴尔瑙尔向东,向东北,再向东,包括今叶尼塞河上游东西两岸及其支流安加拉河以南,以及外兴安岭西端以北,是为辽疆域的"北线西段"。从今外兴安岭西端以北,再向东,到东端的鄂霍次克海,是为辽疆域的"北线东段"。

沿鄂霍次克海海岸线向东,包括今萨哈林岛(库页岛),向南和西南折,沿今日本海西岸,再向南,至东朝鲜湾,向西穿过朝鲜半岛北部,至中、朝界河鸭绿江入海口,是为辽疆域的"东线"。然后沿辽东半岛及渤海湾海岸线向西,至天津市海河入海口,是为辽疆域的"南线东段"。

整个疆域大体上由盛唐时期的北疆地区和燕云地区两大部分组成,总面积约为四百八十多万平方公里,大致相当于北宋版图的两倍,这就是本文研究辽代人口所依据的地理范围(参见图2—1)。

图2—1　辽国疆域、自然区域分布示意图[13]

由于国土辽阔,辽代各地自然环境差别很大,《辽史·营卫志》对此进行了简单的描述:

> 冀州以南,历洪水之变,夏后始制城郭。其人土著而居绥服之中,外奋武卫,内揆文教,守在四边。营卫之设,以备非常而已。并、营以北,劲风多寒,随阳迁徙,岁无宁居,旷土万里,寇贼奸宄乘隙而作。营卫之设,以为常然。其势然也。

《辽史·地理志》对各道的地理状况描述仅有以下记载:

> 上京道:负山抱海,天险足以为固。地沃宜耕植,水草便畜牧。

> 中京道:幅员千里,多大山深谷,阻险足以自固。

> 南京道:东北幽州,山镇医巫闾,泽薮貕养,川河、沛、浸菑、时。其利鱼、盐,其畜马、牛、豕,其谷黍、稷、稻。

仅据上述史料无法考察当时的地理环境,因此,笔者依据现代地理资料[14],结合历史文献,按照自然环境和经济模式的不同,将辽国疆域分为四大区域模块:内蒙古草原农耕区、蒙古国高原山地游牧区、大兴安岭以东的狩猎农耕区、长城沿线及其以南的传统农耕区(参见图2—1)。

二、内蒙古区域

1. 位置及组成部分

蒙古高原大体上东起大兴安岭,其北段东侧基本上是辽上京道和东京道的交界线;西至阿尔泰山,这是辽国的西部疆界(时称金山);南部呈弧形与大马群山、燕山、大青山、阴山相接,均在辽国境内;北至外兴安岭向西延伸的山地,基本上就是辽国疆域的“北至”。

历史上蒙古高原划分为漠南和漠北,大致相当于今天我国的内蒙古自治区和蒙古人民共和国。

漠南就是现在的内蒙古区,该区域是高原、山地与草原的结合地带,是辽政权的统治中心,即“腹心部”所在地,包括辽都上京临潢府及上京道的经济发达区、中京道的西部和西京道的北部地区。内蒙古高原的山地大部分地区在海拔1000米以上,按地貌该区可以分成内蒙古高原区、阴山山地区和大兴安岭山地丘陵区。鄂尔多斯高原区、河套平原区的主要部分不在辽国辖境范围内。

内蒙古高原区包括呼伦贝尔高原、锡林郭勒高原、乌兰察布高原和巴彦淖尔—阿拉善高原。东、中部草原辽阔,是天然牧场,历史上契丹族就活动在这一区域,尤其是号称两河流域的西拉木伦河(辽之潢河)、老哈河(辽之土河)流域,正是契丹族的发祥地。西部为荒漠戈壁(《辽史》所谓“流沙”)。

阴山山地区西起黄河后套平原以北，东至多伦，由阴山、大青山及察哈尔低山丘陵组成，包括了西京道北部、上京道南部的部分地区。这条东西向的山地形如屏障，在气候和农牧业生产上形成一条重要的自然分界线。

大兴安岭山地丘陵区是森林向草原的过渡带，大兴安岭山脉自东北向西南延伸，山体宽度逐渐缩小，西坡和缓，与蒙古高原区相接。

2. 地形特征

内蒙古地区的山脉主要有东部的大兴安岭山脉，横亘中部的阴山山脉以及西南部的贺兰山山脉，这三条山脉对该地区自然与人文环境的形成有一定的影响。戈壁、沙漠和沙地在内蒙古地区分布的面积很大，约占1/4。

内蒙古的河流有外流、内流水系之分。外流水系有黄河水系、永定河水系、滦河水系、西辽河水系、嫩江水系和额尔古纳河水系；内流河主要有锡林郭勒高原的乌拉盖河、锡林郭勒河，乌兰察布高原的艾不盖河、西拉木伦河，以及阿拉善高原的额济纳河。内流河水量因季节不同而有很大变化。

内蒙古有许多湖泊，呈东北—西南向分布。著名的有呼伦湖（桦楞泝）、克什克腾旗达来湖、河套平原的乌梁素海、察哈尔丘陵的岱海和黄旗海、锡林郭勒高原的库勒查干诺尔、额济纳旗的居延海。

3. 气候及生态特征

内蒙古属于温带大陆性季风气候，由于跨越经度、纬度较大，气候差异很大，其规律是沿着大兴安岭向西南，温度递增、降水量递减。内蒙古草原冬季漫长，盛行北风、西北风，天气晴朗、干燥，降水很少。夏季较短，从东南吹来的风，造成丰富的降水。我国季风区与内陆干旱区的分界线是大兴安岭—阴山—贺兰山—祁连山—横断山—冈底斯山，成为内蒙古气候的分界线，西部地区大陆性特征显著。

内蒙古大兴安岭东南的西辽河上游，即西拉木伦河、老哈河流域是辽国的"腹心部"所在地，也曾经是距今5000年前新石器时代"红山文化"的发祥地。在地质史上的全新世时期，气候温暖干燥，植物生长茂盛，孕育了渔猎、采集、原始农业并存和以农业为主，具有较高青铜铸造技术的红山文化。但是，内蒙古广大地区是以半干旱草原栗钙土、棕钙土为主，地表土层瘠薄，生态环境脆弱，大陆性气候造成内蒙古地区没有粮食作物赖以生长的充足积温和降水，却非常适合草本植物生长，适宜发展牧业。自汉代以来，在内蒙古一些本不适合发展农业的半干旱草原地区进行大规模的农业垦殖，破坏了地表的草被，表层土壤被裸露，在风力吹扬作用下，使土地严重沙化。

辽代由于社会经济的发展，大量移民的迁入，尤其是农业人口的迁入，使南部地区特别是西辽河上游地区的耕植业发展起来，农业垦殖带进一步向草原地区推进，出现了农牧交错的现象,表现出适应游牧社会的部落集团与管理农业社会的地方行政区的相互穿插。

内蒙古地区处在亚洲东部综合自然区划的结合部,气候、降水、植被、土壤等条件使其对于人类社会的畜牧、渔猎或农耕经营方式兼具适应性。因而在历史上造成各个部族的频繁进出和农业、牧业生产方式的反复变动。自辽代以来,处于蒙古草原东部的原东四盟,即:呼伦贝尔盟,哲里木盟(今内蒙古自治区通辽市,辖科尔沁中旗等8个县、旗、区),卓索图盟(今辽宁省阜新、北票、朝阳、凌源、平泉等市县)和昭乌达盟(今内蒙古自治区赤峰市,辖巴林左旗等12个旗、县、区),除呼伦贝尔高原历史上基本维持畜牧与渔猎经营方式不变,其他三个地区农业、畜牧业的比重和人群的变化都非常大。

三、蒙古国区域

1. 位置及组成部分

蒙古高原的"漠北"即今蒙古国,属于高原山地,大部分地区海拔1000—2000米,北部、西部和西南部多山,占其全部面积的1/2以上,杭爱山、肯特山和阿尔泰山是其境内主要山脉,地势由西北向东南倾斜。东部是略有起伏的高平原,南部横亘着戈壁沙漠。蒙古地形按其特征可分为杭爱—肯特山区、阿尔泰山区、大湖盆地区、南部戈壁区和东部高平原区五个地区。阻卜、粘八葛、乌古敌烈、萌古、茶扎剌等部分都在这一地区,辽庭在这里设置了西北路招讨司、乌古敌烈统军司等机构管理这一地区的军政事务。

2. 地形特征

杭爱—肯特山区。该区位于蒙古北部的东西两侧,是以杭爱山脉、肯特山脉为主体的中山山地。大部分山体浑圆舒缓,多山间谷地,山岭北坡森林茂密。在杭爱山与肯特山两大山脉的环护中,是色楞格河与土拉河流域宽广的河谷草原,雨量充沛,植被茂密,这里过去就是匈奴的王庭、突厥或回鹘的牙帐、大唐王朝的安北都护府以及后来的蒙古大汗都城的首选之处,辽代著名的边防州城:招州、镇州、维州、防州均集中在这里,西北路招讨司的首脑招讨使即驻防于此,今天也是蒙古国人口集中,工农业较发达的地区。

阿尔泰山区。水草丰茂,宜于放牧,是北亚蒙古草原与西域之间的屏障和分隔带,古代东、西突厥即以此来划分,辽代的粘八葛等部族大致分布在这一地区。

大湖盆地区。该区位于杭爱山脉与阿尔泰山脉之间,由乌布苏、科布多和扎布汗3个盆地和众多湖泊、沙漠组成,是蒙古草原西部的交通枢纽,连接着西伯利亚、南部的戈壁与漠南。

南部戈壁区。辽时称"大漠",地势相对平坦,有成片的露岩和沙漠,沙丘、洼地、垄岗相间,夹杂着少数山地和丘陵,缺少河流与湖泊,是一个干旱、荒芜和贫瘠的地带。大漠戈壁一直延伸到新疆北部与准噶尔戈壁相连,成为蒙古草原上的一道天然屏障。

东部高平原区,该区位于蒙古东部,地形平坦开阔,大部分是草原,间有丘陵盆地、内陆湖沼和沙漠。东接大兴安岭西麓,山势平缓,有许多湖泊沼泽,便于草原民族通往西辽河流域。

蒙古高原的河流分属北冰洋、太平洋和亚洲内陆三大水系,多数分布在北部。冬季全部封冻,夏季多数河流除汛期外均可徒涉。蒙古高原也是多湖泊的地区,有大大小小的淡水、咸水湖泊一千多个,濒湖草原牧草丰美。

3. 气候及生态特征

蒙古地处亚洲内陆,地势较高,降水稀少,空气干燥,属于大陆性高寒气候。气温变化剧烈,年温差大。气候特征可概括为:冬季漫长,结冰期从 10 月初开始,直至翌年 5 月止;春季多强风,飞沙走石,尘土弥漫,破坏性很大;夏季短暂,炎热多暴雨;秋季只有 9 月份一个月左右时间。

蒙古的植被随纬度、地形和气候条件而异。北部山区多森林,中部和东部为草原,是良好的天然牧场,南部有岛状的沙漠旱生植物和灌木丛。大湖盆地和南部地区为荒漠、半荒漠,植物极其稀疏。土壤种类虽多,但以栗钙土、戈壁棕钙土、盐碱土为主,不宜农业开发。

四、东北地区

辽代虽然也使用了"东北"一词,如"东北路统军司"、"东北路监军"等,但其"东北"的概念比现在的"东北三省"地区概念要大得多,包括了除现东三省以外的俄罗斯部分领土。

1. 位置及组成部分

这一地区西与蒙古高原以大兴安岭相连,东到库页岛,北至外兴安岭,南到渤海。包括了东京道的全部,上京道、中京道的东部一小部分地区。国境外的地区除东部分布有东海女直等少数部族外,其他地区,如黑龙江以北至外兴安岭的广大地区,是森林、沼泽高寒地带,人烟稀少,未见有居住部落的记载,因此我们讨论的范围以现国境内的"东北三省"辖区为主要内容。

2.地理概况

东北自然地理的一个突出特点,就是山水相连,浑然一体。黑龙江省境西北部为大兴安岭山地,呈北至南的走向;西邻蒙古草原,南边续接燕山山脉。与大兴安岭山地相对应的是,吉林省境内长白山地呈东北至西南走向,延续至辽宁省辽东半岛部分,称千山山脉。在大兴安岭与长白山之间,其北端有一山地群,称小兴安岭山地,自伊勒呼里山向东南伸展,直抵松花江畔,接张广才岭、完达山、老爷岭,又与长白山系相衔接。在三大山系的包裹中,自北至南,一直达于辽宁省的辽河入海处,是一广阔的平川地带,这就是著名的东北平原,其北部又叫松嫩平原,南部则称松辽平原。东北地区的最南端即辽东半岛,向西延伸至绥中县、兴城,一边环渤海,另一边即半岛东侧,是黄海。东北整个地势,简言之,三面环山,一面临海。

主要河流有:大兴安岭西侧北端的额尔古纳河,北流注入鄂霍次克海;乌苏里江以下,又有兴凯湖、绥芬河诸水。今吉林省境内有长白山下的图们江;与图们江同发源于长白山天池的鸭绿江,注入黄海;松花江(辽称混同江)自今吉林省向北与黑龙江汇合;在辽宁省内有以辽河为中心的水系,诸如浑河、太子河(梁水)等,都属辽河的支流。

东北地区的地理环境独特之处,就在于三面为山水环绕,中间贯穿南北的东北大平原,通过西南部与内蒙古辽阔的草原相连,地势更为开阔。这样,就造成了聚居于山林、草原的渔猎或游牧民族,向中间地带的平原、农耕区聚拢之势。从南到北,从东到西,几无山川阻断,形同一体,可以从遥远的黑龙江,直趋南下,或经蒙古草原,或经东北大平原进入辽河以西至山海关这条通道,进入华北。辽灭渤海以后,渤海族的大规模西迁、女真族大批南下,无不与这种优越的地理环境有关。

3.气候及生态特征

这一地区气候属温带湿润半湿润气候区,特点是冬季漫长、严寒,春季风大,夏季短促、暖热湿润。全年日照百分率60%—70%。冬季长达6—7个月,最低气温,南部 –21℃——28℃,北部达 –40℃以下。夏季短促,三江平原75天,松嫩平原50天,嫩江以北无夏天,夏季平均气温在20℃以上,相对湿度70%—80%。冬季盛行偏北风,夏季盛偏南风。

特殊的地理环境和气候特征,使这一地区农耕、畜牧、渔猎等三种经济形态并存,同步发展。首先是农业,始终是古代东北地区占主导地位的经济形态,迄今已有六七千年的历史。主要是在东北的南部、中部,北至呼伦贝尔地区,都比较早地出现了原始农业,主要是气候适宜,有利于作物的生长,自南向北,农业在全地区逐步发展起来,连游牧、渔猎民族也在不断地向农业经济转化。其次是渔猎,它的历史比农业更为悠久。在山间丛林，在江河湖泊，都是渔猎的地区。如在长白山区和大、小兴安岭，在遥远的黑龙江两岸、乌苏里江流域等，都是渔猎民族的栖居之所，渔猎是他们谋生的主要手段。当这些民族一经走出丛林，进入平原，或创建政权，渔猎已降为次要地位，逐渐演变为消遣娱乐活动。再次，畜牧经济在东北分布广泛，也很发达。不论哪个少数民族，畜牧都是他们经济生活的重要组成部分。如马、牛、羊、猪等，全区很普遍，其中以养马最重要。专以畜牧为主的民族，主要是生活在广阔的草原上的游牧民族。在黑龙江大兴安岭南北，到吉林西部、西北部，延续至辽宁西部，紧邻今内蒙古东部，形成一宽广而无遮拦的草原地带，是其主要的畜牧区。从先秦时代的东胡，到秦汉时的乌桓、魏晋时的鲜卑、唐宋之际的契丹、室韦，直到宋时的蒙古族，多少个世纪以来，相继成了大草原的主人。在接近农耕的地区，这些游牧民族也兼作少量农业，如辽朝西辽河上游的"契丹腹地"，经济状态表现为亦农亦牧，呈"插花"式分布特征。

在东北地区，各种经济形态兼备，呈现出经济生活的多样化，互向补充，互为依存，同步发展。山水相连而无阻，平川旷野接草原，山高不峻，水长而无险，冬季结冰即成坦途。历史上各民族的活动异常活跃，迁出迁入，由此带动经济与政治、文化不断地变革。这与西南地区诸民族世居一地而不变、生产方式长久地停留在刀耕火种的状态成为鲜明对照。

五、长城沿线及以南地区

1. 地理位置

这一地区主要由两大地理单元组成：东部是以北京地区（辽南京）为中心的华北平原北部及其周围的燕山、军都山地区；西部是以大同地区（辽西京）为中心，由黄土高原、太行山北段的高原、山地、丘陵、盆地组成。该地区东部地处中原与蒙古高原、东北平原三大地理单元的交接带，西部地处太行山脉、蒙古高原、黄土高原、华北平原交接地带，它们是汉族农业经济与文化和北方民族游牧经济与文化的过渡带南缘，历史上就是南北方往来的交通枢纽和物资文化的交流中心，成为汉族与古代北方各少数民族接触、交往、融合的大熔炉，是中原农业民族与北方游牧民族之间利益冲突、武力争夺的战略要地。这一地区包括了辽代西京道、南京道的绝大部分地区。

2. 地形特征

该地区平原山地兼备，盆地丘陵相间。西部与北部为山地丘陵，中部与东部为平原，地势自西北向东南倾斜，平原面积占区域总面积的30%左右，主要河流有桑干河、洋河、永定河、潮白河、温榆河、拒马河等。

东部地区地势平坦,土壤肥沃,河流纵横,排水通畅,北京有"水甘土厚"之誉。自古以来这里既是区内主要农作区,又是区内郡(州)县治所城市集中区和人口分布密集区。区域中心城市早期蓟城和后来的都城北京即位于永定河的冲积扇上。

西部地区大部分为海拔 2000 米左右的山脉,北部的燕山山地,大部分为海拔 1000 米左右的中山。在山区由于山地褶皱运动强烈,沟谷发育,形成了大同、延庆、密云和平谷等盆地,自古亦为农作区和人口分布密集区。较大河谷均有明显的一二级阶地,是山区农作、人口分布之所。由于海拔高、无霜期短、气温低,易被山洪、风雹灾害,农产低,以林牧业为主。

3. 气候及生态特征

东部地区为典型的南温带亚湿润大陆性季风气候。四季分明,夏季炎热多雨,冬季寒冷干燥。年均温度为 12℃—16℃,全年无霜期一般在 180 天—200 天,但南北差别较大。年平均降水量为 600 毫米左右,季节分配不均,80% 的降水集中在 6 月—9 月,其中 70% 又集中于 7 月—8 月,且多以暴雨、阵雨形式下降。而冬春雨雪少,常有害旱发生。东南低西北高的地势,不仅可以部分地阻挡冬季西北大风寒潮,而且可以抬升夏季东南湿热气流、增加降水,有利于种植业的发展。一般讲,这种水热条件较适宜于旱作农业的发展。因地形和降水集中的特点,区内尽管河流多,但易于泛滥,造成水土流失和严重水灾,危及河流沿岸居民的正常社会生活。

西部地区地形多样,高差悬殊,因而既有纬度地带性气候,又有明显的垂直变化。因山脉屏障,夏季风影响不大,属于暖温带、温带大陆性气候。年平均气温在 -4℃—14℃之间。气温地区分布总趋向是自南向北、自平川向山地递减。无霜期平川长山地短,大致为 110 天—140 天,年平均降水量 400 毫米— 650 毫米。

地理环境和气候特征决定了这一地区的农业优势,尤其是东部的华北平原,自古以来就是农业比较发达、人口集中的地区,正是这种发达的农业经济,吸引了不同时期的北方各游牧少数民族越过长城与之发生联系。

内、外蒙古在地域上是草原型高原,单一的游牧、畜牧经济的产品无法完全通过自身来消化,使他们与中原农业区结成不解之缘,自有文字记载以来,就有北方游牧民族与中原王朝的军事冲突,从历史的角度看,同后来的通婚、通贸一样,这只是两大经济区联系的一种形式,从而在地缘政治空间上趋向整合。辽代跨长城南北,尽纳北方草原与中原农业区于一体,自秦、汉以来,在我国历史上还是首次。

第二节　辽代政权兴亡和人口发展过程

一、建国前的历史和人口状况

曾经控玄我国北方的辽朝是由契丹族建立的少数民族政权，"东自海，西至于流沙，北绝大漠，信威万里，历年二百"⑮，其建国前的历史，《辽史》中的一段话进行了集中概括：

> 辽之先，出自炎帝，世为审吉国，其可知者盖自奇首云。奇首生都庵山，徙潢河之滨，传至雅里，始立制度，置官属，刻木为契，穴地为牢，让阻午而不肯自立。雅里生毗牒，毗牒生颏领。颏领生耨里思，大度寡欲，令不严而人化，是为肃祖。肃祖生萨剌德，尝与黄室韦挑战，矢贯数札，是为懿祖。懿祖生匀德实，始教民稼穑，善畜牧，国以殷富，是为玄祖。玄祖生撒剌的，仁民爱物，始置铁冶，教民鼓铸，是为德祖，即太祖之父也，世为契丹遥辇氏之夷离堇，执其政柄。德祖之弟述澜，北征于厥、室韦，南略易、定、奚、霫始兴板筑，置城邑，教民种桑麻，习织组，已有广土众民之志。而太祖受可汗之禅，遂建国。东征西讨，如折枯拉朽。⑯

这段史料记述了辽太祖建国前的十位契丹部族首领及其主要事迹，基本上是辽代建国前的历史概述。

1. 族源与古八部时期

契丹族称始见于北魏时期，《魏书·契丹传》云："登国（386 年—395 年）中，国军大破之，遂逃进，与库莫奚分背。"关于契丹的族源，过去争论颇多，有匈奴说、东胡说、鲜卑说。1992 年辽东丹国相耶律羽之墓志的出土，彻底解决了这个问题。他的《墓志》上明确表述"公讳羽之，姓耶律氏，其先宗分佶首，泒出石槐"。"佶首"即《辽史》中所言之契丹始祖"奇首可汗"；"石槐"即指东汉时鲜卑首领檀石槐，此即明证了契丹源自东胡系的鲜卑族⑰。

隋朝以前契丹一直保持八部的编制。《辽史·营卫志》即云："契丹之先，曰奇首可汗，生八子。其后族属渐盛，分为八部，居松漠之间。"⑱"松漠"在今内蒙古赤峰一带，说明兴起后的契丹族即分布并游牧于今西辽河上游地区。大约到了北魏中后期，契丹八部之名便有了明确的记载。《魏书·契丹传》记契丹最早八部之名为：悉万丹部、何大何部、伏佛郁部、羽陵部、日连部、匹絜部、黎部和吐六于部。北魏太和三年（479 年），契丹遭北方柔然攻扰，契丹大酋莫佛贺勿于"率其部落车三千乘，众万余口,驱徙杂畜,求入内附,止于白狼水东,自此岁常朝贡"。[19]古时白狼水即今辽西大凌河,说明此时的契丹人已向东迁徙到了今辽宁朝阳、阜新和锦州一带。这时契丹族的人口记载所见就是"部落车三千乘","众万余口",两组数字。孟广耀先生考证后认为,这组数字仅是八部之一部,而非契丹全部人口,[20]那么,如果按每部10000人计算,这时(北魏太和三年,479年)的契丹人口达到了80000人的规模。

2.新八部与遥辇二十部时期

一百多年之后,契丹内部进行了改组。《辽史·兵卫志》载:"大贺氏中衰,仅存五部。有耶律雅里者,分五部为八。"契丹新八部之名,据《辽史·营卫志》分析,它们是:迭剌部、乙室部、品部、楮特部、乌隗部、突吕不部、捏剌部、突举部。新八部与古八部相比,各部之间的地缘关系更加密切,而血缘关系则明显削弱了。阻午可汗后期,契丹族部落由原来的八部,变成二十部。《辽史·营卫志》载:"遥辇阻午可汗二十部:耶律七部,审密五部,八部。"并进一步解释说:

> 涅里相阻午可汗,分三耶律为七。二审密为五,并前八部为二十部。三耶律:一曰大贺,二曰遥辇,三曰世里,即皇族也。二审密:一曰乙室已,二曰拨里,即国舅也。其分部皆未详,可知者曰迭剌,曰乙室,曰品,曰楮特,曰乌隗,曰突吕不,曰捏剌,曰突举,又有右大部、左大部,凡十,逸其二。大贺、遥辇析为六,而世里合为一,兹所以迭剌部终遥辇之世,强不可制云。[21]

这时的契丹族得到了空前的发展,史书中关于畜牧业、农业、手工业生产发展的记载也非常之多,尤其是遥辇氏后期,上引《辽史》"教民稼穑,善畜牧,国以殷富"、"始置铁冶,教民鼓铸"等就是很好的证明,经济的发展必然带动人口数量的增加。

3.建国前夕

唐昭宗天复二年(902年),耶律阿保机"以兵四十万伐河东、代北";[22]唐哀帝"天祐二年(905年)五月,阿保机领兵三十万,至云州东城"与李克用结盟[23];天祐十四年(917年),契丹"寇幽州,是时言契丹者,或云五十万,或云百万,渔阳以北山谷之间,毡车毳幕,羊马弥漫"[24],这几组数字说明这时契丹族人口规模是非常大的,我们持保守态度,取军队数目30万,按照第四章的考证,户骑比为2,口户比为8,这时应有户60万,有口480万人。当然,这时的人口已经不仅仅是契丹族人口了,经过长期的攻伐掳掠,加上吸引来的流亡人口,这时的契丹族已是一个并吞八荒、囊括各族的联合体,发达的经济,充足的人口,为辽代立国奠定了坚实的基础。

二、契丹国建立、巩固和发展时期:太祖神册元年(916年)至景宗乾亨四年(982年)

关于契丹建国后的历史,《辽史》中的一段评述已经清楚地表明了其兴、盛、衰三个时期：

> 辽起朔野，兵甲之盛，鼓行寂外，席卷河朔，树晋植汉，何其壮软！太祖、太宗
> 乘百战之势，辑新造之邦，英谋睿略，可谓远矣。虽以世宗中才，穆宗残暴，连遭
> 弑逆，而神器不摇。盖由祖宗威令犹足以震叠其国人也。圣宗以来，内修政治，
> 外拓疆宇。既而申固邻好，四境乂安。维持二百余年之基，有自来矣。降臻天
> 祚，既丁末运，又觖人望，崇信奸回，自椓国本，群下离心。金兵一集，内难先作，
> 废立之谋，叛亡之迹，相继蜂起。驯致土崩瓦解，不可复支，良可哀也！㉕

1. 政治方面

太祖耶律阿保机、太宗耶律德光的政治改革。一是确定皇权世袭制，彻底废除部落选举制，规定皇位由皇子继承。这些措施虽然遭到了以阿保机兄弟为首的部落贵族的反对，双方进行了三次规模较大的较量，阿保机最终获胜，巩固了政权；二是析分强大难制的迭剌部，建立军队，成立宫卫骑军，军事方面始终保持对周围部族、属国，尤其是南向中原的威慑性；三是政治上确立了"因俗而治"的方略，实行南北面官制，"以汉制待汉人，以国制治契丹"。大胆启用汉人，如康默记等，"推行律意，论决轻重"，制定契丹刑法，汉人仍用汉法㉖；四是建立头下州和斡鲁朵宫帐制，这实质上是中原封建制与辽国部族制相结合的制度，是"因俗而治"的具体体现。这一时期，是契丹国家政权建立和民族共同体正式形成的时期，也是辽国社会向封建制过渡的时期。由于辽国政权一建立就吸收了大量汉族官僚、豪强，并保留了部分封建制，所以契丹政权作为一个国家实体，并没有经过奴隶制阶段，而是由氏族社会直接跨入了封建社会。㉗这些政治措施对经济的发展、人口的增长起到了直接的推动作用。

这一阶段，除"诸弟之乱"外辽国内部还出现了两次大的政治动乱，即世宗、穆宗连续两个皇帝被杀，但由于太祖太宗朝奠定的政治基础，包括穆宗朝残暴的统治都没有影响到辽国政治经济的继续发展，正如《辽史》所论："虽以世宗中才，穆宗残暴，连遭弑逆，而神器不摇。盖由祖宗威令犹足以震叠其国人也。"㉘

对这一时期辽国取得的成就，王宗沐在《宋元资治通鉴》中进行了中肯的评价："辽之兴也，吾不曰太祖而曰太宗……何也？太祖破室韦，灭渤海，地方五千里，带甲数十万，非不强也，然其未能抗中国，成帝业也；太宗助晋灭唐，尽有山前后十六州之地，始都中原，据有财赋、人物、衣冠之盛，其他：定国赋、制百官，以国制治契丹，以汉制治汉人，因俗而治，事简职专，是宜其创业几二百年有所守也。"㉙

2. 军事方面

一是"太祖诸弟之乱"三起三伏，历时三年(911 年— 914 年)，虽造成了"民间昔有万马，今皆徒步"㉚的动乱、凋敝局面，但人口并没有受到太大的损失；二是太祖东

灭渤海,"地方五千里,兵数十万"的渤海国纳入囊中,有学者考证,这时的渤海国人口达到了 300 万以上③,除了战争伤亡和部分外逃人员以外,纳入辽籍(许多被迁到了辽之腹地,见第五章)的渤海人当不下 200 万人;三是太宗用武力南下攻打后唐,扶植了一个"儿皇帝"石敬瑭,拱手得燕、云十六州(今河北北部、山西北部和北京一带),获得了大片土地和汉族人口,使辽国人口得到了迅速增长,根据本文第四章的考证,至辽末时,南京、西京二道的人口达到了近 360 万人,初入辽籍时当不少于 200万人;四是太宗灭后晋的战争,持续四年(943 年—946 年)之久,伤亡不是太大,战争胜利后掠回了不少人口。直至统和二十三年(1004 年)"澶渊之盟",契丹贵族从没有停止四面征伐,尤其是南向中原更是其攻略的主要目标,而每次战争均以得地掠民为主要内容,因此,这一时期人口的增长主要以机械增长为主,仅上述几个重大事件,人口净增当不下 400 万人。

3. 经济方面

一是注意保护农业生产和推广应用新技术。《辽史·食货志》有如下几条记载:"(太祖)平诸弟之乱,弥兵轻赋,专意于农",又"尝以户口滋繁,纠辖疏远,分北大浓兀为二部,程以树艺",并要"诸部效之"③;耶律德光曾下令:"敢有伤禾稼者,以军法论"③,以此保证农业生产的正常进行;会同年间(938 年—946 年),太宗为减少开支,缩小狩猎规模,"将东猎,二剋奏减瑏重","疾趋北山取物,以备国用,无害农务"③尽量避免妨害农事;太宗耶律德光要求辽政府各级官员积极地"劝农桑、教纺绩"③其他史料对此也多有记载:《新五代史·四夷附录》载:阿保机为使汉人安心生产,并以示对农业的重视,曾亲自"率汉人耕种",使"汉人安之,不复思归"③;二是任用汉人加强财政和户籍管理:"夫赋税之制,自太祖任韩延徽,始制国用。太宗籍五京户丁,以定赋税,户丁之数无所于考"③;韩延徽帮助契丹人"筑城郭,立市里,以处汉人,使各有配偶,垦艺荒田,以生养之。逃亡者益少"③;三是与"因俗而治"的国策相适应,在契丹人中也出现了"亦农亦牧"、农牧结合的生产方式,太宗时"以乌古之地水草丰美,命瓯昆石烈居之,益以海勒水之善地为农田。三年,诏以谐里河、胪朐河近地,赐南院欧堇突吕、乙斯勃、北院温纳河剌三石烈人,以事耕种。"③

因此,这一时期人口的自然增长率也应当是非常可观的。虽然没有明确史料说明这一时期的人口总量,但至辽圣宗初期,人口总量应该达到了辽末顶峰时期的一半以上。

三、辽国极盛时期:圣宗统和元年(983 年)至道宗大康十年(1084 年)

辽朝经过近百年的能量积聚之后,这时达到了其历史上的极盛时期,也是契丹民族发展史上的"黄金时代"。

1. 政治上更加开明

圣宗朝,由圣宗及其母承天太后共理大政,汉族臣僚倾心辅佐。"(室)昉与韩德让、耶律斜轸相友善,同心辅政,整厘蠹弊,知无不言,务在息民薄赋,以故法度修明,朝无异议。"⑩辽国政权进一步巩固。在法律上明确规定解放部族奴隶、不准随意杀死奴隶,自此至道宗朝前期,汉人势力进一步增长、汉族文化进一步发展,汉化程度进一步加强。随着契丹社会封建化的加深,契丹族已逐渐由游牧、狩猎走向半农半牧和更大规模的城镇定居生活,国势日盛。正如《辽史》所论:

> (圣宗)践阼四十九年,理冤滞,举才行,察贪残,抑奢僭,录死事之子孙,振诸部之急乏,责迎合不忠之罪,却高丽女乐之归。辽之诸帝,在位长久,令名无穷,其唯圣宗乎!⑪

2. 军事上对宋战争取得了决定性胜利

圣宗统和二十二年(1004 年)宋、辽之间签订的"澶渊之盟"。自石晋开始,燕、云十六州归属契丹,宋朝立国之后,始终把收复失地(严格讲,这并非宋之失地,"收复"一词也未必准确)作为最高国策,但屡次对北用兵均遭失败。特别是宋太平兴国四年(979 年)、雍熙三年(986 年)两次攻辽失利后,使宋廷感到已无力收复十六州地,不得不结束对辽在军事上的进攻。而圣宗及其母萧太后却转守为攻,率军南下,迫使北宋订立了著名的"澶渊之盟",宋朝每年给辽绢 20 万匹、银 10 万两,沿边州军各守疆界,两地人户不得交侵,不得收留对方逃亡的"盗贼",又约定宋、辽为兄弟之国。两国之间长期的战争状态从此结束,使我国北方边境地区出现了长达一百余年的和平安定局面,而宋朝的巨额赔偿对辽国经济更是起到了输血打气的作用,有力地促进了辽朝经济的发展。

辽因诚心守盟,在维护宋、辽友好关系中起着重要作用。据辽统和二十二年《圣宗回宋誓书》载称:

> 沿边州军,各守疆界。两地人户,不得交侵……两朝城池,并各依旧存守。淘濠完葺,一切如常。誓书之外,各无所求。必务协同,庶存悠久。子孙共守,传之无穷。孤虽不才,敢遵此约。⑫

至辽兴宗重熙十一年《兴宗致宋书》中,则两朝以兄弟相称,自称弟大契丹皇帝,并表示愿益兄弟之怀,长守子孙之计,"守约为信,善邻为义,二者缺一,罔以守国"⑬。即使政治黑暗的道宗朝,对遵守盟约也非常重视。辽道宗临死之前,特意嘱咐继位的孙子天祚帝耶律延禧,"南朝(宋朝)通好岁久,汝性刚,切勿生事。"⑭因此,条约对于沟通宋、辽之间政治、经济、文化的交流,进一步密切契丹族和邻近各族人民的友好往来,促进辽国封建制政权的巩固,推动契丹社会经济的发展,都起到了积极作用。

3.经济上继续发展

圣宗统和七年(989 年)诏示全国"禁刍牧伤禾稼"[45],又"遣使视诸道禾稼"[46],"诏诸道劝农"[47]。清宁二年(1056 年)六月,道宗提出"平赋税,缮戎器,劝农桑,禁盗贼"[48]。同时,为保证农业生产的发展采取了许多具体措施,如对一些劳动力不足的农民采取了助耕的方法来帮助农民生产,"统和二年,帝尝过藁城,见乙室奥隗部下妇人迪辇等黍过熟未获,遣人助刈"。"太师韩德让言,兵后逋民弃业,禾稼栖亩,募人获之,以半给获者"[49],除了这些帮助农业发展的措施以外,还在经济上采取更实惠的政策来鼓励生产的发展。如轻徭薄赋等,圣宗开泰元年诏曰:"朕惟百姓徭役烦重,则多给工价;年谷不登,发仓以贷;田园芜废者,给牛、种以助之"[50]。

在这种形势下,辽朝经济的发展达到了前所未有的高度。至圣宗"太平五年(1025 年),是岁,燕民以年谷丰熟,车驾临幸,争以土物来献。上礼高年,惠鳏寡,赐酺饮。至夕,六街灯火如昼,士庶嬉游,上亦微行观之"[51],一派五谷丰登,天下太平的繁荣景象。正如《辽史·食货志》所论:"农谷充羡,振饥恤难,用不少靳,旁及邻国,沛然有余"[52]。至道宗前期,其人口应该一直处于高速增长时期,达到了辽末顶峰时期的 80% 以上。

四、辽代后期:道宗大安元年(1085 年)至天祚失国

关于这一段历史,王宗沐在《宋元资治通鉴》中说:

> 辽之亡也,吾不曰天祚,而曰道宗。何也?……道宗初政,似有可观者,而晚年谗巧竞进,贼残骨肉,诸部反侧,甲兵之用无宁岁。至于一岁而饭僧三十六万,一日而祝发三千。故元祖曰:"辽以佛亡",谁之咎哉?[53]

《契丹国志》云:"天祚昏居,女真生心,深入一呼,土崩瓦裂,何其弱也。"这是辽国政权由强盛走向下坡路,转入削弱以致灭亡的时期。

1.政治上,皇室内乱,动摇了辽国的统治根基

道宗清宁九年(1063 年)皇太叔耶律重元与其子等四百余人,趁秋捺钵时发动叛乱,虽然很快被镇压,重元逃至大漠以北,被迫自尽,其子被诛。但正是这次事件导致了权臣耶律乙辛的篡权,继而出现了乙辛与宰相张孝杰诬陷宣懿皇后案,皇后及太子被害致死。观书殿学士王鼎在其《焚椒录》中,对这次震惊朝野的冤案有过详尽的记述和公正的评论。尽管道宗后来发现了奸谋而处死乙辛,至天祚时又下诏,为乙辛所诬陷者平反昭雪,"复其官爵,籍没者出之,流放者还之"。但这些内部的叛乱却严重动摇了辽国政权的根基。到了天祚帝时期,政治更加黑暗,"降臻天祚,既丁末运,又

触人望,崇信奸回,自梏国本,群下离心"㉛。

辽国上下佞佛,而道宗皇帝尤甚,已经危及到了辽朝国运之根本。如上所引"一岁而饭僧三十六万,一日而祝发三千",众多社会劳动的承担者变成游食之民,必然削弱社会生产力的发展,而寺院经济的发展又占有了大量的劳动力,严重影响了国家财政收入,有时甚至接受寺院的经济援助才能渡过难关,这在中国历史上是很少见的,同时,大量的僧尼出家,破坏了正常的社会婚姻资源,严重影响了人口的再生产。

2. 军事上逐步衰弱

这不仅使辽国逐渐失去了巩固统治的实力,也导致了边境民族叛服不常,尤其是东北女真民族的迅速崛起,形成了对辽政权的极大威胁。辽国对女真人贪得无厌的掠夺,激起了女真部民的反对,尽管阿骨打起初并没有取辽而代之的野心,但宁江州首战告捷,使女真人深感辽国政治腐败,军力空虚,以致金兵乘胜而起,长驱直入,所向披靡。天辅初,金兵首先攻占东京、上京路,继而中京、西京先后失陷,辽国郡县所失几半,保大三年(1122 年)天祚逃至夹山。保大五年(1125 年)二月,天祚帝在应州为金将完颜娄室所获,辽国至此灭亡。

3. 经济上濒于崩溃

由于人口的大量增加,各类城市的不断出现,人类自身的消费行为的扩张带动了各种生产活动,包括农耕及鼓铸制造等行业的发展,加重了对自然资源的过度开发,导致生态环境逐步恶化,从道宗大安后期起,辽国各地发生了全国性的包括水、旱、蝗、风等在内的各种自然灾害,出现了空前严重的饥民、流民、贫民遍州县的局面。迫于生计,百姓只有逃亡,甚至大批饥民逃到宋朝境内。对于这些脱逃之民,辽朝不仅无法抽税派役,甚至还得赈济。这一方面严重影响了国家财政收入,同时还要不断增加支出,致使财政困难日益加深,而不断增加的赋税只能落在未逃民户身上。在这种情况下,谁还能顾及户籍的约束,人们不得不扶老携幼,逃往他方。据寿昌五年《义冢幢记》载,仅昌平及其郊区一处的尸体便有"三千数"之多,"野有饿莩,交相枕藉……暴露荒甸,积聚如陵"㉟,何其惨也。大康九年(1083 年)六月,道宗"诏诸路检括脱户,罪至死者,原之。"㊱流民问题之严重可见一斑。

虽然辽之国势自道宗朝中期就开始走下坡路,但由于圣宗以来雄厚的经济实力,加上人口的基数很大,因此辽代人口一直到女真攻辽前夕(天庆四年,1114 年),还是处于增长时期,只是增长的幅度比鼎盛时期小了许多,也就是在这个时候达到了其人口顶峰时期。金兵攻辽以后,"内难先作,废立之谋,叛亡之迹,相继蜂起,驯致土崩瓦解"。随着战争造成的人员大量伤亡、被俘等,人口数量马上锐减。

保大五年(1125 年),天祚帝被金将完颜娄室俘获,传国 219 年的辽帝国宣告灭亡。辽朝灭亡前夕,政权四分五裂,先有燕京地区耶律淳为帝的北辽出现,为时不及一年,先于天祚帝亡于金;继而耶律大石西征中亚,建西辽,传三世历八十余年,于1218年亡于蒙古。本书讨论的辽代人口时间下限即为保大五年(1125年),西辽政权的人口问题不在本讨论范围。

第三节　辽代的制度与文化

辽王朝上承唐朝,下接金朝,在我国北方广大地区建立了二百多年的政权,对于祖国的历史文化有着多方面的贡献。

一、实现了我国北方和东北地区的统一

对于辽代对我国多民族国家统一所做的贡献,陈述先生用长城作比喻,以生动的语言进行了描述:"我国五千年有文字记录的历史,特别在辽代以后的一千多年,长城南北达到了真正的会同无间,水乳一体。(长城)过去若算是农牧院墙,现在只能算房前屋后的花台栏杆了"。"历史告诉我们:金朝一百多年只是辽代的继续。辽金以后,再没有分裂了"。[57]

辽朝建立前后,辽太祖耶律阿保机在统一契丹各部的同时,对周边各族进行了武力征讨,先后统一了室韦、吐谷浑、于厥、奚、党项、敌烈、阻卜、斡朗改等部族,鼻骨德、铁骊、兀惹等部也降服于契丹。为了给西征、南伐解除后顾之忧,建立稳固的后方,阿保机晚年即消灭了势力强大的渤海。到辽太宗时,又并入燕云十六州,辽朝的统治区扩大到长城以南的传统农耕区。《辽史·地理志》云:"太宗以皇都为上京,升幽州为南京,改南京(辽阳府)为东京;圣宗城中京;兴宗升云中为西京,于是五京备焉。"辽朝全境共辖京五,府六,州、军、城百五十有六,县二百有九,部族五十有二,属国六十。辽朝极盛时的版图:北至色楞格河流域,南至河北中部和山西北部,西至阿尔泰山以西,东临大海,东北到外兴安岭和鄂霍次克海,其所辖面积相当于两个北宋。我国北方和东北的疆域,虽然在汉代已奠定了基础,但是,将北方如此广阔的地区,统一在一个政权直接管辖之下,辽朝是第一次。这是辽朝在我国历史上的重大贡献,对我国多民族国家的历史发展产生了重大影响。

辽朝武力统一广大北方地区以后,通过设置官府进行了有效的管辖。其一,辽朝为了巩固统一,在地方上建立了比以前任何一个朝代都要完备的行政设施。辽以五京分全境为五个大行政区。辽代的地方机构,实行的是州县制和部族制相结合的制

度。州县主要推行于经济文化比较发达的农耕地区,部族制主要实行于经济文化发展较落后的游牧地区。州设刺史,县置县令。还有节度使州,有观察使州,还有防御城、团练使等。《辽史·百官志》载:"五京列峙,包括燕、代,悉为畿甸。二百余年,城郭相望,田野益辟。冠以节度,承以观察、防御、团练等使,分以刺史、县令,大略采用唐制"[58];部族制主要是为契丹族和其他游牧、狩猎的部族制定的。部族制在官府设置上大致可分两类:一类是把分布于内地的各部族,及北部、东北近边地区的部族设置节度使统辖。这类部族在辽代有49个,共置49个部族节度使。另一类是把分布于边远地区的部族,在保持他们原有的风俗习惯和经济生活的基础上,分别设置本部族的大王府,王府自行管辖,但也有因特殊需要增置节度使等管辖的。这类部族在辽代为数很多,其中有分布在贝加尔湖以西谦河流域的辖嘎斯部置辖嘎斯王府,分布于贝加尔湖以东的斡朗改部则置斡朗改王府,分布在大兴安岭以西的阻卜各部各置阻卜大王府,分布在嫩江上游及外兴安岭以南的室韦,则置室韦王府等等。

辽朝为了巩固统一和加强对各族的控制,还在各地区设置相应级别的军事机构,如在上京设有西北路招讨司、乌古敌烈统军司、阻卜都部署司等;在西京道设有西南路招讨司。倒塌岭节度使司等;在东京道设有东北路都统军使司,黄龙府兵马都部署司,咸州路兵马详隐司、女直兵马司等。为了加强边防,辽朝还在边防要地修筑了不少边防城,驻兵守御。如在额尔古纳河上游筑靖边城(满洲里附近),常置兵千余骑。在胪朐河(克鲁伦河)下游筑河董城(今蒙古国乔巴山市西),驻军防守,在胪朐河中上游筑皮被河城(今温都尔罕附近),常驻军五百。镇州城(今乌兰巴托以西),是辽北方军事重镇,圣宗统和二十二年(1004年)建置,选诸部族二万余骑屯田驻守,"凡有征讨,不得抽移"[59]。

在辽朝以前,我国北方的少数民族长期处于分散状态,他们与中原王朝的关系是时服时叛。唐朝虽然也在北方和东北的一些地区,设置过州府,但大多是羁縻州。辽则通过军事征服,先后把分散的北方各族,置于它的直接统治之下,通过设官置府,派遣官吏,大大加强了对北方各族的统治,巩固了统一的多民族国家政权,并且为以后元代全国性的多民族国家的大统一奠定了基础。因此,辽朝对中国北方和东北疆域的稳定,起到了承前启后的历史作用。

二、政治上"因俗而治"

辽代在政治上的突出贡献是创造性地发挥了"因俗而治"的精神,根据各地各族的具体情况采取不同的管理措施,这就是北南两面官制。这个制度无论在当时还是对后世都产生了重要影响。

辽朝是一个多民族的王朝,特别是燕云十六州并入以后,其政治、经济、文化各方面都发生了重大变化。当时在辽朝管辖范围内,除了契丹人、汉人、渤海人外,还有其他少数民族,他们有的从事农耕,有的过着游牧或狩猎生活,因此在辽朝境内形成了多种经济结构。当时的契丹社会,虽然已经存在封建制成分,但占主导地位的还是奴隶制,这就不可避免地要与封建生产方式为主的南部地区形成尖锐的矛盾。在生活习惯上,南北地区也不一样。南部的汉人,是"耕稼以食,桑麻以衣,宫室以居,城郭以治";北部的契丹和其他游牧民族,过的是"畜牧畋渔以食,皮毛以衣,转徙随时,车马为家"[60]的生活。面对这种现实,辽太宗为了巩固统治,适应南北地区生产方式、生活习俗和民族构成的不同,采取了"因俗而治"的统治方针,对统治机构作了调整,进一步健全了北面官和南面官两套不同体系的政治制度。这就是《辽史·百官志》所说的"至于太宗,兼制中国(中原),官分南北,以国制治契丹,以汉制待汉人","因俗而治,得其宜矣"。

北面官是"治宫帐、部族、属国之政",官吏一律任用契丹人,这是辽朝的最高权力机关。北面官虽然是为了统治北方各族所设的一种特殊的制度,但从所属机构来看,也采用了唐制内容。《百官志》序:"凡辽(北面)朝官,北枢密视兵部,南枢密视吏部,北、南二王视户部,夷离毕视刑部,宣徽视工部,敌烈麻都视礼部。"因此,北面官虽无六部之名,却有六部之实。南面官是"治汉人州县、租赋、军马之事"[61],主要沿袭唐制,中央设枢密院和三省、六部等职,地方设节度使、刺史和县令,官员多用汉人(也有用契丹人的),其权力远不及北面官之大。

辽朝对待不同地区不同民族的统辖和治理,明显地体现了"因俗而治"的方针。对契丹人实行部族制,有所谓五院部、六院部、乙室部,是为大部族。此外,还有十个小部族,对奚人亦采用部族制,奚与契丹本"异种同类"[62],辽初,有五部,后扩为六部。对渤海人,辽灭渤海国后,一度在其故地建立东丹国,以耶律倍为东丹王,"置左右大次四相及百官,一用汉法"[63],亦即渤海旧制,因渤海早已汉化。对汉人,在收取燕云地区后,对那里的汉人基本沿用原来的方式进行统治。

辽朝所实行的这种"因俗而治"的政治制度,适应了南北地区经济文化发展水平的不同,对各族区别对待,不改变他们原有的生产方式和生活习惯,这是切合实际,行之有效的政策。这种政策,在当时有两点积极作用:

其一,从以汉族为主的南部农业地区来说,使他们仍然按照原有的封建生产方式进行生产,过着农耕的生活。这就使南部地区保持了原有的封建秩序,在客观上也使其生产力有所发展。正如马克思所说"野蛮的征服者总是被那些他们所征服民族的更高文明所征服。"[64]契丹统治者也不可能改变这一规律,这说明他们顺应了历史发展的潮流;另一方面,在辽太宗灭晋的过程中,曾遭到中原人民的强烈反抗,这也是契丹奴隶制没有在汉区推行的一个原因。这种措施缓和了阶级矛盾和民族矛盾,稳定了契丹的统治。辽南京,即今天的北京,就是在这种背景下发展起来的。北宋使臣许亢宗在宣和六年(金太宗天会二年,辽保大四年,1124 年,是时,燕刚入宋)出使金国时见到的燕京,是辽南部汉人地区发展的缩影:

> 自晋割弃,建为南京,又为燕京析津府,户口三十万。大内壮丽,城北有市,陆海百货聚于其中,僧居佛寺冠于北方,锦绣组绮精绝天下,膏蔬蓏、果实、稻粱之类靡不毕出,而桑柘麻麦羊豕雉兔,不问可知。水甘土厚,人多技艺。秀者学读书,次则习骑射。耐劳苦[65]。

燕云及原渤海地区,不仅是辽朝的经济重心,也是其财赋的主要来源地,[66]辽朝立国长达二百余年,南部地区社会经济的发展,是它长期存在的物质基础。

其二,从契丹及其他各族居住的北部地区来看,允许他们保留原有的游牧狩猎的生活习惯,也有利于各少数民族生活的稳定。尤其重要的是,"因俗而治"的政策,还有利于各族的共同提高。因为辽朝政治上的统一,使汉族和各族之间的联系密切,在汉族先进的生产方式影响下,北方的社会生产也得到迅速发展。随着生产力的发展和封建制因素的增长,圣宗朝时进行了包括迁都中京在内的封建化改革,缩小了南北社会之间的差距,使辽朝达到了鼎盛时期。历史证明,"因俗而治"是一种比较成功的民族政策,这个政策是辽朝对十六国时期"胡汉分治"的进一步发展和完善,它对以后各朝的统治都有深远影响,对今天的祖国统一也有一定的借鉴意义,是辽代留下的重要政治文化遗产。

上述对东北、北方的经营管理、建制设官,把本族官员插在别的民族地区任职,也可以看作是明清时期"改土归流"的试验,所有这些措施在一定程度上提高了我国边境各民族的向心力,从而稳定了北方的疆界。

三、经济上"农牧并重",使北方和东北地区的经济得到了迅速发展

辽代比较妥善地处理了农牧关系,取得了农牧并重、农牧结合的经验。本来游牧人户是不定居的,由于农户兼营牧畜,产生了定居放牧的生产方式,这种方式反过来又影响牧民,达到了农牧结合的社会效果,同时注重手工业的发展,"人多技艺",促进了辽朝经济的全面发展。

"契丹旧俗,其富以马,其强以兵。纵马于野,弛兵于民。有事而战,骣骑介夫,卯命辰集。马逐水草,人仰湩酪,挽强射生,以给日用,糇粮刍茭,道在是矣,以是制胜,所向无前"[67],可见畜牧、狩猎经济在契丹族社会中的地位,但他们并不像过去的

北方游牧民族那样,唯重于此,而是向先进的中原学习,同时注重农耕经济。正如《辽史·食货志》所言:"初,皇祖匀德实为大迭烈府夷离堇,喜稼穑,善畜牧,相地利以教民耕。仲父述澜为于越,饬国人树桑麻,习组织。太祖平诸弟之乱,弭兵轻赋,专意于农。尝以户口滋繁,糺辖疏远,分北大浓兀为二部,程以树艺,诸部效之。"

辽代北方和东北地区的发展表现在以下几个方面。一是在北方草原首次修筑都城,建设州县级中小城市。在我国北方草原上,城市的大量出现是从辽代开始的。辽朝建立后的神册三年(918年)始建皇都,负责这项工作的是蓟州人康默记。辽太宗进一步扩大,改皇都为上京。上京"依汉制"而建,幅员二十里,分南北两城,北城是皇城,南城是汉城。汉城"南有横街,各有楼对峙,下列井肆",[68]是汉人居住的商业区。辽圣宗统和二十五年(1007年),又在草原上修建了中京城。中京的营建是"择良工于幽蓟",[69]也是仿拟汉区的都城制度。中京"幅员三十里……自朱夏门入,街道阔百余步,东西有廊台,约三百间,居民列廛肆庑下"[70],由此可见,上京和中京不仅是政治和军事中心,也是草原上新兴的工商业大都市。另外,辽代还在草原上建起了大量的州县城邑。据《辽史》和《契丹国志》记载,州县一级的城邑大约有三百多个,但实际考古调查发现的辽代城邑有五百多个,这么多城市矗立在草原上,是史无前例的。二是大量汉人北移及北方、东北农田的开垦。由于积极的人口政策,自辽代开始,大量汉人移入了北方和东北地区。上京道是民族杂居的地区,除契丹人以外,汉人和渤海人居多,其中,临潢府则是"并、汾、幽、蓟之人尤多"[71]。中京道原为奚族等聚居区,建置中京后实以汉户,形成"数州千里之地","汉民杂居者半"[72]。东京道原为渤海等族聚居区,而"汉民更居者众"[73]。根据史料记载和石刻所记,在上京、中京、东京三道中,有汉人杂居的州、县,就有五十多个[74]。其分布范围,西北到鄂尔浑河流域,东北到嫩江下游。这些足以说明,辽代汉人在北方和东北地区分布之广泛和人口之众多。他们带去了先进的技术和生产方式,对这些地区的农田开发起了重要作用,对当地其他各族产生了重大影响。

辽朝建立以后,辽太祖"平诸弟之乱,弭兵轻赋,专意于农"[75]。此后随着移民政策的推行,在汉人先进的农业生产技术影响下,契丹、奚等族越来越多地熟悉了农业生产,他们在草原上开垦农田,兴修水利,既经营牧业又从事农业,实现了农牧业的结合。中京道是典型的半牧半农地区,开泰元年(1012年),北宋使者王曾说:"过古北口,即蕃境。居人草庵板屋,亦务耕种"[76]。后来苏颂使辽时所看到的中京地区则是一派农田与牧地交错的景象:"田畴高下如棋布,牛马纵横以谷量","居人处处营耕牧,尽室穹车往复还"[77]。上京道的临潢府,也是"地沃宜耕植,水草便畜牧"[78],亦农亦牧,相得益彰。遭到流放的耶律昭在回答萧达凛"计将安出"时说:"夫西北诸部,每当农时,一夫为侦候,一夫治公田,二夫给纠官之役,大率四丁无一室处,刍牧之事,仰给妻孥。"[79]说明分布在西北地区的契丹品部、突吕不部等部落,也是既治公田,又从事畜牧。

辽代这种农牧结合的生产方式同样深入到了东北的游牧畋猎地区。辽海地区,在圣宗时期就已出现了"编民数十万,耕垦千余里"的繁荣景象。更北的海拉尔一带,早在会同二年(939 年),辽廷就下诏:"以乌古之地水草丰美,命殴昆石烈居之,益以海勒水(即海拉尔河)之善地为农田。"三年,诏以"谐里河(今喀尔喀河)、胪朐河(今克鲁伦河)之地,赐南院欧董突吕(即欧昆)乙斯勃,北院温纳河刺三石烈人,以事耕种"[80]。辽兴宗时,由于辽朝在边疆推行屯田政策,使东北和西北边区的农耕进一步开发。约在重熙十年(1041 年)前后,"西蕃来侵",为"守御计",兴宗命耶律唐古"劝督耕稼,以给西军"。耶律唐古先屯"田于胪朐河侧,是岁大熟。明年,移屯镇州(今乌兰巴托西)",直到道宗即位之初,已连续丰收了"凡十四稔,积粟数十万斛,斗米数钱"。[81]

因此,辽代通过政治上"因俗而制",相应在经济上实行"农牧结合",使我国北方和东北地区得到广泛的开发,出现了"城郭相望,田野益辟"[82]的兴旺景象。为我国北方和东北古代经济的发展,做出了重大贡献,这在历史上也是具有深远影响的创举。

四、文化上"融化了万里长城,沟通了长城南北"

关于辽代文化上的贡献,陈述先生的评价是:"在二百多年里,他们融化了万里长城,沟通了长城南北。把中原文化引到草地上,促成中原文化和草地传统的结合在不少部分上形成了新的特点",甚至"某些成就超过了宋代",在科学、医药、文字、音韵、文学、艺术都具有自己的特色和突出成就。以下参考陈述和宋德金先生的考证[83],按照自己的理解进行简要概述。

1. 文字

契丹初无文字,辽朝建立后,先后创制契丹大、小字。据《辽史·太祖纪下》载,神册五年(920 年)正月,始制契丹大字。同年九月颁行。后来又创制契丹小字,与大字相比,"数少而该贯"[84]。契丹字系据汉字字形增损而成。有的直接借用汉字字形、义,有的借用汉字字形,而多数是改造汉字而成。契丹字大体上保留了汉字方块字形。契丹字的创制,不仅适应了辽朝政治、经济、文化发展的需要,还对后来女真文、西夏文的创制产生了影响。女真大字就是参照汉字、契丹字创制的。《金史·完颜希尹传》载,"希尹乃依仿汉人楷字,因契丹字制度,合本国语,制女直字"。

2. 音韵学

辽代在汉语音韵字书编纂方面也有贡献。其著述流传至今者,有僧人希麟撰《续一切经音义》10 卷和僧人行均(俗姓于,字广济)撰《龙龛手鉴》4 卷(原名《龙龛手镜》,宋人重刻时因避讳改"镜"为"鉴")。《续一切经音义》系补唐释慧琳《一切经音义》而作。《龙龛手鉴》采用部首与四声相结合的编排体例,收录了一些当时流行的俗字,如"歪"、"甭"、"孬"等,至今仍在使用。

3. 文学

辽代文学作品流传下来的数量不多。主要是因为辽朝文禁甚严,不许民间私自刊印,更不许印刷品传出境外,违者处死,严重影响了作品的传播,再加上战争等原因,致使传世文献甚少。在我们所见到的为数不多的辽代文学作品中,出于契丹帝王、后妃、贵族之手者占有相当大比重。特别是契丹后妃擅诗词,在文学史上可算是一个特点。如辽道宗宣懿皇后萧观音即工诗,善谈论,并能自制歌词。其代表作《回心院》词受到后世评论者的好评。清人评论此词说:"怨而不怒,深得词家含蓄之意。斯时柳七(宗元)之调尚未行北国,故大有唐人之遗意也。"⑧

4. 史学

辽代受历代王朝修史传统的影响,于辽初太祖时即设"监修国史"。后来正式设国史院,置监修国史、史馆学士、修撰等职官。从圣宗朝起,陆续撰有《实录》、《起居注》、《日历》多种,均为本朝国史。其中以耶律俨所修《皇朝实录》70 卷为辽朝国史集大成之作,包括纪、志、传等,可惜已失传。元人修《辽史》时,耶律俨《实录》尚存,并且成为主要依据之一。辽朝私人史学著述,传流下来者仅有王鼎《焚椒录》,详细记述了耶律乙辛诬陷宣懿皇后一案始末。

5. 绘画

辽代绘画艺术达到很高水平,在我国绘画史上占有重要地位。辽代在设翰林院的同时,设立了翰林画院,置翰林待诏,专事绘画。目前所知,著名画家陈升(字及之)、田承制、刘边等都曾是辽代画院的待诏。辽代绘画是继承唐、五代而发展起来的,但其本民族特点却十分明显。大体上讲:辽代绘画以描绘契丹民族生活题材如游猎、骑射、宴饮等场面居多,画人物为次,鞍马等多是伴随人物出现;花卉、禽鸟往往带有浓厚的装饰味道,构图讲求对称,技法则有独到之处。辽代著名画家有耶律倍、胡壤、胡虔等著名画家,他们的作品深受当时和后世好评。据《宣和画谱》载,胡壤有 65幅作品被宋朝御府收藏,其传世作品《卓歇图》继承汉唐以来的现实主义传统,生动地描绘了契丹狩猎生活,是一幅难得的佳作。辽代的绘画艺术,还反映在壁画方面,辽代壁画成就突出,不仅数量繁多,而且具有浓郁的地区风格和民族特点,尤其是墓室壁画,不亚于中原,以狩猎、骑射、出行、归来、宴饮等题材为主。这些壁画不仅在绘画史上占有重要地位,而且对研究契丹人的社会生活有很高的参考价值。

6.医学

辽代医疗技术达到了很高的水平。《辽史·耶律庶成传》载:"初,契丹医人鲜知切脉审药,上命(耶律)庶成译方脉书行之。自是,人皆通习,虽诸部族亦知医事。"可见当时不但医疗水平较高,而且相当普及。辽代通行针灸,望诊很出色,契丹、汉族医生们,有些人能够手到病除。《辽史·直鲁古传》载:"(直鲁古)世善医,虽马上视疾,亦知标本……太宗时,以太医给侍。尝撰《脉诀》、《针灸书》行于世"[⑧]。可惜这些医典没有保存下来。另外,辽代的药物,如麻醉剂、冻疮药等疗效都很高,常见于文献记载。辽朝专门在中央设立太医局,还有管理为马、牛、羊治病的医兽局等。

7.宗教

辽代宗教以佛教最盛,译经诠解,论释宏富。辽版《大藏经》是现存《大藏经》中的精品,吸收了晋释可洪的成果,还加入了辽人作品,印刷装帧技术也很高,比宋藏(《开宝藏》)精美。

8.建筑、陶瓷、冶金、丝织等

现存辽代建筑,如山西大同上、下华严寺,应县木塔,天津蓟县独乐寺,辽宁义县奉国寺等,经历多次地震,仍保持完好,说明辽代建筑的设计、测量、施工水平是非常高的;陶瓷烧制,辽三彩可与唐三彩比美,硼釉施用技术是辽人对我国乃至世界陶瓷工业的一大贡献[⑩];冶炼技术,就出土实物看,内蒙古乌盟出土契丹女尸的铜丝网罩,丝条匀细,适宜组编,应属合金制品,丝织衣物的品种和轻重程度,可与现代机织品相媲美。同时,契丹的造车、制革,尤其马鞍工艺居当时领先地位。

其他如音乐、书法等艺术方面,辽代也都达到了很高的水平,但是以上仅是从狭义的角度对辽代的文化艺术进行简述。从广义角度,辽代政治制度、生活方式、"夷夏观"、伦理观等也都是我国历史文化遗产的一部分,其地方特色更鲜明,民族特点更突出。如前文所谈"因俗而治"的治国方略对后世产生了很大影响,而与此相适应的辽代"四时捺钵"制度更是辽代制度文化的特色,这里不再赘述。

辽代文化是由契丹族、汉族、渤海等民族共同融合、创造的富有民族特点、地方特色的文化,它的特点表现在既不同于前期的汉唐文化,也不同于同时期的宋文化,更不同于其后的金代文化。唐宋时期是我国封建经济发展的又一个高峰期,其整体水平应在辽国之上,但辽国能在北部边疆继李唐衣钵,而兄弟赵宋,持国219年,原因很多,但文化上的"求同存异"、"兼容并包"无疑是一个主要原因。其后的金国完全放弃了自己的民族特色文化,全盘儒化,存在百余年就退出了历史舞台,所以后人总结说:"辽以释废,金以儒亡。"辽代的"夷夏观"、"正统观"在金、元、清时期得到了进一步的发挥,符合我国多民族国家的发展历史和实践;其"因俗而治"、一国多制,长期作为处理中央与边疆的关系、统治民族与被统治民族关系的准则,在今天也有其积极的借鉴意义。

注　释:

① 《辽史》卷1《太祖纪上》。

② 《辽史》卷32《营卫志中》。

③⑥⑮⑯⑰㉟ 《辽史》卷2《太祖纪下》。

④⑤⑨⑥⑧⑦ 《辽史》卷37《地理志一》。

⑤ 张国庆《辽代社会史研究》,中国社会科学出版社2006年版,第3页。

⑦ 《辽史》卷38《地理志二》。

⑧ 叶隆礼著,贾敬颜、林荣贵点校《契丹国志》卷1,上海古籍出版社1985年版。

⑨ 《辽史》卷33《营卫志下》。

⑩ [蒙]H.赛尔奥德扎布著,衣力奇译《蒙古人民共和国的考古遗存简述》,载《考古》1961年第3期

⑪ [苏]吉谢列夫著,阮西湖译《南西伯利亚和外贝加尔湖地区古代城市生活的新资料》,载《考古》1960年第2期。

⑫ 张国庆《辽代社会史研究》,第3页

⑬ 采编自谭其骧《中国历史地图集》,中国地图出版社1982年版,第3—4页。

⑭ 参见李孝聪《中国区域历史地理》,北京大学出版社2004年版,第464—471页。

⑰ 见盖之庸《探寻逝去的王朝——辽耶律羽之墓》,内蒙古大学出版社2004年版,第13页。

⑱ 《辽史·营卫志中》。

⑲ 《魏书》卷100《契丹传》,中华书局1974年版,本书以下版本同。

⑳ 孟光耀《契丹族人口探讨》,载《辽金史论集》第7辑,中州古籍出版社1996年版,第137页。

㉑ 《魏书》卷100《契丹传》。

㉒㉚ 《辽史》卷1《太祖纪上》。

㉓ 《旧五代史》卷26《唐书·武皇本纪下》,中华书局1976年版,以下本书版本同;《新五代史》卷72《四夷附录第一》,中华书局1974年版,以下本书版本同;《资治通鉴》卷266《后梁纪一》,中华书局1956年版,以下本书版本同;《辽史》卷34《兵卫志上》均载此事,内容大致相同。

㉔ 薛居正《旧五代史》卷27《庄宗纪一》。

㉕ 《辽史》卷30《天祚皇帝四》。

㉖㉜㉝㉞㊴㊵㊶㊷ 《辽史》卷59《食货志上》。

㉗ 张广志《奴隶社会并非人类历史发展必经阶段研究》,青海人民出版社1988年版,第300页。

㉘ 《辽史》卷30《本纪》第30。

㉙ 王宗沐《宋元资治通鉴》,转引自厉鹗《辽史拾遗》卷12,商务印书馆1936年版。

㉛ 魏国忠、朱国忱、郝庆云《渤海国史》,中国社会科学出版社2006年版,第197页。

㊱㊲ 《新五代史》卷72《四夷附录》。
㊳ 《辽史》卷16《韩延徽传》。
㊵ 《辽史》卷79《室昉列传》。
㊶ 《辽史》卷17《圣宗纪八》。
㊷㊸ 《契丹国志》卷20。
㊹ 《契丹国志》卷9。
㊺ 《辽史》卷12《圣宗纪三》。
㊼ 《辽史》卷13《圣宗纪四》。
㊽ 《辽史》卷21《道宗纪一》。
(51) 《辽史》卷17《圣宗纪八》。
(52) 《辽史》卷60《食货志下》。
(53) 王宗沐《宋元资治通鉴》,转引自厉鹗《辽史拾遗》卷12。
(54) 《辽史》卷30《天祚帝纪四》。
(55) 陈述《全辽文》卷9,《义冢幢记》,中华书局1982年版。
(56) 《辽史》卷24《道宗纪四》。
(57) 陈述《契丹政治史稿》,人民出版社1986年版,第9页。
(58)(82) 《辽史》卷48《百官志四》。
(60) 《辽史》卷32《营卫志中》。
(61) 《辽史》卷45《百官志一》。
(62) 《魏书》卷100《契丹传》,中华书局1977年版。
(63) 《辽史》卷72《义宗倍传》。
(64) 《马克思恩格斯全集》第9卷,第249页。
(65) 《契丹国志》卷40《许奉使行程录》。
(66) 《辽史·百官志》:"辽有五京。上京为皇都,凡朝官、京官皆有之,余四京随宜设官,大抵西京多边防官,南京、东京多财赋官。"
(69) 《辽史》卷39《地理志三》。
(70) 路振《乘轺录》,载江少虞《宋朝事实类苑》卷77,上海古籍出版社1981年版。
(71) 《新五代史》卷73《四夷附录二》。
(72) 《全辽文》卷9,《贾思训墓志铭》。
(74) 参见本书辽代部分第五章"辽代人口分布"。
(76) 《续资治通鉴长编》卷79,"大中祥符五年十月己辰"条,中华书局1992年版。
(77) 苏颂《苏魏公集》卷13,中华书局2004年版。
(79) 《辽史》卷104《耶律昭传》。
(80) 《续资治通鉴长编》卷27,"太宗雍熙三年正月"。
(81) 《辽史》卷91《耶律唐古传》。
(83) 陈述《契丹政治史稿》,第9页;宋德金《辽金论稿》,湖北教育出版社2005年版,第165页。
(84) 《辽史》卷64《皇子表》。

(85) (清)徐釚《词苑丛谈》卷 8,文渊阁四库全书本,上海古籍出版社 1987 年版。

(86) 《辽史》卷 108《直鲁古传》。

(87) 马沙《辽代制瓷业的产生及其历史贡献》,《文物世界》2000 年第 2 期。

第三章　辽代户籍制度

　　户籍制度是关于人口的出生、死亡、调查、统计、登记、检查、居住、迁移、分布,以及与此相关的户籍、户等、责任、义务等方面的法律法规和规章制度,属于人口政策的范畴。中国古代并没有真正意义的户籍制度,关于人口的有关政策,如调查统计和户等划分都是为了征收赋役、征发兵役的需要,辽代因史料的缺乏,关于户籍制度的记载更是甚少。因此,我们无法按照现代人口学的框架进行辽代户籍制度问题的研究,本章重点在户口调查、户等制度、户籍管理等方面进行探索。

第一节　辽代户口调查

一、户口调查统计的内容

　　检查、登记户口,是封建国家的一项基础性工作,是为了保证赋役、兵役来源,稳定税收,维持国家机器的正常运转,满足以皇帝为首的封建贵族的奢侈需要。因此,历朝历代的封建政权都非常重视户口调查和统计工作,辽朝也不例外,只不过没有发现定期括户口的记载。古代调查统计户口常用的术语有:"括户口"、"籍户口"、"阅户籍"等。"括",检查、收集、登记之解;"籍",记录、登记之意;"阅",作核实、查对解,反映了户口资料收集、登记、核查的三个过程,在辽代的户口调查统计活动中,这些概念并没有明显的区别,其主要内容包括三个方面。

　　1. 计丁额

　　丁是指国家规定达到一定年龄,具有服役能力的成年人。一般是指 15 岁至 60 岁左右。古代成年男女皆称丁,有丁男、丁女之说。唐代以后,丁专指男性,也称为丁男、丁身。一般将女性和未成丁的男性统划入"口"之中。成丁的年龄段以"丁年"相称。历史上各朝代对丁年的规定不一:汉为 20 岁— 60 岁,北齐为 18 岁— 65 岁,隋为 18 岁— 60 岁,唐为 21 岁— 60 岁,金为 16 岁— 60 岁。辽代兵制规定:"凡民年十五以上,五十以下,隶兵籍。"①据此可知,辽代规定进入丁年时间(15 岁)较早,退出丁年的时间(50 岁)更早,这应为辽朝丁年的特点。

2. 括财产

《辽史》这方面记录很多:"(统和四年庚寅)遣飞龙使亚刺、文班吏亚达哥阅马,以给先发诸军";②"(重熙十四年)十一月己亥,渤海部以契丹户例通括军马"③。道宗末年,马人望在南京地区"检括户口,未两旬而毕。"同知留守萧保先甚为惊奇,询问马人望,答曰:"民产若括之无遗,他日必长厚敛之弊,大率十得六七足矣。"④由此可知,括户口时,还要括财产。括财产主要包括田地、草场、猎区、屋舍、车马、牛羊、桑柘、粮食和奴婢等生产生活资料,是括户口的内容之一。或者说,对财产的调查是辽代户口统计调查的一种表现形式,因为财产的多少都是相对于人口的多少来说的,这不仅是定户等的需要,同时也是户口调查的一个侧面,即凡财产调查必定同时伴随着户口的调查。因此,我们将财产调查活动一并列入户口检括活动中进行考察。

3. 定户等

以上计丁额、括财产的最终目的是要定户等,作为征发、征收赋税徭役的依据(关于户等问题下面要专门论述)。邢铁先生认为,从唐代两税法实施以后,"人丁介入了户等划分",也就是说"户等划分也要考虑人丁因素。"⑤辽代燕云地区仍然实行唐代两税法,同样将人丁介入户等划分之中,这是辽代重视人丁的一个原因。《辽史拾遗》卷 3 引《宣府镇志》载:会同六年(943 年)"敕有司于每村定有力人户充村长,于村人议,有力人户出剩田苗,补贫下不逮顷亩,自愿者据状征收"。这是契丹征服燕山以北地区后的事情,"有力人户"就是指通过括田亩及其他财产而定的上等户。

二、辽代户口调查统计的特点

1. 无统一地域范围

第一类,全国性、各领域的户口调查,仅在史籍上出现三次:分别是圣宗统和九年(991 年)"秋七月癸卯,通括户口";兴宗景福元年(1031 年)"通括户口";兴宗重熙八年(1038 年)"诏括户口"。第二类,全国性个别领域的调查较为普遍,如"统和八年五月,诏括民田","重熙二十年十一月乙未朔,遣使括马","统和二十一年丙申,通括南院部民"。但这仅是我们所看到的史料记载,当时的情况未必尽然,既括部民,为何不括州县,很难让人理解,当然也可以解释为先括部民后括州县,或州县已经检括完毕,而史籍缺漏所致。第三类,是个别地区、个别领域的调查,多是根据需要进行的临时性检括,如"(天显四年)冬十月……阅军籍。庚戌,以云中郡县未下,大阅六军",这是因为"云中未下"而"大阅六军"。又如"(统和三年)三月乙巳朔,枢密奏契丹诸役户多困乏,请以富户代之。上因阅诸部籍,涅剌、乌隗二部户少而役重,并量免之",这是因为"枢密奏……"才进行的一次临时性检括(参见表3—1)。

2. 无统一的时间周期

从目前的史料记载看,第一次户口调查是在太祖天赞二年(923年),最后一次是在天祚天庆六年(1116年),时间跨度为193年,调查活动共进行了42次,平均每5年进行一次(见表3—1)。如果仅从这个理论意义上说,辽代的户口调查的频率还是很高的。仔细考察每次检括活动,两次间隔最长的在道宗年间,咸雍初阅群牧,到大康九年检括脱户,时间长达18年,而时间最短的仅间隔一年,甚至一年内两次检括活动。如太宗天显四年,"二月庚戌,阅遥辇氏户籍",同年"冬十月……阅军籍。庚戌,以云中郡县未下,大阅六军",这种情况可以理解为临时性检括,也可以理解为它们是全国户口检括的一部分。

另外,在考察辽代户口调查活动时,有两点值得注意。

一是对财产的调查。如上所述,辽代对户口的统计调查有时是以对财产(包括马匹、土地、桑柘等植物)的检括为表现形式,因为财产的多少都是相对于人口的多少来说的,这不仅是定户等的需要,同时也是户口调查的一个侧面,即凡财产调查必定同时伴随着户口的调查。因此,我们将财产调查活动一并列入户口检括活动中进行考察。

二是对军队的检括。辽王朝是靠兵马起家的政权,是骑在马背上的民族,军队建设是其头等大事,军籍、兵籍调查和统计是巩固军队稳定的重要途径,尤其是宫卫、部族,"有调发,则丁壮从戎事,老弱据守",具有兵民合一的特点,对军籍的调查就是对户籍的调查。因此,笔者亦将对军籍、兵籍的调查统计活动作为户口调查的一部分。

三、辽代的户口调查活动

为了对辽代户口调查统计工作有一个完整的认识,我们根据其历史背景和时间跨度,将辽代的户口调查以圣宗朝为界限,分为三个时期进行考察:从太祖到世宗末年为一个时期;圣宗为一个单独的时期;兴宗至辽末为一个时期(参见表3—1)。孟古托力先生对此最早进行了论述,本节的考察即在此基础上进行。[6]

表3—1　辽代户口调查记录表

辽史纪年	公元	史实	出处	间隔
太祖天赞二年	923	以奚府给役户,并括诸部隐丁,收合流散,置堕瑰部,因堕瑰门之语为名,遂号六部奚	《辽史》,卷33	
天显元年十二月	926	阅近侍班局……辛卯,阅群牧于近郊…甲辰,阅旗鼓、客省诸局官属	同上,卷3	3
天显三年春正月	929	己酉,阅北克兵籍。庚戌,阅南克兵籍。丁巳,阅皮室、拽剌、墨离三军	同上	3
天显四年	930	二月庚戌,阅遥辇氏户籍	同上	1
天显四年	930	冬十月……阅军籍。庚戌,以云中郡县未下,大阅六军	同上	0
会同三年	940	六月戊子,阅骑兵于南郊。丙申,阅步卒于南郊	同上,卷4	10
会同七年	944	闰月己巳朔,阅诸道兵于温榆河	同上	4
会同八年	945	八月己巳,诏侍卫萧素撒阅群牧于北陉	同上	1
会同九年	946	二月戊辰,鼻骨德奏军籍。九月壬辰,阅诸道兵于渔阳西枣林淀	同上	1
世宗天禄二年	948	(刘承嗣)奉宣宜霸州城,通检户口桑柘。不茹不吐,廉善廉能	《辽代石刻文编》,第47页	2
统和元年	983	上将征高丽,亲阅东京留守耶律末只所总兵马	《辽史》,卷10	3
统和三年	985	三月乙巳朔,枢密奏契丹诸役户多困乏,请以富户代之。上因阅诸部籍,涅剌、乌隗二部户少而役重,并量免之	同上	2
统和四年	986	遣飞龙使亚剌、文班吏亚达哥阅马,以给先发诸军	同上,卷11	1
统和八年五月	990	诏括民田	同上,卷13	4
统和八年七月	990	秋七月庚辰,改南京熊军为神军。诏东京路诸宫分提辖司,置定霸、保和、宣化三县,白川州置洪理,仪坤州置广义,辽西州置长庆,乾州置安德各一县。省遂、妫、松、绕、宁、海、瑞、玉、铁里、奉德等十州,及玉田、辽丰、松山、弘远、怀清、云龙、平泽、平山等八县,以其民分隶他郡	同上	0
统和九年	991	春正月辛卯,诏免三京诸道租赋,仍罢括田	同上	1
统和九年	991	秋七月癸卯,通括户口	同上	0
统和十三年六月	995	丁丑,诏减前岁括田租赋	同上	4
统和十五年三月	997	壬午,通括官分人户,免南京通税及义仓粟	同上	2

续表

辽史纪年	公元	史实	出处	间隔
统和二十一年	1003	丙申,通括南院部民	同上,卷15	6
圣宗开泰二年	1013	夏四月甲子,拜日。诏从上京请,以韩斌所括赡国、挞鲁河、奉、豪等州户二万五千四百有奇,置长霸、兴仁、保和等十县	同上	10
圣宗开泰四年	1015	(夏四月)丙辰,曷苏馆部请括女直王殊只你户旧无籍者,会其丁入赋役,从之	同上	2
圣宗开泰七年	1018	九月庚午,录囚。括马给东征军	同上,卷16	3
圣宗开泰九年	1020	括诸道汉民马赐东征军。以夷离毕延宁为兵马副都部署,总兵东征	同上	2
兴宗景福元年	1031	玄德县。本黑山黑河之地。景福元年,括落帐人户,从便居之。户六千	同上,卷37	11
兴宗景福元年	1031	兴宗即位,遣使阅诸道禾稼。是年,通括户口,诏曰:"朕于早岁,习知稼穑。力办者广务耕耘,罕闻输纳;家食者全亏种植,多至流亡。宜通检括,普遂均平。"	同上,卷59	0
兴宗重熙八年	1038	夏六月乙丑,诏括户口	同上,卷18	7
兴宗重熙十四年	1044	十一月己亥,渤海部以契丹户例通括军马	同上,卷19	6
兴宗重熙十五年	1045	丙申,籍诸路军	同上	1
兴宗重熙十七年	1047	十一月乙未朔,遣使括马	同上,卷20	2
兴宗重熙二十年	1050	冬十月己卯朔,括诸道军籍	同上	3
道宗初年	1055	道宗初年……以马人望前为南京度支判官,公私兼裕,检括户口,用法平恕,乃迁中京度支使	同上,卷59	5
道宗清宁二年	1056	戊午,命有司籍军补边戍	同上,卷21	1
咸雍初	1065	咸雍初,任马群太保。素知群牧名存实亡,悉阅旧籍,除其羸病,录其实数	同上,卷90	9
道宗大康九年	1083	六月己未,驻跸散水原。庚午,诏诸路检括脱户,罪至死者,原之	同上,卷24	18
道宗大康十年	1084	五月甲辰,驻跸赤勒岭。甲寅,括马	同上,卷25	1
大安九年	1093	壬子,遣使籍诸路兵	同上	9
寿昌二年	1096	(梁援)统括于燕京路……无妨农务	《辽代石刻文编》,第519页	3
天庆三年	1113	三月,籍诸道户	《辽史》,卷27	17
天祚天庆六年	1116	六月乙丑,籍诸路兵,有杂畜十头以上者皆从军	同上,卷28	3

1. 太祖到世宗末年的户口调查

这一时期户口调查的特点是:建国立业,四处征伐,设置州县,调整部族,户口调查大都以军事为目的。

从表3—1可以看出,这一时期的户口调查活动共有十次之多,主要几项如下:

太祖天赞二年(923年),奚族人在胡损领导下举行大规模的反辽起义。起义被镇压后,辽太祖对奚族采取的统治措施之一就是括户口。奚族居住范围宽阔而又分散,其中有许多人散漫在山林中。对这样的民族括户口是不容易的,太祖投入相当的力量,查出大量"隐丁",并用隐丁和战乱中的"流散"者合置堕瑰部。于是奚族由五个部变成六个部。⑦不仅为朝廷增加了徭役、兵役和赋税的承担者,而且进一步打乱了奚族内部的旧有关系,便于辽政权的统治。这是《辽史》记载的首次括户口,但仅限于奚族本身,属于局部性的。

天显元年(926年)征渤海,"拔扶余城,上(辽太祖)欲括户口",但为了巩固和扩大战果,耶律倍谏曰:"今始得地而略民,民必不安。若乘破竹之势,径造忽汗城,克之还矣。"太祖采纳了耶律倍的建议,⑧虽未对渤海人括户口,但说明了这是他的习惯做法和他对这项工作的重视。不久,渤海国灭亡,在其地置东丹国,并迁徙大量渤海遗民于此。在这一过程中,对被迁移的渤海遗民需要重新编制户籍即括户口。据《辽史·地理志》记载,上京、东京、中京三道中,某些州县下记有渤海户口的数字,相当一部分就是这次括户口的统计结果。

天显三年(929年)春正月"己酉,阅北剋兵籍。庚戌,阅南剋兵籍……丁巳,阅皮室、拽剌、墨离三军。"⑨这条史料说的是对上述五个部族兵籍进行核查统计的情况。天显四年,"二月庚戌,阅遥辇氏户籍……冬十月……阅军籍。庚戌,以云中郡县未下,大阅六军"。不管是"阅户籍"、"阅军籍",目的都是计民丁、整军队,夺取其时尚属后唐的"云中郡县"。此后,自会同三年(940年)到会同九年(946年)又进行了三次规模不等的"阅诸道兵"行动和一次阅群牧行动,其目的不外乎两个:一是为了兵源,二是为了马源。

《辽史》卷59《食货志上》载:"太宗籍五京户丁以定赋税,户丁之数无所于考。"这条史料说明:其一,因太宗时期仅有上京、东京、南京三个京,这里的"五京"很可能是后来史家按辽代五京传统追记的,但所籍的丁户范围仍在后来的五京之内,即全国范围;其二,太宗籍丁户的时间无载,但肯定发生在会同元年(938年)太宗接管燕云十六州之后至会同九年(946年)伐后晋之前;其三,"太宗籍五京户丁"系指太宗朝搞了一次五京范围的括户口,但侧重于"户丁"的清理、登记,其中南京、西京两道的"户丁"是在后晋基础上进行复查的,其余三京的户丁则需进行全面、系统的调查登记,因为在此之前,还没有系统地进行过这项工作;其四,太宗籍"五京丁户"是为了"定赋税",其中的"赋",除指田亩税外,当也指徭役、兵役,这才是赋税的全部内容。

石刻资料记载,天禄二年(948年),刘承嗣"奉宣宜、霸州城,通检户口桑柘。不茹不吐,廉善廉能。"⑩向南先生考证:"宜",指宜州崇义军,治今辽宁义县;霸州后来升为兴中府,治今辽宁朝阳;"宣"系帝王的诏书、命令、旨意。也就是说,刘承嗣带着辽世宗旨令来到宜州、霸州,检查、清理户口和桑柘种植情况。说明当时这两个州城建立不久,许多人口是来自其他地区,故需要清理、登记、造册。

2. 圣宗时期的户口调查

这一时期的户口调查是在经济发展,社会稳定,人口激增,州县调整的情况下进行的,主要是为了括清人口、增加政府财政收入。从表3—1可以看出,这一时期的户口调查活动共有十四次。

统和前期,辽圣宗针对俘户增多,人口不断繁衍等情况采取许多措施。统和八年(990年)五月"诏括民田",七月大范围的调整州县,新置七个,裁并十八个。随之迁徙民户,某些户口的隶属关系发生变化。翌年正月"诏免三京诸道租赋"。是时,政事令韩德让提出:"燕人挟奸,苟免赋役,贵族因为橐橐",意思是说如果全部免除赋役,燕人中的豪民奸户就会像骆驼一样,大肆中饱私囊。故遣北院宣徽使赵智前往"戒谕",但效果并不显著。于是,同年七月圣宗采取果断措施——"通括户口"。⑪这是一次全国性的户口调查统计,有力地打击了那些以不正当手段减免赋役的"挟奸者"和不法的贵族,借以缓和阶级矛盾。

宫分人户是具有单独的军政机构,占有大量财富,拥有相当数量户口的庞大体系,由于经济发展,户口繁衍,圣宗即位后,将一些宫分户析出,改为独立的部族和州县,直属朝廷,同时又在宫分户内进行几次调整。出籍与入籍,分化与组合,以及人口自然增长,使各宫分户口的面貌发生不少变化。于是,圣宗于统和十五年(997年)三月采取措施,"通括宫分人户"。⑫这是一次对皇室所属民户户口的全面整顿。

统和二十一年(1003年)十一月,"通括南院部民。"⑬南院系指隶北府的契丹南枢密院,"契丹南枢密院。掌文铨、部族、丁赋之政,凡契丹人民皆属焉。以其牙帐居大内之南,故名南院。"⑭很明显,这次检括户口实际上是对全国范围内契丹、汉、渤海民户的一次大检查,唯军籍不在此次核查之列。

开泰二年(1013年)四月,圣宗"诏从上京请,以韩斌所括赡国、挞鲁河、奉、豪等州户二万五千四百有奇,置长霸、兴仁、保和等十县"。⑮同时当年二月诏书载,又新置象雷、神水等八县;《辽史·地理志》又载是年还设有文定、升平等县。一般情况下,置县是括户口活动的直接结果,其依据就是检括、清理、统计产生的户籍资料。因此,开泰二年括户口具有一定的规模,上京道、中京道是其重点地区。

开泰四年(1015年)四月,"曷苏馆部请括女直(真)王殊只你户旧无籍者,会其丁入赋役,从之。"⑯曷苏馆也是辽属女真的一个部族之一,殊只你当也是另一女真部落的王,曷苏馆"请括殊只你"户口的原因,不得而知,最可能的原因恐怕就是赋税不均。圣宗对女真王殊只你的户口进行检查、登记,显然是一次临时的、个别的括户口。殊只你在《辽史》只出现过一次,是哪一部的女真王尚不清楚;但可以肯定不是生女真,因为生女真不入辽籍,辽政权不能检查其户口。⑰该女真王占有的"无籍者"并非少数,经过括户口,这批女真人均已归入纳税服役的行列里。这表明圣宗对括户口一事相当重视,边疆部族都不放过。

3. 兴宗至辽末的户口调查

这一时期的户口调查是在国家遭受经济滑坡和天灾人祸,逃户众多,人口减少的情况下进行的,主要目的是为了检括脱户,维持政府财政收入和社会稳定,保证对金的作战兵源。从表3—1看,这时期的户口调查共有十六次。

至兴宗即位时,辽代政治经济的巅峰时期已经过去,户口调查统计工作表现出了新的特色。据《辽史·食货志上》记载:"兴宗即位……是年,通括户口。"表明此次通括户口是在兴宗即位这年即景福元年(1031年)进行的。兴宗在位期间共进行了8次户口检括,登基伊始就进行户口检括足见其对户口检括的重视。从《辽史·兴宗纪一》的记载看,重熙八年(1039年)又进行了第二次户口检括工作。是年六月,兴宗接受北院枢密使萧孝穆"请籍天下户口"的建议,颁发括户口的诏书:"朕于早岁,习知稼穑。力办者广务耕耘,罕闻输纳;家贫者全亏种植,多至流亡。宜通检括,并遂均平。"⑱文中所谓的"力办者"系指富裕之家,包括官僚、贵族、地主等,他们利用特权和经济力量与官员勾结,隐瞒财产,降低户等,故能少输赋役。由于各州县的赋役数量是固定的,如果"力办者"少输纳,必然将大量赋役转嫁给贫困之家,这些贫户因无力承担不得不逃往他乡。为此,兴宗利用括户口的办法,普遍审查户等,使之"均平"合理,故而取得了"政赋稍平"⑲的结果。此外,通过这次括户口,还调整了个别州县,在南京道升遵化县为景州;在上京道置长春州于鸭子河的春猎之地。⑳

史载:"(道宗)大康九年六月……庚午,诏诸路检括脱户,罪至死者,原之"㉑,表明这时辽道宗开始进行全国性的"检括脱户"行动,但看来效果并不明显,所以才有"时朝廷遣使括三京隐户不得,以引吉代之,得数千余户"。引文中的"三京"通常指上京、中京、东京。隐户亦称逃户,古代人们为逃避赋役,而脱离本籍,来到他乡,不登记户口;还有官僚、贵族、豪强等凭借权势兼并土地及其民户,抑或接受逃亡者的"投献"。这些不入户籍者,即是隐户。隐户的大量出现,反映政治腐败、民不聊生和国家对户口的失控。据上述史料,引吉接受这项工作前"朝廷遣使"已在三京进行过括隐户的工作,但效果不佳,故令引吉代之。耶律引吉是位"以正直自处,不少阿唯"的好官吏。[22]经过他的努力,从三京清理登记的隐户"数千余"。

从道宗咸雍二年(1066年)起辽朝进入长达三十多年的自然灾害期,在辽朝历史上是空前的。于是,隐户、脱户、逋逃户急剧增加。脱户,是指脱漏的户口,包括隐户、逃户等。对此,历朝都有惩治的法律。唐代对脱户,依《唐律》,其户主判三年徒刑。金代对脱户户主判二年徒刑,并以重金奖励告发,同时还要惩处脱户原籍和逃至新籍的地方官。[23]辽代颁行了"安泊逃户征偿法"。虽不知其具体内容,但从该项法律名称和零星记载看,逃户也要受到法律制裁,甚至情节严重者处以死刑。尽管如此,脱逃现象仍然十分严重。对于这些脱逃之民,辽朝不仅无法抽税派役,甚至还得赈济。这一方面截断了财政来源的一些渠道,同时还要不断增加支出,致使财政困难日益加深,因而不断增加的赋税只能落在国家控制的未逃州县民户身上。在这种情况下,谁还能顾及户籍的约束,人们不得不扶老携幼,逃往他方。据寿昌五年《义冢幢记》载:"先于大安甲戌岁,天灾流行,淫雨作阴,野有饿莩,交相枕藉。时有义士收其义骸,仅三千数"[24],这是在南京附近的昌平一地的惨状,死的人大部分都是逃户。这时候,脱逃户籍现象已成为国家政治、经济生活的重要问题,因此,大康九年(1083年)六月,道宗"诏诸路检括脱户,罪至死者,原之。"[25]这是一次全国范围的检括脱户的活动,虽收到一定效果,但并没有解决太大问题。大安三年(1087年)二月,不得不废除"安泊逃户征偿法",其理由是"民多流散"。[26]说明政府对脱户问题,已经无法控制。

考察上表,道宗后期至天祚朝还有几次重要的户籍检括活动,如大康十年(1084年)"五月甲辰,驻跸赤勒岭。甲寅,括马";大安九年(1093年)"壬子,遣使籍诸路兵";寿昌二年(1096年)"(梁援)统括于燕京路……无妨农务";天庆三年(1113年)"三月,籍诸道户"。不管怎样,能够开展户口检括,说明国家机器还在正常运转。最后一次的户口检括就不一样了,天庆六年(1116年)"六月乙丑,籍诸路兵,有杂畜十头以上者皆从军",已经到了饥不择食、竭泽而渔的地步了,末运已至、国家将亡的景象,通过户口检括表现出来。

第二节　辽代户等制度

户等制度是我国历史上一种重要的户籍制度,就是按民户财产的数量划分等级,以此作为征发赋税、徭役的基本依据。这种制度伴随着封建制度的出现而萌生,魏晋南北朝及隋唐逐渐完善,金元延续,明清衰落。各朝代虽有继承和发展,但其内容却不尽相同。北魏分三等九品,唐划为九等,宋分为五等,隋、金均定为三等,元析为三等九甲。

关于辽代的户等制度,史料并不多见,现在引用最多的是范镇讲的一个故事。重熙二十三年(1054年),北宋大臣范镇接待辽朝使者冯见善时,劝其多饮酒,见善因酒量有限,做了个辞酒的比喻:"劝酒当以其量,若不以量,譬如徭役而不用户等高下也。"范镇因此得知"契丹徭役,亦以户等,中国何不量户等役人邪?大户小户必以此出也"[27]由此可知,辽朝也有户等制度,同样是征发徭役、赋税的基本依据。

一、传统农业区的户等制度

辽代的南京道、西京道是传统的农业区,沿袭汉唐传统,肯定存在着户等制度,但户等到底分几等,又是如何划分的,史无明载。天祚帝乾统年间,燕京析津府三河县令刘瑶,"免科配烦挠,凡差发立排门历,量见在随户物力,遂定三等,配率均平。有权称贫乏小户,必得饶裕。所兴事用,亦非动众妨农。"[28]这说明,当时在汉人居住区南京道,根据每户的"物力"即财产多寡,划定上、中、下"三等",记录在簿,据此确定"差发"。如此,方"均平"合理,使"贫乏小户,必得饶裕"。西京道与南京道同属燕云范围,唐代在这里推行过九等户制度,整体而言,唐代经济繁荣,但户等划分过于苛细,很难操作,有可能到了辽代干脆实行了三个等级的户等制度。另外,在石刻资料中经常见到关于"豪户"的记载,同样说明了户等制度的存在。如"公(郑士安)以豪户永泰军衙职,祗侯可"[29],郑士安即是以"豪户"(上户),而被抽差为永泰军衙职;"顿得盗贼并迹,豪户洗心"[30]这些"豪户"应该就是上等户,即中上层地主,他们人数虽不多,但却拥有较多的田产,雇佣不等量的贫苦农民为他们耕种土地。中等农户属于社会下层,他们人数众多,承担着繁重的赋役,是农民阶层的主要组成部分。其中中等农户又称"自耕农",他们尽管也要向政府交纳税收和负担沉重的差役,但他们毕竟有自己的一小块土地,春种秋收,自食其力,虽谈不上富裕,但在好的年景里,解决温饱还不成问题。但居此阶层并不稳定,在大地主的土地兼并及不确定的天灾人祸之下,他们非常容易失去土地或没有收成,一下子沦为一无所有的佃农。处在第三等的农民就是没有土地等生产资料的佃户,在辽代人数不少,他们虽属平民自由身份,但却没有或少有自己私有的土地,靠租种地主人家的土地生活,除地租外,自己所获不多,同时还不得不承担着政府摊派的各种差役之事,很难维持生计。如《辽史·马人望传》载:"当时民所甚患者,驿递、马牛、旗鼓、乡正、厅隶、仓司之役,至破产不能给。"[31]在辽的北部边境屯垦区,有些从事耕种的部族农民,在沉重的兵役负担下,

"鬻子割田","生业日殚","其穷日甚"³²。在第三等农户中,还有一部分属于雇农身份,他们为养家糊口,干脆入住地主之家,为其做长工或短工,薪酬以年或月计。不仅仅是耕田种地,雇主家的所有劳务都得承担,有时还得替雇主出官府摊派的劳役。如天祚帝乾统年间(1101年—1111年),南京道三河县每年都要修建多处桥梁,"计用千功",县衙摊派劳役,有些地主则"赎庸给价,日系三锾",³³即花钱雇佣临时的佣工顶替。

辽代存在户等制度的另一个有力证据就是"通检推排"的推行。通检户口、推排物力,被称作"通检推排",其主要内容和目的就是为了定户等。现在一般认为这是金代的创举,其实通过考证发现,这项工作在辽代就已经开始推行了。周峰先生通过考证金元《昌平崔村锣钹邑碑》后,认为:"通检推排不应是金代的首创,而是在辽代兴宗重熙二十一年(1052年)就曾实行过通检推排,政府也就据此向锣钹邑所有的栗园征收'差税'"³⁴。其他石刻史料也可证明辽代实行过通检推排,据《刘日泳墓志》,时任润州(在今山海关西海阳镇)刺史的刘日泳曾"为老幼以宁均,输租赋而不等。怜其有节,察以无私。受宣诏而遍历州村,临边景而颁行通检。"³⁵刘日泳受命所进行的这次"通检",其地域范围不详,但从"遍历"来看,其范围不会太小。刘日泳死于重熙十五年(1046年),因此,这次"通检"至迟也应该早于1046年。另外,辽道宗寿昌三年(1097年),时任尚书左仆射的梁援也曾"通检于燕京路,无妨农务,人用敬爱。"³⁶

《辽史》中的有关资料也说明了通检推排的存在。《辽史》卷34《兵卫上》载:"始闻诏,攒户丁,推户力,核籍齐众以待。""攒户丁"、"推户力"正是通检推排的主要内容,其结果就是要对户等排出一个序列。

由此可见,辽代实行过通检推排可成为定论,它是户等制度存在的一个有力证据,但其具体内容尚待有新的石刻或其他史料的发现来补充与阐述。

二、游牧民族区的户等制度

许多史料证明,契丹等游牧民族也按户口和财产多少划分户等。统和三年(985年)"枢密奏契丹诸役户多困乏,请以富户代之。"³⁷可见,契丹族中有役户与非役户、富户与贫户之别。按照辽朝规定,戍边战士须"自备粮糗",并长途搬运到戍地。在当时,搬运"粮糗"相当困难。"道路修阻,动淹岁月;比至屯所,费已过半;辄牛单毂,鲜有还者"。如是无丁之家,更加困难,"倍值庸僦,人惮其劳",故有"半途亡窜"者,结果守边战士仍得不到"粮糗",若"求假于人,则十倍其息",甚至出现"鬻子割田,不能偿者"的悲剧。像这种守边重任,一般经济力量的契丹户是承担不起的,只好落在富裕的契丹户身上。故辽政权明确规定："选富民防边"，"富者从军，贫者侦候"。这说明，以游牧为主的契丹族中存在着"富者"与"贫者"的等级之分，正常情况下，富者担负守边的兵役。《金史·太宗纪》说契丹人"赋役皆有等差"。据有关分"民户高下"的记载看，他们与汉人一样据资产划等。《苏魏公集》卷十三说"契丹马群，动以千数……以牧养多少为（户等）高下"，既以马为主要资产，则很可能以马匹多少划分户等。划游牧民户户等的目的主要是征兵、征战马，《辽史·天祚帝纪》载天庆六年（1116年）六月"诸路兵，有杂畜十头以上者皆从军"；十年（1120年）三月令"民有马群者，十取其一"，作为骑兵之用。《辽史·张琳传》载天庆四年（1114年）在中京、长春和辽西"计人户家业钱，每三百贯备一军"，有起至二百军者，当时兵丁一名，战马三匹为一军，是按资产征兵马。不唯契丹人，连臣服辽朝的女真人户也如此。《契丹国志》卷十三载："或遇北主征伐，各量户下差充兵马，兵回处遂逐便归于本处"，户下，应指户下资产，亦可能含等级在内。就有关记载看，游牧民族征兵马时多是直接据数而征，如杂畜十头、十取其一，按户等而征的场合不多。这是因为其户等的作用较汉民更小。

根据史料分析，就像农民按土地多少划分等级一样，他们同样按家庭畜产的多寡分为三等[38]。上等户牧民即为牧主，他们拥有的畜产很多，生活富裕，并雇佣下等牧民为其放牧。他们在辽代社会中没有政治特权，靠剥削雇佣者而发家致富。偶尔也与官府勾结，或减免、或转嫁应承担的国家赋役。当然，他们中的一些人如果按国家的规定向官府交纳一定数量的牲畜，便可取得"舍利"的头衔，并且有了一定的特权。《辽史·国语解》"舍利"条亦云："契丹豪民要裹头巾者，纳牛驼［七］十头，马百匹，乃给官名曰舍利。后遂为诸帐官，以郎君系之。"[39]在辽代，中小牧主及牧民均有戍边义务，而一旦牧主们用牛马等财产换取了舍利——祗候郎君之衔，便可免去北徙戍边之役，可以让部曲代行之。《辽史·兴宗纪》即云：重熙十年（1041年）二月，"北枢密院言，南、北二王府及诸部节度侍卫祗候郎君，皆出族帐，既免与民戍边，其祗候事，请亦得以部曲代行。诏从其请"[40]。二三等牧民是牧区畜牧业生产劳动的主要承担者。二等牧户自家有少量的牲畜，自产自牧，自收自支，如不是遭遇天灾（如旱灾、雪灾）和瘟疫，大多尚能解决生活上的温饱。如道宗朝的大臣耶律乙辛，"幼时，家贫，服用不给"，即属于二等牧民之家，年幼的乙辛即曾为自家"牧羊"[41]。三等牧户则无畜产可言，他们只好被牧主雇佣，替牧主放牧牛羊驼马，以换取少量的糊口的食物。如圣、兴朝的奚族官员萧蒲奴，原为奚王贵族之后，但其幼年时家道已衰败，沦为下层牧户，所以他年轻时即曾为富人雇工牧牛，并受尽欺辱。《辽史·萧蒲奴传》载：蒲奴"幼孤贫，佣于医家牧牛。伤人稼，数遭笞辱"[42]。在辽代，贫苦的农牧民不仅受到地主及牧主的剥削,还时常遭遇官僚豪强的盘剥,甚至有沦为更低层次的部曲奴婢的可能。[43]
寿昌三年(1097年)的《贾师训墓志》上即记载:中京道锦州"州帅",即"以其家牛羊
驼马,配县民畜牧,日恣隶仆视肥瘠,动撼人取钱物,甚为奸扰"。更有甚者,"间有酋
豪负势,诈良民五百口为部曲"[44]。

三、宫户、边疆部族的户等制度

契丹游牧人在部族制下"合族而居",部民系平民,此外还有不少"宫户",以及私
人的奴婢、部曲,他们是否划等,不见明载。张正明先生认为,辽朝的宫户、部曲和部
民都有贫富分化。部民分化的幅度较大,亦形成上户、中户和下户,上户是平民地主
和牧主,下户则包括奴隶。宫户也分为上、中、下三等户,但身份仍都是官府奴隶。[45]
部曲是原来唐、宋户等制下的编民,《辽史·太宗纪》载会同四年(后晋天福六年,941
年)契丹人攻朔州,因"裹古只战殁城下,上怒,命诛城中壮丁,仍以叛民上户三十为
裹古只部曲"。又据《续资治通鉴长编》卷53载,元符元年(1098年)雄州奏:"契丹
新置魏州,欲徙上等户一千实之",说明契丹继承了原居于宋朝领土的户等制度。

此外,以狩猎为主的五节度女真部,据考就是熟女真中的鸭绿江部,亦称鸭绿江
女真,生活在鸭绿江两岸。他们"杂处山林,尤精弋猎。有屋舍……"。辽朝出征时,
该部"各量户下差充兵马"[46]也就是根据各户财产数量,分定等级抽调兵马。

总之,辽代户等制度,不仅存在于燕云地区,而且随着经济的发展、贫富分化的加
剧,以游牧为主的契丹族和以狩猎为主的鸭绿江女真部之中也出现了户等制度。说
明户等制度不仅适合农业区,也适应牧业区乃至狩猎区。

第三节　辽代户籍类型

辽国官制分为北、南两个系统,体现了辽国因俗而治的政治特色,《辽史·百官
志一》载:

"辽国官制,分北、南院,北面治官帐、部族、属国之政;南面治汉人州县、租
赋、军马之事。因俗而治,得其宜矣……初,太祖分迭剌夷离堇为北南二大王,谓
之北、南院。宰相、枢密、宣徽、林牙,下至郎君、护卫,皆分北、南,其实所治皆北
面之事,语辽官制者不可不辨";"契丹北枢密院。掌兵机、武铨、群牧之政,凡契
丹军马皆属焉。以其牙帐居大内殿帐之北,故名北院。元好问所谓'北衙不理
民'是也……契丹南枢密院。掌文铨、部族、丁赋之政,凡契丹人民皆属焉。以

其牙帐居大内之南,故名南院。元好问所谓'南衙不主兵'是也。"⑰

这段史料告诉我们三个问题:一是列出了辽代的四大户口类型:州县、宫帐、部族、属国;二是并非带"南"字的就是负责南面汉人事务的机构,带"北"字的就是负责契丹族事务的机构;三是契丹南枢密院是中央管理全国户籍的最高级部门(现在一般认为南面官系统的汉人枢密院是中央负责户籍管理的部门,何天明先生经过考证后认为,汉人枢密院是契丹南枢密院的前身,世宗以后并入了北面官系统⑱)。

下面按照户籍类型,对《辽史·百官志》和相关材料分别进行分析考证。

一、州县户口

州县户口是辽代户口的主体部分,以汉、渤海人为主,这部分人口主要是农业人口,是《辽史·地理志》中仅有的一种具有相对完整记录的户口类型。辽代早在太宗时,政府即曾命令"籍五京(前已说明,太宗时只有上京、东京和南京,中京和西京是圣宗统和与兴宗重熙中置,史家意指辽全境。)户丁以定赋税",只是"户丁之数无所于考"⑲,"无所于考"不是没有,而是统计资料未保存下来。辽代赋役是以户丁为征收对象的,契丹统治者为了获取赋役和兵员,满足自身经济与政治的需要特别注重户丁检括,所以文献所载仅限于户丁资料。《辽史·兵卫志》论五京乡丁时指出:"契丹本户多隶宫帐、部族,其余蕃汉户丁分隶者,皆不与焉。"⑳即隶于宫帐的契丹户丁与蕃汉转户丁,隶于部族的契丹户丁皆不属五京乡丁之列,即不属于州县户口。蕃户即契丹户之外的少数民族,如奚、室韦、女真、渤海等户。

中央户籍管理机构。上引契丹南枢密院事务中的"丁赋之政"指的就是辽朝的人口和赋税问题,通过前述户口调查问题已经明白,这两者本身是密不可分的,如果与后文"凡契丹人民皆属焉"联系起来,就会发现,契丹南枢密院的"契丹人民"与契丹北枢密院的"契丹军马"是相对应的。"契丹人民"即契丹政权所属的所有民众,也就是说,包括契丹、汉人以及受辽朝统治的所有民族在内;"契丹军马"即契丹政权所拥有的所有军队。也就是说,在理解"契丹人民"和"契丹军马"时,要站在辽朝政权的角度,而不应以民族来划分。当然,由于契丹族是以畜牧业为主的游牧民族,寓兵于牧是其鲜明的特点。所以,群牧也就成为契丹北枢密院的主要事务之一。而与群牧有关的税赋、簿籍之类的事务也就应当直属北院。这样,契丹南枢密院所具体辖有的"契丹人民"的"丁赋之政",则主要是与农业人口有关的那一部分。在唐代,这类事务同样是归于尚书省的。其下设的户部就是"掌天下土地、人民、钱谷之政、贡赋之差"㉑的部门。契丹南枢密院掌管这类事务,也可以说是汉人枢密院"初兼尚书省"的一种延续效应。

考辽代不同的时期,北面官系统的契丹南枢密院均为辽朝中央最高级别的户籍管理部门。

太宗时期,契丹族官员是不太熟悉"籍户丁"、"定赋税"等事务的,能够担任此项工作的应当是汉官。如果当时汉人枢密院兼有尚书省的职掌,那么,理所当然是主持接收并清理户籍的部门。虽然,太宗时期,辽朝"五京"尚未形成,但可以确定的是此时燕云地区的人口已经正式划归辽政权辖有了。普查的主要对象,应当是辽境内的农业人口,进而确定赋税,而汉人枢密院正是契丹南枢密院的前身。

世、穆、景三朝可以见到的多为重农措施的推行以及农业丰收的记载。这从某种意义上可以说明辽朝农业人口的相对稳定,农业经济在辽政权中的地位得到了确认,农业生产也有了一定的发展。与此相对应,赋税制度也应在农业人口中推行。至辽圣宗年间,随着封建化改革的不断推进,多次对租、赋、税、徭役进行调整,大量涉及对田亩、社民、仓储等问题的解决。这类事务的处理,与当时担任契丹南院枢密使的韩德让、室防等人是有直接关系的。韩德让曾于统和六年(988年)以前提出"宜轻赋税以来流民";室防也提出"山西诸州给军兴,民力凋敝,田谷多蹂于边兵,请复今年租"[32]的建议。而此时他们中间的一个肯定是任职于契丹南院枢密使的位置上。

兴宗即位即有"通括户口"之举,而且提出此动意的是契丹北院枢密使萧孝穆。这似乎是跨越了"北衙不理民"的职掌范围。实际上,这只是一种表面现象。兴宗时期,契丹北枢密院在辽朝政权中的核心地位已经确立。契丹北院枢密使提出这样一个事关全局的建议并不越权。关键在于由哪个部门具体负责这项工作。按照职务分工,由契丹南枢密院和中书省这两个部门承担的可能性最大。这次普查仅仅用了一年左右的时间,能够较好胜任此类工作的应当是这两个部门的官员。而从辽代政权机构北面官系统地位高于南面分析,契丹南枢密院应当是中央主管部门。

到了道宗时期,辽朝虽然进入多事之秋,但对于户口与赋税制度并未放松,通过"度支"部门"检括人口",增加农业收入的记载比较多见。按照唐制,"度支"属于户部,专掌"天下租赋、物产丰约之宜、水陆道涂之利,岁计所出而支调之,以近及远,与中书门下议定乃奏"等事务。[33]辽代"度支使司"司负责的租赋之类事务的最高主管部门亦为契丹南枢密院。

关于地方户口管理。辽代地方州县机构设置也"大略采用唐制"。[34]唐代地方州县机构中亦有具体负责本地方户籍日常管理的部门和官员。《新唐书·百官志》即载:地方州县等机构中的"司曹、司户参军事,掌户籍"[35]。《辽史·百官志》南面地方官中虽未明载此类机构与官职,但考察其他材料,也能找到相应的记载。统和二十六年《王说墓志》载:"(王说)加授(中京)户部使,掌户籍,辖民夫"[36],考《辽史·百官志》:"五京诸使职名总目:……某京某使……张孝杰,清宁间知户部使事。"因此,户部使即是五京道管理户籍的官员,其机构是某京户部使司。其实,户部使一职见于记载的很多,大公鼎、韩绍勋、王棠均曾任过东京户部使一职,说明在五京这一级,户口的调查管理机构还是很健全的。至于州县乡里,肯定也有相应的机构和官员,因为州县户口的变动,只有靠他们平日里及时地清理和核查,才能准确上报朝廷。同时,朝廷的每次检括户口,也一定要依靠地方的户籍官员的具体操作才能完成。

关于头下军州户口。这是学术界争论较大的一个问题,现在的一般观点是将其与"二税户"列为一类,而排除在了国家编户之外,但细考有关史料并非如此。《辽史·地理志》载:

> 头下军州,皆诸王、外戚、大臣及诸部从征俘掠,或置生口,各团集建州县以居之。横帐诸王、国舅、公主许创立州城,自余不得建城郭。朝廷赐州县额,其节度使朝廷命之,刺史以下皆以本主部曲充焉。官位九品之下及井邑商贾之家,征税各归头下;唯酒税课纳上京盐铁司。

这段文字指出了头下军州的实质和隶属关系,阐述了头下军州户口的来源及其人身依附关系和应尽的义务。这里有三个关键的地方能说明头下州县的隶属关系。一是"朝廷赐州县额";二是"节度使朝廷命之";三是"唯酒税课纳上京盐铁司",这说明朝廷对头下军州享有有效的管辖权。《辽史·地理志》记载的16个头下军州均有明确的户数记载,共计34300户,说明辽廷对其户籍管理是切实而有效的,其独立性只是相对的,不然,"惟酒税赴纳上京"也恐难办到。

事实上,其纳税的"二重性"及对头下主和国家的双重依附关系,决定了其户籍的管理形式也是双重的,既受头下主管理,也受国家统辖。具体说来,在中央,同样归北面官系统的契丹南枢密院;在地方,头下军州中的户籍之管理一般是由头下主个人管理的。具体说来,应是由头下主任命的某"部曲"官员来承担日常管理工作。

因此,头下军州在户籍管理上,具有二重性,与其他州县相比也具有统一性,正因为如此,《辽史·地理志》在记载户口数量时将其同州县户口列在一起。我们在进行辽代户口统计和数量推测时,也按这种方法将其作为一种户口类型。

二、宫卫户口

宫卫户口即隶于宫帐的契丹户与蕃汉转户,不属于州县户口。蕃户即契丹户之外的少数民族,如奚、室韦、女真、渤海等户。宫卫户口是辽代户籍制度的特色,也是辽代户口研究中意见分歧最大的一部分,为了便于考察问题的究竟,我们不妨把有关史料先列出来。

《辽史·营卫志》载：

> 辽国之法，天子践位置宫卫，分州县，析部族，设官府，籍户口，备兵马，崩则扈从后妃宫帐，以奉陵寝。有调发，则丁壮从戎事，老弱居守……则以攻战为务，闲暇则以畋猎为生。无日不营，无在不卫。[57]

很显然，其所领属的户口，即宫卫户口来源于部族与州县，一旦析出便独立存在，与"分隶南北府，守卫四边"、"备畋猎之役"的部族户口不同[58]，与前述州县户口亦不同。《辽史·兵卫志》论五京乡丁时指出："契丹本户多隶宫帐、部族，其余蕃汉户丁分隶者，皆不与焉。"[59]

《辽史·营卫志》中有关的史料还有：

> "凡州三十八，县十，提辖司四十一，石烈二十三，瓦里七十四，抹里九十八，得里二，闸撒十九。为正户八万，蕃汉转户十二万三千，共二十万三千户"；"太祖曰弘义宫，……以心腹之卫置，益以渤海俘、锦州户……斡鲁朵在临潢府，陵寝在祖州东南二十里。正户八千，蕃汉转户七千，出骑军六千。"

《辽史·地理志》这样的记载很多：

> "富义县，本义州，太宗迁渤海义州民于此。重熙元年降为义丰县，后更名，隶弘义宫"；"泰州，德昌军节度，本契丹二十部族放牧之地……隶延庆宫，兵事属东北统军司。"

《辽史·礼志》载：

> "皇帝即位，凡征伐叛国，俘掠人民，或臣下进献人口，或犯罪没官户，皇帝亲览闲田，建州县以居之，设官治其事。"

《续资治通鉴长编》卷110载：

> "每其主立，聚所剽人户、马、牛、金帛，及其下所献生口，或犯罪没入者，别为行宫领之，建州县，置官署。"

《武溪集·契丹官仪》载：

> "每主嗣位，即立宫置使，领臣寮。每岁所献生口及打虏外国所得之物，尽隶宫使。每宫皆有户口钱帛以供其主私费，犹中国之内藏也。"[60]

以上史料说明了两个问题：一是宫卫户的来源主要有三个方面，即分州县、析部族、战争俘户；二是宫卫户口的独立性确实存在，既不同于州县，又不同于部族，具有专门的"宫籍"。上述结论，学界认识比较一致，分歧主要表现在：一是"隶某宫"的州县与一般州县的地位、管理是否一致；二是宫卫户与正户和蕃汉转户的关系；三是提辖司户与蕃汉转户、州县户的关系。

一种观点认为"隶某宫"的州县管理上归某宫，其户口就是宫卫户口，不同于一般州县户口;宫卫户口包括了正户和蕃汉转户;提辖司是诸宫卫的军事管理机构,兼管宫卫兵与民之事。这种观点最早源于日本学者津田左右吉,自陈述先生引用以来,后世学者基本相沿使用[61],但均缺乏翔实的史料支持和令人信服的考证。

另一种观点与此相反,认为隶属斡鲁朵州县民户的身份地位,与普通州县民户是相同的,辽朝对这些州县也实施了与普通州县基本相同的统治方式;通过对民族成分、分布地区、隶属关系等方面的对比,可以做出判断:所谓"蕃汉转户"正是诸斡鲁朵提辖司所管之民户,提辖司所管辖的民户是介于宫分户与隶属于斡鲁朵州县民户身份之间的一种民户。他们不隶属于州县之籍,与宫分户相同,但又不仅像宫分户那样扈随斡鲁朵,他们定居于某地从事农耕及其他产业,与州县民户相同,但又不像州县民户那样归国家行政系统管辖,而是平时直接为斡鲁朵提供经济来源,战时直接为斡鲁多提供兵源;隶宫籍的"宫户"就是"正户",不包括"蕃汉转户"。杨若薇先生在这方面进行了详尽的考证,吴松弟先生、韩茂莉先生均支持这种观点[62]。

应该说后一种观点引用史料丰富翔实,考证准确到位,把《辽史》营卫、兵卫二志中关于宫卫户的问题清楚地括列出来,使我们认清了辽代这一重要的户籍系统,为我们下一步推算辽代人口规模奠定了基础。

总的来说,在户籍管理方面,中央设契丹行宫都部署司,下面诸宫设使、副使等,总领契丹"正户";中央设汉儿行宫都部署院,各宫设提辖司,总领各宫的汉、渤海等"蕃汉转户"。[63]在户口类型方面,真正属宫籍的是"正户",属诸宫提辖司的是"蕃汉转户","隶某宫"的州县,在户籍管理上仍属州县户籍管理系统。

三、部族户口

《辽史·营卫志》载:

> 契丹之初,草居野次,靡有定所。至涅里始制部族,各有分地。太祖之举,以迭剌部强炽,析为五院、六院。奚六部以下,多因俘降而置。胜甲兵者即著军籍,分隶诸路详稳、统军、招讨司。番居内地者,岁时田牧平莽间。边防糺户,生生之资,仰给畜牧,绩毛饮湩,以为衣食。各安旧风,狃习劳事,不见纷华异物而迁。故家给人足,戎备整完。卒之虎视四方,强朝弱附,东逾蟠木,西越流沙,莫不率服,部族实为之爪牙云。

这里不仅指出了部族析置的过程、民族构成、部族的地位和作用,而且说明了部族成员的义务及隶属关系。太祖时包括奚、室韦诸部共置 20 部,其中二国舅升入帐分,即所谓太祖 18 部。至圣宗时以旧部置 16 部,增置 18 部,所谓圣宗 34 部,加上辽内四部族,圣宗以后,辽朝部族数目达到了 56 个。

部族户籍管理。按照上引材料,契丹南枢密院:"掌文铨、部族、丁赋之政",因此部族户籍管理仍然由契丹南枢密院来承担。部族是辽代的主要兵源,对部族统辖或管理关系到契丹族立国之本,因此统治者必然会把这个权力归于北面官系统。北面官系统与部族管理有关的部门有四个,分别为:"北宰相府。掌佐理军国之大政,皇族四帐世预其选";"南宰相府。掌佐理军国之大政,国舅五帐世预其选";"北大王院。分掌部族军民之政";"南大王院。分掌部族军民之政"。

何天明先生对北面朝官各部门进行系统考察后认为,这四个部门体现在对部族事务方面的职能要比契丹南枢密院具体,而且都不是全面负责。按照辽代历史的发展,它们都是先于契丹南枢密院而设置的部门,五、六院略晚,但其前身迭剌部却早于契丹南枢密院。这样,我们完全可以推测,在契丹南枢密院健全后,对部族的行政事务实行了全面的管辖,从辽朝政权机构的总体构成来看,契丹南枢密院的实际地位高于前四个部门,形成了在北面中央官系统中由契丹南枢密院全面负责部族行政事务,而大量的具体工作仍由前四个部门分别落实。早期汉官为契丹南枢密院主管官,后来逐步被契丹人大量替代的原因或许就在于此[64]。

部族的基层管理,首领初设夷离堇,后更名为令稳(详稳),又改称节度使,皆由朝廷任命。下面一般分为两个石烈(五院部、六院部均为四个石烈)。他们作为部族首领,应该负有部族户口的基层管理职责。

以下两条史料也是有力的证明。《辽史·圣宗纪》载:统和三年(985 年),"枢密奏契丹诸役户多困乏,请以富户代之。上(圣宗)因阅诸部籍,涅剌、乌隈二部户少而役重,并量免之"[65],说明政府对诸部的管理是有效而且严格的,其中一个叫划离部的,曾想自选当家人,被拒绝:"圣宗统和元年,划离部请今后详稳于当部人内选授,不许。"[66]

四、僧尼户口

僧尼是辽代一个特殊的社会阶层,其人口是辽代户籍不可忽视的组成部分。"佛法西来,天下响应。国王大臣舆其力,富商强贾奉其赀,智者献其谋,巧者输其艺,互相为劝,惟恐居其后。故今海内塔庙相望,如睹史之化成,似耆阇之涌出"[67]。又如在辽之南京地区"诸阿兰若,岩居野处,如鹫峰鹿苑者,比比而是,云之城邑,则又过焉"[68],上自帝王下至士庶的佞佛心理和趋之若鹜的热情可见一斑,其寺庙数量之多,繁盛之极更是到了无以复加的地步,僧尼人口之众当是意料中的事。

僧尼的管理。统和九年春正月:"诏禁私度僧尼"[69],说明辽代至少从圣宗时起,已经对佛教加强了管理,既然能禁止私度,说明对僧尼人数的控制是有效的,上引道宗时"一日而祝发三千"，虽人数确实很多，但也是在皇帝批准下进行的，说明朝廷一直掌握着僧尼户籍。辽代高僧均有封号，如上引法均大师，封为："马鞍山故崇禄大夫、守司空、传菩萨戒坛主大师"，其寺庙内部管理当是这些"坛主大师"、主持、方丈之类；朝廷主管官员，景宗保宁六年"十二月戊子，以沙门昭敏为三京诸道僧尼都总管，加兼侍中"，"三京诸道僧尼总管"是目前所见的最高级别，也是唯一的中央级管理僧尼的职官。

寺僧入朝为官，一方面说明辽人佞佛之甚，另一方面也说明，这是辽廷加强佛教管理的一个举措。这些职位，如司徒、司空之职显系虚职，应是对那些在辽代佛教事业中做出贡献的高僧的一种政治待遇，对其他僧人也是一种鼓励，相当于现在的佛教人士也有任职于人大、政协的，享有相应的级别，但主要职责仍是佛教事业，辽代当也如此，这些领衔的僧人也负有僧人管理之责。

说到僧尼户口，还应该谈一下寺院二税户。关于二税户一词，《辽史》未见任何记载，其名称最早来自《金史》。据《金史》载："辽人佞佛尤甚，多以良民赐诸寺，分其税，一半输官，一半输寺，故谓之二税户"[⑩]。二税户问题，目前争议较大，但就其户籍管理来说，笔者认为，它同头下军州一样具有双重性，且国家一直保持着对他们的有效管辖，其户籍属国家统一的户籍管理系统，应是州县户籍系统的一部分。《辽史》经常见到有关"赐户"的记载，包括对寺院的赏赐，实际上，这些"赐户"仅是为被赐者提供相应的劳役和服务，他们既不是家庭奴隶，也不是寺院奴隶，当然也就没有脱离州县户籍系统。这一点，同上述《辽史·地理志》所载"隶某宫"的州县户口并没有真正"隶宫籍"是一样道理。

五、著帐户、奴隶人口

作为庞大的斡鲁朵集团的一部分，还有一个不包含在宫卫户口内的独立的群体——著帐户，其身份相当于官府奴隶。《辽史·营卫志》载："著帐户：本诸斡鲁朵析出，及诸罪没入者。凡承应小底、司藏、鹰坊、汤药、尚饮、盥漱、尚膳、尚衣、裁造等役，及宫中、亲王祗从、伶官之属，皆充之。"应该说这段话清楚地表明了著帐户来源于斡鲁朵，其作用就是服务于皇族的日常生活，相当于现在的机关事务管理局，但其户籍并不包括在斡鲁朵内，正如《辽史·营卫志》随后所言："凡诸宫卫人丁四十万八千，骑军十万一千。著帐释宥、没入，随时增损，无常额"[⑪]。虽然没讲清楚到底有多少户，但在诸宫卫人丁之外是毫无疑问的。天显元年十二月，太宗"阅近侍班局……甲辰，阅旗鼓、客省诸局官属"[⑫]，看来，辽代皇帝对这一部分人的户籍还是很重视的。虽然"无常额"，但是我们在计算辽代户口规模时必须考虑到这个户口类型。那种认为"其户口编入宫卫所属瓦里,领于著帐郎君……系宫卫户口的一部分"[73]的观点值得商榷。

另外,辽代还存在大量家庭奴隶,其基本状况在第六章"辽代人口结构"第二节"家庭结构"中进行了表述,这里不再重赘。在户籍管理上,辽政府将他们视为家庭财产的一部分,作为推排物力、划分户等的依据,但并没有作为家庭成员,从后期不准擅杀奴婢的记载来看,辽政府对家庭奴婢的户籍状况还是掌握的。

以上两种户口类型均数不可考,在计算辽国户口总量时不包括他们在内。

辽政府为专门管理陵庙,常置陵户以司执役,如"世宗析辽东长乐县民以为陵户,隶长宁宫";"穆宗割渤海永丰县民为陵户,隶积庆宫"[74],这是从州县人户中析为陵户者,属于州县户口的一部分。又宫户在帝崩后"以奉陵寝",说明"陵户"更多的还是来自"宫户",属于宫户的一部分,并不是独立的户口类型,这一点同"州县户口"下,"隶某宫"的户口仅是为某宫提供相应的劳役服务一个道理(参见本节"宫卫户口")。

六、属国户口

《辽史·属国表》载:"辽居松漠,最为强盛。天命有归,建国改元。号令法度,皆遵汉制。命将出师,臣服诸国。人民皆入版籍,贡赋悉输内帑。"从这句话来看,属国户口应该是国家户籍管理系统的一部分,但细考并不完全是这样。

据《辽史·兵卫志》:"辽属国可纪者五十有九,朝贡无常。有事则遣使征兵,或下诏专征;不从者讨之。助军众寡,各从其便,无常额。"[75]故《辽史·百官志二》称:"辽宫帐、部族、京州、属国,各自为军,体统相承,分数秩然。"各自为军,实质即各自作为一类户;宫帐、部族、京州、属国分属不同的户籍系统。《辽史·兵卫志》云:"二帐、十二宫一府、五京,有兵一百六十四万二千八百。宫丁、大首领、诸部族,中京、头下等州,属国之众,皆不与焉。"辽代属国户口属于独立的系统,但由于没有统一统计,其户口数不包含在164.28万之中。

如果细考《辽史·属国表》的话,属国应该包括两类:一类仅仅是名义上的臣属关系,恐怕连"羁縻"关系都谈不上,如:"狮子国王府(斯里兰卡)、大食国王府(阿拉伯帝国)、日本国王府,相距如此之远,他们同辽国的所谓臣属关系也就是一种朝贡关系,对他们进行有效的管辖是不可能的,其户籍不可能包含在国家户籍系统里面";另一类在辽国境内生活,"属国、属部官,大者拟王封,小者准部使"[76],即大的部族封为"某国王",小的封为"某部节度使"。这部分属国户口有所谓"不系辽籍"之说,管理上同56个部族有所区别,因此我们在计算辽国全国户口规模时,不包括他们在内。

　　户籍管理,属国归北面官系统:"北面治宫帐、部族、属国之政"⑦,应该仍然属于北面官系统的契丹南枢密院管辖。如上所引"辽制,属国、属部官,大者拟王封,小者准部使。命其酋长与契丹人区别而用,恩威兼制,得柔远之道"⑧,其官名从某国大王、于越到详稳、都监,但具体哪一个管理户籍,正如其数量一样,现无法考证。

七、城市户口问题

　　据史书记载,我国早在先秦时期就已经有国人与野人的说法,用以区分京城内与郊野地区的居民;在唐代已经有了城乡居民的明确区分,城市人口称为坊郭户,农村人口称为乡村户,并对他们分别实行了不同赋税和管理政策。辽代文献中我们还没有发现关于城乡居民的区分,但是出土石刻表明,辽代城市布局同唐宋一样存在坊市制度,城市的经济贸易场所称为"市",城市居民居住的地方称为"坊"、"厢坊"。虽然宋代的"市"冲破了坊墙限制,但"坊"作为城市户籍的管理模块还是一直在发挥作用。《李内贞墓志》载:"(李内贞)保宁十年六月一日薨于(南京)卢龙坊私第,享年八十"。《赵德钧妻种氏墓志》载:"(夫人)于应历七年五月二十二日薨于燕京隗台坊之私第",其他还有,《澄赞上人塔记》见辽西坊,《王泽妻李氏墓志》见永平坊,《韩资道墓志》、《房山石经题记》见北罗坊,《妙行大师遣行碑铭》见棠阴坊,《王师儒墓志》见齐礼坊,《应县木塔藏妙法莲花经题记》见显忠坊。"坊"是城市住宅区的名称,辽代虽未见坊郭户或坊户的记载,但是城市居民的居住区确是以"坊"为单位,也就是说"坊郭户"事实是存在的。

　　五京城市户籍管理与警巡院有一定的关系。乾统七年《董承德妻郭氏墓志》载:"大辽西京警巡院右厢住人,久居系通百姓董承德。"说明警巡院是五京城市户籍的管理部门,百姓按厢坊划分居住,同州县所属乡村的户籍管理系统有所区别。辽在五京都设有警巡院,《辽史》卷48《百官志四》载有五京警巡院职名总目:"某京警巡使、某京警巡副使",但未有职掌具体说明,《金史》卷57《百官三》称:"诸京警巡院使一员,正六品,掌平理狱讼、警察别部、总判院事。"由此推测,警巡使是警巡院的最高长官,主要负责五京辖区内的治安状况。不过,从一些史料反映的情况看,警巡院似兼有城市户口管理的职责。《辽史》卷105《马人望传》载:"(马人望)迁警巡使,京城狱讼填委,人望处决无一冤者。会检括户口,未两旬而毕,同知留守萧保先怪而问之,人望曰:'民产若括之无遗,他日必长厚敛之弊,大率十得六七足矣。'"这一史料反映,作为警巡院的长官,马人望主持了南京析津府的户口检括,说明警巡院有户口检括的职责。

　　关于辽代城市户口的研究状况,在第一章中已经进行了探讨,总的来说,笔者认为城市户口仍然是辽代州县户口的一部分,根据目前的史料还无法将城乡户口截然分开,因此,我们这里仅将城市户口问题提出来,没有将其作为一个独立的户口类型,更不影响对辽代人口问题研究的整体判断。

　　综上所述,辽朝户口分属州县、宫卫、部族、属国、僧尼等不同的户籍类型,各自独立,故而《辽史》记录的州县(含头下军州)和宫卫户丁均只是辽朝户口的一部分,都不能代表辽朝户口规模。

注　　释:

① 《辽史》卷3《兵卫志上》。

② 《辽史》卷11《本纪》11。

③ 《辽史》卷19《本纪》19。

④㉛ 《辽史》卷105《马人望传》。

⑤ 邢铁《隋唐五代户等制度研究》,《文史》第四十辑,1994年。

⑥ 参见孟古托力《辽代括户口探微——边疆户口制度的发展》,《黑龙江民族丛刊》2000年第3期。

⑦ 《辽史》卷3《本纪第三》。

⑧ 《辽史》卷33《营卫志下》。

⑨ 《辽史》卷72《义宗倍传》。

⑩ 保宁二年《刘承嗣墓志》,向南《辽代石刻文编》,第47页。

⑪⑫ 《辽史》卷13《圣宗纪四》。

⑬ 《辽史》卷14《圣宗纪五》。

⑭㉝㉟ 《辽史》卷45《百官志一》。

⑮⑯ 《辽史》卷15《圣宗纪六》。

⑰ 孟古托力《辽代户口述论——边疆户口制度的发展》,《黑龙江民族丛刊》1999年第4期。

⑱㊝ 《辽史》卷59《食货志上》。

⑲ 《辽史》卷87《萧孝穆传》。

⑳ 《辽史》卷37《地理志一》。

㉑ 《辽史》卷24《道宗纪四》。

㉒ 《辽史》卷97《耶律引吉传》。

㉓ 《金史》卷46《食货志一》。

㉔ 《义冢幢记》,《全辽文》卷9。

㉕ 《辽史》卷24《道宗纪四》。

㉖ 《辽史》卷25《道宗纪五》。

㉗ 范镇《东斋纪事》卷6《补遗》,中华书局1980年版。

㉘ 乾统七年《三河县重修文宣王庙记》,《辽代石刻文编》,第577页。

㉙ 天庆八年《郑士安实录铭记》,载《辽代石刻文编》,第674页。

㉚ 统和二十六年《常遵化墓志》,载《辽代石刻文编》,第 127 页。

㉜ 《辽史》卷 103《萧韩家奴传》。

㉝ 乾统七年《三河县重修文宣王庙记》,《辽代石刻文编》,第 577 页。

㉞ 周峰等《金元昌平崔村锣钹邑碑考释》,载《中国历史文物》2004 年第 1 期。

㉟ 重熙十五年《刘日泳墓志》,《辽代石刻文编》,第 244 页。

㊱ 乾统元年《梁援墓志》,《辽代石刻文编》,第 521 页。

㊲(65) 《辽史》卷 10《圣宗一》。

㊳ 参阅张国庆《辽代社会史》,中国社会科学出版社 2006 年版,第 157—158 页。

㊴ 《辽史》卷 116《国语解》。

㊵ 《辽史》卷 19《兴宗纪二》。

㊶ 《辽史》卷 110《耶律乙辛传》。

㊷ 《辽史》卷 87《萧蒲奴传》。

㊸ 任崇岳主编《中国社会通史》"宋元卷",山西教育出版社 1996 年版,第 192 页。

㊹ 寿昌三年《贾师训墓志》,《辽代石刻文编》,第 477— 478 页。

㊺ 张正明《契丹史略》,第 120 页。

㊻ 《契丹国志》卷 23。

㊼ 《辽史》卷 46《百官志》。

㊽ 何天明《辽代政权机构史稿》,内蒙古大学出版社 2004 年版,第 53 页。

㊾ 《辽史》卷 59《食货志》。

㊿(59) 《辽史》卷 36《兵卫志》。

(51) 《新唐书》卷 46《百官志一》,中华书局 1975 年版。

(52) 《辽史·耶律隆运传》。

(54) 上述部分观点请参阅何天明《辽代政权机构史稿》,第 62 页。

(55) 《新唐书》卷 49 下《百官志四下》。

(56) 统和二十六年《王说墓志》,载《辽代时刻文编》,第 13 页。

(57) 《辽史》卷 31《营卫志》。

(58) 《辽史》卷 35《兵卫志》。

(60) 余靖《武溪集》卷 18《契丹官仪》,文渊阁四库全书本。

(61) 陈述《头下考》,载《国立中央研究院历史语言研究所集刊》第八本;《津田左右吉全集》,日本岩波书店 1969 年版,第 376、377 页;孟古托力《辽代户口述论——边疆户口制度的发展》,《黑龙江民族丛刊》1999 年第 4 期;韩光辉、张清华《关于辽朝户口类型考察》,《北方文物》2003 年第 3 期。

(62) 杨若薇《契丹王朝政治军事制度研究》,第 40— 62 页;葛剑雄主编,吴松弟著《中国人口史》第三卷《辽宋金元时期》,复旦大学出版社 2000 年版,第 165 页;韩茂莉《辽金农业地理》,社会科学文献出版社 2003 年版,第 41— 42 页。

(63)(77) 《辽史》卷 45《百官志一》。

(64) 何天明《辽代政权机构史稿》,第 62 页。

(66)(76)(78) 《辽史》卷 46《百官志二》。

⑥⑦　咸雍八年《蓟州神山云泉寺记》,《辽代石刻文编》,第 358 页。

⑥⑧　《全辽文》卷 8、卷 10。

⑥⑨　《辽史》卷 13《本纪》第 13。

⑦⑩　《金史》卷 46《食货志》。

⑦①　《辽史》卷 31《营卫志上》。

⑦②　《辽史》卷 3《太宗纪上》。

⑦③　韩光辉、张清华《关于辽朝户口类型考察》,《北方文物》2003 年第 3 期。

⑦④　《辽史》卷 38《地理志二》。

⑦⑤　《辽史·地理志》载:"属国六十"。考《辽史》卷 46《百官二》,少"日本国"。日本为其属国似乎有点牵强。

第四章 辽代人口数量

第一节 辽代户口数据复原方法

《辽史》的错讹缺漏，治史者人所共知，人口数据记载之奇缺更是研究辽代人口问题的瓶颈。向南先生曾言："二十四史以《辽史》为最劣，而《辽史》中又以《地理志》问题为最多"[①]。《辽史》户口数据主要记录在《地理志》里，其关于人口记载之不足突出表现在以下几个方面：一是数据残缺不全。除五京州县、宫卫户有户数记录，其他部族、属国等均没有任何户数记载，而五京州县户数，除南京道记录相对完整，其他均缺载甚多，中京道仅有高州三韩一县户数记载；二是数据记录单位不统一，有的以州为单位，有的以县为单位；三是只有户数没有口数；四是无明确系年。因此，要研究辽代人口数量，就需要对《辽史》的户口记载数据按照一定方法进行复原。

一、数据复原原则和方法

对《辽史》缺载户数州县的户口数据复原是辽代人口问题研究的重要环节，这是任何关于辽代人口问题的研究都是回避不了、绕不过去的。

对这一问题最早从方法上提出来的应该是费国庆先生，他在《关于〈宋代户口〉一文辽代部分的意见》一文中提出来，许多没有记载户数的州县并不能说明他们没有户数存在，对照《金史·地理志》至少漏掉了 62 个有户数而没有记载的州县。葛剑雄先生受这一观点启发，认为《辽史·地理志》所载各府军州县户数合计为57.6204 万户，其余无户口的单位，在《金史·地理志》中相应的户数约 45 万，考虑到金代户口较辽代有较大的增加，取其半为 22.5 万户，这种逆推法不失为一种相对准确的方法，但主观臆测成分还是太大。[②]

赵文林、谢淑君、孟古托力等先生运用的是数学方法,采用对数曲线方程、人口复利公式等进行推算,因其建立在数学模型之上,所以从方法上看有其科学性,但是因为主要数据的来源缺乏依据,如人口年增殖率问题,依靠中国历史上各朝代的平均增殖率(这个数据本身争议就很大)套用在辽代,因此而得出的人口数据也就不能让人信服。③

路遇、藤泽之先生参照《辽史·地理志》、《金史·地理志》,结合五京道的地理和自然、人文环境,以京道为单位,对人口状况进行了理论上的估测,这种方法不管得出的结论如何,其科学性和依据确实让人有点怀疑。④

吴松弟先生提出了一种方法,命名为"临近区域比较"法。认为在正常情况下,相邻并且具有同样经济水平和同样地理环境的区域,人口发展的速度应该大致相差不大。如果缺少某一年代的数据,只要选择以前某一年代可靠的户口数据作为基数,参考临近区域在同样时间中的户口增长状况,就可获得不致离事实太远的估测数。⑤

上述复原数据的原则和方法都有可取之处,笔者认为吴松弟提出的方法应该成为一种基本方法(虽然吴松弟先生本人在研究辽代人口时并没有真正运用这种方法),辽代传世户口记录既然没有明确的纪年,也就无从谈起选择以前某年代的可靠户口数据作为基数,只能是参考临近区域,逐州、逐县进行恢复,然后汇总,运用其他方法进行验证,这样才能保证数据的科学性,我们不妨把这种方法称之为"邻近区域参照法"。韩茂莉在推测中京道户口规模时,虽然没有具体说明,但实际采用的也是这种方法,这应该是异曲同工之处。⑥

所谓临近区域,笔者认为这是一个相对的概念,辽分五京道,每个京道的人文、地理环境应该都是相对一致的(我这里用相对一词,因上京道南北差别其实是非常大的),至少相对其他京道来说是这样,各个州之间就是相邻的区域;同样,对每个州内部的环境来说,各个县又是相邻的区域。这样,每个道的户口平均数、每个州的户口平均数就成为推算缺载户数州、县的两组参考数据。

如果将这种方法进一步具体描述的话,应该分三步走:

一是取全道有户数记载的州军县(必须是承载户口记录的州军县城)户口平均数,作为第一组数据;

二是取一州之内有户口记载的州军县的户口平均数,作为第二组数据,如仅有一个县(州)有户口记载,则将该县(州)户数作为第二组数据;

三是将上述两组数据相加除以2即是所缺该县(州)的户数。

二、州军城县数的考证

1.《辽史》的户口记录单位

《辽史·百官志四》载：

> 辽东、西,燕、秦、汉、唐已置郡县,设官职矣。高丽、渤海因之。至辽,五京列
> 峙,包括燕、代,悉为畿甸。二百余年,城郭相望,田野益辟。冠以节度,承以观
> 察、防御、团练等使,分以刺史、县令,大略采用唐制。其间,宗室、外戚、大臣之家
> 筑城赐额,谓之"头下州军";唯节度使朝廷命之,后往往皆归王府。不能州者谓
> 之军,不能县者谓之城,不能城者谓之堡。其设官则未详云。

从这段话中我们可以看出,辽代搬用了唐代方镇各使职名称作为州的长官职衔,
并以之区分州的高下,从而有节度州、观察州、团练州、防御州及刺史州之别。唐后期
的方镇有道级、次道级与州级之分,局部地区存在道级方镇辖次道级方镇的复式层
级,[⑦]这种特例为辽所模仿。而五京府显然是承袭了渤海的制度,《辽史·地理志》
载:(渤海国)"有五京、十五府、六十二州,为辽东盛国"[⑧]。辽代的节度州与府平级,
直属中央;观察以下诸州或直属中央,或隶于府、节度州。所有的州都可以领县,但节
度州除自领县外,还可统辖领县的其他州。从而形成前代所无的州管州的特殊体制,
说明白点,即:刺史州虽是名为州,但归节度使统辖,大约相当于现在的县级市,不同
的是有的刺史州还下辖有县。县级编制是五京州县的最低一级政府,有的县归府统
辖,有的归节度使州统辖,有的归刺史州统辖。

这种隶属关系的复杂性,反映在户口记载上,其记录户口的单位有的是府,有的
是州,有的是县,有的是军,有的是城。标准不一,非常混乱。不过,通过认真考察,至
少可以得出以下结论。

一是所有户数都记录在节度州下辖的刺史州或县、城条下,节度州一般不记录户
数,这同《金史》、《宋史》记录户数的方式正好相反,只有东京道下的辰州、卢州、铁州
等十个节度州除外,它们要么州下无县,户口数字直接记录在州下;要么只有一县,辽
史中称作依郭(县)或附郭(县),户口数字依然直接记录在州下,那么我们有理由认
为这个数字应该是该县的户数记录。

二是刺史州下辖有县的,户数一般记录在县条目下,刺史州条目为空白,这同上
述情况相同,该县亦为依郭县。关于这一点,通过考察户口记录最为完整的南京道可
以得出结论。

三是根据上述两点,笔者认为,在测算、恢复户口数字时,应以县为基本统计单
位,无县的以刺史州为准,无县、无刺史州的节度州或投下、观察、防御、团练等均作为

户口统计的基本单位,即凡承载户口记录的州(节度、投下、观察、防御、团练)、县,均作为户口统计的基本单位。

明确以上三点是至关重要的,因为只有搞清户口统计的基本单位,才能准确测算各京道的平均户数,才能进一步测算户数总量。目前研究辽代人口的学者在这一问题上分歧就比较大,如辽上京平均户数,有的认为是2479户,有的认为是1382户,相差近千户⑨,根本原因就是没有弄清户口统计的基本单位,要么把州、县截然分开,要么全部混为一谈,当然也就无法弄清其平均户数。

2. 基本户口统计数字

《辽史》中的错讹、矛盾到处可见,有时是惊人的。如上引"上京临潢府,……辖军、府、州、城二十五",笔者查了数遍,无论以什么标准,上京道"军、府、州、城"数均不止二十五,若加上临潢府,"军、府、州、城"总数应该是三十七。这种错误,在其他各道的数据记载中也普遍存在,而且后世学者在统计各道的"军、府、州、城"数时,也多有出入⑩,因此,有必要把辽国境内的府州军城数作一统计,为进一步复原缺载户数的州县做好准备。计算平均户数时,只考虑有户口记载的州县,无户口记录的州县予以剔除。

上京道

州、军、城数:37 个

县数:30 个

户数:89700

丁数:167200

有户数的州、军、城、县数:42 个

平均户数:2136

东京道

州、军、城数:82 个 +7 个府

县数:79 个

户数:21800

丁数:41400

有户数的州、军、城、县数:26 个

平均户数:838

中京道

州、军、城数:22 个 +1 个府

县数:42 个

户数:5000

丁数:10000

有户数的州、军、城、县数:1 个

平均户数:5000

南京道

州、军、城数:9 个

县数:32 个

户数:247000

丁数:494000

有户数的州、军、城、县数:32 个

平均户数:7718

西京道

州、军、城数:17 个

县数:35

户数:161000

丁数:322700

有户数的州、军、城、县数:32 个

平均户数:5031

三、建立标准年代

《辽史·地理志》残缺不全的户数记录均没有明确的系年,具有良史之称的《金史》同样有这个缺陷,这当与元修二史时间之仓促有关。关于这个问题,目前大致有两种观点,即漆侠、乔幼梅、赵文林、谢淑君、葛剑雄、韩光辉等先生所持辽末说[11],再具体点就是天庆三年或天庆四年,最近出版的张国庆《辽代社会史》也持这种观点。[12]

吴松弟先生认为,上京、南京、西京三个地区的户数记录时间为辽末数据;中京道的户数记录时间为统和二十三年之后不久的某一时间;东京道地区为圣宗太平十年(1030 年)之后的数年的记录;宫卫户数记录时间为辽代末年。[13]

应该说,吴松弟先生核实史料比较细致,考证分析比较深入,但如果仔细推敲的话,有些问题还需要进一步的史料证明。如,吴松弟先生认为,中京道的户数记录时间为"统和二十三年之后数年或十数年的记录",[14]其依据就是《辽史·兵卫志下》的一条史料:"圣宗统和二十三年,城七金山,建大定府,号中京。统县九,辖军、府、州、城二十三。草创未定,丁籍莫考,可见者一县"[15]。既然"草创未定,丁籍莫考",肯定距记录时间不远,如果编史时把这句话抄进去可以理解,但如果"圣宗"二字也是原文抄进去的话,就不好理解了,因为"圣宗"是皇帝耶律隆绪死后的庙号,当朝时不可能出现这个字眼,东京道这种记载也很多。同时,为何"草创未定,丁籍莫考",而单单只有高州三韩一县户丁数,也很难让人理解。

因此,笔者认为,目前在没有更进一步明确史料证明的情况下,第一种观点还是可取的。作为人口变化的一个转折点,天庆四年(1114 年)作为辽代户数记录的标准时间比较合适,因为这一年女真人竖起反辽大旗,11 年后即 1125 年金灭辽,那么,辽金战争前夕即天庆四年(1114 年)应该是辽朝人口发展的最高峰,这一年更能反映辽朝人口的全貌,因此,我们就选择这一年作为推测辽朝人口规模的标准年代。

第二节　辽代家庭人口规模

家庭人口的多少,或者说家庭规模的大小就是我们研究人口问题时经常遇到的一个名词——口户比问题。我们这里的"口"就是指人,口数即指人数,而非"只是承担赋税的男性人口"[16]。口户比,简单说就是每个家庭的人口数量,即每户由多少人构成。这是研究人口数量的基本问题,直接关系到对人口总量的最终确定。对辽代人口数量的研究从 230 万到一千多万,之所以产生这么大的差异,因素很多,但对口户比问题认识的不同,无疑也是一个主要原因。可以这么说,到目前为止对辽代家庭人口规模尚没有人认真坐下来进行研究。

一、目前对辽代家庭人口规模的认识

《辽史》中关于家庭方面的记载有这么几条:统和元年(983 年)十一月:"民间有父母在,别籍异居者,听邻里觉察,坐之。有孝于父母,三世同居者,旌其门间。"[17]如开泰元年(1012 年),"前辽州录事张庭美六世同居,仪坤州刘兴胤四世同居,各给复三年"。[18]辽道宗咸雍十年(1074)四月,"以奚人达鲁三世同居,赐官旌之。"[19]对这几条记载,目前学者们的观点截然相反,宋德金先生认为既然朝廷旌表三世、四世同居者,说明此类家庭为数不会很多,否则也无须大加提倡了;张国庆先生认为,辽代三世及三世以上同居的大家庭是很多、很普遍的,原因就是辽代的政策鼓励、提倡这种家庭。[20]那么,辽代家庭人口究竟是大还是小呢?

魏特夫、冯家昇所著《辽代中国社会史(907 年—1125 年)》是以辽国每户 5 口人进行推算的。[21]而王育民所著《中国人口史》则认为这个数字偏低,他认为,辽国兵制,

"凡民年 15 岁以上,50 岁以下,隶兵籍",15 岁以下的幼年,及 50 岁以上的老人加上同龄女性,每户平均估计不会少于 6 口人[22]。笔者认为,以上对辽代家庭人口规模的推测显然偏低,且均没有进一步考证,缺乏科学依据。

近年,路遇、滕泽之先生在把"一户两丁"作为辽代定制前提下,认为"按人口年龄构成的一般情况,大体每 4 个人口出一个民丁,也就是平均每户可在 8 口左右",同时把金章宗明昌元年(1190 年)释放二税户作为佐证(金章宗明昌元年释放辽二税户 1700,口 13900,平均每户 8.17 口)[23]。二位先生的推测应该说是比较大胆的,但没有进一步展开,而且如前文所述,"一户两丁"并非辽定制,金章宗时至辽亡已过去了近七十余年,各种变化,包括家庭规模都很大,因此,在没有进一步论证的情况下,这两条依据说明不了问题。

二. 对辽代家庭规模的考证

当然这个问题只能作为一个一般规律性的研究,因为,就是现在每个家庭的情况也不完全一样,但是并非没有规律可循,例如"三口之家"就是目前城市家庭的一般现象,而"四口之家"在当前的农村更为普遍。我们这里按照契丹族与汉族进行分别考察,契丹族代表了奚等部族,汉族代表了渤海等民族。

1. 从对石刻资料的统计看辽代人口家庭规模

表 4—1　契丹族家庭人口规模统计表

序号	姓名	年龄	子数	女数	合计	出处
1	沙姑(驸马赠卫国王)	52	2	4	6	向南《辽代石刻文编》,第 27 页
2	耶律延宁	39	4	3	7	同上书,第 85 页
3	(韩瑜夫人)萧氏		9	3	12	同上书,第 93 页
4	萧仅	48	7		7	同上书,第 191 页
5	萧德温	45	2	8	10	同上书,第 371 页
6	耶律元妻晋国夫人萧氏母亲齐国太妃		5	3	8	同上书,第 211 页
7	耶律弘益妻萧氏	54	4	1	5	同上书,第 590 页
8	萧义	73	1	3	4	同上书,第 622 页
9	耶律宗教	62	2	2	4	同上书,第 750 页
10	耶律羽之	52	15	4	19	《内蒙古辽代石刻文研究》,第 2 页

续表

序号	姓名	年龄	子数	女数	合计	出处
11	耶律元宁	34	6	1	7	同上书,第 21 页
12	秦晋国大长公主	76	1	2	3	同上书,第 186 页
13	萧孝恭	44	3	2	5	同上书,第 251 页
14	耶律弘世	46		1	1	同上书,第 260 页
15	萧兴言	56		1	1	同上书,第 278 页
	分性别合计数		61	38	99	

表 4—2 汉族家庭人口规模统计表

序号	姓名	年龄	子数	女数	合计	出处
1	都加进		3	2	5	向南《辽代石刻文编》,第 11 页
2	陈万	77	7	5	12	同上书,第 15 页
3	种氏(赵德钧妻)	74	3	1	4	同上书,第 22 页
4	刘承嗣	59	9	10	19	同上书,第 47 页
5	刘宇杰	52	3	6	9	同上书,第 106 页
6	赵匡禹	69	10	3	13	同上书,第 299 页
7	陈公(2 妻)		6	1	7	同上书,第 79 页
8	王悦	53	3	2	5	同上书,第 112 页
9	常遵化	65	3	5	8	同上书,第 127 页
10	耿延毅	48		1	1	同上书,第 142 页
11	韩相	41	2	2	4	同上书,第 151 页
12	韩橁		3	5	8	同上书,第 203 页
13	韩匡美(公祖父)		4	2	6	同上
14	程延超(娶妇 4 人)	69	5	5	10	同上书,第 167 页
15	宋匡世	48	2	2	4	同上书,第 180 页
16	王泽妻李氏	53	2	3	5	同上书,第 240 页
17	刘日泳		6	3	9	同上书,第 243 页
18	秦晋国大长公主	76	1	2	3	同上书,第 248 页
19	王泽		3	4	7	同上书,第 259 页

序号	姓名	年龄	子数	女数	合计	出处
20	张俭	82	3	2	5	同上书,第265页
21	清河公		5	5	10	同上书,第401页
22	张思忠	64	7	2	9	同上书,第215页
23	董承德妻郭氏		2	4	6	同上书,第573页
24	宁鉴	47	3	2	5	同上书,第606页
25	高为裘	69	3	2	5	同上书,第609页
26	高泽	59	2	1	3	同上书,第611页
27	高永肩		2	1	3	同上
28	高永年		4	2	6	同上
29	高据		1	1	2	同上
30	马直温妻张馆	66	5	5	10	同上书,第633页
31	李祜	65	3	3	6	同上书,第638页
32	王师儒	62	2	2	4	同上书,第645页
33	史洵直	62	3	1	4	同上书,第651页
34	张世卿	74	1	3	4	同上书,第655页
35	郑士安	71	4	3	7	同上书,第674页
36	王安裔	80	2	6	8	同上书,第687页
37	姜承义	52	6	3	9	同上书,第748页
38	龚祥		2	5	7	同上书,第754页
39	张正嵩	48	5	2	7	同上书,第68页
40	王裕		7	3	10	同上书,第62页
41	王敦裕	39	3	3	6	《内蒙古辽代石刻文研究》,242页
42	邓中举	61	2	4	6	同上书,第291页
43	尚韦	66	2	3	5	同上书,第298页
44	刘祜	74	8	3	11	同上书,第306页
45	刘慈	63	2	2	4	同上书,第363页
	合计		164	137	301	

从表4—1、表4—2我们可以看出,碑主的子女最少者1人,最多者达19人,平均在7人左右(并且已经除去了夭亡者,孙辈未予统计,如《陈万墓志》记其立碑者:孙男5人、重孙男14人,其他人孙辈当也不少)。如墓主为妇女,则至少加上男主人,一家应有至少9人;如墓主为男人,则加上其妻子(有时可能几个妻子,如表4—2中的14号程彦超"娶妇4人";子女多达19人者,妻子至少应在3人以上),则其家庭人口当在10人以上,如再加上孙辈人口,一般的官宦家庭人口应该在15人以上,契丹上层贵族当更多。

其中有部分不是墓志铭的主人,而是为寺庙捐资、捐力的人,他们应该是一般中下层社会的代表,如表4—2第一个人物都加进(引自应历五年《北郑院邑人起建陀罗尼幢记》),有子3人,女2人,同时母亲和妻子也在名册上(没有父亲的名字,应该已经去世),这样其家庭人口当在8口左右。其他家庭情况也基本如此,同上引《辽史》分析的家庭人口规模应该大体一致。

根据表4—1统计,15个契丹族家庭,子女数为99人,加上父母30人,共129人,口户比为129÷15=8.6,这表明契丹族家庭人口规模较大。根据表4—2对汉族45个家庭的统计,子女数共301人,加上父母90人,则家庭人口总数为391人,则口户比为436÷54=8.6,这表明辽代汉族家庭的人口规模同契丹族家庭相当。两项合计,口户比为565÷69=8.6。

2. 史料记载所见家庭人口规模

辽代关于家庭人口数量的记载虽不见于史料,但也并非无踪迹可寻。从当时宋人的记载就可以看出当时辽代一般家庭的人口数量。以下是从《续资治通鉴长编》所引资料:

"(太平兴国五年二月)乙丑,岢岚军言,近界戎人二百六十余户,老幼二千三百余口归附。壬申,岢岚军又言,戎人八十九户,老幼六百三十二口归附。"[24]

"三交口言,戎人二百三十四户,老幼五千三十七口归附。己丑,代州言戎人二百三十五户,二千四百二十四口归附。"[25]

"乙卯,岚州言,戎人五十三户,三百六十三口内附,遣戍卒迎之,为敌骑所邀,因击破其众,斩首十七级。"[26]

北宋雍熙三年(986年),宋将潘美北伐,撤退时将四州(寰、朔、云、应)人民共8236户、78262人迁入宋境[27]。以上六组数字,大致可以列表如下:

表4—3 《续资治通鉴长编》反映的辽代口户比

史料	户数	口数	口户比
岢岚军言	260	2300	8.8
	89	632	7.1

史料	户数	口数	口户比
三交口言	234	5037	21.5
	235	2424	10.3
岚州言	53	263	5.0
潘美北伐	8236	78262	9.5
合计平均	9107	88918	9.8

综上所述,辽代家庭人口规模,与中国古代常见的五口之家不同,规模较大,平均家庭人口在8人以上。

三、辽代家庭人口规模较大的原因

一是辽朝赋税政策不同于宋朝,不会出现争相"别籍异居"的现象,以致出现口户比仅在2—3之间,但我们通过考察辽代的平均年龄,就会发现三代之家可能较多,但四世甚至六世同堂的情况就不会太多了。"辽国兵制,凡民年十五以上,五十以下,隶兵籍"[28],因此,50岁应该就是年老的标志。通过对表4—1,表4—2年龄一栏进行计算可以看出,契丹族的平均年龄为52岁,汉族的平均年龄稍大,假定20岁生育(更早的生育未必能保证成活,碑刻资料中经常见到"早夭"的记载),那么,要见到孙子的话,至少要到40岁以后,这样三世同堂还有可能,四世同堂就不会太多了。

二是辽代的法律鼓励大家庭的存在。如前面提到的,统和元年(983年)十一月官府下令:"民间有父母在,别籍异居者,听邻里觉察,坐之。有孝于父母,三世同居者,旌其门闾。"[29]如开泰元年(1012年),"前辽州录事张庭美六世同居,仪坤州刘兴胤四世同居,各给复三年"。[30]辽道宗咸雍十年(1074年)四月,"以奚人达鲁三世同居,赐官旌之。"[31]圣宗朝初,大臣耶律阿没里要求废除"连坐法":"夫兄弟虽曰同胞,赋性各异,一行谋逆,虽不与知,辄坐以法,是刑及无罪也。"圣宗接受了这个意见,特规定:"自今,虽同居兄弟,不知情者免连坐。"[32]上述史料,虽谈及法律,但透露辽代契丹族中,确有一定数量由已婚"同居兄弟"组成的家庭即复合家庭。北院大王耶律万辛有三妻七子,宁江军节度使萧孝忠有五妻三子,咸雍五年(1069年)的《董匡信及妻王氏墓志》也记载,董匡信一家四世同堂,董匡信家的核心成员有:董匡信及夫人王氏;他们的三个儿子和一个女儿;三个孙子和一个孙女;两个重孙女。[33]在这些贵族之家中,弟弟婚后可能有一段时间与父亲、哥哥生活在一起。

三是辽代的贵族家庭规模较大。契丹族建国后,贵族、官吏数量大增。他们在政治、经济上享有一定的特权,并且不事生产,依靠剥削过着寄生生活。于是其家庭就不受或少受游牧生产特点的约束,儿子们当然愿意在"老子"的保护下生活,从而形成复合家庭。同时,贵族、官吏,还有富者,常常多妻,多妻必然多子。其中的庶子更不愿意分家,致使复合家庭增加。同时,辽代贵族家庭大量蓄奴,也是贵族家庭人数众多的一个原因,如:《耶律元妻晋国夫人萧氏墓志》载:(夫人)"育婢仆百千口,整家道十数年。衣食由是丰,仓廪以之实",这样的家庭规模之大可以想见。但我们在计算辽代家庭规模时并没有考虑这个因素。

四是在生产技术不发达的古代和地广人稀的北方,欲发展农业、手工业生产,常通过增加劳动力来实现,于是多子多孙的愿望强烈起来。这是复合家庭产生的另一动因。因此,辽代从事农业、手工业生产的契丹平民也有复合家庭。一些学者认为,游牧民族通常都是以小家庭的形式从事农牧业生产的,认为核心家庭即父母与子女两代人的家庭在辽代前期契丹等游牧民族中应该是较为普遍的家庭结构,因为游牧生产特别需要宽阔的空间即草场,马牛羊驼等牲畜必须分区、分群、分类放牧,各畜群的规模不宜过大,牲畜不能拥挤。在这种情况下,把众多子子孙孙及其家属强行聚拢,累世而居,同灶同食,共牧共徙,不仅给生活带来不便,而且对生产发展也不利。正如耶律昭指出的那样,如将牧民"聚之一所,不得各就水草便地。"[34]有鉴于此,儿子成婚后的分离就成为必然。能够扩大草场,迫使其自强和奋进,有助于生产发展。故大型家庭在游牧民中不易充分发展,而以核心家庭、直系家庭居多。[35]

另一个例子也可以说明大家庭的存在。如前文所引,耶律昭说:"夫西北诸部,每当农时,一夫为侦候,一夫治公田,二夫给纠官之役,大率四丁无一室处。刍牧之事,仰给妻孥。"[36]清楚地表明,一户至少有四丁,再加上妻孥(即妻子、儿女,泛指妇幼),一家应该有7—8口人。耶律昭讲的是一种普遍现象,也应该是一种正常的家庭人口规模,虽是"西北诸部",其他地方差别也不会太大。事实表明,在生产力落后的地方,小家庭不利于安排生产和生活,因此辽代虽然存在小家庭,但不会占主要地位。辽代的平均家庭规模是八口之家或十口之家。

四、"一户两丁"之制与八口之家的关系

学者在研究《辽史》记载户口与人丁数据时,发现存在着一种奇怪的现象,即户口数与人丁数存在着基本上固定的1∶2的关系,这就是《辽史》的一户两丁之制。清朝馆臣在编修《四库全书》时称:"今以(《辽史》)《营卫志》户数参校兵卫志丁数,大率以两丁为一户。正户八万者其丁即为十六万;蕃汉转户十二万四千者其丁即为二十四万八千。至五京民丁有隶宫府者,有不隶于宫府者,然每户亦不过两丁;因五京

民丁之可见者,止一百一十万七千三百,故五京之户亦止五十五万有奇也。盖有丁数见于《兵志》者,《地理志》始载其户,无丁者举阙之耳(如《兵志》云上京临潢县丁七千,《地志》即云户三千五百;长泰县丁八千,《地志》即云户四千;渤海、兴仁二县无丁,《地志》即不言户数,其余四京类然)。"㉚的确,通过对三志的比较不难发现,《营卫志》的宫卫户数和《兵卫志》的宫卫丁数,均成1:2的比例;更有意思的是,《地理志》列出的所有户数,除东京辽阳府的一个数据,其余全都是成千上百的整数,没有十位数和个位数,有着明显的人为"修剪斧正"的痕迹,我们有理由推测《地理志》的户数、《兵卫志》的丁数都不是实际调查的结果,则是按照1:2的比例估计、推算出来的。这样看来,"一户两丁"可能只是一种兵役制度,即当时可能存在一户出二丁服兵役的制度,因而史家修史之时,根据兵丁的数量推算家庭的数量。后人认为"凡平均数(《兵卫志》所记乡丁)超过或不足2.00丁者,多由记载舛误而起",㉛也是出于这一认识。

一户两丁虽然不能表明一户必定有两个丁,实际上必然存在一户多于或少于两丁的现象。但这一制度印证了辽代家庭人口规模较大这一事实。据上述统计辽代一般家庭为8口—10口人,男子数量应为4人—5人,作为成丁,有2人—3人左右。这说明,一户两丁可能是与实际家庭人丁数比较接近的一种兵役制度。

第三节　辽代五京州县户口

辽政权从太宗耶律德光开始,至兴宗耶律洪基时逐步完成了以五京为中心的行政区域管理体系。《辽史·地理志》称:"太宗以皇都为上京,升幽州为南京,改南京为东京,圣宗城中京,兴宗升云州为西京,于是五京备焉。又以征伐俘户建州襟要之地,多因旧居名之,加以私奴置投下州。总京五,府六,州、军、城百五十有六,县二百有九,部族五十有二,属国六十。东至于海,西至金山,暨于流沙,北至胪朐河,南至白沟,幅员万里。"

《辽史·地理志》对辽代州县人口的记录也是以五京为单位的,称为五京道。因此,我们对辽代人口规模的计算仍以五京道为基本的地理单元。

从《辽史·地理志》可以看出,户丁数记载以南京道、西京道相对较为全面、详实,这与历史上,特别是隋唐以来,户籍资料就有较为详细的记录分不开,其资料随土地一并归于辽国。"(会同元年十一月)是月,晋复遣赵莹奉表来贺,以幽、蓟、瀛、莫、涿、檀、顺、妫、儒、新、武、云、应、朔、寰、蔚十六州并图籍来献。"㉜赵莹所献不仅有幽云十六州的"图",还有"籍",前者当然是山川地形、四至范围,说明了割让土地的地界;后者即是户籍资料,说明了这块土地上最重要的资源——人口的基本情况。因此,南京道、西京道的户丁资料错漏相对较少,是最容易复原户口数量的地区,因此,按照先易后难的原则,复原顺序是南京道、西京道、上京道、东京道、中京道。

图4—1 辽国五京道分布示意[40]

一、南京道

1.《辽史》二志(《地理志》、《兵卫志》)所载南京道州县及其户、丁数记录

表4—4 南京道州县户丁记录

府州	县	户数记录	乡丁记录	备注
南京析津府 辖以下6州及 右11县	1. 析津县	20000	40000	
	2. 宛平县	22000	44000	
	3. 昌平县	7000	14000	
	4. 良乡县	7000	14000	
	5. 潞县	6000	12000	
	6. 安次县	12000	24000	隶章愍宫
	7. 永清县	5000	10000	

府州	县	户数记录	乡丁记录	备注
南京析津府 辖以下 6 州及 右 11 县	8. 武清县	10000	20000	
	9. 香河县	7000	14000	
	10. 玉河县	1000	2000	
	11. 潞阴县	5000	10000	
顺州	12. 怀柔县	5000	10000	
檀州	13. 密云县	5000	10000	
	14. 行唐县	3000	6000	
涿州	15. 范阳县	10000	20000	
	16. 固安县	10000	20000	
	17. 新城县	10000	20000	
	18. 归义县	4000	8000	
易州	19. 易县	25000	50000	
	20. 涞水县	27000	54000	
	21. 容城县	5000	10000	
蓟州	22. 渔阳县	4000	8000	
	23. 三河县	3000	6000	
	24. 玉田县	3000	6000	
景州	25. 遵化县	3000	6000	
平州 辖以下二州及 右三县	26. 卢龙县	7000	14000	
	27. 安喜县	5000	10000	
	28. 望都县	3000	6000	
滦州	29. 义丰县	4000	8000	
	30. 马城县	3000	6000	
	31. 石城县	3000	6000	
营卅	32. 广宁县	3000	6000	
合计		247000		

2. 南京道数据复原

南京道基本上是汉民居住地区，大体包括自海河到狼牙山以北，长城以南地区。《辽史·地理志》各府州均有户数记载，是五京道中户口记录最为完善的地区。

《辽史·地理志》载：

> 南京析津府。本古冀州之地。高阳氏谓之幽陵，陶唐曰幽都，有虞析为幽州。商并幽于冀，周分并为幽。《职方》，东北幽州，山镇医巫闾，泽薮貕养，川河、泲，浸菑、时。其利鱼、盐，其畜马、牛、豕，其谷黍、稷、稻……府曰幽都，军号卢龙。开泰元年落军额。统州六、县十一。[41]

许多石刻资料描绘了人们对析津府周围优越地理环境和户口繁滋的赞赏："燕都之有五郡，民最饶者，涿郡首焉"。[42]谈到蓟州地理之优越时："夫幽燕之分，列郡有四，蓟门为上，地方千里，籍贯百城，红稻青粳，实鱼盐之沃壤"[43]；"燕京经界，辖制六州，总管内外二十四县。县贯三河者，古之名邑也。左附流渠，背连黍谷。作大都之襟带，为上郡之唇膰。户版颇多，赋调益大。历经操割，随用有殊。"[44]易州一带"东顾平陆，原野旷然，易水燕圻，苍茫在目"[45]。文物部门在今北京城附近发现大量辽金时期的铁制农具，其中数量最多的是铧、犁镜、长锄、镰刀，另外顺义、通州、怀柔、房山也分别发现铧、耘锄、犁镜、耪、镰、锄、闷镰等。[46]这些农具包括耕翻工具、中耕整田工具、收获工具等，充分体现了精耕细作的农业生产特点。这一地区既是南、西两京道的主要农耕区，也是辽代全国的经济核心，由前面的统计可知，南京道共有户247000户，下辖32县，每县平均户额7718户，户口总量、平均户额均高于辽朝其他各京道。之所以达到这样的高度，既是因为这一地区得天独厚的地理、人文优势，同时也是辽政府长期经营、发展的结果。

大量史实证明，辽人早在燕云十六州纳入辽土之前，已经开始对这里部分州县进行经营活动，其中包括大量的移民迁入。据《辽史·地理志》记载：

> 檀州行唐县，本定州行唐县，太祖掠定州，破行唐。尽驱其民，北至檀州，择旷土居之，凡置十寨，仍名行唐县。
>
> 平州，太祖天赞二年取之，以定州俘户，错置其地。
>
> 安喜县，太祖以定州安喜县俘户置。
>
> 望都县，太祖以定州望都县俘户置。
>
> 营州，太祖以定州俘户置。
>
> 西京道可汗州，五代时，奚王去诸以数千帐徙妫州，自别为西奚，号可汗州，太祖因之。
>
> 怀来县，本怀戎县，太祖改。

　　以上文献所载俘户的安置,州县的重建,以及地名的或袭或改,都是太祖时期的事情,石敬瑭献燕云十六州为太宗会同元年之事,说明在此之前,这里已成为辽的实际控制区,在对这一地区进行军事控制的同时,安置人口,恢复生产的举措也已经开始了。

　　燕云十六州归辽以后,辽王朝采取各种措施补充这里的劳动力。人口来源主要有中原地区的战俘、宫卫户,除此之外,迁入这里的还有契丹、奚、渤海等民族人口。"澶渊之盟"以后,辽宋之间大规模的战争基本停止,同时燕云地区人口的大量迁入、迁出活动也随之停止,燕云地区的农业生产也开始了前所未有的发展,人口发展进入快速自然增长阶段。

　　辽代不但平原地区精耕细作,农业得到了高度发展,就是山区也得到一定程度的开发。通过考察辽代石刻资料,也可以窥见山区农业发展之一斑。位于"渔阳古郡之西北"的上方感化寺,"野有良田百余顷,园有甘栗万余株"[47]。景州陈公山观鸡寺"庄土逮三千亩,山林馀百数顷,树果木七十余株"[48]。范阳丰山章庆禅院"土厚肥腴,山树丛灌"[49]。这些地处山区的寺院都有田有林,农业生产颇具水平。为了开发山区荒地,辽政府有组织地进行了向山区的移民,如圣宗时期,"统和元年(983年)……徙吉避寨居民三百户,于檀、顺、蓟三州,择沃壤,给牛,种谷"[50]。"统和七年六月,诏燕东、密云三县荒地,许民耕种"[51];"诏许昌平、怀柔等县诸人请业荒地";"统和十五年三月,募民耕滦河荒地"[52]。这些移民为推动山区及周围地区的开发起了一定作用。

　　经过辽政府的努力经营,自太宗时起燕云一带已经丰收连连。"会同四年(941年)冬十月辛丑,有司奏燕蓟大熟"[53]至圣宗末年,农业经济更是得到了空前的发展:"太平五年(1025年),是岁,燕民以年谷丰熟,车驾临幸,争以土物来献。上礼高年,惠鳏寡,赐酺饮。至夕,六街灯火如昼,士庶嬉游,上亦微行观之。"[54]一派五谷丰登,天下太平的繁荣景象。正如《辽史·食货志》所论:"农谷充羡,振饥恤难,用不少靳,旁及邻国,沛然有余"[55]。因此有学者认为,辽代燕云地区经济发展达到了这么高的水平,人口当不仅仅247000户,197600人(依每户8人),考虑漏记等因素,应该达到了220万人。[56]但为谨慎起见,笔者认为在没有明确证据的情况下,还是应该尊重原始记录,即247000户。

二、西京道

　　1.《辽史》二志(《地理志》、《兵卫志》)所载西京道州县及其户、丁数记录(包括对缺载户数的州县进行考证后的数字)

　　2.西京道数据复原

　　《辽史·地理志》载:

　　西京大同府。陶唐冀州之域,虞分并州,夏复属冀州。周《职方》:正北曰并州,战国属赵,武灵王始置云中郡,秦属代王国,后为平城县,魏属新兴郡,晋仍属雁门。刘琨表封猗卢为代王,都平城。元魏道武于此遂建都邑。晋高祖代唐,以契丹有援立功,割山前、代北地为赂,大同来属,因建西京。敌楼、棚橹具,广袤二十里……辽既建都,用为重地,非亲王不得主之……初为大同军节度,重熙十三年升为西京,府曰大同。[50]

表4—5　西京道州县户丁记录表

道府州县	户数记录	乡丁记录	备注	
西京大同府 辖下2州及右7县	1. 大同县	10000	20000	
	2. 云中县	10000	20000	
	3. 天成县	5000	10000	
	4. 长青县	4000	8000	
	5. 奉义县	3000	6000	
	6. 怀仁县	3000	6000	
	7. 怀安县	3000	6000	
弘州	8. 永宁县	10000	20000	
	9. 顺圣县	3000	6000	
德州	10. 宣德县	3000	6000	
丰州	11. 富民县	1200	2400	
	12. 振武县	3116	300	(太祖时)留乡兵三百人防戍
云内州	13. 柔服县	5032		
	14. 宁人县	5032		
天德军	15.	5032		
宁边州	16.	5032		
奉圣州 辖下3州右4县	17. 永兴县	8000	16000	
	18. 矾山县	3000	6000	
	19. 龙门县	4000	8000	
	20. 望云县	1000	2000	

道府州县	户数记录	乡丁记录	备注	
归化州	21. 文德县	10000	20000	
可汗州	22. 怀来县	3000	6000	
儒州	23. 缙山县	5000	10000	
蔚州	24. 灵仙县	20000	40000	
	25. 定安县	10000	20000	
	26. 飞狐县	5000	10000	
	27. 灵丘县	3000	6000	
	28. 广陵县	3000	6000	
应州	29. 金城县	8000	16000	
	30. 浑源县	5000	10000	
	31. 河阴县	3000	6000	
朔州	32. 鄯阳县	4000	8000	
	33. 宁远县	2000	4000	
	34. 马邑县	3000	6000	
武州	35. 神武县	5000	10000	
东胜州	36. 榆林县	5032		
	37. 河滨县	5032		
金肃州	38	3666	防秋兵1000	
河清军	39	3766	防秋兵1000	
合计		200940	—	

　　西京道的地理范围约今山西省北部,河北省西北部和内蒙古自治区中部,其中心地区在大同周围。共辖17府、州、军、35县,承载户数记录的单位39个,其中30个县(或州)有户数记载,共161000户,平均每县5032户,在各京道中仅次于南京道。

　　如第二章所述,西京道主要由黄土高原、内蒙古高原、晋北山地组成,气候较寒冷,降雨量相对较少,农业发展水平与辽南京一带相比,存在一定差距,但与辽本土相比优势还是明显的。《辽史·食货志上》载:"应历间,云州进嘉禾,时谓重农所召。保宁七年,汉有宋兵,使来乞粮,诏赐粟二十万斛助之。"云州就是西京道大同府的旧称,一次能出余粟"二十万斛",说明其农业发展水平是相当高的。西京道内发现许多与农业生产有关的器物,如内蒙古商都县前海子村一处辽墓中,发现有高粱与谷种装在牛腿瓶中。呼和浩特市东南黄合少乡一处辽代城址中,发现铁犁。张家口宣化区下八里村发现辽代墓葬一处,墓主张世卿墓志中载:"大安中民谷不登,饿死者众。"官府鼓励"入粟补官",张世卿"进粟二千五百斛",得"右班殿直"官职㊳。一般民户一次能向官府进粟二千余斛,可见宣化一带的农业生产效率是很高的。辽奉圣、归化、儒、可汗等州都设置了巡检屯田劝农使,以便进一步加强这里的农政管理。圣宗开泰三年(1014年),朝廷在南京、奉圣、平、蔚、云、朔、应等州置转运使。开泰六年(1017年)南京道饥荒,朝廷"挽云、应、朔、弘等州粟振之"。这一切都显示了这一地区的经济实力。

西京道共有9个州、军、县缺载户数,情况分别如下:

丰州,辖两县:富民县户1200;振武县无户数,仅言:"太祖神册元年,伐吐浑还,攻之,尽俘其民以东,唯存乡兵三百人防戍。"所存富民县的户数为1200户,远远低于西京道5032户这个平均数,据《辽史·地理志》:"丰州,天德军。节度使。秦为上郡北境,汉属五原郡。地碛卤,少田畴"情况相符,应是人口密度相对较低的地区。按照上述数据复原规则,振武县户数为:(5032+1200)÷2=3116。经过200年的发展,太祖时的300乡兵应该包括在这个数字里了。

云内州的柔服县、宁人县,及天德军、宁边州,东胜州的榆林县、河滨县亦无户口记载,则其户数分别按平均数5032户计算。

金肃州、河清军属边防州、军,户数应该偏低一些。据《辽史·地理志》载:

> 金肃州。重熙十二年伐西夏置。割燕民三百户,防秋军一千实之。属西南面招讨司。河清军。西夏归辽,开直路以趋上京。重熙十二年建城,号河清军。徙民五百户,防秋兵一千人实之。属西南面招讨司。

防秋军跟宫卫骑军可能不一回事,但同为辽代军队,其编制、兵源征集方式应该差不多。通过第三节的计算可知,平均每4丁出1骑军,1000骑军就意味着拥有4000丁;户骑比为2∶1,则两户出一骑军,1000骑军就应有2000户,那么两州移民户分别应为2300户和2500户。但是,这仅是"徙民实之",在"徙民"之前肯定不是蛮荒之地,从上面记载可以看出,秦汉以来,这些地方就有人居住,管理机构也是经常废置。因此,在恢复其人口数据时,也应参照上述原则,金肃州户数为:(2300+5032)÷2=3666;河清军户数为:(2500+5032)÷2=3766。则辽代西京道户数总额为200940。

三、上京道

1.《辽史》二志(《地理志》、《兵卫志》)所载上京道州县及其户、丁数记录(包括对缺载户数的州县进行考证后的数字)

表4—6　上京道州县户、丁记录表

道府州县		户数记录	乡丁记录	备注
上京道		167200		
上京临潢府 临潢府户数 《地理志》 作36500,与 各县合计 不符	1.临潢县	3500	7000	
	2.长泰县	4000	8000	
	3.定霸县	2000	6000	统和八年以诸宫提辖司人户置,隶长宁宫
	4.保和县	4000	6000	统和八年以诸宫提辖司人户置,隶章愍宫
	5.潞县	3000	6000	隶崇德宫
	6.易俗县	1000	1500	
	7.迁辽县	1000	1500	
	8.渤海县	2475		
	9.兴仁县	2475		
	10.宣化县	4000	4000	统和八年以诸宫提辖司人户置,隶章愍宫
祖州	11.长霸县	2000	4000	天显中太宗建,隶弘义宫
	12.咸宁县	1000	2000	
	13.越王城	1000	2000	
怀州	14.扶余县	1500	3000	隶永兴宫
	15.显理县	1000	2000	
庆州	16.玄德县	6000	12000	(兴宗)置蕃、汉守陵三千户,并隶大内都总管司
	17.孝安县	4068		
	18.富义县	4068		隶弘义宫
泰州	19.乐康县	1418		隶延庆宫,依郭
	20.兴国县	700	1400	隶延庆宫,罪徙
长春州	21.长春县	2000	4000	隶延庆宫,燕冀犯罪者徙此
乌州	22.爱民县	1000	2000	隶兴圣宫,统和八年以诸宫提辖司户置来远县,十三年并入

	道府州县	户数记录	乡丁记录	备注
永州	23. 长宁县	4500	9000	隶章愍宫
	24. 义丰县	1500	3000	
	25. 慈仁县	400	800	
仪坤州	26. 广义县	2500	5000	隶长宁宫
龙化州	27. 龙化县	1000	2000	隶章愍宫
降圣州	28. 永安县	800	1500	先属延昌宫,后隶章愍宫
饶州	29. 长乐县	4000	8000	隶章愍宫
	30. 临河县	1000	2000	
	31. 安民县	1000	2000	
徽州	32	10000	20000	
成州	33	4000	8000	
懿州	34	4000	8000	
渭州	35	1000	2000	
壕州	36	6000	12000	
原州	37	500	1000	
福州	38	300	500	
横州	39	200	400	属头下军州
凤州	40	4000	1000	
遂州	41	500	1000	
丰州	42	500	1000	
顺州	43	1000	2000	
阊州	44	1000	2000	
松山州	45	500	1000	
豫州	46	500	1000	
宁州	47	300	600	

续表

	道府州县	户数记录	乡丁记录	备注
静州	48	5438		
镇州	49			
维州	50	40700		
防州	51			属边防城
河董城	52	5438		
静边城	53	2000		
皮被河城	54	1000		
招州	55	5438		
塔懒主城	56	5438		
合计		169656		

2. 上京道数据复原

《辽史·地理志》载：

> 上京临潢府。本汉辽东郡西安平之地。新莽曰北安平。太祖取天梯、别鲁等三山之势于苇甸，射金龊箭以识之，谓之龙眉宫。神册三年城之，名曰皇都。天显十三年，更名上京，府曰临潢……县临潢水，故以名。地宜种植。户三千五百^⑤。

上京道地区，地域辽阔，辽河上游地区的临潢府（今内蒙古巴林左旗）周围，自然地理条件比较好，是契丹的发祥地，辽朝的政治中心，也是辽国人口最集中的地方。承载户数记录的单位州、军、城、县共 56 个，有户数的（承载户数记录的）州、军、城、县数 42 个，有记录的户数 89700，平均户数约为 2136。

缺载户数的州、军、城、县情况如下：

临潢府缺渤海、兴仁两县。临潢府地区的平均户数是 2813，那么这两县的户数应分别为：(2136 + 2813) ÷ 2 = 2475（近似值）。

庆州辖三县，缺孝安、富义二县。存有户数的玄德县户数 6000，则另二县的户数分别为：(2136 + 6000) ÷ 2 = 4068。这里有个问题要交代一下，《辽史·地理志·上京道·庆州条》下有这样的记载："庆州，玄宁军。上，节度。置蕃、汉守陵三千户，并隶大内都总管司。"这 3000 户在使用上归大内都总管司，在户籍上还应归州县管理，这一点应同"隶某宫"的户口性质一样。在没有进一步交代这 3000 户的具体归属的情况下，联想到玄德县户数 6000，明显高于周围地区的户数，我们可以认为它已经包含了这 3000 户。

泰州辖两县,兴国县户 700,则所缺乐康县户数应为(700 + 2136)÷2 = 1418 户。

辽头下军州共 16 个,均有户口记录,9 个边防城却都没有明确的户口记录,他们所处的地理位置非常相近,因此其户口状况也应差不多,通过仔细考察《辽史·地理志》还是能发现一些解决问题的办法。

镇州条下载:"镇州,建安军。节度。本古可敦城。统和二十二年皇太妃奏置。选诸部族二万余骑充屯军,专捍御室韦、羽厥等国,凡有征讨,不得抽移。渤海、女直、汉人配流之家七百余户,分居镇、防、维三州。"通过第二节的计算可知,平均每 4 丁出 1 骑军,20000 骑军就意味着拥有 80000 丁;户骑比 2∶1,则 20000 骑军就有 40000 户,再加上"渤海、女直、汉人配流之家七百余户",则镇州应有 40700 户。需要说明的是,这 40700 户并非仅存在于镇州,因为后面还有一句"分居镇、防、维三州",防州、维州为刺史州,应受镇州的节度。因此,40700 户应为三州户数之和,每州有近13567 户。从第二节的记述中可以看出,这一地区是色楞格河(辽称薛灵哥河)与土拉河(辽称土兀剌河)流域宽广的河谷草原,雨量充沛,植被茂密,在辽代以前,历史上就是匈奴的王庭、突厥或回鹘的牙帐、大唐王朝的安北都护府以及后来蒙古大汗都城的首选之处,也是今日蒙古人口集中,工农业较发达的地区。为了辽朝北部边境的安宁,当时辽朝的西北路招讨司驻地也在此地,因此,无论从政治或经济各方面考察,四万多户人口当属正常。

"静边城,本契丹二十部族水草地。北邻羽厥,每入为盗,建城,置兵千余骑防之。"按 1000 骑计算,则有丁 4000,有户应为 2000。

"皮被河城。地控北边,置兵五百于此防托"。则有户至少在 1000 以上。

通过上述 5 城户数推算,可知其平均户数为 8740,若再与上京道平均户数 2136进行平均的话,则其余四城的户数应分别为:(8740 + 2136)÷2 = 5438。

这些边防州城虽然距离辽的统治中心较远,但是这些地区都是水草丰美、土地肥沃地带,如静边城所在的呼伦湖(辽称栲栳泺)地区、河董城所在克鲁伦河流域(辽称胪朐河),太宗时期就开始有计划地向这一地区移民,发展农业生产,至辽末时人口达到五六千户应属正常。

合计以上计算结果,上京道地区的户数总数为:169656。

四、东京道

1.《辽史》二志(《地理志》、《兵卫志》)所载东京道州县及其户、丁数记录(包括对缺载户数的州县进行考证后的数字)

表4—7　东京道州县户丁记录表

府州	县	户数记录	乡丁数记录	备注
东京辽阳府 9县,3县无户数。辽阳府总户数《地理志》作40604,疑误。	1.辽阳县	1500	3000	
	2.仙乡县	1500	3000	
	3.鹤野县	1200	2400	
	4.析木县	1000	2000	
	5.紫蒙县	1000	2000	
	6.兴辽县	1000	2000	
	7.肃慎县	1019		
	8.归仁县	1019		
	9.顺化县	1019		
开州	10.开远县	1000	2000	
盐州	11	300	500	隶东京留守司
穆州	12.会农县	300	500	
贺州	13	300	500	
定州	14.定东县	800	1600	隶东京留守司
保州	15.来远县	1000	2000	
宣州	16	919		
怀化军	17	919		
辰州	18.建安县	2000	4000	
卢州	19.熊岳县	300	500	
来远城	20	838		
铁州	21.汤池县	1000	2000	
兴州	22	200	300	
汤州	23	500	700	
崇州	24.崇信县	500	1000	
海州	25.临溟县	1500	3000	
耀州	26.岩渊县	700	1200	
嫔州	27	500	700	
渌州	28.弘闻县	2000	4000	隶东京留守司
	29.神乡县			
桓州	30	700	1000	
丰州	31	300	500	

续表

府州	县	户数记录	乡丁数记录	备注
正州	32	500	700	
慕州	33	200	300	
显州	34. 奉先县	838		隶长宁宫,积庆二宫迁辽东三百余户以实之
	35. 山东县	838		
	36. 归义县	838		
嘉州	37	838		
辽西州	38. 长庆县	838		
康州	39. 率宾县	838		
宗州	40. 熊山县	838		隶文忠王府
乾州	41. 奉陵县	838		隶崇德宫
	42. 延昌县	838		
	43. 灵山县	838		
	44. 司农县	838		
海北州	45. 开义县	838		
贵德州	46. 贵德县	838		隶崇德宫
	47. 奉德县	838		
沈州	48. 乐郊县	838		初隶长宁宫,后隶敦睦宫
	49. 灵源县	838		
岩州	50. 白岩县	838		
集州	51. 奉集县	838		
广州	52. 昌义县	838		
辽州	53. 辽滨县	838		隶长宁宫
	54. 安定县	838		
祺州	55. 庆云县	838		隶弘义宫
遂州	56. 山河县	838		隶延昌宫

府州	县	户数记录	乡丁数记录	备注
通州	57. 通远县	838		保宁七年,以黄龙府叛人燕颇余党千余户置
	58. 安远县	838		
	59. 归仁县	838		
	60. 渔谷县	838		
韩州	61. 柳河县	838		隶延昌宫
双州	62. 双城县	838		初隶延昌,后隶崇德宫
银州	63. 延津县	838		隶弘义宫
	64. 新兴县	838		
	65. 永平县	838		
同州 1 州(未详)	66. 东平县	838		隶章愍宫
	67. 永昌县	838		
咸州	68. 咸平县	838		
信州	69. 武昌县	1000		辖 2 县,3 州(未详)
	70. 定武县	838		
宾州	71	838		
龙州 5 州 3 县	72. 黄龙县	838		开泰九年,迁城于东北,以宗州、檀州汉户一千复置
	73. 迁民县	838		
	74. 永平县	838		
益州	75. 静远县	838		
安远州	76	838		
威州	77	838		
清州	78	838		
雍州	79	838		
湖州	80. 长庆县	838		
渤州	81. 贡珍县	838		
郓州	82. 延庆县	838		
铜州	83. 析木县	838		
涑州	84	838		

府州	县	户数记录	乡丁数记录	备注
率宾府	85	838		
定理府	86	838		
铁利府	87	838		
安定府	88	838		
长岭府	89	838		
镇海府	90. 平南县	838		
冀州	91	838		
东州	92	838		
尚州	93	838		
吉州	94	838		
麓州	95	838		
荆州	96	838		
懿州	97. 宁昌县	838		
	98. 顺安县	838		
滕州	99	838		
顺化城	100	838		
宁州	101. 新安县	838		
衍州	102. 宜丰县	838		
连州	103. 安民县	838		
归州	104. 归胜县	838		
苏州	105. 来苏县	838		
	106. 怀化县	838		
复州	107. 永宁县	838		
	108. 德胜县	838		
肃州	109. 清安县	838		
安州	110	838		
荣州	111	838		
率州	112	838		

府州	县	户数记录	乡丁数记录	备注
荷州	113	838		
源州	114	838		以诸部人居之
渤海州	115	838		
宁江州	116. 混同县	838		
河州	117	838		
祥州	118. 怀德县	838		
合计		102277		包括未详 4 州计 3352 户

2. 东京道数据复原

《辽史·地理志》载：

东京辽阳府。本朝鲜之地。周武王释箕子囚，去之朝鲜，因以封之。作八条之教，尚礼义，富农桑，外户不闭，人不为盗……十有二世至彝震，僭号改元，拟建宫阙，有五京、十五府、六十二州，为辽东盛国……天显三年，迁东丹国民居之，升为南京……天显十三年，改南京为东京，府曰辽阳。户四万六百四。辖州、府、军、城八十七。统县九。

东京道辖境十分广阔，相当于吉林省全部，辽宁、黑龙江大部。其中心区域在今松辽平原，土地肥沃，气候条件比临潢府周围的辽河上游地区好，既适宜于放牧，也适宜于农耕。早在西周之前，这里就有农业。西汉时辽东、玄菟两郡(今铁岭以南地区)有人口 50 万左右。从多方面的社会形势来看，至辽代，人口当有更高的增长。但《辽史·地理志》所记缺载户数甚多，甚至一些人口稠密的地方，如贵德州(今抚顺)、沈州(今沈阳)、银州(今铁岭)、辽州(今彰武北)、咸州(今开原)、通州(今四平)、信州(今长春)、黄龙府(今农安)等等，均无户口记载。有些州县只记有以"汉户置"，或"以渤海户置"，或"有陵寝户"，但数量不详。

《辽史》表述之混乱也表现在上述"府曰辽阳。户四万六百四。辖州、府、军、城八十七"，"辖州、府、军、城八十七"看起来归辽阳府所辖，其实看下文就知道肯定不是；如果说是东京道所辖，仔细查对辖州、府、军、城数应该是 89，还是对不住数(见本章第一节)，辽阳府的户数 40604，这条记载为大多数学者所诟病，好在辽阳府下辖的 9 县有 6 县均有户数记录，而且各县均是独立的户数记录单位，所以以辽阳府户数弃之不用并不影响对整个东京道户数的估测。

对《辽史·地理志·东京道》核对后可知，承载户数记录的单位州、军、城、县共

118 个,缺载 92 个(暂不考虑名字失传的 4 个州),只有 26 县有具体的户数。缺载户数州县的具体情况如下:

辽阳府辖 9 县,6 县有户数,平均每县户数为 1200,肃慎、归仁、顺化三县无户数,东京道平均户数为 838,则三县户数分别为:(1200 + 838) ÷ 2 = 1019。

保州辖两州、军:宣州、怀化军无户数,一县:来远县,户 1000。则宣州、怀化军的户数分别为:(1000 + 838) ÷ 2 = 919。

来远城,无户数记载,按东京道平均户数 838 户。

"渌州,鸭渌军。节度。本高丽故国,渤海号西京鸭渌府。城高三丈,广轮二十里,都督神、桓、丰、正四州事。大延琳叛,迁余党于上京,置易俗县居之。在者户二千。统州四、县二。"

渌州所辖四个刺史州均有户数记载,而两县没有户数。上引"在者户二千",说明渌州城尚有 2000 户,没有户数的两县正是渌州的依郭县,这两个县:弘闻县、神乡县的户数应分别为 1000 户。

其他 54 个节度州、府或直属刺史州,下辖 85 个县(含无县的刺史州、府)均没有户数记载,我们姑且仍按东京道平均户数 838 计算,应是明显偏低。实际上这些地方就东京道所辖地区来说,属于人口比较稠密的地区。这一地区地跨松嫩平原,土壤主要为黑钙土,这类土壤有丰富的腐植质积累,肥沃的土壤成为松嫩平原农业开发的优势,也是人口增长的优势。[60]

东京道在人口数字方面还有两个问题需要说明:

一是"未详"之州,包括同州 1 个州,信州 3 个州。这些州虽然"未详",但根据记载应该是存在的,只不过失传了。例如,1966 年出土于辽宁阜新县大巴乡半截塔村西山塔基地宫中的《欢州西会龙山碑》[61]所载的欢州,即是在《辽史》中失传的一个州,至于是否是"未详"之一州,现在已无法考证,我们这里把这 4 州户数计算总数时考虑在内,4 个失传州的户数共计:4 × 838 = 3352 户。

二是州条下,记载移、置,析户口多少,未言明应属于哪县、或刺史州(信州除外,信州,"析平州提辖司及豹山县一千户置",作为信州的户数记录)。共有以下几条:

显州,"迁辽东三百余户以实之";

通州,"燕颇余党千余户置";

龙州,"开泰元年以汉户一千复置"。

考虑到我们当前计算的户数是辽末数据,这些没有说明具体隶属单位的数据,有的是辽代中期的记录,因此,我们可以认为,当前推算的数据已经包括了这些数据。

合计以上数据,东京道的户数总额为 102277。

五、中京道

1.《辽史》二志(《地理志》、《兵卫志》)所载南京道州县及其户、丁数记录

表4—8 中京道州县户丁记录表

府州	县	户数记录	乡丁数记录	备注
中京大定府	1. 大定县			
	2. 长兴县			太祖俘汉民数百户兔麝山下
	3. 富庶县			
	4. 劝农县			
	5. 文定县			
	6. 升平县			
	7. 归化县			
	8. 神水县			
	9. 金源县			
恩州	10. 恩化县			
惠州	11. 惠和县			
高州	12. 三韩县	5000	10000	
武安州	13. 沃野县			
利州	14. 阜俗县			
榆州	15. 和众县			
	16. 永和县			
泽州	17. 神山县			
	18. 滦河县			
北安州	19. 兴化县			
潭州	20. 龙山县			
松山州	21. 松山县			
成州	22. 同昌县			隶积庆宫

续表

府州	县	户数记录	乡丁数记录	备注
兴中府	23. 兴中县			
	24. 营丘县			
	25. 象雷县			
	26. 闾山县			
安德州	27. 安德县			隶弘义宫
黔州	28. 盛吉县			隶崇德宫
宜州	29. 弘政县			
	30. 闻义县			先永兴宫,后隶敦睦宫
锦州	31. 永乐县			
	32. 安昌县			隶永兴宫
岩州	33. 兴城县			
川州	34. 弘理县			
	35. 咸康县			
	36. 宜民县			
建州	37. 永霸县			
	38. 永康县			
来州	39. 来宾县			
隰州	40. 海滨县			
迁州	41. 迁民县			
润州	42. 海阳县			
合计				

2. 中京道数据复原

《辽史·地理志》载：

中京大定府。虞为营州,夏属冀州,周在幽州之分。秦郡天下,是为辽西。汉为新安平县,汉末步奚居之。幅员千里,多大山深谷,阻险足以自固……二十五年,城之,实以汉户,号曰中京,府曰大定……统州十、县九[62]

中京道大致范围包括今辽宁省西部,河北省东北部和内蒙古自治区一部分,谭其骧先生所谓"东蒙、南满"大致指的就是这一地区(还包括临潢府一带)[63]。中京道户口数量问题,是辽代人口数量问题研究的重点和难点,说其是重点,是因为中京道是辽代的重要经济区,辽中期以后,中京更成为辽的实际首都;说其难点,是因为 24 州府、42 县仅存高州三韩一县户数,正如《辽史·兵卫志》所言:"草创未定,丁籍莫考。"从地理位置上看,这里在历史上并不是人口特别稀少的地方。在西汉为辽西郡和右北平郡,共有户 139343,口 673105。另在十六国初期,鲜卑慕容氏据辽河下游及以西地区建燕国,人口百万以上,其活动中心在昌黎(今辽宁义县),即中京道宜州。而在中京道西部,又有鲜卑段部和宇文部,其人口也有数十万。因此,估计辽中京道所辖地区,在十六国时期即当有人口 100 万以上。辽从各地俘掠人口,大量安置在这一地区,其中最多的是汉人。五代时中原地区战争连年,很多人出塞避难,也多落居在这一地区。

在辽朝统治下,境内长期社会安定,生产又有较高的发展,辽中期以后,辽国实际首都甚至搬到了中京地区。因此,至辽末时其人口应该发展到了一个新的高度。有的学者认为,《辽史·地理志》所载的 284 个县中,145 个县和基层州留下了户额,剩下的 139 个县没有户口著录,那么这些县应属"较为偏僻的地方",人口也应比其他县少。⑥这种说法并不科学,通过上述考证可知,许多偏远的边防州城户口数额并不少。更何况,中京道内许多州县不但不是偏远地区,而且具有重要的政治、经济地位。韩茂莉先生通过利用考古钻探资料,进行了中京道城市规模与人口状况估测。认为从中京城的营建规模和史料分析来看,隶属于中京大定府的人口不会少于上京临潢府,也应在 2 万户左右。⑥

中京道内只有三韩县一县在文献中留有户额,为 5000 户。笔者认为,这个数字作为一县户额是很正常的。推测中京道的数据,我们同样采用"邻近区域参照法",以自然条件相近的上京道为参照。上京道是户口记载保存相对较为全面的一个地区,道内各县,除庆州玄德县达 6000 户,其余均低于 5000 户。

由前面论述可知,上京道平均户额 2136 户,将这一数字与三韩县户额进行平均,其平均值为 3568 户,这一数字应接近中京道各县的实际情况⑥。

中京道共含 42 县,除有户数的高州三韩县外,无户数的州县应有户 3568×41＝146288,那么中京道共有户 146288＋5000＝151288。

综上所述,五京道所属州县户数总额应为 871161 户。

第四节　宫卫户数、骑军数考证

《辽史·营卫志》中记录的诸宫卫户数、《辽史·兵卫志》中记录的诸宫卫丁数、骑军数，是《辽史》中重要的人口记录材料，正如过去史家所言："辽时户口大率以两丁为一户，有隶于五京者，有隶于宫府者，史志或详或阙"[67]，州县户口和宫卫户口属于两个不同的户籍系统，并且，在州县户、丁记录残缺不全的情况下，宫卫户、丁数据相对比较完整。通过对这些材料的整理和分析，我们大致可以了解辽代另一主要著籍户口的概貌，从而为我们认识辽代户口全貌奠定基础。

一、《辽史》诸宫卫户丁数、骑军数记录

辽制："天子践位，置宫卫，分州县，析部族，设官府，籍户口，备兵马。崩则扈从后妃宫帐，以奉陵寝。有调发，则丁壮从戎事，老弱居守"[68]，所有编入宫卫的人户，叫做"宫户"、"宫分户"或"斡鲁朵户"。其中来源于契丹本族的人户，称为"正户"，是身份较高的宫户；来源于汉人、渤海人、女真人等非契丹族的人户，称为"蕃汉转户"，是一般的宫户。宫户隶于宫（斡鲁朵）籍，归宫卫提辖司管辖。有辽一代，在位皇帝和太祖应天皇后、兴宗承天皇后及孝文皇太弟先后置有十二宫，加上大丞相耶律隆运所建"拟诸宫例"的文忠王府，共十三斡鲁朵。

1. 十三斡鲁朵的建置时间及位置[69]

弘义宫：太祖（916 年—926 年）以腹心之卫置，益以渤海俘、锦州户。宫在临潢府，陵在祖州东南。

长宁宫：应天皇太后（太祖后）以辽州及海滨县等户置。宫在高州，世宗分属让国皇帝（其父耶律倍）宫院。

永兴宫：太宗（927 年—947 年）以太祖平渤海俘户及东京怀州、云州怀仁县、泽州滦河县等户置。宫在游古河侧，陵在怀州南。

积庆宫：世宗（947 年—951 年）以文献皇帝卫从及太祖俘户，及云、高、宜等州户置。宫在土河东，陵在长宁宫北。

延昌宫：穆宗（951 年—968 年）以国阿辇斡鲁朵及阻卜俘户，咸、信、韩等州户置。宫在乣雅里山南，陵在上京南。

彰愍宫：景宗（968 年—982 年）以章肃皇帝侍卫及武安州户置。宫在合鲁河，陵在祖州东。

崇德宫:承天太后(景宗后)以乾、显、双三州户置。宫在土河东,陵附景宗乾陵。

兴圣宫:圣宗(983 年—1031 年)以国阿辇、耶鲁碗、蒲速碗三斡鲁朵户置,宫在女混活直,陵在庆州西。

延庆宫:兴宗(1031 年—1055 年)以诸斡鲁朵及饶州户置,宫在高州西,陵在庆州。

太和宫:道宗(1055 年—1101 年)以诸斡鲁朵御前承应人及兴中府户置,宫在好水泺,陵在庆州。

永昌宫:天祚帝(1101 年—1125 年)以诸斡鲁朵御前承应人及"春宣州"户置。

敦睦宫:孝文皇(道宗)太弟宫也。以文献皇帝承应人及渤海俘、建、沈、岩三州户置,陵在祖州西南。

文忠王府:大丞相晋国王耶律隆运卒,谥文忠,无子。拟诸宫例建文忠王府,庙在乾陵侧。

2.《辽史》之《营卫志》、《兵卫志》所示诸宫卫户、丁、骑军数

表4— 9　诸宫卫户、丁、骑军数统计表[⑦]

宫卫别	户		丁		合计		骑军(骑)	丁户比	户骑比
	正	蕃汉转	正	蕃汉转	户	丁			
弘义宫	8000	7000	16000	14000	15000	30000	6000	2	2.5
长宁宫	7000	6000	14000	12000	13000	26000	5000	2	2.6
永兴宫	3000	7000	6000	14000	10000	20000	2000	2	5
积庆宫	5000	8000	10000	16000	13000	26000	8000	2	1.6
延昌宫	1000	3000	2000	6000	4000	8000	2000	2	2
彰愍宫	8000	10000	16000	20000	18000	36000	10000	2	1.8
崇德宫	6000	10000	12000	20000	16000	32000	10000	2	1.6
兴圣宫	10000	20000	20000	40000	30000	60000	5000	2	6
延庆宫	7000	10000	14000	20000	17000	34000	10000	2	1.7
太和宫	10000	20000	20000	40000	30000	60000	15000	2	2
永昌宫	8000	10000	14000	20000	18000	34000	10000	1.89	1.8
敦睦宫	3000	5000	6000	10000	8000	16000	5000	2	1.6
文忠王府	5000	8000	10000	16000	13000	26000	10000	2	1.3
合计	81000	124000	160000	248000	205000	408000	101000	1.99	2

二、宫卫户、骑军、御帐亲军数据考证

建立宫卫，设立宫分户，是契丹部族首领上任后的首要事情，契丹部落自遥辇洼可汗之后均设立宫分户，这是契丹的传统，并非辽立国后之创举，这一点许多学者好像并没有注意到，认为这是辽太祖建国称帝之际，为了巩固和加强自身地位的首创。《辽史·百官志》载：

> 遥辇九帐大常衮司，掌遥辇洼可汗、阻午可汗、胡刺可汗、苏可汗、鲜质可汗、昭古可汗、耶澜可汗、巴剌可汗、痕德堇可汗九世官分之事。太祖受位于遥辇，以九帐居皇族一帐之上，设常衮司以奉之，有司不与焉。凡辽十二宫、五京，皆太祖以来征讨所得，非受之于遥辇也。其待先世之厚，蔑以加矣。

因此，"世建宫卫"是契丹族的传统，只不过建国前仅仅称作宫分，建国后"乃立斡鲁朵法，裂州县，割户丁，以强干弱枝"，作为一种独立的户籍系统，成为有辽一代户籍制度的一个特色。从上表可以看出，辽代宫卫户包括两个相对独立的部分：正户和蕃汉转户，数据记录非常清楚，我们只需把有关概念搞清楚即可。

1. 正户与蕃汉转户

如上表所列，《辽史》之《营卫志》《兵卫志》在记载户数、丁数时，均将正户、正丁与蕃汉转户、蕃汉转丁单列，说明他们虽同属斡鲁朵，在管理上还是有区别。

正户主要由契丹人户构成，大体上包括亲兵、部曲及从各部族里"析"出来的部民，这是辽代主力军队的主要兵源，随"四时捺钵"扈从皇帝宫帐。

蕃汉转户是宫卫户口的重要组成部分，"三京丁籍可纪者二十二万六千一百，蕃汉转户为多……契丹本户多隶宫帐、部族，其余蕃汉户丁分隶者，皆不与焉"[①]，可见它在辽朝户籍系统中所占比重之大。它不同于正户，应是契丹族以外，分布于各地区的、以汉族为主包括其他各民族的一种人户，因为"蕃汉户丁皆不与焉"。

同时，它同州县户口的关系也是盘根错节，非常复杂。如《地理志》言："（临潢府）户三万六千五百，辖军、府、州、城二十五，统县十：……定霸县，……隶长宁宫。"同时，《营卫志》又言："兴隆曰'蒲速盌'，是为长宁宫，正户七千，蕃汉转户六千……县三：奉先、归义、定霸。"表面上看，定霸县户数既包括在临潢府，又包括在长宁宫，因此，有学者认为，这些"隶某宫"的州县户口就是"隶宫籍"的蕃汉转户。其实不然，《地理志》所言临潢府户数确已包括定霸县，说明在其户籍管理上仍然属于州县序列，隶长宁宫只是表示定霸县要为长宁宫提供相应的劳役、课税。而《营卫志》所言户数，并不包括定霸县等"隶某宫"的户数。这就是"契丹本户多隶宫帐、部族，其余

蕃汉户丁分隶者,皆不与焉"[72]的含义。

蕃汉转户是介于宫分户与隶属斡鲁朵州县民户身份之间的一种民户。他们不隶属于州县之籍,与宫分户相同,但又不像宫分户那样扈从斡鲁朵,他们定居于某地从事农耕及其他生产,与州县户相同,但又不像隶属斡鲁朵的州县民户那样归属州县行政系统管辖,而是平时直接为斡鲁朵提供经济来源,战时直接为斡鲁朵提供兵源。杨若薇先生经过进一步论述,证明蕃汉转户就是隶属于诸宫提辖司的那部分户口。[73]

2. 对上表数据的认识

《辽史·营卫志》载:"凡州 38……为正户 80000,蕃汉转户 123000,共 203000户",与上表统计比较,正户蕃汉转户各少1000,户数合计少2000。冯家昇《辽史证误三种》认为,"正户实数,当作 81000,蕃汉转户实数,当作 124000,共 205000 户"[74],与本表统计数字正合。

过去一般学者们认为这个数字只是机械相加的结果,认为辽代的州县户口、宫卫户口及宫卫户口之间是经常调整变化的,即所谓"辽国之法,天子践位置宫卫,分州县,析部族,设官府,籍户口",[75]那么十二宫一府,贯穿了自太祖至天祚的二百多年时间,把二百多年的户口数字捏在一个时间断面是不合适的。

魏特夫格(Karl A. Wittfoge)和冯家昇进行了认真测算,估计到辽国最后一帝天祚帝时,各宫卫合计的最高数字应该达到:户 140000,丁 280000;骑军 76000。

张国庆先生认为,如同《辽史·地理志》所记五京州县户数为辽末时户数一样,《营卫志》所记的宫卫户数,也应是辽末时的户数,是将此前各种析出及赐赠之数排除在外后的数目。笔者同意这种观点,正像前面考证《辽史》二志系年时一样,应该均为辽末时的数据,并且是各种调整、析置之后的数字。

3. 宫卫骑军数、丁数

宫卫骑军是保卫皇室的一支重要武装力量。据《辽史·兵卫志》载:一旦"有兵事,则五京,二州各提辖司传檄而集,不待调发州县、部族,十万骑军已立具矣"。与《辽史·营卫志》所记有辽一代宫卫骑军总数十万一千相等。

御帐亲军是由皇帝直接调遣的禁军,《辽史·兵卫志》载御帐亲军包括大帐皮室军"凡三十万骑",属珊军"二十万骑"[76]。"辽制:凡举兵,乃召诸道征兵,皇帝亲点将校,选诸军兵马尤精锐者三万人为护驾军"[77]。对照宋琪"陈平燕蓟十策"所云:"晋末,契丹主头下兵谓之大帐,有皮室兵约三万,皆精甲也,为其爪牙骨[78],两者为数均系三万。"宋琪续云:"国母述律氏头下谓之属珊,属珊有众二万,乃阿保机之牙将,当是时半已老矣。"说明属珊军为数二万,两者均被《辽史·兵卫志》扩大了十倍。又属珊军系由阿保机在世时的牙将编组而成。晋末即太宗末年就"半已老矣"。述律氏之后当已不复存在;《辽史·兵卫志》把它列入"御帐亲军"以内的永恒编制也是错误的。因此,王育民先生考证,辽时皇家禁军"御帐亲军"常规人数,应为三万,而不是五万,更不是五十万。[⑦]

笔者认为,宫卫骑军是从宫卫户中抽调出来的,上述骑军数已经包括在了宫卫户数里面了,在统计户口总额时,不应再重复计算,可以在研究其他问题时作为参考。

综上所述,辽代宫卫户数总额为:81000 + 124000 = 205000。

从表4—6可以看出,辽代的户骑(军)比是2:1,即每两户出一骑军,反过来,每一骑军就意味着有2户人口,在已知军队数目,而不知道人口规模的情况下,为计算户数提供了依据。

第五节　部族、僧尼及全辽户口

五京州县户口、宫卫户口虽然记录残缺不全,但不管怎么说还有部分数据可资利用,为恢复未知部分的数据提供了一定的基础,而作为辽代户口重要组成部分的部族户口、著帐户口及僧尼、奴隶人数等均没有明确的户数或人数记录,只能根据间接材料进行大致推测。

一、部族户口

1. 基本情况

辽代契丹部族和其他游牧民族部落,是在五京之外另行编制的。《辽史·营卫志》记载:"部落曰部,氏族曰族。契丹故俗,分地而居,合族而处"[⑩]。在各部族中除契丹贵族阶层遥辇氏九帐族等"辽内4部族"外,太祖耶律阿保机将契丹族等各个部族编排为五院部等18部[㉛]。圣宗隆绪时,又将契丹贵族统治下的奚、室韦、女直、乌古、敌烈、唐古、回鹘、鼻骨德等部族,编为撒里葛部等"圣宗34部",至辽末时共有56部。各部族自有"部籍",设节度使统辖。据《辽史·营卫志中》载:"众部族分隶南北府,守卫四边……"为了便于说明问题,现将各部族名称、归属列表如下。[㉜]

表4—10 辽代部族分布序列表

北府		南府	
侍从宫帐	奚王府部	镇驻西南境	乙室部
镇南境	五院部	西南路招讨司	品部
	六院部		迭达迭剌部（迭剌迭达部）
东北路招讨司	乌隗部		品达鲁虢部
东北路统军司	遥里部		乙典女直部
	突吕不室韦部		斡突盌乌古部
	涅剌拏古部		
	伯斯鼻古德部		
	伯德部	西北路招讨司	楮特部
	奥里部	东北路统军司	达马鼻古德部
	南剋部	东北路女直兵马司	乙室奥隗部
	北剋部	东京都部署司	楮特奥隗部
	图卢（鲁）部		窈爪部
	术者达鲁虢部		稍瓦部
	河西部		曷术部
西北路招讨司	突吕不部	戍倒塌岭	耨盌爪部
	奥衍女直部		讹仆括部
	室韦部	屯驻本境	撒里葛部
西南路招讨司	涅剌部		南唐古部
	乌古涅剌部	戍隗乌古部	薛特部
	涅剌越兀部		突举部
	梅古悉部		
	颉的部		
	匿讫唐古部		
	鹤剌唐古部		
	品部		
黄龙府都部署司	隗衍突厥部		
	奥衍突厥部		
	北唐古部		
	五国部		
乌古敌烈统军司	迭鲁敌烈部		
	北敌烈部		

注：本表据《辽史》卷35《兵卫志中·众部族军》，参校《营卫志下·部族下》列出。共50个部族，太祖18部，加上圣宗34部，应该52部，2部无考。辽内四部族：遥辇九帐族，横帐三父房族，国舅帐拔里乙室已族，国舅别部。以上共计56部。二志记载有矛盾之处，如品部，按《营卫志》载，隶

北府,属西北路招讨司;按《兵卫志》载隶南府,属西南路招讨司。不排除曾经调防,但未见记载,姑并存疑。

2. 户数推测

由于史料缺乏,目前所见各部族的人户数没有直接记载数据,目前学者均是参考以下两条史料进行推测:一是太祖初即位时以"所俘奚七百户"置迭剌迭达部;二是神册六年(921年)"取于骨里户六千","析为乌古涅剌及图鲁(卢)二部"两组数字[83]。前者700户,后者如果平均计算的话,每部为3000户。考虑到这是辽初的数字,经过二百年的发展应该会更高,但是为了谨慎起见,我们即以3000作为辽末时的部均户数,那么辽全国56部共有民户16.8万户。[84]

在没有更多史料的情况下,这不失为一种无奈之举,但有没有更进一步的证明呢?笔者认真核查了部分石刻、墓志,发现如下材料:

"四十万兵马都总管、兼侍中、南大王、赠政事令、陈王讳遂贞,赐名直心"。[85]

"(北大王耶律万辛)四十万之军戎,咸归掌握"。[86]

"(耶律宗正)二十年,为四十万军南大王。兵府浩繁,暂资统领"。[87]

以上三组石刻资料均提到南、北大王统兵四十万,如上节所论,作为墓志铭"四十万"也应为溢美之词,同样有扩大10倍之嫌,作4万较妥。这个南、北大王应是"众部族分隶南北府"的大王,依第三节的考证结果,户骑比为2:1,南北府所统部民应该分别为8万户,那么56个部族(见表4—7)的户数应该为16万户,同上述数字接近,至辽末时应该达到20万户,笔者认为,这个数字应该更接近辽代部族的人口规模。

除56部之外,辽国还有国外十部[88]:

乌古部,敌烈八部,隗古部,回跋部,岩母部,吾秃婉部,迭剌葛部,回鹘部,长白山部,蒲卢毛朵部。

对他们的管理,《辽史·营卫下》载:"右十部不能成国,附庸于辽,时叛时服,各有职贡,犹唐人之有羁縻州也"[89],说明他们没有纳入辽国的户籍系统,这里也就不再考证其户口数量了。

二、僧尼人口

契丹贵族崇奉佛教,凡"城邑繁富之地,山林爽垲之所,靡不建于塔庙,兴于佛像"[90],成为僧尼麇集场所。辽时"出家者无买牒之费"[91],因而剃度十分伪滥。如道宗咸雍八年(1072年)三月,"有司奏:春、泰、宁江三州三千余人愿为僧尼,受具足戒。许之"[92]。道宗举行祈愿,饭僧等佛事,"一岁而饭僧三十六万,一日而祝发者三千人"㉝。其寺院之盛远过于宋(参见表4—11,此为史料仅见,未载之寺院当更多)。

表4—11　辽代佛教寺院分布表㉞

行政区	寺院名称
上京道	开教寺、大广寺、天雄寺、安国寺、义节寺、节义寺、圣尼寺、福先寺、菩萨堂、兴王寺、封禅寺、奉国寺、崇孝寺、甘露寺、开龙寺、延洪寺、延寿寺、圣济寺、紫金寺、天庆寺、戒坛寺、缙阳寺
东京道	金德寺、大悲寺、驸马寺、赵头陀寺、玄化寺、普明寺、弘庆寺、通度寺、金山寺、龙云寺
中京道	三学寺、静安寺、灵严寺、灵感寺
南京道	感化寺、隆安寺、云居寺、佑惠寺、长兴寺、甘泉寺、开泰寺、广济寺、悯忠寺、三泉寺、遵化寺、超化寺、行满寺、慧济寺、昊天寺、普济寺、三学寺、乐田寺、奉福寺、净觉寺、天开寺、兴国寺、玄心寺、宝胜寺、圣利寺、永泰寺、正觉寺、法华寺、崇仁寺、大觉寺、招提寺、竹林寺、瑞像寺、尉使臣寺
西京道	金河寺、华严寺、天王寺、刘銮寺
不详者	弘福寺、海云寺、慈仁寺、香山寺、灵璧寺、佛严寺

辽代到底有僧尼多少人,史无明载,但透过一些史料也可以看出一些信息。"(太宗)仍告太祖庙,幸菩萨堂,饭僧五万人"㉟,这是辽初的情况,到了辽道宗大康四年(1078年),"七月甲戌,诸路奏饭僧36万人"㊱。在一个具体时间点上,各路汇总的"饭僧"人数应是没有重复的,换句话说,这时辽国僧尼人数至少36万以上。道宗咸雍八年"三月癸卯,有司奏春、泰、宁江三州三千余人愿为僧尼,受具足戒,许之"。这就是前文王宗沐所论:"一岁而饭僧三十六万,一日而祝发三千"说法的由来。

据大安七年《法均大师遣行碑铭》载:"前后受忏称弟子者,五百万余,所饭僧尼称于是"㊲,这个数字如果属实的话是非常惊人的,因为这仅是法均大师一人弟子,即使为溢美之词,也足以证明僧尼人数之多。对辽代奉佛唯谨、僧尼众多一事,北宋使辽大臣苏辙曾谓:"此盖北界(按指辽朝)之巨蠹,而中朝之利也。"㊳无疑,这从另一个侧面揭示了辽代佞佛规模之大,危害之深,人数之众。当时祝发为僧者不仅仅是平民百姓,而且有官宦子女。如广德军节度使王泽,其二子并登进士第,而三女中竟有二女出家受戒㊴,占子女数的40%。出家之人如此众多,对人口发展的影响是非常大的。

综合以上史料,笔者同意前辈学者的意见,即辽代僧尼人数应该有36万人。

寺院二税户。辽时寺院利用特权,广占田宅和人户。史载:"初,辽人佞佛尤甚,多以良民赐诸寺,分其税一半输官,一半输寺,故谓之二税户。"如"闾山(医巫闾山)寺僧,赐户三百"[100],即属于寺院的二税户。据《金史》有关放免二税户为良的记载,世宗大定二年(1162 年),"诏免二税为民",未说明具体户口数字。章宗明昌元年(1190 年),仅北京等路所免二税户,即达"一千七百余户,万三千九百余口"[101]。全国二税户的数字当不会很少。二税户严格讲还应该包括头下州户口,在《户籍制度》章节里,笔者论述了几条理由,头下州户口、寺院二税户口,从户籍管理上应该包括在州县户口里,并没有独立于州县户口之外。

三、著帐户口、奴隶人口、属国户口

前已论述,著帐户是皇帝、皇后的宫帐奴隶,"本诸斡鲁朵户析出,及诸色人犯罪没入。凡御帐、皇太后、皇太妃、皇后、皇太子、近位、亲王祗从、伶官,皆充其役"。著帐户属承应小底局,为侍奉皇帝及其家属的日常生活服役,归著帐户司统辖。其身份近似奴隶,所谓"十宫院人呼小底,如官奴婢之属也"[102]。另外,宫帐奴隶中还有"内族、外戚及世官之家"[103]因犯罪而"没入瓦里"者,称为著帐郎君、娘子,其身份较高,主要在各局司职事中侍奉皇帝及其家属,归著帐郎君院统辖。著帐户人数史无记载,其数字也是不固定的。如"圣宗迁上京惠州民,括诸宫院著帐户置惠和县"[104],即将部分著帐户划入州县。正如《辽史·营卫志》所云:"著帐释宥、没入,随时增损,无常额[105]。"确数不可考。

奴隶人口。契丹贵族大多拥有私人奴隶。有来自皇帝的赏赐,如太祖神册七年(913 年)五月在平定"诸弟之乱"后,"以生口六百,马二千三百,分赐大、小鹘军"[106];世宗赐给大臣耶律安搏"奴婢百口"[107]等。还有农民因饥疫而鬻身为奴者,如道宗大安四年(1088 年)正月,"以上京、南京饥,许良人自鬻"[108]等。

辽后期随着契丹贵族统治集团的日益腐朽,其拥有奴隶的人数又有增无减。天祚帝天庆年间(1111 年—1120 年),殿前副点检萧胡笃讨耶律章奴时,"以籍私奴为军"[109]。保大二年(1122 年),乌古部节度使耶律棠古遭"敌烈以五千人来攻,棠古率家奴击破之,加太子太傅"[110],可见家奴人数之多。同年十月,金太祖阿骨打攻取燕京后,下诏"或奴婢先其主降,并释为良"[111]。次年(保大三年,1123 年)十一月,金太宗又对原辽朝统治区的女真人下诏:"其奴婢、部曲,昔虽逃背,今能复归者,并听为民"[112]。可见至辽末的时候,奴婢部曲人数仍不在少数。

属国户口。《辽史·属国表》载:"辽居松漠,最为强盛。天命有归,建国改元。号令法度,皆遵汉制。命将出师,臣服诸国。人民皆入版籍,贡赋悉输内帑。"[113]这句话就已经清楚地表明属国户口是国家户籍系统的一部分。但是辽政府到底能否行使

调查户籍权利呢?《辽史》卷36《兵卫志下》载:"辽属国可纪者五十有九,朝贡无常。有事则遣使徵兵,或下诏专征;不从者讨之。助军众寡,各从其便,无常额","朝贡无常"、"无常额"说明辽政府根本无法掌握他们的情况。再看这些所谓的属国,其中有:波斯、大食、日本,这些国家距离如此之远,恐怕连"羁縻"都谈不上,更不要说掌握他们的户籍了。

鉴于此,著帐户、奴隶、属国人口在没有任何依据的情况下不再考证,因为主观臆测出的数据也没有实际意义,因此,在辽国户口总额里不再包括他们的数据,在计算人口密度时作参考即可。

通过以上几节的考证,五京州县户数为871161,宫卫户数为205000,部族户数为200000,辽代的户数规模合计为:1276161。辽代的口户比为8,前三项的人口合计数为:10209288,加上前述僧尼人口还有360000,辽代末期的人口规模达到了10569288人。

严格说,这个数字应该称为辽国的核心人口数,或者说是主要人口数,因为它仅仅包含了户籍类型中前四种户口的数量,其他,如著帐户、奴隶、属国人口以及"辽国外十部"都没有计算在内,但他们或部分生活在辽国广阔的土地上、或者与辽国有重要的关系,只是由于种种原因我们无法考证罢了,如果考虑他们的话,辽国人口当不下一千三百万人。

注　释:

① 向南《〈辽史·地理志〉补正》,《社会科学辑刊》1990 年第 5 期。

② 费国庆《关于〈宋代户口〉一文辽代部分的意见》,《历史研究》1958 年第 8 期;葛剑雄《中国人口发展史》,第 194 页。

③⑭ 赵文林、谢淑君《中国人口史》,第 252 页。

④ 路遇、滕泽之《中国人口通史》,山东人民出版社 2000 年版。

⑤ 葛剑雄主编,吴松弟著《中国人口史》第三卷《辽宋金元时期》,复旦大学出版社 2000 年版,第 21 页。

⑥ 韩茂莉《辽金农业地理》,第 78 页。

⑦ 赖青寿《唐后期方镇(道)建置研究》,《历史地理》第十七辑,上海人民出版社 2001 年版。

⑧ 《辽史》卷38《地理志二》。

⑨ 参见葛剑雄主编,吴松弟著《中国人口史》第三卷《辽宋金元时期》,第 173 页;又见梁方仲《中国历代户口、田地、田赋统计》甲表29;韩茂莉《辽金农业地理》,社会科学文献出版社 2003 年版,第 78 页。

⑩ 如王育民先生认为"东京道缺载户数的府、州、军、城为最多,全道八十二府、州、军、城,即缺率宾府等六十六。"(见王育民《辽朝人口考》,《辽金史论集》第 5 辑,文津出版社 1995 年版)其实,东京道全道共八十九个府、州、军、城,而不是八十二个。

⑪ 王孝俊《辽代人口问题研究综述》,《沈阳师范大学学报》2006 年第 6 期。

⑫　张国庆《辽代社会史研究》,第 76 页。

⑬⑭　参见葛剑雄主编,吴松弟著《中国人口史》第三卷《辽宋金元时期》,第 174 页

⑮　《辽史》卷 36《兵卫志下》。

⑯　葛剑雄主编,吴松弟著《中国人口史》第三卷《辽宋金元时期》,第 579 页。

⑰㉙　《辽史》卷 10《圣宗纪一》。

⑱㉚　《辽史》卷 15《圣宗纪六》。

⑲㉛㉜㉟　《辽史》卷 23《道宗纪三》。

⑳　宋德金《辽金论稿》,湖北教育出版社 2005 年版,第 27 页;张国庆《辽代社会史研究》,中国社会科学出版社 2006 年版,第 127 页。

㉑　魏特夫、冯家昇所著《辽代中国社会史(907—1125 年)》,纽约麦克米伦出版公司 1949 年版。

㉒　王育民《中国人口史》,第 30 页。

㉓　路遇、滕泽之《中国人口通史》,山东人民出版社 2000 年版。

㉔　《续资治通鉴长编》卷 21,太平兴国五年二月。

㉕　《续资治通鉴长编》卷 21,太平兴国五年闰四月。

㉖　《续资治通鉴长编》卷 22,太平兴国六年七月。

㉗　《续资治通鉴长编》卷 27,雍熙三年七月。

㉘　《辽史》卷 34《兵卫志上》。

㉜　《辽史》卷 79《耶律阿没里传》。

㉝　咸雍五年《董匡信及妻王氏墓志》,《辽代时刻文编》,第 338 页。

㉞㊱　《辽史》卷 104《耶律昭传》。

㉟　孟古托力《契丹族家庭探讨》,《学习与探索》1994 年第 4 期。

㊲　《钦定续文献通考》,文渊阁四库全书本,上海古籍出版社 1987 年版。

㊳　王育民《辽朝人口考》,《辽金史论集》第 5 辑,文津出版社 1995 年版。

㊴　《辽史》卷 4《太宗纪四》。

㊵　采编自谭其骧《中国历史地图集》,第 3— 4 页。

㊶　《辽史》卷 40《地理志四》。

㊷　清宁四年《涿州白带山云居寺东峰续镌成四大部经记》,《辽代石刻文编》,第 284 页。

㊸　统和五年《祐唐寺创建讲堂碑》,《辽代石刻文编》第 89 页。

㊹　乾统七年《三河县重修文宣王庙记》,《辽代石刻文编》,第 577 页。

㊺　大安二年《易州太宁山净觉寺碑铭》,《辽代石刻文编》,第 403 页。

㊻　参见《北京出土的辽金时代铁器》,《考古》1963 年第 3 期。

㊼　乾统七年《上方感化寺碑》,《辽代石刻文编》第 563 页。

㊽　大安九年《景州陈宫山观鸡寺碑铭》,《辽代石刻文编》,第 452 页。

㊾　乾统四年《范阳丰山章庆禅院实录》,《辽代石刻文编》,第 544 页。

㊿　《辽史》卷 39《食货志上》。

51　《辽史》卷 12《圣宗纪三》。

52　《辽史》卷 13《圣宗纪四》。

㊳ 《辽史》卷4《太宗纪下》。

㊴ 《辽史》卷17《圣宗纪八》。

㊵ 《辽史》卷60《食货志下》。

㊶ 路遇、滕泽之《中国人口通史》,山东人民出版社2000年版,第463页。

㊷ 《辽史》卷41《地理志五》。

㊸ 天庆六年《张世卿墓志》,《辽代石刻文编》第655页。

㊹ 《辽史》卷36《地理志一》。

㊺ 参见韩茂莉《辽金农业地理》,第101页。

㊻ 大安八年《欢州西会龙山碑》,载《辽代石刻文编》,第443页。

㊼ 《辽史》卷39《地理志三》。

㊽ 谭其骧《辽代"东蒙"、"南满"境内之民族杂处——满蒙民族史之一页》,《长水集上》,人民出版社1987年版,第256—257页。

㊿ 参见韩茂莉《辽金农业地理》,第77页。

66 按:韩茂莉在《辽金农业地理》(社会科学文献出版社1999年版)中详细考证了高州城的规模,通过与中京道其他城址比较后认为,高州三韩县户数5000在中京道是偏高的,而邻近的上京道的平均户数对中京道来说是偏低的,二者平均应该接近中京道各州的平均户数。笔者认为,韩先生的考证同本人的"邻近区域参照法"有异曲同工之处,不过先生的考证更为详细。

67 《钦定续文献通考》,文渊阁四库全书本,上海古籍出版社1987年版。

68 69 75 105 《辽史》卷31《营卫志上》。

70 本表参阅梁方仲《中国历代户口、田地、田赋统计》,上海人民出版社1980年版,第20页。

71 《辽史》卷36《兵卫志下》。

72 《辽史》卷36《兵卫志》。

73 杨若薇《契丹王朝政治军事制度研究》,第39—62页。

74 冯家昇《辽史证误三种》,中华书局1995年版。

76 82 《辽史》卷35《兵卫志中》。

77 《辽史》卷34《兵卫志上》。

78 《宋史》卷264《宋琪传》。

79 王育民《辽朝人口考》,《辽金史论集》第5辑。

80 《辽史》卷32《营卫志中》。

81 《辽史》卷32《营卫志下》,原为"太祖二十部",因二国舅升帐分,止十八部。

83 88 89 《辽史》卷33《营卫下》。

84 参见张国庆《辽代社会研究》第78页;另见王育民《辽朝人口考》,《辽金史论集》第5辑。

85 重熙六年《韩橁墓志》,《辽代石刻文编》,第203页。

86 重熙十年《北大王墓志》,《辽代石刻文编》,第223页。

87 清宁八年《耶律宗政墓志》,《辽代石刻文编》,第305页。

90 陈述《辽文汇》卷8《泳州云居寺供灯邑记》。

91 洪皓《松漠纪闻》卷上,文渊阁四库全书本,上海古籍出版社1987年版。

㉓　《辽史》卷26《道宗纪六》。

㉔　参阅蒋武雄《辽代佛教寺院经济初探》,(台北)《空大人文学报》2000年第7期。

㉕　《辽史》卷4《太宗纪下》。

㉗　大安七年《法均大师遗行碑铭》,《辽代石刻文编》,第437页。

㉘　苏辙《栾城集》卷16,上海古籍出版社1987年版。

㉙　《全辽文》卷7。

⑩　元好问《中州集》卷2《季承旨晏》,北京图书馆出版社2005年版。

⑪　《金史》卷46《食货志·户口》。

⑫　《辽史》卷45《百官志一》。

⑬　厉鹗《辽史拾遗》卷13。

⑭　《辽史》卷39《地理志三》。

⑯　《辽史》卷1《太祖纪上》。

⑰　《辽史》卷77《耶律安搏传》。

⑱　《辽史》卷25《道宗纪五》。

⑲　《辽史》卷101《萧胡笃传》。

⑩　《辽史》卷100《耶律棠古传》。

⑪　《金史》卷2《太祖纪二》。

⑫　《金史》卷3《太祖纪三》。

⑬　《辽史》卷70《属国表》。

第五章 辽代人口分布

第一节 辽代民族分布

辽是一个多民族的国家，境内除契丹、汉等主体民族外，还有奚、渤海、女真、铁利、兀惹、吐浑、高丽及大漠南北乌古、敌烈、阻卜等诸部族，他们或农耕，或畜牧，或渔猎，或采集，在辽政府"因俗而治"政策下，用聪明的才智和勤劳的双手，共同为辽朝的繁荣和发展作出了贡献。

一、汉族分布

汉族是辽朝的主体民族之一，人数最多，分布甚广，有远至上京道镇、维、防三州（今蒙古国中部）者，但主要分布地区还是在南京道、西京道，这里传统上就是汉人居住区，其次是东京道南部、上京道东南部。

汉民族在辽国分布之广、人数之众，谭其骧先生有一段生动的描述："蓟、镇、定等处汉人之北徙……尤为关系重大。此诸民族之被徙，虽处于俘虏形式之下，然生聚既众，经济之势力乃不可侮，契丹虽为统治者，但人口特少，《兵卫志》称上、中、东三京丁籍之可纪者二十二万六千一百，番、汉转户为多，是州县丁壮之不及也；《营卫志》称辽宫卫正户八万，番、汉转户十二万三千，则并皇室之护卫，亦以异族人为多矣。大抵城郭之居，农事发展之区，即为汉民族势力之所在地。此不特中京、东京为然，即契丹根据地之上京亦然……西人以契丹称我中国，实则契丹国确系以汉人为主体，而契丹、渤海人副之者也。"[①]

辽境内汉族人的来源大体上可分为三个部分：一是割幽云十六州之后随"籍"而来的汉民；二是建国前后从中原俘掠的汉俘；三是秦汉以来即已在此地生息繁衍的早

期中原流民。

1. 燕云地区的汉人

一是随"籍"而来的汉民。辽太宗会同元年(938年),"晋复遣赵莹奉表来贺,以幽、蓟、瀛、莫、涿、檀、顺、妫、儒、新、武、云、应、朔、寰、蔚十六州并图籍来献。"[②]辽的版图南线一下子扩至白沟河及以南一带,而且不仅仅是国土的扩充,同时,燕云地区的广大汉民,也一同划入辽籍,变成了辽汉民中的一个重要组成部分。

二是被掳掠而来的汉民。辽以入籍的幽云十六州为南京、西京二道,《辽史·地理志》所列的著籍户口均应视为汉族人口。前已考述,南京道的州县户数是566000,西京道的州县户数是322700,这个数字是辽末时的记录,那么就包括了太宗至澶渊之盟期间,辽自晋、汉、周、宋掳掠来的汉族人口,因为这时从中原俘来的汉族人口基本上就安置在了南京、西京两道。如《辽史·圣宗纪》即载:统和六年(988年),契丹军队攻掠长城口,一路"杀获殆尽",被俘者"分隶燕军";随后又攻打莫州,所俘汉人亦"使隶燕京"。统和七年(989年),契丹军队又攻河北地区,"宋鸡壁砦守将郭荣率众来降,诏屯南京"。又攻易州,"迁易州军民于燕京"。又令"鸡壁砦民二百户徙居檀、顺、蓟三州"[③]等等。总之,燕云之地归辽后,契丹大军俘掠的中原汉民,大部分被直接安置到了长城以南的燕云故地(南京、西京两道),只有一小部分被送到契丹的腹地。

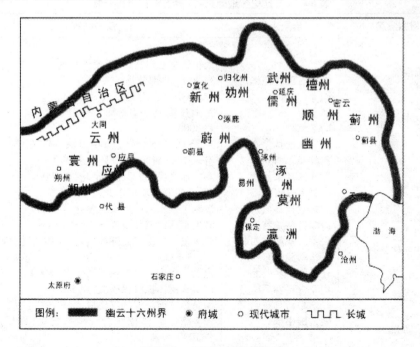

图5—1 幽云十六州示意图

2. 上京道、中京道、东京道汉族人口的分布

辽建国前后从中原北上的汉族流民及太祖、太宗(燕云十六州入辽之前)时期俘掠入辽的大量中原汉民,多被安置在包括上京道东南部部、中京道、东京道西南部的两河(潢、土二河)流域,上京道、东京道北部也有安置的部分汉族人口,只不过数量较少。据统计,在《辽史·地理志》中,有 36 个州县是为安置中原北上定居辽地汉民而设置,其中有 24 个州县是在辽太祖和辽太宗统治的辽代初期所置建,说明辽朝被俘掠的汉民大多是在这一时期进入辽地的。

这部分被俘人口多数被安置于契丹腹地的上京道东部、东京道西部及中京道的东北部地区的州县里,成为辽的编户齐民。《新五代史·四夷附录》即云:中原战乱,耶律阿保机"乘间入塞,攻陷城邑,俘其人民,以唐州县置城以居之"④。新置之州县"不改中国(中原)州县之名"⑤,即所谓的"侨置",目的是为安定汉民之心,让他们在辽地安心定居,从事农业生产。太祖所用汉臣韩延徽主张"树城郭,分市里,以居汉人之降者"。⑥

汉族人口在三个地区的分布情况分别见表 5—1 至表 5—3 和图 5—1 至图 5—3⑦。

表 5—1 　《辽史·地理志》所载上京道汉民分布

府州县名	治所今地	汉户状况
上京临潢府 临潢县 长泰县 定霸县 潞县 怀州 庆州 泰州兴国县 长春州长春县 乌州爱民县 仪坤州广义县 龙化州龙化县 壕州 原州 福州 顺州 镇、维、防州	内蒙古巴林左旗南 同上 同上 同上 内蒙古巴林左旗西 巴林左旗西北 黑龙江泰来县西 吉林大安市东南 吉林双辽县西 内蒙古翁牛特旗西 内蒙古奈曼旗西北 辽宁彰武县东 辽宁康平县西北 内蒙古科左后旗东 辽宁阜新县东南 蒙古国中部	太祖天赞初以所俘燕、蓟人户建。户 3500 户 4000,小部分是汉人 户 2000,小部分是汉人 本幽州潞县民,天赞元年迁此,与渤海杂处,户 3000 户 2500,小部分是会同中所掠的燕、蓟俘户 有永庆陵,置蕃、汉守陵 3000 户 本山前之民,因罪配隶至此,户 700 燕、蓟犯罪者流配于此,户 2000 拨剌王从军南征俘汉民置此,户 1000 应天皇后以四征所俘居之,户 2500 唐天复二年破代北迁民居之,次年又迁女真数百户,户 1000 国舅宰相南征俘掠汉民居此,户 6000 国舅金德俘掠汉民建城,户 500 国舅萧宁南征俘掠汉民居此,户 300 横帐南王府俘掠燕、蓟、顺州之民,建城居之,户 1000 渤海、女真、汉人配流之家 700 余户分居三州

图5—2　上京道汉人分布图

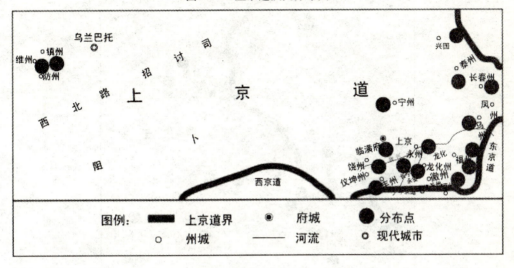

表5—2　《辽史·地理志》所载东京道汉民分布

府州县名	治所今地	汉户状况
东京辽阳府	辽宁辽阳市	神册四年,迁渤海和汉民实之,以渤海人为主,外城称汉城
保州来远县	朝鲜新义州境	迁辽西民实之。又徙奚、汉兵700名驻防
宣州	同上	开泰三年,徙汉户置,隶保州
来远城	辽宁丹东市东北	统和中,伐高丽,以燕军骁猛,建城防守
宗州	辽东,确地不详	耶律隆远以所俘汉民置
海北州	辽宁义县南	世宗以所俘汉户置
贵德州	辽宁抚顺市北	太宗时察割以所俘汉民置
沈州乐郊县	辽宁沈阳市境	太祖俘蓟州三河县民置
灵源县	同上	太祖以所俘蓟州吏民建
广州	沈阳市西南	开泰七年,以汉户置
辽州祺州	辽宁康平县东南	太祖以檀州俘户建
遂州	辽宁彰武县西北	耶律颇德以部下汉民置
双州	辽宁铁岭市西	沤里僧王以所俘镇、定两州之民置
咸州	辽宁开原市境	平、营等州客户数百建城居之
信州	吉林公主岭市境	开泰初以所俘汉民实之。下辖2县,其中县户1000
龙州	吉林农安县	以宗州、檀州汉户1000复置
顺化城	辽宁瓦房店市南	开泰三年以汉户置
衍州	辽宁辽阳市东南	以汉户置
连州	同上	以汉户置

图5—3　东京道汉人分布图

表5—3　《辽史·地理志》所载中京道汉人分布图

府州县名	治所今地	汉户状况
中京大定府	内蒙古宁城县境	统和二十五年城之,实以汉户
大定县	同上	以诸国俘户居之
长兴县	同上	以诸部人居之
惠州	内蒙古敖汉旗南	太祖俘汉民数百居此,置州
武安州	内蒙古敖汉旗东	太祖俘汉民置,复以辽西户益之
榆州	辽宁凌源市西	横帐解里以所俘镇州民置
泽州	河北平泉县南	太祖俘蔚州民,立寨居之
北安州	河北承德市西	圣宗以汉户置
兴中府	辽宁朝阳市	太祖平奚及俘燕民,于此建城
兴中县	同上	太祖掠汉民居此
营丘县	辽宁朝阳市境	以汉民置
黔州	辽宁北票市东南	原以渤海户置,安帝置州,益以汉户
宜州	辽宁义县	兴宗以定州俘户建州
锦州	辽宁锦州市	太祖以汉俘建州
岩州	辽宁兴城市境	太祖迁汉户与渤海杂居此
建州	辽宁朝阳市西南	原后晋太后及其随从人员居此耕垦

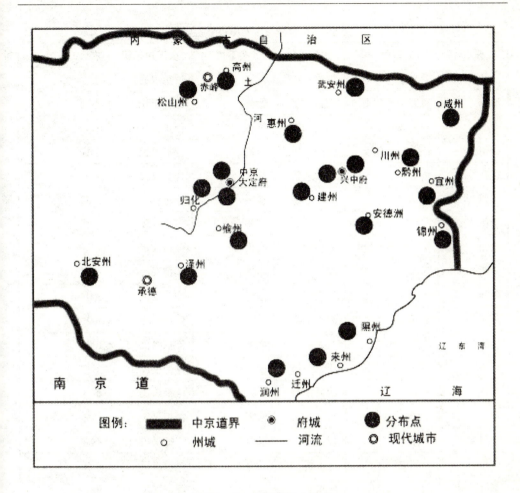

图5—4　中京道汉人分布

　　另外一部分被俘掠的汉民被安置于"投下州"即契丹贵族的私城里。《辽史·地理志》载："以征伐俘户建州襟要之地,多因旧居名之,加以私奴置投下州。"这些被俘的汉人,根据人数的多寡而建制,"不能州者谓之军,不能县者谓之城,不能城者谓之堡"[⑧]。

　　表5—4虽然没有列出这些州军的详细地理位置,但根据文献记载可以知道,辽代的头下军州均分布在上京道、中京道和东京道境内,尤以潢河流域最为集中。从考古文物工作者的调查结果来看,这些头下州基本上是沿着草原的边缘地带建立起来的。[⑨]这是因为构成头下户的汉人们不能脱离农耕区域,而这些头下州的契丹领主们又不可能把他们的私城建在远离草原的汉地,所以就选择这样一个农耕和游牧的结合部来建立他们的头下私城。

表5—4　辽代投下军州设置一览①

州名	军号	建州年代	头下主	头下户来源	户数
	豪刺军	神册初年	国舅	俘掠汉民	不详
榆州	高平军下刺史	天显初年	横帐	俘掠汉民	不详
豪州	刺史	天显八年	国舅	俘掠汉民	6000
白川州	长宁军中节度	会同三年	横帐	俘掠汉民	不详
遂州	刺史	约太宗朝	横帐	俘掠汉民	500
顺州	不详	约太宗朝	横帐	俘掠汉民	1000
贵德州	宁远军下节度	太宗朝	横帐	俘掠汉民	不详
双州	保安军下节度	太宗朝	横帐	俘掠汉民	不详
卫州	不详	世宗以前	不详	俘掠汉民	不详
原州	不详	约太宗朝	国舅	俘掠汉民	500
福州	不详	约太宗朝	国舅	俘掠汉民	300
乌州	静安军刺史	约太宗朝	横帐	俘掠汉民	1000
晖州	不详	约景宗朝	横帐	俘掠汉民	不详
禄州	不详	约景宗朝	横帐	俘掠汉民	不详
穆州	不详	约景宗朝	横帐	俘掠汉民	不详
全州	不详	统和九年	汉臣	俘掠汉民	不详
宗州	下刺史	圣宗朝	汉臣	俘掠汉民	不详
丰（澄）州	刺史	统和十三年	遥辇之后	俘掠汉民	500
抚州	不详	约圣宗朝	公主	媵臣	不详
徽州	宣德军节度	圣宗朝	公主	媵臣	10000
成州	长庆军节度	圣宗朝	公主	媵臣	4000
懿州	广顺军节度	太平三年	公主	媵臣	4000
渭州	高阳军节度	圣宗朝	公主	媵臣	1000
横州	不详	约圣宗朝	国舅	部下牧人	200
肃州	信陵军刺史	兴宗以前	不详	不详	不详
义州	不详	道宗以前	横帐	不详	不详
骦州	不详	道宗以前	不详	不详	不详

续表

州名	军号	建州年代	头下主	头下户来源	户数
松山州	不详	不详	横帐	不详	500
豫州	不详	不详	横帐	不详	500
宁州	不详	不详	横帐	不详	300
闾州	不详	不详	横帐	不详	1000
凤州	不详	不详	不详	不详	4000
荣州	不详	不详	不详	不详	不详
河州	德化军	不详	不详	不详	不详
麓州	下刺史	不详	不详	不详	不详
唐(康)州	不详	不详	不详	不详	不详
随州	不详	不详	不详	不详	不详
遂昌州	不详	不详	不详	不详	不详
圆(员)州	不详	不详	不详	不详	不详
黑(里)州	不详	不详	不详	不详	不详
茂州	不详	不详	不详	不详	不详
荆州	刺史	不详	不详	不详	不详
和州	不详	不详	不详	不详	不详

上表共考证辽代投下军州42个(豪刺军后改豪州,不另计),但辽朝一代先后建立的头下军州肯定不止这些,至于没有获得州军称号的头下私城就更是无从统计了。据《辽史·地理志序》称,辽朝总计"京五,府六,州、军、城百五十有六,县二百有九"。但考古文物工作者指出:"仅从考古调查所发现的辽代城址来讲,其数量超过《地理志》所列州县军城何止一倍!"[①]没有获得州军名号的头下城寨,自然不见于《地理志》的记载,这大概就是辽代城址如此之多的原因之一吧。

3. 早期中原流民

契丹腹地很早就有汉族先人(华夏族)在此活动。战国时期,辽东之地属燕国,燕将秦开击退东胡后,就有大量中原人来此开发建设。秦灭燕后,燕王亡命辽东,亦有大批燕民随之涌入。两汉时期,政府在东北设郡置县,以统辖汉人。东汉末年,中原战乱,大批汉民迁往辽东避乱。魏晋时期,鲜卑、高句丽等少数民族乘中原政权衰败、更迭频繁之机,也俘掠了不少汉人进入辽东。如《后汉书·东夷高句丽传》即载:

"鲜卑、秽貊连年寇抄,驱略小民,动以千数。"[12]唐末五代,中原再遭战乱,迫使大量中原汉民再次为避兵燹,背井离乡,北越长城,流落契丹辽地。《旧五代史·契丹传》云:"刘守光末年苛惨,军士亡叛,皆入契丹。"[13]总而言之,辽立国之前,在契丹统治区域内,已经有大量汉族人在那里居住生活,具体数量已不可考。

二、契丹族及其分布

1.基本情况

契丹族建国前的基本情况在第一章中已经做了简单介绍,这里仅将建国后的基本情况和分布进行简要分析。耶律阿保机于907年取代了遥辇氏,成了契丹族的新首领。此后,又经过数年一系列的迭剌部内部的新旧势力的斗争,到神册元年(916年),耶律阿保机建元称帝,正式建立了契丹辽国家政权,根据新的形势所需,对原阻午可汗时的契丹二十部,又进行了新的析分与整合,于是便形成了辽初契丹内部四部族:遥辇九帐族、横帐三父房族、国舅拨里和乙室已族、国舅别部。太祖十八部:五院部、六院部、乙室部、品部、楮特部、乌隗部、涅剌部、突吕不部、突举部、奚王府六部五帐分、突吕不室韦部、涅剌拏古部、迭剌迭达部、乙室奥隗部、楮特奥隗部、吕达鲁虢部、乌古涅剌部、图鲁部。[14]很显然,这十八部中已有一些原非契丹部族的加入,表明了契丹民族在发展壮大过程中,是融进了一些其他民族或部族的成分。

辽代中期以后,契丹部族又发生了新的变化。辽圣宗执政后期,辽境内叛服无常的民族和部落纷纷"降服",因而,辽圣宗对他们与契丹部民进行了混编,最终形成了辽境内的三十四个新部族。根据《辽史·营卫志》所载,这三十四部族为:撒里葛部、窈爪部、耨碗爪部、讹仆括部、特里特勉部、稍瓦部、曷术部、遥里部、伯德部、楚里部、奥里部、南剋部、北剋部、隗衍突厥部、奥衍突厥部、涅剌越兀部、奥衍女直部、乙典女直部、斡突碗乌古部、迭鲁敌烈部、室韦部、术哲达鲁虢部、梅古悉部、颉的部、北敌烈部、匿讫唐古部、北唐古部、南唐古部、鹤剌唐古部、河西部、薛特部、伯斯鼻骨德部、达马鼻骨德部、五国部。据考证,这囊括契丹、奚、女真、室韦、乌古、敌烈、唐古等族在内的三十四个部族,大致分布在契丹腹地的外围及西北、东北近边地区。

2.分布

一是"腹心部"。辽立国二百余年,契丹族的核心部分始终分布于上京道的东南部、中京道的东北部和东京道的西南部,即三京道交汇的两河(辽时潢、土二河,今西拉木伦河和老哈河)流域,相当于现在的内蒙古东南部、河北北部、辽宁西部和北部。

但辽政府为戍边之需,也不时从契丹人的腹地——两河流域抽调部分契丹部族屯驻在漠北边境及辽与北宋、西夏、高丽的接壤地区。

二是南部燕云汉人区。早在辽代前期,就有契丹五院和六院部的部分部民"部隶北府,以镇南境",被迁徙到了云州、归化州以北地区。⑮云州为辽西京所在地,即今山西大同;归化州为今河北宣化。这就是说,契丹五院、六院部的部分部民被迁到了辽西京道以北以西地区,是为防护西南边境。到辽代中后期,仍不断有小股契丹部民从两河流域的契丹腹地迁徙边境地区。如契丹突吕不部,即已从长春州游牧地迁徙到了西京道西南部黄河东岸的金肃军一带,主要是为了防御西夏。

三是北部和西北地区。在辽太宗会同初期,也有部分契丹人被迁徙到了漠北上京道北部边陲胪朐河(今克鲁伦河)流域的乌古地区(今内蒙古呼伦贝尔西及蒙古国东部一带),一边放牧,一边戍边(也有从事屯田农耕者)。圣宗时,为强化漠北边境的戍边实力,同时也为进一步开发这一地区,又陆续有部分契丹部民北徙实边,建立了一些军镇和屯田点。

三、渤海族分布

1. 基本情况

渤海族的族源复杂,目前认识也不一致,但一般认为主要源于东北古族肃慎系的靺鞨。《旧唐书·北狄传》云:"靺鞨,盖肃慎之地,后魏谓之勿吉,在京师东北六千余里。"《隋书·靺鞨传》称靺鞨有七部,即粟末部、伯咄部、安车骨部、拂涅部、号室部、黑水部、白山部。其中粟末部位于七部之南,据今北流松花江中上游,曾与高句丽王国接壤,在七部中自然环境较好,经济和文化都较发达,这为后来渤海民族的形成,奠定了良好的基础,因为后来的渤海族即是以粟末靺鞨为主体而形成的。

渤海国是粟末靺鞨首领大祚荣,以隋末唐初先后迁居今辽宁省朝阳地区的两部粟末靺鞨人和部分"高丽余种"为基础建立的。后来,高丽国的"逋残",及靺鞨伯咄、安车骨、号室等部的"遗民"皆归之,也成了渤海国的主要居民。他们在长期共同劳动和生活过程中,继承了靺鞨人的传统,受过高句丽文化的影响,最重要的是大量地吸收了汉族文化,经过长期的演变与发展,凝聚为一个新的人口共同体,史称之为渤海人。渤海又在发展进程中用武力征服了黑水靺鞨的虞娄、拂涅、铁利、越喜等部,并把他们纳入自己的行政管辖下。但这些部族,直到渤海国灭亡,始终保持着原有的称号,未成为渤海共同体的成员。⑯

2. 分布

渤海国极盛时期的范围,北至黑龙江中下游两岸、鞑靼海峡沿岸及库页岛,东至日本海岸,西到吉林与内蒙古交界的白城、大安,南至朝鲜咸兴附近,所谓"海东盛国"的渤海人就生活在这片辽阔的国土上。但是,入辽以后,渤海人的分布一直因其不断地被迁徙,而处在不断的变化中。从时间上看,大规模的移民主要集中于太祖太宗与圣宗两个时期,同东丹国的建立、迁移和灭亡直接相关,更与渤海遗民的几次起义有关。而从空间上看,辽代前中期将渤海遗民西迁,大多集中于上京道所辖各州县,尤其是在契丹腹地、首都临潢府所辖的地区。

　　辽初渤海人被强制迁离故土,主要有两次:一是在阿保机攻打扶余府和忽汗城后,将渤海大氏王族和战争中俘获的军民迁到辽上京临潢府周围;二是928年(辽天显三年)东丹国都南迁,大批渤海人被迁至以辽阳为中心的辽东一带地区。经过这两次大迁徙,渤海5京15府的居民大多数不在原住地,大体为:上京龙泉府居民一部分被迁到辽临潢府西,即今内蒙古自治区巴林左旗境,大部分徙居今辽宁省辽阳市及附近地区;中京显德府民少数远移至今老哈河流域,多数被分散在包括北镇县在内的今沈阳市与辽阳市一带;东京龙原府的渤海人被迁到今辽宁省凤城县附近;南京南海府民被移居以今海城市为中心的营口市至鞍山市地区;西京鸭渌府被俘者被迁到辽临潢府南;扶余府被俘者被迁至临潢府西;鄚颉府民部分迁到今辽宁省昌图县西北;定理、安边二府居民被南徙今沈阳市及以北地区;率宾府部分居民被分别迁往辽宁省盖县扣北镇县境;东平府民被分散至辽宁省新民、开原、康平等县一带;铁利府部分居民被迁至辽上京西北和今西拉木伦河附近、长春市北、沈阳市西南的浑河北;怀远和安远二府民被移居今铁岭市及辽河上游地区、吉林省浑江市北。[17]迁至上述地区的渤海人户,约94000余户,470000余口。[18]

　　辽代中后期景宗和圣宗朝时,渤海遗民展开抗辽斗争,一度建立了安定国。由于史书记载不详,后人无从得知安定国的情况。景宗保宁七年(975年),又发生黄龙府(治今吉林农安县)卫将、渤海人燕颇的反辽起义。起义失败之后,燕颇余党被迁离原地,通州(治今四平市西)即以燕颇余党置[19]。

　　圣宗太平九年(1029年)八月,在东北南部再次爆发渤海人东京舍利军详稳大延琳的抗辽斗争,建立了政权。一年后,辽军平定叛乱。为了便于监视渤海人民,辽朝决定将东京道的渤海人西迁到中京道和上京道。

　　3.渤海移民安置的州县[20](以《辽史·地理志》为主)

上京道:临潢府所辖的长泰县、定霸县、保和县、潞县、易俗县、迁辽县、渤海县、宣化县;祖州所辖的长霸县、咸宁县;怀州及所辖之扶余县、显礼县;庆州所辖的富义县;永州所辖的长宁县、义丰县;仪坤州;龙化州;降圣州所辖的永安县;饶州所辖的长乐县、临河县、安民县等。

表5—5 上京道渤海移民分布

府州县名	治所今地	渤海户状况
上京临潢府		太祖时迁长平县民置,与汉人杂居,户4000
长泰县	内蒙巴林左旗南	太祖时迁扶余府强师县民置,与汉人杂处,户2000
定霸县	同上	太祖时迁富利县民,统和八年置,户4000
保和县	同上	汉人为主,户3000
潞县	同上	太平九年平大延琳后迁辽东渌州民置,户1000
易俗县	同上	太平九年平大延琳后迁辽东海州民置,户1000
迁辽县	同上	太平九年平大延琳后迁东京民置,户数未载
渤海县	同上	太祖时迁鸭渌府神化县民,统和八年置,户4000
宣化县	同上	本龙州长平县民,迁置时间不详,户2000
祖州长霸县	巴林左旗西南	约在太平九年破辽阳后迁长宁县民置,户1000
咸宁县	同上	太祖时迁龙泉府和显理府民,世宗置,与汉人杂居,户2500
怀州	巴林左旗西	太宗迁义州民置义州,后降为县。
庆州富义县	巴林左旗西北	太祖迁显德府、铁利府民置,户6000
永州2县	内蒙古翁牛特旗东	太祖时以四征所俘置,户2500
仪坤州	翁牛特旗西北	太祖时迁怀州永安县民置,户800
降圣州永安县	内蒙古敖汉旗东北	太祖时迁辽城、丰永二县和诸邑民置,户6000
饶州	内蒙古巴林右旗南	统和二十二年以渤海、女真、汉人配流之家700户置
镇、维、防州	蒙古国中部	

中京道:恩州及所辖的恩化县;黔州及所辖的盛吉县;迁州;润州及所辖的海阳县。

表5—6 中京道渤海民分布

府州县名	治所今地	渤海户状况
黔州	辽宁北票市东南	太祖时迁渤海户,后益以汉户置
恩州		开泰中,以渤海户实之
恩化县		开泰中,渤海人户置
迁州	河北山海关	平大延琳后迁归州民置
润州	河北抚宁县东北	平大延琳后迁宁州民置
海阳县	同上	平大延琳后迁东京民置

东京道:除了外逃和被强迫迁离故土的外,尚有约2万户10万口左右的渤海人留居故地。辽政府便在这一地区设州置县,进行管理。如《辽史·地理志》"东京"条下载:"归州,太祖平渤海,以降户置,后废。统和二十九年伐高丽,以所俘渤海户复置。""尚州,以渤海户置"。"东州,以渤海户置"。(见表5—7)

表 5—7　东京道渤海人分布

府州县名	治所今地	渤海户状况
辽阳府　7县 卢州 铁州 兴州 汤州 崇州 海州 渌州 显州 乾州　2县 贵德州2县 沈州岩州 集州 广州 辽州　2县 遂州山河县 通州 韩州 双州 银州 同州 咸州 信州 宾州 龙州 宁州 归州 东州 尚州	 辽宁辽阳市境 辽宁盖州市南 辽宁大石桥市南 辽宁沈阳市北 辽宁辽阳市西北 辽阳市东北 辽宁海城市 吉林临江县 辽宁北镇县西南 同上 辽宁抚顺市北 辽宁辽阳市东 辽宁沈阳市东南 沈阳市西南 辽宁新民县东北 辽宁彰武县西北 吉林四平市西 辽宁昌图县境 辽宁铁岭市西 铁岭市 辽宁开原市南 开原市境 吉林公主岭市境 吉林农安县东北 吉林农安县 辽宁瓦房店东北 辽宁盖州市西南	太宗初迁东丹国民置，户7200 本杉卢郡民，户300 本铁州民，户1000 本兴州民，户200 本汤州民，户500 本崇州民，户500 约太宗初迁南海府民置，太平九年平大延琳后渤海民外迁，移泽州民实之，户1500 约太宗初迁鸭渌府民置，平大延琳后部分人外迁，余户2000 世宗时迁东京民置，户300余 本灵峰、麓郡二县民，统和三年置 本崇山、缘城县民，圣宗时建 约太宗时迁白岩县民置 以集州民置 太祖迁铁利郡民置，统和八年省，开泰七年以汉户复置 太祖迁东平府民置 本黑川、麓川二县民 保宁七年以燕颇余党置 约太宗时迁莫颉府民置 本安定县民 太祖迁富州民置 太祖迁东平寨民置 太祖以龙泉府民置，太平九年平大延琳后废，改汉户于此 本以怀远府民置，后废。开泰初以汉民复置 本渤海城，后废。统和十七年迁兀惹户置州 本龙泉府民，保宁七年燕颇叛后废。开泰后迁汉户复置 本渤海民，平大延琳后废。统和伐高丽，以渤海俘户复置 太祖置，平大延琳后废。统和伐高丽，以所俘渤海降户复置 以渤海户置 以渤海户置

　　辽初灭渤海后的两次大迁徙，规模是非常巨大的，其中心地区竟几成无人之境。出现这一情况：一是很多渤海人不愿接受契丹人统治，大批外逃；二是契丹最高统治者为易于控制，强迁渤海人到其他地方。通过表5—8可看出辽初的迁徙规模远远

大于景宗、圣宗朝时的规模。

表5—8　不同时期渤海移民的空间分布

迁移时期	有移民分布的州县数目	
	总数	各道分布州县数
太祖	18	上京道10,东京道7,中京道1
太宗	12	上京道1,东京道11
世宗	1	东京道1
景宗保宁	1	东京道1
圣宗	16	上京道7,东京道6,中京道3
平大延琳后	7	上京道4,中京道3
时间不明	14	上京道2,东京道12
合计	62	

四、奚族及其分布

1. 基本情况

奚族历史上与契丹一样同属东胡之鲜卑系,与契丹所谓"异种同类",最早称"库莫奚"。《魏书·太祖纪》卷2"登国三年(338年)"条载:"五月癸亥,北征库莫奚。六月,大破之,俘其四部杂畜十余万,渡弱落水。"这是奚作为族称第一次见于史书,自此以后,有了不间断的记载,到13世纪才不见其名,前后存在近千年。库莫奚"至隋,始去'库莫',但号曰'奚'"[21]。据《北史·奚传》记载奚"初为慕容晃所破,遗落者窜匿松漠之间……其后种类渐多,分为五部"[22]。其时,与奚俱窜于松漠之间的还有契丹人。现在一般的观点,"松漠间"谓松山西、沙漠东中间之地,即今内蒙古东部、辽宁西部及河北北部一带,约当西辽河流域的克什克腾旗到围场南部的广大地域,从此以后,这里就成了奚族的传统居住区。

契丹、奚本为游牧民族,冬季牧群南下可至隆化、滦平一带,北魏政府实行"威怀"政策,契丹和奚在臣服于北魏王朝的同时,获得了向南发展的机会,尤其是关内塞外贸易的往来,形成了南北交往的通道。史载:库莫奚"与安、营二州边民参居,交易往来"[23],特别是契丹和库莫奚进入古北口"入塞与民交易",促使契丹、库莫奚逐渐南移。唐代,奚活动地域进一步扩大,《旧唐书·奚传》载:"奚国……在京师东北四千里,东接契丹西至突厥","南拒白狼河,北至奚国,自营州西北饶乐水以至其国"。

饶乐水(前称弱落水)即今西拉木伦河,为辽河上源。金毓黻先生据此认为唐代今大凌河以西、老哈河之北为奚人的活动区域,如建平、赤峰等地[24]。《辽史·地理志》"北安州"条下载,北安州"唐为奚王府西省地"。北安州故址即今承德市隆化县土城子,知今承德以北地区在唐代也是奚族活动区域。

唐贞元十一年(795年),幽州军队与之作战,"残其众六万";大中元年(847年)张仲武率军攻奚,"烧帐落二十万"[25],说明此时奚族是相当繁盛的。

唐末,契丹兴起以后,奚族势力渐趋衰弱,遂分为东部奚、西部奚。西部奚居妫州,东部奚先后居阴凉河与琵琶川。奚人首先成为被兼并和俘掠的对象,其征讨事件有:

阿保机父亲撒剌的率部大破奚人,"俘奚七千户,徙饶乐之清河",后来契丹以这部分奚人设迭剌迭达部,分置13县[26]。

唐天复元年(901年),阿保机率军"连破室韦、于厥及奚帅辖剌哥,俘获甚众"[27]。

天祐三年(906年)二月,袭击山北奚,破之。十一月,"遣偏师讨奚、霫诸部及东北女直之未附者,悉破降之"[28]。

辽太祖五年(911年),辽分兵讨东部奚和西部奚,尽有奚族之地。"奚六部以下,多因俘降而置。胜兵甲者即著军籍,分隶诸路详稳、统军、招讨司。番居内地者,岁时田牧平莽间。"[29]

辽太祖耶律阿保机五年(911年),"亲征西部奚。奚阻险,叛服不常,数招谕弗听。是役所向辄下,遂分兵讨东部奚,亦平之。于是尽有奚、霫之地。东际海,南暨白檀,西逾松漠,北抵潢水,凡五部,咸入版籍"[30]。

经过辽太祖征讨,奚基本平服。奚族从此结束了北魏以来一直独立的地位,开始了在契丹统治下的历史阶段。

阿保机平定东、西奚以后,仍保留了奚族的部族之置,初为五部,后改置六部,并设立奚王府统领各部。

2.分布

中京道:这是奚族的传统居住地和主要分布区。《辽史·地理志》载:中京大定府,"汉末步奚居之,幅员千里,多大山深谷,阻险足以自固。魏武北征,纵兵大战,降者二十余万,去之松漠。其后拓拔氏乘辽建牙于此,当饶乐河水之南,温渝河水之北。唐太宗伐高丽,驻跸于此。部帅苏支从征有功。奚长可度率众内附,为置饶乐都督府。咸通以后,契丹始大,奚族不敢复抗。太祖建国,举族臣属"。"统和二十四年,五帐院进故奚王牙帐地。二十五年,城之,实以汉户,号曰中京,府曰大定。"[31]综合以上记载可以看出,中京道向为奚族的生活地区,奚族入辽以后依然居住于此[32],与迁入的契丹人、汉人和渤海人杂居。宋绶《行程录》云:"由古北口北至中京皆奚境。奚本与契丹等,后为契丹所并。所在与奚、契丹、汉人、渤海杂处……。"

宋人行程录对从古北口至中京一线,沿途奚人的聚居地和劳动生活情景及民族自然风情,也多有记载,如苏颂在宋英宗治平四年(1067年)和宋神宗熙宁十年(1077年)前后两次使辽,曾写下大量诗句描述古北口至中京沿途奚人生活及民族融会的情景。1004年,宋辽澶渊之盟后,两朝在政治、经济、文化上的频繁交往,使辽朝境内自南京(北京)通往中京(内蒙古宁城县大名城)进至上京(内蒙古巴林左旗)的驿道得以迅速发展。因驿馆沿线是奚人的集中居住区,辽朝"委奚民守馆,给其土田,以营养马",至今仍有大量的遗迹可寻,如古城川古城、思乡岭与墨斗岭、打造部落馆等遗迹[33]。从州县的设置上也可以看出来:

利州,统县一。"阜俗县。唐末,契丹渐炽,役使奚人,迁居琵琶川。统和四年置县。初隶彰愍宫,更隶中京。后置州,仍属中京。"[34]

"榆州,唐载初二年,析慎州置黎州,处靺鞨部落,后为奚人所据。太宗南征,横帐解里以所俘镇州民置州。开泰中没入。属中京"[35]。

"北安州,唐为奚王府西省地。圣宗以汉户置北安州,属中京"。[36]"辽天祚帝保大二年己亥,金师败奚王霞末于北安州,遂降其城"[37]。

"兴中府。本霸州彰武军,节度。古孤竹国。唐神龙初,移府幽州,开元四年复治柳城。八年西徙渔阳。十年还柳城。后为奚所据。太祖平奚及俘燕民,将建城,命韩知方(古)择其处。乃完葺柳城,号霸州彰武军,节度。统和中,制置建、霸、宜、锦、白川等五州。寻落制置,隶积庆宫。后属兴圣宫。重熙十年升兴中府"[38]。

奚族在其他地区的分布:入辽以后,大量的奚族人被移置到了其他地方。居住在中京道以外的奚人部落及其迁入地主要是(共9部):

"迭剌迭达部。本鲜质可汗所俘奚七百户,太祖即位,以为十四石烈,置为部。隶南府,节度使属西南路招讨司,戍黑山(今内蒙古巴林右旗北罕山)北,部民居庆州(治今内蒙古林西县北)南"[39]。

乙室奥隗部。辽太祖于神册六年(921年)置,节度使属东北路兵马司,具体地点不详;

楮特奥隗部。辽太祖置,节度使属东京都部署司,估计驻守在辽东地区;

品达鲁虢部。辽太祖以所俘达鲁虢部置,驻守在黑山以北;

乌古涅剌部和图鲁二部。辽太祖取于骨里户6000置,节度使分属东北路和西南路招讨司,估计分别分布在今蒙古国西北部和内蒙古阴山以南地区;

耨盌爪部。辽太祖时降奚众,圣宗时分为撒里葛、窈爪和耨盌爪三部。前两部分居中京道的泽州(治今河北平泉县南)以东和潭州(治今辽宁建昌县西北)以南;耨盌

爪部属东京都部署司,当驻戍辽东一带;

诎仆括部。居西京道望云县(治今河北赤城县北),戍卫地在倒塌岭,今内蒙古阴山山脉中段;

九百奚营。居韩州(治今吉林省梨树县偏脸古城)。王寂《辽东行部志》载:"韩州……城在辽水之侧,常苦风沙,移于白塔寨。后为辽水所侵,移于今柳河县。又以州非冲途,即徙于九百奚营,即今所治县也。"[40]另据《金史》载,金完颜阿骨打率军攻打黄龙府,"九百奚营来降"[41]。

东京道:来远县。初徙辽西诸县民实之,又徙奚、汉兵七百防戍焉。户一千[42]。

南京道:密云县。本汉白檀县,后汉以居犀奚。[43]

西京道:可汗州,清平军,下,刺史。本汉潘县,元魏废。北齐置北燕郡,改怀戎县。隋废郡,属涿郡。唐武德中复置北燕州,县仍旧。贞观八年改妫州。五代时,奚王去诸以数千帐徙妫州,自别为西奚,号可汗州;太祖因之。[44]

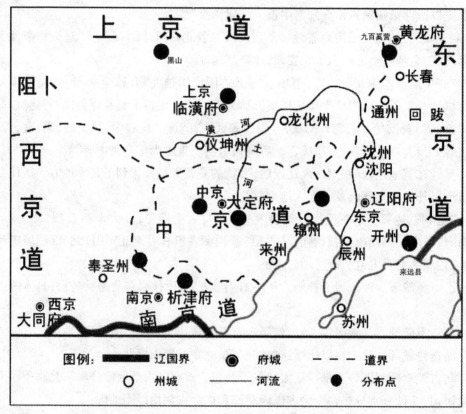

图5—5　辽代奚族分布图

金朝在统一东北的过程中,相继平定奚族各部,在各部置军政合一的猛安谋克组织。许多奚人被编入军队,一部分南下中原作战并留居中原,一部分则驻守东北各地。自金代以后,奚族名称已不见于史籍,当已与汉、契丹民族相融合。[45]

五、女真及其他民族的分布

1.基本情况

辽代的主体民族除汉族、契丹族、渤海族、奚族之外,女真族也是其重要的民族,正是在辽国的疆域内繁衍、发展、壮大,最后成长为辽的掘墓人。女真先人曰肃慎,曰挹娄,曰勿吉,曰靺鞨,其直系前身就是靺鞨之一部黑水靺鞨。关于女真的族称,徐梦莘《三朝北盟会编》载:"女真,古肃慎国也,番语讹为女真"[46]。"番语",即指契丹语,正是在辽代黑水靺鞨被改称为女真,辽兴宗以后,为避其名耶律宗真之讳,而称之为

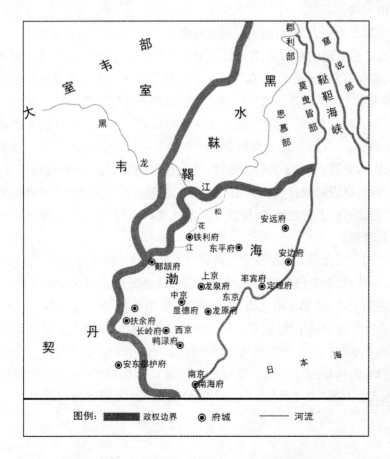

图5—6　唐代黑水靺鞨分布示意图

女直。因此,这种说法还是很有道理的。元修《辽史》,为避太祖铁木真之讳,仍然称之为女直,后世史书多有沿用,本书除直接引用原文外,均称之为女真。

唐代黑水靺鞨分布在南至渤海国德理府,"北至北海,东至大海,西至室韦,南北约二千里,东西约一千里"的广阔地区[47],大致相当于现在的松花江下游和黑龙江中下游一带。渤海兴起以后,虽统一了靺鞨诸部,但黑水靺鞨始终独立于渤海之外。辽灭渤海,将渤海人举国外迁,不少渤海人向北被迫逃入黑水靺鞨地区。渤海人的外迁使广阔的辽海地区人口大量减少,出现真空状态,女真乘机大举南迁,自东北向西南扩展占据了渤海的许多地方。

2. 分布

由于辽朝的强制或主动迁徙,女真族的分布范围由原黑水靺鞨地区扩大到了东京道的南部即今辽东半岛一带,以及位于中京道和上京道境内的今内蒙古西辽河流域及蒙古国境内。

辽代女真分为两大部分,编入辽籍者称熟女真,未入辽籍者称生女真。熟女真大部分分布在辽东京道的东南部,即今辽东地区,它们是曷苏馆女真、南女真、北女真、乙典女真、黄龙府女真和顺化女真。还有一支熟女真——奥衍女真则被迁到了上京道北部,即今蒙古国首都乌兰巴托一带。生女真则是辽代女真族的主体,主要分布于粟末水(今第二松花江)以北的今松花江中游和牡丹江流域。辽在女真诸部设有大王府,如濒海女真(又称东海女真),分布于今俄罗斯远东沿海地区,辽设濒海女真国大王府;长白山女真,分布于长白山地区,辽设长白山女真大王府;鸭绿江女真,分布于鸭绿江流域,辽设鸭绿江女真大王府等等。在辽代的生女真中,又以完颜部为核心,该部初居牡丹江上游地区,后迁至今黑龙江省阿什河流域,这一地区后来便成为了金源肇兴之地。

东京道南部的女真人以曷苏馆女真最为著名,他们所在的地区,至金代初为曷苏馆路,后改为盖州,至今仍沿用。《三朝北盟会编》卷3载:"阿保机虑女真为患,乃诱其强宗大姓数千户,移置辽阳之南,以分其势,使不得相通。"这些移民又名南女真。他们起初分布在今盖州市境,后来向南发展到今普兰店市境和大连市的北部。此外,位于今丹东市东北鸭绿江中黔定岛上的来远城,也是分布地之一[48]。《辽史》中记载的女真人组成的州有:卢州(治今盖州市熊岳镇)、归州(治今盖州市归胜城)、苏州(治今大连市金州区)和复州(治今瓦房店市)兵事属南女直汤河司。[49]

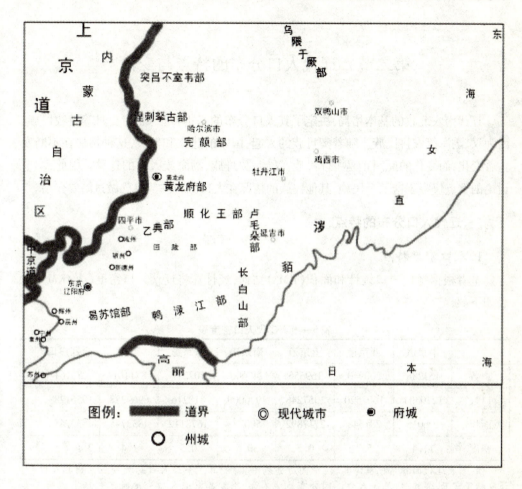

图5—7　女真各部分布图

此外,上京道龙化州(治今内蒙古奈曼旗西北)有辽太祖东伐女真时迁来的数百户俘户[50],高州(治今内蒙古赤峰市北)以北住着以女真俘户置的乙典女真部[51]。位于今蒙古国境内的河董城(今乔巴山市)、招州(治今北杭爱省境)、镇州(治今布尔根省境)的主要居民都是因各种原因被迁去守边的女真人[52]。

有辽一代,除以上所述之契丹、汉、渤海、奚、女真民族之外,其疆域内还生活着许多其他民族或部族。如黑车子室韦,是辽代善制车、帐的民族,其活动区域当在今内蒙古锡林郭勒盟东。辽初,耶律阿保机曾多次征讨之,此后,"黑车子室韦八部降",并经常向辽朝政府朝贡。此外,在辽的西部和西北部,还散布着突厥、吐谷浑、党项、小蕃、沙陀、回鹘、阻卜、粘八葛、辖戛斯等族。在北部,有斡郎改、敌烈、乌古、室韦、鼻古德、乌丸等族,[53]他们共同为辽朝的繁荣和发展做出了贡献。

第二节　辽代人口分布的特点与变化

辽代南农北牧的基本格局,决定了其人口分布的基本特征:北为契丹等游牧民族,南为汉、渤海等农耕民族。随着契丹族的兴起、国家的建立和发展,这种格局在不断发生着变化,而变化的原因正是主体民族:汉族、契丹族、渤海族人口的迁移。因此,本节讨论的重点仅限于这三个民族,其他民族的情况在人口分布一节里已做过简要介绍。

一、辽代人口分布的特点

1.人口密度特点

笔者根据辽代户口统计和面积(KM²)估计,经计算将辽代人口密度(人/KM²)列表如下。

表5—9　辽代人口密度表

	中京道	西京道	上京道	南京道	东京道	五京	全辽户口
户数	151288	200940	169656	247000	102277	871161	1275161
口数	1210304	1607520	1357248	1976000	818216	6969288	10561288
面积	106015	281648	2717892	50078	1678112	4833745	4833745
密度	11.4	5.7	0.5	39.5	0.5	1.4	2.1

注:本表辽代面积系根据谭其骧《中国历史地图集》测算。全辽人口总数除五京州县人口外,还包括了宫卫、部族、僧尼等人口。因分布地域不详,测算各京道人口密度时不包括上述后三类户口。

表5—9显示:辽的人口分布极不均衡,南京道人口密度最大,平均每平方公里有40人左右,显示出高度发达的农业经济与众多的人口生存相适应的地缘优势;其次是中京道和西京道,平均每平方公里十余人至五六人。中京道位于西辽河上游、滦河流域、东北平原西侧,农田与草原呈插花式分布,亦农亦牧,农业经济较为发达,人口密度较高,这也是辽中期以后迁都的原因。西京道地处晋北山地和蒙古高原南部,可耕地面积较小人口密度相对较少;上京道和东京道人口密度最小,平均每平方公里不到1人,属于典型的草原生态。就这两个地区来讲,人口的分布也是极度不平衡的,上京道南部、东南部的临潢府周围,插花式农田分布较为集中,人口密度远远大于其北部、西北部的草原、沙漠地区;东京道中部、南部、西部是辽阔的东北平原,适于农业经济的发展,渤海国在这里创造了高度发达的封建制农业经济,人口虽几经迁入迁

出,人口的密度仍然远远高于其北部外兴安岭及东部的山区、滨海地区。

整个辽代人口分布由南到北、由东到西呈递减趋势,全辽人口密度为每平方公里2.1人,整体上属于草原牧业人口分布的特点。

2.人口格局特点

南农北牧自古以来是我国农牧业分布的基本格局,但是,这种格局形成的南北两种文化类型——北方游牧民族的草原文化和中原汉族的农耕文化却是一直处于对立状态,接触是短暂的:靠的是贸易和战争;对峙是长期的:商周迄至隋唐莫不如此。只是到了辽代,"割古幽、并、营之境而跨有之"[53],南农北牧尽纳于国,以一个游牧为主的马背上的民族,拥有了华北平原北部富庶的农业区,在汉人居住区发展农业,在边区发展牧业,兼具行国、城国之长,成为了我国北方第一个牧业强兵、农业富国的少数民族政权,这是辽国所以立国二百余年的主要原因。宋王暐《道山清话》载宋神宗与大臣的一段对话,反映了当时的社会现实,"(上曰:)盖北有强邻……二敌之势所以难制者,有城国,有行国,依古以来未有,敌国外患如今之强盛者,比之汉唐,奚啻十倍"。大臣皆言:"陛下圣虑及此,二敌不足扑灭矣。"上曰:"安有扑灭之理?"但用此以为外惧则可。[55]城国者,所依农业也;行国者,所依游牧也。

这种农牧格局贯穿整个有辽一代,并且其过程是动态的:建国之前,"契丹旧俗,其富以马,其强以兵。纵马于野,弛兵于民。"[56]契丹族游牧于潢河与土河,即所谓的两河流域,虽然"初,皇祖匀德实为大迭烈府夷离堇,喜稼穑,善畜牧,相地利以教民耕。仲父述澜为于越,饬国人树桑麻,习组织"[57],但农业只是处在萌芽状态,更没有形成一种经济形态,建国后,"太祖平诸弟之乱,弭兵轻赋,专意于农。尝以户口滋繁,糺辖疏远,分北大浓兀为二部,程以树艺,诸部效之。"[58]农业开始发展起来。牧、农区域总体上是由辽初"牧"在北而"农"(虽然规模较小)在南,发展至中后期"农"向北扩而"牧"往西、南移,二者在上京道东南部及中京地区大面积交会处,形成了极富特色的范围较大的牧、农"插花"带。

辽代的这种"南农北牧,(中间)插花分布"的经济格局,反映在人口布局上,同上述人口密度的特点是一致的:一是南部传统农耕区人口高度集中,密度很大。漆侠先生认为南京道、西京道人口占辽国总人口的一半[59],通过表5—9计算可以看出,这一论断是成立的。二是北部、东北部草原游牧、狩猎区人口稀疏,密度很小。表5—9可以看出,上京道、东京道人口每平方公里尚不足1人,主要是因为其北部、东北部人口太少所致。三是中部过渡地带,如上京道东南部、东京道西南部、中京道地区,因其插花式农业经济的发展,人口密度迅速增大,中京道每平方公里达到了11.4人,甚至超过了西京道人口密度。

3. 辽建国前后游牧民族的人口分布

农牧业的分布格局就是汉族等农耕民族、契丹等游牧民族的分布格局。辽建国前北部和西北地区的潢河流域一带，是契丹族世世代代生息繁衍和建立政权的根基地，所以，这一地区与这一地区山水相连、关系密切的整个北部和西北地区的传统畜牧业，始终被视为最重要的经济部门。对于世世代代从事游牧、素尚武力、"以攻为务"的契丹族和其他生活在这一地区的各游牧民族来说，畜产品中之马匹，是南征北战、克敌制胜的重要作战工具；马、驼、牛等均为生活与作战的主要交通工具，羊、牛、马及其他牲畜之肉及皮毛则是必不可少的生活用品。

辽代建国后，畜牧业经济呈大幅度上升和发展态势，其表现即是牧场规模继续扩大，牲畜数量不断增多。辽太祖耶律阿保机把攻伐获得的牲畜"分牧水草便地，数岁所增不胜算"[⑩]。从历史文献记载契丹各部族所在地及契丹军马所活动地区分析，辽代前期不同类型、性质的畜牧业经济区域主要分布在燕云边塞以北，阴山以南、以西、以北及潢河、土河(今西拉木伦、老哈河)流域的广大草原地区。具体包括以下几个牧区，一是南境燕北"塞下"等处的牧马基地；二是大漠南北的官营"群牧"牧场；三是契丹皇帝四时"捺钵"地牧场；四是潢、土两河流域的"斡鲁朵"、"诸抹"群牧牧场；五是散布于辽朝各地的诸部族牧地；六是上京周边地区契丹官贵的私人牧场。围绕这些牧场，以契丹族为主的各游牧民族在这些地方世代生息，构成了这一地区的人口主体。

建国以后大批汉、渤海等农业民族向北、向西迁入契丹腹地，尤其是燕云十六州的并入，使辽国呈现出南京、西京道，东京道、中京道南部以农业人口为主，而上京道的大部分、东京道北部以游牧人口为主的格局。虽然杂错其间的有上京道南部、中京道北部等地区大量的亦农亦牧人口，西部黄河岸边、南部长城脚下也有契丹等游牧人口，北部胪朐河(今蒙古国克鲁伦河)流域也有部分从事种植的牧业人口。

应该说"南农北牧"的基本格局主要是由自然地理环境决定的，但是这种分布特点的变化却是主要是人为因素造成的，具体说，正是人口的迁移带来了这种格局的变化。辽代人口迁移，同历史上发生于这个农牧交错带的人口迁移一样，其基本特点是契丹等游牧民族的南下、西进，汉族、渤海等农耕民族的北上、西进。

二、汉民族的迁入

中原汉族农业人口向辽国境内的迁入，对改变农牧区域格局、改变农业人口与游牧人口的数量对比起到了决定性的作用。汉族人口的迁入有两种形式：一是自发移民，他们是由于各种原因(主要是战乱)不愿意或无法在中原地区生活；二是强制性移民，主要是战争期间被俘而入。

辽的统治民族契丹族主要生活在今内蒙古东南部的潢河（今西拉木伦河）、土河（老哈河）流域。随着唐的衰落，契丹却在一步一步发展壮大，尤其是耶律阿保机为夷离堇后，专事征讨，统兵进攻室韦、于厥及奚等东北民族，并南下攻入中原。契丹军队的每次对外作战，无不以俘掠人口为主要军事目的，将外民族的人民大批俘掠，带到契丹所在地区。汉民族的迁入大致分三个时期。

1. 建国前后

辽太祖阿保机接受韩延徽的建议，"筑城郭，分市里，以居汉人之降者。又为定配偶，教垦艺，以生养之"，使汉人安心定居在这里，"以故逃亡者少"⑩。卢文进、王郁等降将均为辽所重用，韩延徽虽因思乡而南返中原，复归后仍委以重任。正是借助于汉人的力量，阿保机才能够推翻部落军事民主制，登上皇位。阿保机对待汉族移民的这种政策（包括俘掠和安置），也为辽的历代统治者所继承下来，不断向南扩张，并参与中原的政治角逐。

表5—10是辽建国前的几次大规模人口俘掠活动（强制移民），和建国初期几次汉民北迁（自发移民）记录。

表5—10　辽建国前后的几次汉族北移事件表

时间	原因	人口掳掠情况	出处
（唐）天复二年（902年）七月	阿保机率兵40万进攻位于今山西境内的河东和代北地区，攻下9个州	"获生口九万五千"	《辽史》卷1《太祖纪上》
（唐）天复三年（903年）十月	进攻蓟州（治今天津蓟县）北部	俘获以还	同上
（唐）哀帝天祐二年（905年）冬，	进攻幽州（治今北京市区南）	"拔数州，尽徙其民以归"	同上
辽太祖元年（907年）	平州（治今河北卢龙县）刺史刘守奇因其兄刘守光囚父夺权	率数千人降辽，被安置在平卢城（今辽宁朝阳市）	同上
太祖六年（912年）	亲征幽州	俘获甚众，振旅而还	《辽史》卷34
辽太祖九年（915年）	幽州军校齐行本举其族及其部曲男女三千人请降	赐名兀欲，给其廪食。数日亡去	同上
唐末	（幽州节度使）刘守光暴虐	幽、涿（治今河北涿州市）之人多亡入契丹	《新五代史》卷72《四夷附录》
神册二年（917年）	晋新州裨将卢文进杀节度使李存矩来降	率部众降辽	《辽史》卷1《太祖纪》
神册四年（919年）	冬十月癸丑朔，晋新州防御使王郁以所部山北兵马内附	徙其众于潢水之南（今内蒙古西拉木伦河）	《辽史》卷2《太祖纪下》

2. 建国后至澶渊之盟

以幽云十六州的划入为主,包括攻伐掳掠,大批汉族人口入辽。

天显十一年(936年),太宗率辽军南下帮助石敬瑭当上皇帝,获得了幽云十六州之地的高额回报,并经常以此为基地,常常大举南下。直到辽圣宗统和二十二年(宋真宗景德元年,1004年),辽宋双方签订澶渊之盟,达成和局,双方才停止战争,而在此期间,大批汉族人民被俘迁入(个别自愿)辽的统治地区包括东北地区。

这些汉族人口的迁入,使潢、土两河流域的农业经济从无到有,从零星分布到插花式分布,逐步发展起来。

建国后辽太祖和他的继承者们的基本国策仍是四处攻掠,尤以南向为主,俘掠人口仍是其主要任务。辽建国以后对汉族的主要掳掠活动如下[②]:

神册元年(916年),攻蔚(治今河北蔚县)、新、武(治今宣化县)、妫(治今怀来县)、儒(治今北京延庆县)五州,"俘获不可胜计"。

神册五年,攻天德军(治今内蒙古乌拉特中后旗西南),"徙其民于阴山南"。

神册六年,分兵掠檀(治今北京密云县)、顺(治今顺义县)等州和安远军(治所今地不详)、三河、良乡、望都、潞(今北京通县东)、满城、遂城等县。俘其民徙内地"。皇太子略定州(今属河北),"俘获甚众"。其中,檀、顺两州人民被安置在东平(今辽宁辽阳市)和沈州(治今沈阳市)。

天赞三年(924年)五月,徙蓟州(治今天津蓟县)民实辽州(治今辽宁新民县境)。

太宗天显九年(934年),占领武州的阳城和洼儿城,"括所俘丁壮籍于军"。

会同七年(944年),大举伐晋,一直攻至贝州(治今河北清河县以东)和博州(治今山东聊城市以东),"徙所俘户于内地"。

会同八年,分兵攻邢(治今河北邢台市)、洺(治今永年县东)、磁(治今磁县)三州。"杀掠殆尽"。

大同元年(947年)正月,灭后晋,送出帝石重贵及其母、妃、妻、弟、子于黄龙府(今吉林农安县)安置,以宫女、侍者一二百人相随。后晋诸司僚吏、嫔御、宦寺、方技、百工悉送上京(今内蒙古巴林左旗境)。四月,攻入相州(治今河南安阳市)。"悉杀城中男子,驱其妇人而北"。

世宗天禄元年(947年),契丹放弃定州,"尽驱人民入蕃,惟余空城瓦砾而已"。

天禄三年,攻陷贝州高老镇,掠地邺都、南宫、堂阳,"俘获甚众"。

天禄四年,攻下安平、内丘、束鹿等城,"大获而还"。

景宗保宁九年(977年),耶律沙、敌烈"献援北汉之役所获宋俘"。

　　乾亨元年(979年)六月,宋灭北汉国,北汉大将刘继文、卢俊来奔。七月,辽军在高梁河(在今北京外城一带)大败宋军,"耶律沙遣人上俘获"。

　　圣宗统和四年(986年),辽军破固安、望都、冯母镇、深州,纵兵大掠。

　　统和五年,破束城县,"纵兵大掠"。破文安,"尽杀其丁壮,俘其老幼"。

　　统和六年,"攻河东长城口,杀获殆尽"。攻下祁州(治今河北无极县),纵兵大掠。

　　统和十五年二月,"徙梁门、遂城、泰州、北平民于内地"。

　　关于汉族被掳掠入辽境的人数,《资治通鉴》卷291有这么一段记载:后周广顺二年(952年)十月,"契丹瀛、莫、幽州大水,流民入塞散居河北者数十万口……中国民先为所掠,得归者什五六。"《契丹国志》载此事作"四十万"[63]。邹逸麟先生据此推测,被掠去的约略有七八十万人以上[64]。

　　此后至澶渊之盟的移民数量,《续资治通鉴长编》卷27载北宋雍熙三年(986年)正月宋琪的一段话:"自巴坚(即阿保机)时至于今日,河朔户口(被辽)掳掠甚多,并在锦帐、平卢,亦迤柳城。辽海编户数十万,耕垦千余里……"[65]据此看来,在北宋初的二十余年中,河北被辽掳掠的人口数量不少,而居住在辽海地区(指辽河流域)的数十万编户可能大部分都是汉人。吴松弟先生据此推测,北宋初的二十年中,被掳掠入辽境的汉族人口约有六七十万人。[66]那么,近百年的历史中,汉族人口前后迁入辽境的估计有近150万之众。

三、契丹族的迁徙

　　契丹族作为辽国的主体民族,是以征服者的身份出现的,其核心部分始终分布于上京道的东南部、中京道的东北部和东京道的西南部,即三京道交汇的两河(辽时潢、土二河,今西拉木伦河、老哈河)流域。它的迁徙往往同攻略征伐、军事威慑、戍卫边关有直接关系。其迁徙方向主要是北方和西北,这是为了适应社会经济中农业经济成分的增长和巩固边防的需要而进行的。其次是向渤海故地和中原的迁徙。契丹族作为以游牧为主的统治民族,其迁移对改变人口布局有着决定性的作用。

　　1.向北方和西北的迁徙

　　契丹族的经济生活向来以畜牧业为主,在遥辇氏部落联盟的后期,在靠近中原的部族聚居区和契丹内地的某些适于农耕的地方,已经有了原始的粗放农业。随着汉族、渤海人口的大量迁入,辽朝的农业生产迅速发展,有许多契丹族人口也开始从事农业生产。于是,辽朝统治者有计划地把契丹族迁移到有条件进行农耕的地方去。

　　契丹族向北方和西北的迁徙,明确见于史料记载的共有四次,其中太宗时期两次,圣宗、兴宗时期各一次。

《辽史·太宗纪下》载:"(会同二年)冬十月丁未,上以乌古部水草肥美,诏北南院徙三石烈户居之。"这一事件在《辽史·食货志》中的记载更为具体:"(太宗)以乌古之地水草丰美,命瓯昆石烈居之,益以海勒水之善地为农田。"瓯昆石烈是迭剌部四石烈之一,海勒水即今内蒙古呼伦贝尔盟的海拉尔河。考古工作者曾经在这里的新石器遗址中发现过加工粮食的石磨盘,在相当于汉代的鲜卑人墓葬遗址中也出土过谷壳和铁制工具。由此可见,在契丹族来到这里的若干年以前,这里已经有过农作物的种植。辽朝建立以后,这里是乌古人的势力范围,而乌古人的经济生活是畜牧狩猎业为主。契丹人的到来,使这里的农业经济得到了空前的发展。据调查,当时农业生产的遗迹到达了今内蒙古额尔古纳右旗的上库力乡,在当时条件下,把农业经济带推进至高纬度的寒冷地区,是契丹族人民的一大贡献。

第二次迁徙发生在第二年,即会同三年(940年)。《辽史·食货志》载:"(会同)三年,诏以谐里河、胪朐河近地,赐南院欧堇突吕、乙斯勃、北院温纳河剌三石烈人,以事耕种。"谐里河、胪朐河即今蒙古国乌尔顺河、克鲁伦河。考古工作者在克鲁伦河及海拉尔河流域发现了用于农田灌溉的水利工程遗迹,与文献中辽朝曾向这里移民垦植的记载相印证。

第三次迁徙是在圣宗朝时。《辽史·地理志·上京道》载:"镇州,建安军。节度。本古可敦城。统和二十二年皇太妃奏置。选诸部族二万余骑充屯军,专捍御室韦、羽厥等国,凡有征讨,不得抽移。"这次行动是在皇太后萧燕燕的姐姐齐王妃率领下进行的,曾经在一段时期里成功控制了反复无常的室韦人,巩固了西北边防。

第四次迁徙是在道宗朝时。《辽史·食货志》载:"道宗初年,西北雨谷三十里,春州斗粟六钱。时西蕃多叛,上欲为守御计,命耶律唐古督耕稼以给西军。唐古率众田胪朐河侧,岁登上熟。移屯镇州,凡十四稔,积粟数十万斛,每斗不过数钱。"可见屯种规模之大和成果之明显。

辽朝统治下的中国北方广大地区,处于与周边诸民族、诸政权的对峙之地,因此,辽朝向北方、西北的移民,在很大程度上带有军事屯田的性质,是为了加强对北方的乌古部和西北的漠北诸部族的防御和控制而实施的,是统治者适应其疆域扩大,为巩固边防而采取的措施之一。契丹等族劳动群众向沿边地区的迁移,把先进的生产技术带到这里,客观上反映了辽朝整体社会经济水平的提高。尽管海勒水、胪朐河流域在辽朝灭亡后被蒙古高原各部族所控制,这里农业生产因此而中断,但是,这里曾经存在过的繁荣的农业生产仍在我国古代北方农业经济开发史上具有重要的地位。辽朝的军队、边防户的耕垦为戍守边防提供了重要的物资基础,为巩固边防作出了卓越的贡献,是辽朝国力强盛的基本条件之一。

2. 契丹族向南对中原地区的迁徙

一是建国之前向中原地区的迁徙。据《魏书》记载,由于战争和自然灾害等原因,从北朝开始,契丹族就陆续南下,被中原政权接纳安置,并融合于汉族之中。唐朝中叶以后有许多契丹人归附唐朝,叛将安禄山部下以及唐朝的官军中都有许多契丹族将士,如"安史之乱"后唐朝的著名将领李光弼兄弟就是契丹族。唐朝灭亡前后,突厥、回鹘势力大大削弱,契丹势力日益壮大,逐渐控制了幽州至柳城的广大地区,契丹族已经在这里的居民中占有很大的比例。

二是占有幽云十六州后向南部的迁徙。太宗升幽州为南京以后,这里成为辽朝重要的赋税来源和与中原历代政权对峙的军事前沿。于是就有了契丹族贵族、官员、平民和军队官兵向南京道、西京道境内的大规模迁移,其数量应该是很大的。陈述先生在他的《契丹政治史稿》中罗列了相当于幽云十六州辖境的今内蒙古、河北、北京、天津、山西等省市区的许多地名,指出:"这些村庄命名的当时,主要住户可能是契丹人。"⑰这个推测具有一定的合理性。考古工作者在今河北、山西、北京等地发现的许多契丹族墓葬,也可以证明当时有许多契丹族人口迁入该地,而且在这里世代居住的历史事实。

在辽朝与北宋对峙时期,与部分汉族人口越界投附辽朝的同时,居住在边界地区的契丹族官员、将士越界投附北宋的事情也时有发生,也说明了居住在此的契丹族人当不在少数。契丹族人口进入幽云十六州,其中所占比例最大的当属辽军官兵。统和二十一年(北宋咸平六年,1003年),辽朝供奉官李信投降北宋,他向北宋报告说辽朝"其国中所管汉兵,谓之神武、控鹤、羽林、骁武等,约万八千余骑,其所署将帅、契丹、九女奚、北皮室当直舍利及八部落舍利,山后四镇诸军约十万八千余骑,内五千六百骑常卫契丹主,余九万三百五十即时南侵之兵也"⑱。如李信所说,辽朝这些军队中的一部分是汉族将士,但作为针对北宋而部署的常备军队,在其中起着中坚骨干作用的还是契丹族将士。

3. 契丹族向东对渤海故地的迁徙

向东进入渤海故地是伴随着对渤海的征服而进行的。取渤海国而代之的东丹国,尽管大体上继承了渤海国的政权体制,留用了原渤海官员,但是,以东丹王为首的契丹贵族成了东丹国的最高统治者。为了维持这里的统治秩序,辽朝肯定要派遣数量众多的官员和军队进行统治和管理,如果连同他们的家属在内,其迁移规模是很大的。随着东平改南京、南京改东京,辽朝在这里的政治、军事管理也日臻完善,设置了比较完备的统治机构和军事指挥系统,如在东京有宰相府、兵马都部署司、都统军使司等,在东京及各主要战略据点中都有相当数量的契丹族官员和军队。如圣宗时渤海人大延琳据东京起义,保州辽军将领耶律蒲古得到密报,抢先杀死城中渤海士兵八百余人,率部据守保州,适时阻断了大延琳东进的路线。可见,辽朝在东京道各战略要点上都驻有可以应付突然事变的武装力量,足见其迁移数量之众。[69]

四、渤海人的迁移

渤海,又称渤海靺鞨,"其地在营州之东二千里,南与新罗相接。越熹靺鞨东北至黑水靺鞨,地方二千里,编户十余万,胜兵数万人。"[70]有五京十五府六十二州,史称"海东盛国"[71],具有高度发达的封建农业经济。其地域相当于今吉林省大部和黑龙江省松花江以南部分,包括乌苏里江以东的今俄罗斯滨海地区,都城上京龙泉府(位于今宁安市渤海镇)。契丹兴起以后,在向南攻略的同时,开始向东发展。由于渤海人以农业人口为主,因此对渤海人的掳掠迁移除了以长久占领为目的,发展契丹国其他地方的农业生产仍是其主要目的。渤海族的迁徙,对改变人口布局特征同样有重要影响。

渤海人的迁移分两个阶段,一是契丹建国初期,灭渤海以后,主要是向东北西部和南部迁徙;二是景宗至圣宗前期,主要是对渤海人抗辽起义失败后进行的再迁徙。

1.辽建国初期的迁移

这一时期的迁徙仍分为两个阶段。

一是太祖攻灭渤海国前后的迁徙。太祖神册四年(919年),"修辽阳(今辽宁辽阳市)故城,以汉民、渤海户实之,改为东平郡"[72],便是较早的一次移民。天赞四年(925年),辽太祖为进攻中原扫除后顾之忧,倾全国之力亲征渤海。天显元年(926年)攻下忽汗城,灭渤海国,并将渤海国王举族迁入辽首都临潢城以西,筑城以居之[73]。有学者考证,上京之郛郭就是安置渤海王族的"城"。除了国王及其王族,大批渤海百姓也随同迁出,分散到东北的西部和南部,据统计,辽太祖时期安置渤海移民的州县共18个,其中上京道10个,东京道7个,中京道1个(参见表5—8)。

二是太宗对东丹国民的迁徙。天显元年(926年)辽太祖灭渤海国的同时,在其地建立了东丹国,册其长子耶律倍为东丹王。在返回辽本土的途中,太祖耶律阿保机病逝,在述律后的主持下,身为长子、皇太子的东丹王耶律倍未能继位,由其弟大元帅耶律德光继位,是为辽太宗。辽大臣、东丹国右相耶律羽之上表曰:"我大圣天皇始有东土,择贤辅以抚斯民,不以臣愚而任之。国家利害,敢不以闻。渤海昔畏南朝,阻险自卫,居忽汗城。今去上京辽邈,既不为用,又不罢戍,果何为哉?先帝因彼离心,乘衅而动,故不战而克。天授人与,彼一时也。遗种浸以蕃息,今居远境,恐为后患。"名义是为便于控制渤海人民,其实更是为了进一步监控东丹王室。因此,进一步表奏:"梁水之地乃其故乡,地衍土沃,有木铁盐鱼之利。乘其微弱,徙还其民,万世长策也。彼得故乡,又获木铁盐鱼之饶,必安居乐业。然后选徒以翼吾左,突厥、党项、室韦夹辅吾右,可以坐制南邦,混一天下,成圣祖未集之功,贻后世无疆之福。"[74] 太宗当年就派耶律羽之实施迁民计划,升东平郡为南京(后又改为东京),作为东丹国这一地方政权的政治中心。《辽史》卷72《义宗倍传》对此事的记载是:"太宗既立,见疑,以东平为南京,徙倍居之,尽迁其民。"梁水即今太子河,《辽史·地理志》载:"辽河出东北山口为范河,西南流为大口,入于海。东梁河自东山西流,与浑河合为小口,会辽河入于海,又名太子河,亦曰大梁水"[75],事实上,这次移民并不仅仅限于辽东的"梁水"一带,上京、中京地区也有大量渤海人迁入。太宗时期对渤海的移民主要就是这一次大的行动。据吴松弟先生考证,移民分布在12个州县,占各时期全部62个州县数的19.4%。14个迁移时间不明的州县,其中12个分布在东京道,绝大多数集中在以今辽阳市和沈阳市为中心的区域,很可能是太宗时以随东丹国王南迁的渤海移民而建。此后的迁移,几乎都是已定居移民的再次迁徙,很少自原渤海国境迁出。也就是说,经太宗时期的迁移,渤海国境的人民大多数都已经外迁,故文献中不再有较大规模的对外迁移活动的记载。[76]

随着渤海国灭,还有不少渤海人逃入邻近的高丽和女真地区[77]。据《高丽史》,自渤海亡后至938年(高丽太祖二十一年),先后往投的近10批,总人数依《高丽史节要》卷1记有数万户,约十余万人。此后,在高丽景宗、显宗、德宗、文宗、睿宗诸朝,也每有往投者。其中人数最多的一年是979年(景宗四年),"渤海人数万来投";批数最多的一年是1032年(德宗元年),凡7批;最后一批是在1117年(睿宗十二年)正月,有52人往投。由此可见,渤海人逃投高丽持续时间之长,与辽朝相始终。他们亡入高丽境后,除少数在辽统和年间辽对高丽战争中被辽俘掠回到今鸭绿江以西居住外,多数逐渐融合于高丽族中[78]。陈显昌据《高丽史》有关记载,认为在高丽天授八年(辽天赞四年,925年)至二十一年间的十余年间,相继有多批渤海人来投高丽,少则数十人,多则三千余户,估计亡入高丽的渤海遗民有数万户,数十万人之多[79]。

逃入女真地区的渤海人,史未记其具体数字,然据《辽史》说渤海人在被南迁时,"或亡新罗即高丽、女直",王钟翰先生估计"即使没有逃到高丽的人数多,但为数当不下万计"[80]。开泰年间(1012年—1021年),辽军派兵攻取女真蒲卢毛朵界,也掠得数百户渤海人归辽[81]。说明渤海人除入辽以外,外逃的人户亦还不少。

逃往中原地区的,史书记录共有三批:第一批在954年(后周显德元年),乌思罗等率 30 人投后周;第二批在 979 年(宋太平兴国四年),有酋帅大鸾河率小校李勋等 16 人、部族 300 骑归北宋;第三批在 986 年(辽统和四年),"渤海小校贯海等叛入于宋"⑳。

2. 辽景宗、圣宗时期在原渤海国内的再迁移

这两次大规模迁徙主要是渤海遗民的两次大规模起义失败后,辽政权对他们的惩罚性迁徙。一是景宗保宁七年(975 年),黄龙府(治今吉林农安县)卫将、渤海人燕颇的反辽起义。起义失败之后,燕颇余党被迁离原地,通州(治今四平市西)即以燕颇余党置㉑。二是圣宗太平九年(1029 年),东京舍利军详稳、渤海人大延琳起义。这次起义规模较大,建立政权,坚持一年后失败。辽廷将东京道的渤海人西迁到中京道和上京道。上京道由此建立的州县分别是:上京临潢府易俗县,迁自渌州;迁辽县,迁自海州;渤海县,迁自东京;祖州咸宁县,迁自辽阳长宁县。中京道的迁州,迁自归州;润州,迁自宁州,润州海阳县民则迁自东京城。

渤海人再次迁移以后,汉人大批迁入东京道南部即辽东地区,人数超过剩余的渤海人。世宗天禄初年(947 年),置显州,以奉显陵,又析辽东长乐县、永丰县和率宾府的渤海民设置州县。类似这种较小规模的迁移可能还有几次。经过几次的迁移和再迁移,东北的渤海人广泛分布在相当广阔的地区,西至今内蒙古西拉木伦河流域和今河北山海关附近,南至渤海北岸,北到今吉林省南部,东到鸭绿江畔,和契丹、汉、奚、女真等民族交错居住。甚至位于今蒙古国中部鄂尔浑河和克鲁伦河的镇、维、防三州,也有渤海、女真、汉人流入七百余户。

第三节 辽代人口姓氏分布

辽代是一个以契丹族为统治民族,但汉族人口仍居多数的王朝,通过研究其姓氏的数量、分布,可以从一个侧面看到其人口的分布、迁移历史轨迹,从而进一步了解契丹王朝的社会经济和人口结构。

研究人口的姓氏问题,主要依据是史料,尤其是正史中的纪、传部分,通过研究传主的姓氏及数量、住址、家族等方面材料,总结、归纳出一般性的规律。但辽代属于少数民族政权,其传主必然以统治民族为主。表 5—11 反映的是《辽史》中传主的民族结构,如果据此就认为契丹二姓耶律氏、萧氏占人口多数的话,就会得出错误的结论。

表 5—11　《辽史》传主民族结构表^⑧

民族	人数	所占百分比
契丹	234	76.72
奚人	7	2.31
汉人	58	19.02
渤海人	4	1.31
回鹘人	1	0.33
吐谷浑	1	0.33
总计	305	100.00

因此,研究辽代的姓氏通过这种一般性方法是无法完成的,原因有以下几种。一是如上表《辽史》记载全部传主共 305 人,其中仅契丹人就 234 人,占了 76.72%。占人口大多数的汉族入传者 58 人,仅占 19%,单靠这么几十个记录不全的传主的姓氏是无法代表几百万汉族人口的姓氏全貌及分布规律的。而契丹族只耶律、萧二姓,且传主大部分为皇、后二族,从中很难看出其分布上的规律。二是《辽史》的舛误错漏,反映在人物传记中,对传主族系记录甚简,甚至有的连起码的籍贯、住址都没有交代。三是辽代书禁甚严,书出境罪抵死,因此我们无法看到关于辽代姓氏的材料,如家族谱系之类的书籍流传下来。

基于以上原因,本人在深挖《辽史》等史料的同时,把研究目光投向了石刻资料。许多研究辽史的前辈通过对碑刻的考证,弥补了《辽史》的不足,勘校了其中的许多错讹之处,研究姓氏问题亦不例外。对石刻资料的利用,主要包括以下几个方面。

一是墓志铭。墓志铭关于墓主人的记载,不但在数量上大大多于《辽史》中的传主,且墓主的籍贯、生平、住址、族系、姻亲等记载一般都比较完备,是考察辽代契丹族、汉族姓氏的珍贵材料。

二是塔记、幢记。辽代崇佛之盛,空前绝后,不仅皇亲贵族佞佛,一般百姓对佛教也是信守不渝,寺院除拥有自己独立的田产和"二税户"外,许多百姓自发组织邑社为寺院服务,这些百姓的名字就记录在了塔记、幢记等上面,给我们留下了弥足珍贵的普通老百姓的姓氏资料。

在考证《辽史》传主姓氏分布时,按照当时地名,根据《中国历史地图册》(谭其骧主编)找出现在的行政区划;在利用石刻资料时,一般是根据出土地点确定其当时所属的京、府、州、县。最后合并两部分资料,互相补充,剔出重复部分,就得出了所需要的姓氏资料。

一、辽代契丹族姓氏

居于统治地位的契丹族人口在辽全国人口中虽不占多数,但在辽代的政治经济生活中却起着举足轻重的作用,从《辽史》中传主所占比例就可以看到这一点,因此,契丹族姓氏是研究辽代姓氏问题的重要内容。

1. 契丹族姓氏的来源

契丹姓氏只有"耶律"与"萧"二姓。道宗朝时,都林牙耶律庶箴"上表乞广本国姓氏曰:'我朝创业以来,法制修明,惟姓氏止分为二,耶律与萧而已……'。"⑧

契丹族姓氏的来源历来有不同的观点,这方面的史料主要有三条。

一是《辽史·国语解》:"本纪首书太祖姓耶律氏,继书皇后萧氏,则有国之初,已分两姓矣。有谓始兴之地曰世里,译者以世里为耶律,故国族皆以耶律为姓。有谓述律皇后兄子名萧翰者,为宣武军节度使,其妹复为皇后,故后族皆以萧为姓。其说与纪不合,故陈大任不取。又有言以汉字书者曰耶律、萧,以契丹字书者曰移剌、石抹,则已无可考矣。"《辽史部族表》"序":"部落之名,姓氏之号,得其音而未得其字,历代踵讹,艰于考索。"这说明金代陈大任和元代脱脱修《辽史》时,对此已困惑不解。

二是《辽史·后妃传序》:"太祖慕汉高皇帝,故耶律兼称刘氏。以乙室、拔里比萧相国,遂为萧氏。"

三是《契丹国志·族姓原始》:"契丹部族,本无姓氏,惟各以所居之地名呼之。婚嫁不拘地里。至阿保机变家为国后,始以王族号为横帐,仍以所居之地名世里着姓。世里者,上京东二百里地名也。"注云:"今有世里没里,以汉语译之,谓之耶律氏。"

围绕以上史料,契丹姓氏来源问题也有三种观点:

一是蔡美彪认为:辽朝建国后确立的耶律氏与萧氏,并非古老的氏族或胞族的称谓与部落名称,而是在氏族解体后,互通婚姻的两大集团分别采取的共姓。"耶律"来源于阿保机家族原来驻地,孙—审密—萧—石抹只是不同时期采取的不同汉译。⑧二是日本学者爱宕松男认为:契丹人的刘、萧两汉姓与刘邦、萧何无关,而是由原始的姓氏耶律和审密的谐音而来,其本意出自古代契丹人的图腾马和牛。⑧三是都兴智认为:耶律姓氏同西拉木伦河、太祖原居地"世里"有关,改汉姓为刘、萧是辽朝绍周、汉继统思想的反映。⑧

笔者认为,上引三条史料都有道理,并不矛盾,可互相补充。

耶律来源于阿保机所居地名"世里","世里"来源于西拉木伦河之"西拉";萧来源于孙—审密,虽从现代音韵学角度看似有牵强之嫌,但契丹文字与古音韵学方面还有许多我们未知的东西,从这个角度看,这种假设是可以成立的。

从《辽史》记载和存世碑刻资料看,契丹贵族中的耶律氏封爵多以漆水为郡望。据《辽史》记载,耶律颓昱、耶律海里、耶律挞不也、耶律阿思、耶律斡特剌、耶律撒剌、耶律苏撒、耶律石笃、耶律抹只、耶律景、耶律合葛、耶律敌烈、耶律敌鲁古、耶律俨、耶律制心等皆封漆水郡王。这里除了耶律俨和耶律制心之外,其余都是宗室成员,耶律俨本是南京析津府汉人李俨,耶律制心原名韩制心,是韩知古的后裔,二人皆因得赐"国姓",被封为漆水郡王。《耶律琮神道碑》:"公讳琮,字伯玉,姓耶律氏,世为漆水人也。"其封爵为"漆水郡开国公"⑧。耶律延宁,"其先祖以来是皇亲"。封爵是"漆水县开国子"、"漆水郡开国伯"⑨。《耶律宗政墓志》:"昔我太祖,创业称皇。漆水源浚,银河派长⋯⋯漆水同源。"封爵是"漆水县开国伯"⑨。《陈国公主耶律氏墓志铭》:"其先漆水人也。"⑨耶律琮是太祖弟迭剌之孙,耶律宗政、陈国公主是圣宗皇太弟隆庆之子女,耶律延宁亦出自宗室。辽朝宗室耶律氏以漆水为郡望封爵和改汉姓为刘,正是视黄帝为其远祖,将自己比附为后稷、唐尧的后裔,与周、汉一脉相承。

再看"以乙室、拔里比萧相国,遂为萧氏",通过对史料的考察,证明这一说法亦非无根之言。萧相国,毫无疑问是指汉初宰相萧何,辽朝后族萧氏封爵以"兰陵"为郡望,就与萧何有关。检《辽史》,萧朴、萧挞凛、萧孝友、萧排押、萧匹里、萧韩家奴、萧兀纳、萧得里底、萧酬斡、萧奉先等,皆得封兰陵郡王。萧恒德、萧速撒、萧挞不也等死后追封为兰陵郡王;萧阿鲁带曾封兰陵县公、兰陵郡公。据出土的辽代墓志记载,萧继远(即《辽史》所记的萧继先)、萧孝诚和萧孝友兄弟,皆曾被封为兰陵郡王⑧。萧义(即《辽史》所记的萧常哥)曾被封为"兰陵郡陈国公"⑨。有的墓志则更明确地记载萧氏"兰陵占籍,厥族炽昌"⑨,"兰陵萧氏"⑨,"其先兰陵人也"⑨。辽后族以兰陵为郡望封爵,并自称其先祖是兰陵人,正是将自己附会为萧何的苗裔。辽太祖建国,始以其妻兄萧敌鲁任北府宰相。有辽一代,后族几乎全部垄断北府宰相预选权,是后族即宰相之族,与"比萧相国"的说法相符。

2. 契丹族的姓氏分布

中国有句古话,叫叶落归根,一般官员退休后要"致仕",返回故里,就是为了死后能够埋在故乡的土地上。因此,我们通过考察出土墓葬的有关情况,就能够总结出人口姓氏分布的一般规律。

先看一下耶律氏的分布情况。以下是从《内蒙古辽代石刻文研究》、《辽代石刻文编》中列出的耶律氏墓志出土地点。

表5—12　契丹族耶律氏墓志分布表

时间	墓志（石刻）	出土地点	出处
会同四年	耶律羽之墓地	位于赤峰市北部阿鲁科尔沁旗罕苏木东南约30公里	《内蒙古辽代石刻文研究》，第2页
保宁间	耶律琮神道碑	出土于内蒙古赤峰市喀喇沁旗西桥乡松岭之铁匠营子村	《辽代石刻文编》，第56页
统和四年	耶律延宁墓志	出土于辽宁朝阳县西五家子乡柏树沟村西北柏木山之山坡下	同上书，第85页
统和二十七年	耶律加乙里妃墓志	出土于河北省平泉县榆树林子乡半截沟村杨家北沟西山	同上书，第136页
统和三十年	耿延毅妻耶律氏墓志	出土于辽宁朝阳县边杖子乡姑营子村。	同上书，第142页
重熙十年	北大王墓志	出土于内蒙古赤峰市阿鲁科尔沁旗昆都乡乌苏伊肯村西山上	同上书，第223页
清宁五年	耶律庶几墓志	出土于辽宁义县北40里高台子乡水泉沟村西马鞍山东坡上	同上书，第294页
清宁八年	耶律宗政墓志	发现于辽宁北镇县西北富屯乡龙岗子村	同上书，第305页
咸雍元年	耶律宗允墓志	发现于辽宁北镇县西北富屯乡龙岗子村	同上书，第319页
咸雍八年	耶律仁先墓志	发现于辽宁北票县莲花山	同上书，第352页
大康七年	圣宗仁德皇后哀册	出土于内蒙古赤峰市巴林右旗白塔子辽庆陵	同上书，第393页
大安十年	耶律庆嗣墓志	出土于辽宁北票县莲花山	同上书，第456页
乾统元年	道宗皇帝哀册	出土于内蒙古赤峰市巴林右旗白塔子庆陵中	同上书，第513页
乾统八年	耶律弘益妻萧氏墓志	出土于辽宁义县城北40里盘道岭北山之麓	同上书，第590页
重熙二十二年	耶律宗教墓志	出土于辽宁北镇县鲍家乡高起村西北山谷中	同上书，第750页

　　通过表5—12可以看出，最南边的耶律氏墓志出土于河北平泉县，位于辽中京大定府附近；最北边的墓志出土于内蒙古阿鲁科尔沁旗，在辽上京东侧附近；最西边的墓志出土于内蒙古巴林右旗，在辽上京的西南侧附近；最东边的墓志出土于辽宁义县（辽中京道宜州）、北票、北镇（辽中京道显州）附近，这一区域正是潢河、土河流域，契丹的"腹心部"地区。同时可以看出前后不同时期，有两个中心：早期基本上在辽上

京临潢府附近,中晚期基本上在中京大定府、兴中府附近,从中不但能看出耶律姓氏不同时期分布的变化情况,也可以看出辽国政治、经济中心由北往南发展,首都由上京到中京迁移的轨迹。

下面是萧氏墓志的出土分布情况。

表 5—13　契丹族萧氏墓志分布表

时间	墓志(石刻)	出土地点	出处
太平九年	萧仅墓志	出土于辽宁省阜新县北 75 里八家子乡果树村乌兰木头山东南坡	《辽代石刻文编》,第 191 页
重熙十三年前	萧相公墓志	发现于辽宁阜新市(原属义县)清河门西山村西山	同上书,第 231 页
重熙七年	晋国夫人萧氏墓志	出土于辽宁阜新县腰衙门村东北平顶山下	同上书,第 211 页
大康元年	萧德温墓志	发现于辽宁阜新县车新屯西山上	同上书,第 371 页
大安五年	萧孝忠墓志	出土于辽宁锦西县西北孤山村	同上书,第 416 页
大安六年	萧袍鲁墓志	出土于辽宁法库县柏家沟乡前山村	同上书,第 423 页
天庆二年	萧义墓志	出土于辽宁法库县叶茂台	同上书,第 622 页

契丹萧氏墓志虽然不多,但集中分布在以辽宁阜新为中心的辽西南地区,其中以阜新最为集中,共有四处。阜新地区地处辽中京道、东京道结合部,周围有豪州、显州、成州、懿州等辽代头下军州,地处东北大平原南端,辽河平原西侧,傍依著名的医巫间山。阜新地区的萧氏家族共有三大系:

一是萧阿古只家族。阜新地区几处辽墓的发掘,墓志的出土,基本上都和萧阿古只家族有联系,《萧仅墓志》对整个族系记载较为清晰,说明从阿古只在阜新建豪州起,至辽朝终,其家族一直活跃在这个地区。

二是萧德温家族。《萧德温墓志》载:"一门生于三后,四世出于十王",向南先生考证,"一门生于三后",指圣宗钦哀皇后、兴宗仁懿皇后、道宗宣懿皇后也;"四世出于十王",十王至大康元年可考知者:晋国王萧和、齐国王孝穆、晋国王孝先、楚国王孝忠、丰国王孝友、楚国王孝惠、陈王知足、齐王无曲、柳城郡王术哲。可谓豪门显赫之族。

三是萧慎微家族。因墓志残缺,族系不是太清楚,但也可看出家族的显赫。

墓志第二集中地点是辽宁法库县。共有两个家族:

一是萧袍鲁家族,"自遥辇建国以还,洎太祖开国而下。文武奕代,将相盈门。"

二是萧义家族,"若乃生居外戚之家,世处大臣之位。"

从遍布在阜新地区乡镇村屯的辽代遗迹看,当时人口应该非常密集,经济相当发达,正如《辽史》所记:"城廓相望,田野益辟。"辽朝头下军州多集中在这一地区。

同时,向南先生考证,福州、原州、渭(卫)州都是建置在萧挞凛、萧排押家族"分地"上的头下城,大致在现在的彰武北部以及库伦旗部分地区[⑧]。

法库、彰武、阜新三个地区,沿东北—西南向依次排列,辽代后族以大量头下军州为依托,以医巫闾山等山地为屏障,构筑了一条辽腹心地区与东京道原渤海区之间的一道屏障和保护带,"北可捍卫潢、土两河,南可控制辽东,随时出其家兵,配合国家军队,镇压辽东各族人民的反辽斗争,以巩固契丹人的统治"[⑨]。契丹后族的地位和作用,据此也可见一斑。

二、辽代汉族姓氏[⑩]

1.辽代汉族姓氏总量

契丹族是统治民族,但占人口大多数的民族却仍然是汉族,这一点从姓氏总量上就可以看出来。

表5—14　辽朝汉族姓氏统计表

姓氏	王	张	刘	李	赵	杨	高	郑	马
人数	191	187	149	146	108	72	52	34	31
姓氏	韩	田	陈	崔	孙	杜	冯	郭	梁
人数	30	26	23	23	19	17	16	15	15

据笔者对《辽史》及其他文献资料的人名统计:辽代大约有178个姓氏,中原地区的大部分姓氏在这里都能找到,排在前十位的是王、张、刘、李、赵、杨、高、郑、马、韩。

表5—15　现代中国前二十位大姓[⑪]

1.李	2.王	3.张	4.刘	5.陈	6.杨	7.赵	8.黄	9.周	10.吴
11.徐	12.孙	13.胡	14.朱	15.高	16.林	17.何	18.郭	19.马	20.罗

从表5—15可以看出,现代姓氏排在前十位的是:李、王、张、刘、陈、杨、赵、黄、周、吴,通过与表5—14相比较,可以看出前四位均是张、王、李、刘。由此我们可以说明以下问题:

一是辽代虽是少数民族政权,人口确是以汉族人口为主。

二是现代姓氏研究中的"大姓"问题,在辽代已经形成。大姓,即是众多人口集中使用少数姓氏的现象,现在有句俗语说明这五大姓氏,叫做:"张王李赵遍地刘(流),"说的就是这种情况。

三是有辽一代,民族融合已经达到了空前的地步。

2. 辽代汉族姓氏分布

表5—16　辽代姓氏分布表(按现行政区划)

北京		河北		辽宁		黑龙江		山西		内蒙古	
王	30	杨	12	赵	79	刘	5	李	4	张	95
郑	23	张	11	刘	73	王	5	王	4	王	83
李	19	王	10	张	64	张	5	刘	3	李	66
张	17	韩	7	王	60	崔	4	张	3	刘	54
刘	12	赵	5	李	57	田	3	萧	2	高	36
都	8	陈	4	杨	21	杨	2	冯	1	杨	36
赵	7	李	4	马	16	高	1	高	1	耶	20
韩	6	梁	4	高	13	聂	1	梁	1	赵	19
田	5	杜	3	杜	12	武	1	米	1	陈	11

表5—17:姓氏分布表(原行政区划)

南京道		上京道		中京道		东京道		西京道	
王	40	张	96	赵	75	刘	17	李	5
张	27	王	88	刘	58	李	15	王	4
郑	24	李	66	张	57	张	12	刘	3
李	22	刘	57	王	53	王	9	张	3
刘	16	高	37	李	42	齐	8	萧	2
韩	15	杨	37	杨	19	赵	7	陈	1
杨	15	耶	19	马	16	韩	6	段	1
赵	11	赵	17	田	10	时	6	冯	1
都	8	崔	12	杜	9	崔	5	高	1

三、辽代几个汉族大姓的基本概况

辽代起于朔漠,木叶山,即土河与老哈河交汇处是其族源之地,西楼,即上京临潢府是其起家之本。在契丹初起之时,这些地区是以契丹、奚等民族为主,但随着契丹民族的扩张,征伐俘掠、灾民流入等,民族结构发生了变化,中原地区的主要姓氏,在五京道之内都能找到他们的踪迹。韩、刘、马、赵本是燕南地区的贵族大姓,考察上表我们就会发现,随着辽土扩张至燕云地区,这些姓氏也播迁至辽国大部分地区,甚至契丹腹地的东蒙、辽西等地区,即当时的南京道、上京道、中京道、东京道均成为这些大姓的分布地区;在西京道,王、李、刘、张、高等分布较为集中。

关于四大姓的记载,主要有以下史料:

一是王恽《题辽太师赵思温族系后》:"辽氏开国二百载,跨有燕云,雄长夷夏,虽其创业之君,规模宏远,守成之主,善于继述,亦由一时谋臣猛将与夫子孙蕃衍众多,克肖肯构,有以维持藩翰而致然也。故开府仪同三司侍中赠太师卫国赵公(赵思温)早以骁勇善战,受知辽太祖,煊赫贵显,生子十有二人,其后支分派别,官三事使相宣徽节度团练观察刺史,下逮州县职,余二百人。迄今燕之故老谈勋阀富盛照映前后者,必曰韩刘马赵四大族焉!"[102]

二是《卢龙赵氏家传》:"赵氏自五季迄今三百余年,子孙蕃衍几于千人……于时(赵)与韩刘马为燕四大族,至比唐李郑崔卢。"[103]

三是郝经《房山先生墓铭》:"终始契丹二百余年入金源氏,为燕四大族,号刘韩马赵氏,其宗党在仕涂者数十百人。"[104]

韩、刘、马、赵,王恽、郝经称之为四大族,比诸唐代之崔卢李郑,苏天爵则加上"左、张、吕"三家,称之为"辽金大族"[105],影响所及,辽亡以后历时仍有240年。

四大族姓早在辽建国以前,即在当地据有一定的社会政治地位,当是安史之乱以来在河北地区新兴的土地兼并势力,因而在辽建国前后,即同契丹贵族结合起来,成为契丹辽国在幽蓟一带的统治基础,并代表了这个地区的封建势力。

关于他们的来龙去脉、基本情况,在本书第六章"辽代人口结构"中有详尽的考述,这里不再重复。

考察以上三表可以看出,辽之汉族大姓并非仅此四姓,所谓"张王李赵遍地刘(流)"这时已经形成,而且从姓氏数量的统计排名看还是排在前几位。

张姓的代表人物应该是张俭,《辽史》有传。

重熙二十二年《张俭墓志》载:"王讳俭,字仲宝。其先清河人,后徙蓟北,遂占籍焉。自良为汉丞相,华为晋司空,贤杰间出,锡羡昌大。以其年五月十日归全于析津府宛平县仁寿乡陈王里,从先太傅之茔,礼也。"说明张俭先祖还是幽州即今北京地区人,也属于汉民北迁至辽内地。张氏之势力,墓志也有详细记载:"王历官三十一次,作相二十一考,功臣至一十字,食邑户至二万五千。阶官勋宪,事任职秩。亢极人臣,夐越今昔。渐鸿鸾之仕阶,登龙凤之仙署。遇主则鱼纵大壑,戴君则鳌冠灵山。圣宗皇帝信纳衡言,宠专柄用。体貌尤异,腹心是推。便殿询谋,必于纯席;公宴报爵,每离于黼座。从幸则同乘翠辇,赐衣则偏袭赭袍。唱和协于埙篪,赉载溢于囊失□衣。其所化裁形器,施发号令。丹青帝载,金玉王度"[⑩],足见张氏家族势力之盛。

《辽史》中张姓入传的还有张砺、张琳等。

李姓的代表人物应该是李俨。

《辽史·耶律俨传》载:"耶律俨,字若思,析津人,本姓李氏。"事道宗、天祚两朝,官至宰相,封漆水郡王,因得宠显贵,被赐国姓。其子在被籍没家产时,"得见钱七万余贯,金银称是"[⑩]。

另一李姓是李知顺。太平八年《李知顺墓志》载:"公生在并汾,长于汴洛……公之霸也,起自北方。公之生也,本于中央。"说明它也是中原北迁的汉人。谈到其势力时,"若论庄宅田园,奴仆人户,牛驼车马等,率不知其数矣!"[⑩]足见李姓家境的富足,势力之强大。

王姓中入传的有王郁、王继忠、王鼎等,其中王继忠在圣宗朝因功被封为楚王,赐国姓,且因宋朝旧臣故,在宋辽和议过程中发挥了巨大作用,地位显赫一时。王郁家族发现的墓志有王裕、王瓒、王悦、王邻、王说,其他王姓家族墓志还有王邻、王泽、王守璘、王敦裕、王师儒等,皆类似于"厥后遗风余烈,茂族华宗"[⑩]。

表5—17中可以看出,除契丹族、汉族姓氏外,还有渤海族姓氏。

在渤海国大氏统治期间,辽海地区是以大氏、高氏等40个家族作为统治基础的。契丹灭渤海后,大族的势力并未稍减,大延琳的反叛即是一例。大氏入传的有大公鼎、大康乂等,为加强对渤海地区的统治,辽圣宗统和年间,曾"徙辽东豪右以实中京"[⑩],大氏广布于辽中京,即现东蒙古、辽西、燕北等地,但没有迁徙的大氏家族,在辽东地区照样占有广土众民。高氏也是辽东大姓,辽末"(降金的高氏一族)至五千余户,胜兵可三万人"[⑪],足见其氏谱之旺,人口之众。高姓入传的有高模翰、高正,高模翰被辽太宗誉为"此国之勇将,朕统一天下,斯人之力也"。由《高为裘墓志》、《高泽墓志》可知,高模翰家族在援晋时被留在了山西,且成为山西朔州一带的望族。

注　释:

① 谭其骧《辽代"东蒙"、"南满"境内之民族杂处——满蒙民族史之一页》,载《长水集上》,第256—257页。

② 《辽史》卷4《太宗纪下》。

③ 《辽史》卷12《圣宗三》。

④ 《新五代史》卷72《四夷附录》。

⑤　赵志忠《阴山杂录》,载厉鹗《辽史拾遗》。

⑥　《辽史》卷74《韩延徽传》。

⑦　表5—1至表5—3参见葛剑雄、吴松弟、曹树基著《中国移民史》第四卷,福建人民出版社2000年版,第65—66页;图5—1至图5—7参见谭其骧《中国历史地图集》第六册,中国地图出版社1982年版,第5—11页。

⑧　《辽史》卷48《百官志四》。

⑨　参见冯永谦《辽代头下州探索》,《北方文物》1986年第4期;又见刘浦江《辽朝的头下制度与头下军州》,《中国史研究》2000年第3期。

⑩　刘浦江《辽朝的头下制度与头下军州》,《中国史研究》2000年第3期。

⑪　冯永谦《〈辽史·地理志〉考补——上京道、东京道失载之州军》,《社会科学战线》1998年第4期。

⑫　《后汉书》卷115《东夷高句丽传》,中华书局1962年版。

⑬　《旧五代史》卷137《契丹传》。

⑭　《辽史》卷32《营卫志下》。

⑮　参见舒焚《辽史稿》,湖北人民出版社1984年版,第208—209页。

⑯　见张碧波等主编《中国古代北方民族文化史》民族文化卷,黑龙江人民出版社1993年版,第547页;又见王钟翰《中国民族史》,中国社会科学出版社1994年版,第418页。

⑰　参见杨保隆《辽代渤海人的逃亡与迁徙》,《民族研究》1990年第4期。

⑱　参见王钟翰《中国民族史》,第419页。

⑲　《辽史》卷38《地理志》,第468页。

⑳　表5—5至表5—8参见葛剑雄等《中国移民史》第四卷,第90—92页。

㉑　《新唐书》卷219《北狄传》。

㉒㉓　《北史》卷94《奚传》。

㉔　金毓黻《东北通史》卷4,第248—252页。

㉕　《新唐书》卷219《奚传》。

㉖㉗㉘㉚　《辽史》卷1《太祖纪》。

㉙　《辽史》卷32《营卫志中》。

㉛㉞㉟㊱　《辽史》卷39《地理志三》。

㉜　《续资治通鉴长编》卷97引宋绶《契丹风俗》:由古北口(今北京密云县北)至中京(即中京大定府)北,"皆奚境"。

㉝　田淑华《辽金时期奚族在承德地区活动史迹探考》,载《北方文物》1997年第4期。

㊲㊳　《辽史》卷29《天祚皇帝三》。

㊴　《辽史》卷33《营卫志下》,以下九部同。

㊵　金毓黻《辽海丛书》第四册,辽海出版社1985年版,第2535页。

㊶　《金史》卷2《太祖纪》。

㊷　《辽史》卷38《地理志二》。

㊸　《辽史》卷40《地理志四》。

㊹　《辽史》卷41《地理志五》。

㊺ 参见葛剑雄等《中国移民史》第四卷,第83页。

㊻ 《三朝北盟会编》卷3。

㊼ 乐史《太平寰宇记》卷175,中华书局2000年版。

㊽ 《金史》卷24《地理志》。

㊾ 据《辽史》卷38《地理志二》。

㊿(54) 《辽史》卷37《地理志一》。

(51)(52) 《辽史》卷33《营卫志下》。

(53) 张国庆《辽代社会史》,第59页。

(55) 王炜《道山清话》,文渊阁四库全书本。

(56)(57)(58) 《辽史》卷59《食货志上》。

(59) 漆侠、乔幼梅著《中国经济通史·辽夏金经济卷》,经济日报出版社1998年版,第50页。

(60) 《辽史》卷60《食货志下》。

(61) 《辽史》卷74《韩延徽传》。

(62) 据《辽史》诸本纪和《兵卫志》,以及旧、新《五代史》之《契丹传》和叶隆礼《契丹国志》。

(63) 《契丹国志》卷5《穆宗纪》。

(64) 《辽代西辽河流域的农业开发》,陈述主编《辽金史论文集》第二辑,书目文献出版社1987年版。

(65) 《续资治通鉴长编》卷27。

(66) 葛剑雄等《中国移民史》第四卷,第64页。

(67) 陈述《契丹政治史稿》,第126页。

(68) 《续资治通鉴长编》卷24,咸平六年七月。

(69) 参见王德忠《辽朝的民族迁徙及其评价》,《东北师大学报》(哲学社会科学版)1998年第4期。

(70) 《旧唐书》卷199《渤海靺鞨传》。

(71) 《新唐书》卷219《北狄传》。

(72)(73) 《辽史》卷2《太祖纪》,第15页、第22—23页

(74) 《辽史》卷75《耶律羽之传》。

(75) 《辽史》卷38《地理志二》。

(76) 葛剑雄等《中国移民史》第四卷,第87页。

(77) 《辽史》卷3《太宗纪》。

(78) 参见王钟翰《中国民族史》,第418页。

(79) 陈显昌《渤海国史概要》(五),《齐齐哈尔师范学院学报》1984年第3期。

(80) 王钟翰《中国民族史》,第418页。

(81) 《辽史》卷88《大康义传》。

(82) 《文献通考》卷326,《宋史》491,《辽史》卷11。

(83) 《辽史》卷38《地理志》。

(84) 参见漆侠、乔幼梅《中国经济通史·辽夏金经济卷》,第212页。

(85) 《辽史》卷89《耶律庶箴传》。

(86) 蔡美彪《试说辽耶律氏萧氏之由来》,《历史研究》1993年第5期。

(87) 爱宕松男《契丹古代史研究》,内蒙古出版社1978年版。

(88) 都兴智《辽代契丹人姓氏及其相关问题》,《社会科学辑刊》2000年第5期。

(89)(95) 陈述《全辽文》卷8。

(90) 陈述《全辽文》卷5。

(91)(96) 陈述《全辽文》卷7。

(92) 盖之庸《内蒙古辽代石刻文研究》,内蒙古大学出版社2002年版。

(93) 陈述《全辽文》卷6。

(94)(97) 陈述《全辽文》卷9。

(98)(99) 参见向南《辽代萧氏后族及其居地考》,载《社会科学辑刊》2003年第2期。

(100) 按:本节表5—14、表5—16、表5—17的姓氏资料系笔者从《辽代石刻文编》和《内蒙古辽代石刻文研究》中汇集而成,原始材料几乎包括了《辽代石刻文编》的所有三百多个石刻资料,包括墓志铭的撰写人、刊刻人(石匠)及各类经幢资料里的人名,涉及人名一千五百余人,限于篇幅没有附上。谨记。

(101) 完颜绍元《姓氏百问》,上海古籍出版社2002年版,第100页。

(102) 王恽《秋涧集》卷73,文渊阁四库全书本。

(103) 王恽《秋涧集》卷48。

(104) 郝经《陵川集》卷35《房山先生墓铭》,文渊阁四库全书本。

(105) 苏天爵《滋溪文稿》卷25《三史质疑》,文渊阁四库全书本。

(106) 重熙二十二年《张俭墓志》,《辽代石刻文编》,第265—270页。

(107) 《三朝北盟会编》卷9,上海古籍出版社1987年版,本书以下版本同。

(108) 太平八年《李知顺墓志》,载《辽代石刻文编》,第187页。

(109) 参见《辽代石刻文编》,第121、259、280、378、645页。

(110) 《辽史》卷15《大公鼎传》。

(111) 《三朝北盟会编》卷9。

第六章　辽代人口结构

人口结构又称"人口构成"，按照现代人口学的解释，指人口的各个成员按照一定的特征或变量加以排列的组合，或者说是人口各种规定性质的区别及各种量、现象的比例分布频数的总称。人口结构可以反映一定地区、一定时间段人口总体内部各种不同质的规定性的数量比例关系，可以反映出一个朝代大体的社会和经济状况。本章的研究内容包括：性比例结构、家庭结构、阶级结构、职业结构四个部分。

第一节　辽代人口性比例结构

性比例结构，又称"性别构成"，指一个国家或地区在一定的时期内男性人口和女性人口之间以及它们分别占总人口的比例关系。

一、契丹族的性比例结构

性别结构是人口的基本特征之一，其总体比例应大致平衡，这是维持社会稳定、保证人口再生产顺利进行的基本条件。人口的性别结构受多方面因素影响，既有自然生理因素，又有社会、经济、文化因素，而且还反映着过去历史上的烙印。而性别结构一旦形成，反过来又会对社会经济发展和人们生活（特别是婚姻家庭）发生重大影响。不同地区、不同类别的人口性别结构有各自不同的表现和特点，辽代作为契丹族建立的少数民族政权，其人口的性别结构自有其本身的特点。辽代仅有部分户数记录，尚不完整，没有准确的人口数记录，更没有分性别的户口统计数字，因此，过去的研究成果中很少有人涉及这方面的问题。①在没有直接史料可用的情况下，笔者利用石刻资料对辽代家庭子女数进行了统计，契丹族作为统治民族列为一类，汉族作为占人口绝对多数的民族列为一类，分别进行研究。

表6—1　契丹族性比例结构统计表

编号	姓名	子数	女数	出处
1	沙姑(驸马赠卫国王)	2	4	向南《辽代石刻文编》,第27页
2	耶律延宁	4	3	同上书,第85页
3	(韩瑜夫人)萧氏	9	3	同上书,第93页
4	萧仅	7		同上书,第191页
5	萧德温	2	8	同上书,第371页
6	耶律元妻晋国夫人萧氏母亲齐国太妃	5	3	同上书,第211页
7	耶律弘益妻萧氏	4	1	同上书,第590页
8	萧义	1	3	同上书,第622页
9	耶律宗教	2	2	同上书,第750页
10	耶律羽之	15	4	《内蒙古辽代石刻文研究》,第2页
11	耶律元宁	6	1	同上书,第21页
12	秦晋国大长公主	1	2	同上书,第186页
13	萧孝恭	3	2	同上书,第251页
14	耶律弘世		1	同上书,第260页
15	萧兴言		1	同上书,第278页
	分性别合计数	61	38	

据上表统计,15个契丹族家庭,共有男孩61人,女孩38人,加上父母各15人,则男性人口总数为76人,女性人口总数为53人,契丹族性别比约为143∶100。由于案例较少,上述统计不一定十分准确。

二、汉族性比例结构

表6—2中45个汉族家庭中男孩总数为164,女孩总数为137,这样算出的汉族性别比约为119∶100,与吴松弟先生的研究结果相同。这个数字表示男性略多于女性,在古代社会属于正常现象。上述统计中,没有将一夫多妻制(如表6—1中2妻、4妻的情况都有)、再婚等情况考虑在内,如果考虑一夫多妻的情况,则上述统计中女性数量可能略低,或者说,契丹族、汉族的性别比比上述数字略低一些。

表 6—2 汉族性比例结构统计表

编号	姓名	子数	女数	出处
1	都加进	3	2	向南《辽代石刻文编》,第 11 页
2	陈万	7	5	同上书,第 15 页
3	种氏(赵德钧妻)	3	1	同上书,第 22 页
4	刘承嗣	9	10	同上书,第 47 页
5	刘宇杰	3	6	同上书,第 106
6	赵匡禹	10	3	同上书,第 299 页
7	陈公(2 妻)	6	1	同上书,第 79 页
8	王悦	3	2	同上书,第 112 页
9	常遵化	3	5	同上书,第 127 页
10	耿延毅		1	同上书,第 142 页
11	韩相	2	2	同上书,第 151 页
12	韩橁	3	5	同上书,第 203 页
13	韩匡美(公祖父)	4	2	同上书,第 203 页
14	程延超(娶妇 4 人)	5	5	同上书,第 167 页
15	宋匡世	2	2	同上书,第 180 页
16	王泽妻李氏	2	3	同上书,第 240 页
17	刘日泳	6	3	同上书,第 243 页
18	秦晋国大长公主	1	2	同上书,第 248 页
19	王泽	3	4	同上书,第 259 页
20	张俭	3	2	同上书,第 265 页
21	清河公	5	5	同上书,第 401 页
22	张思忠	7	2	同上书,第 215 页
23	董承德妻郭氏	2	4	同上书,第 573 页
24	宁鉴	3	2	同上书,第 606 页
25	高为裘	3	2	同上书,第 609 页
26	高泽	2	1	同上书,第 611 页
27	高永肩	2	1	同上书,第 611 页
28	高永年	4	2	同上书,第 611 页

编号	姓名	子数	女数	出处
29	高据	1	1	同上书,第611页
30	马直温妻张馆	5	5	同上书,第633页
31	李祐	3	3	同上书,第638页
32	王师儒	2	2	同上书,第645页
33	史洵直	3	1	同上书,第651页
34	张世卿	1	3	同上书,第655页
35	郑士安	4	3	同上书,第674页
36	王安裔	2	6	同上书,第687页
37	姜承义	6	3	同上书,第748页
38	龚祥	2	5	同上书,第754页
39	张正嵩	5	2	同上书,第68页
40	王裕	7	3	同上书,第62页
41	王敦裕	3	3	《内蒙古辽代石刻文研究》,第242页
42	邓中举	2	4	同上书,第291页
43	尚韦	2	3	同上书,第298页
44	刘祐	8	3	同上书,第306页
45	刘慈	2	2	同上书,第363页
	合计	164	137	

辽代高性别比的存在主要源于传统的男尊女卑社会制度。在这种社会制度下,男子较女子享有较高的社会地位和较好的生活保障,因而男子的正常寿命一般高于女子,男孩的死亡率也较女孩低一些,这是导致辽代高性比存在的基本原因。契丹族很早就进入了父系社会,而且在与中原民族接触的过程中,也深受汉族男尊女卑的儒家文化的影响。辽代的一些生育习俗反映了男女地位的不同。

《辽史拾遗》卷24引《燕北录》曰:

> 契丹妇人产时,望日番拜后入帐内卧甘草苗。若生男儿,其夫面涂篷子臙脂,或生女时面涂突墨。产母服黑豆汤调盐。番言用此二物涂面时宜男女。贫者不用此仪。

同书卷4引《燕北录》,也比较详细地记述了契丹妇女(后妃)的生育习俗:

"皇后生产……若生男时,方产了,戎主著红衣服,于前帐内动番乐,与近上契丹臣像饮酒,皇后即服酥调杏油半盏。如生女时,戎主著皂衣,动汉乐,与近上汉儿臣饮酒,皇后即服黑豆汤调盐三钱。"

妇女生男、生女后,丈夫或戎主的不同装扮、活动反映了男孩、女孩不同的社会地位。在前一习俗中,生男孩丈夫涂胭脂,生女孩涂突墨(即灶灰),说明生男吉庆,生女倒霉。后一习俗生男穿红衣服,生女穿黑衣服也有同样的寓意。

《辽史拾遗》卷19引《北廷杂记》载:"圣宗芳仪李氏,江南李景女,初嫁供奉官孙某,为武强都监,妻女皆为圣宗所获,封芳仪,生公主一人。"晁补之感叹李芳仪之身世,作《芳仪曲》,其中有云"生男自有四方志,女子那知出门事"一语,晁补之、李芳仪虽为汉人,但此诗句同样说明,即便在辽国女子的地位与中原并无多少区别。

辽代保存有祈求生男的习俗。《辽史·礼志》有载:

契丹皇帝于本命年前一年季冬之日,择吉日,行再生礼。先是禁门北除地置再生室、母后室、先帝神主舆。在再生室东南,倒植三岐木。至行礼日,以童子及产医妪放置室中。一妇人执酒,一叟持弓矢,立于室外……童子过岐木七次,皇帝卧于木侧,叟击箭曰"生男矣"。太巫奉襁褓、彩结等物赞祝。

用射箭的仪式祈祷生男,不仅符合契丹族男子有狩猎习俗的特点,也和中国古代求子习俗有相同之处。我国先秦时期,就有用以弓箭祈祷生男的仪式。《礼记·月令》篇记载,仲春之月,"玄鸟至。至之日以大牢祠于高禖,天子亲往,后妃帅九嫔御。乃礼天子所御,带以弓韣,授以弓矢于高禖之前。"郑玄注:"天子所御,谓今有娠者。带以弓韣,授以弓矢,求男之祥也。"[②]弓韣即弓袋,在这个仪式中,怀孕妇女带着男子使用的弓袋、弓矢来到高禖之前,其目的正是为了使所怀的孩子变成男孩。后世的医书说,怀孕三月,胎儿男女未定,"当此之时,见物而化,欲生男者操弓矢,欲生女者弄珠玑,欲子美好数视璧玉,欲子贤良端坐清虚"[③],这个记载反映了原始生育观念中的巫术思想,与《月令》的上述记载是一致的。辽代的再生仪式体现了类似的祈求生男的巫术观念。

辽代性比偏高的现象与中国历代王朝的表现基本是一致的,是在生产力落后条件下人们自然选择的结果。不过由于史料匮乏,更详细、具体的原因还有待进一步研究。

第二节　辽代人口家庭结构

家庭结构指家庭诸要素的比例组合状况,表现为质的区别(家庭的嫡亲关系,亲属关系等)和量的比例(家庭人口数、家庭规模大小)的统一,即包括两个方面的内容:一是家庭成员的构成类型;二是家庭成员间怎样相互联系,以及因联系方式不同而形成的不同的家庭模式。

一、血缘家庭的基本类型

辽代的家庭大体上分为三种:即核心家庭、直系家庭和复合家庭。

1. 核心家庭

核心家庭即由一对夫妇与未婚子女生活在一起构成的小家庭。如,耶律铎鲁斡"致仕","退居乡里"。儿子普古为乌古部节度使,"遣人来迎,既至,见积委甚富",很不顺眼,严厉批评儿子:"辞亲入仕",但不该"枉道欺君,以苟货利",于是"命驾而归"[④]。这条史料,在表现"能吏"铎鲁斡"廉直"约己的同时,透露了契丹家庭的某些情况。成年儿子"入仕"时,仅带妻儿前往,老人留居"乡里"。于是儿子等便"辞亲",即离开双亲,另立家庭。儿子家庭一般只有妻子及未婚子女,这就是核心家庭。萧蒲里不的父母早亡,"鞠于祖父兀古匿"家。[⑤]这条史料从另一个方面表明,正常情况下,契丹人的父母与祖父母各有独立家庭,子女从父母,无父母才可能随祖父母。这种家庭结构在契丹早期社会及建国前期较为普遍,是同游牧经济相适应的家庭结构形式。

墓志中亦有相应的记载,其中包括一些汉人家庭。应历五年(955年)的《陈万墓志》即载,陈万家里的核心成员就有墓主陈万及夫人安氏和七儿五女。[⑥]保宁元年(969年)的《张建立墓志》记载,张建立家里的核心成员有他及两个夫人和两个娘子,即嫡夫人乐氏、夫人樊氏、娘子杜氏和曹氏,还有他们的几个儿女。[⑦]乾亨三年(981年)的《王裕墓志》记载,王裕家里的核心成员有他及"夫人清河张氏",以及他们的七个儿子和三个女儿。[⑧]统和四年(986年)的《耶律延宁墓志》上说,耶律延宁家里的核心成员有他及"夫人频毕令公大女",以及他们的儿子"和歌、寺奴、赛保、捏骨里"和女儿"喜歌、演弥已、霸哥"[⑨]。

上述材料所列的都是契丹族和汉族中的上层,从一些邑社、幢记的记载来看,可以看出在平民家庭中,这种核心家庭也很多。应历五年(955年)《北郑院邑人起建陀罗尼幢记》记载有许多平民家庭的邑人,相当一部分都是家长、母亲、兄弟,或家长、儿子,如"义掋十将王从德、兄从殷。王从进、母郑氏、杜神如、奴许三","村人王温、妻郑氏、男贵、次男□、次男小神奴","北衙栗园庄官许行福、妻张氏、男重霸"⑩;寿昌二年(1096 年)《孟有孚墓志》载:"(孟有孚)妻清河张氏。男三人,长曰观凤,次曰韶阳,幼曰辽兴。女五人,长始笄矣"⑪。

2. 直系家庭

即由父母和一个已婚子女及其配偶、后代构成的家庭。这是由祖孙三代组成的家庭,其特点是只有一对已婚子女(一般是儿子)共同生活,或没有其他子女,或者是其他子女尚未成年。随着辽代农业、手工业、商业的发展和儒家思想的普及,这种家庭相当普遍。大康二年《王敦裕墓志》载:"有男三人:长曰准,次曰矩,次名迎桂……有女三人:长曰端祥,次曰懿祥"⑫。该墓志主人王敦裕三十九岁而亡,上有父母,下有 6 个子女,还有三个弟弟,均未婚,一个妹子已经出嫁,是典型的直系家庭。大康元年(1075 年)《行满寺尼惠照等建陀罗尼经幢记》载:"赵文保,妻张氏,男士林,士章,士英,出家男□□,男□式,孙男税金奴,孙女师□□"。这个家庭孙辈只有两个,说明子辈只有一人成家;接下来的另一个家庭:"何惟□,妻张氏,男何年,新妇□氏,孙莲儿"⑬,也是直系家庭的典型。

3. 复合家庭

由一对夫妇及已婚子女(两对以上),加上他们的亲属(配偶及其后代)组成的大家庭。反映两代以上亲属关系,即子女婚后不离开父母的人组成的传统家庭。

重熙八年(1039 年)的《张思忠墓志》即载,张思忠"先娶故陇西李太尉之女",生有二男一女。张思忠"后继娶故大将军太原王延玉之女",生有五男一女。他后来还娶回家四房儿媳,"一故彭城节院刘守训女,一前锦州仓库都监于延泰女,一殿直李寿女,一金州防御使大守节女"。儿媳们陆续生了四个孙子和三个孙女,"并幼"⑭。重熙二十二年(1053 年)的《王泽墓志》上说,王泽家亦祖孙四世同堂,其中核心成员有王泽及妻子李氏;三个儿子和四个女儿;三个孙子及七个孙女。⑮清宁九年(1063 年)的《张绩墓志》上说,张绩家三世同堂,家中的核心成员有:张绩及夫人;四个儿子和三个女儿;两个孙女。⑯

在三世、四世同堂的家庭中,祖辈夫妇仅存一人的相当多,这也符合以上分析的年龄结构。如保宁元年(969 年)《重移陀罗尼幢记》载:"建幢女弟子张氏,长男摄祁州司马□,次男留守押衙、前都亭驿史□,次男摄寰州长史恕,长女成郎妇,次女李郎妇,次女陈郎妇,未嫁女吉年,孙男三牛",⑰估计这家的男主人已经不在了;应历八年《赵德钧妻种氏墓志》记载,种氏夫人育有 3 子、1 女、孙辈有孙子 4 人、曾孙子 1 人。

赵德钧死于天禄二年(948年),其妻死于应历七年(958年),相差10年时间,应该算是扩大家庭、直系家庭的不完全形式。[18]重熙十五年(1046年)的《秦晋国大长公主墓志》记载,大长公主一家四世同堂,核心成员有:曾祖母大长公主(其夫萧继远先大长公主而逝),大长公主的儿媳(儿子萧绍宗亦先逝)秦国长公主,大长公主的两个女儿,大长公主的三个孙子及长孙媳"于骨迪列桑格麦女耶律氏",大长公主的三个孙女,大长公主的两个曾孙子和一个曾孙女。[19]

汉族与契丹族相比,大家庭应略多一些。据宋德金先生基于《辽史》记载的统计数字,因三代以上同居而被旌表的家庭有6个,其中汉族5个,奚族1个。[20]尽管史料记载会有一定的偶然性,但是,从汉族传统的宗族观念分析,汉人大家庭应多于契丹。如辽、宋、金、元的"正史"、碑志、文集等,多处记载辽金燕地望族——韩、刘、马、赵四大姓。元初王恽说:"迄今燕之故老,谈勋阀富盛照映前后者,必曰韩、刘、马、赵四大族焉。"[21]元郝经说,刘氏入契丹为王公数十人,"如刘六符等尤其贵显者也,终始契丹二百余年。入金源氏,为燕四大族,号刘、韩、马、赵氏,其宗党在仕途者尝数十百人。"[22]聚族而居是汉族的传统,同时也是适应农业经济形态的需要,而草原游牧经济受牧场、畜群规模的限制,因此,早期契丹等游牧民族大家庭相对要少得多,后来,随着农业发展的北渐,契丹等民族大家庭结构才逐渐多起来。

以上是两辈、三辈、四辈的家庭结构,在前述的四种家庭模式中都不同程度的存在。通过碑刻资料还可以看到一些单辈家庭,即家庭中的成员主要是"夫妻"、"兄弟姊妹",此类家庭在辽代并不多见。开泰七年(1018年)的《陈国公主墓志》记载,秦晋国皇太弟耶律隆庆的女儿陈国公主,嫁给驸马都尉萧绍矩为妻。二人结婚成家不久,"驸马先公主而逝",接着,陈国公主也身染沉疴,不治而亡,年仅十八岁。由于他们成家不久便无后亡故,没有留下子女,所以,萧绍矩和陈国公主的"小家庭"中核心成员大概只他们两位(墓志中未见驸马父母之名,也可能没有记载)。[23]又如重熙七年(1038年)的《耶律元妻晋国夫人墓志》上说,萧谐里与齐国太妃所生的三女儿嫁给了西北路右神武卫上将军耶律元。二人成家后,尚未生育子女,耶律元即故去。因而,当时他们的小家庭中可能仅耶律元与晋国夫人萧氏二人。[24]在平民家庭中这种情况也存在,如应历五年(955年)《北郑院邑人起建陀罗尼幢记》记载捐建邑人时,一般都把家庭成员都写了上去,有的仅有夫妻二人,如"北衙栗园庄官王思晓、妻都氏","村人王师□、妻郑氏。"[25]《黑山崇善碑题名》中记载的几百个人名中,有相当一部分都是仅记夫妻二人之名,也应属于这类单辈分家庭。当然,这种单辈家庭更多的是特殊情况,肯定不是普遍现象。

除上述家庭结构外,辽代还存在其他一些家庭形态,如大安五年《固安县固城村谢家庄石桥记》载："邑主事张姓,阎氏,自为女为妇为母已来,孝敬慈柔,乡邻藉甚,固不待言说而后知其美也。及称未亡见谅之死,以家二女选婿同居,感之悦之,俱至和顺",表明这家没有儿子,而是以两个女儿招婿上门,并且家内、家外"俱至和顺",但是,中原地区的"招婿之家"却是各种徙边、杂徭的惩罚对象。说明辽代妇女地位确实高于中原地区,这同契丹婚姻习俗有关系,也反映了辽代积极的人口政策。

二、非血缘家庭的基本情况

1. 收养继子

辽代家庭除了主要成员之外,契丹及五代北方流行收继养子的习俗,这正如恩格斯所说的,"氏族可以收养外人入族","男子可以提议收养外人为兄弟或姊妹,女子可以提议收养外人为自己的孩子"。[26]如兴宗耶律宗真,本为宫人耨斤所生,仁德皇后无子,"养为子"。辽太祖耶律阿保机夫妇曾收养吐谷浑人弃儿直鲁古为养子。据《辽史·直鲁古传》记载:"直鲁古,吐谷浑人。初,太祖破吐谷浑,一骑士弃橐,反射不中而去。及追兵开橐视之,中得一婴儿,即直鲁古也……由是进于太祖,淳钦皇后收养之。"辽景宗耶律贤,原是辽世宗之子。察割之乱,世宗遇害,耶律贤年仅四岁。辽穆宗继位后,便将耶律贤收养在家中,视为己出。史载:"应历十九年春二月戊辰,入见,穆宗曰:'吾儿(耶律贤)已成人,可付以政。'"[27]辽圣宗耶律隆绪曾收养孤儿涤鲁为养子。"涤鲁,字遵宁,幼养宫中……圣宗子视之,兴宗待以兄礼。"[28]除皇室外,其他人收继养子的例子也很多。如,辽景宗时的魏王萧思温曾过继侄儿萧继先为养子。"萧继先,字杨隐,小字留只哥。幼颖悟,叔思温命为子。"[29]辽圣宗时人萧排押亦曾收养侄儿萧柳为养子。"萧柳,字徒门,淳钦皇后弟阿古只五世孙。幼养于伯父排押之家"。[30]除养子外,辽代家庭中的次要成员,还包括一些寄居的亲戚。如,耶律适鲁的妹妹耶律常哥,就一直寄住在哥哥的家中。据《辽史·烈女传》记载:"耶律氏,太师适鲁之妹,小字常哥……会兄适鲁谪镇州,常哥与俱……年七十,卒于家。"等等。

2. 家庭奴隶

辽代家庭,尤其是贵族富庶人家,都有一定数量的奴婢供家庭主人驱使、奴役。这些奴婢长年甚至终生都劳作在主人家中,应该列为该家庭的成员之一。恩格斯曾说过:"这种家庭的主要标志,一是把非自由人包括在家庭以内,一是父权。"[31]恩格斯所说的"非自由人",即指家庭中的奴婢而言。太平八年《李知顺墓志》载:"若论庄宅田园,奴仆人户,牛驼车马等,卒不能知其数矣"[32],可见奴隶数量之多。

这些奴隶主要来源于俘虏、罪犯、赏赐及买卖等途径,其中战争俘虏是辽代家庭奴婢的主要来源。据《新五代史·四夷附录》记载:辽太宗大同元年(947年)四月,契丹对后晋作战。耶律德光"北归……自黎阳渡河……相州梁晖杀契丹守将,闭城拒守。德光引兵破之。城中男子无少长皆屠之,妇女悉驱以北"③。这些被"驱之以北"的中原汉家妇女大都做了契丹官军家庭中的婢女。辽代初期著名的汉官韩知古,就是被契丹军队俘掠而当过契丹人家庭奴隶的。史载:"韩知古,蓟州玉田人……太祖平蓟时……为淳钦皇后兄欲稳所得。后来嫔,知古从焉。"韩知古从一个战俘变成了欲稳的家庭奴隶,不久又成了淳钦皇后的陪嫁奴隶,后来偶得发迹,才一跃成为了辽廷的重臣④。天显三年(928年)、四年(929年),突吕不连续两次遣人献俘,太宗诏分赐群臣、将士。⑤

籍没罪犯家庭,其成员作为奴隶进行赏赐,也是家庭奴隶的来源之一。天显七年(933年)十二月,太宗"以叛人泥离衮家口分赐群臣"⑥。天祚皇帝乾统元年(1101年)三月,"诏有司以张孝杰家属分赐群臣。"二年(1102年)四月,"诏诛乙辛党……发乙辛、得里特之墓,剖棺戮尸,以其家属分赐被杀之家。"⑦如太祖七年(913年)秋,"幸龙眉宫,缳逆党二十九人,以其妻女赐有功将校"。

在辽代买卖奴婢是政府允许的。据《辽史·太宗纪》载:天显三年(928年)"十二月……诏遣耶律羽之迁东丹民(原渤海国人)以实东平。其民或亡入新罗、女直,因诏困乏不能迁者,许上国富民给赡而隶属之。"⑧其实就是出钱将贫困不能自存者,由"富民"买做奴隶。

由于官阶、社会地位及富裕程度的不同,辽代家庭中的奴婢人数是不等的。一般较殷实的平民之家,亦不过有一二个,最多三四个奴婢而已。《辽史》中不见普通百姓家蓄奴的记载,石刻资料倒不乏这方面的记录。应历五年(955年)《北郑院邑人起建陀罗尼幢记》记载:"……王从进、母郑氏,杜神如、奴许三",⑨这里的"奴许三"显然是普通民户杜神如家的奴隶,数量不多,仅有1人。

中等官吏或更为富裕的人家,有奴婢一二十或三四十人不等。而那些朝廷大臣或地方的高级官吏之家,奴婢人数则多至数十至几百人,或者更多。《辽史·太宗纪》载:"时裴古只战殁城下,上怒,命诛城中丁壮,仍以叛民上户三十为裴古只部曲。"《辽史·耶律安搏传》记载:"及置北院枢密使,上(辽世宗)命安搏为之,赐奴婢百口。"⑩耶律元及其妻晋国夫人曾"育婢仆百千口"⑪。虽有些夸大,但表明耶律元家中奴婢的人数肯定不少。直至辽末,尽管辽政府已公开诏布释放奴隶,但事实上许多家庭仍有奴婢成员存在。天祚帝乾统八年(1108年)的《耶律弘益妻萧氏墓志》中尚有"子孙兮流涕如淮,仆隶兮酸心若锥"之记载。⑫此"仆隶"显然就是家庭奴婢。

三、家庭关系的特点

1. 夫妻关系

一是皇族(耶律姓)唯与后族(萧姓)通婚。《萧仅墓志》记载:"恭闻惟天既显于二仪,我国爱分于两姓,耶律世保承祧之业,萧氏家传内助之风"[43]这是契丹早期氏族时代族外婚的一种遗俗。辽政府对皇族与后族的夫妻婚配、结合有明文规定。如《契丹国志》即载:"番法,王族惟与后族通婚,更不限以尊卑。其王族、后族二部落之家,若不奉北主之命,皆不得与诸部落之人通婚。"[44]辽圣宗于开泰八年(1019年)十月,亦诏曰:"横帐三房不得与卑小帐族为婚,凡嫁娶,必奏而后行"[45]。"耶律与萧,世为甥舅,义同休戚"[46]。显然,甥舅休戚与共,对于"世保承祧之业",稳定辽代的统治,起到了积极的作用,但是长期如此,政治上势必造成外戚擅政,"奉先挟私灭公,首祸构难"[47]只是其恶果之一。婚姻生育方面造成一定程度的择偶困难和大量的近亲结婚,不利于优生优育和人口的繁衍。因此,当时的有识之士就看到了其弊端之所在,道宗朝时,都林牙耶律庶箴"上表乞广本国姓氏曰:'我朝创业以来,法制修明,惟姓氏止分为二,耶律与萧而已。始太祖制契丹大字,取诸部乡里之名,续作一篇,著于卷末。臣请推广之,使诸部各立姓氏,庶男女婚媾有合典礼。'帝以旧制不可遽厘,不听"[48]。

二是夫妻相配不限尊卑、辈分。据《秦晋国大长公主墓志》记述,秦晋国大长公主名观音奴,嫁与北宰相萧继先(远)为妻。他们生有一子、二女。长女嫁孝贞皇太弟隆庆,册为秦国妃;次女嫁齐国王隆裕,册为齐国妃。大长公主有孙女三人,长孙女嫁仁孝皇帝(辽兴宗)为妃。按,萧继先(远)是萧思温过继收养的儿子,大长公主的母亲睿智皇后为萧思温之女,与萧继先(远)为姊弟行。而睿智皇后将自己的女儿观音奴(大长公主)嫁与自己的弟弟继先(远),则观音奴与萧继先(远)夫妻的婚配为甥舅相配,相差一辈。又,孝贞皇太弟隆庆和齐国王隆裕两人都是辽景宗的儿子,是秦晋国大长公主观音奴的弟弟。大长公主将两个女儿嫁给两个弟弟,自然也是甥舅相配。仁孝皇帝(辽兴宗)是圣宗之子,是秦晋国大长公主观音奴的侄子。大长公主将自己的长孙女嫁给自己的侄子,也是相差一辈。[49]有辽一代,类似的例子还很多,更典型的是"妻庶母"。如《耶律庶几墓志》即记载:"惯宁相公故大儿求哥,其继母骨欲夫人宿卧,生得女一个,名阿僧娘子;长得儿一个,名迭剌将军。"[50]契丹人不以妻庶母为耻,反而记入家牒墓志之中,可见这是司空见惯的一种习俗。

夫妻间不限尊卑与辈分是契丹的文化习俗,这种文化甚至影响到了汉族的婚姻习俗,以至于不限辈分的现象在汉族中也不同程度存在。《杜念墓志铭》记载,杜念唯一的一个儿子杜叔彦"娶故崇义军节度使、左金吾大将军韩资顺孙引进副使计第三女也",通过墓志对杜念世系的介绍可知,韩资顺应与杜念韩氏夫人及韩资道为同辈,而杜叔彦娶了韩资顺孙子韩计的女儿,也就是娶了自己妻子的侄孙女(当然可能两人虽辈分差很多,但年龄差异并不大)[51];《马直温妻张绾墓志》载,张俭之女嫁给郑弘节,其所生之女又嫁给张俭的侄辈张嗣复,也是外甥女嫁舅舅。这种现象在长幼尊卑,等级森严的中原汉人地区是不可想象的,说明汉文化不但对契丹族影响很大,契丹文化相应地对汉族也产生了深刻的影响。

三是夫妻离异或结合比较自由。辽代家庭中,夫妻如关系不睦,即便一方是皇室亲王、公主,也可以自由离婚。《辽史》中反映出来的夫妻婚变的记录分以下几种:

夫妻之间不和而离异:"统和元年六月己丑,有司奏,同政事门下平章事、驸马都尉卢俊与公主不协,诏离之,遂出俊为兴国军节度使"[52]。同一件事又见另一条史料:"又淑哥,下嫁卢俊,不谐,表请离婚,改适萧神奴"[53]。"岩母董,下嫁萧啜不,改适萧海里,不谐离之;又适萧胡睹,不谐离之,乃适韩国王萧惠"[54]。"跋斤,下嫁萧撒八,不谐离之。清宁初,改适萧阿速,以妇道不修,徙中京,又嫁萧窝笃"[55]。萧胡笃"尚秦国长公主,授驸马都尉。以不谐离婚;复尚齐国公主,为北面林牙"。

夫妻一方犯罪,法律规定离婚:"(耶律庶成)因妻得罪,及置于理,法当离婚"[56];"初,(耶律)奴与枢密使乙辛有隙,及皇太子废,被诬夺爵,没入兴圣宫,流乌古部。上以意辛公主之女,欲使绝婚"[57]。"长寿,下嫁大力秋,大力秋坐大延琳事伏诛,改适萧愷古"[58]。"初,[萧]酬斡母入朝,擅取驿马,至是觉,夺其封号,复与妹鲁姐为巫蛊,诏酬斡与公主离婚。籍兴圣宫"[59]。"特里,下嫁萧酬斡,萧酬斡得罪离之,改适萧特末"[60]。

强夺人妻,强制离婚:"后妹斡特懒先嫁[耶律]乙辛子绥也,后以宜子言于帝,离婚,纳宫中"[61]。

岛田正郎先生据此认为,辽代存在着强制离婚和协议离婚两种形式,且妻子请求离婚的权利是被认可的[62]。当然,以上资料只限于公主下嫁,平民家庭的婚姻状况当与此类同。

四是男子丧偶后,可以随意续娶,并保留姊亡妹续的婚俗。[63]辽代由于医疗条件很差,年轻妇女产后死亡率很高,所以,男子丧偶现象很普遍。男子丧偶后续娶是不受任何限制的,有的男子一生中曾续娶三四次之多。据《北大王墓志》记载:"大王先娶达曷娘子,年十六而夭,生一子,马九。再娶留女夫人,三十八终,生一子,三部奴……又娶得索胡驸马、袅胡公主孙,奚王西南面招讨大王、何你乙林免之小女中哥……生四子。"⑭取三个妻子，前两个均死亡，说明死亡率确实很高。据《萧孝忠墓志》记载："前嫔先掩泉台，所生一男名郑哥。次妻琴弦续断，所生一男名何乃。第三夫人南大王帐分女……第四嫔东刺史位女，漆水郡夫人，并无儿女。第五汉儿小娘子苏哥，所生一女名石婆。"⑮又如统和二十六年（1008 年）《常遵化墓志》记述常遵化即"先娶于南王口番汉都部署使女也。罔尽衾欢，早先殒逝。次娶故滑州令公之孙也，彰武军节度使之女也"⑯。《韩橁墓志》载："（韩橁）凡三娶，先夫人生二女……继室萧氏生三女……今夫人张氏，左监门卫大将军、知檀州军州事崇一之女，承天皇太后赐也。"⑰这些例证非常多。契丹人在辽建国前曾有过姊亡妹续、姊妹共夫的婚姻习俗。辽建国后虽有所禁，但作为一种婚俗，"姊亡妹续"现象直至辽末依然存在着。所以，在辽代有不少契丹男子在妻子死后，均续娶妻妹为续妻。如辽道宗大安六年（1090 年）的《萧袍鲁墓志》即记："（萧袍鲁）夫人耶律氏，横帐故前节度使曷芦不之女，早亡。次娶耶律氏，北大王帐、故静江军节度使陈家奴女，以为继室，亦早亡。续娶夫人妹，以待巾栉。"⑱

五是女子在婚姻选择中有一定自主权。辽景宗皇后萧燕燕的大姐齐妃萧氏就是在丈夫死后，经"自由恋爱"择取如意郎君的。据《契丹国志》记载：萧氏初"适齐王，王死，自称齐妃，领兵三万屯西鄙驴驹儿河。尝阅马，见番奴挞览阿钵姿貌甚美，因召侍宫中。后（皇后）闻之，系挞览阿钵，扶以沙囊四百而离之。逾年，齐妃请于后，愿以为夫，后许之，使西捍轶軷，尽降之。"⑲

六是夫权的绝对权威。辽代贵族男子，尤是皇帝、亲王等人，可以随意贬废、杀戮妻妾嫔妃；有的男人死了，妻妾还要被殉葬。有的为人夫者还强迫妻妾出卖色相，以换取"绿顶"官帽。如耶律俨。据《辽史·耶律俨传》记载：俨"善伺人主意。妻邢氏有美色，常出入禁中，俨教之曰：'慎勿失上意！'由是权宠益固"⑳。契丹男人可以随意休妻。如耶律挞不也，据《辽史》记载："挞不也少谨愿，后为族嫠妇所惑，出其妻。终以无子。"㉑

夫权的另一体现是一夫多妻制的普遍，尤其是贵族男子，大都是一妻一妾或一妻数妾。辽代贵族男子多妻妾，除明媒正娶的之外，还经常利用权势，强抢民女做妻妾。据路振《乘轺录》记载：辽国"耶律、萧、韩三姓恣横，岁求良家子（女）以为妻妾，幽蓟之女，有姿质者，父母不令施粉白，敝衣而藏之"㉒。比如，辽圣宗耶律隆绪的弟弟耶律隆庆，就曾强纳民女为妻妾。"隆庆……尝岁籍民子女。躬自拣择，其优者为王妃，次者为妾媵。炭山北有凉殿，夏常随其母往居之，妓妾皆从。穹庐帘幕，道路相属。"㉓保宁元年（969 年）《张建立墓志》亦载："公（指张建立）在世有夫人二，娘子二。"可知张建立活着的时候有二妻二妾同室厮守。这些例子很多，《程延超墓志》

载:"(程延超)娶妇四人:王氏、刘氏、赵氏、李氏。"⑭

七是妇女的家庭地位较中原汉人要高,尤其是在契丹族等家庭中,这是由妇女在家庭乃至社会中的地位决定的。其一,在契丹人家庭中,妇女不仅从事缝制衣物、制造食品、养育子女、孝敬老人等繁杂家务,还得走出家庭,直接参加社会生产,如牧羊、驾车、挤奶、接羔、剪毛等,这些工作,在古今牧业生产中有些一致性。非常明显,以游牧生产为主的家庭中,契丹妇女远远突破家务框框而直接参加社会性的生产。经济方面的显著作用,决定她们在家庭中必然占据重要地位。其二,契丹家庭中的丈夫,经常从军,或出征、或守边,还有服徭役等重任。这种情况下,不仅家务,而且以家庭为单位的整个牧业生产,包括牧马、放牛等男人的工作,几乎全部由妇女主持乃至承担。如丈夫阵亡,则家庭类型就要从"完全家庭"(由一对夫妻和子女组成)变为"缺损家庭"。若丈夫伤残而归,则意味丧失或部分丧失劳动力。契丹人的兵役、徭役和战争几乎连续不断,于是便把妇女推到更重要的位置上。其三,妇女是契丹人的重要兵源,同时在狩猎生产中也是一支重要力量。如在商都全海子村辽代契丹妇女墓葬中,其左手处有匕首一把。⑮从朝阳前窗户村辽代契丹妇女墓葬中,出土全套马具和成组兵器。⑯这些器物充分说明契丹妇女具有崇武尚勇的精神,同样从事军事、狩猎和生产活动。

2. 父母与子女关系

同中原王朝一样,在辽代家庭中,对子女来说,父权与母权是绝对的,都必须遵从。家长对子女的支配权,是夫权发展和强化的产物。不断加强夫权的同时,财产也就传给子女,从而奠定父权的基础。父权的发展和巩固,除依靠不可动摇的习俗外,还有伦理观念中的"孝"。其实,契丹人早就具有"孝"的传统。随着儒化加深,原来的孝和儒家的孝很容易结合在一起。致使孝敬父母、尊敬老人等内容更加复杂,甚至按汉人的规范,发展到"父为子纲"的程度。此外,还有"孝于父母"的法令予以保证,如前文所引获"旌其门"殊荣的,不仅是因为"三世同居"(因为这种家庭很多),更主要的原因是他们"有孝于父母"。⑰凡杀父母者,都要处以极刑,如"凌迟"、"缳裂"等,耶律滑哥、耶律陈哥等就是如此。⑱

我们在《辽史》中看到的是父母权威的典型:帝王之家的父权。如,辽道宗与天祚皇帝就曾用父权加皇权,杀害了他们的亲生儿子。大康三年(1077年),道宗皇太子耶律浚遭人诬陷(谋篡位),道宗不察实情,将皇太子先废后杀。⑲后不久,天祚皇帝又以相同的原因和方式,将儿子晋王赐死。⑳

母权方面。辽建国之初,尽管契丹人家庭早已进入按父系计算世系时期,但其毕竟脱胎于母系氏族时代不甚远,因此有辽一代,契丹母权制的残余依然大量存在。在契丹贵族上层,家庭母权与宫廷(皇)后权融为一体,既突出了契丹贵族之家母、子关系中的一个特点,同时,也左右和影响了朝廷政治态势的变化。如,辽圣宗之母承天皇太后,在圣宗即皇位后,仍对他大肆行使母权加后权。据《契丹国志》记载:"先是,后未归政前,帝(圣宗)已长立,每事拱手。或府库中需一物,必诘其所用;赐及文武僚庶者,允之。不然不与。帝既不预朝政,纵心弋猎,左右狎邪与帝为笑谑者,太后知之,重行杖责,帝亦不免诟问。御服、御马皆太后检校焉。或宫嫔谗帝,太后信之,必庭辱帝。"[⑧]再如辽兴宗的生母钦哀太后,她在兴宗即皇位之初,亦施尽母后之权威。史载:兴宗"以上尊酒银带赐乐工,太后怒,鞭乐工孟五哥。帝知内品高庆郎告太后,使左右杀高庆郎。太后愈怒,下吏杂治,语连于帝。帝曰:'我贵为天子,而与囚同答状耶?'郁郁不乐"[⑧²]。

契丹上层贵族中,还有以"母权"强迫自己的儿子去犯罪。如耶律裹履的母亲就曾令儿子杀害无辜婢女。据《辽史·耶律裹履传》记载:"裹履将娶秦晋长公主孙(女),其母与公主婢有隙,谓裹履曰:'能去婢,乃许尔婚。'裹履以计杀之,婚成。事觉,有司以大辟论。"[⑧³]以婚姻逼自己的儿子去犯罪杀人,但做儿子的还必须服从,足见母权之盛。

3. 嫡庶关系、兄弟关系

辽代契丹族嫡庶之分并非像中原那样清楚,某些高官的妻妾都有封号。如秦晋国王耶律隆庆有三妻,封齐国妃、秦国妃和秦晋国妃[⑧⁴]这些事实说明,妾的地位,在契丹家庭里比在中原汉族家庭里高,并取得社会承认,朝廷认可。特别是正妻早亡,或妾娘家势力强大之情况下,妻妾之别更不显著,嫡庶子女间的矛盾也不甚尖锐。耶律海思虽系隋国王"庶子",但并没影响其仕途,后来被辽太宗任命为高官"宣徽使"。[⑧⁵]但是,随着契丹社会发展,一夫多妻家庭不断增加,妻与妾、嫡生子女与庶生子女的矛盾乃至斗争进一步发展。为了解决这个问题,辽圣宗于太平四年(1024年)从"画谱牒以别嫡庶"入手。要想准确地区别这么多的嫡庶,并非容易,需要做一系列细致、复杂的调查工作。在其过程中,"博学多智"的北院枢密使萧朴起有很大作用。他"能知人主意,敷奏称旨,朝议多取决之。"[⑧⁶]三年后即1027年,圣宗令:"诸帐院庶孽,并从其母论贵贱。"于是在契丹家庭中必须明确妻妾的身份,由此再确定嫡子、庶子的地位。翌年(1028年)又诏:"两国舅及南、北王府乃国之贵族,贱庶不得任本部官。"这些法令截断了庶生者任高官的途径。于是许多庶出者积极争取挤入嫡生行列,"由是争讼纷起"。耶律世良与族弟敌烈"争嫡庶"颇激烈,将官司打到圣宗那里。[⑧⁷]

由于上述法令的推行,许多有才能的庶生者受到压制。耶律学古是于越耶律洼

"庶孙",文武兼备,屡立战功,但只能长期担任军州节度使。其弟乌不吕有大志,能文能武,但长期不能显达。后经大宰相韩德让推荐,方升为统军使。㊳耶律唐古系"于越屋质之庶子。廉谨,善属文"。在安定西南、开发漠北过程中,做出较大贡献,是位不可多得的治边人才;但长期得不到重用和迁升。耶律狗儿是杰出军事统帅,北院枢密使斜轸之"庶子","官至小将军",终生默默无闻。这些人既非无能,又非无功,但终生为中下级官员,在仕宦场合里不得志,不得意,与庶生身份有直接关系。许多贵族庶生子孙之经济、政治地位不断降低,经几代也就沦为平民了。与此同时,妻妾界线显著加深。辽末,在汉化、儒化较深的耶律奴家庭中就是如此。其众妾"厌魅",以争"夫宠"。正妻萧意辛以"不若礼法"为由而批评之,众妾"大惭"。萧意辛有权管理众妾,妻妾地位当较为悬殊。

辽代兄弟关系同中原汉人一样是平等的,长兄在父亲不在时具有家长的权威和作用。如耶律国留,"时妻弟之妻阿古与奴通,将奔女直国,国留追及奴,杀之,阿古自经。"国留因此而被杀,作为一个姐夫,不惜以生命为代价,充当了妻子娘家的保护伞。但是兄弟之间的平等关系是以分清嫡庶为前提的,嫡庶之间无平等可言。

4.主奴关系

辽代家庭中普遍存在着家庭奴隶,主奴之间的关系纯粹是剥削与被剥削、奴役与被奴役的不平等关系,奴婢无言论、行动自由,必须绝对听命于主人,不仅从事繁重的农牧业、家庭手工业及各种家务劳动,甚至最基本的生命保障都没有。皇帝对宫廷奴婢的随意杀戮自不待说,普通贵族家庭甚至也经常以奴婢殉葬,如库仑一号辽墓是辽道宗大康六年(1080年)入葬的贵族墓,1972年—1974年发掘时,发现有十具尸骨,除墓主夫妇外,余均为殉葬奴隶,辽圣宗时曾出台法令:"若奴婢犯罪至死,听送有司,其主无得擅杀。"㊴看来并没有阻止民间对奴婢的残杀。

奴婢地位之低,还表现在连举报的权利都没有,如圣宗时诏令:"二十四年,诏主非犯谋反大逆及流死罪者,其奴婢无得告首"㊵。

近年出土的辽墓壁画对辽代奴婢生活和工作多有生动描述㊶。如主人起床后,侍婢要服侍他(她)穿衣及梳洗、化妆打扮。如内蒙古巴林右旗都希苏木友爱村辽墓出土一幅绘于木构小帐门侧的《侍奉图》,图上有一女侍,手托圆盘,上置一盏,分步侧立,即作侍奉状。内蒙古广德公辽墓木棺小门两侧也各有一幅《侍女图》,图上一侍女捧奁,一侍女抱镜。内蒙古解放营子辽墓壁画《侍女图》上,一侍女手捧一罐;另一侍女手捧唾壶。在内蒙古巴林左旗查干哈达滴水湖辽墓壁画中,有一幅《梳妆图》,在高高撩起的帐幕之下,两个侍女,一个在主人身后,躬身侍候梳洗,一个在主人右侧,准备主人所用的梳洗用具,女主人坐于正中,静候梳洗。[92]河北宣化辽张匡正墓有一幅《侍女图》,图上为二侍婢清晨准备服侍主人起床后洗漱的内容:画面右侧绘两侍女,徐徐而行,一侍女双手持镜;另一侍女左手持一龙柄钵,右手持巾。[93]主人的一日三餐,从备食到烹饪,从摆桌到把盏,从煮茶到斟杯,也无处不见侍婢们劳碌的身影。如内蒙古赤峰市敖汉旗北三家辽墓有一幅《备食图》,图上有一半跪的女仆,正在做面食。[94]康营子辽墓《契丹奴仆备食图》,画三个髡发男仆,蹲坐在地上,一人正执勺在锅中搅拌;同墓还有一幅《契丹奴仆备酒图》,画上一方桌,上置酒杯、酒壶,二男仆一坐地上,一跪于地上,一人双手捧酒壶,一人伸手索取;在毛布沟三号辽墓中有一幅《契丹奴仆烹饪图》,画一髡发男仆,穿圆领紧袖长袍,一手扶磨盘,一手执一带钩木棍,似在往磨里放食物,以使碾碎。[95]

从出土的壁画和史料记载看,奴婢中不但有汉人,也有契丹人。有从事农牧生产、手工业生产的;有从事家务劳动、也有作男主人贴身女婢或小妾侍寝的。总之,只要主人需要,她们必须无条件奉献一切,包括生命。

另外,作为主奴关系的一部分,辽代家庭的主人对奴婢除有剥削、役使的权利外,同时,也要担负一定的监护义务。具体来说,假如奴婢犯了罪,该主人要负一定的连带责任。如,辽兴宗重熙六年(1037年),"以南大王耶律信宁故匿重囚及侍婢赃污,命挞以剑脊而夺其官。都监坐阿附及侍婢罪,皆论死,诏贷之。"[96]

第三节　辽代人口阶级结构

阶级的概念是指人们在一定的生产体系中,由于所处的地位不同和对生产资料关系的不同而分成的集团;而阶层指的是在同一个阶级中因社会阶级地位不同而分成的层次,或者由不同阶级出身,因某种相同特征而形成的社会集团,它们在总体上是一致的。一般地说,阶层是指阶级内部的更细小的集团,或者说,阶层实际上总是一个阶级的具体化。在古今人类社会,因经济地位的不同,人们都会自然形成不同的等级层类。

同所有的阶级社会一样,辽代社会同样划分为统治阶级与被统治阶级。统治阶级包括契丹贵族阶层,汉、奚、渤海等族上层,僧侣上层;被统治阶级包括士、农、工、商等中下层及贱民、奴隶等社会底层[97],即按照阶级属性对辽代社会进行"纵向"层面剖分。

一、统治阶级

1. 以皇、后二族为核心的契丹贵族阶层

这一阶层牢牢地掌握着国家的政治命脉,把持着国家最高权力中枢,以及从中央到地方的大多数权力机构的重要职位;他们又操纵着政府的经济命脉,占有着大量的物质财富,是这个国家的最富有者。因而辽帝国的成败兴衰,都与他们的言行举止息息相关,紧密相连。

辽代的国家政权,被牢牢地掌握在这两个家族人的手中。《辽史》即云:"辽之秉国钧,握兵柄,节制诸部帐,非宗室外戚不使。"[⑱]

皇族。"北宰相府。掌佐理军国之大政,皇族四帐世预其选"[⑲],这句话说明了皇族地位之显赫,《辽史·百官志》对四帐的解释是:玄祖"次子岩木之后曰孟父房;叔子释鲁曰仲父房;季子为德祖,德祖之元子是为太祖天皇帝,谓之横帐;次曰剌葛,曰迭剌,曰寅底石,曰安端,曰苏,皆曰季父房。此一帐三房,谓之四帐皇族"[⑳]。

除"一帐三房",辽代皇族中还包括"遥辇九帐"。"遥辇九帐大常衮司掌遥辇洼可汗、阻午可汗、胡剌可汗、苏可汗、鲜质可汗、昭古可汗、耶澜可汗、巴剌可汗、痕德堇可汗九世宫分之事。太祖受位于遥辇,以九帐居皇族一帐之上,设常衮司以奉之,有司不与焉。"[㉑]当然,遥辇帐也可能地位很高,政治、军事实力并不强大。

因位于贵族阶层核心,契丹皇族在政治、经济、军事等各方面均享有特殊权力。《辽史·百官志》即云:"百官择人,必先宗姓。"[㉒]在辽代从中央到地方的各级官僚机构中,许多重要职位,大都由皇族出身的人担任。据漆侠先生统计,《辽史》列传里有传主305人,除去《宗室传》和《逆臣传》中的耶律重元之后,皇族成员仍达87人之多,占全部列传人数的28.53%。其中,孟父房18人,仲父房16人,季父房19人,两院(五院、六院)系34人。[㉓]由此即证明了契丹皇族在辽代政治生活中所据有的优势地位。此外,契丹皇族享有"八议、八纵之法"[㉔]的特权,于刑罚方面也有一定的豁免特权;在经济方面,可以创置私城,设立头下军州,可以获得皇帝特殊物品赏赐,乃至减免赋役等特权;在军事方面,有创置"私甲"的特权;在文化教育方面有良好的优先受教育特权[㉕]等等。

契丹皇族凭借其特权,各支系不断派生,自成体系,形成子系小家族。如辽太祖耶律阿保机的直系后代(即皇位者除外)被分解到各斡鲁朵(宫卫)中。每一皇帝的子孙都属于这一皇帝的斡鲁朵,其子孙中即帝位者,则"别为行宫",也就是宋人王易所说的"小禁围";不即帝位的子孙,如果不是出任外职,则依旧留居原斡鲁朵中;即帝位另建斡鲁朵(宫卫),其子孙则属新斡鲁朵。[㉖]所以到辽末,十二宫一府共十三个

斡鲁朵已经容纳了较大数量的皇族成员。三父房各房皇族在辽代也有较大程度的发展,据考证,有的支系"人物门第,伟冠一时",如出自仲父房的耶律仁先一族,兄弟五人,均位高权重,"时人号之为五龙"[107]。同样,作为析分迭剌部而产生的五院和六院"两院"皇族,有些支系在辽代也有较大程度的发展,"简策鲜妍,重重书内戚传;冠裳赫奕,世世为本郡王"[108],繁盛之状绝不亚于嫡系本支。虽然,也有个别支系因种种原因而衰败,甚至消亡者,但大多数皇族家庭支系凭借其特权,其人口繁衍速度远远超过其他阶层。如会同四年《耶律羽之墓志》载:"(耶律羽之)夫人生子一十人,诸夫人生子四人……女四人。"[109]从中可以看出,耶律羽之共生子 18 人,其夫人虽没有交代有几个,但从"诸夫人"一词可以看出,绝对不止一个,龙子龙孙的繁衍发展可以想见。

　　后族。"南宰相府。掌佐理军国之大政,国舅五帐世预其选"[110],足见其政治特权之大,是辽代契丹贵族阶层的一个重要组成部分。辽代的后族又分为三个支系:一是国舅帐拔里家族,二是国舅帐乙室已家族,三是国舅别部家族。由这三个家族组成的辽代后族,世世代代与皇族通婚,并结成了政治同盟,构成了契丹皇族的核心阶层。辽太宗耶律德光即言:"太后族大如古柏根,不可移也。"[111]太后族就是国舅拔里家族和国舅乙室已家族,皇帝还发出如此慨叹,足见其在辽初已是一个颇具权势和实力的大家族。《辽史·太宗纪》云:"皇太后父族及母前夫之族二帐并为国舅,以萧缅思为尚父领之。"[112]述律太后的"母前夫之族",也就是有名的萧敌鲁家族。国舅别部家族出现稍晚,是为世宗皇帝的母亲家族。史载,世宗即位后,"尊母萧氏(人皇王耶律倍之妻)为皇太后,以太后族剌只撒古鲁为国舅帐,立详稳以总焉"[113],号"国舅别部"。有辽一代,由三个国舅帐组成的后族贵族,其政治地位及经济特权等等,并不比皇族逊色多少。比如世选朝官,如上所引,皇族四帐世预北宰相府诸职位之选,而国舅帐则世预南宰相府诸职位之选,两族地位对等。此外,地方的后族部族官,也同样在本族人员中产生。姚从吾先生曾对辽代北府宰相一职的任职人员进行过统计分析,有辽一代共得历任北府宰相计 48 人,而外戚萧氏占 38 人。"又查外戚三十八人中,明言是后族,而有世预北府宰相之选特权的,得二十三人,约占四十八人中的半数。"[114]总之,后族的此等政治特权,伴其终辽之世而未衰,正如前引《萧仅墓志》:"耶律世保承祧之业,萧氏家传内助之风","生居外戚之家,世处大臣之位"[115],其特权地位可见一斑。萧姓后族在辽代也随时代的发展有较大程度的发展和变化,如拔里家族析分为大父房、少父房,乙室已家族则析分为大翁帐、小翁帐,其盛衰之过程是同皇族一致的。

2.汉、奚、渤海贵族阶层

辽代除皇、后二族外,就是居于统治地位、处在社会上层、人口数量庞大的世家大族,他们包括汉族、渤海族以及奚族等官僚地主。他们在统治阶级内部,处于第二个阶层,是契丹贵族维持国家政权机器正常运转的主要依靠力量。受汉魏隋唐以来门阀世族观念残余的影响,这个阶层世代享受着上层官僚世家大族所独有的各种特权,"煊赫贵显","勋阀富盛"。

汉族贵族阶层。汉族官僚世家大族以著名的韩、刘、马、赵四大姓最具代表性。王恽《题辽太师赵思温族系后》:"辽氏开国二百载,跨有燕云,雄长夷夏,虽其创业之君,规模宏远,守成之主,善于继述,亦由一时谋臣猛将与夫子孙蕃衍众多,克肖肯构,有以维持藩翰而致然也。故开府仪同三司侍中赠太师卫国赵公(赵思温)早以骁勇善战,受知辽太祖,煊赫贵显,生子十有二人,其后支分派别,官三事使相宣徽节度团练观察刺史,下逮州县职,余二百人。迄今燕之故老谈勋阀富盛照映前后者,必曰韩刘马赵四大族焉!"[⑯]这汉姓四大家族,自唐末以后一直是这一地区的豪门望族,汉族中的上层。他们一部分是在燕云十六州入辽之后,投靠了契丹族统治者,继续保持着贵族地位,一部分是被俘入辽后,或宠遇、或军功步入辽之上层。

赵氏家族。

一是赵思温系。"赵思温,字文美,卢龙人……太宗即位,以功擢检校太保、保静军节度使。……加检校太师……卒。上遣使赙祭,赠太师、卫国公。子延昭、延靖,官至使相。"[⑰]关于赵思温的家族后世情况,《辽史》、《契丹国志》均未见有关记载,所幸的是石刻资料对有关问题记载较为清楚。清宁六年《赵匡禹墓志》对赵思温家世、影响进行了交代:"皇朝以来,人杰相踵者,我天水公之世家谓焉。(赵匡禹)曾祖讳元遂,字善利,守太子宫门郎,因官蓟北,家于卢龙,为郡人也。扬雄位下,虽抑良图,于氏门高,自繁余庆。祖讳思温,字文美,叶谋静乱翊圣功臣、燕京留守、卢龙军节度、管内观察处置等使、开府仪同三司、检校太师、兼侍中、行幽都尹、上柱国、开国公、食邑一千五百户、赠太师、卫国公。"在谈到其家族影响时,"勋绩备光于史笔,政声咸在于民谣"。重熙八年《赵为干墓志》载赵思温的后代之繁盛时"公则讳为干,字全绩。智勇纵横,威风恢廓。重寄公侯之子,兴王将相之孙……公也禄享千钟,位居五品,功崇镂鼎,寿逼悬车。惜哉!子孙盛矣!第宅丽矣!田园广矣!府藏盈矣!公生有是荣,没有此恨。"[⑱]

二是赵德钧系。赵德钧原为五代后唐卢龙军节度使,入辽之前即与辽国有往来,兵败被俘入辽不久,即得辽廷重用,任南京留守。在辽太宗耶律德光攻打中原灭后晋的过程中,赵延寿立有战功。曾梦想像石敬瑭一样做辽国的儿皇帝,因不成而心存不满,辽世宗即位后,便削夺了其兵权。但赵氏家产并没有被籍没。所以,燕京赵氏家族仍显赫于辽、金两代。赵德钧墓已在北京南郊被发现并发掘。从墓中出土了大量的赵德钧及其妻子的陪葬物品。赵德钧墓的左后室,有铜钱两堆和盛钱用的木箱板灰,无法辨别串数和每串的枚数。较完整的约 73900 余枚。[119]这从一个侧面反映了入辽后的赵氏家族社会地位非同一般。据应历八年(958 年)《赵德钧妻种氏墓志》记载,赵德钧有三子,除长子延寿外,次子名延密,三子名延希。延密曾任河阳节度使、云麾将军,拜太尉。延希曾为左监门将军,司徒。赵德钧之女嫁宰相刘敏,封天水郡君。赵德钧孙辈四人,皆在辽为官,任节度使、太尉、司徒等要职。种氏七十四岁病逝,穆宗追赠她为秦国夫人。[120]

韩氏家族。

辽代韩氏有两大家族,一是五代时就崛起的幽州四姓豪门之一的韩延徽家族,一是辽初被掠入契丹腹地、后又被赐以国姓的韩知古家族。

韩延徽家族。据《辽史·韩延徽传》记载"韩延徽,字藏明,幽州安次(今河北廊坊)人。父梦殷,累官蓟、儒、顺三州刺史"[121]。延徽本人亦曾做官于后唐,为幽州观察度支使。后被刘守光派遣出使辽国,因守节不屈而被耶律阿保机羁留。降辽后,颇得耶律阿保机的重用,历仕辽太祖、太宗、世宗、穆宗朝,死后"赠尚书令,葬幽州之鲁郭,世为崇文令公。"[122]"鲁郭"今称"鲁谷",鲁谷村在今北京八宝山之北,目前这里发现了韩延徽的家族墓地,据韩延徽孙子韩佚墓志可知,韩佚之父名德邻,早亡,韩佚因由辽东迁居燕京官至南院宣徽使的伯父韩德枢而入仕,曾官至上京副留守加太保,后拜平州节度使,圣宗统和十三年(995 年)六月一日病逝,归葬"幽都县房仙乡鲁郭里之西原,从先莹"[123]。此外,韩延徽家族中见于文献史料及墓志石刻资料为官显贵者还有韩佚的长子韩倬,曾任北院宣徽使、节度使,累官太尉之职;韩佚次子韩伟,官至檀州刺史。[124]韩延徽的四世孙、韩佚之侄韩绍芳,圣宗朝曾任枢密直学士、涿州知州,发起白带山云居寺(今北京房山云居寺)的镌刻石经活动。[125]韩延徽的五世孙韩遗、韩造及子韩资道亦都名闻当世。据《辽史·刘伸传》载:道宗年间,燕云地区因天灾而出现民饥,刘伸与赵徽、韩造等人"济以糜粥,所活不胜算"。[126]由此可见当时韩氏家族颇具经济实力。另据咸雍五年(1069 年)《韩资道墓志》记载,资道之父韩造曾任诸宫制置使检校太尉;资道于"清宁初,以荫授银青崇禄大夫、检校国子祭酒、行右卫率府副率"等职,咸雍五年(1069 年)二月十二日,"终于燕京北罗坊之私第"[127]。另据天庆三年(1113 年)《丁文堉墓志》记载,韩延徽的四世孙女嫁与燕京豪门丁文堉为妻,丁文堉的女儿又嫁给了韩延徽的后世子孙韩防。[128]韩防于天祚帝天庆二年(1112 年)中进士,补右拾遗、史馆修撰,累迁少府少监、乾文阁待制,加卫尉卿、知制诰,辽亡后仕金。^⑫由此可见,燕京韩延徽家族,终辽之世都为豪门旺族,始终居于辽代社会的上层。

韩知古家族。"韩知古,蓟州玉田(今河北玉田)人。善谋,有识量。太祖平蓟时,知古六岁,为淳钦皇后兄欲稳所得。后来嫔,知古从焉,未得省见。久之,负其有,怏怏不得志,挺身逃庸保,以供资用",但是,太宗时"匡嗣(韩知古儿子)以善医,直长乐宫,皇后视之犹子"^⑬,至景宗时,"属孝成皇帝缵绍宗祧,振拨淹滞,一见其表,便锡徽章,授始平军节度使、特进、太尉,封昌黎郡开国公,寻加推诚奉上宣力功臣",俨然成了景宗皇帝和皇后的心腹,《辽史·圣宗纪》即载:统和九年(991年)五月"己未,以秦王韩匡嗣私城为全州"^⑬,表明该家族已等同于契丹贵族,有了私人领地——头下城。至其子韩德让时,私城被圣宗皇帝升格为"头下州",名全州(旧址在今内蒙古巴林左旗林东镇西北100公里白音罕山东南)。韩德让即韩知古的孙子、韩匡嗣的儿子,官至大丞相,辅助圣宗及承天太后母子执政时期,韩氏家族已贵盛至极,其社会地位已不亚于契丹皇、后二族,宋人所谓"耶律、萧、韩三姓恣横"^⑬,其中的"韩",即指韩知古系的韩德让家族。韩德让与承天太后据传有"辟阳之幸",关系比较特殊,加之他尽心竭力辅佐圣宗理政,因而,韩德让在圣宗朝权倾一时,出宫籍、赐国姓、隶横帐,韩氏家族发展到了鼎盛阶段。《契丹国志》即载:"隆运(韩德让)兄弟九人,缘翼戴恩,超授官爵,皆封王。诸侄三十余人,封王者五人,余皆任节度使、部署等官"^⑬。

刘氏家族。

指韩刘马赵之一的刘慎行家族,刘慎行的先祖刘怦、刘济父子,均做过唐卢龙节度使。到了辽代,刘怦四世孙刘景,曾做过南京副监守。刘景之子刘慎行,官至辽的北府宰相。刘慎行有六个儿子:刘一德、刘二玄、刘三嘏、刘四端、刘五常、刘六符,均才智过人,加之与皇族错综复杂的姻亲关系,使刘氏家族盛极一时,其极盛时期就是在圣宗朝,刘慎行儿子一辈。刘三嘏娶圣宗第九女八哥(同昌公主),刘四端娶圣宗第十一女擘失(仁寿公主)。^⑬刘二玄还奉旨娶了圣宗皇帝已故皇太弟、秦晋国王耶律隆庆的寡妃萧氏(即耶律宗政抗旨不娶的继母)^⑬。刘氏六兄弟中除老三刘三嘏因与公主"不谐"^⑬(辽代这种情况很多)南奔投宋,被捕回处死以外,其余兄弟均显贵异常,其中以刘六符为最。刘六符,刘景之孙,刘慎行第六子,《辽史》有传,且名字多次出现,大都与辽宋议和有关,言其:"有志操,能文",因使宋有功,"六符还,加同中书门下平章事。及宋币至,命六符为三司使以受之。"^⑬《契丹国志·刘六符传》云:刘六符,"年十五,究通经史,兼综百家之言。长而喜功名,慷慨有大志,历事圣宗朝,为著作郎、中允,又为詹事、国子祭酒。兴宗时,为翰林学士、右谏议大夫、知制诰、同修国史……兴宗重熙年间,辽、宋发生边界之争,刘六符奉命使宋索要关南十县之地,最终虽未争得土地,却也得到了宋廷每年纳贡的二十万岁币。六符因此而升任宰相,辽廷还专门因此事为其勒碑纪功,其"子孙显贵不绝,为节度、观察者十数人"[138]。

马氏家族。

《辽史》出现的马氏家族有两个,一是马得臣,系圣宗朝时南京人;二是马人望,天祚朝臣。"马得臣,南京人。好学博古,善属文,尤长于诗……命为南京副留守,复拜翰林学士承旨……俄兼谏议大夫,知宣徽院事……赠太子太保。"[139]马人望家世大致如下:"马人望,字俨叔,高祖胤卿,为石晋青州刺史,太宗兵至,坚守不降。城破被执,太祖义而释之,徙其族于医巫闾山,因家焉。曾祖廷煦,南京留守。祖渊,中京副留守。父诠,中京文思使。"[140]这二马家族的关系目前尚无法考证,但从《辽史》中出现的频率(马人望出现 8 次,马德臣出现 10 次)和他们的主要事迹看,均为辽代汉人中的勋望阶层。

从辽代墓志中见到的还有马直温家族。据天庆三年《马直温妻张馆墓志》:"马君讳直温,字子中,扶风人。族世昌茂,雄视燕蓟。以德行著,俦于士林……马君移典顺州,将受代,天庆二年冬,表乞归,允之。拜右散骑常侍,致仕。"其"四子梅,举进士"。此外。我们再从马氏家族的姻亲中,可以看出该家族之地位。马直温的妻子张馆的母亲"晋国夫人郑氏",是圣宗朝名相张俭的外孙女,而张馆是张俭的同门孙女(张馆的曾祖父张琪是张俭的季父),这样,张俭的外孙女又成了侄媳妇,也是典型的婚姻只论家族,不分辈分的典型。马直温的五个女儿,长女名枢哥,嫁给曾任武定军节度使、封开国公的契丹贵族耶律筠,枢哥死后,耶律筠又续娶马氏第五女省哥为继室。二女崇政,嫁静江军刘祐之孙行春奴;三女同璋,嫁诸宫提辖制置使李贻训之子李石;四女迎儿,嫁张仁规。由此可知,马氏家族与燕云大族张氏、刘氏、皇族耶律氏均存在着错综复杂的姻亲关系网络,共同构筑了辽代的汉族贵族阶层之框架[141]。

除此之外,辽代燕云地区的汉人贵族世家还有许多。如张俭家族,《辽史》所记如下:"张俭,宛平人。性端悫,不事外饰……帝不豫,受遗诏辅立太子,是为兴宗。赐贞亮弘靖保义守节耆德功臣,拜太师、中书令,加尚父,徙王陈。"宠遇何其极也,若看其墓志,更见其势之盛。据重熙二十二年《张俭墓志》:"王历官三十一次,作相二十一考,功臣至一十字,食邑户至二万五千。阶官勋宪,事任职秩。亢极人臣,夐越今昔。渐鸿鸾之仕阶,登龙凤之仙署。遇主则鱼纵大壑,戴君则鳌冠灵山。圣宗皇帝信纳衡言,宠专柄用。体貌尤异,腹心是推。便殿询谋,必前于纯席;公宴报爵,每离于黼座。从幸则同乘翠辇,赐衣则偏袭赭袍。唱和协于埙篪,赓载溢于囊失□衣。其所化裁形器,施发号令。丹青帝载,金玉王度"[142],足见张氏家族势力之盛。

　　见于《辽史》或石刻资料的燕云、及契丹腹地的汉族大家还有王氏家族：包括王鼎、王师儒、王裕家族等；李氏家族，包括李处温、李知顺家族；丁文堉家族、耿延毅家族、梁援家族、刘日泳家族、陈万家族[143]、姚景行家族[144]等等，他们作为辽代汉族上层，显赫一时、繁盛数代，对辽代社会均产生过重大影响。

　　渤海贵族阶层。

　　渤海贵族之显贵者，见于史料的有皇族大氏、贵族高氏。

　　渤海大氏家族。大氏本为原渤海国的王族，国破后，以大諲譔为首的渤海皇族的一部分迁到了上京临潢府，据考证，上京之羿郭即是居住渤海皇族的地方；圣宗时，渤海皇族后裔大延琳起义失败后，一部分豪户又迁到了上京道、中京道、南京道的部分地区（参见人口迁移章节）。但虽几经迁徙，大氏仍为辽东大户。圣宗时，曾纳大氏族女为妃，并育有皇女长寿公主，该公主又下嫁渤海贵族大力秋，[145]后来，驸马都尉大力秋因卷入大延琳叛乱而被诛。据李锡厚先生考证，反叛辽廷的大延琳也是渤海大氏贵族出身，并且在辽东地区还有自己的私城"头下州"[146]，可见地位之高。中京道地区的渤海大氏家族的代表是大公鼎。《辽史·大公鼎传》载："大公鼎，渤海人，先世籍辽阳率宾县。统和间，徙辽东豪右以实中京，因家于大定。"[147]说明大公鼎家族于圣宗统和年间与其他渤海民户一同被迁徙到了中京大定府。

　　渤海高氏家族。高氏家族的代表是高模翰家族。据《辽史·高模翰传》记载，高模翰在太祖和太宗两朝颇受重用，并随耶律德光南下中原，参加过立晋和灭晋之役，立有赫赫战功。"上（辽太宗）谕模翰曰：'朕自起兵，百余战，卿功第一，虽古名将无以加！'乃授上将军。"[148]穆宗应历初年又出任东丹国"中台省右相。至东京，父老欢迎曰：'公起戎行，致身富贵，为乡里荣，相如、买臣辈不足过也'。"[149]可见高模翰家族已是当时辽东地区既有权势又具经济实力的上层豪族。据乾统十年（1110年）《高为裘墓志》记载："公讳为裘，其先渤海国扶余府鱼谷县乌惹里人也。至皇朝天赞间，有同平章事、兼侍中、天下兵马都部署模翰，实公之祖也。胜州刺史儒，公之父也。代袭重禄，家累余赀。"该墓志出土于山西朔县南5公里新安庄村东高氏家族墓中，从其墓志和其子高泽墓志记载可知，其家族已迁到了西京大同府。据向南先生考证，当为太宗时为救石敬瑭到了太原，战后被留了下来，在西京大同府仍是世家大族。[150]

　　奚族贵族阶层。

　　奚族原亦有王族，被辽征服后，其王族的地位也没有改变。据史料记载，有辽一代，奚王族一直"与辽人（契丹人）为婚姻，并附姓述律氏中"[151]。所以，终辽之世，奚人的王族仍为社会上层之大族，始终存在着，与汉族贵族、渤海族贵族一起，构成了辽代社会中除契丹贵族之外的另一个贵族社会阶层。

3. 僧侣中的上层

辽代人崇佛、佞佛之甚,到了无以复加的地步,其结果之一就是在辽代统治阶级中形成了一个特殊的阶层——僧侣上层。张国庆先生归纳辽代的僧侣上层人物有三大特色:一是政治上入仕;二是经济上富有;三是文化上博学。[132]

辽代僧人"入仕"为官完全取决于辽代的最高统治者——契丹皇帝的恩赐。辽帝大都崇佛重教,尤以辽代中后期的圣、兴、道三帝为甚,兴宗皇帝在位仅 24 年,据统计,高僧"正拜三公、三师兼政事令者,凡二十人","贵戚望族化之,多舍男女为僧尼"[133]。

这部分僧官一般不直接参与朝政,但品位却又极高。一般认为契丹辽帝之所以授高僧此类官爵,是为了便于他们与僧人接触。因为僧人若没有一定的官爵品位,他们便无法上朝面君。当然,辽代皇帝之所以赐授众多高僧为"师"、"傅"官,亦是他们为了吸收中原汉族文化,效仿先秦帝王,确想拜某些高僧为"师"为"傅",以便更好、更便利地学习佛教经法。我国古代从传说中的上古轩辕黄帝到周武王姬发,均有"师保"辅佐,辽帝则援引之。据《圆空国师胜妙塔碑》记载,辽圣宗耶律隆绪在其赐圆空国师"诏"中即非常明确地表示过:"朕闻上从轩皇,下逮周发,皆资师保,用福邦家。斯所以累德象贤,亦不敢倚一慢二者也……朕何不师之乎!"[134]

辽代高僧在经济上多很富有,他们构成了辽代上层社会的一个富有阶层。其财富来源一是捐赠,包括皇帝、皇后、公主、驸马及其他官僚贵族们向僧尼赐钱施物、献宅出地修建寺庙等,如兴宗皇帝,"孝敬恒专,真空夙悟。菲饮食致丰于庙荐,贱珠玉惟重其法宝。"[135]足见其为寺庙的发展多么不遗余力。也有很多下层平民百姓信佛崇教者,亦经常联合自愿或不自愿地出钱资助寺僧,"无贫富后先,无贵贱老少,施有定例,纳有常期,贮于库司,补兹寺缺。"这是辽代寺院经济得以蓬勃发展的一个主要原因;二是"二税户",即依附于寺院的佃农进行农业生产创造的财富,均源源不断地流进了寺院。

除上述辽地一些大寺院因受契丹皇帝及其他达官贵人资助,寺院经济得以繁荣,使寺院主持高僧们变成了富甲一方的僧侣大地主之外,前面所说的那些"入仕"高僧们因其在朝廷为官,爵位显赫,所以,他们每年所食国家俸禄当然也不会少,他们与寺院僧侣大地主共同构成了辽代高僧中的富有阶层。不少上层僧侣都变成了寺院僧侣大地主。他们拥有大量的寺院财产,包括僧舍、蔬果园、农田、佃农("二税户")及牲畜、钱帛、粮粟等等。举几个例子。如兴宗朝的缙阳寺,沙门守约的《缙阳寺庄账记》(残文)曾对该寺的财产有详细的记载。仅据其残文不完全统计,该寺就有田地至少497 亩,僧舍 380 余架。[136]再如观鸡寺,产业也不小。仅据大安九年(1093 年)的《景州陈公山观鸡寺碑铭》记载,该寺有土地 3000 亩,山林 100 余顷,果木 7000 余株,佛殿、僧房及店舍 170 间,僧徒 100 余人。[156]他们凭借雄厚的土地园林资产进行再生产,所以,不少较大的寺院到辽代后期,已积蓄了大量的财富。如据《普济寺严慧大德塔记铭》记载,燕京三学寺在三年中就积钱 5000 余贯。[158]

辽代上层僧侣不仅入仕为官,经济富有,而且多才博学。在辽代成千上万的僧侣之中,居于上层社会者,不少人学富五车,才华横溢,成果斐然。这也是辽代上层僧侣的一个显著特色。据张国庆先生考证,他们著书立说、镂石刻经、设坛讲经、唱和诗文、驻寺办学。辽代高僧博学多才,作为辽代文化领域内的一个特殊阶层,他们对辽代文化,尤其是佛教文化的发展,贡献颇大。[159]也正因为如此,辽代僧侣地位非常之高,据应历十五年《重修范阳白带山云居寺碑》:"小人入仕之风,不足畏也! 和尚出家之理,亦以至矣! ……夫人入仕,则竭忠以事君,均赋以利国,平徵以肃民;出家,则庄严以奉佛,博施以待众,斋戒以律身。尽此六者,可谓神矣!"[160]可见,时人将出家与做官同等并论,甚至出家"亦以至矣",入仕则成了"小人"的事,地位还高于做官。

辽代僧侣人数固然很多,但是上述僧侣贵族人数并不是太多,这一方面是由于宗教的原因,他们大部分人一生都没有娶妻生子或嫁人(不排除个别情况),不可能形成豪门贵族势力;另一方面上述两类僧官入仕的途径,只有靠皇帝恩赐,这就决定了其数量不会太多。

二、被统治阶级

相对于居于统治地位的上述三个阶层,辽代被统治阶级也可以分为三个阶层,一是士阶层;二是农民、牧民、手工业者、商人,同时包括僧、尼、巫、道等;三是部曲、侍婢、驱口、贱民等。前两个阶层在法律上具有独立的人格和地位,他们中的大多数人是劳动者,第三个阶层则是处于社会底层的那部分人口。

1. "士"阶层

指介于官僚与庶民之间的一个阶层,包括处于社会中下层的各族知识分子,在他们中间,入仕者,亦属低级官吏,在野者,即为读书有文化、有知识之人。如清宁三年《王守璘石幢记》:"天与纯德,隐居不仕。优游践言,乡里自化。"[161]遍阅史料及石刻资料,辽代这类"不仕"的富有家庭子弟非常多,这其中,又以汉族为最多,同时包括了一些渤海士人及部分契丹族、奚族人士。

中原人胡峤在其《陷北记》中记述定居于辽皇都上京城内的汉人时说:"有绫锦诸工作、宦者、翰林、伎术、教坊、角抵、秀才、僧尼、道士等,皆中国(中原)人,而并、汾、幽、蓟之人尤多。"[162]这其中的"翰林"、"秀才"等,肯定都是汉族士人。此外,辽太宗灭后晋,俘虏了大批后晋宫廷人员,并决定将这些"晋文武诸司从者数千人,诸军吏卒又数千人"[58]，统统押送到契丹辽国。这其中"文武诸司"中的"文"、"诸军吏卒"中的"吏"，无疑也都属于汉族士人之列。另外，还有一些属于被契丹统治者扣押不遣的中原汉族使者，有不少汉族士人使者被迫截留于契丹辽国，未再返归中原。如辽穆宗一朝就截留北汉使臣多达十六人之多。在被截留的汉族士人使者中，比较有名的，如后唐使者贾去疑、后周使者姚汉英、北汉使者韩延徽等等。他们后来大都受到重用，步入仕途，并跃入官僚贵族阶层。

灭亡前的渤海国，受中原唐朝儒家文化影响较深，是一个文化比较发达的地方政权，其文化素质普遍较高，他们中有一批深谙汉儒文化的士人学子，在亡国之后，便自然融入到了辽的士人阶层中，成了辽初士人队伍中的重要部分。

辽代中后期，"士"之阶层迅速扩大，一大部分属于前期汉族、渤海族士人的后代，他们在父辈家学的熏陶下，在辽代社会提倡重儒崇文政策的大环境影响下，加之受开科取士的刺激，士之人数机械而自然增长很快，尤其是在长城以南的燕云汉民集聚地区，归辽后的汉族士人之子孙，多数秉承了家学传统，成为新一代燕云籍的士人，其中的一些佼佼者，如室防、邢简、张正、张雍、张琪、杨皙、赵徽、王观、杨遵宪、刘伸、杜防、牛舒温、韩防、左企弓、康公弼、虚仲文等，大都进入官场。[59]

这部分人一般家庭均较为富有，有的仕途不顺，退出官场，如重熙二十二年《王泽墓志》载："（王泽父）迄后于金台私第，终日燕居，其心晏如也。自夫人疾殁，追越十稔，继室无从，杜门不仕"；有的看破世态，又不愿意出家，但也不愿意做官，而愿意优游于民间，衣食既然无忧，却也落得自在，如，清宁九年《张绩墓志》："（张绩父）天爵方高，脱浮荣而不仕；世风克劭，终善庆以生贤。"就是这种情况。辽代"士人"以汉族为多，这是中原读书人的传统中，清高的一种表现，也是因仕途险恶的一种无奈选择，受汉人影响，在契丹、渤海、奚等族读书人中也不同程度存在这么一个阶层。这个阶层在整个辽代社会中处于被统治地位，但同时又别于其他农、牧、工、商等劳动人民，这部分人的家庭大部分都是地主、牧主、富裕商人等，他们同统治阶级的主要区别就是政治上没有特权，属于被统治阶级中地位最高的一个阶层，但人口数量并不大。

2. 汉族、渤海族农民和契丹、奚等民族的牧民，手工业者、商人、僧、尼、巫、道等阶层

这个阶层人口众多，分布广泛，是构成辽代社会中被统治阶级的主要部分。农民。所谓农民阶层就是指从事农耕生产经营的五京州县下的汉族、渤海族及其他从事农耕生产的自由农民，头下州、寺院二税户及分散在斡鲁朵（宫卫）中的"蕃汉转户"中从事农耕的农民，因其没有自由身份，故不包括其中。这部分人口是国家赋役的主要承担者，按其占有的土地及财产状况，可分为三等。其中，上等户即属中层地

主,他们人口数量虽不多,但却拥有较多的田产,雇佣不等量的贫苦农民为他们耕种土地。中、下等农户属于社会下层,他们人口众多,是农民阶层的主要组成部分,他们又分为"自耕农",和"佃农",三等佃户在辽代人口数量很大,他们虽属平民自由身份,但却没有或少有自己私有的土地,不得不靠租种地主人家的土地生活。详细划分情况在本文第三章第二节"辽代户等制度"中已经论述,这里不再重复。

契丹、奚族牧民。同农民一样,按家庭畜产的多寡分为三等。上等户牧民即为牧主,人口不多拥有的畜产很多,生活富裕,并雇佣下等牧民为其放牧。二等牧户人口数量很大,自家有少量的牲畜,自产自牧,自收自支。三等牧户人口众多,但无任何畜产,他们被牧主雇佣,替牧主放牧牛羊驼马,以换取少量的糊口的食物。详细划分情况见本文第三章第二节"辽代户等制度"。

手工业者。辽代的手工业者以汉族人为最多。辽建国初期,随着大批中原汉人被俘掠,他们中的一些原在中原地区从事手工业生产的能工巧匠们,也被陆续安置在契丹腹地,并让他们继续从事着原来熟悉的各类手工业生产活动。与此同时,被灭国后的渤海族工匠,也被西迁到了辽西两河(潢、土二河)流域的契丹腹地,他们与汉族工匠一起经营诸业,奠定了辽代手工业生产的基础。中原人胡峤在辽皇都上京城,即见到"有绫锦诸工作"者,"皆中国人,并、汾、幽、蓟之人尤多"。[165]这就是说,辽初时在上京临潢府城内,已经有了纺织手工业作坊,其中的纺织工人以中原来的工匠为主。燕云十六州入辽之后,辽政府升幽州为南京,在南京城内,亦聚集着大量的汉族纺织手工业者,他们集中在各大大小小纺织作坊和"杂院"中,从事着各种丝、毛、麻织品的纺织、刺绣和染色,使这里的"锦绣组绮,精绝天下"。[166]此外,在宜州弘政县及中京白川州,亦都集中着大量的专业纺织手工业生产者。《辽史·地理志》"弘政县"条云:"世宗以定州俘户置,民工织纴,多技巧。"[167]定州是中原唐宋以来北方著名的丝织业发达地区之一,这里的纺织手工业工匠被契丹军队北掠入辽,他们自然也把当地的纺织技术带到了契丹腹地。白川州又名川州,属中京道所辖的契丹贵族所建头下军州。这里"地宜桑柘,民知织纴之利,岁奉中国布帛,多出白川州税户所输"。[168]此外,在中京道的东部(今辽西朝阳、锦州的大凌河流域),"(沿)灵河有灵、锦、显、霸四州,地生桑、麻、贝、锦,州民无田租,但供蚕织,名曰太后丝蚕户"。[169]这几州均属隶宫州,很显然这里集聚着大量的为皇宫服务的植桑养蚕和丝织专业民户。

辽代的采矿和金属冶炼、金属器具加工手工业非常发达,多集中在中京道南部和东京道南部地区。如,柳河馆北面的打造部落馆,"有番户百余,编荆为篱,锻铁为兵器。"[170]如东平县(在今辽宁辽阳一带),"本汉襄平县地,产铁,拨户三百采炼,随征赋输"[171]。曷术部,"初,取诸宫及横帐大族奴隶曷术石烈,'曷术',铁也,以冶于海滨柳湿河、三黜古斯、手山。圣宗以户口蕃息置部。"[172]此外,在契丹辽地,还散布着众多从事采盐晒盐、制车造船、烧窑制瓷、制革印刷等行业的手工业者。[173]

商人。辽代从事商品交易的商人遍布各地,尤以五京都市和南部辽、宋边境地区更为集中。如在皇都上京城,云集着国内外各民族商贩。《辽史·地理志》"上京"条云:"南门之东回鹘营,回鹘商贩居留上京,置营居之。"[174]上京"南城谓之汉城,南当横街,各有楼对峙,下列井肆"。[175]可见,上京南城中有市场,市场内必有各族商贩聚集交易。其他如东京城、中京城及南京城内,亦都有相类的市肆,吸引着各族商贩入市买卖商品。如路振《乘轺录》即记载中京市肆中商贩云集、驼车塞路的热闹景象:"自朱夏门入,街道阔百余步,东西有廊舍,约三百间,居民列廛肆庑下,街东西各三(应为四)坊,坊门相对……又于坊聚车橐驼。"[176]辽、宋自订立"澶渊之盟"后,双方息兵和好,边境贸易十分红火。辽、宋政府各在己方靠近边境的一些州县内,设置一些专供边贸所用的"榷场"(市场),榷场内聚集了大量来自辽、宋各地各民族的商贩;与此同时,由于边境地区民间走私贸易的兴盛,大量的边民或亦农亦商,或弃农从商,大大扩充了辽代商人阶层的人数。

普通僧、尼、道、巫阶层。这一阶层在辽代社会中分布广泛、人数众多,尤其是辽代后期的道宗朝,由于皇帝崇佛,因而,僧尼的社会地位抬升,大批崇佛信教家庭中未婚青年男女(其中也有个别年长的已婚者),剃度为僧尼。据《辽史·道宗纪》记载:咸雍八年(1072年)三月,"有司奏春、泰、宁江三州三千余人愿为僧尼,受具足戒。许之"。这就是说,道宗皇帝一次就批准三千多名崇佛信教青年受戒为僧尼。同书又载:大康四年(1078年)七月,"诸路奏饭僧尼三十六万"。足可证当时僧尼人口之众。

辽代佛教鼎盛,但道士也有一定量的人数存在。辽朝初年,道士亦多来自中原。胡峤《陷北记》中所言上京城内"僧尼、道士等,皆中国(中原)人"[177]即是证明。到辽代中后期,在契丹辽地已涌现出了很多本土道士。辽代风俗,每年的四月八日佛诞日,各京府州县都要举行游行庆贺,"放僧尼、道士、庶民行城一日为乐"[178]。这说明契丹辽地各京府州县,都有道士存在。

"巫"。辽代的原始宗教是萨满教,其神职人员就是"巫"。《辽史·圣宗纪》载:"分遣巫觋祭名山大川。""巫"是女巫,"觋"是男巫。表明辽代的"巫"有男女之分。在辽代的各种祭祀仪式,如"祭山仪"、"丧葬仪"、"再生仪"、"瑟瑟仪"、"岁时杂仪"、"孟冬朔拜陵仪"等活动中经常见到"巫"的各种表现,他们又分为"太巫"、"大巫"、"巫"等不同的级别。[179]辽代之巫,大多是契丹族人,也有部分汉巫和西域来的胡巫。

　　3. 部曲、奴婢、著帐户阶层

　　这是处在辽代社会最低一级的阶层,他们的地位相当于农奴、奴隶,人身自由受一定限制或完全没有自由。部曲一般指古代大官僚、军阀拥有的私人武装,汉代就有这种称呼。辽代的部曲,大多集中于契丹头下贵族的门下,其来源,部分属于朝廷的赏赐。如辽太宗会同四年(941年),辽军攻朔州,宣徽使裹古只战死。朔州城被攻下后,辽太宗耶律德光即"以叛民上户三十为裹古只部曲"[⑱]。另一部分属于私下招纳及主动投附的。当然,也有地方豪强仗势夺良民为部曲的,如《贾师训墓志》所记的河东"酋豪"一次就强行霸占500户良民为部曲。[⑱]由此亦知,除头下贵族之外,其他豪强大族之家以及斡鲁朵(宫卫)中,亦都有类似于农奴身份的部曲,这些部曲人员,以一家一户为单位,平时为主人做工、种地及放牧,"有事"则操刀持枪,侍卫御敌。陈述先生认为,辽代的部曲身份是双重的,既属主人,又属国家,这一点与纯粹的家庭奴婢不同。[⑱]如辽太宗时,六院部皇族耶律沤里思,即因"坐私免部曲,夺官"[⑱]。因此,部曲虽属贵族个人所有,但其身份必上报朝廷而定,本主无权私改部曲的隶属及身份地位。部曲要改变身份,必得皇帝下诏准许才行。如圣宗统和十三年(995年)四月,"诏诸道民户应历以来胁从为部曲者,仍籍州县。"[⑱]

　　贵族家之奴婢。奴婢的身份地位低于部曲,完全属于契丹贵族们的私有财产,虽然不允许随意杀害,但可以遗赠和买卖,为主人从事各种生产劳动。如《辽史·王继忠传》即载:王继忠因在辽与北宋的外事谈判交涉活动中颇有功绩,圣宗便"以继忠家无奴隶,赐宫户三十"。《辽史·萧德传》亦载:萧德因与耶律庶成修订《律令》有功,也被皇帝"赐宫户十有五"。辽代奴婢在中前期是允许买卖的,《辽史·兴宗纪》即载:重熙十五年(1046年),辽政府宣布:"禁契丹以奴婢鬻与汉人。"看来在此之前,汉人有钱者是可以花钱买契丹人作奴婢的。辽代的奴婢处于社会的最底层,属于"贱民",没有如自由平民那样所拥有的各种社会权力。如他们没有参加科举的权利。兴宗重熙十九年(1050年)六月,"诏医卜、屠贩、奴隶及倍父母或犯事逃亡者,不得举进士。"[⑱]可见,当时奴隶与罪犯是一个待遇,但不允许奴婢的主人随意惩处奴婢,更不能无故杀害之。辽兴宗时规定,"奴婢犯逃,若盗其主物,主无得擅黥其面,刺臂及颈者听。"[⑱]辽兴宗朝,契丹六院部皇族耶律裹履,欲与秦晋长公主的孙女成婚,"其母与公主婢有隙,谓裹履曰:'能去婢,乃许尔婚。'裹履以计杀之,婚成。事觉,有司以大辟论。"[⑱]以皇族成员抵奴婢之命,可见,辽代的奴婢生命权是受法律保护的。

　　由于辽王朝是在中原文化影响下,从原始的军事民主制时代直接跨入了封建时代,其奴隶问题一直贯穿辽代二百余年始终,尤其是贵族家庭中的奴婢数量应该是很庞大的。据重熙七年《耶律元妻晋国夫人萧氏墓志》记载，"（晋国夫人）育婢仆百千口，整家道十数年"[⑱]，还有多达成千上万的，如景宗长女燕国大长公主（丈夫为北府宰相萧继先[远]），被其母睿智皇后"赐奴婢万口"[⑲]。这么大的数量不应是家庭奴隶，陈述先生认为这"万口"奴婢应是公主头下私城中的"媵户"数，即公主下嫁时的陪嫁奴婢，属"生产奴隶"。[⑳]

"著帐户"。他们是斡鲁朵（宫帐）的组成部分（但不是宫卫户），主要是析分宫户及由犯了罪的人被"籍没"后而组成，属宫廷奴隶。《辽史·营卫志》"著帐户"条即云："本诸斡鲁朵析出，及诸罪没入者。"他们属于宫廷奴隶。"著帐户"成员的主要职责是为宫廷中的皇室成员日常生活服务，"凡承应小底、司藏、鹰坊、汤药、尚饮、盥漱、尚膳、尚衣、裁造等役，及宫中、亲王祗从、伶官之属，皆充之"，并且，"著帐"奴隶"释宥、没入，随时增损，无常额"。[㉑]

三、辽代阶级、阶层间的变化

1. 辽朝皇、后二族成员地位的升降变迁

辽代用于囚禁、役使罪犯的场所称为"瓦里"，其设置比较广泛，在朝廷、各斡鲁朵、各部族中都有。辽世宗以后规定，"内外戚属及世官之家，犯反逆等罪，复没入"。[㉒]这些没入瓦里的人不仅有皇族耶律氏成员，而且包括了后族萧氏及其他各部族的人。一旦被没入瓦里，他们即被剥夺了高贵的身份，成为皇家的奴隶，隶属于内廷的著帐诸局，"凡御帐、皇太后、皇太妃、皇后、皇太子、近位、亲王祗从、伶官，皆充其役"[㉓]。

辽代皇族阶层部分成员的衰落和分化以辽太祖耶律阿保机的嫡系子孙即横帐最为典型，其主要原因：一是政治斗争，在辽太祖耶律阿保机去世后，使长期以来隐藏在皇族耶律氏内部的矛盾顿时表面化，焦点是皇位继承权问题。斗争双方以太祖长子、东丹王耶律倍及其子孙为一方，以太祖皇后述律平支持的次子耶律德光及其子孙为另一方，皇权在两大支系间频繁易手，你争我夺长达四十余年。辽太宗之后的世宗（耶律倍之子）、穆宗（辽太宗之子）、景宗（辽世宗之子）都是在非正常的情况下登上皇位的，每一次皇权易手都反映出两大支系间的力量的进退消长。皇帝权力在上述两大支系之间转移的过程中，得势的一方总是要千方百计压制和排斥失势的一方，因此，失势皇族成员的沦落就是不可避免的。辽景宗即位以后，改变了这种状况，停止了对耶律倍支系以外的皇族成员的排斥和迫害。但不能说明辽太宗和李胡两支系子孙在政治上已经受到信任，他们可能还过着高高在上的优裕生活，然而却从此远离了辽朝国家政治生活的中心。从《辽史·皇子表》和《皇族表》的记载来看，辽太宗及李

胡两支系子孙在辽景宗后期的政治生活中已经绝少能见到他们的身影,到辽圣宗时就已经完全默默无闻了,作为与皇帝在血缘上最亲密的皇族成员,反而不如孟父、仲父、季父房各支系那样显赫和活跃。二是因参与谋反或因其他犯罪活动而受到惩罚,也是部分皇族成员沦落的原因之一。如阿保机叔父岩木后代耶律迭里,因建言"帝位宜先嫡长……由是忤旨。以党附东丹王,诏下狱……杀之,籍其家"。类似这种皇族遭"籍其家"处理的例子非常多,遭此大难后,大多都由上层贵族沦落为下层平民,甚至奴隶。

2.平民阶层的变化

从阶级关系上说,处于被剥削、被压迫的地位上。一般来说,平民阶层的状况是随着辽朝统治状况的变化而变化的。在辽朝前期的大规模对外征服战争中,皇室和大小权贵得到了财富和升迁,而契丹等各部族的平民,得到的却是沉重的兵役负担,畜牧生产也受到破坏,无法正常进行,只会愈加贫困。辽圣宗以后,辽朝社会进入了较快的发展时期,平民阶层的分化也更加显著。平民中的上层豪强、豪民的新动向就是以其经济上的实力为后盾谋取相应的社会地位。辽朝规定:"契丹豪民要裹头巾者,纳牛、驼十头,马百匹,乃给官名曰舍利。后遂为诸帐官,以郎君系之。"⑩裹头巾是契丹族社会等级的标志之一,辽道宗在清宁元年(1055年)九月的诏令中说:"非勋戚后及夷离堇、副使、承应诸职事人不得冠巾……夷离堇及副之族并民如贱,不得服驼尼、水獭裘,刀柄、兔鹘、鞍勒、珮子不许用犀玉、骨突犀,惟大将军不禁。"⑱以示身份地位标志之不可僭越。但是,仅仅过了二年,辽朝又宣布"弛驼尼、水獭裘之禁"。这说明在辽道宗颁诏之时,违反服饰等级已经不是个别的现象,而宣布解禁既是对于社会上包括平民阶层在内的各等级在服饰方面僭越现象的妥协,也反映了部分平民势力的上升。

由普通的契丹族平民而出人头地,跻身辽朝统治集团核心的代表人物是辽道宗时的著名权臣耶律乙辛。《辽史·耶律乙辛传》载:"耶律乙辛,字胡睹衮,五院部人。父迭剌,家贫,服用不给,部人号'穷迭剌'……乙辛幼慧黠。曾牧羊……及长,美风仪,外和内狡……帝亦爱之,累迁护卫太保。"后因"重元之乱"有平乱之功,加之靠察言观色玩弄权术的本事取得了道宗的宠信,在官场中扶摇直上,官至北院枢密使,晋封爵,势震朝野。为了固宠专权,他甚至百般罗织,诬杀皇后和皇太子,成为严重危害辽朝统治的人物,被列入《奸臣传》⑲。

与少数平民地位上升的同时,是广大下层平民境遇的不断恶化和地位的普遍下降,甚至有的破产沦落,其处境十分悲惨。这主要是由于平民的兵役和戍边徭役负担过于繁重造成的。辽朝疆域辽阔,又东接高丽,西邻西夏,北方有乌古、敌烈,西北有阻卜,南方与北宋对峙,处于四战之地。即使在和平条件下,边防屯戍的任务也是相当繁重的,而轮番赴边戍守、屯田的徭役主要是由平民来负担的。

统和年间,在耶律昭给当时的西北路招讨使萧挞凛的信中说到了契丹平民受戍边之累的情形:"夫西北诸部,每当农时,一夫为侦候,一夫治公田,二夫给纠官之役,大率四丁无一室处。刍牧之事,仰给妻孥。一遭寇掠,贫穷立至。春夏赈恤,吏多杂以糠秕。重以掊克,不过数月,又复告困……兼以逋亡戍卒,随时补调,不习风土,故日瘠月损,驯至耗竭"。[197]萧韩家奴在对辽兴宗的策问时说:"臣伏见比年以来,高丽未实,阻卜犹强,战守之备,诚不容已。乃者,选富民防边,自备粮糗。道路修阻,动淹岁月;比至屯所,费已过半;只牛单毂,鲜有还者。其无丁之家,倍直佣僦,人惮其劳,半途亡窜,故戍卒之食多不能给。求假于人,则十倍其息,至有鬻子割田,不能偿者。或逋役不归,在军物故,则复补以少壮。其鸭绿江之东,戍役大率如此。况渤海、女直、高丽合从连衡,不时征讨。富者从军,贫者侦候。加之水旱,菽粟不登,民以日困。盖势使之然也。"[198]萧韩家奴还针对流弊丛生的平民戍边屯田的补役之法进一步指出:"夫帑廪虽随部而有,此特周急部民一篇之惠,不能均济天下。如欲均济天下,则当知民困之由,而窒其隙。节盘游,简驿传,薄赋敛,戒奢侈。期以数年,则困者可苏,贫者可富矣。盖民者国之本,兵者国之卫。兵不调则旷军役,调之则损国本。且诸部比有补役之法。昔补役始行,居者、行者类皆富实,故累世从戍,易为更代。近岁边虞数起,民多匮乏,既不任役事,随补随缺。苟无上户,则中户当之。旷日弥年,其穷益甚,所以取代为艰也。非惟补役如此,在边戍兵亦然。譬如一抔之土,岂能填寻丈之壑!欲为长久之便,莫若使远戍疲兵还于故乡,薄其徭役,使人人给足,则补役之道可以复故也。"[199]在沉重的赋税、兵役、徭役的盘剥之下,平民日益贫困,以致破产沦为农奴、部曲。所以,辽圣宗以后诸帝多次下令赈济诸部贫困平民,也间接反映了平民阶层两极分化的深刻程度。

3. 宫户等奴隶地位的变化

耶律夷腊葛,本是宫户出身,他父亲耶律合鲁活着的时候已经官至检校太师,辽穆宗时,耶律夷腊葛入侍宫廷,取得了辽穆宗的信任,仅用数年时间就升为殿前都点检,执掌宫廷宿卫事。"时上新即位,疑诸王有异志,引夷腊葛为布衣交,一切机密事必与之谋,迁寄班都知,赐宫户"。[200]一个宫户出身的人不仅被皇帝引为心腹和知己,而且得到了奴役其他宫户的特权。

女里,"逸其氏族,补积庆宫人",即他自己出自哪一氏族都不知道,辽世宗时补为积庆宫(辽世宗斡鲁朵)宫人。辽景宗耶律贤在即位前,因女里是自己父亲斡鲁朵中的宫人,对他"待遇甚厚,女里亦倾心结纳。及穆宗遇弑,女里奔赴景宗,是夜,集禁兵五百以自卫。既即位,以翼戴功,加政事令、契丹行宫都部署,赏赉甚渥,寻加守太尉"[200]。在辽穆宗遇弑的仓促之际,女里能够指挥500禁兵护送耶律贤到达行在,抢得夺取皇位的先机,可见他在耶律贤政治集团中无论就其权势还是能量来说都已经是一个非同寻常的人物了。而在事变后他所出任的契丹行宫都部署一职,总掌诸斡鲁朵之政令,是北面官中极其重要的职位之一,他此时拥有的权力、地位,与他原来的宫人身份相比,有着天壤之别。

由宫户出身而贵极人臣者,当数韩德让,是宫户人地位升迁的典型代表,在有辽一代的所有蕃汉大臣中无与伦比。其基本情况前已述及,这里不再赘述。

在辽朝这样一个等级森严的社会里,能够从一般宫户上升为达官显宦的毕竟屈指可数,而在圣宗朝以来宫户人身束缚普遍松弛和社会地位提高的趋势则具有积极的社会意义。此时,一般宫户已经有了摆脱宫籍获得平民身份的可能性。统和七年(989年)一月,辽圣宗下诏:"南征所俘有亲属分隶诸帐(斡鲁朵)者,给官钱赎之,使相从。"[202]这一诏令与辽圣宗颁布的一系列把应历年间以来胁从为部曲的人还籍州县为民,以及因灾荒而质、鬻子女者以佣折价为良人的诏令的出发点是一致的,对于削弱劳动者的人身束缚,提高他们的社会地位起了积极的作用,这是契丹族统治者顺应辽朝社会发展的客观要求的明智之举,客观上促进了经济的发展和人口的再生产。

宫户财产继承权的扩大,直接反映了宫户地位的提高和改善。重熙十一年(1043年)六月,辽兴宗下诏:"汉人宫分户绝,恒产以亲族继之"[203]。所谓恒产是指田、宅等财产,一般把是否拥有恒产作为区别农奴和奴隶的重要标准,辽兴宗的这道诏令至少可以说明两个问题:第一,如果说辽朝初年的汉族宫户没有属于自己的恒产的话,而在此后的汉族宫户虽然仍是斡鲁朵主人的私属,却已经变成了拥有恒产的农奴,他们是明显区别于奴隶的个体劳动者,起码在汉族、渤海族为主的蕃汉转户中是这样,而宫户中的契丹正户的地位似乎应当更高一些。第二,汉族宫户的恒产在此以前是允许其直系亲属继承的,只有在这个前提下,继承权才能进一步扩大到直系亲属以外的"亲族"[204]。

第四节　辽代人口职业结构

职业指各类人口在社会上所从事的作为主要生活来源的工作。根据所从事的工作性质和人口规模,辽代职业可分为农民、牧民、手工业者、商人、官员、僧尼等。研究职业结构不同于阶级结构,所有的官员,上至皇帝,下至知事都属于这一分类;农民,既包括地主,也包括一般农民。

一、农民

农民指从事农耕生产经营的州县管理(包括头下州、寺院庄园中从事农耕生产的"二税户"农民)下的汉族及渤海族人口,同时也包括分散在斡鲁朵(宫卫)中的从事农耕的宫分人,如上所述,还包括一部分契丹等部落中从事农耕生产的部分人口,他们占辽国人口的绝大部分。农业是契丹国家重要的租赋来源。辽代农牧经济的分布由于自然环境的不同,历来是南农北牧,如《辽史·营卫志》载:"长城以南,多雨多暑,其人耕稼以食,桑麻以衣,宫室以居,城郭以治。大漠之间,多寒多风,畜牧畋渔以食,皮毛以衣,转徙随时,车马为家。"但随着辽国经济的发展,农业北渐到了契丹腹地,甚至北部、西北部边境的广大地区。

契丹建国以前,农业即有了不小的进步,建国之后,特别是在平定了诸弟之乱后,阿保机采取了"弭兵轻赋"的休养生息政策,把力量集中在农业生产上,即"专意于农","分北大浓兀为二部,程以树艺",其他各部也来仿效。辽太宗会同初即"诏有司劝农桑,教纺绩";会同二年(939年)十月,诏令南院欧董突吕、乙斯勃和北院温纳河剌三石烈人迁至"水草肥美"的乌古部,开辟农田。翌年八月,又诏将于谐里河、胪朐河即今克鲁伦河上游一带地方给予三石烈,以扩展农田[205]。辽穆宗应历初(951年),耶律挞烈任南院大王,"均赋役,劝耕稼,部人化之,户口丰殖","朝议以为富民大王云"[206]。

辽代农业发展的成就是巨大的,在五京道范围内都有体现。上京道:辽道宗时候,"时西蕃多叛,上欲为守御计,命耶律唐古督耕稼以给西军。唐古率众田胪朐河侧,岁登上熟。移屯镇州,凡十四稔,积粟数十万斛,每斗不过数钱"[207];中京道:前南京度支判官马人望被迁置中京任度支使,"视事半岁"而"积粟十五万斛,擢左散骑常侍,辽之农谷至是为盛"[208];东京道:"咸、信、苏、复、辰、海、同、银、乌、遂、春、泰等五十余城内,沿边诸州,各有和籴仓,依祖宗法,出陈易新,许民自愿假贷,收息一分。所在无虑二三十万硕,虽累兵兴,未尝用乏"[209];另据《辽史》记载,景宗保宁七年(975年),"汉(北汉)有宋兵,使来乞粮。诏赐粟二十万斛助之"[210];南京、西京道(燕云地区):太平五年(1025年)南京大丰收,圣宗临幸,"燕民以年谷丰熟,车驾临幸,争以土物来献。上礼高年,惠鳏寡,赐脯饮。至夕,六街灯火如丹,士庶嬉游,上亦微行观之"[211]。在南京地区,这种年谷丰收、君民同庆的盛世景象,自唐末五代以来百年未见。至道宗初年,农业继续发展,清宁十年(1064年)"南京、西京大熟"[212]。

农业向北推进是辽代农业发展的巨大贡献,这一点也得到了考古工作者的证明。

近年,在克鲁伦河畔(即上述胪朐河)发现了辽代的灌溉水渠,西起克鲁伦河畔的陶斯乌鲁珠,东南至陶米图诺尔,长约15—20公里,中间还有许多支渠。在水渠附近有辽代村落的遗址,表明水渠为辽代的遗存。在哈拉哈河北岸五一牧场,也遗有古代的灌溉水渠,将哈拉哈河水引入草原……表明这里曾经进行过较为先进的灌溉农业耕作。库力即额尔古纳右旗上库力乡,位于根河南岸,辽代时根河一带也有农田。在海拉尔市以北160公里处库力山坡深约两米,发现有古代的铁犁头(当时辽代的遗存)。由于当时的生态环境较好,草树茂密,水源较为丰富,农业能够发展起来,其发展不仅在辽北部和西部边境,在辽的腹心地区上京中京一带,也由于大批汉城的建立而得到发展。辽代农业发展有力地促进了契丹社会的发展,加速了其封建化进程。虽然从长远来看,辽北部边境移民开垦耕地对森林、草原等植被恢复起到了破坏作用,但这一点则是契丹人所无法料到的。[213]

辽代农业耕作技术的发展。近年来,考古工作者在我国东北地区出土了大量辽代的镐、锄、桦、镰、铡刀、叉等铁制农具,其中绝大多数与中原地区的铁制农具形制相同。在辽宁"昌图八面城(辽时韩州)、阜新红帽子古城(辽成州)和赤峰等地还出土了铸铧铜范。出土的铁锄都是由锄钩和锄板组合而成,同近代铁锄大体相似"[214]。在北京地区(辽南京)也有辽代铁制农具出土,通县东门外、顺义大固观、上辇、怀柔上庄、房山焦庄等处出土过几批,多是农具和生活用具,有铧、犁镜、耘锄、镐、镰、铡刀、禾叉等,这些铁器的形制多数也与中原地区相似。某些农具甚至与现在北方农民仍在使用的农具极其相近。可见辽代农业在工具使用方面已相当进步。耕作水平方面,辽代采用了被称为"垄植"的先进耕种方法,"所种皆从垄上,盖虞吹沙所壅"[215],这种方法既能防止禾苗被风沙湮没,又能使多旱的土地保持较好的墒情,标志着辽代农业向精耕细作发展,是农业技术的一大进步。在长城以北的一些地区,这种耕作方法至今仍在使用。[216]表明辽代农民生产技术和素质已经达到了很高的程度。

如前面推测,辽代可推测人口数为10569288(包括僧尼人口,不包括著帐户、奴隶、属国户口),五京州县人口6969288人,宫卫户中的"蕃汉转户"基本上是从事农业的人口,有124000户,992000人,二者合计为7961288,不考虑契丹等牧民中从事农耕生产的人口,农民人口已经占到总人口的75%,占总人口的绝对多数,如果考虑一些未计入的人口,农民人口占总人口规模的比例当也不低于70%。

二、牧民

牧民所从事的职业主要是畜牧业,《辽史·食货志》载:"契丹旧俗,其富以马,其强以兵。纵马于野,弛兵于民。有事而战,㩢绮介夫,卯命辰集。马逐水草,人仰湩酪,挽强射生,以给日用,糗粮刍茭,道在是矣。"足见畜牧业在辽代政治、经济、军事、生活中的巨大作用。

契丹官营畜牧业的管理。中央设总典群牧使司,主管官为总典群牧部籍使、群牧都林牙,以掌管全国群牧之政,各地放牧情况都要汇总到这个机构中。地方上则有诸路群牧使司,分置太保、侍中和敞史诸官,这类机构大概包括马、牛等的牧养。因为在地方群牧使司之外,还有"某群牧司"的设置,应是专门牧养马或牛的群牧司,从地方机构标出所谓马群司或牛群司。《辽史》列举的地方群牧管理机构有:西路群牧使司、倒塌岭西路群牧使司、浑河北马群司、漠南群司、漠北滑水马群司,以及牛群司等[⑰]。斡鲁朵(宫分)中,设有"某宫马群司",管理皇室马群的放牧,像其他宫官一样,与中央总典群牧司没有统辖隶属关系。辽代直接从事牧养的下层人员称作习马小底[⑱]、牧人,其中有的身份地位可能是奴隶或者接近奴隶。

各地放牧的地方,契丹人谓之"抹",即"无蚊蚋,美水草"之地,上面"漠北滑水马群司",滑水就是一个牧马地所在。

辽代畜牧业中占据最重要位置的当属马。契丹人上上下下都重视对马的喂养和乘骑,并以此为荣,而轻视农耕生产,所谓"习俗便乘马,生男薄负锄。"[⑲]不仅契丹的男子能牧养驾驭马匹,即使是妇女,贵如契丹的后妃,也是驾御的能手:"辽以鞍马为家,后妃往往长于射御,军旅田猎,未尝不从。"[⑳]契丹家家户户既以繁衍马匹为事,马也就成为契丹社会的重要财富:"契丹其富以马。"他们不仅对其他各族人加以炫耀,自夸其"有羊马之富"[㉑],即使在他们内部,也以马匹的多少作为评论家资的一个重要条件:"番汉人户亦以牧养多少为高下"[㉒]。前章曾经提到,在契丹,要想得到"舍利"这个头衔,除交纳牛、驼十头之外,单是马就达百匹之多。

契丹牧民牧养马匹的技术高超,经验丰富。一是认识到了自然条件对畜牧业的影响。北宋中后期的范镇曾记录了契丹使臣萧庆的一段话:"契丹牛马有熟时,有不熟时,一如南朝养蚕也……有雪而才露出草一寸许时,如此则牛马大熟;若无雪,或雪没草,则不熟,盖契丹视此为丰凶。"[㉓]二是积累的经验:"契丹马群,动以千数,每群牧者才二三人而已。纵其逐水草,不复羁绊,有役则旋驱策而用,终日驰骤而力不乏。彼谚云:一分喂,十分骑。"[㉔]这种做法是,在广阔的草原上,让马自由地逐水草而生长,避免不适当的人为的过多干预:"视马之形,皆不中相法,蹄毛俱不剪剃。云:马遂性则滋生益繁,此养马法也。"[㉕]

除国家养马以外,作为生活的主要来源,契丹家家户户无不养马,而养马的数量也很不一样,富户养马以群计算,而平民可能穷得一匹马也没有,靠替别人牧马为生,马的多少成为契丹诸阶级阶层在经济上区分的一个重要标志。

辽代畜牧业的第二大产业是羊。契丹羊的品种多而且好。其中称之为北羊的，"长肉多髯，有角者百无二三，大仅如指，长不过四寸，皆目为白羊，其实亦多浑黑；亦有肋细如箸者，味极珍"[20]。北宋著名诗人梅圣俞曾写诗予以称赞："细肋胡羊卧苑沙，长春宫使踏霜杷。蒺藜苗尽初蕃息，苜蓿盘空莫叹嗟！……磨刀为削朝霞片，时引清杯兴转嘉。"[21]还有一种生在鞑靼的名叫鞑靼羊，"大如驴，尾巨而厚，类扇，自脊至尾，或重五斤，皆膏脂。"[22]也是很珍贵的一种。同牧马一样，羊也是"以千百为群，纵其自就水草，无复栏栅，而生息极繁"，出使契丹的苏颂曾描写道："牧羊山下动成群，啮草眠沙浅水滨……毡裘冬猎千皮富，潼酪朝中百品珍，生计不赢衣食足，土风犹似茹毛纯。"[23]契丹人在实践过程中也积累了丰富的经验。如果遇到大风，"羊顺风而行"，"至举群万计皆失亡，牧者驰逐，有至数百里外方得者"。羊"三月八月两剪毛"，"春毛不直钱，为毡则蠹，唯秋毛最佳；皮皆用为裘"。羊乳、羊肉、羊毛、羊皮，成为契丹人的又一衣食之源，而且在同其他诸族交换中占有重要地位。

马、羊之外，牛和骆驼也是契丹畜牧业中的两项。契丹人用青牛白马祭天，可见对牛极为重视，设有牛群司放牧，但牛的数量大大少于马、羊，因为在辽朝设立的六个群牧司中，牛群司只有一个，同时，《辽史》中关于赐羊、马的记录很多，而赐牛的记录只见一次。

关于养猪，据张正明先生考证，契丹人养猪虽然不多，但肯定有，并不是"俗不畜猪"。[24]

关于辽代畜牧业的发展、兴盛和衰亡的过程，《辽史·食货志》进行了高度概括：

"始太祖为迭烈府夷离堇也，……因民之利而利之，群牧蓄息，上下给足。及即位，伐河东，下代北郡县，获牛、羊、驼、马十余万。枢密使耶律斜轸讨女直，复获马二十余万，分牧水草便地，数岁所增不胜算。当时，括富人马，不加多，赐大、小鹘军万余匹，不加少，盖畜牧有法然也……以故群牧滋繁，数至百有余万，诸司牧官以次进阶。自太祖及兴宗垂二百年，群牧之盛如一日。天祚初年，马犹有数万群，每群不下千匹。祖宗旧制，常选南征马数万匹，牧于雄、霸、清、沧间，以备燕、云缓急。复选数万，给四时游畋，余则分地以牧。法至善也。至末年，累与金战，番汉战马损十六七，虽增价数倍，竟无所买，乃冒法买官马从军。诸群牧私卖日多，畋猎亦不足用，遂为金所败。弃众播迁，以讫于亡。松漠以北旧马，皆为大石林牙所有。"[25]

从事畜牧业的人口中，应主要是以契丹族为主，包括奚等诸民族、诸部落在内的游牧民族。前已考证，这些游牧民户按家庭畜产的多寡分为三等。上等户牧民即为牧主，他们拥有的畜产很多，生活富裕，并雇佣下等牧民为其放牧。他们在辽代社会中没有政治特权,靠剥削雇佣者而发家致富。二三等牧民是牧区畜牧业生产劳动的主要承担者。二等牧户自家有少量的牲畜,自产自牧,自收自支,如不是遭遇天灾(如旱灾、雪灾)和瘟疫,大多尚能解决生活上的温饱。如道宗朝的大臣耶律乙辛,"幼时,家贫,服用不给",即属于二等牧民之家,年幼的乙辛即曾为自家"牧羊"[213]。三等牧户则无畜产,受雇于人,替牧主放牧牛羊驼马为生。如圣、兴朝的奚族官员萧蒲奴,原为奚王贵族之后,但其幼年时家道已衰败,沦为下层牧户,所以他年轻时即曾为富人雇工牧牛,并受尽欺辱。《辽史·萧蒲奴传》载:蒲奴"幼孤贫,慵于医家牧牛。伤人稼,数遭笞辱"。[214]在辽代,贫苦的农牧民不仅受到地主及牧主的剥削,还时常遭遇官僚豪强的盘剥,甚至有沦为更低层次的部曲奴婢的可能。[215]寿昌三年(1097年)的《贾师训墓志》上即记载:中京道锦州"州帅",即"以其家牛羊驼马,配县民畜牧,日恣隶仆视肥瘠,动撼人取钱物,甚为奸扰"。更有甚者,"间有酋豪负势,诈良民五百口为部曲"[216]。

这些民族的人数前已考证,但并不是所有这些民族的成员都从事畜牧业,因为,从立国之初,在汉人的影响下,契丹人越来越多地懂得并熟悉了稼穑之事,转向半农半牧了。辽初天赞元年(922年),"(北大浓兀部)户口滋繁,纠辖疏远,分北大浓兀为二部,程以树艺,诸部效之。"到辽代中叶以后,半农半牧已成为契丹社会中比较普遍的经济类型如上引耶律昭的策对:"夫西北诸部,每当农时,一夫为侦候,一夫治公田,二夫给纠官之役,大率四丁无一室处。刍牧之事,仰给妻孥。"[217]西北路招讨使统辖的契丹部落有品部、突吕不部和楮特部,他们既治公田,又事刍牧,表现出明显的半农半牧经济形式,边疆部落尚如此,"地沃宜耕植"的契丹腹地当更是如此。

因此,从事畜牧业的人口包括宫户中的正户,数量为81000户,648000口;诸部落人口也基本上是从事牧业的人口,虽然亦农亦牧,但还是以牧业为主,计200000户,1600000口。因此,不考虑州县人口中从事牧业的人口,这两部分人口共281000户,2248000口,应该就是从事畜牧业的人口数量,占总人口(10569280口,包括僧尼人口,不包括著帐户、奴隶、属国户口)的比例约为21%。如果考虑著帐户、部分属国、奴隶人口,因分子分母都在扩大,估计百分比基本如此。

三、手工业工人

手工业是相对于现代工业而言的工业形式,它是工业化社会以前的主要工业模式,从事这个职业的人口就称作手工业工人或工匠。辽代的手工业者以汉族人为最多,渤海次之,然后是契丹人、奚族人、女真人。其中,契丹、奚族人是以制造马具和车具为主,从事其他行业的人较少。汉族工匠主要从事纺织、陶瓷、建筑等行业,同时与渤海、女真等民族一起从事冶金行业的人也很多。所有这些民族的工匠,以他们勤劳、灵巧的手,创造了许多不逊于当时中原水平的产品,提高了国家整体文化和生活水平。

手工业作为一个独立的生产部门,是在辽朝建国以后才出现的,在此之前工匠都是牧民的家庭成员。随着汉人向辽区的大量流入,各行各业的汉族工匠也把各种手工工艺传授给了兄弟民族,所谓"教其织纴工作,中国所为,虏中悉备"[238]。与此同时,被灭国后的渤海族工匠,也被西迁到了辽西两河(潢、土二河)流域的契丹腹地,他们与汉族工匠一起经营诸业,奠定了辽代手工业生产的基础。

纺织业。一是官府纺织业。中原人胡峤在辽皇都上京城,即见到"有绫锦诸工作"者,"皆中国人,并、汾、幽、蓟之人尤多"[239]。这就是说,辽初时在上京临潢府城内,已经有了纺织手工业作坊,其中的纺织工人以中原来的工匠为主。燕云十六州入辽之后,辽政府升幽州为南京,在南京城内,亦聚集着大量的汉族纺织手工业者,他们集中在各大大小小纺织作坊和"杂院"中,从事着各种丝、毛、麻织品的纺织、刺绣和染色,使这里的"锦绣组绮,精绝天下"[240]。这些应是官府设置的专门手工业场所,归"北面坊场局冶牧厩等官"[241]等机构中的某一机构管理。二是家庭纺织户。在宜州弘政县及中京白川州,亦都集中着大量的专业纺织。《辽史·地理志》"弘政县"条云:"世宗以定州俘户置,民工织纴,多技巧。"[242]定州是中原唐宋以来北方著名的丝织业发达地区之一,这里的纺织手工业工匠被契丹军队北掠入辽,他们自然也把当地的纺织技术带到了契丹腹地。白川州又名川州,属中京道所辖的契丹贵族所建头下军州。这里"地宜桑柘,民知织红之利,岁奉中国布帛,多出白川州税户所输"[243]。此外,在中京道的东部(今辽宁朝阳、锦州的大凌河流域),"(沿)灵河有灵、锦、显、霸四州,地生桑、麻、贝、锦,州民无田租,但供蚕织,名曰太后丝蚕户"[244]。这几州均属隶宫州,很显然这里集聚着大量的为皇宫服务的植桑养蚕和丝织专业民户。

采矿和冶炼。关于采矿和冶炼业的发展,在《辽史·食货志》中有如下记载:

> 坑冶,则自太祖始并室韦,其地产铜、铁、金、银,其人善作铜、铁器。又有曷术部者多铁。"曷术",国语铁也。部置三冶:曰柳湿河,曰三黜古斯,曰手山。神册初,平渤海,得广州,本渤海铁利府,改曰铁利州,地亦多铁。东平县,本汉襄平县故地,产铁廿,置采炼者三百户,随赋供纳。以诸坑冶多在国东,故东京置户部司,长春州置钱帛司。太祖征幽、蓟,师还次山麓,得银、铁矿,命置冶。圣宗太平间,于黄河北阴山及辽河之源,各得金、银矿,兴冶采炼。自此以讫天祚,国家皆赖其利。

金属器具加工手工业者多集中在中京道南部和东京道南部地区。如中京南部的柳河馆,"河在馆旁,西北有铁冶,多渤海人所居,就河漉沙石,炼得铁。"[244]可见此地的炼铁工匠为渤海族人。柳河馆北面的打造部落馆,"有番户百余,编荆为篱,锻铁为兵器。"[245]说明在这里打造兵器的是契丹或奚族工匠。

陶瓷。从目前出土情况来看,最迟在辽初,契丹族已经掌握了制陶工艺,而瓷器,则主要是汉族工匠制造的,据考证,这些汉族工匠大部分来自瓷家务窑场和定州窑场,辽代制瓷工业产生的时间应该在天赞年间,此后制瓷工业遍布于辽国五京地区,且工艺日臻完美。在上京道有临潢府故城窑、临潢府故城南山窑、巴林左旗白音格洛窑、阿鲁科尔沁旗水泉沟窑;中京地区有赤峰缸瓦窑;东京地区有辽阳缸官屯窑;南京地区有北京龙泉务窑、密云小水峪窑、房山瓷家务窑;西京地区有山西大同青磁窑、山西浑源界庄窑、清水河县窑沟窑等十几处窑场。

辽代制瓷工业的贡献,马沙先生总结为:一是不仅填补了我国长城以北广大地区制瓷业的空白,而且给予了金元时期及其以后北方陶瓷文化以深刻的影响。二是辽代陶瓷器型和品种的创新,烧造工艺的改进,尤其是硼釉的发明和使用,不仅是对中华陶瓷文化的一大贡献,而且也是对世界文化的巨大贡献。[246]

现存辽瓷大部分出土于贵族墓葬,平民墓绝少见到,因此,一般的契丹及其他民族平民享受不到这种高级器皿,其工匠人数也不会太多。

马具和车具。契丹族工匠精于制造鞍辔,契丹的鞍辔号称"天下第一"[247]。辽朝赠送给邻国的礼品中,例有鞍辔。贵族所用的鞍辔尤其考究,所以在辽太祖长子东丹王的画作中,"鞍勒率皆环奇"[248]。近十多年来,我国的考古工作者发掘了许多辽墓,从中清理出大量马具,使人们见识到了著名的契丹鞍辔。如1954年间在赤峰市境发掘的一座辽墓,葬者是辽"故驸马赠卫国王",应历九年(959年)入葬,墓中出土死者生前用过的遗物两千多件,其中就有制作精良的鞍辔和其他马具。

契丹的车分几种,其形制、用途各异。"随水草迁徙则有毡车,任载有大车,妇人乘马亦有小车,富贵者加之华饰,禁制疏阔。"[249]奚族人的造车工艺应比契丹人更高,所以契丹贵族喜欢乘坐奚车,辽太宗在灭晋的战役中乘坐的就是奚车,"上乘奚车退十余里"。渤海人也有善造车的,"富谷馆居民多造车者,云渤海人"[250]。

制盐。关于制盐,《辽史》载:

> 盐策之法,则自太祖以所得汉民数多,即八部中分古汉城别为一部治之。城在炭山南,有盐池之利。即后魏滑盐县也,八部皆取食之。及征幽、蓟还,次于鹤刺泺,命取盐给军。自后泺中盐益多,上下足用。会同初,太宗有大造于晋,晋献十六州之地。而赢、莫在焉,始得河间煮盐之利,置榷盐院于香河县,于是燕、云迤北暂食沧盐。一时产盐之地如渤海、镇城、海阳、丰州、阳洛城、广济湖等处,五

京计司各以其地领之。其煎取之制,岁出之额,不可得而详矣。^㉓

从上述记载和有关学者的考证^㉒,辽代食盐产地大致可以分为两类八个地方:一是池盐产地,包括炭山盐池、鹤剌泺、广济湖、丰州大盐泺、惠民湖、上京西盐池以及石城县大小盐泊等;海盐产地包括辰州盐场、渌州盐场、景州盐场、海滨县盐场、香河县盐场等。这些盐场只有炭山盐池等少数几处为老产地,其余大多数都是新产地,并且生产规模相当大。如卢台军盐场,辽穆宗时,张藏英任幽州榷盐制置使兼防州刺史,知卢台军事^㉕。宝历二年(952年),辽国发生饥荒^㉖。次年六月,张藏英率领"本军兵士及职员孳畜七千头口"投奔后周,到达沧州^㉗。史称:"(张藏英)率内外亲属并所部兵千余人,及煮盐长幼七千余口,牛马万计,舟数百艘,航海归周。"^㉘这里记述的盐民达"七千余口",相对是比较准确的。照此考证,上述有据考证的8个盐场,盐民人数当不低于6万人。

其他如建筑业等都有不同程度的发展,且大部分都以汉族人居多,但从业人员应该大部分都是服徭役的农民或其他行业人员,专职建筑工人数量当不会太多,就像现在农村从事建筑行业的人员大部分都是趁农闲时机外出挣钱,但他们的职业决不是建筑工人,还是农民。

手工业工人的人口规模到底有多大,很难推测,而且许多手工业是作为家庭副业生产的,部分官府手工业中的一些工匠也是以服劳役的形式在官府作坊劳动,其身份有可能还是农民或牧民(辽朝未见"匠籍"的有关记载)。当然,一些特殊行业,如冶炼、金属加工、制盐、烧瓷等技术性较强,生产周期也长,应有专门的工匠户,如上述"采炼者三百户"等。参照上述盐民人数6万,从工作性质来说,这应该是最高的,上述6个手工行业人口大致约30万人,占总人口的比重应该在3%左右。

四、商人

辽代从事商品交易的商人遍布各地,尤以五京都市和南部辽、宋边境地区更为集中,商人中,除汉人、契丹人外,还有长期居住在辽国内的外国商人。如在皇都上京城,云集着国内外各民族商贩。《辽史·地理志》"上京"条云:"南门之东回鹘营,回鹘商贩居留上京,置营居之。"^㉚上京"南城谓之汉城,南当横街,各有楼对峙,下列井肆"。^㉛可见,上京南城中有市场,市场内必有各族商贩聚集交易。其他如东京城、中京城及南京城内,亦都有相类的市肆,吸引着各族商贩入市买卖商品。如路振《乘轺录》即记载中京市肆中商贩云集、驼车塞路的热闹景象:"自朱夏门入,街道阔百余步,东西有廊舍,约三百间,居民列廛肆庑下,街东西各三(应为四)坊,坊门相对……又于坊聚车橐驼。"^㉜五京当中,以富庶而论,首推南京,商业之发达当数第一。南京

"方三十六里"[20]，"大内壮丽，城北有市，陆海百货聚于其中，僧居佛寺冠于北方，锦绣组绮精绝天下，膏蔬蓏、果实、稻粱之类，靡不毕出，而桑柘麻麦，羊豕雉兔，不问可知，水甘土厚，人多技艺"。辽、宋自订立"澶渊之盟"后，双方息兵和好，边境贸易十分红火。辽、宋政府各在己方靠近边境的一些州县内，设置一些专供边贸所用的"榷场"（市场），榷场内聚集了大量来自辽、宋各地各民族的商贩；大量边境农民变成了商人，大大扩充了辽代商人阶层的人数。[21]除此之外，魏特夫、冯家昇先生认为在北方地区的汉族社区内自然聚居着许多中原商人，辽朝的政府官员有时也从事经商和放贷等商贸性活动。[22]

魏特夫、冯家昇先生认为辽代商业"产品多于商品"，也就是说，许多产品没有经过商业渠道，许多商业性生产、运输和消费都直接由政府控制。这就使得私人企业家鲜有机会去做经纪人。粮食、牲畜和纺织品等手工业品都通过税收或贡赋的渠道或以俸禄、赠赐或赈济的形式，不用进入国家贸易领域就可以从生产者手中进入消费者手中。这一点同大多数封建制政权是一样的。因此辽代商人的数量虽无法推测，其规模应当是在农民、牧民、手工业者之后，排在第四位。

五、僧尼

僧尼作为不事生产、经营的一个特殊阶层，他们所从事的职业也是社会职业结构的一部分。关于辽代奉佛之谨、佞佛之甚、寺庙之广、僧尼之众，前面章节已经详述，这里不再重复。经过考证，其人口数量以360000（这是辽道宗大康四年，1078年的数字，至辽末当更多）计，占辽国总人口（1056928口，包括僧尼人口，不包括著帐户、奴隶、属国户口）的比例约为3.4%，其人口比重甚至超过了手工业工人、商人等职业群体。

我们再看看北宋和元代的僧尼人口比例，进行纵向比较。北宋与辽基本处于同时代，其僧尼人口的最高峰是真宗天禧五年（1021年，辽圣宗太平元年）的458000余人，当时宋全国共990万户，人口约5千万，僧侣人口占总人口数的0.92%，而这已经遭到了朝中有识之士的强烈批评，认为当时僧侣数量之众，已经到了国家财政所无法承受的地步。后历经两朝的努力，至熙宁十年（1077年），全国僧侣数量降至232000余人[23]，是时宋全国户数为一千六百余万，人口约8千万，僧侣人口仅占总人口数的0.3%，而与此几乎同时的辽道宗大康四年（1078年），其僧侣的比例高达3.6%，是宋的12倍。以崇佛著称的元朝，至元二十八年（1141年）在宣政院注籍的僧侣共213148人。是年全国人口为5984万，僧侣人口也仅占总人口的0.36%[24]。因此，刘浦江先生估计，在汉传佛教地区，辽代的僧尼数量很可能是最多的[25]。

六、各级官员

官员就是在各级政府机构里任职的人员,抛开阶级观念不谈,他们也是辽代人口的一个重要组成部分。

1.官员的规模

《辽史·百官志》载:"契丹旧俗,事简职专,官制朴实,不以名乱之,其兴也勃焉。太祖神册六年,诏正班爵。"辽代政权机构有两大特点:一是管理体制实行北、南"双轨制",即分为北面官系统和南面官系统;二是"行朝"制,即北、南面官系统的中央机构都是在"四季捺钵"中进行工作的,各京长官均称留守。《辽史》、《契丹国志》等相关史料对辽代官制的记载错讹、抵牾较多,后世学者研究争议也很大。其政府机构大致框架如下:

北面官系统,包括北面朝官、北面御帐官、北面著帐官、北面皇族帐官、北面诸帐官、北面宫官、北面部族官、北面军官、北面边防官、北面行军、北面属国官。

南面官系统,包括南面朝官、南面宫官、南面京官、南面大蕃府官、南面方州官、南面分司官、南面财赋官、南面军官、南面边防官。

2.官员的来源和地位

契丹族官员的来源和地位。

辽代北面官系统中的官员主要由契丹族人担任,其产生方法主要是世选制,贯穿辽国始终。契丹人的世选制度,是契丹皇室、外戚两大贵族集团中,一种传统分工执政的习惯,也是开国时期,这些贵族和功臣们的一种特权。凡各部族、各单位的首长,如北南院大王,北南府宰相,夷离堇等,都是实行世选;重要军职,如北南院枢密使、节度使、边区招讨司的官吏等,皆由世选;专业官吏,如太医、决狱官等,皆由世选。圣宗以后,随着科举考试在汉族人中取得成功,契丹族读书人也选择了这种入仕方法,并且逐步增多。建立西辽的大石林牙即是进士出身。

辽国是契丹族建立的国家,其国家机构的重要部门均由契丹人掌握,这有利于国家政权的稳定,但随着形势的发展,汉族等民族在国家政权中的地位也得到了提升。据统计,终辽之世,北、南府宰相共计有119例,其中明确任北府宰相者59人,萧姓占47人,居绝对优势,证明《百官志一》记载确实有误,应为"国舅五帐世预其选"。另外,至道宗朝,北府宰相的任选有了一个明显变化,汉人出任者比例增大。在明确的20人中,汉人有6人,反映了辽晚期由于汉人地位的上升,"世选制"已在一定程度上遭到了冲击。

汉人官僚的来源主要有两个方面:

一是被扣留、归附或降辽的汉族军阀、官僚、士人及其后代。

契丹贵族与中原割据者互派使者往来,因各种原因一部分汉使被留下来了,最为典型的是韩延徽。战争中的被俘归顺者有康默记、韩知占、张砺、高勋等。统和十二年(994年)十一月下诏:"诸部所俘宋人有官吏孺生抱器能者,诸道军有勇健者,俱以名闻"[⑳]。躲避战乱、仕途不顺归附契丹者,如统和七年(989年)三月,"宋进士一七人挈家来归,命有司考其中第者,补国学官。余授县主簿、尉"[㉕];对这些投奔者量才使用。这些归属辽政权的汉人及他们的后人是辽前、中期汉人官僚的主要来源。有些家族成为辽代名门望族,世代高官厚禄。如前所述汉族世家大族,有许多就是这样的家庭。他们以文人居多,文化修养深厚,深谙封建统治之术。对契丹的政治、经济、文化等方面建设起到了重要作用。

二是科举及第入仕。

据文献记载,辽代开进士科取士的创始时间,大概是在太宗时代。《辽史》记载室昉于会同(938年—946年)初"登进士第,为卢龙巡捕官"[㉖]太宗朝的科举仅有此一例。但这时并没有形成制度,考试无定期。从圣宗开始,辽用唐之制,正式开科举士,统和六年(988年),"诏开科举,放高举一人及第"[㉗];第二年,"放进士高正等二人及第"[㉘],从此以后朝廷开始年年开科取士,但名额较少,不过二三人而已,最多达到4人。从统和二十年(1002年)开始,名额逐次增加,当年"放进士邢祥等六人及第"[㉙]。"澶渊之盟"后,双方往聘频繁,需要大量的文化修养高的知识分子,辽扩大了科举的范围。从统和二十四年(1106年)进士人数猛增,当年有"进士杨佶等二十三人及第"[㉚]。到圣宗开泰(1012年—1020年)和太平(1021年—1030年)年间名额进一步扩大,每年及第者增至四十至七十人,到道宗寿隆(昌)(1095年—1100年)年间,进士及第者多至百余人。参加科举入仕成为辽政权中后期汉族官员的主要来源,在辽政治、文化发展中起了重要作用。

有辽一代,科举成为读书人入仕的主要途径,由科举而成为辽代重要官吏的人为数不少,例如张俭,统和十四年为进士第一,官至南院枢密使、左丞相,封韩王;杨绩,太平十一年进士及第,官至南府宰相、南院枢密使;赵徽,重熙五年中进士甲科,官至同知枢密院事,兼南府宰相、门下侍郎、平章事;李俨,咸雍进士,官至枢密直学士、参知政事、知枢密院事,封漆水郡王,赐姓耶律;张孝杰,重熙二十四年进士第一,官至参知政事、同知枢密院事、北府宰相,赐名张仁杰,以比唐代名臣狄仁杰。刘二宜、刘三嘏、刘四端、刘六符兄弟都曾进士及第,三嘏、四端还娶辽公主为妻,刘氏家族成为了辽的重臣世家。

《辽史·百官志》所列职位计1686个,这里面有中央朝官,机构应是唯一的,但是五京官、部族官甚至州县官、各类军官等同级别职官应该很多,加上一些未列入其中的职位,辽代官员同样是一个数量巨大的职业阶层。所谓"辽之旧制……事简职专"只能是建国初期,随着后来官分南北,其官僚队伍也应该是非常庞大的,只是数目既无可考,其所占人口的比例就不再臆测了。

上述六种职业应该代表了辽代主要职业类型,由于史料所限,其他一些职业,如医卜、乐伎等能否作为一个独立的职业、其人口规模等均无法考证,即使上述几种职业,其人口数量及在整个职业结构中的比例也只是大概推测。即便如此,我们还是能从中看到辽代职业结构的一般性特征。

一是同我国历代封建王朝一样,辽代农民是其编户人口的主要部分,是国家赋役的主要承担者,农业经济仍是其国民经济支柱产业。高达20%以上的牧业人口,也充分说明了辽代是草原少数民族建立的政权,所谓"其富以马,其强以兵"同样说明了牧业对国家的政治、军事意义更大于经济意义。

二是职业手工业工人、商人所占人口的比重并不太高,说明辽代仍是以典型的封建家庭小农(牧)经济为主,相当一部分手工业是家庭副业的一部分,这是他们在整体职业结构中所占比重不大的一个主要原因。

三是僧尼人数大大突破了社会所能承受的限度。法国学者谢和耐认为,中国历代王朝的僧侣人口一般都不超过总人口的1%,在一个以农业经济为主的国家里,过多的僧侣会打破社会的平衡。无论由于佛教的发展而引起不劳而食的人口比例增加是多么微弱,也足以造成严重的社会问题[23]。通过上述分析可以看出,高达3.4%(甚至更高)的人口比重,前无古人,后无来者,是辽代职业结构的一个典型特征。刘浦江先生认为,如果说占人口总数1%的僧侣人口比例代表着社会承受力的一个限度,那么辽朝的僧侣人口数量显然已严重破坏了这个平衡,从而导致了深刻的社会危机[24]。笔者认为,这种社会危机应该包括:大量人口的不劳而获带来的经济危机;寺院占有大量的国家编户人口带来的社会危机;大量的非婚人口存在,给社会的人口再生产所带来的人口危机。正是僧尼人口的过度伪滥所带来的一系列危机,奠定了辽朝灭亡的一个主要社会基础,也是后人所谓"辽以释废,金以儒亡"[25]的主要原因。

注　释:

① 吴松弟先生曾简略提到辽代性比例为119∶100。参见葛剑雄主编,吴松弟著《中国人口史》第三卷《辽宋金元时期》,第118页。

② 《礼记注疏》卷15,文渊阁四库全书本。

③　孙思邈《千金要方》卷 2,文渊阁四库全书本。

④　《辽史》卷 105《耶律铎鲁斡传》。

⑤　《辽史》卷 106《萧蒲里不传》。

⑥　应历五年《陈万墓志》,《辽代石刻文编》,第 16 页。

⑦　保宁元年《张建立墓志》,《辽代石刻文编》,第 42 页。

⑧　乾亨三年《王裕墓志》,《辽代石刻文编》,第 64 页。

⑨　《辽代石刻文编》,第 86 页。

⑩㉕㊴　《辽代石刻文编》,第 11 页。

⑪　《辽代石刻文编》,第 470 页。

⑫　《辽代石刻文编》,第 378 页。

⑬　《辽代石刻文编》,第 369 页。

⑭　《辽代石刻文编》,第 216 页。

⑮　《辽代石刻文编》,第 262 页。

⑯　《辽代石刻文编》,第 315 页。

⑰　《辽代石刻文编》,第 45 页。

⑱　《辽代石刻文编》,第 21 页。

⑲　《辽代石刻文编》,第 250 页。

⑳　宋德金《辽金论稿》,湖北教育出版社 2005 年版,第 28 页。

㉑　《题辽太师赵思温族系后》,载《秋涧先生大全文集》卷 73,文渊阁四库全书本。

㉒　《房山先生墓铭》,《全元文》第 4 册,江苏古籍出版社 1997 年版。

㉓　《辽代石刻文编》,第 153 页。

㉔　《辽代石刻文编》,第 211 页。

㉖　恩格斯《家庭、私有制和国家的起源》,《马克思恩格斯选集》第 4 卷,人民出版社 1972 年版,第 85 页。

㉗　《辽史》卷 8《景宗纪上》。

㉘　《辽史》卷 82《涤鲁传》。

㉙　《辽史》卷 78《萧继先传》。

㉚　《辽史》卷 85《萧柳传》。

㉛　《马克思恩格斯选集》第 4 卷,第 52 页。

㉜　《辽代石刻文编》,第 187 页。

㉝　《新五代史》卷 72《四夷附录》。

㉞　《辽史》卷 74《韩知古传》。

㉟　㊱　㊳　《辽史》卷 3《太宗纪上》。

㊲　《辽史》卷 27《天祚皇帝纪一》。

㊵　《辽史》卷 77《耶律安博传》。

㊶　《辽代石刻文编》,第 212 页。

㊷　《辽代石刻文编》,第 590 页。

㊸　《辽代石刻文编》,第 191 页。

㊹ 《契丹国志》卷23。

㊺ 《辽史》卷16《圣宗纪七》。

㊻㊼ 《辽史》卷30《天祚纪四》。

㊽ 《辽史》卷89《耶律庶箴传》。

㊾ 《辽代石刻文编》,第248—251页。

㊿ 《辽代石刻文编》,第295—296页。

(51) 周峰《辽代杜悆墓志铭考释》,《博物馆研究》2003年第1期。

(52) 《辽史》卷10《圣宗本纪》。

(53)(54)(55)(57)(58)(60)(189) 《辽史》卷65《公主表》。

(56) 《辽史》卷89《耶律庶成传》。

(59) 《辽史》卷100《奸臣传》。

(61) 《辽史》卷71《后妃传》。

(62) [日]岛田正郎编译何天明《辽代契丹人的婚姻》,《蒙古学信息》2004年第3期。

(63) 《辽史》卷114《萧胡睹传》。

(64) 《辽代石刻文编》,第223页。

(65) 《辽代石刻文编》,第416页。

(66) 《辽代石刻文编》,第128页。

(67) 《辽代石刻文编》,第203页。

(68) 《辽代石刻文编》,第425页。

(69) 《契丹国志》卷13。

(70) 《辽史》卷98《耶律俨传》。

(71) 《辽史》卷99《耶律挞不也传》。

(72)(73) 江少虞《宋朝事实类苑》卷76引路振《乘轺录》,上海古籍出版社1981年版。

(74) 《辽代石刻文编》,第167页。

(75) 富占军《内蒙古商都县前海子村辽墓》,《北方文物》1990年第2期。

(76) 靳风毅《辽宁朝阳前窗村辽墓》,《文物》1980年第12期。

(77) 《辽史》卷10《圣宗纪一》。

(78) 《辽史》卷112《耶律滑哥传》;《辽史》卷72《耶律隆先传》。

(79) 《辽史》卷23《道宗纪三》。

(80) 《辽史》卷29《天祚皇帝纪三》。

(81) 《契丹国志》卷7。

(82) 《契丹国志》卷8。

(83) 《辽史》卷86《耶律裹履传》。

(84) 《秦晋国大长公主墓志铭》,《全辽文》卷6;《秦晋国妃墓志铭》,《全辽文》卷8。

(85) 《辽史》卷113《耶律海思传》。

(86) 《辽史》卷8《萧朴传》。

(87) 《辽史》卷92《耶律世良传》。

⑧　《辽史》卷83《耶律学古传》;《辽史》卷83《乌不吕传》。

⑧⑨　《辽史》卷61《刑法志上》。

⑨　张国庆《辽代社会史研究》,第136页。

⑨　项春松《赤峰古代艺术》,内蒙古大学出版社1999年版,第53、55、57页。

⑨　河北省文物研究所《宣化辽墓壁画》,文物出版社2001年版,第124页。

⑨　邵国田《敖汉旗北三家辽代壁画墓》,载《松州学刊》1987年第4—5期。

⑨　罗春政《辽代绘画与壁画》,辽宁画报社2002年版,第128—129页。

⑨　《辽史》卷18《兴宗纪一》。

⑨　关于这种划分方法,请参见张国庆《辽代社会史研究》,第140页。

⑨　《辽史》卷114《逆臣传"论"》。

⑨⑩⑩⑩　《辽史》卷45《百官志一》。

⑩　漆侠、乔幼梅《中国经济通史·辽夏金经济卷》,第211—212页。

⑩　《辽史》卷61《刑法志上》。

⑩　王善军《论辽代皇族》,《民族研究》2003年第5期。

⑩　杨若薇《契丹辽朝政治军事制度研究》,中国社会科学出版社1991年版,第19页。

⑩　大安十年《耶律庆嗣墓志》,《辽代石刻文编》,第456—457页。

⑩　重熙十年《北大王墓志》,《辽代石刻文编》,第223页。

⑩　会同四年《耶律羽之墓志》,《内蒙古辽代石刻文研究》,内蒙古大学出版社2002年版,第2页。

⑩　《辽史》卷45《百官志一》。

⑪　《资治通鉴》卷286。

⑫　《辽史》卷3《太宗纪上》。

⑬　《辽史》卷5《世宗纪》。

⑭　姚从吾《说辽朝契丹人的世选制度》,杨家骆主编《辽史汇编》第9册,鼎文书局1973年版。

⑮　太平九年《萧仅墓志》,载《辽代石刻文编》,第191页。

⑯　王恽《秋涧集》卷73。

⑰　王恽《秋涧集》卷48。

⑱　清宁六年《赵匡禹墓志》、重熙八年《赵为干墓志》,《辽代石刻文编》,第219、299页。

⑲　北京市文物研究所编:《北京考古四十年》,北京燕山出版社1990年版,第149—150页。

⑳　《辽代石刻文编》,第21—22页。

㉑㉒　《辽史》卷74《韩延徽传》。

㉓㉔　统和十五年《韩佚墓志》,《辽代石刻文编》,第101页。

㉕　清宁四年《涿州白带山云居寺东峰续镌成四大部经记》,《辽代石刻文编》,第285页。

㉖　《辽史》卷98《刘伸传》。

㉗　《辽代石刻文编》,第334—335页。

㉘　《辽代石刻文编》,第639—640页。

㉙　见《辽史》卷27《天祚皇帝纪一》等。

㉚　《辽史》卷74《韩匡嗣传》。

⑬　《辽史》卷13《圣宗纪四》。

⑬　路振《乘轺录》,转引自赵永春《奉使辽金行程录》,吉林文史出版社1995年版,第16页。

⑬　《契丹国志》卷18。

⑬　见《辽史》卷86《刘六符传》及同书卷65《公主表》。

⑬　咸雍五年《秦晋国妃墓志》,《辽代石刻文编》,第341页。

⑬⑬　《辽史》卷86《刘六符传》。

⑬　《契丹国志》卷18。

⑬　《辽史》卷80《马得臣传》。

⑭　《辽史》卷105《马人望传》。

⑭　天庆三年《马直温妻张绾墓志》,《辽代石刻文编》,第633页;亦参见张国庆《辽代社会史研究》,第147页。

⑭　重熙二十二年《张俭墓志》,载《辽代石刻文编》,第265—270页。

⑭　开泰九年《耿延毅墓志》,第159页;乾统九年《梁援墓志》,第519页;乾亨三年《王裕墓志》,第62—64页;重熙十五年《刘日泳墓志》,第243—246页;太平八年《李知顺墓志》,第187—189页;应历五年《陈万墓志》,第15—16页。以上均载《辽代石刻文编》。

⑭　《辽史》卷96《姚景行传》。

⑭　参见《辽史》卷60《公主表》。

⑭　参见李锡厚《辽朝汉族地主与契丹权贵的封建化》,《中国社会科学院历史研究所学刊》第三辑,商务印书馆2004年版,第317页。

⑭　《辽史》卷105《大公鼎传》。

⑭⑭　《辽史》卷76《高模翰传》。

⑮　《辽代石刻文编》,第609页。

⑮　《金史》卷67《回离保传》。

⑮　参见张国庆《辽代社会史研究》,中国社会科学文献出版社2006年版,第150页。

⑮　《契丹国志》卷8。

⑮　开泰二年《赐圆空国师诏》,载陈述《全辽文》卷1,中华书局1982年版,第15页。

⑮　《辽代石刻文编》,第7页。

⑮　《辽代石刻文编》,第466—467页。

⑮　《全辽文》卷8,第189页。

⑮　《全辽文》卷10,第289页。

⑮　参见张国庆《辽代社会史》,第153—154页。

⑯　《辽代石刻文编》,第32页。

⑯　《辽代石刻文编》,第280页。

⑯　转引自赵永春编注《奉使辽金行程录》,吉林文史出版社1995年版,第9页。

⑯　《资治通鉴》卷286。

⑯　参见张国庆《辽代社会史》,第157—158页。

⑯　《陷北记》,转引自赵永春编注《奉使辽金行程录》,第9页。

⑯　许亢宗《宣和乙巳奉使金国行程录》,转引自赵永春编注《奉使辽金行程录》,第149页。

⑯⑦　《辽史》卷 39《地理志三》。

⑯⑧　曾公亮《武经总要前集》卷 16《北番地里》，文渊阁四库全书本。

⑯⑨　江少虞《宋朝事实类苑》卷 17，引路振《乘轺录》。

⑰⓪　王曾《上契丹事》，转引自赵永春编注《奉使辽金行程录》，第 29 页。

⑰①　《辽史》卷 38《地理志二》。

⑰②　《辽史》卷 33《营卫志下》。

⑰③　参见漆侠等《辽夏金经济史》，河北大学出版社 1994 年版，第 70—88 页。

⑰④⑰⑤　《辽史》卷 37《地理志一》。

⑰⑥　转引自赵永春编注《奉使辽金行程录》，第 17 页。

⑰⑦　转引自赵永春编注《奉使辽金行程录》，第 9 页。

⑰⑧　《契丹国志》卷 27。

⑰⑨　参见《辽史》卷 49—53《礼志》。

⑱⓪　《辽史》卷 4《太宗纪下》。

⑱①　《辽代石刻文编》，第 478 页。

⑱②　参见陈述《契丹社会经济史稿》，生活·读书·新知三联书店 1963 年版，第 60 页。

⑱③　《辽史》卷 76《耶律沤思里传》。

⑱④　《辽史》卷 13《圣宗纪四》。

⑱⑤　《辽史》卷 20《兴宗三》。

⑱⑥　《辽史》卷 62《刑法志下》。

⑱⑦　《辽史》卷 86《耶律裹履传》。

⑱⑧　《辽代石刻文编》，第 211 页。

⑲⓪　参见陈述《契丹社会经济史稿》，第 63 页。

⑲①　《辽史》卷 31《营卫志》。

⑲②　《辽史》卷 61《刑法志上》。

⑲③　《辽史》卷 45《百官志一》。

⑲④　《辽史》卷 116《国语解》。

⑲⑤　《辽史》卷 21《道宗纪》。

⑲⑥　《辽史》卷 110《耶律乙辛传》。

⑲⑦　《辽史》卷 104《耶律昭传》。

⑲⑧⑲⑨　《辽史》卷 103《萧韩家奴传》。

②⓪⓪　《辽史》卷 78《耶律夷腊葛传》。

②⓪①　《辽史》卷 79《女里传》。

②⓪②②⓪③　《辽史》卷《兴宗纪》。

②⓪④　参见王德忠《论辽朝社会阶层间的流动及其意义》，载《东北师大学报》(哲学社会科学版)2005 年第 2 期。

②⓪⑤　《辽史》卷 59《食货志上》；《辽史》卷 4《太宗纪下》。

②⓪⑥　《辽史》卷 77《耶律挞烈传》。

②⓪⑦　《辽史》卷 59《食货志上》。

⑳⑳⑳　《辽史》卷 59《食货志上》。

㉑　《辽史》卷 17《圣宗纪》。

㉒　《辽史》卷 22《道宗纪》。

㉓　景爱《呼伦贝尔草原的地理变迁》,《历史地理》1986 年第 4 辑。

㉔　文物编辑委员会《文物考古工作三十年》,文物出版社 1979 年版,第 95 页。

㉕　马端临《文献通考》卷 346,商务印书馆民国二十五年版。

㉖　参见张秀荣《辽代农业发展初探》,《首都师范大学学报》2000 年第 6 期。

㉗　《辽史》卷 45《百官志一》。

㉘　《辽史》卷 79《女里传》:"应历初,[女里]为习马小底。"

㉙　刘跂《学易集》卷 3,《使辽作十四首》之三,文渊阁四库全书本。

㉓　《辽史》卷 71《后妃传·论》。

㉑　《新五代史》卷 73《四夷附录·契丹》。

㉒　苏颂《苏魏公集》卷 13《契丹马》诗原注,文渊阁四库全书本。

㉓㉔　范镇《东斋记事》卷 5,中华书局 1980 年版。

㉕　《辽史》卷 24《道宗纪四》。

㉖　洪皓《松漠纪闻》卷 1,文渊阁四库全书本。

㉗　梅尧臣《宛陵先生集》卷 59《江邻几寄羊把》,文渊阁四库全书本。

㉘　洪皓《松漠纪闻》卷 1。

㉙　苏颂《苏魏公集》卷 13《北人牧羊》文渊阁四库全书本。

㉚　《辽史拾遗》引《桐阴旧话》。参见张正明《契丹史略》,第 59 页。

㉛　《辽史》卷 60《食货志下》。

㉜　《辽史》卷 110《耶律乙辛传》。

㉝　《辽史》卷 87《萧蒲奴传》。

㉞　任崇岳主编《中国社会通史》"宋元卷",第 192 页。

㉟　《辽代石刻文编》,第 477—478 页。

㊱　《辽史》卷 104《耶律昭传》。

㊲　《辽史拾遗》引《唐明宗实录》,文渊阁四库全书本。

㊳　胡峤《陷北记》,转引自赵永春编注《奉使辽金行程录》,吉林文史出版社 1995 年版,第 9 页。

㊴　许亢宗《宣和乙巳奉使金国行程录》,转引自赵永春编注《奉使辽金行程录》,第 149 页。

㊵　《辽史》卷 46《百官志二》。

㊶　《辽史》卷 39《地理志三》。

㊷　曾公亮《武经总要"前集"》卷 16《北番地里》,文渊阁四库全书本。

㊸　江少虞《宋朝事实类苑》卷 17 引路振《乘轺录》。

㊹㊺　王曾《上契丹事》,转引自赵永春编注《奉使辽金行程录》,第 29 页。

㊻　参见马沙《辽代制瓷业的产生及其历史贡献》,《文物世界》2002 年第 2 期。

㊼　厉鹗《辽史拾遗》卷 22,引太平老人《袖中锦》:"契丹鞍,夏国剑,高丽秘色,皆为天下第一,他处虽效之,终不及。"文渊阁四库全书本。

㉘ （宋）《宣和画谱》，文渊阁四库全书本。

㉙ 《辽史》卷55《仪卫志》。

㉚ 厉鹗《辽史拾遗》卷13。

㉛ 《辽史》卷60《食货志下》。

㉜ 参见吉成名《辽代食盐产地研究》，载《盐业史研究》2006年第4期。

㉝ 《旧五代史》卷113，《周书四·太祖纪四》。

㉞ 《旧五代史》卷112《周书三·太祖纪三》："北境饥馑，人民转徙，襁负而归中土者，散居河北州县，凡数十万口。"

㉟㊱ 《宋史》卷271，《张藏英传》。

㊲㊳ 《辽史》卷37《地理志一》。

㊴ 转引自赵永春编注《奉使辽金行程录》，第17页。

㊵ 《辽史》卷40《地理志四》。

㊶ 张国庆《辽代社会史》，中国社会科学文献出版社2006年版，第157页。

㊷ 魏特夫、冯家昇《辽朝商业研究》，王波然译，载《辽宁师范大学学报》（社会科学版）2005年第3期。

㊸ 以上宋朝数据参见《宋会要辑稿》道释一《披度普度度牒附》，中华书局影印本1957年版。

㊹ 《元史》卷十六《世祖纪》。

㊺ 刘浦江《辽金的佛教政策及其社会影响》，《佛学研究》1996年刊。

㊻ 《辽史》卷13《圣宗纪四》。

㊼ 《辽史》卷12《圣宗纪三》。

㊽ 《辽史》卷79《室昉传》。

㊾㊿ 《辽史》卷12《圣宗纪三》。

㊋㊌ 《辽史》卷14《圣宗纪五》。

㊍ ［法］谢和耐著，耿昇译《中国五至十世纪的寺院经济》，甘肃人民出版社1987年版，第28页。

㊎ 刘浦江《辽金的佛教政策及其社会影响》，《佛学研究》1996年刊，第231页。

㊏ 苏天爵《元朝名臣事略》卷10《张德辉传》。

第七章　辽代人口素质

　　人口素质,从狭义角度讲又称"人体素质"、"身体素质"。指人的身体结构与大脑机能的状况,是人口的自然属性在人口质量上的具体反映,是人口个体特征的总和。①广义的人口素质还包括人口的社会属性,即人口的文化素质、道德素质等,本章对辽代人口素质从广义角度进行简单探讨。

第一节　辽代人口身体素质

一、体质情况

　　辽代以尚武为立国之本,食物结构以肉食为主,大都体格健壮。《辽史》列传多见关于传主体质的记载:如萧敌鲁"性宽厚,膂力绝人,习军旅事";②"耶律化哥,字弘隐,孟父楚国王之后,善骑射;耶律斡腊,字斯宁,奚迭剌部人,矫捷有力,善骑射;耶律速撒,字阿敏,性忠直简毅,练武事。阿鲁带少习骑射,晓兵法。"③从大量的壁画人物中,可以看到契丹人健壮的体格,高大的身材,参见图7—1库伦7号辽墓"侍从荷伞图"④。

　　关于契丹人的身高虽然没有直接的记载,但也可以看出某些特征。如《辽史·太祖纪》载辽太祖耶律阿保机:"既长,身长九尺,

图7—1　库伦7号辽墓"侍从荷伞图"

丰上锐下,目光射人,关弓三百斤。"辽时的度量衡大体同五代时的制度一样,当时的尺称作"周律准尺",1尺相当于现在的0.237米,[⑤]这样算来,阿保机的身高当在2.1米以上。再看"关弓三百斤",辽代的1斤相当于现在的1.1936市斤,300斤就是现在的358斤还要多,[⑥]几近180公斤,如此沉重之弓箭,现代人恐无人能拿得动,更不要说"骑射"了。形容词"丰上锐下",其实就是现在形容体格健硕、肌肉发达的美男子时所用的"倒三角"一词。这里不排除用词有溢美之意,但辽人身体高大强壮,也得到了民族学研究成果的证实。

今云南西南地区的潞西、保山、腾冲、施甸等地的蒋、阿、莽等姓的部分人为契丹后裔已为大多学者公认,并且也得到了现代科学如DNA技术的鉴定认可[⑦]。图7—2中他们高大的身材同南方当地人形成了鲜明的对比。

在众多的契丹人墓葬中,除少数孩童外,多数为中老年人。在文献中,年事已高的人常骑射出猎,亦不乏记载。

图7—2　契丹后裔与当地人身高对比照片[⑧]

不仅契丹等游牧民族"练武事、习骑射",在他们的影响下,当地汉族也形成了"彪悍尚武"的性格和强壮的体质。如苏轼就曾在上奏中评论说:"今来弓箭社人户既处边塞,与北人气俗相似,以战斗为生,寝食起居,不释弓马,出入守望,常带器械,其势无由生疏"[⑨];"其人坚忍奇崛,包藏祸心凶谋,前有荆轲太子丹之风,后习安禄山史思明之态"⑩,"天下指河朔若夷狄然"⑪。由幽州等地汉族组成的军队在战场上表现出的勇猛劲头,经常令内地汉族惊叹不已。

二、人口平均期望寿命

人口平均期望寿命和人的实际寿命不同,是指在现阶段每个人如果没有意外,应该活到的年龄。为了与辽代人口的平均寿命有一个比较,我们先看一下我国从新中国成立前到 1985 年的人口平均期望寿命值。

表 7—1　中国人口平均期望寿命

年份	地区	合计	男	女
新中国成立前		35.0	—	—
1957	11 个省、市	57.0	—	—
1973 – 1975	全国人口	—	63.6	66.3
1981	1982 年第三次人口普查	67.9	66.4	69.3
1985	国家统计局人口抽样	68.9	67.0	71.0

资料来源:中华人民共和国卫生部,中国卫生统计提要,1985。

我国新中国成立前的平均寿命只有 35 岁,这个数字应该是包括了新中国成立前战争、自然灾害及大规模传染性疾病导致的非正常死亡因素(人口平均期望寿命应该排除这些因素),到 1985 年平均达到了 68.9,提高幅度这么大,也应该跟非正常死亡减少有很大关系。

由于受资料限制,对辽代人口的平均寿命我们无法分年龄段进行更详细的测算,只能根据现有的材料进行一个粗略的统计(见表 7—2),该表中的人物包括了契丹族中的皇族、后族、一般贵族及汉族中的贵族、一般地主等,尽量照顾到社会各个阶层。

通过表 7—2 可以看出,辽代人口的平均寿命是 58 岁,其中,男子的平均寿命是 60 岁;女子平均寿命为 56 岁,应该说这个数值是很高的,因为,到 1957 年,我国的人口平均期望寿命才达到 57 岁,新中国成立前甚至才 35 岁。关于这个数字需要说明以下几点。

首先,它没有包括战争、灾害等非正常死亡因素。辽代在澶渊之盟(辽圣宗统和二十三年,1004 年)前,战争时断时续,辽后期与女真的战争规模更大,战争肯定会有大量的人口非正常死亡,这个因素忽略不计;自然灾害造成的人口非正常死亡也是很重要的一个方面,据寿昌五年《义冢幢记》载:"先于大安甲戌岁,天灾流行,淫雨作阴,野有饿殍,交相枕藉。时有义士收其义骸,仅三千数……出其掩骼,暴露荒甸,积聚如陵",⑫可见自然灾害造成的人口非正常死亡有时是非常严重的。

表7—2　辽代人口平均寿命统计表

姓名	性别	寿命	出处
耶律阿保机	男	55	《辽史》卷2
耶律德光	男	46	《辽史》卷4
耶律阮	男	34	《辽史》卷5
耶律璟	男	39	《辽史》卷7
耶律贤	男	35	《辽史》卷9
李在宥	男	133	《辽史》卷13
耶律隆绪	男	61	《辽史》卷17
耶律宗真	男	40	《辽史》卷20
耶律洪基	男	70	《辽史》卷26
耶律延禧	男	60	《辽史》卷28
太祖淳钦皇后述律氏	女	75	《辽史》卷63
仁德皇后萧氏	女	50	《辽史》卷63
耶律淳	男	60	《辽史》卷30
耶律雅里	男	30	《辽史》卷30
耶律倍	男	38	《辽史》卷72
耶律李胡	男	50	《辽史》卷72
耶律颇德	男	49	《辽史》卷73
耶律斜涅赤	男	70	《辽史》卷73
耶律曷鲁	男	47	《辽史》卷73
韩延徽	男	78	《辽史》卷74
耶律觌烈	男	56	《辽史》卷75
耶律鲁不古	男	55	《辽史》卷76
耶律挞烈	男	79	《辽史》卷77
耶律洼	男	54	《辽史》卷77
耶律吼	男	39	《辽史》卷77
耶律屋质	男	57	《辽史》卷77
萧继先	男	58	《辽史》卷78
萧护思	男	57	《辽史》卷78

姓名	性别	寿命	出处
萧海璆	男	50	《辽史》卷78
耶律贤适	男	53	《辽史》卷78
室昉	男	75	《辽史》卷79
萧朴	男	50	《辽史》卷80
张俭	男	91	《辽史》卷80
耶律室鲁	男	44	《辽史》卷81
韩制心	男	53	《辽史》卷82
德威孙涤鲁	男	80	《辽史》卷82
韩德威	男	55	《辽史》卷82
耶律隆运	男	71	《辽史》卷82
耶律善补	男	74	《辽史》卷84
刘景	男	67	《辽史》卷86
耶律蒲古	男	73	《辽史》卷87
萧孝友	男	73	《辽史》卷87
(孝友子)撒八	男	39	《辽史》卷87
耶律的琭	男	72	《辽史》卷88
耶律义先	男	42	《辽史》卷90
耶律韩八	男	55	《辽史》卷91
耶律唐古	男	78	《辽史》卷91
耶律古昱	男	70	《辽史》卷92
萧惠	男	74	《辽史》卷93
慈氏奴	男	51	《辽史》卷93
铎卢斡	男	61	《辽史》卷93
耶律铎轸	男	70	《辽史》卷93
耶律马六	男	70	《辽史》卷95
耶律陈家奴	男	80	《辽史》卷95
耶律仁先	男	60	《辽史》卷96
子挞不也	男	58	《辽史》卷96

姓名	性别	寿命	出处
萧德	男	72	《辽史》卷96
耶律阿思	男	80	《辽史》卷96
孩里	男	77	《辽史》卷97
萧兀纳	男	70	《辽史》卷98
萧岩寿	男	49	《辽史》卷99
耶律棠古	男	72	《辽史》卷100
萧韩家奴	男	72	《辽史》卷103
耶律谷欲	男	90	《辽史》卷104
大公鼎	男	79	《辽史》卷105
杨遵勖	男	56	《辽史》卷105
取律氏常哥	女	70	《辽史》卷107
直鲁古	男	90	《辽史》卷108
耶律敌鲁	男	80	《辽史》卷108
陈万	男	77	向南《辽代石刻文编》,第15页
种氏	女	74	向南《辽代石刻文编》,第22页
张建立	男	47	向南《辽代石刻文编》,第42页
药氏	女	76	同上
樊氏	女	52	同上
杜氏	女	59	同上
彦英(杜氏之子)	男	53	同上
彦胜(樊氏之子)	男	39	同上
刘承嗣	男	59	向南《辽代石刻文编》,47页
李内贞	男	80	向南《辽代石刻文编》,53页
王裕	男	50	向南《辽代石刻文编》,62页
张正嵩	男	48	向南《辽代石刻文编》,68页
刘继文	男	32	向南《辽代石刻文编》,71页
耶律延宁	男	39	向南《辽代石刻文编》,85页
韩瑜	男	42	向南《辽代石刻文编》,93页

姓名	性别	寿命	出处
韩佚	男	59	向南《辽代石刻文编》,第 100 页
刘宇杰	男	52	向南《辽代石刻文编》,第 106 页
王悦	男	53	向南《辽代石刻文编》,第 112 页
王郯	男	62	向南《辽代石刻文编》,第 121 页
常遵化	男	65	向南《辽代石刻文编》,第 127 页
王说	男	57	向南《辽代石刻文编》,第 131 页
耿延毅妻耶律氏	女	48	向南《辽代石刻文编》,第 142 页
韩相	男	41	向南《辽代石刻文编》,第 151 页
陈国公主	女	18	向南《辽代石刻文编》,第 153 页
耿延毅	男	52	向南《辽代石刻文编》,第 159 页
程延超(娶妇4人)	男	69	向南《辽代石刻文编》,第 167 页
冯徙顺	男	57	向南《辽代石刻文编》,第 169 页
张琪	男	61	向南《辽代石刻文编》,第 173 页
宋匡世	男	48	向南《辽代石刻文编》,第 180 页
耿知新	男	15	向南《辽代石刻文编》,第 184 页
李知顺	男	54	向南《辽代石刻文编》,第 187 页
萧仪	男	48	向南《辽代石刻文编》,第 191 页
秦王	男	54	向南《辽代石刻文编》,第 198 页
张嗣甫	男	14	向南《辽代石刻文编》,第 201 页
耶律元妻萧氏	女	40	向南《辽代石刻文编》,第 211 页
张思忠	男	64	向南《辽代石刻文编》,第 215 页
耶律万辛	男	69	向南《辽代石刻文编》,第 223 页
达曷夫人	女	16	同上
留女夫人	女	38	同上
王泽妻李氏	女	53	向南《辽代石刻文编》,第 240 页
大长公主	女	76	向南《辽代石刻文编》,第 248 页
张俭	男	82	向南《辽代石刻文编》,第 265 页
王守璘	男	65	向南《辽代石刻文编》,第 280 页

续表

姓名	性别	寿命	出处
梁援妻张氏	女	67	向南《辽代石刻文编》,第566页
和尚志延(高氏)	女	59	向南《辽代石刻文编》,第581页
志智(契丹氏)	女	81	向南《辽代石刻文编》,第584页
耶律弘益妻萧氏	女	54	向南《辽代石刻文编》,第590页
智广(刘氏)	女	10	向南《辽代石刻文编》,第596页
琅邪仁及	男	84	向南《辽代石刻文编》,第599页
僧智福	男	84	向南《辽代石刻文编》,第601页
玄枢(梁氏)	男	69	向南《辽代石刻文编》,第561页
甯(宁)鉴	男	47	向南《辽代石刻文编》,第606页
甯鉴妻高氏	女	49	同上
高为裘	男	69	向南《辽代石刻文编》,第609页
高泽	男	59	向南《辽代石刻文编》,第611页
丁洪	男	15	向南《辽代石刻文编》,第618页
萧义	男	73	向南《辽代石刻文编》,第622页
白继辛	男	85	向南《辽代石刻文编》,第630页
刘氏	女	82	同上
李亨	男	72	向南《辽代石刻文编》,第632页
马直温妻张馆	女	66	向南《辽代石刻文编》,第633页
李祐	男	65	向南《辽代石刻文编》,第638页
丁文堉	男	50	向南《辽代石刻文编》,第639页
贾清睿	男	55	向南《辽代石刻文编》,第643页
王师儒	男	62	向南《辽代石刻文编》,第645页
史洵直	男	83	向南《辽代石刻文编》,第651页
邢英女	女	62	同上
何志瑕	男	64	向南《辽代石刻文编》,第653页
张世卿	男	74	向南《辽代石刻文编》,第655页
齐正慧	男	75	向南《辽代石刻文编》,第658页
姚璙	男	44	向南《辽代石刻文编》,第665页

姓名	性别	寿命	出处
郑士安	男	71	向南《辽代石刻文编》,第674页
刘承遂	男	74	向南《辽代石刻文编》,第676页
李崇昱	男	76	向南《辽代石刻文编》,第682页
鲜于氏	女	51	向南《辽代石刻文编》,第684页
王安裔	男	47	向南《辽代石刻文编》,第687页
安裔妻张氏	女	80	同上
姜承义	男	52	向南《辽代石刻文编》,第748页
耶律宗教	男	62	向南《辽代石刻文编》,第750页
耶律羽之	男	52	《内蒙古辽代石刻文研究》,第2页
耶律元宁	男	34	《内蒙古辽代石刻文研究》,第21页
耶律道清	男	25	《内蒙古辽代石刻文研究》,第28页
平均		58	
其中	男子	60	
	女子	56	

资料来源:本表所引人物除引自《辽史》外,另外两本书分别为:向南《辽代石刻文编》,河北教育出版社1995年版;盖之庸《内蒙古辽代石刻文研究》,内蒙古大学出版社2003年版。

其次,上述统计对象都是契丹皇族、贵族及汉族的上层人士,他们生活条件优越、健康保障较好,因而平均寿命肯定要高于普通劳动人民。再者,上述统计偏重于有子女者,因为有子女者立碑的机会要高于早亡者,故而上述统计的平均死亡年龄高于整个社会死亡年龄的平均值。

第三,上述统计对象并不是在一个时期,而是包括了辽代各个时期的人物,因此它说明的是整个辽代的情况。

根据内蒙古豪欠营辽墓出土的男子完整骨架和女尸,专家分析男子死亡年龄为40岁左右,女子死亡年龄为30岁左右,因女尸保存较为完整,专家们经过分析后确认,该女子死亡原因与砷中毒有关系,砷的来源可能是治病,也可能是其他原因。[13]但辽代医疗条件相对落后,女子死亡率明显高于男子,确实是事实。如天庆三年《马直温妻张馆墓志》载:"女五人。曰枢哥,适殿中少监、大理寺知正耶律笃,即守太子太傅、兼侍中、判武定军节度使事、开国公讳彦温之次子也。从荫封咸阳县君,早卒。瞻望不能,易散彩云之影;笑言如在,已为黄壤之尘。曰崇政女,许适静江军节度使刘祐太师孙行春奴。曰同璋,许适诸宫提辖制置使李贻训男石。皆不及娶而卒。"[14]五个女孩中有一个婚后早卒,另外两个在出嫁之前就死了,其他墓志男子妻子死后续娶的记载更多,说明女子的死亡率是很高的。男子经常见载的"夭亡",属婴幼儿死亡,在计算男子平均期望寿命时不予考虑。至于表中男子李在宥活到 133 岁,这个数字是值得怀疑的,这同中国古代年代记录方式、年龄记录方式都有关系。

综合以上因素,本人采用内蒙古豪欠营辽墓中男子的年龄 40 岁,与表 7—2 中男子年龄的平均数 60 加权平均值 50 作为辽代男子平均期望寿命值,应该是比较接近实际的。女子采用略高于上述辽墓中女子年龄 35 岁,与表 7—2 中女子年龄的平均数 56 再次平均值 45.5 作为辽代女子平均期望寿命值。

观察表 7—1,在有统计材料的 1973 年到 1985 年,我国男子的平均期望寿命均低于女子,与辽代正好相反,说明医疗卫生条件的改善对平均期望寿命改变最大的是女子。

第二节 辽代人口文化素质

文化素质指的是人口受教育的程度,许多事实证明辽国是一个科技发展、人才荟萃、文化发达、文坛争艳的时代,在中国文化史上有着特殊的地位。辽国人口,尤其是上京道核心区人口的总体文化素质既高于前代,也胜过后代,主要表现在以下几个方面。

一、朝廷对汉文化的重视

辽国在保存本民族传统文化的同时,重视吸收汉族及其他民族先进文化。辽朝皇帝中,辽太祖、辽兴宗、辽圣宗及辽道宗等人,都非常重视汉文化的学习,史载辽圣宗"幼喜书翰,十岁能诗。既长,精射法,晓音律,好绘画。"[15]亲政以前,最喜读《贞观政要》、《唐太宗实录》等,甚至以诗会友"劳古,以善属文,为圣宗诗友"[16]。辽帝经常"宴群臣,命各赋诗"。他们甚至敢于在大庭广众面前承认自己是汉人,这对继承、传播汉族文化,提高民族总体文化素养无疑是有积极作用的。

辽政府对教育的重视还体现在完善的教育机构上。辽的中央教育机构包括国子监和五京学。辽太祖建国初就在上京设置了国子监,作为京城教育的管理机构;[17]上京还设有太学,负责对生员传道授业[18]。辽太宗讨平幽州,又于燕都建南京太学[19]。辽道宗即位伊始,于清宁元年(1055 年)下诏设学养士,中京、东京、西京国学即在这一时期内相继兴建。清宁六年道宗又诏建中京国子监,其建制全仿上京的规模,并亲临祭祀孔子庙㉑。这样,辽的中央官学机构就配备齐全了。辽代国子监官为升朝官,五京学学官为京官,国子监官属有祭酒、司业、监垂、主簿,京学属官有博士、助教各一员。在辽统治相对安定的时期,五京学的规模得到了较好的发展。圣宗时南京太学生员不断增多,到统和十三年(995 年)出现了供养不足的矛盾,圣宗"(统和十三年)九月戊午,以南京太学生员浸多,特赐水碾庄一区。"㉑

地方教育管理方面,辽在重要的府、州、县普遍设立了学校,委派博士、助教作为专任职官,形成了一套完整的地方教育体系。这套教育机构完全是按照中原地区学校的模式而建立的。大公鼎在咸雍(1065 年—1074 年)时为良乡县令,建孔子庙学;耶律孟简于大康(1075 年—1084 年)时为高州观察使,修建学校,招纳生徒㉒。辽西京的奉圣、归化、云、德、宏、蔚、妫、儒等州学,"各建孔子庙,颁赐五经诸家传疏,令博士、助教教之",厉鹗在此专门加了按语:"案此,但据西京诸州言之,五京诸州俱有学也"㉓,即按照厉鹗的观点,辽国的学校已经遍布全国各地。

除了中央、地方的各类学校以外,辽朝廷还专门为皇室设置诸王文学馆,相当于中原王朝的师、傅之职。如东丹王耶律倍曾接受张谏的训导,"让国皇帝在储君,虽非拜师。一若师焉"㉔。辽圣宗太平八年(1028 年),长沙郡王耶律宗允等奏请遴选诸王伴读㉕。重熙(1032 年—1054 年)中选进士姚景行为燕赵国王教授㉖。这些教官保证了皇室成员接受良好的教育。辽代皇室子弟的文化素质较高,与他们接受专门的特殊的贵族教育有直接的关系。像辽圣宗、兴宗、道宗、耶律倍、耶律隆先、萧孝穆、萧阳阿、萧柳、萧观音、萧瑟瑟,他们或贵为帝胄,或为皇亲国戚,都对汉文化表现出极高的兴趣,其文学、艺术方面的成就不仅在辽代是出类拔萃的,就是与同时代的宋朝相比,也表现出了较高的文化修养。

二、辽代文学成就

在统治者的积极倡导下,辽代在文化方面取得了很高的成就,只是因为严厉的书禁和战火焚毁,作品传世太少。辽代的文学作品,已经有不少人进行过统计,其中以朱子方统计比较细致全面。他在《新补〈辽史·艺文志〉稿》中统计为:经部五经类 1种,经部礼类 1 种,经部小学类 4 种,不含附录。史部正史类 2 种,史部编年史类 8种,史部故事类 3 种,史部传记类 2 种,史部杂史类 1 种,史部刑法类 5 种,史部地理类 2 种。子部法家类 1 种,子部道家类 1 种,子部释家类 96 种,子部历法类 4 种,子部术数类 2 种,子部艺术类 24 种,子部医家类 3 种。集部别集类 20 种,集部合集类 1种,集部总集类 8 种,共计 189 种。根据《全辽诗话》附录的统计,辽代的诗文集约有

30余种。㉗黄震云对辽代诗文等文学作品作了进一步考证和统计,就目前所见的辽代诗歌约有300首,且不包括散入宋诗中的部分。从古籍线索看,至少应该将近200种左右。辽代的小说一篇,辽代的传说约十余条,分散在各种古籍当中。㉘

　　笔者参阅《辽史》、《契丹国志》等有关资料,将辽代出现的文学作品汇集成下表。

表7—3　辽代文学作品一览表

时间	作者	诗、词、赋名	出处
太宗时	耶律倍	《乐田园诗》	《辽史》卷72《义宗倍传》
同上	同上	《二十汉字诗》	《契丹国志》卷14
景宗年间	耶律隆先	《阆苑集》	《辽史》卷72《平王隆先传》
圣宗统和年间	萧柳	《岁寒集》	《辽史》卷85《萧柳传》
同上	刘三嘏	《一矢毙双鹿赋》	《辽史》卷86《刘六符传》
圣宗年间	耶律资忠	《西亭集》	《辽史》卷88《耶律资忠传》
同上	耶律国留	《兔赋》、《寤寐歌》	同上
圣宗开泰年间	杨佶	《登瀛集》	《辽史》卷89《杨佶传》
兴宗时	萧韩家奴、耶律庶成	《四时逸乐赋》	《辽史》卷89《耶律庶成传》
同上	萧韩家奴	《六义集》	《辽史》卷103《萧韩家奴传》
同上	萧韩家奴、耶律庶成	《宝录》、《礼书》	同上
同上	耶律庶箴	《戒谕诗》	同上《耶律庶箴传》
同上	耶律韩留	《述怀诗》	同上,《耶律韩留传》
兴宗年间	萧孝穆	《宝老集》	《辽史》卷87《萧孝穆传》
同上	耶律宗真(兴宗)	《以司空大师不肯赋诗以诗挑之》	《全辽文》卷2
圣宗年间	耶律隆绪	《传国玺诗》	《全辽文》卷1
道宗清宁年间	耶律良	《捕鱼赋》、《秋游赋》、《庆会集》	《辽史》卷96《耶律良传》
道宗清宁二年	耶律洪基(道宗)	《放鹰赋》	《辽史》卷21《道宗纪一》
道宗清宁年间	同上	《清宁集》	同上
道宗大康年间	耶律孟简	《晓天星月诗》、《放怀诗》	《辽史》卷104《耶律孟简传》
道宗年间	张孝杰	《云上于天诗》	《辽史》卷110《张孝杰传》
清宁三年	耶律洪基(道宗)	《君臣同志华夷同风诗》	《辽史》卷21《道宗纪一》
道宗年间	萧观音	《伏虎林应制诗》、《谏疏》、《君臣同志华夷同风应制》、《回心院》、《绝命诗》	《焚椒录》
道宗大安五年	王鼎	《焚椒录》	《说郛》卷110
道宗年间	耶律洪基(道宗)	《题李俨黄菊赋》	《全辽文》卷2
同上	天祚文妃	《咏史诗》、《讽谏诗》	《契丹国志》卷13

　　虽然表7—3统计不够全面,但也可以看出几点:

　　一是辽代的文学成就集中在圣宗以后,在此以前很少。文人早期以掠入、流入的中原文人为主,随着统治者的重视,逐渐得到了发展,队伍逐步壮大,突出表现在契丹人大量文学作品开始出现在史籍里。这个过程大致就是由中原文人流入到本土化,再到快速发展的历史过程。

　　契丹祖先以武得天下,草创伊始,无暇修治文化,在与北宋和议局面维持以后,逐渐注重发展文化,表现出对汉文化的倾慕和提倡,虽然他们汉学修养不够高,但随着和平局面的进一步维持,文化发展速度加快,出现了汉学修养较深的契丹族后代,他们的汉学修养甚至可以和汉族文人一竞高低。从整个历史发展来看,契丹族后代,像耶律楚材这样文坛豪杰的出现也正是在其先辈们汉学修养的积淀下孕育出来的。这也证明了北方游牧民族接受了汉族文化以后,经过几代的努力完全可以领衔文坛,创造出新的文化潮流。

　　二是文学作品以契丹诗人,尤其是帝妃、贵族、大臣为主,说明他们受教育的程度远远高于一般平民,其文化素质也是最高的一个阶层。当然,民间也可能有一定的文人、诗人存在,但其数量当不会太多,这是受教育程度限制的,同时,契丹严禁民间私刊书籍,违者以死论,所以它们传世的机会也很少。

　　契丹族文人从身份上、共同的民族文化心理上、共同的创作倾向上来说,具有了群体的特征,其突出的表现已经成为研究辽代文学不可忽略的一个现象。

　　三是女性作品相较中原地区的比例较高,如果进一步考察其内容,还会发现有其鲜明的地方和民族特色。

　　萧观音,道宗妃,她"姿容冠绝,工诗,善谈论。自制歌词,尤善琵琶"[29]。清宁初年被立为皇后,生有皇子浚,一度深得道宗宠爱,誉之为"女中才子"。上述作品有《伏虎林应制》、《君臣同志华夷同风应制诗》、《谏猎疏》、《回心院》十首、《怀古诗》和《绝命词》。前三首为应制诗,如《伏虎林应制》:"威风万里压南帮,东去能翻鸭绿江,灵怪大千俱破胆,那教猛虎不投降",全诗潇洒、豪放、颇有马上民族粗犷、雄武的性格,在称赞道宗气吞山河,威风凛凛,所向无敌的同时,也歌颂了契丹族雄视四方,无畏无惧,压倒群敌的民族气概。她的诗作完全不同于深受礼教束缚的中原女子的作品,表现出了巾帼英雄的豪迈之气。其中最受人称道的是《回心院》十首和《绝命词》,这些作品格调悲凉,呈现出的是另一种风格。《回心院》表现的是失宠弃妇的委曲幽婉的情怀,词中熟练运用典故,表现出作者汉学修养较深的特点。《绝命词》则是萧观音被迫自尽前的作品,为自陈心迹之作。作者采用楚辞骚体的写法,表现出呼号惨痛的情绪状态。其中有对奸邪的斥责和对自我的剖陈,"蒙秽恶兮宫闱,将剖心兮自陈",也有对遭受迫害的痛苦表达,"顾子女兮哀顿,对左右兮摧伤";也有对天地不公的怨恨,"呼天地兮惨悴,恨古今兮安极"。全词感情强烈,有催人泪下之凄婉,也有怨天责地之悲愤,还有听天由命之无奈。是一首感情充沛、情真意切的汉文诗歌。后人评论,辽朝萧观音《回心院》词十阕在,便可"以一当百"。实际辽朝的词作除《回心院》以外,当还有数量颇丰的其他作品。仅《契丹国志》卷七《圣宗天辅皇帝》明文记载的,即有辽圣宗耶律隆绪"御制曲百余首"。单是萧观音的词作,大约还会有其他,正如况周颐在《蕙风词话》卷二中所说的:"其于长短句,所作容不止此。北俗简质,罕见称述,当时即已失传矣。"

另一位才女是萧瑟瑟,"国舅大父房之女……善歌诗",天祚帝妃,其两篇作品《讽谏歌》和《咏史诗》,均为诗中精品。《讽谏歌》云:"勿蹉塞上兮暗红尘,勿伤多难兮畏夷人,不如塞奸邪兮选取贤臣。直须卧薪尝胆兮激壮士之捐身,可以朝清漠北兮夕枕燕云。"雄心壮志,耿耿忠心,虽男儿亦自愧不如。

辽代后期的这两位才女后妃,均因"以诗讽谏"而惨遭杀害,这固然与当时的政治黑暗密切相关,但也表明了契丹女诗人关切国事的政治态度,其作品体现了以诗讽喻的创作思想,无论其文化、政治素质均高于同时代的北宋时期的女性。

第三节　辽代人口的道德素质

学习汉族文化,尊奉儒家思想,是辽太祖耶律阿保机的基本建国策略,太祖三年"五月乙亥,诏建孔子庙、佛寺、道观"。[30]他问侍臣:"受命之君,当事人敬神。有大功德者,朕欲祀之,何先?"众侍臣认为应祀佛,可他认为"佛非中国教"。皇太子耶律倍说:"孔子大圣,万事所尊,宜先。"于是乎"太祖大悦,即建孔子庙,诏皇太子春秋释奠"[31]。在随后进行的围攻幽燕、降服渤海的经略征伐中,耶律阿保机是以奉天承运的中国皇帝自居的,其《谕皇后皇太子大元帅及二宰相诸部头等诏》言:"朕既上承天命,下统群生,每有征行,皆奉天意。是以机谋在己,取舍如神,国令既行,人情大附。舜讹归正,遐迩无怨,可谓大含溟海,安纳泰山矣。"[32]

在建国之初、四方未平、诸弟作乱、百废待兴之时,阿保机为首的契丹统治者首先确立了奉儒敬天的建国思想,奠定了辽代二百多年道德价值取向的基础,使忠、孝、贞、义等儒家道德规范成为辽代国人道德素质的主要内容。

一、"忠"

忠是汉儒伦理道德文化的核心之一,其主要内容是忠君思想,这也是历代封建统治者将其作为主流道德价值观的原因。辽太祖时从后唐投辽的王郁(后唐庄宗李克用之婿),曾被耶律阿保机收为养子,《辽史·王郁传》载:

太祖(耶律阿保机)崩,郁与妻会葬,其妻泣诉于淳钦皇后,求归乡国,许之。郁奏曰:"臣本唐主(李克用)之婿,主已被弑,此行夫妻岂能相保。愿常侍太后。"后喜曰:"汉人中,惟王郎最忠孝!"以太祖尝与李克用约为兄弟故也。㉝

这是《辽史》中最早旌表忠孝的记录。

在灭晋的战争中,"以的鲁子徒离骨嗣为夷离堇,仍以父字为名,以旌其忠"㉞,另外在灭唐扶晋的战争中,对拼死抵抗的后唐忠死之士张敬达"卒以礼葬","嘉唐张敬达忠于其君"㉟。这种不但奖励己方将领之忠,对敌方将领"忠于其主"的行为也进行褒奖,表明辽代统治者对"忠"的理解上升到了新的高度。

关于忠孝观,成功调停太后与世宗嗣位之争的耶律屋质有独特的见解。耶律察割在谋弑世宗之前,"佯为父恶,阴遣人白于帝",即把自己父亲的所谓"坏事"告诉世宗,以显其忠,世宗果然上当,曰:"察割捨父事我,可保无他。"耶律屋质认识到:"察割于父既不孝,于君安能忠!"但是"帝不纳"。不久,即被屋质言中。天禄五年(951年),"帝伐周,至详古山,太后与帝祭文献皇帝于行宫,群臣皆醉……察割以谋告耶律盆都,盆都从之。是夕,同率兵入弑太后及帝,因僭位号。"㊱这种不孝之人,定是"不忠、不友"之徒的思想在中原非常盛行,在当今也有很强的认同感,辽代大臣能够认识到这一点是难能可贵的。

辽代因"忠"入传的还有道宗朝的耶律玦。《辽史·耶律玦传》即载:耶律玦曾佐秦国王耶律重元留守西京,清廉勤政。"玦不喜货殖,帝(辽道宗)知其贫,赐宫户十。尝谓宰相曰:契丹忠正无如玦者,汉人则刘伸而已。然熟察之,玦优于伸……"㊲还有汉官姚景行,曾任北府宰相。清宁"九年秋,告归,道闻重元乱,收集行旅得三百余骑勤王。比至贼已平。帝(辽道宗)嘉其忠,赐以逆人财产"㊳。

二、"孝"

孝敬父母,尊敬长辈,也是辽代统治者极力倡导的道德规范。圣宗刚刚即位,就专门下诏旌表有"孝道之人",对不孝者,则给予严厉惩处。《辽史·圣宗纪》即载:统和元年(983年)十一月,圣宗下诏,"民间有父母在,别籍异居者,听邻里觉察,坐之。有孝于父母,三世同居者,旌其门闾"㊴。受到圣宗皇帝下诏褒奖孝道的普通家庭有两个,"前辽州录事张庭美六世同居,仪坤州刘兴胤四世同居,各给复三年"⑩。

辽圣宗曾因孝而救犯死罪的人。时有一宦官名赵安仁,原为北宋深州乐寿人,自小被俘入辽,在宫中做黄门官。后因卷入仁德皇后与钦哀皇后的后族党争,害怕祸及自身,加之思念在宋地的父母,便"复谋亡归,仁德欲诛之,钦哀以言营救。圣宗曰:'小喜(赵安仁字小喜)言父母兄弟俱在南朝(北宋),每一念,神魂陨越。今为思亲,冒死而亡,亦孝子用心,实可怜悯。'赦之"⑪。道宗皇帝也十分注重对孝亲者的表彰。如咸雍十年(1074年)四月,"以奚人达鲁三世同居,赐官旌之"⑫。大康四年(1078年)十一月,"锦州民张宝四世同居,命诸子三班院祗候"⑬。寿昌六年(1100年)十一月,"以天德军民田世荣三世同居,诏官之,令一子三班院祗候"⑭。

道宗朝时,为了表彰孝心,甚至免去了该当死罪的罪犯刑罚,原因就是其儿子愿替其死。"(大安四年,1089年)十一月庚申,兴中府民张化法以父兄犯盗当死,请代,皆免"⑮。

以孝道而闻名的人和事很多。如耶律安搏、萧乌野、萧蒲离不等,均是契丹人中尽孝者的代表。《辽史·耶律安搏传》云:"安搏自幼若成人,居父丧,哀毁过礼,见者伤之。太宗屡加慰谕,尝曰:'此儿必为令器。'既长,寡见笑,重然诺,动遵绳矩,事母至孝。以父死非罪,未葬,不预宴乐。"⑯道宗朝的邢抱朴,亦以孝而闻名当世。《辽史·邢抱朴传》载:"寻以母忧去官,诏起视事,表乞终制,不从;宰相密谕上意,乃视事。人以孝称。"⑰道宗朝的萧乌野,也是契丹人中的著名"孝子"之一。《辽史·萧乌野传》载:乌野"寻以母老,归养于家。母亡,尤极哀毁"⑱。萧蒲离不,"父母蚤丧,鞠于祖父兀古匿。性孝悌。年十三,兀古匿卒,自以早失怙恃,复遭祖丧,哀毁逾礼,族里嘉叹。尝谓人曰:'我于亲不得终养,今谁为训者? 苟不自勉,何以报鞠育恩!'自是力学,于文艺无不精"⑲。

三、"贞"

辽代前期受汉族妇女贞节观念影响较小,丈夫死后妇女改嫁的例子很多,进入中期以后,受汉儒文化熏陶加深,一些妇女包括少数契丹族女子亦注重贞节名声。正如《辽史·列女传》云:"男女居室,人之大伦。终辽之世,得贤女二,烈女三"⑳,除"贤女"邢简妻陈氏为圣宗时人,其他均为道宗、天祚时人,表明这种贞节观念也是随着儒家思想的深化而逐渐树立起来的。而作为统治者,辽代的皇帝们也大都对此予以充分肯定和大力褒奖。如道宗朝的萧意辛,20岁时嫁给耶律奴为妻。过门后的萧意辛"事亲睦族,以孝谨闻"。她对如何正确处理好夫妻关系,颇有自己的观点和看法,"尝与娣姒会,争言厌魅以取夫宠。意辛曰:'厌魅不若礼法。'众问其故,意辛曰:'修己以洁,奉长以敬,事夫以柔,抚下以宽,毋使君子见其轻易,此之为礼法,自然取重于夫。以厌魅获宠,独不愧于心乎?'闻者大惭。"[51]后来,因其夫耶律奴得罪了权臣耶律乙辛,"被诬夺爵,没入兴圣宫,流乌古部"。道宗皇帝因意辛为胡独公主之女,可"议贵"与耶律奴离婚而免于流放边地。萧意辛坚守儒家"出嫁从夫"的贞节观念,谢绝了道宗的"好意",陪同丈夫一同来到北部边境地区。"意辛久在贬所,亲执役事,虽劳无难色。事夫礼敬,有加于旧"。她的贞节妇道行为,最终感动了道宗皇帝。"寿隆(昌)中,(意辛)上书乞子孙为著帐郎君。帝嘉其节,召举家还"[52]。第二位烈女耶律术者的妻子萧讹里本,在丈夫死后,她为恪守贞节妇道,最后竟"自刃而卒"。天祚朝耶律中的妻子萧诺樱兰,死得更为壮烈。"天庆中,(兰)为贼所执,潜置刃于履,誓曰:'人欲汙我者,即死之。'至夜,贼遁而免。"辽末金兵进逼,萧樱兰之夫耶律中临危受命,被天祚帝任命为五院都监。"中谓妻曰:'吾本无宦情,今不能免。我当以死报国,汝能从我乎?'樱兰对曰:'谨奉教。'及金兵徇地岭西,尽徙其民,中守节死。樱兰悲戚不形于外,人怪之。倾跃马突出,至中死所自杀。"[53]

四、"义"

辽代民风尚朴,多重兄弟情义,其代表人物有两个。一是世宗朝的南院大王耶律吼。据《辽史·耶律吼传》载:耶律吼"以功加授访使,赐以宝货。吼辞曰:'臣位已高,敢復求富! 臣从弟的碌诸子坐事籍没,陛下哀而出之,则臣受赐多矣!'上曰:'吼舍重赏,以族人为请,其贤远甚',许之",鉴于此,"时有取当世名流作《七贤传》者,吼与其一",说明不仅是皇帝,整个社会对这种"重情明义"之风是敬仰和推崇的。二是兴宗朝的耶律义先。《辽史·耶律义先传》即云:"义先常戒其族人曰:'国中三父房,皆帝之昆弟,不孝不义尤为不可!'其接下无贵贱贤否,皆与均礼。其妻晋国长公主之女,每遇中表亲,非礼服不见,故内外多化之。"[54]

圣宗朝时的耶律国留,因妻弟媳与奴私奔,仗义不平,虽死无悔。"时妻弟之妻阿古与奴通,将奔女直国,国留追及奴,杀之,阿古自经。阿古母有宠于太后,事闻,太后怒,将杀之。帝度不能救,遣人诀别,问以后事。国留谢曰:'陛下悯臣无辜,恩漏九泉,死且不朽。'既死,人多冤之。"[55]

另外,作为文化素质的一部分,辽代人口的科技素质也达到了一个很高的程度,例如,在陶瓷烧造方面,辽代制瓷业不仅填补了我国长城以北广大地区制瓷业的空白,而且给予了南宋、金元时期及其以后陶瓷文化以深刻的影响。辽代陶瓷器型和品种的创新,烧造工艺的改进,都有其极为重要的意义,尤其是硼釉的发明和使用,不仅是对中华陶瓷文化的一大贡献,而且也是对世界文化的巨大贡献。因此,我们可以毫不夸张地说,辽代陶瓷文化在中国陶瓷发展史上占有重要的地位,应该给予高度评价。[30]在医疗、农耕、畜牧、矿业、建筑、纺织等领域,辽人也做出了巨大贡献,显示出了较高的科技素质,鉴于这些内容在"人口结构"一章中分析职业结构时,已进行了论述,这里不再赘述。

虽然囿于资料所限,我们目前无法对其人口的整体素质做出准确的量化考证,但通过上述部分材料分析,大致能够对辽代人口素质的基本特征有一个总体认识。辽代人口在身体素质方面有着突出的民族特色,体格健硕、身材高大、寿命较长是其主要特点;在文化素质、道德素质、科技素质等方面也表现出了较高的水平。

注　释:

① 《简明人口学词典》编辑委员会《简明人口学词典》,甘肃人民出版社 1987 年版。

② 《辽史》卷 37《列传第三》。

③ 《辽史》卷 94《列传第二十四》。

④ 罗春政《辽代绘画与壁画》,辽宁画报出版社 2002 年版,第 73 页。

⑤⑥　参见梁方仲《中国历代户口、田地、田赋统计》,第 542 页。

⑦ 陈述《契丹政治史稿》,第 160—175 页;杨毓骧《云南契丹后裔考说》,《思想战线》1994 年第 2 期。

⑧ 叶启晓、干志耿《滇西契丹遗人与耶律倍之裔》,《北方文物》1995 年第 4 期。

⑨ 《东坡全集》卷 64,文渊阁四库全书本。

⑩ 《三朝北盟会编》卷 38。

⑪ 《新唐书》卷 148《列传七十三》,中华书局 1975 年版。

⑫ 向南《辽代石刻文编》,第 495 页。

⑬ 乌照文物工作站内蒙古文物工作队《契丹女尸》,内蒙古人民出版社 1985 年版,第 178 页。

⑭ 《辽代石刻文编》,第 633 页。

⑮ 《辽史》卷 10《圣宗纪一》。

⑯ 《辽史》卷 80《萧朴传》。

⑰ 《辽史》卷 47《百官志三》。

⑱⑲⑳　《辽史》卷 48《百官志四》。

㉑ 《辽史》卷 13《圣宗纪四》。

㉒ 《辽史》卷 104《耶律孟简传》。

㉓ 《辽史拾遗》卷 16 引《宣府镇志》。

㉔ 《全辽文》卷 4《张正嵩墓志》。

㉕㉖　《辽史》卷 47《百官志三》。

㉗ 朱子方《新补〈辽史·艺文志〉稿》,刊《辽金史论集》第 7 集,第 35 页,中州古籍出版社 1995 年版。

㉘ 黄震云《辽代文学的数量、写作与流传》,载《民族文学研究》2006 年第 3 期。

㉙ 《辽史》卷 70《后妃传》。

㉚ 《辽史》卷 1《太祖纪上》。

㉛ 《辽史》卷72《义宗倍传》。

㉜ 《全辽文》卷1。

㉝ 《辽史》卷75《王郁传》。

㉞㉟ 《辽史》卷5《太宗纪下》。

㊱ 《辽史》卷112《耶律察割传》。

㊲ 《辽史》卷91《耶律玦传》。

㊳ 《辽史》卷96《姚景行传》。

㊴ 《辽史》卷10《圣宗纪一》。

㊵ 《辽史》卷15《圣宗纪六》。

㊶ 《辽史》卷109《赵安仁传》。

㊷㊸ 《辽史》卷23《道宗纪三》。

㊹ 《辽史》卷26《道宗纪六》。

㊺ 《辽史》卷25《道宗纪五》。

㊻ 《辽史》卷77《耶律安抟传》。

㊼ 《辽史》卷80《邢抱朴传》。

㊽ 《辽史》卷92《萧乌野传》。

㊾ 《辽史》卷106《萧蒲离不传》。

㊿(51)(52)(53) 《辽史》卷107《烈女传》。

(54) 《辽史》卷90《耶律义先传》。

(55) 《辽史》卷88《耶律国留附传》。

(56) 马沙《辽代制瓷业的产生及其历史贡献》,《文物世界》2000年第2期。

下　编

金代卷

第一章　绪论

同辽代一样,相对其他朝代,金代史学研究无论从史料还是研究状况显得都很薄弱。进入 20 世纪,尤其是 20 世纪下半叶以来,金代史学研究得到了较快的发展,关于金代人口的研究也从无到有逐步发展起来,这是本书能够继续进行学习探讨的理论基础。

第一节　金朝人口研究的意义与方法

金朝(1115 年—1234 年)是承辽之国祚,继北宋衣钵,以女真族为统治民族在我国淮河以北建立的王朝,先建都会宁府(今黑龙江省哈尔滨市阿城区南),后迁都燕京(今北京),再迁都至汴京(今河南开封),最后灭亡于蔡(今河南上蔡)。金共历 9 帝,前后 120 年,开国皇帝是金太祖完颜阿骨打。女真族的祖先很早就生活在长白山和黑龙江流域。五代时,女真之名始见于史籍,并受契丹统治(为避辽兴宗耶律宗真之讳,辽称之为女直,元修辽、金二史之时,又避元太祖成吉思汗铁木真之讳,亦称之为女直,后世史书大多以女直称之,本书引用文献,亦多以"女直"称之)。女真族以完颜部为首的部落联盟建立后,很快统一了各部。此后,女真族的发展进入一个新的历史时期。辽天庆四年(1114 年)九月,女真族领袖完颜阿骨打率部誓师于涞流河(今黑龙江与吉林省交界处的拉林河)畔,向辽朝的契丹统治者宣战,并在取得宁江州大捷和出河店之战胜利后,于辽天庆五年(1115 年)称帝建国,国号大金,年号收国。金朝建国后,首先展开了以占领黄龙府(今吉林农安)为目标的系列战役,经过近九个月的战斗拿下了黄龙府,辽国举国震惊,辽天祚帝亲统七十万大军讨伐,但为金所大败。金以此为基础,随后展开了以拿下辽五京为战略目标的灭辽之战。攻取五京的前后步骤是东京(今辽宁辽阳)、上京(今内蒙古巴林左旗林东镇)、中京(今内蒙古宁城西大名城)、西京(今山西大同)、南京(今北京),于金太宗天会三年(1125年)在阴山俘获辽天祚帝耶律延禧,标志着辽朝彻底灭亡。

金灭辽后,宋金之间因"张觉事件"败盟,金与北宋遂成敌国,金太宗完颜晟挟灭辽之威,迅即以狂潮飓风之势侵入中原,于天会五年(1127年)灭亡北宋。以后金与南宋多次交兵,南攻与北伐,均无力改变南北对峙的局面。宋金之间遂于南宋绍兴十一年(金熙宗天眷四年,1141年)签署绍兴和议,确定了宋金之间政治上的不平等关系,结束了长达十余年的战争状态,形成了南北对峙的局面。金代作为我国历史上北方民族南下进行曲的一个旋律,在辽代的基础上得到了进一步发展,把与南宋的边界向南推进到了淮河一线,为最终元代统一中国奠定了基础。

关于这方面的研究,张博泉、宋德金、董克昌、那国安等先生均有详尽的研究和论述,这里的描述和定性参考了他们的成果。[①]

一、金代的历史贡献和历史地位

金代近120年间,雄踞北部中国,其自身在政治制度、民族融合、经济文化、社会生活等方面,发生了一系列的变化。在这些变化中,既有对中原汉文化的借鉴与继承,又保留有女真族的某些特点和北方区域特色。这些变化,不仅对金国本土的社会发展有重大意义,而且还对当时的南宋以至后世产生了影响。

1. 改变宋、辽、夏三足鼎立局面,进而形成金、宋、夏三足鼎立并独占鳌头

如果说宋辽夏是"中国历史上第二次南北朝"的开始的话,那么,金宋夏则是其高潮和结束。金代疆域向南推进的幅度、对宋军攻击的力度、对宋廷施压的强度都全面超过了辽代,无论是户口、经济成就都超过了辽代。辽与北宋,"世为兄弟之国",地位平等,澶渊之盟规定北宋向辽所贡不过"银十万两,绢二十万匹";而南宋对金始称臣、再称叔而后称伯,向金所贡,仅"绍兴和议"就达"银、绢各25万两、匹",至"嘉定和议"更各增至30万两、匹。因此,如果说澶渊之盟是一个平等条约的话,辽宋之间的关系基本上是平等的关系;"绍兴和议"、"嘉定和议"则是政治、经济均不平等的条约,宋金之间也是一种不平等的关系。

金继承辽对夏的宗主国地位,夏国的君主要经过金朝皇帝的册立方为合法,有时甚至直接出兵干预其朝政。同时,金建国后,蒙古诸部和高丽王国相继臣服金国,接受金廷的册封。太祖阿骨打于天辅五年(1121年)十二月,诏告:"今欲中外一统"[②],首用"中外"二字,表示其代表中国号令天下。此后的大金王朝,不仅称霸中原,而且雄踞世界东方。

2. 对中国历史北部疆域的缔造做出了突出贡献

金之封疆辽阔,其鼎盛时期的版图,东临"吉里迷兀的改",即现今的鄂霍次克海及日本海之滨;北至"蒲与路之北三千余里,火鲁火疃谋克地为边",现今俄罗斯境内的外兴安岭地区;西界沿金代边壕,出天山,过黄河,循渭水至大散关(今陕西宝鸡市西南);南以唐(今河南唐河县)、邓(今河南邓州市)西南皆40里处,划淮河中游与南宋为界。当时的疆域除"白山黑水"外,又占据了辽境,进吞了中原,周边的南宋称臣,西夏、高丽等称藩,成为当时的军事强国。北部边境达到贝加尔湖、外兴安岭和鞑靼海峡,包括库页岛都在金的版图之内,这为清代的疆域划定奠定了基础,也为《尼布楚条约》的签订创造了条件,为《瑷珲条约》是卖国条约的认定提供了佐证。

3. 对中华民族长城内外的一统做出了重大贡献

金代南征曾达到长江以南的建康(今南京),继陷临安(今杭州),下越州(今绍兴)之后,又占了明州(今宁波),追得宋高宗乘船亡命海上,金兵又入海追了三百里,以后退守淮河,划淮为界。如果说辽代把长城变成了中华民族的后花园的话,金代则使长城变为一国之内历史战争的遗迹,完全失去了防御的作用,这对中华民族的团结和统一,不能不说是一重大贡献。

4. 在中华民族多元一体格局形成的实践与理论上,都向前迈进了一步

辽金元时期是我国历史上民族斗争与融合的重要阶段。尽管金代统治者没有最后实现统一中国的愿望,但是这120年间在中华民族的形成过程中起过很大的作用。金国境内,除女真人外,还有汉、契丹、奚、渤海人等,由于频繁的战事以及统治者为巩固其统治秩序而采取若干措施,造成人口大量流动,在客观上促进了各民族间的融合。金初,多次诏令将燕云、中原地区大批汉人迁往"金源内地"。太祖时,"既定山西诸州,以上京内地,则移其民实之"。攻取燕京后,又"尽徙六州氏族富强工技之民于内地",以"燕京豪族工匠,由松亭关徙之内地"③。太宗时,"以旧徙润、灏等四州之民于沈州之境",迁洛阳、襄阳、颖昌、汝、郑、唐、邓、陈、蔡之民于河北。在将燕云、中原人口"实内地"同时,还令东北的女真人向中原迁徙。太宗天会十一年(1133年),"悉起女真士人,散居汉地"④。熙宗时,金复取河南之地后,"始创屯田军,及女真、奚、契丹之人,皆自本部迁徙居中州,与百姓杂处,计其户口,授以官田,使自播种,春秋给衣焉……自燕之南,淮陇之北,俱有之,多至五六万人,皆筑垒于村落间"⑤。海陵迁都燕京后,随之将大批女真人迁往河北、山东。经过人口的双向流动,为各民族杂居共处创造了前提条件。金代统治者为巩固统治秩序,保持国家安定,还鼓励女真人与汉人通婚。章宗明昌二年(1190年),尚书省言:"齐民与屯田户往往不睦,若令递相婚姻,实国家长久安宁之计。"章宗从之。⑥泰和六年(1206年),重申此令,"诏屯田军户与所居民为婚姻者听"⑦。显然,以上措施促进了各民族间的同化与融合。

从魏晋南北朝以至五代十国、辽朝以来,民族融合的发展促进了所谓华夷、正闰等问题的争论,并在理论上有所发展。辽代如此,金朝亦如此。金初太祖、太宗时期,称宋为"中国",金朝自为正统的观念尚不明显。到熙宗、海陵时期,这一观念有了新的发展。海陵王反对重诸夏而轻夷狄及以地域区分正统与僭伪的正统论。这种华夷平等的主张,固然同他的政治雄心相联系,为其统一江南制造舆论,但不可否认,他对传统观念的否定和批判是符合历史发展大势的。到世宗、章宗时期,金朝社会发展到了鼎盛阶段,统治者的正统王朝观念,在当时已成为对全社会有重大影响的思潮,经过当时学者的阐述,这一观念更具有了理论上的发展,对推进金代各民族的融合,推动北方文化的发展,以及对后世特别是元清两代产生了一定的影响。如元初在议修宋辽金三史时,遇到了以谁为正统的问题。经过七八十年的争论,才确定"三国各与正统,各系其年号",承认辽宋金都是正统。应该说,这一抉择是同金代正统的理论影响分不开的。清朝统治者在对待"中国"与夷狄问题上,也与金有共同之处,他们反对"内中国而外夷狄"的"华夷之见"。乾隆间编定的《四库全书总目提要》更明确肯定金、元正统观,认为"元人三史并修,诚定论也"。

5.取得了卓越的经济和文化成就

在金朝统治下的女真族原有地区的经济,比过去任何一个时期都有显著的发展,对于改变落后面貌做出了前所未有的贡献。从辽原统治的地区看,金代远远地超过了辽代的生产技术水平,人口亦有极大的增长;从金朝统治的黄河流域地区来看,中国北方社会的各项生产有相当大的恢复和发展,而且在不少方面都有很大的突破。从税制来看,两税法至金时已发展为纯粹的地税,夏秋两税皆纳粟,这是一个很重要的改进和变革。从币制的发展来看,基本继承北宋旧制,但在中国历史上第一次出现了以银锭改铸为铸币,这是中国银由流通进入法币的开始,是币制史上的一个重大进步。从平水印刷术发展来看,不仅超过北宋,而南宋甚至元也不能与之相比。从图片刻画来看,开后来元刻平话附图及明刻传奇附图的先声。金代的铸铁技术也超过了北宋水平。

多民族的封建国家经济发展是包括各族经济在内的,也正因为如此,研究在历史上曾经局部、半部或全部占有中原的民族经济及其发展乃至与中原经济的互相作用和转化,是极为重要的。研究北朝经济与研究南朝经济、研究金代经济与研究南宋经济都同样重要。从中国历史的发展来看,各朝之间经济发展的联系与区别,都不能把其他民族统治时期的经济发展排除在外。在中原所建立的政权,从经济发展的角度来看,它总是从前朝中继承下来所需要的东西,作为新的继承者而出现在历史上,也总是要对前朝的经济制度有所变易,并赋予一些新内容,或是把本族固有的一些内容带入中原。从历朝经济发展的总趋势及其对后一朝的影响来看,金代社会经济也占有一定的地位,特别是辽、金、元三朝都是少数民族占统治地位的朝代,金在辽与元之间的经济发展更显现出它的重要性。

因此,对于具有如此重要历史地位和取得如此成就的一个王朝来说,有必要进一步研究其取得如此地位和成就的人口因素。

二、金朝户口的特点

金朝户口同中国历史上其他朝代有许多明显的不同,例如,朝代前期户口(从金初到海陵王正隆末年),这是金朝人口数量急剧下降和停滞不前的时期,这显然与中国封建王朝前期是户口的回升期这一规律不符。另外,整个金朝前期户口恢复非常缓慢,地区分布极不平衡等。在户口管理上,分为州县户口和猛安谋克户口两大体制,但最终都要"到部呈省",尤其是在大定二十三年(1183 年)以后统称为"天下户",这一点同辽代的州县户、宫卫户自始至终互不统属的情况有很大的不同,与宋朝的主户、客户两大户籍系统差别更大。

1. 前期的迅速下降和缓慢恢复

金建国之初,在经过了十年的对辽战争之后,随即又开始了对宋的长期战争。这期间分两个阶段。自天会四年(1126 年)金军南侵起,至皇统二年(1142 年)订立绍兴和议止为迅速下降时期。金宋之间一直处于直接或间接的(通过刘豫齐国)战争状态,共发生了七场较大规模的战争,小的冲突则几乎从未间断,因此,这一时期是金朝人口锐减的时期;自皇统二年(1142 年)和议的签订到大定元年(1161 年)海陵王南侵的失败为第二个阶段。和议的签订为经济恢复和人口增长带来了希望,但是由于一些人为的因素使人口回升的趋势受到了抑制,而最后海陵王发动的大规模的侵宋战争,又造成了一次新的人口数量下滑,因此总的来看,这一阶段的户口基本处于停滞不前的状态,人口数量近乎零增长。

2. 中期户口得到了快速发展

世宗时期,金代户口从大定初的三百余万户增至大定二十七年的 6789449 户,二十七年户额翻了一番有余,年平均增长高达 36.2‰,显然不是人口自然增长的结果。对这一事实,学界均有共同的认识,但对出现这一结果的原因却意见不同(详见研究综述一节),有必要从历史文献、考古、民族学等角度,对这些户口数据进行重新梳理,以求有新的发现。

3. 户口分布极不平衡

金初统治区包括淮河以北的中原地区、外兴安岭以南的东北地区和今内蒙古大部、甘肃东部、陕西北部等地。中原地区是经济社会发达的先进地区,约占金朝统治区的四分之一左右,多为汉族人民居住区。由当时的中都路、河北东路、河北西路、大名府路、南京路、山东东路、山东西路、河东南路、河东北路、京兆府路和陕北的鄜延路组成。从对《金史·地理志》的统计可以看出,虽经金朝前期战乱的破坏,但经过近百年的恢复和发展,其户数占到金朝总户数的百分之八十以上。虽然,目前对《金史·地理志》记载的金朝鼎盛时期的户数有争论,但是,这一地区作为金朝统治的核心地区,其户口的增长和重要的政治经济地位是不言而喻的。其余四分之三的广大地域,包括当时的上京路、咸平路,东京路、北京路、西京路和西北地区的临洮路、庆原路、凤翔路等地,其中大部分地域是女真人、契丹人、蒙古人等少数民族人民的聚居区。这些少数民族当时的社会经济尚处于比较落后的阶段,其户数占金朝总户数的百分之二十不到,这种户口分布的不平衡既是经济发展不平衡的结果,同时也是其重要原因。

金代经济社会发展取得的成就是各族人民智慧和汗水的结晶,人口问题同金代的各种问题始终紧密相连,其人口发展独特的规律既是金朝政治军事斗争的结果,同时又深刻影响着金朝经济社会的发展。因此,全面系统地研究金朝人口制度、数量、结构、迁移、分布等规律,对全面认识和了解金代社会有着积极的作用。但是,同辽史一样,金代历史的研究在中国古代史中同样是一个相对"单薄"的断代,史料缺乏,研究不够深入,人口问题更是如此。这也是本书选题的一个原因。

三、金代人口研究的方法

对金代人口的研究正是基于以上特点进行的。同辽代人口研究一样,金代人口研究所要借助的首要工具仍然是历史研究方法,离开这个工具,人口史研究就成了空中楼阁;第二个方法是人口学研究方法,包括现代人口学的研究体例和范畴,这是面对浩如烟海的历史资料的突破口。其他,如考古学、社会学、人类学、统计学和历史地理学等也是非常重要的方法,本书亦会涉及。

但研究金代人口同辽代仅在史料方面就有很大的不同,《辽史》的错讹缺漏,治史者人所共知,人口数据记载之奇缺更是研究辽代人口问题的瓶颈。如前所述,向南先生曾言:"二十四史以《辽史》为最劣,而《辽史》中又以《地理志》问题为最多"⑧。《辽史》户口数据主要记录在《地理志》里,其关于人口记载之不足突出表现在以下几个方面:一是数据残缺不全。除五京州县、宫卫户有户数记录,其他部族、属国等均没有任何户数记载,而五京州县户数,除南京道记录相对完整,其他均缺载甚多,中京道仅有高州三韩一县户数记载;二是数据记录单位不统一,有的以州为单位,有的以县为单位;三是只有户数没有口数;四是无明确系年。因此,要研究辽代人口数量,就需要对《辽史》的户口记载数据按照一定方法进行复原。

与此相反,《金史》历来有"良史"之美誉。清代史学家赵翼评论说:"《金史》叙事最详略,文笔亦极老洁,迥出宋、元二史之上。"⑨四库馆臣也说:"元人之于此书,经营已久,与宋、辽二史仓促成书者不一样,所以本书首尾完备、条例整齐、简约而无疏漏、周赡而不繁芜,在宋、辽、金三史之中,是最为完善的。"⑩表现在人口数据的记载上,《金史·地理志》记载了各路府州县的基本情况,户口数据都记载在了各府、州的名下,京府州179个,只有金之内地的蒲与路、合懒路、恤品路、曷苏馆路、胡里改路、来远州、婆速府路以及西北、西南、东北路招讨司(原乌古迪烈统军司)没有具体户口记载,其他均有记载,缺点是只有户数,没有口数,且没有明确的户口系年。但同时《金史·食货志》的记载提供了8组数据,其中州县户口5组,猛安谋克户、在都宗室将军司户、迭剌唐古二部五糺户口共3组,每组数据均包括户数和口数,且有明确的系年,对《地理志》恰是非常必要的补充。正因为如此,何炳棣先生认为:"在此前后还没有哪一部正史能够提供比上述这样记载官方按年龄分组的规定、登记城乡军民的机构、从最基层的县以下单位上报到中央有关部门的程序和期限等方面的更精确的材料了。"⑪

因此,户口数据复原、口户比求证等在辽代人口研究时是非常棘手的问题,而在研究金代人口时变得相对简单,甚至可以省去这部分篇幅。当然,清楚的记载并不一定能够明白地使用,如《金史·食货志》与《金史·地理志》户数记载不一致的问题、开封府户数过高问题、部分路州户数缺载问题等还需要我们进一步考证和解释。

具体方法在辽代部分已经作了详尽的介绍,这里不再赘述。

第二节　金代人口研究的基本史料

同辽代一样,研究金代人口的基本史料仍然以元修《金史》为主,同时期的《宋史》、《三朝北盟会编》,以及由金入元的金末文士元好问、刘祁等人的著作也是非常重要的参考资料。

一、《金史》

同《辽史》一样，《金史》是二十四史中元修三史之一，元朝脱脱等主持编修。全书135卷，其中本纪19卷，志39卷，表4卷，列传73卷，记载了上起金太祖收国元年（1115年）阿骨打称帝，下至金哀宗天兴三年（1234年）蒙古灭金，共120年的历史，是反映女真族所建金朝兴衰始末的重要史籍。最早议修于元世祖中统二年（1261年），以后在至元元年、十六年，以及仁宗朝、文宗朝都分别议论过修史的事，都因义例难定未付诸实行，直到元顺帝至正三年（1343年），才决定"各与正统"，《辽》、《金》、《宋》三史分别撰修。翌年十一月，《金史》告成，前后用了一年半的时间。《金史》是宋、辽、金三史中编撰得最好的一部，具体参加修纂的有沙剌班、王理、伯颜、赵时敏、费著、商企翁、欧阳玄等，其中欧阳玄的贡献最为突出，他制定《金史》撰修的发凡举例，书中的论、赞、表、奏皆由其执笔。从元顺帝至正三年（1343年）三月开始编撰，至第二年十一月成书。

历代对《金史》的评价很高，认为它不仅超过了《宋史》、《辽史》，也比《元史》高出一筹。清代史学家施国祁在《金史详校》中评价说："文笔甚简，非《宋史》之繁芜；载述稍备，非《辽史》之缺略；叙次得实，非《元史》之讹谬"；赵翼在《廿二史札记》中说："《金史》叙事最详核，文笔亦极老洁，迥出宋元二史之上"；清代四库馆臣在《钦定四库全书荟要》上疏中说："元人纂修《金史》多本所著，故于三史中独称完善，亦可知其著述之有裨益矣。"

《金史》之所以被称为"良史"，主要表现在以下几个方面：

一是在编纂体例和内容方面的独特之处。如《金史》不但记载了金建国以后120年的历史，而且为了专门叙述金太祖先世的生平事迹，回顾了女真族建国前的历史，从而保存了女真族早期历史的珍贵材料，备受今人重视；在各《本纪》的末尾，设立了《世纪补》一篇，专门记述了几位未曾即位称帝，而被后代追认的几位皇帝的事迹，这在体例处理方面十分得体，为后代修史者所继承；此外，《金史》在最末尾专立《金国语解》一篇，用汉语标出了表现在官称、人事、物象、姓氏等等之中的女真语称谓，是参照释读《金史》及研究女真语言文字的重要资料；《金史》还根据具体需要，创立了《交聘表》，以编年体表格的方式记述了金朝与邻国（如宋、西夏、高丽）的和战及来往关系，形式新颖，内容清晰。

二是在史料剪裁及记述方面处理得比较得体。对重要历史事件、人物一般记载比较详细，从而反映出其历史全貌，避免了像《宋史》那样详略失当、比例失调的现象。例如，把每一件大事在一两个主事人的纪、传中详述，对其他事和人，只是在其他纪、传中从侧面加以补充。这样就能有纲有纪，条理井然。金建国前抗辽战争的出河店一战，是完颜阿骨打亲自率领下进行的，《金史》就在金太祖本纪里详述了此次战役。后来，金追获辽朝皇帝，又掳取宋朝皇帝，则在大将宗翰、宗望的传里记述了这两件事。

三是在记述历史事实的态度方面也比较客观审慎，因而，真实性是比较可靠的。特别是表和志，使用了大量的第一手材料，将金朝的典章制度比较系统、全面地记载下来。如《礼志》、《乐志》、《舆服志》、《食货志》、《选举志》和《百官志》等。

《金史》修撰比较成功的原因有以下几个方面：

一是金代修史制度完善。金代设有记注院，掌修起居注；秘书监设有著作局，掌修日历；还有国史院，掌修实录和国史。其实录编修最为完备，太祖以下除卫绍王、金哀宗之外，均有实录；除此之外，还有记载金朝先世的《先朝实录》3卷；生前未称帝，死后追加尊号的世宗生父睿宗、章宗生父显宗也都有实录；此外还修有国史，包括皇帝本纪及功臣列传。

二是金实录保存完整。宣宗南迁（贞祐南渡），这些历史文献也随之携至汴京。汴京被蒙古军攻克之后，当时依附于蒙古，并参与了攻汴战斗的汉族军事将领张柔颇具远见，在其他蒙军将士争抢金帛财宝时，他却来到金史馆，将金朝实录及其他秘府图书运回了家中。这些图书文献在中统二年（1261年）被献之于朝廷。

三是有金末元初文人的直接记载。天兴三年（1234年）正月，蒙宋联军攻克蔡州，金朝灭亡了。元朝建立后，金朝遗老王鹗不但向元世祖忽必烈提出了修辽、金二史的建议，而且开始着手搜集、整理金代的历史资料。卫绍王朝没有实录，现在卫绍王本纪中的材料都是中统三年王鹗收集的；金朝迁蔡州之后，史书记载中断，也是因为王鹗根据自己的亲身经历著有《汝南遗事》4卷，才得以将这一段亡国的历史始末记载下来。因而金代历史文献保存得比辽朝多而且完整，加上金朝其他文人也注意搜集金代史实，如金末文人刘祁的《归潜志》、诗人元好问的《壬辰杂编》（今已佚）等也保存了不少金代史实。

可见元末修《金史》，既有实录、国史为根据，又有王鹗等人的搜集、补缀，还有刘祁、元好问等人的著作可直接资以证验，其所依据与《辽史》纂修时所据要丰富多了。加上这些资料又已经过不少人的加工整理，使编纂者易于着手，这与《宋史》撰写时面对一堆数量庞大、毫无整理的原始材料又不一样。于是《金史》比辽、宋二史高出一等，也就在情理之中了。

当然，《金史》也有许多不足之处，有的重要人物没有列传，甚至无记载，列传中的人名杂乱，一人多名或译名不一的现象很多。在户口数据记载方面，《食货志》较为详备,《地理志》缺略、错误的地方较多,为研究金代的户口问题带来一定的困难。⑫

《金史》户籍方面的资料散见于各卷中,尤以《食货志》、《地理志》记载最为丰富,是研究金代人口所主要倚重的部分。百衲本影印的元至正刊本(其中80卷是初刻,55卷是元朝后来的覆刻本),是现存《金史》最早的本子,本书所据即为该版本的中华书局点校本。中华书局点校本1975年完成,是迄今为止最好的版本,其主要校勘工作由张政烺先生完成。

二、《三朝北盟会编》

宋代史学名著,全书250卷,采用编年体例,记载卷帙浩繁,内容丰富,保存了许多原始资料,为宋金关系史的研究者所必备。作者徐梦莘(1126年—1207年),江西清江人,29岁举进士,一生大部分时间居家著述,至绍熙五年(1194年)撰成此书。

书名中"三朝",指宋徽宗赵佶、宋钦宗赵桓、宋高宗赵构三朝。该书汇集了三朝有关宋金和战的多方面史料,按年月日标出事目,加以编排,故称为"北盟会编"。宋金和战是北宋末南宋年间头等大事,宋人据亲身经历或所闻所见记录成书者,不下数百家,但"各说异同,事有疑信"。因此,作者徐梦莘将各家所记,以及这一时期的诏敕、制诰、书疏、奏议、传记、行状、碑志、文集、杂著等,凡是"事涉北盟者",兼收并蓄,按年月日标示事目,加以编排,征引的文献达二百多种,对记述的异同和疑信,也不加考辨。正如清代四库馆臣所论:"皆全录原文,无所去取亦无所论断,盖是非并见,同异互存,以备史家之采择,故以会编为名然。""自李心传系年要录以外,未有能过之者,固不以繁芜病矣"⑬。书成之后,实录院取进,作为编修《高宗实录》的参考。此后,徐梦莘又继续编纂了《北盟集补》五十卷,但早已失传。该书征引的文献材料达二百多种,而且原文照录,这种引用方法,在过去编年史著作中是不多见的。所征引的史料,有许多后来散佚,赖该书得以保存。为研究辽、宋、金史的基本史籍之一。《会编》有很高的史料价值,这不但是因为它引用的材料十分丰富,并且其中相当一部分的原本今天已经失传了,还因为它保存了这些材料的原来面目,没有改动。《会编》虽然只包括与宋金关系有关的内容,但在当时,即北宋末南宋初,宋金关系在政治生活中占有突出的地位,影响到社会的各个方面。所以,《会编》对于研究当时社会的各个方面都很有价值。

本书所据为文渊阁四库全书本。

三、《建炎以来系年要录》

南宋时期记述高宗赵构一朝三十六年时事的编年史书,共200卷,仿《通鉴》之例,编年系月,与李焘《续资治通鉴长编》相续。卷帙浩繁,资料详赡,直接和间接引用的书籍、篇章达550种之多。作者李心传(1167年—1240年),字微之,四川井研人。由于科举屡考不第,从此专心从事史学研究。经多年努力,编成《建炎以来系年要录》一书,记述了建炎元年(1127年)至绍兴三十二年(1162年)共三十六年的史事。宋高宗赵构时期曾有大量的时事记载,由于这些记载的见闻、详略、政见不同,对人物的评论也有所不同,许多记载相互矛盾。李心传以《高宗日历》、《中兴会要》等官书为基础,参考其他官书,以及一百多种私家记载、文集、传记、行状、碑铭等,进行了细致的考订,采其认为可信者,考订其认为不可信者,并详细标注。对重要事件,本文不能全载的,也专门作出说明。关于本书书名,据《建炎以来朝野杂记》,多作《高宗系年要录》,《宋史》本传也作《高宗系年录》,但自《四库全书》定为《建炎以来系年要录》以后,现在一直沿用这个名称。

该书包括了宋高宗一代政治、军事、经济、文化等各方面的叙述,也记录了金太宗完颜晟、金熙宗完颜亶、金海陵王完颜亮三代的史事,为研究宋、金等史的基本史籍之一,更为宋金关系史的研究者所必备。该书既为《要录》,又是摘要而记,这与李焘作《续资治通鉴长编》所定宁繁勿略的原则多少有所不同,因此可与徐梦莘《三朝北盟会编》互为补充,前者有较为全面的叙述,后者则保存了较多的原始记述。《四库总目提要》记载四库馆臣的评论说:"大抵李焘学司马光而或不及光,心传学李焘而无不及焘。其宏博而有典要,非熊克、陈均诸人所能追步也。"因此,后人把李心传同李焘并称,也是当之无愧的。

目前所通行的版本都来源于四库全书本,而四库本又是从《永乐大典》中辑录而出。

本书所据为文渊阁四库全书本。

四、《遗山集》和《中州集》

《遗山集》和《中州集》皆为元代著名文人元好问所作。元好问(1190年—1257年),字裕之,号遗山,世称遗山先生。山西秀容(今山西忻州)人,金末文学大家、文学评论家。元好问一生著述丰厚,除上述两集外,已经亡佚的《壬辰杂编》也为元修《金史》的重要素材。《四库全书总目·遗山集》评元好问称:"好问才雄学赡,金元之际屹然为文章大宗,所撰《中州集》,意在以诗存史,去取尚不尽精。至所自作,则兴象深邃,风格遒上,无宋南渡末江湖诸人之习,亦无江西流派生拗粗犷之失,至古文,绳尺严密,众体悉备,而碑版志铭诸作尤为具有法度。"[14]

《遗山集》是诗文集,最初由严忠杰在元世祖中统三年(1262年)编录成集,后来张德辉、李治、徐世隆、杜仁杰、王鹗均作序、跋，包括诗、赋、碑、铭、表、志、碣等共 40 卷。杜仁杰在《遗山集》跋中论："今观遗山文集，又别是一副天生炉韛，比古人转身处，更觉省力。不使奇字，新之又新；不用晦事，深之又深。但见其巧，不见其拙；但见其易，不见其难。如梓匠轮舆，各输技能，可谓极天下之工；如肥浓甘脆，叠为饾饤，可谓并天下之味。从此家跳出，便知藉、湜之汗流者多矣。必欲努力追配，当复积学数世，然后再议。"

元刻中统本《遗山先生文集》收诗 1280 首，编为 14 卷，只分体不编年。这是最早的遗山集，也是元好问诗歌在后世得以流传的第一文本和载体，它确定了遗山全集系统的收诗数量、编排顺序，至明代李瀚重刊本、清代华氏本等均沿袭此制，元刊本现已不可见。现所见最早的诗集本是明弘治戊午（1498 年）四月李瀚刊本，《遗山先生诗集》20 卷，前有储巏序，《四库全书》所收录、商务印书馆《四部丛刊》影印皆为此本；明代另有毛晋汲古阁本，明末汲古阁所刻"元人十种诗"中有《遗山先生诗集》20 卷，现存世数量较多。[15]

最新版本为吉林出版集团有限责任公司 2005 年版摘藻堂《钦定四库全书荟要》影印本。

《中州集》是金诗总集，原取名《翰苑英华中州集》，又名《中州鼓吹翰苑英华集》，通称《中州集》，共 10 卷，附乐府 1 卷，辑录作家 251 人，作品 2062 首。其中除"南冠"类收入忠于宋王朝的留金使节或官吏朱弁、滕茂实等 5 人的 84 首作品外，全系金人诗。编选始于金亡前一年（1233 年），金亡后即有初稿，成书于蒙古海迷失二年（1250 年）。其材料来源是元好问凭记忆，旁搜远引和依据金人魏道明和商衡的金诗选——《国朝百家诗略》（元好问自序）所得。《中州集》不录存世者之作，"帝王"、"诸相"、"状元"、"知己"、"南冠"等以类相从，其余各家基本上以时代先后为序。包括作者小传，内容丰富，一般除载生平事迹外，还常举名句、名篇为例，以说明各家的特征。

《中州集》"大致主于藉诗以存史，故旁见侧出，不主一格"。[16]通行本有《四部丛刊》缩印董氏影印本，中华书局 1959 年排印本。

最新版本为吉林出版集团有限责任公司 2005 年版，摘藻堂《钦定四库全书荟要》影印本。

五、《归潜志》

《归潜志》为金末刘祁所著私家著述，共计 14 卷，刘祁（1203 年—1250 年），字京叔，号神川遁士，山西大同市浑源县人。

《归潜志》全书仅十余万字,但资料翔实、内容丰富,保存了大量珍贵的有关金元王朝更迭之际的历史材料,其价值为后世所称颂,对官修《金史》有过重大影响。卷1至卷6为金代人物传记,其中能诗文者占大多数,如赵秉文、李纯甫、雷渊、麻知几、辛愿、李汾、杨云翼、冯璧等,都是金代著名的文学家。卷7至卷10杂记遗事,其中有金代作者对诗、文的评论,其评论范围,包括北宋苏轼、黄庭坚、南宋杨万里,可以见到当时北方对南方文风的看法。此外,尚有作者对金代自明昌、承安以来至金末诗文风气演变的论述,有党怀英、辛弃疾等人轶事的记载。卷11《录大梁事》,专记元兵包围开封始末。卷12《录崔立碑事》,专记金朝叛将崔立降蒙古及其被杀始末;同卷之《辩亡》,以亲身感受,分析了金朝亡国的原因。卷13和卷14为杂说,多为个人感慨,并辑录了他人投赠的诗作。作者认为:"唐以前诗在诗,至宋则多在长短句,今之诗在俗间俚曲。"概括了唐、宋文学的特点及金、元文学的发展趋势,颇有见地。作者所记载的,大都是他熟悉和亲历的人和事,比较可信。其写作态度十分严肃,"所传不真及不见不闻者,皆不录",故为史家所重视。记金末诸事,与《金史》互有异同,可供参考。在金代典籍大量散佚的情况下,此书是研究金代文学和人物风情的重要参考资料,特别是在《壬辰杂编》早佚的情况下,《归潜志》在今天的价值更显珍贵。

本书所据为崔文印点校本,中华书局1983年版。

六、《大金国志》

《大金国志》为记述金代史事的纪传体史籍,记录了金国从金太祖至金哀宗的历史,共计40卷,题宋宇文懋昭撰,但据清代学者考证,是宋元期间传抄的记载并杂以里巷传闻编撰而成。该书纪26卷,开国功臣1卷,文学翰苑2卷,楚国张邦昌录和齐国刘豫录各1卷,册文等1卷,天文、地理、制度、风俗等7卷,许奉使行程录1卷。书前有《经进大金国志表》,表末署"宋端平元年(1234年)正月十五日,淮西归正人改授承事郎、工部架阁臣宇文懋昭上表",但一般史学家认为是元代书商所伪托。在编纂体例上有冗杂失次,轻信伪书的缺陷;资料来源杂芜,多载"传闻",致使其价值多被否定。但它将金太祖完颜旻至哀宗共一百一十七年金国事迹汇集在一起,保存了不少史料,所载制度、服色等或为他书所不载,可与《金史》相参考,是研究金史的重要著作。有《扫叶山房》、《国学基本丛书》等印本。

本书所据为中华书局1986年版本。

另外,作为元修三史的组成部分、金朝的前身和继承者,《辽史》、《宋史》、《元史》也是研究金代人口所必不可少的史料。宋代的其他著作,如庄季裕的《鸡肋编》、蔡绦的《铁围山丛谈》、范成大的《揽辔录》等,以及后世关于金代的诗文汇编类书籍,如庄仲方的《金文雅》、张金吾的《金文最》等都是非常有价值的参考史料,这里不再一一列举。

第三节 金代人口问题研究综述

20世纪之前,金代的史料和研究状况确实很单薄,但是进入20世纪尤其是20世纪下半叶后,金朝断代史的研究日渐丰富。关于人口问题的研究著述在新中国成立后虽有出现,但形成学术氛围还是80年代改革开放以后的事。

一、关于户口数量问题

《金史》史料扎实,编纂精细,历来有"良史"的美誉。因此,《金史》中关于户口数据的记载,一般认为是比较可信的,其争议主要集中在以下三个方面:一是金朝户口总量是否高于辽与北宋(相应区域内)时期;二是对《金史·食货志》所记泰和七年户口数的认识以及与文中小注矛盾的解释;三是《金史·地理志》所记各州府户数是否可信,其总和是否为金朝户口峰值。

张博泉先生通过对比相应时代的宋金户口绝对数,以及辽宋金相应州县的户口变化情况后,认为金朝统治时期中原北部户口比北宋有相当大的增长,这与当时采取一些有利于社会安定和促进生产的措施有密切关系,但主要的还是北方人民用武装形式保卫自己的生命安全同金朝统治者进行不懈斗争的结果。[17]在数量上,他认为在金章宗泰和年间达到了户数980万、口数6350万,肯定了《金史·地理志》的记载,回避了其他问题[18]。与此观点相同的是高树林先生,他回避了《金史·食货志》正文与小注的矛盾,肯定了《地理志》的记载,提出金朝是明朝以前各王朝户口增长最快的王朝,进而列表说明了从金世宗大定初年到金朝末年几个阶段的户口数,从户数300余万、口数1929万到金朝末年的户数980余万、口数6350余万,并由此认为金朝户口众多,占宋金总数的43.81%,比辽时增长近一倍[19]。

而王育民先生则对此持反对态度,他除了对金朝初年户口增长缓慢的原因进行了分析以外,重点对金朝中期户口增长问题、《金史·地理志》户口系年问题、宋金人口对比问题进行了考证,肯定了金朝户口的峰值为《金史·地理志》所记各州府户数的总和,即户数980万、口数6350万,但认为金朝实际户口并不高于辽宋时期;金宋对峙时期并未改变户口分布南盛北衰的大势[20]。

刘浦江先生把金朝120年间的户口消长分成三个时期,在对三个时期的户口数量进行考证分析的同时,对过去相关学术观点提出了自己的不同意见。在户口数量问题上,否定了原来学者们所依据的《金史·地理志》户口数字,认为户数980万、口数6350万是不可信据的,亦不是金朝户口峰值。认为金朝户口峰值,应是《金史·食货志》小注所记:"(章宗泰和七年)户增于大定二十七年一百六十二万三千七百一十五,口增八百八十二万七千六十五。此金版籍之极盛也。"即泰和七年户数:8413164,口数:53532151。同时认为《金史·食货志》正文所记章宗泰和七年7768438户,45816079口并不是讹误,只是没有将猛安谋克户口数包括进去。刘浦江先生的观点合理解决了正文中泰和七年"户增而口减"现象及与小注所记户口数矛盾的问题,对《金史·地理志》所记各州县户、口数的质疑也比较令人信服[21]。这些观点也得到了吴松弟先生的肯定[22]。

赵文林、谢淑君根据《金史·食货志》所记几个年度的户数,推算出了不同阶段的人口增殖率,并以此为依据,利用对数曲线方程,将金国人口从1124年(开国前夕)一直列表计算到1234年(金亡),据此认为其峰值人口在1210年(卫绍王大安二年,距泰和七年三年时间),总数为53723000人,同刘浦江先生的观点异曲同工,颇为接近[23]。

路遇、滕泽之先生否定了《金史·食货志》正文所载户、口数,肯定了小注记载,即泰和七年户数:8413164,口数:53532151为金朝户口数峰值,并且认为与《金史·地理志》所载各府路州户口数字之和基本相同(相差几近140万户,恐怕不能认为是基本相同——笔者按)[24]。

[美]何炳棣先生认为,《金史·食货志》正文所载户增而口减,与结论"此金版籍之极盛也"不符,应采纳注文数字较为合理,即泰和七年户数:8413164,口数:53532151为金朝户口数峰值。同时认为,金的平均口户比与中国历史上其他朝代相比较要大得多,这是由于女真人和汉人户中都包括了一部分奴隶在内,金的全国总户数与其他时期相比,应注意到下降的趋势。[25]

另外,关于分地区、分民族进行数量考证的有:

魏国忠、刘玉琴《金源内地人口知多少》中认为,金源内地,即今天的黑龙江地区金初有123万人左右;大定四年170万人左右;泰和年间300万人左右。

谢志诚《论金朝河北人口增长的原因》中认为金朝河北地区人口已达15914800余口,比汉唐有明显增长,与辽宋时期相比,也是大幅度上升的。

唐亦功《京津唐地区金代人口变迁研究》利用人口曲线方程计算出了本地区金代各重要时期的总人数:贞元元年164.1908万;大定元年198.0533万;大定29年234.5721万;泰和七年317.4771万。

刘浦江先生《金代猛安谋克人口状况研究》一文中,对猛安谋克人口结构进行了分析,有许多独到的见解,尤其是对猛安谋克户、口之比的大胆质疑和考证。认为金代中期猛安谋克人口结构为户数:615624,正口:3558307,奴婢口数:2600329。

张新艳在《金统治下汉人的人口数量与身份地位》中,认为金中期汉人口为42205210,经过民族融合,至金末,汉人人口已有六千多万。

二、关于《金史·地理志》户数系年问题

户、数是研究人口数量的基础,其具体年代或谓系年又是研究人口的动态过程、变化特点及其规律的前提。辽、金二史《地理志》的户、丁均未明确系年,对这一问题,过去史家一般采取回避的态度,进入 20 世纪 80 年代以来对其研究才逐渐深入。

与《辽史·食货志》不同,《金史·食货志》关于户、口数及其系年的记载非常清楚,但《金史·地理志》记载各府州户数时,多未系年,给金朝人口研究造成许多不便,《续通考》等后来的文献研究,在引录其户口数据时,均未考订其年份。因此,对于《金史·地理志》的户丁系年问题的考证,出现了不同的观点。

梁方仲以《金史·地理志》"所记各地之废止沿革,有迟至金宣宗元光二年(1223年)",因而,依此"推想为金代末年的户数。"[26]胡焕庸先生亦支持这一观点。[27]

高树林认为《金史·地理志》所载十九路户数为天兴三年(1234 年)金亡时的户数。[28]

韩光辉根据《地理志》记载金代中都路每县平均户数,比辽南京道及元大都路相当地区多达一倍以上,认为这决非"金宣宗迁都之前蒙古军队的俘虏和迁都之后人民大量南迁"户口锐减之后的数字,而是"经过金世宗和章宗时期长达四十余年的生养生息、长期积累、极盛时期的户数",确切说是"泰和七年(1207 年)的统计是没有疑问的"。[29]刘浦江先生同意这一观点,并进而发现,《金史·地理志》虽未明言其为何时建制,但其记载实以泰和八年的行政建置为准,此后的废置沿革只是附记于泰和八年的州县建制之后,由于金代户口乃三年一籍,因而各府州的户数只能取自此前一年即泰和七年的版籍。[30]

吴松弟先生亦支持上述观点,同时认为,个别府州,例如遂州,户数可能是晚于泰和七年的户数。遂州于泰和四年废为县,贞祐二年(1214 年)复置为州,泰和七年时只是一县,不能单独上报户口,故此州户数很可能是复置为州的贞祐二年的数字。因此,个别府州的户数可能不是泰和七年的户数。[31]

赵文林、谢淑君认为《金史·地理志》所记就是各地在失陷于元军以前的最后一次在籍户数。根据1211 年元兵开始正式对金国开展进攻这一事实,断定其户数应为

1210年(卫绍王大安二年)以后(似应表述为以前)的金国在籍户数。[32]

王育民否定了以上观点,并通过对《金史·地理志》的体例分析,指出:"《金史》作者为采撷遗逸,将不同时期的户口记录,拼凑成篇,其具体年代亦不可考,因略去系年",即《金史·地理志》并无统一系年。[33]

三、关于户口类型

关于金代的户口类型,《金史·食货志·序》有这样的记载:"其为户有数等,有课役户、不课役户、本户、杂户、正户、监户、官户、奴婢户、二税户。"记载很明确,看法各不同。张博泉、刘浦江、王育民、王曾瑜、高树林、吴松弟等学者对此均有论述。

张博泉、武玉环认为金代户籍分类根据不同情况而定。按资产多寡分为上、中、下三等不同的户等。依据内有无物力分为课役户与不课役户。依据民族不同,定本户、汉户、契丹户、杂户。依猛安谋克内主属关系关系不同,定正户。依不同类型的奴婢以地位定监户、官户、二税户。即认为确实存在这九个户籍类型,并进行了一一阐述[34]。

王曾瑜将这九个类型归纳为三类:课役户和不课役户、本户和杂户、良民与奴婢,同时又以阶级为标准将他们分为:奴隶、农民、牧民、工匠、商人、奴隶主、地主七个类别[35]。

刘浦江认为,《金史·食货志序》所列出的九种户名中,只有课役户、不课役户、监户、官户属于金朝户籍制度中的法定户类,二税户非法定户类,其余户类只是当时的泛称或习称,并不是户籍制度中的正式户名,进而按照民族标准,将金朝户口划分为三大类,即州县民户、猛安谋克户、乣户,并认为,这样最能反映金代社会结构的整体面貌[36]。

吴松弟与此观点同,同时他和韩光辉还认为,金代章宗以后户口统计发生了变革,全国性的户口数中各个户口类型已无法区分[37]。

王育民先生认为,此九等户中,后四等皆为奴婢,他们与匠户、僧道、逃户一样属于政府版籍以外的人户[38]。

关于二税户的含义及其与头下户的关系,主要有三种观点。第一种意见是以罗继祖为代表,认为二税户就是《金史·食货志一》的明确记载"分其税一半输官,一半输寺"。他又据《辽史·地理志一》所载"征税各归头下,惟酒税课纳上京盐铁寺"判断元好问是把"头下"和寺院的二税户混为一谈了[39];第二种意见以陈述为代表,认为二税户应指《中州集》所说的"输租为官,纳课给其主",并说不能将头下户与二税户截然区分开来,张正明亦主张此说[40];第三种意见以张博泉、蒋岩松为代表,认为辽代有属头下军州的二税户,有属寺院的二税户,二者是有区别的[41]。

关于驱的身份与地位,主要有两种观点。一种观点是认为驱不是奴隶,其身份低于良民而高于农奴,以张博泉为代表[42];另一种观点认为金代驱即是奴隶,以贾敬颜、王曾瑜、李锡厚、李涵、易学金等为代表[43]。

关于"乣"。这一称谓最早见于《辽史·国语解》:"乣,军名。"这是多年来学界久讼不决的一个问题。20世纪初期,日本学者箭内亘最早开始探讨这个问题,他认为辽金乣军有所不同,辽代乣军中的宫卫乣军、遥辇乣军、群牧二乣军及各部族乣军,管理和职责各不相同。金代的乣军则比较单一,即是由契丹(包括奚)人组成的戍守西北部边地的军队,金末曾徙至内地成为南征的前锋,或一度成为女真皇帝的护卫。[44]鸟山喜一则认为,无论辽代还是金代组成乣军的不仅有契丹部族人,也有北部地区其他部族人。[45]20世纪中叶陈述撰文认为,《辽史》中所记载的乣军为青帜军,乣军有留后户,有戍军,辽各宫分、部族屯驻边陲的军队,即任边戍者,用青帜曰乣军。金之乣军虽沿自辽代,但在性质上与辽之乣军不同。在契丹之世,乣军为抽调出戍之军,故有管理留后户之司徒,有管领戍军之详稳。金则固定其任务,专防北边,以久在北边,故金世无所谓留后户。[46]20世纪80年代杨若薇对前人观点提出质疑,她认为《辽史》中"乣",是军的代用字,不是一种军队或兵种的名称。辽代部族实行军政合一制度,军也是部的代称,因而诸部亦称为诸乣,乣官当即指部落官。金代所谓"乣人"是泛指女真人以外的、包括契丹人在内的所有原辽朝统治下的北方游牧部族,由乣人、乣户中调发的军队,即是"乣军"。[47]但同为北方戍边民族,为何一部分称"部族",而另一部分称"乣"?程妮娜经过研究认为,这恐怕与"乣"更偏重军事,而部族侧重于生产有关,事实上二者还是有一定区别。[48]

四、关于通检推排

金代的通检推排是富有本朝特色的赋役、户等制度,虽是以"物力"为主要内容,但也是同人口、户籍密不可分的户口检括制度。对通检推排最早进行论述的是尚钺、张博泉先生,后来,漆侠、乔幼梅、赵光远、刘浦江、曾代伟等对此都有详细的考证和论述。总的来说,早期的观点更趋向于持否定态度,后来的论述更趋于理性分析。

尚钺对通检推排持否定态度,认为这是以整理税收为名,对人民的掠夺。张博泉认为,世宗朝开始的通检推排目的是要"以革前弊",但结果是前弊未革,后弊又生,是对人民又一次新的掠夺。[49]

漆侠、乔幼梅认为,通检推排是调查民户资产,核定其总额,评出户等,据以征收物力钱及征发差役的制度,主观上是为"均赋役"、"革前弊",但实行的结果不啻是对人民的新的掠夺。⑩

赵光远发表有研究通检推排的系列文章,其《金代的"通检推排"》一文对金代实行通检推排的社会经济背景,对州县民户、猛安谋克户的通检推排以及两者之间的比较进行了概述,认为通检推排是顺应金代社会历史发展的产物,是一项具有积极意义的赋役改良措施;《试论金世宗对州县民户的"通检推排"》㉛认为金世宗时期所开始的通检推排,不过是把唐、宋的两税法和划分户等的方法接收过来并稍加改造而已,但毕竟使金的财政收入从随意掠夺转变为有比较固定的章程可循的税收了。对北方残破不堪的社会经济的恢复,起到了比较积极的作用。《金章宗为何对州县民户"通检推排"》一文认为金章宗之所以进行"通检推排",其目的是为了弥补财政危机,缓和内部矛盾,其结果也确实有效。金章宗还在世宗的基础上,将"通检推排"制度化,使金代财政收入从随意掠夺变为比较稳定的赋役制度,有其进步作用。《再论金代的"通检推排"》一文比较了对州县民户与猛安谋克户进行的"通检推排"的不同,认为从表面上看,两者都是为了革除完颜亮赋役之弊,以利贫民,但从实质上分析则不同,对州县民户的"通检推排",可适当均平赋役,建立巩固的赋役制度,保证赋役的来源,解决财政匮乏的困难;对猛安谋克户的"通检推排",则是以均平差役,调整猛安谋克户的经济力量为手段,去达到保障金政权的兵源,以便继续维护猛安谋克对州县民户监督、镇压的职能,这就明显地反映出金代"通检推排"阶级压迫与民族压迫的实质。

曾代伟论述了金代通检推排法的颁布、修订、施行及经验教训,认为通检推排是国家定期普查民户财力,确定民众赋税徭役负担的制度,极具民族特色。金代通检推排法的颁行获得了良好的经济社会效益:民户赋役负担轻重不均的状况有所改善,国家财政收入增加。简单地将通检推排法批判为对普通民户的搜刮和掠夺是不适当的,应予以客观的评价。㉜

刘浦江认为,"推排"是指调查核实民户的户口、物力状况,然后据此征派赋役,由中央政府进行的全国性的推排就称为"通检推排",简称"通推"。通检推排只实行于世宗、章宗两朝,但局部地区的推排在章宗后仍时有所见。通检推排是通过转运司路实施的,是确定民户物力的一个行之有效的措施。通检推排的有效实施,使世宗、章宗朝成为金代赋役最轻、社会最安定的时期。但是通检推排也有妄增物力、豪强猾吏舞弊弄假、各路物力畸轻畸重等弊端。㉝

五、关于人口迁移与分布

葛剑雄认为,女真统治者在东北进行的是双向移民,一方面将居住在东北的女真人、契丹人、渤海人迁移到中原;另一方面,又将从宋朝掳掠来的汉人大批迁到东北,将一部分契丹、渤海人户由东南部迁到北部,造成中国北部各民族杂居的局面。灭辽时,契丹族是金在东北的移民重点,往往是整州或几个州的向北迁移;攻下燕云、灭了北宋以后,汉人始大量北迁。[54]

董克昌认为,内迁外徙是金朝的基本国策,其中外徙贯彻始终,按进程分为三个阶段:太祖、太宗的二十年间为初期阶段,以内迁为主,强迁、掳掠汉族及其他部族人口,充实金源内地;从熙宗到章宗七十五年间为中期阶段,使外徙巩固、扩大、调整和深化,形成第二次高潮;从卫绍王到哀宗,为后期阶段,在蒙古军压力下,被动南迁,出现第三次高潮。无论是内迁还是外徙,都最终促进了金朝封建制的发展和民族融合。[55]

王德忠认为,金朝社会人口流动主要表现为女真族向中原迁徙、汉族向金源故地迁徙,以及契丹族向各地的迁徙。金朝的社会人口流动主要是统治阶级强制迁徙的结果,而且贯穿金朝历史的全过程,对金朝在中国北方的统治产生了重要影响[56]。

韩世明认为,金朝建立以后的移民活动,受到很多政治因素的影响,带有一定的政治强制性,政治因素在当时的人口流动的过程中起到了决定性的作用,这对其社会经济发展产生了非常重要的影响,尤其对其生产方式的转化起到很大的促进作用,进而在思想意识形态方面也促使其发生很大转变。[57]

韩茂莉从农业生产发展的角度,对金代女真、汉民族的人口迁徙进行了深入的考证,从移民的角度分析了东北和中原地区农业生产发展的原因。[58]

吴松弟把辽宋金元时期作为一个统一的大背景,对这一时期移民问题进行深入全面的研究,以时间为线索,以地域为模块分别进行了描述,前后照应,叙述清楚。同时,对移民与女真文化、移民与民族的构成和分布等问题也进行了研究。[59]

关于猛安谋克数量、迁移分布及其体制、作用、发展的总体研究最早当属日本学者三上次男先生,尤其是他对猛安谋克逐个名称进行考证,为猛安谋克的分布和迁移提供了一个相对较为清晰的思路[60]。刘浦江先生对猛安谋克人口的数量、迁移和分布状况进行了非常详尽的考证和描述,《金史·食货志》和《金史·选举志》等史料相互比照,考证结果又同三上次男先生的研究结果进行了比对,得到了进一步的印证[61]。对这一问题进行研究的还有王冰河、石方、韩光辉等,观点同上述大体一致。[62]

最近几年,辽金史的研究发展非常迅速,尤其是众多年轻的硕士、博士纷纷投入到了这一学术队伍中,为辽金史的研究注入了生机和活力;网上大量辽金贴吧、论坛的出现,也使辽金史研究从一个寂静的地带走到了繁华的闹市。但辽金人口方面的研究成果相对还是较少,加之笔者学术视野有限,这里的综述体现就更少了。不过,正是这些遗憾为今后进一步的学习探讨留下了空间。

注　释：

① 张博泉《金代经济史略》，辽宁人民出版社 1981 年版；宋德金《金代社会与传统中国》，《中央民族大学学报》1995 年第 3 期；董克昌《大金在东亚各国中的地位》，《黑龙江民族丛刊》2001 年第 1 期；那国安《浅谈金代的历史贡献》，《黑龙江农垦师专学报》1999 年第 4 期。

② 《金史》卷 2《太祖纪》。

③ 以上分别参见《金史》卷 46《食货志上》和《金史》卷 2《太祖纪》。

④ 李心传《建炎以来系年要录》卷 68，绍兴三年。

⑤ 《建炎以来系年要录》卷 138，绍兴十年。

⑥ 《金史》卷 9《章宗纪一》。

⑦ 《金史》卷 12《章宗纪四》。

⑧ 向南《〈辽史·地理志〉补正》，《社会科学辑刊》1990 年第 5 期。

⑨ 赵翼《廿二史札记》卷 27。

⑩ 《钦定四库全书总目》卷 46《史部二》，文渊阁四库全书本。

⑪ 何炳棣《1368—1953 年中国人口研究》附录五《宋金时期中国人口总数的估计》，上海古籍出版社 1989 年版，第 309 页。

⑫ 参见张秀平、王晓明《影响中国的 100 本书》，广西人民出版社 1993 年版，第 274—277 页。

⑬ 《钦定四库全书总目》卷 49《史部五》。

⑭ 《钦定四库全书总目》卷 166《集部十九》。

⑮ 张静《元好问诗歌接受史》，中国社会出版社 2009 年版。

⑯ 《钦定四库全书总目》卷 188《集部四十一》。

⑰ 张博泉《金代经济史略》，第 43 页。

⑱ 张博泉、武玉环《金代的人口与户籍》，《学习与探索》1989 年第 2 期。

⑲ 高树林《金代户口问题初探》，《中国史研究》1986 年第 1 期。

⑳ 王育民《金朝户口问题析疑》，《中国史研究》1990 年第 4 期。

㉑ 刘浦江《金代户口研究》，《中国史研究》1994 年第 2 期。

㉒ 葛剑雄主编，吴松弟著《中国人口史》第三卷《辽宋金元时期》，第 211 页。

㉓ 赵文林、谢淑君《中国人口史》，人民出版社 1988 年版，第 261 页。

㉔ 路遇、滕泽之《中国人口通史》，山东人民出版社 2000 年版。

㉕ ［美］何炳棣《明初以降人口及其相关问题(1368—1953)》，生活·读书·新知三联书店 2000 年版。

㉖ 梁方仲《中国历代户口、田地、田赋统计》，上海人民出版社 1980 年版。

㉗ 胡焕庸、张善余《中国人口地理》上册，华东师范大学出版社 1984 年版，第 144 页。

㉘ 高树林《金代户口问题初探》，《中国史研究》1986 年第 1 期。

㉙ 韩光辉《〈金史·地理志〉户数系年正误》，《中国史研究》1988 年第 2 期。

㉚ 刘浦江《金代户口研究》，《中国史研究》1994 年第 2 期。

㉛ 葛剑雄主编，吴松弟著《中国人口史》第三卷《辽宋金元时期》，第 212—213 页。

㉜ 赵文林、谢淑君《中国人口史》，第 257 页。

㉝ 王育民《〈金史·地理志〉户口系年辨析》,《学术月刊》1989年第12期。

㉞ 张博泉、武玉环《金代的人口与户籍》,《学习与探索》1989年第2期。

㉟ 王曾瑜《金朝户口分类制度和阶级结构》,《历史研究》1993年第6期。

㊱ 刘浦江《金代户籍制度刍论》,《民族研究》1995年第3期。

㊲ 葛剑雄主编,吴松弟著《中国人口史》第三卷《辽宋金元时期》,第205—207页;韩光辉《北京历史人口地理》,北京大学出版社1996年版,第59页。

㊳ 王育民《中国人口史》,江苏人民出版社1995年版。

㊴ 罗继祖《辽代经济状况及其赋税制度简述》,《历史教学》1962年第10期。

㊵ 陈述《契丹社会经济史稿》;张正明《契丹史略》。

㊶ 蒋松岩《辽金"二税户"及其演变》,《北方论丛》1981年第2期;张博泉《辽金"二税户"研究》,《历史研究》1983年第2期。

㊷ 张博泉《金代"驱"的身份与地位辨析》,《晋阳学刊》1988年第2期。

㊸ 李涵、易学金《金代的"驱"不是奴婢吗——与张博泉先生商榷》,《江汉论坛》1986年第11期;贾敬颜《金代的"驱"及其相关的几种人户》,《社会科学辑刊》1987年第5期;王曾瑜《金朝户口分类制度和阶级结构》;李锡厚《论驱口》,《中国史研究》1995年第2期。

㊹ 箭内亘《关于辽金史代的所谓乣军》,《史学杂志》第26编第7号,1915年。

㊺ 鸟山喜一《乣军质疑》,《史学杂志》第37编第8号,1926年。

㊻ 陈述《乣军考释初稿》,《历史语言研究所集刊》1949年第20期(下册)。

㊼ 杨若薇《辽朝"乣"之探讨》,《历史研究》1986年第1期。

㊽ 程妮娜《金朝西北部契丹等游牧民族的部族、乣制度研究》,《吉林大学社会科学学报》2007年第5期。

㊾ 尚钺《中国历史纲要》,人民出版社1979年版,第256页;张博泉《金代经济史略》,第144页。

㊿ 漆侠、乔幼梅《中国经济通史·辽夏金经济卷》,经济日报出版社1998年版,第502—505页。

(51) 赵光远《金代的"通检推排"》,《学习与思考》1982年第4期;《试论金世宗对州县民户的"通检推排"》,《中央民族学院学报》1981年第3期;《金章宗为何对州县民户"通检推排"》,《北方文物》1996年第3期;《再论金代的"通检推排"》,《辽金史论集》第一辑,上海古籍出版社1987年版,第381页。

(52) 曾代伟《金朝物力通检推排法浅论》,《民族研究》1997年第5期。

(53) 刘浦江《金代"通检推排"探微》,《中国史研究》1995年第4期。

(54) 葛剑雄等《简明中国移民史》,福建人民出版社1993年版,第278页。

(55) 董克昌《金廷的内迁外徙及其性质》,《黑龙江民族丛刊》1993年第2期。

(56) 王德忠《金朝社会人口流动及其评价》,《东北师大学报》(哲学社会科学版)2000年第6期。

(57) 韩世明《金代人口迁徙问题管窥》,《文化学刊》2007年第5期。

(58) 韩茂莉《辽金农业地理》,中国社会科学文献出版社1999年版。

(59) 葛剑雄主编,吴松弟著《中国移民史》第四卷《辽宋金元时期》,福建人民出版社1997年版。

(60) [日]三上次男著,金启孮译《金代女真研究》,黑龙江人民出版社1984年版,第453—464页。

(61) 刘浦江《金代猛安谋克人口状况研究》,《民族研究》1994年第2期。

(62) 王冰河《试论金中叶前人口的南北对流》,《吉林师范学院学报》1996年第1期;石方《金代人口迁移与民族融合》,《辽金史论集》第9辑;韩光辉《辽金元明时期北京地区的人口迁移》,《中国史研究》1996年第4期。

第二章　金代社会环境与人口状况

金是兴起于东北的女真族在辽和北宋的基础上建立起来的政权,其政权性质决定了他们的社会环境和人口状况具有自身历史的、民族的特点。本章拟从疆域和自然环境、国家机构和政治体制、家庭人口规模与猛安谋克人口等方面简要介绍金代的人口环境和状况,以确定本书讨论金代人口的人文、地理和时间坐标。

第一节　金代疆域与自然环境

金朝是在完颜部统一女真族各部的基础上,亡辽灭北宋,逐步发展起来的。因此,其疆域也是一个逐步拓展和巩固的过程。

一、金朝建国前的疆域

《金史·世纪》开篇即载:

> 黑水靺鞨居肃慎地,东濒海,南接高丽,亦附于高丽……五代时,契丹尽取渤海地,而黑水靺鞨附属于契丹。其在南者籍契丹,号熟女直;其在北者不在契丹籍,号生女直。生女直地有混同江、长白山,混同江亦号黑龙江,所谓"白山、黑水"是也。

这时虽然也有黑龙江的称呼,但这时的黑龙江是指其上游支流,现在的松花江。因此,早期女真各部的主要聚居地大致就在"肃慎故地",今天的松花江、黑龙江流域以东至日本海的区域内。

金代建国前九帝的基本情况,一般认为始祖至景祖时期为传说时期,世祖、肃宗、穆宗、康宗(阿骨打前任)时期,女真完颜部进行了大规模扩张,逐步统一了女真各部。从《金史》记载可以看出,世祖劾里钵、肃宗颇剌淑时代,对完颜部内征服了桓赧兄弟、对外征服了相邻各部,将北达松花江呼兰河,东越张广才岭的广大地区纳入囊中。到了穆宗盈歌时期,向南扩张到了纥石烈部的星显水(今吉林延边布尔哈图河)流域及图们江下游地区。康宗乌束雅即位后,将势力范围扩到了高丽边境的曷懒甸地区,讨平了兴凯湖附近诸部。因此,《金史·世纪》记载说:

> 自景祖以来,两世四主(两世为景祖及其子,四主指景祖、世祖、肃宗、穆宗),志业相因,卒定离析,一切治以本部法令,东南至于乙离骨、曷懒、耶懒、土骨论,东北至于五国、主偎、秃答,金盖盛于此。

到阿骨打即位后,女真完颜部直接与辽为邻,基本上统辖了东北地区大部。

从生女真部分部落的分布情况亦可以看出,建国前女真族的范围。

完颜部,世居安出虎水(阿术浒、安术虎、案出浒),分布在黑龙江哈尔滨东郊阿什河;

温都部,分布在来流水(今拉林河)以南,匹古敦水(今蜚克图河)以北地区;

蒲察部,分布在阿什河及伊通县境内;

徒单部,分布在黑龙江木兰县布雅密河(今白杨木河)流域;

泥厖古部,分布在黑龙江哈尔滨市呼兰区境内;

术甲部,世居琶里郭水,分布在木兰县佛特库河(今黄泥河)流域;

加古部,分布在黑龙江五常市境内的活龙河流域;

裴满部,分布在五常市境内;

乌林答部,分布在瑚尔哈河(今牡丹江)的支流海浪河(今海兰河)流域;

达鲁古部,世居洮儿河、嫩江下游一带,分布在吉林省前郭县境内;

纥石烈部,分布在星显水(今吉林延边布尔哈图河)、陶温水(今汤旺河)、徒笼古水(今多陇乌河)流域;

温迪痕部,分布在统门水(今图们江)、胡论水(今活龙河)、移离闵(今饮马河)流域;

乌延部,分布在潺蠢河(今延边嘎呀河)、星显水、阿不塞水流域;

斡准部,分布在苏滨水(今绥芬河)流域;

含国部,分布在乌苏里江上游一带;

兀勒部,世居在黑龙江和乌苏里江合流处的东兀勒河一带;

鳖古部,分布在布库河及松花江、黑龙江汇流处;

婆离八部,又称颇里八部,分布在黑龙江、乌苏里江汇合处的伯力一带。

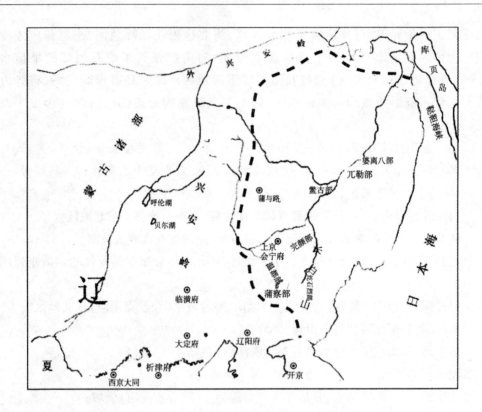

图 2—1　金代建国前夕部分女真部族活动范围示意图（虚线）

二、金朝建国（收国元年，1115 年）至灭辽（1125 年）时期的疆域

辽天庆三年（1113 年），阿骨打继任都勃极烈，次年辽任命其为节度使，从此开始了灭辽战争。阿骨打于收国元年（1115 年）建立金国，其后与其继任者，其兄弟、太宗吴乞买与辽展开了长达十年的战争，最终于天会三年（1125 年）俘获辽天祚帝，辽朝灭亡。至此，金朝基本占领了原辽政权的全部地区。

金朝灭辽之后两年开始了对宋的战争。因此，这一时期的疆域范围，基本上是上述生女真所在的东北地区北部，加上原辽朝的广大地区。这一地区的范围大致是东到库页岛，北到外兴安岭，西至也里古纳河（今额尔古纳河）流域上游地区，南至"幽云十六州"地区，即今天津以西的河北霸县，向西至内蒙古的准格尔旗一线，与北宋直接接壤。

金对漠北地区蒙古诸部的统治没有像辽代那样采取设置西北路招讨司、乌古敌列统军司等方式进行直接管理，而是通过任命土著官员的方式进行羁縻管理，这也是蒙古后来统一、发展、壮大的原因之一。因此，其西部边界仅到额尔古纳河、大兴安岭西部地区,包括蒙古部分部落,如塔塔尔部、王纪剌部及南部的白鞑靼部(后来的汪古部)。后来,随着蒙古势力的扩张,这些地区也逐步被蒙古所统一。

幽燕地区,即现在的北京、河北北部地区,曾短暂移交于北宋朝廷,"诏平州官与宋使同分割所与燕京六州之地"[①];"诏谕南京,割武、朔二州入于宋。"[②]但由于随后金国就发起了对宋的战争,宋据之时间并不长,同时"命习古乃、婆卢火监护常胜军,及燕京豪族工匠,由松亭关徙之内地"。而这些记载只是大规模迁徙燕云地区人口,掠夺其地财物行动的一部分。宋得到的其实只是一座空城和大片荒芜的土地,还没有来得及进行有效的统治,旋即又落入金国之手。因此,这一时期的南部实际边界仍是辽宋边界地区(图2—2 所示虚线)。

图2—2　金灭辽时(天会三年,1125 年)疆域示意图

三、皇统二年(1142年)至泰和八年(1207年)金鼎盛时期的疆域

金灭辽后两年,即金太宗天会五年(1127年),金大举伐宋,占领了宋黄河以北的大片国土,先后扶持了张邦昌的大楚政权和刘豫的大齐政权,作为傀儡代为管理黄河以北的领土。熙宗天眷二年(南宋高宗绍兴九年,1139年),金宋第一次议和,宋对金纳贡称臣,金将所占河北、陕西之地还与宋。在杀了宗磐、宗隽、达懒、完颜希尹,解决了内部矛盾之后,金旋即于次年发动了收复河南、陕西之地的战争。皇统元年(南宋绍兴十年,1140年),宋军在反击金军的入侵中取得顺昌(今安徽阜阳)、郾城(今属河南)、颍昌(今河南许昌)等大捷之后,宋高宗赵构与宰相秦桧下令各路宋军从河南、淮北等地撤回,加紧对金乞和。绍兴十一年十月,派魏良臣为禀议使赴金。十一月,金以萧毅、邢具瞻为审议使,随魏良臣入宋,提出和议条件。合约基本内容,一是宋向金称臣,"世世子孙,谨守臣节",金册宋康王赵构为皇帝;二是划定疆界,东以淮河中流为界,西以大散关(陕西宝鸡西南)为界,以南属宋,以北属金。宋割唐(今河南唐河县)、邓(今河南邓州市)二州及商(今陕西商州市)、秦(今甘肃天水)二州之大半予金;三是宋每年向金纳贡银、绢各二十五万两、匹,自绍兴十二年开始,每年春季搬送至泗州交纳。这就是历史上著名的绍兴和议,它确定了宋金之间政治上的不平等关系,结束了长达十余年的战争状态,形成了南北对峙的局面。金与北宋的疆界自此直至金亡,再没有改变。《金史·地理志》所载金代的疆域范围指的就是这时的状态:

> 金之壤地封疆,东极吉里迷兀的改诸野人之境,北自蒲与路之北三千余里,火鲁火疃谋克地为边,右旋入泰州婆卢火所浚界壕而西,经临潢、金山,跨庆、桓、抚、昌、净州之北,出天山外,包东胜,接西夏,逾黄河,复西历葭州及米脂寨,出临洮府、会州、积石之外,与生羌地相错。复自积石诸山之南左折而东,逾洮州,越盐川堡,循渭至大散关北,并山入京兆,络商州,南以唐邓西南皆四十里,取淮之中流为界,而与宋为表里。

金之东界应分东北、东南两处。东北有吉里迷、兀的改诸部。吉里迷,应指唐时的郡利部,即今黑龙江下游居住的吉里雅克人。兀的改,应指唐时的窟说部,即今居住于乌第河至黑龙江入海处附近的乌兑格人。据张博泉先生在《金史简编》中考证,今乌苏里江滨海之地属金,金初起称其地为海东路。乌苏里江东支流比金河,金称辟登水(与曷懒路之辟登水同名异地),其地称辟登路。金于当地设耶懒路,恤品路管辖。耶懒,即牙兰河,今苏昌河,恤品即绥芬,今绥芬河流域。天会二年(1124年)以耶懒路都勃堇所居地痹,迁于恤品,恤品路治址在今双城子(俄罗斯乌苏里斯克)古

城。恤品路北至北边界斡可阿怜二千里,斡可即女真沃合,其意为石,阿怜意为山,应为肃慎国记"其国东北有山曰石山"的石山。《柳边纪略》等书译音为威伊克阿林,意为极东北大山。以里程计,当指今黑龙江下游附近的某山。据此可知,金之东北抵鄂霍次克海及日本海。

金之东南与王氏高丽为邻。据《金史》卷91《蒲察世杰传》:"曷懒路地接高丽。"《金史》卷24《地理志》载,合懒路下注有移鹿古水,又作乙离骨水,当指今朝鲜咸境北道的吾利川。金之东南应抵今朝鲜咸镜北道一带地区。

金之西北域主要为蒙古诸部,辽时这里设西北路招讨司,对其进行有效管辖,是辽国土一部分。到了金代以后,金与他们是藩属关系,金初附属于金,向之朝贡。随着力量的壮大和部落的逐步统一,对金国时附时叛,最终随着成吉思汗统一蒙古,成了金国的掘墓者。

皇统二年(南宋绍兴十二年,1142年),绍兴协议签订时,金西部边界尚包括大兴安岭以西的王纪剌部、塔塔尔部以及南部的白鞑靼部(汪古部)(参见图2—2),至泰和八年(1207年),这些地区已全部为蒙古统一,包括大兴安岭以西的呼伦贝尔草原地区在内的大片领土归入蒙古。至此,金之西界即为大兴安岭(金山)(参见图2—3)。

距离金蒲与路之北三千里的火鲁火疃谋克应是金之最北边,蒲与路的治址应在今黑龙江省克东县西北的古城。由此往北三千里计算,火鲁火疃谋克应在外兴安岭南麓博洛莫达上游。这就是说,金的北域至今之贝加尔湖、外兴安岭一带。[③]

金之西域,临界蒙古诸部,由泰州(今吉林农安)往西,经金山、跨庆(今内蒙古巴林右旗西北三十里插汉域)、桓(今河北正蓝旗北)、抚(今内蒙古兴和)、吕(今内蒙古锡林部勒盟太仆侍旗白城子)、净州(内蒙古四子王旗西北)往南,与西夏东部相接,达陕西、甘肃、青海贵德之境内,所谓与生羌接境者。

金之南境即为南宋,西南与今四川相接,南以淮河中流分界。

这片辽阔的国土,国内包括今东北三省的全部,内蒙古的一部分,河北、山东、陕西、山西全部,河南大部,青海、甘肃的一部分,面积大致为340万平方公里。国外部分,包括俄罗斯的西伯利亚部分地区、蒙古国的东部地区、朝鲜的北部地区。这就是我们讨论金代极盛时期的人口所在的地理范围。

从泰和八年开始,蒙古军队开始向金国发起进攻,至此,金军已没有了往昔的剽悍,连连战败,国土日蹙。尤其是贞祐南渡以后,金国逐步失去了对黄河以北领土的控制能力,大片国土名存实亡。

与辽之国土东西长而南北短不同,金之版图东西狭而南北长,大致在北纬23°—

55°之间,横跨 23 个纬度。自南向北涵盖了亚热带、温带、寒温带、寒带四个不同的气候区,按照自然和人文特征,其国土又可以分为四个区域:包括上京路、咸平路、东京路的东北地区;包括北京路、中都路、西京路的长城南北地区;包括山东东、西路、河北东、西路、河东南、北路、大名府路、南京路的中原地区;包括京兆府路、鄜延路、庆阳路、凤翔路、临洮路的西北地区。后面关于全国人口形势及分布的论述,即按照这四个区域展开。

图 2—3　泰和八年(1207 年)金代疆域示意图

本书关于金朝户口数据的讨论,除特别说明外,其国土范围和面积以这一时期的地域为标准。

第二节　金代政权兴亡和人口发展过程

关于金代的兴亡,《金史》有论:

> 金之初兴,天下莫强焉。太祖、太宗威制中国,大概欲效辽初故事,立楚、立齐,委而去之,宋人不竞,遂失故物。熙宗、海陵济以虐政,中原雠望,金事几去。天厌南北之兵,挺生世宗,以仁易暴,休息斯民。是故金祚百有余年,由大定之政有以固结人心,乃克尔也。章宗志存润色,而秕政日多,诛求无艺,民力浸竭,明昌、承安盛极衰始。至于卫绍,纪纲大坏,亡徵已见。宣宗南度,弃厥本根,外狃余威,连兵宋、夏,内致困惫,自速土崩。哀宗之世无足为者……区区生聚,图存于亡,力尽乃毙,可哀也矣。④

金代共历九帝,准确计算其存世 119 年,仅及辽代的一半有强,可谓其兴也勃,其亡也忽,这其中人口的变化既是其历史过程的一个重要内容,也是一个重要原因。

纵观金朝 119 年间的社会发展和户口消长趋势,大致可以把它分成三个阶段:

第一个阶段是从金太祖至海陵末年,这是金朝战争频仍、社会动荡、人口数量急剧下降和停滞不前时期;第二个阶段是从世宗大定初到章宗泰和末,这是金朝社会稳定、经济发展、人口迅速回升和稳定增长时期;第三个阶段是从卫绍王大安间到哀宗天兴末金朝灭亡,这是金朝遭受蒙古入侵、经济社会混乱、人口再度锐减时期。显然,金朝户口的变化大势与中国封建社会户口的回升——增长——衰耗规律是不太相符的。对这三个阶段的情况,王育民、刘浦江先生运用了大量的数据和史实材料进行了深入细致的分析、考证和研究,本节讨论即在前辈成果基础上进行。⑤

一、从金太祖至海陵末年户口的减耗和停滞时期

1. 基本情况

我国历史上的封建王朝都是"先打天下,再坐江山",在推翻前朝政权以后,新朝皇帝登基即位,推行休养生息政策,人口和经济社会逐步发展起来。金朝与此规律不同,金太祖完颜阿骨打在公元 1115 年登皇帝位、建立金国时,强大的辽国还没有伤筋动骨,南方的宋朝还在向北虎视眈眈,因此,在经过了十年的对辽战争,户口非但没有恢复而且战争中直接、间接死亡非常严重。天会四年,即灭辽第二年随即又开始了对宋的长期战争。从天会四年(1126 年)至大定元年(1161 年)的三十六年间,金宋之间一直处于战争或备战状态,根本无暇休养生息,户口状况一直下滑。虽然皇统二年

(1142年),签订了绍兴和议,划定了南北疆域,但随着海陵南侵,战事又起。

从金国建立到海陵末年,这期间的人口数量变化,可以分为三个阶段来考察。

一是金太祖收国元年(1115年)建立金国起,至天会三年(1125年)止,这是十年的金辽战争时期,这一时期原辽的统治区破坏非常严重。如攻破宁江州,"杀戮无噍类","括宁江州一路,金银粟帛尽数以往,民间有隐者斩",出河店之役,"诛杀不可胜计,丁壮即加斩截,婴孺贯槊上,盘舞为戏,所过赤地无余"⑥;"辽师败绩,死者相属百余里",仅辽上京临潢府就几经焚毁⑦,人口的损耗当非常严重。

二是自天会四年(1126年)金军南侵起,至皇统二年(1142年)订立绍兴和议止。其间金宋两国始终处于直接或间接的(通过刘豫齐国)战争状态,共发生了七场较大规模的战争,小的冲突则几乎从未间断,这一时期中原地区的人口耗减非常严重。

三是自皇统二年(1142年)和议的签订到大定元年(1161年)海陵王南侵的失败。由于人为的因素使人口回升的趋势受到了抑制,而最后海陵王发动的大规模的侵宋战争,又造成了一次新的人口数量下滑,因此总的来看,这一阶段的户口基本处于停滞不前的状态,人口数量近乎零增长。

2.人口数量

为了印证这种观点,也为了便于与金朝中后期的户口数进行比较,需要确定几个坐标,以资参考:地域范围,以绍兴和议后正式确定下来的金朝疆域为标准地域范围;时间起点:以金朝建国初年,即金太祖收国元年,公元1115年作为确定金初户口基数的时间起点,因为这是金朝的立国时间;估算金初户口基数的方法,就是以辽朝统治区内的户口数,加上后来并入金国版图的原北宋部分州县的户口数。金朝前期的户口数没有留下史料记载,今天所能见到的金代第一个全国人户总数是建国近五十年后的世宗大定初年的数字。

辽的户口总数前文已经详细论证,五京州县户数为871161,宫卫户数为205000,部族户数为200000;僧尼人口还有360000,按照口户比8进行折算,僧尼户数为45000(仅是一种算法,僧尼不应有户)。这样,辽代可考证的户数规模合计为:1321161。这个户数应该称为辽国的核心人口数,或者说主要人口数,因为它仅仅包含了户籍类型中前四种户口的数量,其他,如"不系辽籍"的生女真户、著帐户、奴隶、属国人口以及"辽国外十部"都没有计算在内,但他们或部分生活在辽国广阔的土地上、或者与辽国有重要的关系,只是由于种种原因我们无法考证罢了,如果考虑他们的话,辽国人口总数当不下160万户。

按照绍兴和议正式划定的宋金两国疆界,金的版图包括原属北宋的下列州府:京畿路,京东东、西路,河北东、西路,京西北路(除去信阳军),京西南路的唐、邓二州,淮南东路的宿、亳、海、泗四州及泗水军,河东路(除去入夏的府、丰二州),永兴军路,秦凤路(除去属南宋的岷、成、凤、阶四州;洮、会、西安三州及积石、怀德二军无版籍,姑定为10000户)。据《宋史·地理志》所载户口数统计,以上州府崇宁元年(1102年)的户数总计约为6294191,距金太祖收国元年(1115年)尚有十多年时间,这期间辽宋两国户数的增长和损耗忽略不计。⑧

这样,金国境内原辽宋地域的两部分户数相加,金建国初期(设为金太祖收国元年,1115年)的户数总规模应该不低于750万户,与大定初年(设为大定元年,1161年)的300万户相比较,历时46年间,户口损失过大半,应该说是非常惨烈的。

3. 造成这一状况的原因包括以下几个方面

一是金军的屠杀和掠夺。女真贵族奴隶主入侵中原地区时,大肆"杀戮生灵,劫掠财物,驱掠妇人,焚毁舍屋产业"⑨。靖康之役,淮河以北的中原地区是主战场,金兵所至一百八十余州、八百七十五县,皆为铁骑所蹂躏。建炎元年(1127年)四月金军北还时,"纵兵四掠,东及沂、密,西至曹、濮、兖、郓,南至陈、蔡、汝、颍,北至河朔,皆被其害。杀人如刈麻,臭闻数百里,淮、泗之间亦荡然矣"⑩,金兵以残酷的杀戮作为战争的威慑手段,这是北方少数民族在战争中的惯用手法,如建炎二年(金天会六年,公元1128年)十一月金军攻陷开德府时,"怒其拒战,杀戮无孑遗。绍兴九年复得河南地,唯开德府城中无一户旧居土人。"⑪这种破坏是非常惊人的,据时人庄季裕目睹所见,原北宋京畿附近,"由许昌以趋宋城,几千里无复鸡犬,井皆积尸,莫可饮"。至于"山东、京西、淮南等路,荆榛千里,斗米至数十千,且不可得,盗贼、官兵以至居民,更互相食"。⑫以至于金太宗不得不于天会五年(1127年)六月下诏对此稍加申禁:"自河之北,今既分画,重念其民见城邑有被残者,遂阻命坚守,其申谕招辑安全之。傥坚执不移,自当致讨。若诸军敢利于俘掠,辄肆毁荡者,当底于罚。"⑬但是,从上面所述来看,取得的成效是非常小的,天会五年发布诏书,天会六年照样发生了开德府屠城事件。

女真贵族利用特权霸占土地,造成"老稚离散,田野荒芜,民不聊生"。山东、河南、陕西地区在伪齐刘豫统治下,苛征暴敛,"赋敛及于絮缕,割剥至于蔬果",兼以"刑法严急,吏贪缘为暴,民久罢兵革,益穷困,陷罪者众,境内苦之"⑭。自太宗后期,迁猛安谋克户于内地后,任意占夺农田土地,强迫附近汉人无偿地代为耕种,或"听其荒芜"。在其野蛮掠夺与残酷统治下,经济遭到严重破坏,再加上靖康之乱后,北方人民的大量南迁,北部中国人口急剧减少。

这个时期,金在推翻辽政权后,并没有休养生息,而是随即转入了对宋的全面战争,战争频仍,绵无绝期,人力物力日益消耗。在战争中,不仅辽人被女真人大量消灭,华北地区汉人大量南迁,女真人及其所属各族人口也由于战亡和战时经济崩溃而大减。人口的这种萎缩持续了整个太祖、太宗时期。到了熙宗、海陵时期,金宋关系缓和,战争减少,金朝在政治、经济上也进行了重大改革,才使人口锐减的状况得到缓和,并开始有了回升,但是由于熙宗、海陵的贪暴,社会经济复苏非常缓慢,到世宗大定初,人口才回升到三百余万户。

二是人口的迁徙和逃亡。同魏晋以来的历次南北战争一样,金宋战争除直接和间接造成大量平民和军人死亡外,还引发了北方人口的大规模南迁。尤其是绍兴以后,南宋政权正式形成,慑于女真军队的烧杀掳掠,加之"华夏正朔"的民族意识,纷纷渡淮南奔,在通往南方的道路上曾几度出现"衣冠奔踏于道者相继"[15]的人口逃离景象。数年之间,"江、浙、湖、湘、闽、广,西北流寓之人遍满"[16]。被流放至广西的蔡绦记述他的见闻时也说:"吾以靖康岁丙午(1126 年)迁博白……十年之后,北方流寓者日益众。"[17]博白在广南的郁林州,是非常僻远之地,这里遍地都是来自北方的流寓者,可见北人南迁的数量之多。正隆南侵,金国撕毁和约,大举攻宋,淮河一带的百姓向南方逃难昼夜不绝。既然战端重开,和议中的禁止北人南迁的条款也就成了一纸空文,南宋政权随采取了招抚流民的政策。在招抚的条文中规定:凡来两淮归正的商人,一律免交商税,归正人的伙食由政府供给半年。[18]这样一来更助长了北方人口向南方迁移的势头,动辄成千上万,扶老携幼的移民队伍不绝于途。据初步估计,自靖康之变至海陵王南侵失败,淮河以北汉人南迁者当以数百万计。这在很大程度上决定了金朝境内户口数量的下降幅度,同时对南北方人口的地理分布状况也产生了久远的影响。

三是人口的严重内耗。宋金和议订立之后,战事虽然缓和下来,但其户口并没有呈现明显的回升,这是因为这期间金朝社会并没有完全稳定下来。金熙宗前期致力于政治改革,巩固自己的统治地位,无暇顾及经济建设,到了晚年,又经常酗酒杀人,致使残破的社会经济没有得到真正的复苏。海陵王即位以后,为了实现一统天下的个人野心,积极进行一场规模空前的战争准备,十数年间,大起天下徭役,营中都,建南京,缮治甲兵,调发军旅,使本已破败不堪的社会生产又遭受了一次新的浩劫,严重窒息了人口的正常增长。海陵王时期的种种庞大工役,造成了人口的大量死亡,天德间营治中都,"制度不经,工巧无遗力,所谓穷奢极侈者",当时"役民夫八十万,兵夫四十万,作治数年,死者不可胜计"[19]。这是出自宋人的记载。《金史·张浩传》也记载说,营建中都时突发大疫,海陵王曾下诏征发燕京五百里内的所有医者,"全活多者与官,其次给赏,下者转运司举察以闻"。瘟疫规模之大可想而知。正隆间营治汴京,也在全国范围内大起夫役,应役者每四月一替,近者数百里,远者不下数千里,得替归家，途中跋涉动辄一年半载，"到家不月余，又复起发"，当时应役的河北人夫"死损大半"[⑳]。《金史·海陵王纪》称汴京工程之浩大，至谓"运一木之费至二千万，牵一车之力至五百人"。正隆南侵，大籍天下兵丁，猛安谋克凡年二十以上、五十以下皆签之，又签诸路汉人、渤海人为兵，"及征发诸道工匠至京师，疫死者不可胜数"[㉑]。是时天下骚然，民不堪命，乃纷纷起而反抗，海陵王四处派兵镇压，杀戮无遗。正隆六年（1161年）遣都统斜也领兵镇压大名王友直起义，即"杀居民三十万口，灭族者一千七百余家"[㉒]。大定十三年（1173年），世宗间对宗室诸王说："海陵谲诈，睢盱杀人，空虚天下三分之二。"[㉓]这话虽然有些耸听，但也在一定程度上说明了人口损失问题的严重。

四是金兵掳掠，户不入籍。除战乱中的死亡外，金兵的掳掠也是造成入籍户口减少的一个因素。"时居民皆为军士所掠，老幼存者亡几。"[㉔]这种情况甚至严重到了全州汉人尽为驱口，而无户籍的地步。宋使曹勋出使金朝所见，金军破宋"驱河南户口，以实五京"[㉕]。五京是指原辽朝"中、上、东、西、燕等五京"之地，"兵革之后"人物稀少，故欲驱去，补其缺疏"。见"燕山向北"，有很多"南人"，即是作为驱口。金兵在华北，"所过皆残破，其所得汉人，并削发，使控马荷担，得妇女，好者掠去，老丑者杀之"[㉖]。这些被掠之民，一旦从金兵为"驱"，即不再有户籍，甚至到了"州无籍民"的程度，如金军破唐、邓州时，"军中尽俘壮健，而杀老弱"，又如在邳州，"新去汤火杀戮之余，尽为俘虏，故州有户曹，而无籍民"，官员贾洵"愿出金帛赎生口，由臧获而良者，凡七百三十余人，州有籍民始于此"[㉗]。金兵疯狂杀戮、掳掠的另一个后果是逼迫被占领区人民举旗抗金，"上山固险自保"，"不知其几千万处"[㉘]，占山为王，脱离国家户籍管理，这是在籍户口减少的另一个重要原因。

二、世宗、章宗时期四十八年的人口迅速增长阶段

1. 基本情况

世宗、章宗两朝是金朝的全盛时期，尤其在世宗时期，朝廷励精图治，政治清明，金、宋和好，生产快速发展，在安定的社会环境中，人口快速增殖。正如《金史》所论：

世宗之立，虽由劝进，然天命人心之所归，虽古圣贤之君，亦不能辞也。盖自太祖以来，海内用兵，宁岁无几。重以海陵无道，赋役繁兴，盗贼满野，兵甲并起，万姓盻盻，国内骚然，老无留养之丁，幼无顾复之爱，颠危愁困，待尽朝夕。世宗久典外郡，明祸乱之故，知吏治之得失。即位五载，而南北讲好，与民休息。于是躬节俭，崇孝弟，信赏罚，重农桑，慎守令之选，严廉察之责，却任得敬分国之请，拒赵位宠郡县之献，孳孳为治，夜以继日，可谓得为君之道矣。当此之时，群臣守

职,上下相安,家给人足,仓廪有余,刑部岁断死罪,或十七人,或二十人,号称
"小尧舜",此其效验也。㉙

这段评论虽不乏溢美之词,但对世宗在位期间采取的治国政策措施所起到的积
极作用,也做出了基本符合实际的总结。正是由于世宗继位,果断停止了对南宋的战
争,将发展目标确定在巩固和提高既有区域的生产生活方面上,所以,直至章宗统治
的前期,统治区域是处于相对稳定的状态中。这种局面有利于提高人民的生产、生活
水平,使社会发展达到前所未有的程度,为把章宗统治时期推向金朝历史发展的盛世
阶段提供了前提。在世宗统治的二十余年里,粮食储备和人口呈现出成倍增长的态
势,北宋末及金初,北方人口锐减,至世宗大定初年方恢复到三百余万户,大定二十七
年(1187 年),增至六百七十八万九千四百四十九户,四千四百七十万五千零八十六
口。㉚假设大定初年为大定元年(1161 年),三百余万户的概念理解为 350 万户,那么,
二十六年时间,金朝户口增殖了一倍左右,年平均增长率达到了 36‰以上,这在中国
历史上是绝无仅有的。

出现这种情况的主要原因有以下几个方面:

一是由于金朝前期户口下降幅度太大,到世宗初年达到了其历史上的最低点,户
口的起点太低了,即使有这么高的增值率,经过了大定数十年间的迅速增长,北方地
区的户口数也还未恢复到辽宋末年的水平。

二是金世宗采取了许多使流民复业、士兵归田的措施。大定二年(1162 年)正月
"命河北、山东、陕西等路征南步军并放还家";五年(1165 年)正月"命元帅府诸新旧
军以六万人留戍,余并放还"㉛。自金兵入主中原后的烧杀抢掠引起了汉人的强烈反
抗,这种反抗斗争一支没有停止过,加之海陵期间沉重的兵役徭役,令大批农民流离
失所,"于是中原豪杰并起,大名王友直,济南耿京,太行陈俊,唱义集众,而契丹之后
耶律窝斡亦兴于沙漠"㉜,"山东豪杰开赵、明椿、刘异、李机、李仔、郑云等各以义旗聚
众"㉝,"乘时而啸聚者,处处有之",少有数千人,多者数十万,他们多聚保山寨,占山
为王,奉南宋为正统,不承认金政权㉞。太宗时,宗望就意识到了这个问题的严重性,
向太宗上书,并得到了支持:"迁、润、来、隰四州之民保山砦者甚众,宗望乞选良吏招
抚。上从之。"㉟至大定四年(1164 年)隆兴和议订立之后,各地的反金武装失去了南
宋的依托,始大批散还乡土复籍。世宗即位时发布的大赦诏中,特别对因种种缘故游
移在外的流民加以招辑,规定凡"避役夫匠"、"亡命山泽聚为盗寇者"及"犯罪在逃良
贱人等",均限百日内"许令陈首,与免本罪,分付原籍收管"㊱。此后也曾采取多种措
施安抚招辑流民。大定二年(1162 年)二月遣前户部尚书梁铼、户部郎耶律道安抚山
东百姓,"招谕盗贼或避贼及避徭役在他所者,并令归业,及时农种,无问罪名轻重,

并与原免"三月,"诏河南、陕西、山东,昨因捕贼,良民被虏为贼者,厘正之"。大定三年十二月,又因大批流民尚未复籍,下诏"增限招诱"[㊲]。直至大定八年,曹望之还上疏:"百姓亡命及避役军中者,阅实其人,使还本贯。或编近县以为客户,或留为佃户者,亦籍其姓名。"[㊳]可知直到此时仍有不少流民陆续复籍。所有这些政策都取得了明显的效果,使农民重新与土地结合,同时也就编入国家版籍。通过通检推排,核定户等,登入户籍,才使国家户口成倍地增长。大定间流民的重新注籍是导致户口迅速回升的一个重要因素。

三是人口迁移因素的影响。金朝前期,北方汉人的大量南奔曾是人口骤降的一个重要原因。但世宗时中原沦陷已久,从北宋过来的那一代人已经迟暮,而年轻的一代自幼生活在女真政权之下,久而久之,对异族的统治已经处之泰然,而对"正朔"所在的南宋政权渐生隔膜。洪皓在绍兴十三年(1143年)还宋时途经河北,当地父老就曾指着一群青年对他感叹道:"是皆生长兵间,已二十余矣,不知有宋。"[㊳]民族向心力不再成为吸引北方汉人南归的一个重要因素。加上隆兴和议后,两国再次重申禁纳归正人的规定,因此北人南迁的现象在世宗朝已基本消失。不仅如此,此前南迁的中原汉人,由于在南宋受到了种种歧视和限制,一旦北方的战乱停止,便又纷纷携家北归,辛弃疾在乾道元年(1165年)奏上的《美芹十论》中曾说道:"今归正军民散在江淮,而此方之人例以异壤视之……和亲之后,沿江归正军民,官吏失所以抚摩之惠,相板北归者莫计,当时边吏亦皆听之而莫为制。"[㊵]这在某种程度上助长了中原人口的回升。[㊶]

四是金朝体制变革的影响。大定二三十年间,曾经导致中原地区经济倒退的女真奴隶制迅速向封建制转化,其标志就是以家族奴隶制为特征的牛头地制度逐步被封建租佃制所代替。金世宗和章宗顺应了这种封建化的趋势,分别于大定二年(1162年)、二十二年(1182年)、二十九年(1189年)几次下诏放奴为良,特别是解放二税户为民,并禁止奴隶买卖。随着女真向封建化过渡,极大地解放了生产力,使大批奴婢改籍为良,可以登入国家版籍,这是金户口骤增的又一个直接原因。此外,金政府为了征敛赋役,制定了严格的三年一籍的户籍登记制度和通检推排制度,保证了户口统计工作的准确和有效。

五是世宗时期社会的安定和社会经济的恢复发展。与前代相比,随着生产力的提高,垦田面积和粮食储备也随之大为增加,"世宗时设置常平仓,至章宗明昌三年天下常平仓共有五百一十九处,见积粟三千七百八十六万三千余石,可备官兵五年之食,米八百一十余万石,可备四年之用"。[㊷]伴随着经济的恢复而来的,便是人口的迅速回升。

金章宗是金代的第六位皇帝,他继承了祖父金世宗所开创的大定盛世,并将金朝的繁盛局面又延续了一段时间,即所谓的明昌之治。但是在他统治后期,内有外戚专擅,外有对南宋和蒙古诸部的战争,金朝也逐渐走向衰败。章宗可以说是金朝历史上一个承前启后的皇帝。正如《金史》所论:"章宗在位二十年,承世宗治平日久,宇内小康,乃正礼乐,修刑法,定官制,典章文物粲然成一代治规。又数问群臣汉宣综核名实、唐代考课之法,盖欲跨辽、宋而比迹于汉、唐,亦可谓有志于治者矣。"⑬

金末名臣、诗人刘祁在《归潜志》中曾这样评价:"章宗聪慧,有父风,属文为学,崇尚儒雅,故一时名士辈出。大臣执政,多有文采学问可取,能吏直臣皆得显用,政令修举,文治烂然,金朝之盛极矣。"

章宗的主要作为表现在以下几个方面:

一是完成了政权的封建化,进一步完备了各项制度。在泰和四年(1204年),"定考课法,准唐令,作四善、十七最之制"⑭,其后又设置宣抚司、提刑司等机构,使汉官之制完备。通过这些整治措施,一方面加强了皇权,扩大了女真贵族的统治基础;另一方面,使女真政权进一步汉化,更加适应女真族在中原地区政治经济的发展。

二是在经济方面奉行了以农为本的重农政策。金章宗对农业生产十分重视,在即位之初就曾派劝农使到各地督促农业生产,对于遭受自然灾害的农户也及时给予一定的赈济。为了提高粮食产量,推行区田法、推广水田,试图通过改进耕作的方法和兴修水利来保障金朝社会日益增多的人口对粮食的需求。所以在世宗奠定的社会基础上,章宗统治前期出现了粮食产量和人口不断增加的繁荣景象。

三是完备了金朝的法制。章宗于泰和元年(1201年)修成《泰和律》,从而营造了更为稳定的社会秩序。《泰和律》是在《唐律》的基础上修订而成的,只不过有所增删。从《泰和律》的修订原则和内容上看,都较前期的律法更为完善。这部律法是为了适应已经封建化了的金朝社会应运而生的,为维护金朝社会的稳定,促进社会的发展起到了积极的作用。

正是章宗前期开明的政治,推动了经济向前发展,出现了"金朝之盛极矣"的巅峰盛世局面,正是在这种情况下,金代人口也在其统治末期的泰和七年(1207年)达到了顶峰,"户增于大定二十七年一百六十二万三千七百一十五,口增八百八十二万七千六十五。此金版籍之极盛也。"⑮

2. 基本数据

《金史·食货志》是金代户口数据主要来源,提供了5组全国户口总数,包括年代、户数、口数,列表如下。

表 2—1　《金史·食货志》所载几组全国户口数据

年份	公元	户数	口数	每户平均口数	户数增殖率(‰)	户数年均增殖率(‰)	口数增殖率(‰)	口数年均增殖率(‰)
世宗大定元年	1161 年	3500000	—	—	—	—	—	—
世宗大定 27 年	1187 年	6789449	44705086	6.58	940.0	36.2	0	0
章宗明昌元年	1190 年	6939000	45447900	6.55	22.0	7.3	16.6	5.53
章宗明昌 6 年	1195 年	7223400	48490400	6.71	41.0	8.2	66.9	13.4
章宗泰和 7 年	1207 年	8413164	53532151	6.36	164.7	13.8	104.0	8.7
年平均增值率	—	—	—	—	—	11.38	—	9.4

注：1.“大定初，天下户才三百余万”，按照刘浦江的观点估设为 3500000。

2.《食货志》载泰和七年的户数为 7684438，口数为 45816079，有误。根据下文考证，泰和七年数据采用注文合并计算数据，即户数 8413164，口数 53582151。

这几组数据记载了金代大定以来的历次户口统计数据，应该说，这几组数据时间清楚，数字准确，精确到了个位数，户数口数分开表述，口户比例非常明白。在此之前还有一次户口记载，“大定初，天下户才三百余万，至二十七年天下户六百七十八万九千四百四十九，口四千四百七十万五千八十六。”[46] “大定初”，时间不是太具体，“三百余万”，按照刘浦江的观点估设为 3500000。[47]

前三组数据基本上秉承“凡户口计帐，三年一籍”的要求，明昌六年距明昌元年间隔了 5 年时间，这不排除户口统计因故后推，或跨年头进行等原因。如通检推排就出现过这种情况：“承安元年（1196 年），尚书省奏，是年九月当推排，以有故不克。诏以冬已深，比事毕恐妨农作，乃权止之。二年冬十月，敕令议通检。”[48] 这个问题前面章节已有论述。

从列表数据中可以直观地看出从世宗初年至泰和七年，户口从凋敝残破达到顶峰的四个阶段的历史过程。

第一阶段，大定元年（1161 年）至二十七年（1187 年），共 26 年时间，阶段增长率是 940‰，年平均增长率是 36.2‰。

由此可以看到，金朝进入世宗时期以后，伴随着经济的飞速发展，人口进入了高速增长期，尤其是大定年间的增长速度是非常惊人的，大定元年（1161 年）至二十七年（1187 年）26 年时间里，户口增长接近翻番。26 年也就是整整一代人的时间，户口增殖达到这么高的速度是不可想象的。正如前面分析，出现这种情况，除了金世宗的积极人口政策外，肯定不完全是人口的正常自然增长，包含了大量的人口机械增长因素，如流民复籍、士兵归田、释放奴婢、人口回迁等。

第二阶段，大定二十七年（1187 年）至明昌元年（1190 年），共 3 年时间，阶段增长率是22‰,年平均增长率是7.3‰。

这一时期实际仍然是金世宗的统治时期,金章宗在明昌元年刚刚接过其祖父的玉玺。应该说,这个数据大致反映了金世宗统治末期,其文治武功已见成效,在前期高速增长的情况下户口增长回归正常。这个时间周期正好是金朝户籍"三年一籍"的一个完整周期,一个周期,户口增幅达到22‰,说明变化之大,也从另一个角度证明"三年一籍"的必要性。

第三阶段,明昌元年(1190年)至六年(1195年),共5年时间,阶段增长率是41‰,年平均增长率是8.2‰。

这个周期是五年时间,或许跟史料记载方式有关,应该是跨了六个年头,也是"三年一籍"的户口调查制度的体现。这是金章宗在世宗统治的基础上,进一步休养生息,年均增长率进一步提高到8.3‰,相比世宗时期又提高到了一个新阶段。

第四阶段,明昌六年(1195年)至泰和七年(1207年),共12年时间,阶段增长率是164.7‰,年平均增长率是13.8‰。

在这个阶段,金朝社会经过前期的战争破坏、内部纷争之后,经过世宗、章宗两朝近半个世纪的经营,经济社会逐步发展起来,其中一个重要标志就是人口在章宗末年达到了8413164户,53532151口,得到了"此金版籍之极盛也"的赞誉。从时间上来看,明昌六年(1195年)至泰和七年(1207年),共经历了12年时间,按照金代"三年一籍"的户口调查制度,期间应该经历了四次户口统计调查,那么这四个阶段的户数增长率平均为41‰,与明昌元年(1190年)至六年(1195年)五年的阶段增长率完全相同,也就是说,这个阶段三年增长的户口相当于前一阶段五年增长的户口,说明到了这个阶段金朝的人口基数已经大大增加,人口的增殖在一个更高的阶段实现了高速的自然增长,就像整个社会状况一样达到了顶峰。

三、卫绍王、宣宗、哀宗时期二十六年的人口衰减阶段

1. 基本情况

金朝的衰落虽始自宣宗,但其败亡之象自章宗后期已逐渐显露。

(章宗)然嬖宠擅朝,冢嗣未立,疏忌宗室而传授非人。向之所谓维持巩固于久远者,徒为文具,而不得为后世子孙一日之用,金源氏从此衰矣。[49]

对此,刘祁的评论更为经典:

(章宗)然学止于词章,不知讲明经术为保国保民之道,以图基祚长久。又颇好浮侈,崇建宫阙,外戚小人多预政,且无志圣贤高躅,阴尚夷风;大臣惟知奉承,不敢逆其所好,故上下皆无维持长世之策,安乐一时,此所以启大安、贞祐之

弱也。⑤⓪

章宗后期以致卫绍王、宣宗、哀宗三朝的主要社会问题表现在以下几个方面。

一是长期推行民族歧视政策带来的严重社会问题。章宗时为了保障金朝的军事实力，用括地的方式来防止女真猛安谋克户的贫困化，极大地损害了其他民族的利益，形成了一些不可调和的社会矛盾。土地问题是最根本的问题，而且冲突表现得尤为明显。这个问题到了章宗末期更加严重，对于位居宰执的完颜匡"承安中，拨赐家口地土，匡乃自占济南、真定、代州上腴田，百姓旧业辄夺之，及限外自取。上闻其事，不以为罪，惟用安州边吴泊旧放围场地、奉圣州在官闲田易之，以向自占者悉还百姓"。⑤⓵这种民族歧视政策的推行，必然会不断激化民族矛盾，造成统治危机。

二是官僚集团的膨胀和腐化。金朝的官僚集团到章宗统治时期空前膨胀，在章宗大力提倡选举贤能之人为官的同时，又规定收录功臣子孙为局分承应，准诸职官让荫兄弟子侄，许纳粟补官等。这种规定使门荫制度得到了广泛的发展，逐渐形成了一个庞大而腐败的官僚集团。据《金史·百官志》记载，世宗后期的大定二十八年，在仕官一万九千七百员，四季赴选者千余，岁数监差者三千。到了章宗泰和七年，在仕官达到了四万七千余，四季部拟授者千七百，监官到部者九千二百九十多人，比世宗末年多出三倍还要多。到了宣宗时，"不吝官爵以激人心，至有未满一任而并进十级，承应未出职而已带骠骑荣禄者，冗滥之极至于如此，复开鬻爵进献之门"，而军队的情况亦是如此，"况今军官数多，自千户而上有万户、有副统、有都统、有副提控，十羊九牧"⑤⓶。这种情况不仅会使国家的财政背负沉重的负担，而且会使统治机构臃肿、重叠，不仅严重影响了政府效率和军队战斗力，而且使官吏在这样的环境中会迅速腐败，形成诸多弊端。

三是财政制度混乱，府库空虚。由于种种政治经济原因加之自然灾害频仍，使中原的农业生产发生了倒退，粮食产量与人口增长不能成正比，已经形成了一种潜在的危机。章宗统治的中后期，多种问题一同并发使金政权应对不暇，最终迫使统治者采取了极端的举措，以滥发货币的手段来缓解危机。"若钱法之变……济以铁钱，铁不可用，权以交钞……未久复作宝会，汔无定制，而金祚讫矣"。

章宗时所形成的经济政治问题恰如《金史·食货志》所论："及其中叶，鄙辽俭朴，袭宋繁缛之文；惩宋宽柔，加辽操切之政。是弃二国之所长，而并用其所短也。繁缛胜必至于伤财，操切胜必至于害民，讫金之世，国用易匮，民心易离，岂不由是欤。"

卫绍王时，金朝已经日益"国蹙"，加之本人庸碌无为，金朝国势至此已到了"山将穷，水将尽"的地步了。正如《金史》所论：

卫绍王政乱于内，兵败于外，其灭亡已有徵矣。（而宣宗）当金源末运，虽乏拨乱反正之材，而有励精图治之志……然而卒无成功者何哉？良由性本猜忌，崇信暬御，奖用吏胥，苛刻成风，举措失当故也……方且狃于余威，牵制群议，南开宋衅，西启夏侮，兵力既分，功不补患。曾未数年，昔也日辟国百里，今也日蹙国百里，其能济乎？

到了哀宗只能是"区区生聚，图存于亡，力尽乃毙"。

直接导致金朝人口锐减以致国灭的是蒙古的崛起和入侵。1206年成吉思汗统领蒙古，蒙古的崛起使金王朝受到了严重的威胁，加上当时金朝廷积贫积弱，政治腐败，社会经济日益凋敝，户口数量急剧减少，自大安三年(1211年)起，蒙古频岁入侵。贞祐元年(1213年)冬，成吉思汗兵分三路大掠中原，"自冬徂春凡破九十余郡，所过无不残灭，两河、山东数千里之地，城郭尽为丘墟，惟大名、真定、青、郓、邳、海、沃、顺、通州有兵坚守，未能破。蒙古复还燕京，燕京粮乏军民饿死者十四五……蒙古过关(居庸关)，取所获山东、两河少壮男女数十万皆杀之"[53]。到了兴定二年(1218年)，原有三万余户的海州所剩下不满百户，原有二万七千余户的邳州也仅余八百户。[54]正大八年(1231年)拖雷攻破凤翔府，窝阔台"诏从臣分诛居民，违者以军法论"[55]，在其残酷杀戮下，关中"兵火之余，八州十二县，户不满万，皆惊忧"[56]。

宣宗南迁以后，河北军户及流民大批涌入河南，仅开封府一地，就从天德四年的二十三万多人，变成南迁后的一百七十四万多人，使河南之地变成了人稠地狭之境，但当正大末年战争进入河南后，不过数年之间云集在这片土地上的人口就荡然一空。开兴元年(1232年)春正月蒙古军攻下河南府，城陷之日"无老幼悉命诛之"[57]。宋人眼中看到的情景更为凄惨：端平元年(1234年，金亡)六月二十一日，子才领淮西兵抵蒙城县，"城中空无所有，仅存伤残之民数十而已。沿途茂草长林，白骨相望，虻蝇扑面，杳无人迹"；二十二日至城父县，"县中有未烧者十余家，官舍两三处"；"过魏真县、城邑县、太康县，皆残毁无居人"；七月初五，入汴京，"见兵六七百人。荆棘遗骸，交午道路，止存民居千余家"[58]。甚至出现了"自北兵入境，野战则全军俱殁，城守则阖郡被屠"[59]局面。

金贞祐之后，整个国家再无宁日。国家内部民族矛盾、阶级矛盾更是积重难返，"贞祐之乱，盗贼满野，向之倚国威以为重者，人视之以为血雠骨怨，必报而后已，一顾盼之顷，皆狼狈于锋镝之下，虽赤子不能免。"[60]在明末、元末农民起义中起到关键作用的红袄军，即兴起于此时，他们在元军大肆杀戮的同时，四处搜寻金人，夺地之仇、亡国灭家之恨，使他们必杀之而后快。"崇庆末，河朔大乱，凡廿余年，数千里间，人民杀戮几尽，其存以户计，千百不一余"[61]。百姓大量死于战争："亳州户旧六万，自宣宗南迁以来不胜调发，相继逃去，所存者曾无十一，砀山下邑，野无居民"[62]的局面。

人民大量逃避,由此看来,到金代末年,人口可能减至鼎盛时期的一半以上。

2. 人口数量

从目前的材料看,《金史·食货志》所载泰和七年的户口数字应该是金代存世的最后一组户口数字,那么金末时到底还有多少人呢?

刘浦江先生采用了元初户籍检括数字比照推断的考证方法,对中原地区的户口数进行了推断。通过推断,刘浦江先生认为中原地区流民约 30— 40 万户,被诸王大臣私占为奴的平民约 20 万户,已经入籍的 197 万户,当时中原地区总计约存 250 万户。经过长期战乱,每户人口也有所减少,元太宗七年(1235 年)籍得的户口数,其户均人数为 5.44,比金朝中期的平均口户比下降了 1.11,即现存民户中每户也减少了 1.11 人。按照这一口户比计算,金末 250 万户,应为 1360 万口。但应注意这个户口数并不包括原金朝的上京、东京、北京、西京、咸平五路,金泰和七年的户口数如除去这五路不计,仅中原的户数约为 727 万,口数约为 4607 万。如此算来,自泰和七年(1207 年)至金朝亡国,中原地区的户数共减少了 477 万,口数减少了 3247 万,比泰和七年同一地区的户口数分别下降 65.61% 和 70.48%。[③]由此可以看出,金亡时伴随着的人口灾难是灭绝性的。

追寻金朝兴亡的发展轨迹,我们不难发现它经历了一条与辽朝兴亡大体相似的道路。他们之所以兴起之初可以与大宋政权分庭抗争,屡占上风,凭借的是他们极具战斗力的军政组织。辽有"斡鲁朵"和部族军队,金有"勃极烈"和"猛安谋克",他们都实行兵民合一的制度,在励精图治的帝王指挥下可以所向披靡。然而,当他们功成名就、建立起一个以汉族文化为主导、帝王专制的传统农耕政权之后,随着原来的政权组织形式的急剧变化,制度的缺陷便日渐凸显出来。最终随着经济社会和人口发展进入低谷,王朝的嬗递也就开始了。

本书讨论金朝的户口数据,其峰值就界定在金章宗泰和七年(1207 年),讨论的范围也基本在此之前。自此以后,史料中也再没有有效的全面户口统计数据,也就不再列入本书的讨论范围。

第三节　金代户口数据的有关问题

相较《辽史》二志(《食货志》、《地理志》)户口数据的残缺不全,《金史》二志关于户口数据的记载是比较完备的,加上前文所述的全面而严密的户口调查统计制度,现在学者一般认为其户口数据比较可靠。正如何炳棣先生所言:"在此前后还没有哪一部正史能够提供比上述这样记载官方按年龄分组的规定、登记城乡军民的机构、从最基层的县以下单位上报到中央有关部门的程序和期限等方面的更精确的材料了。"⑩即是如此,还有一些问题需要进行讨论。

一、金代户口口户比的认定

应该说,《金史·食货志》关于口户比的记载是比较明确的,其户均家庭规模,即口户比问题主要分三种情况(参见表2—1)。

一是5组全国户口数据,去除泰和7年的数据后,另外四组的口户比分别为:世宗大定二十七年(1187年),6.58;章宗明昌元年(1190年),6.55;章宗明昌六年(1195年),6.71;章宗泰和七年(注文数据,1207年),6.36。四组数据的平均数为6.55。

二是大定二十三年3组猛安谋克等户口数据(详见表2—3)。

三是明昌元年二税户的口户比是8.2(详见下文)。

问题主要是《金史·地理志》只有户数,没有口数,也就没有口户比的相关资料。因为下面章节要讨论各路府州县的具体人口数量和分布问题,必然牵涉对《地理志》口数的计算,因此,如何确定口户比,即户均家庭人口规模就是一个必须解决的问题。

前文在讨论辽代户均家庭人口规模时用了整整一个篇幅,因为二志均无这方面的数据。而《金史·食货志》上列几组户口数据口户比非常清楚,只是不同的时期、不同的民族和阶层口户比不同罢了。而《金史·地理志》在前文中经考证,确定户口系年为泰和七年,那么,其户口比就应该选用泰和七年的户口数据,为6.36。

为了说明这个数据的可靠性,笔者从元好问《遗山集》碑、铭、表、志、碣中所有有确切年龄、子女数的记载辑录出来,列为下表(表2—2)。通过下表可以看出,每个家庭的子女平均数为4.4,加上夫妇二人,这个核心家庭的人数应为6.4人。从下表可以看出,传主平均年龄为58.5岁,在这个年龄段上,其第三代肯定已经出生,如果包括第三代的话,其家庭人口规模应在8口左右,这还不包括妾、奴婢在内。为了便于统计核算,我们仍然以核心家庭为单位,这样每个家庭的人数为6.4人,同《金史·食货志》记载泰和七年的口户比的约数正好相同。

表2—2　家庭人口规模统计表⑮

序号	姓名	年龄	子数	女数	子女数合计	出处
1	杨皋	59	5	0	5	金故杨公墓铭
2	王庭筠	52	3	3	6	王黄华墓碑

续表

序号	姓名	年龄	子数	女数	子女数合计	出处
3	李楫	55	2	2	4	沁州刺史李君神道碑
4	赵秉文	74	1	3	1	闲闲公墓铭
5	胡景崧	59	3	2	5	朝散大夫同知东平府事胡公神道碑
6	李平父	67	3	2	5	寄庵先生墓碑
7	张公著	51	1	4	5	朝列大夫同知河间府事张公墓表
8	杨云翼	59	2	1	3	内相文献杨公神道碑铭
9	王扩	63	3	5	8	嘉议大夫陕西东路转运使刚敏王公神道碑铭
10	赵思文	68	3	1	4	通奉大夫礼部尚书赵公神道碑
11	王若虚	71	1	1	2	内翰王公墓表
12	冯璧	79	1	3	4	内翰冯公神道碑铭
13	冯延登	58	3	2	5	国子祭酒权刑部尚书内翰冯君神道碑铭
14	赵雄飞	47	4	3	7	顺安县令赵公墓碑
15	张公理	68	2	0	2	资善大夫吏部尚书张公神道碑铭并引
16	张汝翼	60	2	1	3	通奉大夫钧州刺史行尚书省参议张君神道碑铭并引
17	蒲察元衡	52	1	1	2	资善大夫集庆军节度使蒲察公神道碑铭并引
18	夹谷土剌	73	3	1	4	资善大夫武宁军节度使夹谷公神道碑铭
19	张汝明	76	3	0	3	御史张君墓表
20	程震	44	1		1	御史程君墓表
21	商平叔	47	2	1	3	商平叔墓铭
22	雷希颜	46	2	2	4	雷希颜墓铭
23	刘汝翼	66	5	2	7	大中大夫刘公墓碑
24	张景贤	67	1	2	3	中顺大夫镇南军节度副使张君墓碑
25	周鼎	37	1	1	2	阳曲令周君墓表
26	赵端卿	54	2	1	3	奉直赵君墓碣铭
27	孙德秀	54	3	2	5	御史孙公墓表
28	杨奂	70	4	4	8	故河南路课税所长官兼廉访使杨君神道之碑
29	刘景玄	38	1	1	2	刘景玄墓铭
30	郝天挺	54	1	1	2	郝先生墓铭
31	曹征	74	2		2	曹征君墓表

序号	姓名	年龄	子数	女数	子女数合计	出处
32	白全到	69	5	4	9	善人白公墓表
33	赵滋	59	3	2	5	蘧然子墓碣铭
34	张博平	35	3	2	5	张君墓志铭
35	梁氏	51	3	2	5	赞皇郡太君墓铭
36	李氏	56	4	2	6	南阳县太君墓志铭
37	严武叔	59	7	7	14	东平行台严公神道碑
38	耶律思忠	61	1	2	3	龙虎卫上将军耶律公墓志铭
39	术虎筠寿	51	5	2	7	龙虎卫上将军术虎公神道碑
40	马庆祥(种人)	46	3	1	4	恒州刺史马君神道碑
41	耶律辩才	67	1	0	1	奉国上将军武庙署令耶律公墓志铭
42	耶律文献	61	3	3	6	尚书右丞耶律公神道碑
	合计平均数	58.5	2.6	1.9	4.4	

因此,本书《金史·地理志》的口户比即按6.4计算。

二、猛安谋克户口

根据《金史·食货志》所载大定二十三年3组猛安谋克等户口数据(参见表2—3),猛安谋克含奴婢口的家庭规模是10,除去奴婢口以后的户均家庭规模是7.82;在都宗室将军司含奴婢口的家庭规模是169.4,除去奴婢口的户均家庭规模是5.78;迭剌、唐古二部五纥含奴婢口的家庭规模是24.63,除去奴婢口的户均家庭规模是21.39。

表2—3　《金史·食货志》所载大定二十三年猛安谋克等户口数据

户别	户数	口数及口户比				
		总口数	口户比	正口	口户比	奴婢口
猛安、谋克户	615624	6158636	10.05	4812669	7.82	1345967
在都宗室将军司户	170	28790	169.40	982	5.78	27808
迭剌、唐古二部五纥户	5585	137544	24.63	119463	21.39	18081
合计	621379	6324970	—	4933114		1391856

1. 猛安谋克的口户比认定

这 3 组数据是目前关于猛安谋克、宗室将军司、迭剌唐古二部五乣户口明确见于记载的、唯一精确的数据记录。关于这部分数据，学者们持怀疑态度的也不少。日本学者三上次男认为，《金史·食货志》所载猛安谋克正口数与奴婢口数的比例并未反映出当时的实际情况，因为奴婢是衡量物力的主要标准，故拥有大量奴婢的富室可能会将奴婢列为正口申报，因此他估计当时猛安谋克正口只有三百余万，至多不会超过350 万[66]。刘浦江认为这个看法颇有道理，主要是因为对大定二十三年猛安谋克户口的口户比之高产生了怀疑。大定二十三年猛安谋克户口的口户比高达 10.05，即使除去奴婢口不计，平均每户拥有的正口也仍有 7.82 人，同时，从历代户口数据中有代表性的口户比为依据，与猛安谋克的口户比进行比较，然后得出结论，可以将在都宗室将军司户除去奴婢口外的户均人口数，视为猛安谋克户口户比的近似值，约为 5.78。[67]

对此，笔者有不同的认识。如前文，笔者在分析辽代家庭人口规模时注意到，辽代的平均口户比是 8 左右，这不同于中国历史上其他朝代家庭人口规模的一般情况，并且从赋税政策、法律制度、家庭形制、现代少数民族大家庭等方面分析了原因。金承辽制，虽有不同于辽代的地方，作为辽政权的直接继承者，同为北方少数民族政权，应该差别不是太大。从《金史》中一些其他材料也能说明这个问题。

世宗春水打猎，到了永清县，听说了这样一个故事：

> 有移剌余里也者，契丹人也，隶虞王猛安，有一妻一妾。妻之子六，妾之子四。妻死，其六子庐墓下，更宿守之。妾之子皆曰："是嫡母也，我辈独不当守坟墓乎？"于是，亦更宿焉，三岁如一。[68]

闻之，世宗褒奖有加。这一家父辈 3 人，子辈 10 人，共 13 口人。从故事的描述来看，这一家并非特殊的官宦之家，只是一般的猛安谋克家庭，应该具有一定的普遍性。

明昌元年六月，"奏北京等路所免二税户，凡一千七百余户，万三千九百余口，此后为良为驱，皆从已断为定。"[69]照此计算，他们的平均口户比是 8.2，这些二税户不会因为逃避物力，而出现隐匿奴婢的情况，因为他们没有这个政治优势，本身的半奴地位不可能再蓄奴。

刘浦江为了说明女真人的家庭规模应该小于汉人家庭，引用《元典章》金律"旧例"："女真人其祖父母、父母在日，支析及令子孙别籍者听……汉人不得令子孙别籍，其支析财产者听。"据此认为，由于汉人析户受到法律限制而女真人却无此约束，因此汉人的家庭规模一般来说应比女真人的家庭规模更大，这就是说，金代猛安谋克户口的口户比理应低于州县户口 5.96 的口户比值。笔者认为，这条法令正说明了女真人大家庭多,所以法律对别籍异居现象不进行限制,而汉人因分家者多,造成每家人口较少,为摊派赋役带来了麻烦,所以要进行限制。上述猛安谋克13口之家就是典型的例子。

因为凡是计入猛安谋克家庭口数的奴婢,肯定不能或没有单独立户,所以,撇开上面的争论,基于户口统计的需要,还是根据文献记载,将猛安谋克户口的口户比按10来计算为宜。

2. 泰和七年猛安谋克户口数量

关于前文表2—1中泰和七年两组互相矛盾的数据,经刘浦江先生考证,恰恰成了泰和七年猛安谋克户口数量的源泉。基本考证如下:

据《金史·食货志》正文载该年户数为7684438,口数为45816079,而文中所加小注为:"户增于大定二十七年一百六十二万三千七百一十五,口增八百八十二万七千六十五。此金版籍之极盛也。"⑳照此计算,将第二组数据,即注文所说的增加数,加上大定二十七年的户、口数,则户、口数均不符合第一组数据即正文所载数;再将第一组数据与其前12年的明昌六年户口比较,虽然户数有所增加,而口数减少较多。对此,中华书局点校本于第一组数据下校记认为:"泰和七年户增于前(明昌六年)四十六万有奇、不应口反减二百六十余万。且下文小注比大定二十七年户口增加数,与该年数字核算之亦不合,知此数当有误字。"

中华书局点校本最早发现了这个问题,但是这组数据怎么使用并没有给出解决办法。后来的学者一般是弃其前者,用其后者,理由是第一组户口数据体现的较明昌六年户增口减的现象,与《金史·食货志》所说的泰和七年户口为"金版籍之极盛也"的历史状况不符,且其户均口数低于前面年度。因此,一些学者在讨论金代泰和七年的户口时,一般不取第一组,而取户均口数和年平均增长率均与前面几组一致、户口数较明昌六年有明显增长的第二组数据。㉑

对这个问题,刘浦江认为,《食货志》正文和小注的数字都没有讹误。"两者不合,是因为正文记的是不包括猛安谋克的州县户口,而小注所称比大定二十七年增加若干的数字,则指的是包括猛安谋克户口的全国户口总数。后一对户口数与前一对户口数之差,就是泰和七年的猛安谋克户口数,计为728726户、7716072口。"其理由是,大定二十三年全国猛安谋克有户615624、口6158636,如将前述小注与正文的差额数视为泰和七年的猛安谋克户口,则期间的年平均增长率分别为7.1‰和9.4‰,与同期的全国户口增长率约略相当,并且猛安谋克两个年度的户均口数也相当接近(分别是10.05和10.58)。由于拥有大量的奴婢,户均口数较大的猛安谋克户口未计入第一组,故该组反映的泰和七年的户均口数明显低于包括猛安谋克户口在内的前面年度,如与明昌六年相比便出现户增而口减的现象。[72]

　　吴松弟从文献中存在讹误的可能性进行进一步的分析。一般说来,文献在传抄过程中产生的数据上的错误,只集中在某一位最多是某两位数字上,不可能每位数字都有错。据此将泰和七年第一组的某一二位数字改正,改正后的数据就应和第二组完全相同,但事实并非如此。因此,第一组数字和第二组数字不同的原因,不可能是第一组数字传抄有误所致,只能出于传抄致讹以外的原因,而最大的可能就是如刘浦江所做的分析。[73]

　　不能不承认,刘浦江先生的考证思路之奇妙简直如神来之笔,但是,为何以前各年度的全国户口数均包括猛安谋克户口,而偏泰和七年的第一组数据不包括呢? 这个问题目前还没有看到更权威的解释。

　　不管怎么说,我们从另一个角度又得到了泰和七年的猛安谋克户口数据:728726户、7716072 口,口户比为 10.58。按照 9.4‰的口数增值率,这时的奴婢口数应为1649617,与前者之差就应为正口数 6066455。这种算法,正口的增值率要高于奴婢口,考虑到泰和末年奴隶制的衰落,这应该算是一种合理的解释。

三、在都宗室将军司户口

　　大定二十三年统计的在都宗室将军司户口,应该指的是定居在中都大兴府的、以世宗皇帝为中心的宗室人口数。按照后面的考证,大定二十七年(1187 年)到泰和七年(1207 年)的户数年平均增值率是 11.38‰,口数年平均增长率是 9.4‰,那么到泰和 7 年,在都宗室将军司的户数会达到 216,总口数达到 35285,正口数为 1204,奴婢口数为 34081。

四、迭剌、唐古二部五纠户口

　　迭剌、唐古二部五纠户的户口数据是目前能看到的游牧部族仅有的较为完整的户口数据,总户数 5585 户,总口数 137544,口户比达到了近 25,除去奴婢口 18081,尚有 119463 口,口户比仍达到 21。口户比如此之高的原因,一是作为北方游牧民族,条件恶劣,为了生活需要大家庭聚族而居,互相帮助,共同抵御自然灾害,也就是说,这不是一个核心家庭,而是一个复合家庭或家族。至今,还有一个生活在中部非洲的古老民族俾格米人,虽然实行一夫一妻制,但却是十几或几十个家庭结成一个或大或小的大家庭,也叫家族或部落,以适应危险而繁重的狩猎活动,劳动果实由德高望重的家族或部落首领统一进行平均分配,仍然过着氏族社会式的生活。这或许就是金代北方游牧民族生活的缩影。

　　到泰和七年,迭剌、唐古二部五糺户的总户数应为7110,总口数为169574,正口为146414,奴婢口为23160。

注　　释:

① 《金史》卷2《太祖纪》。

② 《金史》卷3《太宗纪》。

③ 参阅张博泉《金史简编》,辽宁人民出版社1984年版,第172—174页。

④ 《金史》卷18《哀宗下》。

⑤ 参见刘浦江《金代户口研究》,载《中国史研究》1994年第2期;王育民《金朝户口问题析疑》,载《中国史研究》1990年第4期。

⑥ 《辽史拾遗》卷11《天祚皇帝一》。

⑦ 《金史》卷2《太祖纪》。

⑧ 参见刘浦江《金代户口研究》,载《中国史研究》1994年第2期。

⑨ 徐梦莘《三朝北盟会编》卷106《赵子崧家传》。

⑩ 李心传《建炎以来系年要录》卷4。

⑪ 徐梦莘《三朝北盟会编》卷119。

⑫ 庄季裕《鸡肋编》卷上,文渊阁四库全书本。

⑬ 《金史》卷74《宗翰传》。

⑭ 《金史》卷105《范拱传》。

⑮ 《宋史》卷212《赵俊传》。

⑯ 庄季裕《鸡肋编》卷上。

⑰ 蔡绦《铁围山丛谈》卷6,文渊阁四库全书本。

⑱ 张家驹《两宋经济重心的南移》,湖北人民出版社1957年版,第46页。

⑲ 范成大《揽辔录》,涵芬楼本《说郛》卷41。

⑳ 《三朝北盟会编》卷230。

㉑ 《金史》卷29《李通传》。

㉒ 《三朝北盟会编》卷242。

㉓ 《金史》卷69《胙王元传》。

㉔ 《金史》卷80《赤盏晖传》。

㉕ 曹勋《松隐集》卷26《进前十事札子》,文渊阁四库全书本。

㉖ 《三朝北盟会编》卷36《靖康遗录》。

㉗ 元好问《遗山集》卷34《东平贾氏千秋录后记》。

㉘ 李焘《续资治通鉴长编》卷116,绍兴五年。

㉙ 《金史》卷9《世宗下》。

㉚ 《金史》卷《食货志》。

㉛ 《金史》卷6《世宗上》。

㉜ 《建炎以来系年要录》卷192。

㉝ 《建炎以来系年要录》卷193。

㉞ 《三朝北盟会编》242卷,引张棣《正隆事迹记》。

㉟ 《金史》卷74《宗望传》。

㊱ 《三朝北盟会编》卷233,引《神麓记》。

㊲ 《金史》卷6《世宗上》。

㊳ 《金史》卷92《曹望之传》。

㊴ 洪适《盘洲文集》卷74《行状·先君述》,文渊阁四库全书本。

㊵ 杨士奇等《历代名臣奏议》卷94。

㊶ 参见刘浦江《金代户口研究》,载《中国史研究》1994年第2期。

㊷ 张博泉《金史简编》,辽宁人民出版社1984年版,第201页。

㊸ 《金史》卷12《章宗四》。

㊹ 《金史》卷55《百官一》。

㊺ 《金史》卷44《食货一》。

㊻㊽㊾㊿ 《金史》卷46《食货一》。

㊼63 刘浦江《金代户口研究》,载《中国史研究》1994年第2期。

㊾ 《金史》卷12《章宗四》。

㊿ 《归潜志》卷12《辩亡》。

51 《金史》卷98《完颜匡传》。

52 59 《金史》卷109《陈规传》。

53 《宋史全文》卷30《宋宁宗三》,文渊阁四库全书本。

54 《金史》卷108《侯挚传》。

55 刘因《静修集》卷8《中顺大夫彰德路总管浑源孙公先茔碑铭》,文渊阁四库全书本。

56 《元史》卷159《商挺传》。

57 同恕《榘庵集》卷6《耿伯祥墓志铭》,文渊阁四库全书本。

58 周密《齐东野语》卷5《端平入洛》。

60 《遗山集》卷16《平章政事寿国张文贞公神道碑》。

61 刘因《静修集》卷9《清苑尹耶律公遗爱碑》。

62 《金史》卷104《温迪罕达传》。

64 何炳棣《1368—1953年中国人口研究》,第309页

65 表中碑铭表志碣出自元好问《遗山集》第16—31卷。

66 [日]三上次男《金代女真研究》,第450页。

67 刘浦江《金代猛安谋克人口状况研究》,《民族研究》1994年第2期。

68 《金史》卷8《世宗下》。

71 参见葛剑雄《中国人口发展史》,第196—197页。

72 参见刘浦江《金代户口研究》,《历史研究》1994年第2期。又见刘浦江《金代猛安谋克人口状况研究》,《民族研究》1994年第2期。

73 葛剑雄主编,吴松弟著《中国人口史》第三卷《辽宋金元时期》,第210页。

第三章　金代的户籍制度

金代的户籍制度非常严密,在户口登记、申报、调查统计程序和期限等方面都有严格的规定,保证了统计结果的准确性。对此,何炳棣先生给予了高度评价:"在此前后还没有哪一部正史能够提供比上述这样记载官方按年龄分组的规定、登记城乡军民的机构、从最基层的县以下单位上报到中央有关部门的程序和期限等方面的更精确的材料了。"①梁方仲、高树林、韩光辉、王育民、王曾瑜、宋德金、吴松弟、刘浦江等均就此发表过论文和著作(参见前文综述),本章内容在综合参考前辈们成果的基础上力求对金代户籍制度做一全面的阐述。

第一节　金代的户口登记制度

《金史》号称"良史",表现在诸多方面,其中关于户口登记、户口调查制度的记载亦十分全面,是其具有代表性的部分之一。

一、户口登记调查制度

1.关于在籍人口的范围

在户口统计(或谓户口计帐)范围方面,辽代基本上没有明确的规定,仅在兵制中对属"兵籍"的人口进行了规定:"凡民年十五以上,五十以下,隶兵籍。"②金代在这方面与之相比有了明显的进步,《金史·食货志》中明确记载:

> 金制,男女二岁以下为黄,十五以下为小,十六为中,十七为丁,六十为老,无夫为寡妻妾,诸笃废疾不为丁。户主推其长充,内有物力者为课役户,无者为不课役户。

这段记述说明了以下几个方面问题:

　　一是"黄"，即人口出生即纳入户籍，类似于我们现在的新生儿户口申报，反映了其户口管理的严格程度还是很高的。

　　二是"小"和"中"，即进入成丁的初始和准备阶段，相当于预备役，在某些差役的使用和派遣方面可以考虑，为正式服役作后备力量。

　　三是"丁"，这是户口统计的真正目的，因为"丁"是各种徭役、差役、兵役的征调对象，户口统计就是要掌握"丁"的实际数量。

　　四是统计对象。金代户口统计对象是包括女口、非丁口在内的全部人口，甚至包括"寡妻妾"、"诸笃废疾"等"不为丁"的人，在这方面，同极具广泛争议的宋代在籍人口统计不同，记载非常清楚，没有任何异议。明确这一点是十分必要的，就是在今天看来也十分有意义，它是了解金代人口结构的钥匙，更是讨论金代户口数字的前提。

　　五是户口统计分两大类：有物力的为课役户，无物力的为不课役户。户口之数同样为通检推排、定等征税的主要依据，表明了通检推派和户口计帐是互相包容、互为补充的一种制度。《金史·食货志》载："通检，即周礼大司徒三年一大比，各登其乡之众寡、六畜、车辇，辨物行徵之制也"。③"大比"一词源自《周礼·秋官·小司寇》，其中一个含义就是登记户口。这段记载也说明了这个问题。

　　2.户口登记的程序

　　关于金代户籍管理机构，在第二章关于金代国家机构和政治体制部分中进行了简单介绍，这里重点分析考察金代户口调查统计的主要过程和相关部门的职能。

　　金代户口登记制度完备，管理严密。《金史·食货志》载：

　　　　凡户口计帐，三年一籍。自正月初，州县以里正、主首，猛安谋克则以寨使，诣编户家责手实，具男女老幼年与姓名，生者增之，死者除之。正月二十日以实数报县，二月二十日申州，以十日内达上司，无远近皆以四月二十日到部呈省。④

这段话包括了户口的申报程序、登记的对象、时间和统计方法等，规定非常严格。

　　一是乡村级的调查统计。凡汉户的由乡级的里正、主首负责，女真等猛安谋克户由寨使负责，亲自到编户家里落实清楚，签字画押，按照性别、年龄、姓名等户口登记的要求进行登记，增加的人口添上，死亡的人口去除，这些工作做完后，在每年的正月二十日前将登记好的名册报到县衙，然后按照县、州、路(上司)、户部、尚书省的系统逐级申报的。

　　二是县一级的主管部门及其工作。关于县一级的主管部门所指内容，《金史·百官志》载："赤县(谓大兴、宛平县)，令一员，从六品，掌养百姓、按察所部、宣导风化、劝课农桑、平理狱讼、捕除盗贼、禁止游惰，兼管常平仓及通检推排簿籍，总判县事。"也就是说，到县这一级，是由县令亲自主管户籍，当然，县令是无所不管，"簿籍"也是其一。

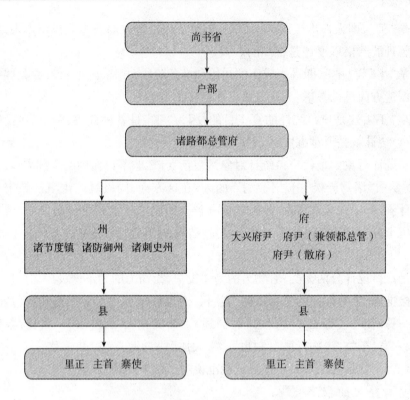

图 3—1　金代户籍报送顺序示意图

　　三是府州一级的主管部门及其主要工作。按照金代政府的行政建制序列,到州这一级情况比较复杂。州分三类:节镇、诸防御州、刺史州。《金史·百官志》对它们的级别和户籍管理的职能记载非常详细:

　　　　诸节镇,节度使一员,从三品⋯⋯观察判官一员,正七品,掌纪纲观察众务,分判吏、户、礼案事,通检推排簿籍。

　　　　诸防御州,防御使一员,从四品⋯⋯判官一员,正八品,掌签判州事,专掌通检推排簿籍。

　　　　诸刺史州,刺史一员,正五品⋯⋯判官一员,从八品,签判州事,专掌通检推排簿籍。

　　与"州"同在一个序列,但位次较高的建制是"府",包括大兴府、兼领都总管的府尹、散府府尹。《金史·百官志》载:

　　　　大兴府,尹一员,正三品⋯⋯推官二员,从六品,掌同府判,分判户、刑案事,内户推掌通检推排簿籍。

　　　　诸总管府(谓府尹兼领者),都总管一员,正三品⋯⋯府判一员,从六品,掌纪纲众务,分判户、礼案,仍掌通检推排簿籍。

诸府(谓非兼总管府事者),尹一员,正三品。府判一员,从六品,掌纪纲众务,分判吏、户、礼案事,专掌通检推排簿籍。

四是路一级的主管部门及其主要工作。在州这一级完成任务后,要在"十日内达上司",到底哪一级是"上司"?刘浦江认为,这个上司不是指我们所熟知的金代地方行政机构总管府路,而是指转运司路,其根据是:《金史·百官志》记载转运司路设有户籍判官二员,而总管府路则不设此职。⑤但是,从上述《金史·百官志》的记载可以看出,诸总管府专门有"府判一员,从六品,掌纪纲众务,分判户、礼案,仍掌通检推排簿籍"。并不是没有,这确实有商榷的地方。后面关于通检推排的讨论曾涉及这方面问题,在总管府路上还有一个层级,那就是转运司路,也未尝不可。

五是户部一级的主管部门及其主要工作。户册要在四月二十日"到部",当然指的就是户部。《金史·百官志》载:

户部、尚书一员,正三品……郎中三员,从五品。员外郎三员,从六品。郎中而下,皆以一员掌户籍、物力、婚姻、继嗣、……主事五员,从七品,女直司二员,通掌户度金仓等事,汉人司三员,同员外郎分掌曹事。

也就是说,在户部掌管户籍的最高长官是从五品的一名郎中;其次是从六品的员外郎一名;最后是从七品的主事一名。由此可见,在户部内部,负责户籍事宜的官员就分了三个级别,层层管理、逐级把关,说明户籍问题的重要性和复杂性。

六是尚书省一级的主管部门及其主要工作。户册到部以后还要"呈省",当然指的是户部的上级机关——尚书省,尚书省在某种程度上相当于现在的国务院,下辖吏、户、礼、兵、刑、工六部,户部只是其中一个部门之一。《金史·百官志》载:"尚书省 尚书令一员,正一品,总领纪纲,仪刑端揆。"尚书令为正一品,位同三师、三公,其下设"左丞相、右丞相各一员,从一品,平章政事二员,从一品,为宰相,掌丞天子,平章万机。"主管户籍的是左司郎中所属的"员外郎一员,正六品,掌本司奏事,总察吏、户、礼三部受事付事"⑥,到这里,层层上报的户籍材料终于找到了家,最终的"呈省"就是呈到了这里,负责这件事的就是正六品的一名员外郎。其实,从《金史》的相关记载就可以看出,户籍图册等相关资料的最终归宿或掌管部门就是在户部,"呈省"最终只是一个或略或祥的总体情况报告而已,最终恐怕并不只是"呈省",而是上奏到皇帝那儿,这个任务才能算最终完成。

3. 户口登记的对象、时间和统计方法有明确规定

据《金史·食货志》的记载,金代的户口统计对象,并不像辽代那样仅仅限于州、县人口,而是包括猛安谋克户口在内的全部人口,也就是说统计人口非常全面。从

《金史》记载来看,大定二十三年(1183年)以前,州县户口和猛安谋克户口是两个不同的申报系统,主管部门和统计对象并不一样。从大定二十三年(1183年)开始,户口数据发布开始称为"天下户",说明无论是州县户口还是猛安谋克户口作为同样的统计对象纳入了同样的户口统计系统中。

金代的户口统计时间,从统计周期上来看,《金史》强调了"三年一籍",虽然在《金史》中没有看到明确的户口统计时间,但是从三组存世的户口资料和几次通检推排时间来看,基本上能看到"三年一籍"的痕迹。从时间要求上看,共有五个时间点:正月初、正月二十日、二月二十日、二月三十日、四月二十日,要求非常具体。虽然从《金史·食货志》记载的几组金代相关户口数据来看,看不出来具体的时间,倒是明昌六年(1195年)、泰和七年(1207年)分别发布猛安某克户、天下户时的月份均为十二月,这是四月二十日户册"到部呈省"以后,需要汇总、整理,然后在十二月进行发布之原因。

考察表2—1所列几次全国性户口调查统计数据,也基本符合户口统计三年一籍的时间规定。从大定二十七年(1187年)到明昌元年(1190年)正好是三年;从明昌元年(1190年)到六年(1195年),中间相隔五年,也可能在明昌三年或四年还进行过一次户口统计,那么其中有一次就只相隔了两年;从明昌六年(1195年)到泰和七年(1207年),其间可能在承安三年(1198年)、泰和元年(1201年)、泰和四年(1204年)有过三次户口统计,基本符合"三年一籍"。也就是说,三年一籍的户口计帐制度一直坚持实行到泰和七年(1207年)的章宗晚期,此后再也没有看到全国性的户口统计资料,这可能同卫绍王实录的丢失有关,更可能与蒙古入侵后,无法坚持正常统计有关。[⑦]

关于其统计方法,如前所述,采取逐户"手实",即一家一户进行,然后按指印落实,并且逐个登记姓名,新生人口加上,死亡人口减去。从统计方法上来说,是比较科学和准确的。

4.关于户口统计的实际执行情况

由于缺乏有关的记载,现在无法准确判断。例如关于户口申报的时间和期限,据《金史·食货志》,明昌六年(1195年)和泰和七年(1207年)两次的户口数字都是当年十二月的数字,这或许是发布的时间,或许确实是在这个时间报过来的。但总的说来,从制度上来讲,像金朝这种严格的户口统计程序,历史上还是不多的。因此,现在保存下来的几组户口数字,学术界公认属于历史上为数不多的几个比较准确的户口数字。

二、户口登记调查与通检推排的关系

研究金代的户口调查制度,不能回避的是另外一种与户口调查紧密相连的制度——通检推排。《金史·食货志序》在谈到金代户籍制度时说:"有司始以三年一籍,后变为通检,又为推排。"这句话很容易让人理解为户口调查统计制度到了世宗大定四年(1164年)创立通检推排制度后,由三年一次变为十年一次(通检推排每十年左右进行一次),而户口统计与通检推排也就成了一项工作。然而仔细推敲这些材料,检索金代的户籍调查和通检推排记录就会发现,他们并不是一回事。

1. 户口统计与通检推排是两种不同目的、不同内容、不同性质的制度

户口和通检推排作为两个细目分列在《金史·食货志》下,说明这两者是两个不同的概念。户口统计所调查的只是户口状况,因为金代的赋役不是依附在丁口上,而是依附在物力上,因此,要确定赋役的额度必须进行通检推排。也就是说,户口计帐是户籍制度的组成部分,而通检推排是赋役制度的组成部分。例如《金史》载,"承安元年(1196年),尚书省奏,是年九月当推排,以有故不克。诏以冬已深,比事毕恐妨农作,乃权止之。二年冬十月,敕令议通检"⑧如果二者合一的话,明昌六年(1195年)刚进行过户口统计(见表2—1《食货志》所载几组州县户口数据),不可能在第二年(承安元年,1196年)"是年九月当推排"。说明二者并不是一回事。

2. 户口统计与通检推排二者又是紧密相连,互相包容的

如前所引,《金史·食货志》解释通检的含义为:"即周礼大司徒三年一大比,各登其乡之众寡、六畜、车辇,辨物行徵之制也。"大定四年(1164年)通检推排之后,效果不是太理想,于是"(大定)五年(1165年),有司奏诸路通检不均,诏再以户口多寡、贫富轻重,适中定之"。这充分说明户口统计也是通检的一个重要内容。从明昌元年(1190年)户口调查统计的内容看:"是岁,奏天下户六百九十三万九千,口四千五百四十四万七千九百,而粟止五千二百二十六万一千余石。"(见表3—1)。说明户口计帐不但包括户口,还包括粮食数量等财产,说明财产等也是户口计帐的内容之一。

3. 历次户口调查和通检推排的时间比较

在有明确记载的大定四年(1164年)首次通检推排之后,"三年一籍"的户口计帐制度并没有因此而被废弃,只是在进行通检推排的年份才不再另进行户口计帐。从表3—1可以看出,有明确记载的、全国性的户口调查统计项目和数字共有五个,分别为:大定初、大定二十七年(1187年)、明昌元年(1190年)、明昌六年(1195年)、泰和七年(1207年)。同时,对州县民户进行的全国性的通检推排也是五次,分别在大定四年至五年(1164年—1165年)、大定十五年(1175年)、大定二十六年至二十七

年(1186年—1187年)、承安二年至三年(1197年—1198年)、泰和八年(1208年)。对照一下这两组年代便可发现,它们之间并没有在一个年代进行。如果再看一些临时性的户籍检括和局部推排,他们之间更没有什么联系。当然,不排除个别年份,两项工作合并进行,如大定二十六年(1186年)进行的通检推排,到大定二十七年(1187年)公布结果,同时户口数据也是在这一年公布。

三、户籍管理

1. 户籍法律制度

金代对户籍管理有严格的法律规定,泰和元年(1201年)十二月修成的《泰和律义》,其中的第四篇就是《户婚律》,同时修成的《律令》二十卷中,也包括《户令》六十六条。这些律法均早已亡佚,仅在元人所撰《刑统赋解》卷下里,还保存了一条《户婚律》的佚文:"诸漏户者,家长徒二年,漏口者,杖九十。无课役者减三等,女户又减三等。"

2. 保伍制

这是金代有关户籍编制及统辖的一整套制度中最基础的一项措施。关于这项制度,《金史·食货志》有明确记载:

> 泰和六年,上以旧定保伍法,有司灭裂不行,其令结保,有匿奸细、盗贼者连坐。宰臣谓旧以五家为保,恐人易为计措而难觉察,遂令从唐制,五家为邻、五邻为保,以相检察。京府州县郭下则置坊正,村社则随户众寡为乡,置里正,以按比户口,催督赋役,劝课农桑。村社三百户以上则设主首四人,二百户以上三人,五十户以上设寨使一人,掌同主首。寺观则设纲首。

可以看出,从城市到农村,从州县到猛安谋克甚至到寺院,负责这项工作的岗位及职责非常清楚。保伍制要求民户必须聚居,而不能散居独处。大定九年(1169年)冬,宋人楼钥以书状官的身份跟随贺正旦使汪大猷出使金朝,途经灵璧时,见"人家独处皆烧拆去。闻北人新法,路傍居民尽令移就邻保,恐蒙奸盗。违者焚其居。"⑨由此可见金代的保伍制对人身控制之严格。邻、保之内,似乎都有一位首领,《金史·完颜永功传》谓一老妪男妇"与所私相从亡去,……女妪告伍长踪迹之",这里所称的"伍长"可能就是一邻或一保之首。猛安谋克也有类似的邻保组织,佚名《北风扬沙录》称:"自五户勃极烈推而上之至万户,皆自统兵。"⑩所谓"五户勃极烈"大概相当于州县邻保中的伍长,这里记载的是女真建国前后的情况,说明猛安谋克中早存在保伍制。

3. 关于各级政府的户口主管部门

从前面户口调查统计过程的分析中可以看出(参见图3—1),各级政府负责户籍的部门分别是:

乡、寨：里正、主首、寨使；

县：县令或县丞；

州、府：诸节镇为从七品的观察判官，诸防御和诸刺史州为从八品的判官；大兴府为从六品的推官，诸总管府（谓府尹兼领者）和诸府（散府）为从六品的府判；

转运司路：为从六品的户籍判官；

户部：从五品的郎中，从六品的员外郎；

尚书省：左司郎中所属正六品的员外郎。

户口登记，或谓户口普查，从当年的正月初开始，先由乡、里或猛安谋克寨的负责人搞清楚、弄明白，签字画押的基础上在正月二十日之前报到县里，二十天时间，效率还是非常高的；县里经过汇总，用不到一个月的时间在二月二十二日之前报到州；各州府经过汇总，用不超过十天的时间，即二月三十日报到运衙，即转运司路；最终户口簿册必须在四月二十日报到户部，由户部呈至尚书省交由皇帝预览。由此可见，在人口较少流动或迁徙的情况下，金代人口普查效率之高，为我们现在所不及。从这个过程也可以看出，上述各位官员既负责户口的统计，同时也负责对户口数据即户口簿册的保管和使用。全国户口簿册的最高管理部门就在尚书省的户部，再具体点是由左司郎中所属正六品的员外郎负责。

表3—1　金代户口计帐与通检推排一览表

时间	间隔（单位：年）	事件	内容	出处
天会六年（1128年）		括户入籍	三月壬辰，命南路军帅实古乃，籍节度使完颜慎思所领诸部及未置猛安谋克户来上	《金史》卷3《太宗纪》
天会十年（1132年）	4	战时征兵	闰（四）月辛卯，诏分遣鹘沙虎等十三人阅诸路丁壮，调赴军	《金史》卷3《太宗纪》
天德四年（1152年）	30	战时征兵	二月丁未，调诸路猛安谋克军年二十以上、五十以下者，皆籍之，虽亲老丁多亦不许留侍	《金史》卷5《海陵纪》
天德五年（1153年）	1	战时征兵	籍诸路水手得三万人	《金史》卷5《海陵纪》
大定初（1161年）	8	户口计帐	天下户才三百余万	《金史》卷46《食货一》
大定四年（1164年）	3	通检推排	十月癸丑朔，己卯，命泰宁军节度使张弘信等二十四人分路通检诸路物力。（大定五年）癸亥，立诸路通检地土等第税法	《金史》卷6《世宗上》

续表

时间	间隔（单位：年）	事件	内容	出处
大定十五年（1175 年）	11	通检推排	九月，上以天下物力，自通检以来十余年，贫富变易，赋调轻重不均，遣济南尹梁肃等二十六人，分路推排	《金史》卷 46《食货一》
大定十五年（1175 年）	0	户口计帐	十月，遣吏部郎中蒲察兀虎等十人分行天下，再定猛安谋克户，每谋克户不过三百，七谋克至十谋克置一猛安	《金史》卷 44《兵制》
大定二十年（1180 年）	5	户口计帐	又以猛安谋克旧籍不明，遇签军与诸差役及赈济，增减不以实，命括其口，以实籍之	《金史》卷 44《兵制》
大定二十年（1180 年）	0	通检推排	十二月，上谓宰臣曰："猛安谋克多新强旧弱，差役不均，其令推排，当自中都路始。"	《金史》卷 46《食货一》
大定二十二年（1182 年）	2	通检推排	八月，始诏令集耆老，推贫富，验土地牛具奴婢之数，分为上中下三等。以同知大兴府事完颜乌里也先推中都路，续遣户部主事按带等十四人与外官同分路推排	《金史》卷 46《食货一》
大定二十三年（1183 年）	1	户口计帐	是年八月，奏猛安谋克户口、垦地、牛具之数。猛安二百二，谋克千八百七十八，户六十一万五千六百二十四，口六百一十五万八千六百三十六，内正口四百八十一万二千六百六十九，奴婢口一百三十四万五千九百六十七。垦田一百六十九万三千三百八十顷有奇，牛具三十八万四千七百七十一。在都宗室将军司，户一百七十，口二万八千七百九十，内正口九百八十二，奴婢口二万七千八百八。垦田三千六百八十三顷七十五亩，牛具三百四。迭剌、唐古二部五糺，户五千五百八十五，口十三万七千五百四十四，内正口十一万九千四百六十三，奴婢口一万八千八十一。垦田万六千二十四顷一十七亩，牛具五千六十六	《金史》卷 46《食货一》

时间	间隔(单位:年)	事件	内容	出处
大定二十六年(1186年)	3	通检推排	复以李晏等分路推排。二十七年,奏晏等所定物力之数	《金史》卷46《食货一》
大定二十七年(1187年)	1		二十七年天下户六百七十八万九千四百四十九,口四千四百七十万五千八十六	《金史》卷46《食货一》
大定二十九年(1189年)	3	局部推排	九月,以曹州河溢,遣马百禄等推排遭垫溺州县之贫乏者……尚书户部言,中都等路被水,诏委官推排,比旧减钱五千六百余贯	《金史》卷46《食货一》
大定二十九年(1189年)	0	局部推排	十一月,上封事者言,乞放二税户为良……遂遣大兴府治中乌古孙仲和、侍御史范楫分括北京路及中都路二税户,凡无凭验,其主自言之者及因通检而知之者,其税半输官、半输主,而有凭验者悉放为良	《金史》卷47《食货二》
明昌元年(1190年)	1	户口计帐	正月……是岁,奏天下户六百九十三万九千,口四千五百四十四万七千九百……六月,奏北京等路所免二税户,凡一千七百余户,万三千九百余口,此后为良为驱,皆从已断为定	《金史》卷46《食货一》
明昌六年(1195年)	5	户口计帐	十二月,奏天下女直、契丹、汉户七百二十二万三千四百,口四千八百四十九万四百,物力钱二百六十万四千七百四十二贯	《金史》卷46《食货一》
承安二年(1197年)	2	通检推排	(承安)二年冬十月,敕令议通检,宰臣奏曰:"大定二十七年通检后,距今已十年,旧户贫弱者众,傥迟更定,恐致流亡。"……于是,令吏部尚书贾执刚、吏部侍郎高汝砺先推排在都两警巡院,示为诸路法	《金史》卷46《食货一》
泰和二年(1201年)	5	制定政策	闰十二月,上以推排时,既问人户浮财物力,而又勘当比次,期迫事繁,难得其实,敕尚书省,定人户物力随时推收法	《金史》卷46《食货一》

续表

时间	间隔(单位:年)	事件	内容	出处
泰和四年 (1203 年)	2	制定政策	十二月,上以职官仕于远方,其家物力有应除而不除者,遂定典卖实业逐时推收,若无浮财营运,应除免者,令本家陈告,集坊村人户推唱,验实免之	《金史》卷 46《食货一》
泰和五年 (1204 年)	1	局部推排	以西京、北京边地常罹兵荒,遣使推排之	《金史》卷 46《食货一》
泰和七年 (1206 年)	2	户口计帐	十二月,奏天下户七百六十八万四千四百三十八,口四千五百八十一万六千六百七十九。户增于大定二十七年一百六十二万三千七百一十五,口增八百八十二万七千六十五。此金版籍之极盛也	《金史》卷 46《食货一》
泰和八年 (1207 年)	1	通检推排	九月,以吏部尚书贾守谦、知济南府事蒲察张家奴、莒州刺史完颜百嘉、南京路转运使宋元吉等十三员,分路同本路按察司官一员,推排诸路	《金史》卷 46《食货一》

四、户口调查统计的基本情况

1. 建国初至大定四年(1164 年)的户口调查统计工作

金世宗大定四年(1164 年),下诏曰:"粤自国初,有司常行大比,于今四十年矣。"《金史》中还有相应的记载,"河东北路田多山坂硗瘠,大比时定为上赋,民力久困,朝廷命相地更赋,元毅以三壤法平之,民赖其利。"⑪常行大比,说明建国初期其户口调查统计是经常进行的,这应该与持续战争,征发频繁有直接关系。而大定四年(1164 年)之前"四十年"的"常行大比",《金史》中并无记载,但从碑刻资料中能看到部分线索。北京昌平崔村锣钹邑碑记载:"于重熙二十一年本村内立下石童子为验,从此差税不曾有阙。又至天会年间亦行通检,过后复又至定(大定)四年新行通检讫,见收户帖为验。"重熙是辽兴宗耶律宗真的年号,这样看来,通检推排不是金代的发明,辽代就有通检,而且金初天会年间(假设为天会元年,1123 年)又"亦行通检",那么这一年距大定四年也基本上是"四十年"⑫。

从目前史料中无法明确知道每次户口统计的确切时间,但能看出户口统计的一些行为和举措。《金史·兵制》载："部卒之数,初无定制,至太祖即位之二年,既以二千五百破耶律谢十,始命以三百户为谋克,谋克十为猛安"。说明从太祖收国二年(1116 年)开始,已经将猛安谋克作为军政合一的编制单位"部伍其民",进行有效的户口调查统计工作。

大定四年(1164 年)之前的户口计帐工作见于史料的还有:

（天辅三年,1119 年）五月壬戌,诏咸州路都统司曰:"兵兴以前,曷苏馆、回怕里与系辽籍、不系辽籍女直户民,有犯罪流窜边境或亡入于辽者,本皆吾民,远在异境,朕甚悯之。今既议和,当行理索。可明谕诸路千户、谋克,遍与询访其官称、名氏、地里,具录以上。"⑬这实际上就是进行户口登记,包括了官称、姓名、籍贯住址,条目已经很齐全了。

斡鲁奏曰:"夏人不尽归户口资帑,又以宋人侵赐地求援兵。宋之边臣将取所赐夏人疆土,盖有异图。"诏曰:"夏人屡求援兵者,或不欲归我户口,沮吾追袭辽主事也。宋人敢言自取疆土于夏,诚有异图。宜谨守备,尽索在夏户口,通闻两国,事审处之⑭。"尽索在夏户口,说明金人掌握着占领区的户口情况。"太宗命宗翰取诸路户籍按籍索之。"⑮这里的户籍当为金答应还于北宋的原幽燕部分州县的户籍,说明金国从立国开始不仅掌握户籍资料,而且对户籍管理是非常重视的。

（天会）四年,伐宋之役,调燕山、云中、中京、上京、东京、辽东、平州、辽西、长春八路民兵,隶诸万户,其间万户亦有专统汉军者。⑯天会六年,完颜慎思所部及其余未置猛安谋克户口,命习古乃通阅具籍以上。⑰（天会九年）四月己卯,诏"新徙戍边户,匮于衣食,有典质其亲属奴婢者,官为赎之。户计其口而有二三者,以官奴婢益之,使户为四口"。⑱

熙宗皇统五年(1145 年),又罢辽东汉人、渤海猛安谋克承袭之制,浸移兵柄于其国人,乃分猛安谋克为上中下三等,宗室为上,余次之⑲

海陵天德二年,省并中京、东京、临潢、咸平、泰州等路节镇及猛安谋克,削上中下之名,但称为"诸猛安谋克",循旧制间年一徵发,以补老疾死亡之数。⑳

从这些记载中虽然无法直接总结出其"三年一籍"的规律性,但是可以看出这些活动包括了女真人和汉人,也包括了内地人和戍边人,而且,戍边人每户的口数必须达到 4 人,否则,"以官奴婢益之,使户为四口",这种现象确实很有意思,至于为什么,现在不得而知,但为我们研究金代的家庭人口规模或许提供了一定参考。

2. 大定初至宣宗贞祐南渡前的户口统计

这一时期是金朝社会稳定、经济发展、户口增长时期（章宗末年达到高峰并开始走下坡路,参见表3—1),户口的大量增殖为户口的调查统计提供了条件,也提出了要求。《金史》中关于户口调查统计的有效数字均集中在这一阶段。(参见表2—1)

如果说在此之前的户口调查统计只是战争年代的临时检括的话,这一时期的户口调查统计则是非常规范的、作为国家管理措施一部分的户口计帐制度。

如果把户口计帐和通检推排按时间排列,可以看出:

大定初年,设定为大定元年,即1161年,正式公布了第一组数据"三百余万";三年之后的大定四年(1164年),开始进行有正式记载的第一次通检推排,其中应该包括了户口计帐的内容,属于三年一籍的范围之内。大定四年(1164年)以后的十年之内,《金史》中再没有出现任何户口计帐和通检推排的记载,十年后的大定十五年(1175年)九月,进行第二次大规模的通检推排,这期间按照规定,应该进行了三次户口计帐。这次通检推排同样包括了户口计帐的工作任务,同时,在同年十月专门派遣十个人分路对猛安某克户进行户口计帐。这是个值得注意的现象,由此看来上述同年九月派出的二十六人分路通检推排并不包括猛安谋克户口,也就是说通检推排、户口计帐仅仅只是针对州县户口,而猛安谋克户口则是另外一套系统,用另外一套办法进行。

五年后的大定二十年(1180年)以及以后的大定二十二年(1182年)连续两次进行了猛安谋克户口的调查统计和通检推排工作,一方面说明朝廷对猛安谋克户口问题重要性的认识,另一方面也说明遍布全国的猛安谋克户籍管理确实存在着许多亟待解决的问题。大定二十三年(1183年)公布的唯一完整的全国猛安谋克、在都宗室将军司的户口、奴婢、牛具、耕地等数据应该就是这次通检推排的结果。这次通检推排后,《金史》中再没有见到对猛安谋克户口单独进行推排的事件记载。

大定二十六年(1186年),继大定十五年(1175年)之后十年时间再次进行全国性的通检推排,从后面的记载可以看出,这次通检推排延续到了第二年,即大定二十七年(1187年),次年(大定二十七年)"奏晏等所定物力之数",同时公布天下户数和口数。说明大定二十六年的通检推排工作包括了户口计帐的工作任务。

章宗大定二十九年(1189年),分别进行了局部推排和放免二税户的户籍调查工作。

明昌元年(1190年)、明昌六年(1195年),应该是跨了六个年头,进行了两次户口计帐工作,发布了两次户口数据,说明这时"三年一籍"还在坚持正常进行。

承安二年(1197年),继大定二十七年之后,再次进行全国性的通检推排。通过这次通检推排总结出了一些问题,因此随后两年发布了两项关于通检推排的政策。

泰和七年(1206年)、章宗泰和八年(1207年)分别进行了户口计帐和通检推排,类似的工作两年连续进行,说明这两个工作是不能替代的。同时,这次户口计帐和通检推排均是《金史》记载的最后一次,由于蒙古入侵等原因,从此以后,全国性的户口计帐和通检推排再没有进行。

通过对表3—1的分析,基本可以看出:

一是通检推排并没有取代户口计帐,只是在推排的年份不再重复进行户口计帐;

二是有金一代户口调查和大小通检推排共有十九次之多,其中间隔2—5年的有10次,如果考虑到有的调查和推排跨年头或提前的话(如大定四年的通检推排,一直延伸到大定五年;承安元年的推排延伸至承安三年才结束),基本符合"三年一籍"的户口计帐制度,中间没有记载的年份不排除在修史时因避免事件重复而省略。

3. 贞祐南渡至金亡

章宗末年,金朝已经开始走下坡路,人口达到顶峰以后开始减少。正如《金史》所论:

> 章宗志存润色,而秕政日多,诛求无艺,民力浸竭,明昌、承安盛极衰始。至于卫绍,纪纲大坏,亡徵已见。宣宗南度,弃厥本根,外狃余威,连兵宋、夏,内致困惫,自速土崩。㉑

金章宗泰和七年(1207年)的户口数很能是金朝的最后一次在籍户口,按照三年一籍的制度,此后或许有过一次户口登记,但也因卫绍王实录的缺失,而未能保存下来,因为从史书上再也见不到户口计帐和通检推排或相关的记载,唯见"括粟"、"括其户为军"、"括京城财"、"括兵"等,这已不是真正意义上的检括户口活动,只是临时性的搜刮民财和抓壮丁,甚至是疯狂的掠夺行为。这时的金朝政权已到了穷途末路,官吏贪暴残忍无以复加,甚至出现"括民服以衣军"的荒唐之举和"括粟使者兵马都总领完颜九住以粟有蓬稗,杖杀孝妇于省门"的残暴行为。这时候,"逋户太半,田野荒芜"、"官吏酷暴,擅括宿藏,以应一切之命,民皆逋窜"㉒,加上此时半壁河山或归蒙元,或被战火,政府已逐渐失去了对户口的有效管理。可以这么说,户籍制度的废弛是金政权衰亡的一个表现之一。

第二节　金代户口类型

对户口类型的分析和研究,有助于我们对户口类别的认识和对全国户口总体规模的把握和判断,了解其人口结构,进而增进我们对社会发展状况的解读。关于金代户口类别,《金史·食货志》载:"其户有数等,有课役户、不课役户、本户、杂户、正户、监户、官户、奴婢户、二税户。"如果进一步考察相关史料的记载,户类名称还有:"屯田户"、"屯田军户"或"军户"等,前后不下 12 种,这是对金代在不同时期、不同场合、不同类别的户口类型进行的不同表述。按照划分的标准不同,户口类型划分也多种多样,也难免互有重合。如课役户、不课役户,是按物力命名的;正户、监户、官户等,是按地位良贱命名的;本户、杂户是按民族命名的。

一、《金史》所载各种户类的基本含义

1. 课役户和不课役户

"有物力者为课役户,无者为不课役户。""物力",是指"田园、邸舍、车乘、牧畜、种植之资、臧镪"等,凡有"物力"者,"上自公卿大夫,下逮庶民,无苟免者",按其多寡,"征钱有差"[23],称之为课役户,而无物力者为不课役户。这就是《金史》关于课役户和不课役户所下的定义。

金朝的课役户、不课役户的名称应该来自唐代的课户、不课户。唐开元二十五年(737 年)《户令》载:"诸户主皆以家长为之。户内有课口者为课户,无课口者为不课户。诸视流内九品以上官及男年二十以上、老男、疾废、妻妾、部曲、客女、奴婢,皆为不课户。"[24]可以看出,唐代按丁口课税,而金代按物力纳税,这一点同宋制相仿,而金代的奴婢亦属"物力"的计算内容,这又与宋制有别。课役户、不课役户在金代文献中也常作物力户、无物力户,而金代碑刻中又时见"税户"的称呼[25],税户也就是课役户。它是金朝的两个法定的户类。

2. 监户和官户

"凡没入官良人,隶宫籍监为监户;没入官奴婢,隶太府监为官户。"又据《金史》卷56《百官二》,宫籍监隶属殿前都检点,置提点、监、副监、丞等,"掌内外监户及地土钱帛小大差发"。太府监下置典给署,"掌宫中所用薪炭冰烛,并管官户"。[26]这就是《金史》关于监户和官户及其管理机构的说明。

监户与官户的共同之处,即它们都是官奴婢;而区别在于它的隶属与来源各异:监户隶属宫籍监,而官户隶属太府监;监户没入前为良人,而官户没入前就是奴婢。《金史·曹望之传》载,大定间疏浚运河,"尚书省奏当用夫役数万人",世宗命"以宫籍监户及摘东宫、诸王人从充役,若不足即以五百里内军夫补之",参与这项工程的宫籍监户,其数量可能相当多。他们虽然散居各地,但其户籍并不隶属于当地州县,而是直接归宫籍监掌管。因此,监户和官户的身份和归属都很明确,它们是金朝的两个法定户类。

3.二税户

现在一般认为二税户是辽朝的法定户类,其实遍览《辽史》并没有发现"二税户"一词,甚至没有相关的解释。

二税户分为两类,一类是投下军州二税户,另一类是寺院二税户。投下军州二税户见于元好问《中州集》:

> 辽人掠中原人及得奚、渤海诸国生口,分赐贵近、或有功者,大至一二州,少亦数百,皆为奴婢。输租为官且纳课给其主,谓之二税户。[20]

《辽史·食货志》载:

> 各部大臣从上征伐,俘掠人户,自置郛郭,为头下军州。凡市井之赋,各归头下,惟酒税赴纳上京,此分头下军州赋为二等也。

《辽史·地理志》亦载:

> 头下军州,皆诸王、外戚、大臣及诸部从征俘掠,或置生口,各团集建州县以居之……官位九品之下及井邑商贾之家,征税各归头下,睢酒税课纳上京盐铁司。

辽朝诸王、外戚、大臣及诸部将在对五代和北宋的战争中俘掠的大量人口,置于所谓头下军州之中,以供头下主集中役使。头下军州二税户中,分别从事农耕或工商,均需向国家和主人交纳租赋。农耕者,交纳田赋,"输租为官且纳课给其主"。工商者交纳"市井之赋",也是一份归主人,一份交国家。这就是后人称之为头下军州二税户。

寺院二税户。《金史》关于二税户的记载指的就是寺院二税户。"初,辽人佞佛尤甚,多以良民赐诸寺,分其税一半输官,一半输寺,故谓之二税户。"[23]在《金史》的其他材料中也有相应的记载:"辽道宗以民户赐寺僧。""初,锦州龙宫寺,辽主拨赐户民俾输税于寺,岁久皆以为奴。""辽以良民为二税户,此不道之甚也。"[28]这些记载均为对辽代二税户的解释、指责或放免措施,看来,金人对二税户问题一直是持否定态度的。

辽代户口部分作者已经讲得很清楚,无论是投下军州还是寺院户口,在户籍管理上都是州县户籍的一部分,国家对其享有有效管辖权。到了金代,这两类户口才有了"二税户"的称呼,随着头下军州制度的消亡,二税户也仅指寺院二税户,其社会地位较辽朝更为低下。"辽亡,僧多匿其实,抑为贱。"[30]成为僧道的"仆隶"。[31]世宗、章宗间,大量放免二税户,使之为良。《金史·食货志》载,世宗大定二年(1162年),"诏免二税户为民"。章宗大定二十九年(1189年)十一月,又有人上奏"乞放二税户为良"。章宗遂遣大兴府治中乌古孙仲和、侍御史范楫分括北京路及中都路二税户,

"凡无凭验,其主自言之者及因通检推排而知之者,其税半输官、半输主,而有凭验者悉放为良"。章宗在即位之初,就曾"议罢僧道奴婢"。内族完颜襄"乞不问从初如何所得,悉放为良。若寺观物力元系奴婢之数推定者,并合除免"。章宗"诏从襄言","由是二税户多为良"㉜。又据《金史·食货志》载,明昌元年(1190年)六月,"奏北京等路所免二税户,凡一千七百余户,万三千九百余口,此后为良为驱,皆从已断为定"。由此可见,二税户在金朝前期也纳入了国家户籍管理,不过随着大定、明昌间大规模的放免,二税户逐渐消失。

4. 本户和杂户

关于本户和杂户的记载,源于章宗时期君臣的一段语焉不详的对话。明昌六年二月,上谓宰臣曰:"凡言女直进士,不须称女直字。卿等误作回避女直、契丹语,非也。今如分别户民,则女直言本户,汉户及契丹,余谓之杂户。"㉝这段文字很是费解,看不出汉户及契丹户属于本户还是杂户,抑或与本户、杂户并列。从下面公布户口数据的一段文字可以看出,应为后者:"明昌六年十二月,奏天下女直、契丹、汉户七百二十二万三千四百,口四千八百四十九万四百。"这段话明确表示,女直、契丹、汉户三类共有户七百二十二万三千四百。

5. 正户

《金史·食货志一》载:"猛安谋克之奴婢免为良者,止隶本部为正户。"对这一记载,可有两种不尽相同的解释。一是"猛安谋克之奴婢免为良者",完全等同于正户;另一是"猛安谋克之奴婢免为良者",可列入"正户"之中,属正户的一部分。通过考察,更可能以后者为宜。如《金史·纥石烈执中传》载:"涞水人魏廷实祖任儿,旧为靳文昭家放良,天德三年,编籍正户,已三世矣。"显然不是"猛安谋克之奴婢免为良者"。正户,应该是正式编户的意思。又如《金史·食货志一》载:"大定二十三年八月,奏猛安谋克户口、垦地、牛具之数"。"户六十一万五千六百二十四,口六百一十五万八千六百三十六","内正口四百八十一万二千六百六十九,奴婢口一百三十四万五千九百六十七"。这里可以看出,奴婢按口计算,并不是按"户"管理,虽然奴婢可以娶妻生子,但并不能说明可以成为正式编户。

又如《金史》卷46《食货志一》所载猛安谋克户口、在都宗室将军司户口、迭剌、唐古二部五纠户口,均载"正口"若干,"奴婢口"若干。看来,官奴(官户、监户)及二税户之外的奴婢,一般是不能单独立户的。

6. 驱户

除《金史》卷46《食货志一》所列之外,还有称之为驱户的,驱又称驱奴、驱婢、驱丁等。这一称谓始见于辽,同样属奴隶。《□奉殷墓志》(统和二十五年)载:"计亲駈

（驱）肆拾贰口，叁拾叁口并是口口，外有玖口驱使人。"③辽代也曾有"工徒之役，算日酬庸，驱籍一毫不取"③。

金代关于驱的记载很多，由驱丁组成的军队，称为驱军。《金史·兵志》载："驱军则国初所免辽人之奴婢，使屯守于泰州者也。"驱丁还可用来代服兵役。大定三年（1163 年），"诏河北、山东等路所签军，有父兄俱已充甲军，子弟又为阿里喜，恐其家更无男丁，有误农种，与免一丁，以驱丁充阿里喜，无驱丁者于本猛安谋克内验富强有驱丁者签充"③。元光末，完颜弼上书："选签驱丁监户数千，别为一军，立功者全户为良。"

金代驱的来源有四种情况：一是战争略掠。太宗天会七年（1129 年）三月，"诏军兴以来，良人被略为驱者，以其父母夫妻子赎之"。二是因饥荒等而被典雇。熙宗皇统四年（1144 年），"诏陕西、蒲、解、汝、蔡等州岁饥，百姓流③落典雇为驱者，官以绢赎为良，丁男三匹、妇人幼小二匹"。三是南渡后军官掠良民家属为驱。如节度使纥石烈鹤寿趁镇压红袄军之机，"大掠良民家属为驱，余路军人亦有掠本国人为驱者"③。四是二税户放良为驱。明昌元年（1190 年）三月，奏北京等路所放免二税户，"此后为良为驱，皆从已断为定"。从驱的来源可以看出，无论哪一类"驱"都是与"良"相对应的，因此，其地位就是奴婢。

到了元代，关于驱的记载也很多，但是"驱"到底是否是一种独立的户类呢？据《南村辍耕录》载："今蒙古、色目之臧获，男曰奴，女曰婢，总曰驱口。盖国初平定诸国日，以俘到男女匹配为夫妻，而所生子孙永为奴婢。又有曰红契买到者，则其元主人转卖于人立券投税者是也。"从这里也可以看出，驱和奴婢没有什么区别，仅是一种总称，并不是一种独立的户类。

因此，《金史·食货志序》所列出的九种户名中，只有课役户、不课役户、监户、官户属金朝户籍制度中的法定户类，二税户则是以非法形式而实际存在的一种户类，至于奴婢户、正户、本户、杂户四种户名，在当时只是泛称或习称，既非金朝实际存在的户类，亦非户籍制度中的正式户名③。

二、金代户口统计中的实际户类

辽代户口分为州县户口、宫卫户口、部族户口三大类，同样，从户口统计和管理的角度来分析，金代的户口也可以分为三大类：州县户口，猛安谋克户口，部族户口（乣户）。刘浦江认为，这种分类更能反映金代户口的全貌。州县户口、猛安谋克户口是两大户口类别："凡户隶州县者，与隶猛安谋克，其输纳高下又各不同。"④这是明显的两大户类。而生活在东北、西北、西南地区的游牧部落，其生活方式历来同女真的猛安谋克户、汉人的州县户不同,其管理分别归三司(东北路招讨司、西北路招讨司、西南路招讨司)管辖。这应该属于第三大户类。

其实,从上文本户、杂户的讨论就可以看出,金章宗所谓的本户、汉户、契丹户、杂户的说法,以及"奏天下女直、契丹、汉户"的含义,已经表明了这三大户类。女真族当然是猛安谋克户口,汉人历来就是按州县户口进行管理的,契丹族除少部分编入猛安谋克中,大部分仍然以部族的形式同其他游牧民族生活在东北、西北和西南边疆地区,是纠户的主要组成部分。

(1)州县民户主要由汉人和渤海人构成,其分布区域遍及全国十九路。汉人自不必说,辽代按照"一国两制"的办法,用州县制度管理汉人,原北宋地区一直就是州县制度。渤海人早在唐朝后期就已完成封建化和汉化的进程,以京、府、州、县的行政体制统领民户,最盛时置有五京、十五府、六十二州及一百余县,金建国之初,曾将猛安谋克推行到渤海人中,但由于这种制度与渤海人的社会发展阶段不相适应,所以熙宗时诏命废除诸渤海猛安谋克,以州县制取而代之。

(2)猛安谋克户以女真人的为主,包括部分太宗天会以前归降的契丹、奚等族人户。经过金代前期的数次向西、向南对原辽地区、原宋地区的迁徙,到中后期后,猛安谋克户大致遍布上京、东京、咸平府、北京、西京、中都、河北东西、山东东西、大名府、南京等十二路,其中中原地区的猛安谋克村寨往往杂处于汉人州县间。历史上,女真族以狩猎、农耕为业,到辽代中期就已进入农业社会,金代的女真人,其农耕经济已经相当发达,因此猛安谋克户与州县民户在生产、生活方式上并没有什么太大的差异,只是在赋税制度上,对州县民户实行两税法,对猛安谋克户实行牛头税,后者比前者税负要轻得多。

(3)部族户是指生活在金朝东北境、西北和西南边境地区的诸游牧部落,通称"纠"或"纠人"。"纠"是辽金史上一个长期以来聚讼不决的问题,《辽史·食货志》载:"(太祖)尝以户口滋繁,纠辖疏远,分北大浓兀为二部,程以树艺,诸部效之。"辽圣宗统和年间,大臣耶律昭在回答萧达凛"计将安出"时说:"夫西北诸部,每当农时,一夫为侦候,一夫治公田,二夫给纠官之役,大率四丁无一室处,刍牧之事,仰给妻孥。"[41]这时对在西北地区的契丹品部、突吕不部等部落,也称呼为"纠",并无贬义。关于这一点,刘浦江先生解释为:它主要是指归附金朝的北方各游牧部落,意为"杂户"、"杂类",与汉语的蕃、夷、杂胡类似[42]。

其实,关于这些游牧部落与国家的关系,是直辖还是羁縻,《金史》中记载并不明确,据《金史·完颜襄传》载,章宗承安间,"移诸纠居之近京地,抚慰之。或曰:'纠人与北俗无异,今置内地,或生变,奈何?'襄笑曰:'纠虽杂类,亦我之边民。'"从这里看金国对诸部、诸乣的户籍管理是明确的。但另外一条记载好像并不这么简单,同知济南府李愈上书章宗:"诸部所贡之马,止可委招讨司受于界上,量给回赐,务省费以广边储。"⑬从这段话看,似乎招讨司所辖各部与金廷是一种纳贡、回赐的羁縻关系,而且与金国有明确的边界,他们并不在金国的疆界之内。那么,三个招讨司所辖游牧部落的户口与金国的户口管理到底是一种什么关系,还值得进一步探讨。这里还是按照惯例,将其作为金国户口的一个重要组成部分进行讨论。

金代的乣户包括的民族成分很复杂,应该包括契丹、奚、兀惹以及部分蒙古部族。它们都分属于东北、西北、西南三路招讨司。见于记载者,共有八部:迭剌部、唐古部、助鲁部、乌鲁古部、石垒部、萌骨部、计鲁部、勃特本部;⑭九乣:苏漠典乣、耶剌都乣、骨典乣、唐古乣、霞马乣、本典乣、萌骨乣、咩乣、胡都乣⑮,以及斡独椀等十二群牧所。

世宗以后,诸乣中的一些部落先后被改为猛安谋克,因而他们就变成了猛安谋克户。大定十七年(1177年)五月,"咸平府路一千六百余户,自陈皆长白山星显、禅春河女直人,辽时签为猎户,移居于此,号移典部,遂附契丹籍。本朝义兵之兴,首诣军降,仍居本部,今乞厘正。诏从之"。宣宗贞祐四年(1216年),又改咩乣为葛也阿邻猛安,改本典乣为抗葛阿邻谋克,改骨典乣为撒合辇必剌谋克。

这些部落,或者说乣户,多为迁徙不常的游牧人口,故没有留下完整的户口统计数字,唯有其中的迭剌、唐古二部五乣,因亦实行牛头税制,故曾于大定二十三年(1183年)与猛安谋克同时进行通检推排,推排结果为"户五千五百八十五,口十三万七千五百四十四。"⑯

(4)三大户类的人口比例。如前所述,《金史·食货志》载泰和七年天下户为:8413164户、53532151口。根据第二章的考证,泰和七年猛安谋克户口为:728726户、7716072口,在都宗室将军司户口为:216户、35285口。在都宗室将军司户指的是定居在中都大兴府的、以皇帝为中心的宗室人口数,他们是猛安谋克的上层,理应归入猛安谋克户类。二者合计户口为728942户、7751357口;根据后面第六章的考证,8个部族节度使户口为:28440户、678296口,9个乣详稳户口为:12798户、305235口,12个诸群牧所户口为:42000户、100800口。实际上他们均为边疆游牧部族,其中一少部分从事农业生产,属于一大户类,合计共有:83238户、1084331口;总人口中除下这两大类,就是州县户口。上述基本情况和他们在全国户口中的比重列表参见表3—2。

表3—2　泰和七年三大户类户口及比重表^⑰

项目	州县户口	猛安谋克户口(含在都宗室将军司户)	部族户口(含诸乣、群牧)	合计
户数	7600984	728942	83238	8413164
口数	44696463	7751357	1084331	53532151
户数比重	90%	9%	1%	100%
口数比重	83%	15%	2%	100%

　　从表3—2可以看出,州县户数占到了总户数的90%,而口数是83%,一方面说明州县户口为金代户口的主要组成部分,同时说明,其口户比相对较低;猛安谋克户数占总户数的9%,而口数占到了15%,说明猛安谋克户也是金代户口的重要组成部分,同时,其口户比比较高,其中的奴婢占到了相当一部分;部族户口户数占总户数的1%,而口数占到了2%,说明边疆部族户口在金代全国户口中比重较小,是金代人口的少数部分,但其口数占全国总口数的2%,相较户数的比重翻了一番,说明其口户比之高是很罕见的,从一个侧面反映了边疆部族人口的特点。

三、户等制度

　　相较《辽史》关于户等制度记载的含混不清,《金史》关于户籍制度的记载相对比较多,尤其是作为通检推排的目的之一,定户等是其经济和社会生活中一件大事,对金代社会和经济发展有着直接的影响。

　　1.金代存在户等制的相关材料

　　户口的等第制度从魏晋、隋唐,以至辽宋时期一直存在,虽然不同的时期所起的作用并不完全相同。靖康之初,金人攻下汴京,"城陷之初,金人索在京户口数,开封府张大其事报以七百万户,至是金人令以人户等第敷配,故虽细民下户,亦不下金三十铤,银二百铤,表段五百匹。"^㊽说明金朝在建国之初非常清楚宋存在户等制度,知道户等制度的重要性,甚至在索取财物的时候也按照户等来定。因此,在其国家经济社会事务中,必定采用户等制度。

　　金之户等制度正是沿袭辽宋旧制,"绍兴二年五月二十四日,浙东提刑司奏体访得,吴懑牒诸县云,都统陈太尉所带军马四千余人前来驻劄,今相度权于人户等第物力钱自三十贯以上借钱二十文。"^㊾从这里可以看出,南宋不仅存在户等,而且正是按照户等征收物力钱,从这一点上看,两宋的户等制度对金的影响是非常大的。同样,如前篇所谈,辽代同样存在户等制度,但辽代的三等户制还有士庶之别,天会十年

(1132 年)正月,太宗有诏曰:"昔辽人分士庶之族,赋役皆有等差,其悉均之。"⑩由此看来,金代户等制正是直接受到了辽朝户等制度的影响,为了"赋役有差"而设,只是不再分士族与庶族。

相关的记录还有:

大定二十二年(1182 年,)八月,(世宗)诏令集者老,推贫富,验土地、牛具、奴婢之数,分为上中下三等。⑪

兴定四年(1221 年)十二月,镇南军节度使温迪罕思敬上书说:

今民输税,其法大抵有三,上户输远仓,中户次之,下户最近。⑫

婆速公使、从己人力,于附近东京澄州招募汉人百姓投充。合懒、恤品、胡里改、蒲与路并于各管猛安谋克所管上中户内轮差驱丁……其诸糺及群牧官员,若猛安谋克应差本管户民充人力者,并上中户轮当。⑬

熙宗皇统五年,又罢辽东汉人、渤海猛安谋克承袭之制,浸移兵柄于其国人,乃分猛安谋克为上中下三等,宗室为上,余次之。⑭

冬十月丁亥……制民庶聘财为三等,上百贯,次五十贯,次二十贯⑮。

由此可见,金代户籍按民户"物力"分上户、中户、下户三等,作为征收赋税科差的依据是确实存在的。

2. 户等的确定

《金史·食货志》有这样一段记载:"泰和七年六月,敕,中物力户,有役则多逃避,有司令以次户代之,事毕则复业,以致大损不逃之户。"这说明物力户分上中下三等,也就是说,户等正是按照物力的大小,或者说物力钱的多少来划分的。而物力的确定正是通过通检推排进行的,"上以天下物力,自通检以来十余年,贫富变易,赋调轻重不均,遣济南尹梁肃等二十六人,分路推排。"⑯

猛安谋克户等的划分,同样如此,"验土地、牛具、奴婢之数,分为上中下三等"。从前述通检推排的基本情况可以看出,通检推排开始行之于州县,后来并猛安谋克户口一并进行,有时专门对猛安谋克户的物力进行推排。因此,金代的物力是由十年一次的通检推排核定的,户等的确定和调整也大致应该是十年一次。鉴于户口调查和通检推排已经详述,这里不再赘述。

3. 划分户等的作用

金代户等制的作用近于辽,同唐宋区别明显。户等的作用最终还是同物力相联系的,主要包括以下几个方面。

一是针对州县民户差役的派遣。大定十九年(1179 年),礼部定制:诸岳镇海渎神祠看守人,"召土居有物力不作过上户充,于本庙收到香火钱内,每月支钱三贯,二年一替。"⑤⑦

二是针对猛安谋克户差役的派遣。关于长白山庙看守人的差遣,有这样的记载:"大定十三年十月,于赐遣千户下差人丁多者两户看管,免杂役浮泛差使。十五年闰九月,看庙二户于上户内轮差,周年一替。"⑤⑧前期虽然按丁口多少差遣,后来仍然按照户等来安排。猛安谋克官员的从己人力也是按户等差遣的,《金史·仪卫志》下载:"合懒、怉品、胡里改、蒲与路并于各管猛安谋克所管上中户内轮差驱丁,依射粮军例支给钱粮,周年一易。"

三是杂役的派遣。杂役包括的内容十分广泛,如修筑城池,衙门、驿道、河堤等的维修等等。《金史·食货志》对杂役的摊派原则是这样记载的:"遇差科,必按版籍,先及富者,势均则以丁多寡定甲乙。有横科,则视物力,循大至小均科。其或不可分摘者,率以次户济之。"大体上说,杂役的摊派分两种情况,一种是常规情况下的"差科",按户等(版籍)高低征发,户等相同者以丁口多寡为序;另一种是特殊情况下的"横科",直接按物力高低征派,主要指发生战争。

四是租税的征收与转运。金代地租制度不详,元人修《金史》时已称"租之制不传"。地税实行两税法,夏税亩征三合,秋税亩征五升,又纳秸一束,每束十五斤,但这只是一般规定,实际的租税额按照土地肥脊有所区别,"大率分田之等为九而差次之",与户等无涉。不过租税的输纳有远仓、近仓之别,虽有"三百里外石减五升,以上每三百里递减五升"的规定,但往往是"道路之费倍于所输",所以越远负担自然就越重,金代规定"上户输远仓,中户次之,下户最近。"⑤⑨这就是户等在这里所起的作用。

第三节　通检推排制度

通检推排,作为定期普查、核实全国民户财力的制度,对户口的检核也是其中的一项重要内容,是金代国家经济生活中一项重要的政治制度,其规定颇为周详,执行也有一定力度,对保证税负的相对平衡、促进经济社会和人口的发展、维持金代百余年的统治起到了积极的作用。

一、通检推排的含义

通检推排概念的解释在《金史》中出现两次,一是《金史·食货志一》载:"通检,即《周礼》大司徒三年一大比,各登其乡之众寡、六畜、车辇、辨物行徵之制也。"二是

《金史·食货志·户口》载："有司始以三年一籍,后变为通检,又为推排。"这两种解释语焉不详,非常容易让后人造成歧义,赵光远、何俊泽、刘浦江、曾代伟等对其都有不同的认识。⑩前者《周礼》之"三年大比"是户口统计的一种记载,《金史》作者显然将户口统计与这种财产调查混为了一谈。后一句话不但把三年一籍的户口调查同通检推排混为一谈,甚至让人以为通检推排源自三年一籍的户口调查制度,是由三年一籍的户口调查制度演变而来。

综合金代文献的记载,作者认为对"通检推排"应从两个方面来理解。最初,通检的含义应是全国范围内的物力普查,非全国范围的则称为推排。检索《金史》,真正使用"通检"一词的地方只有两处,其一处就是大定四年的所谓第一次(实际并非第一次)通检推排:"(大定四年,1164年)十月癸丑朔,己卯,命泰宁军节度使张弘信等二十四人分路通检诸路物力。(大定五年,1165年)癸亥,立诸路通检地土等第税法。"⑪另外一处就是"(承安)二年(1197年)冬十月,敕令议通检,宰臣奏曰:'大定二十七年通检后,距今已十年,旧户贫弱者众,觊迟更定,恐致流亡。'……于是,令吏部尚书贾执刚、吏部侍郎高汝砺先推排在都两警巡院,示为诸路法。"⑫这里,敕令议的是"通检",真正施行的时候,仍然称为"推排",这就是说,早期通检和推排如果有区别的话,就是全国和局部的关系问题,到后期实际指的是一回事,也因此在《金史》中经常简称为"通推"。这是通检推排的第一层含义,即普查物力。第二层含义,就是据此征派赋役,这是它的最终目的和作用所在。每次进行通检推排的动因均为"贫富变易,赋调轻重不均"⑬简言之,通检推排就是全面检查、核实"民田园、邸舍、车乘、牧畜、种稙之资,藏镪之数",确定其物力大小,作为征收物力钱(基本上相当于现在的所得税)和摊派其他赋役的基础。

至于通检推排与"三年一籍"户口调查统计之间的关系,刘浦江先生认为金代户籍制度的定制是三年一籍,它所调查的只是户口状况,并不涉及物力,世宗大定四年(1164年)创立通检推排之制后,三年一籍的户口调查制度并没有因此而被废弃,它与定期举行的通检推排本来就是两种不同目的、不同内容、不同形式的制度。前者是户籍制度的组成部分,后者是赋役制度的组成部分,通检推排的内容虽然也包括户口,但主要目的还是调查核实民户的物力状况,因为金代的赋役不是依附在户口上,而是依附在物力上。《金史·食货志》将通检推排与三年一籍的户口调查制度相提并论,容易给人造成它们之间是一种替代关系的错觉,而事实上,它们却是两项并行不悖的制度。⑭

二、通检推排的基本过程

《金史》中有明确记载的通检推排始于世宗大定四年(1164年),其中针对州县民户的通检推排,在世宗大定四年至五年(1164年—1165年)、十五年(1175年)、二十六年至二十七年(1186年—1187年)和章宗承安二年至三年(1197年—1198年)、泰和八年(1208年)共进行过五次,对猛安谋克户的通检推排,只在大定二十二年至二十三年间(1192年—1193年)进行过一次。基本上遵循了"十年一通检"的规律,但是如果考虑到许多临时推排措施的话,最短者,间隔1年,最长者间隔11年,有的甚至一年内两次、三次推排,如章宗大定二十九年(1189年)进行了三次:"九月,以曹州河溢,遣马百禄等推排遭垫溺州县之贫乏者……尚书户部言,中都等路被水,诏委官推排,比旧减钱五千六百余贯。"这两次是因为两地遭遇水灾而进行的专项推排,同年,"十一月,上封事者言,乞放二税户为良……遂遣大兴府治中乌古孙仲和、侍御史范楫分括北京路及中都路二税户,凡无凭验,其主自言之者及因通检而知之者,其税半输官、半输主,而有凭验者悉放为良。"这是为了放免二税户而进行的一次专门推排,到了章宗时期,这种临时性的推排行动非常多,从表3—3可以看出这一特点。

表3—3　金代通检推排实施一览表

时间	间隔 (单位:年)	事件	内容	出处
大定四年 (1164年)	3	通检 推排	十月癸丑朔,己卯,命泰宁军节度使张弘信等二十四人分路通检诸路物力。(大定五年)癸亥,立诸路通检地土等第税法	《金史》卷6《世宗上》
大定十五年 (1175年)	11	通检 推排	九月,上以天下物力,自通检以来十余年,贫富变易,赋调轻重不均,遣济南尹梁肃等二十六人,分路推排	《金史》卷46《食货一》
大定二十年 (1180年)	0	通检 推排	十二月,上谓宰臣曰:"猛安谋克多新强旧弱,差役不均,其令推排,当自中都路始。"	《金史》卷46《食货一》
大定二十二年(1182年)	2	通检 推排	八月,始诏令集耆老,推贫富,验土地牛具奴婢之数,分为上、中、下三等。以同知大兴府事完颜乌里也先推中都路,续遣户部主事按带等十四人与外官同分路推排	《金史》卷46《食货一》

续表

时间	间隔 （单位：年）	事件	内容	出处
大定二十六年（1186 年）	3	通检推排	复以李晏等分路推排。二十七年，奏晏等所定物力之数	《金史》卷46《食货一》
大定二十九年（1189 年）	3	局部推排	九月，以曹州河溢，遣马百禄等推排遭垫溺州县之贫乏者……尚书户部言，中都等路被水，诏委官推排，比旧减钱五千六百余贯	《金史》卷46《食货一》
大定二十九年（1189 年）	0	局部推排	十一月，上封事者言，乞放二税户为良……遂遣大兴府治中乌古孙仲和、侍御史范楫分括北京路及中都路二税户，[四]凡无凭验，其主自言之者及因通检而知之者，其税半输官、半输主，而有凭验者悉放为良	《金史》卷47《食货二》
承安二年（1197 年）	2	通检推排	（承安）二年冬十月，敕令议通检，宰臣奏曰："大定二十七年通检后，距今已十年，旧户贫弱者众，傥迟更定，恐致流亡。"……于是，令吏部尚书贾执刚、吏部侍郎高汝砺先推排在都两警巡院，示为诸路法	《金史》卷46《食货一》
泰和二年（1201 年）	5	制定政策	闰十二月，上以推排时，既问人户浮财物力，而又勘当比次，期迫事繁，难得其实，敕尚书省，定人户物力随时推收法	《金史》卷46《食货一》
章宗泰和四年（1203 年）	2	制定政策	十二月，上以职官仕于远方，其家物力有应除而不除者，遂定典卖实业逐时推收，若无浮财营运，应除免者，令本家陈告，集坊村人户推唱，验实免之	《金史》卷46《食货一》

时间	间隔 （单位：年）	事件	内容	出处
泰和五年 （1204 年）	1	局部 推排	以西京、北京边地常罹兵荒，遣使推排之	《金史》卷46《食货一》
泰和八年 （1207 年）	1	通检 推排	九月，以吏部尚书贾守谦、知济南府事蒲察张家奴、莒州刺史完颜百嘉、南京路转运使宋元吉等十三员，分路同本路按察司官一员，推排诸路	《金史》卷46《食货一》

现在学者比较一致的观点是通检推排开始于金世宗大定年间，并且是金代的一个独创和发明，实际情况尚还有待进一步探讨。目前能检索到的材料，如辽代保宁二年（970 年）《刘承嗣墓志》载，刘承嗣于辽世宗天禄二年（948 年）曾经"奉宣宜霸州城，通检户口桑柘。不茹不吐，廉善廉能。"⑥

乾统元年（1101 年）《梁援墓志》载：梁援于大康三年"再授诸行宫都部署，加尚书左仆射。通检于燕京路，无妨农务，人用敬爱。"⑥

重熙十五年（1046 年）《刘日泳墓志》载：刘日泳尝"受宣诏而遍历州村，临边景而颁行通检。"⑥

从他们这些用词和行为上分析，这些"通检"当同金朝一样，均是检括物力、户口的一种行为，同金代改变"贫富变易，赋调轻重不均"的目的一样，是金代通检推排的滥觞。

《辽史·食货志》的记载更能说明问题。"兴宗即位，遣使阅诸道禾稼。是年，通括户口，诏曰：'朕于早岁，习知稼穑。力办者广务耕耘，罕闻输纳。家贫者全亏种植，多至流亡。宜通检括，普遂均平。'"前面虽说是通括户口，但从后面的记载可以看出，这绝不是简单的检括户口，目的是要改变"力办者广务耕耘，罕闻输纳；家贫者全亏种植，多至流亡"这种贫富不均、征税不公的局面。因此，检括的内容除户口外，肯定还包括对财产的检括，以最终实现赋役的"普遂均平"。

金代的通检推排也并非开始于世宗大定年间。《金元昌平崔村锣钹邑碑》碑阳载："又至天会年间亦行通检，过后又至定（应为大定）四年新行通检讫，见收户帖为验。"⑥说明在金太宗天会年间，通检推排就已经开始了，《金史》所载的大定四年的"通检"，是天会年间通检后的"新行通检"。大定四年（1164 年），鉴于海陵之时贫富不均，因而金世宗遣泰宁军节度使张弘信等十三人,分路通检天下的物力,分等定之,以为征收资产税的依据。这次通检"凡监户事产,除官所拨赐之外,余凡置到百姓有税田宅,皆在通检之数"。通检时除交租税之土地外,"算其田园屋舍车马牛羊树艺之数,及其藏镪多寡"。此次通检目的是依据确定的资产,征收"物力钱"。"时诸使往往以苛酷多得物力为功,(张)弘信检山东州县尤为酷暴,棣州防御使完颜永元面责之曰:'朝廷以正隆后差调不均,故命使者均之。今乃残暴,妄加民产业数倍,一有来申诉者,则血肉淋漓,甚者即殒杖下,此何理也?'弘信不能对,故惟棣州稍平。"官吏在通检中不能按实际确定百姓产业,妄自增加百姓的资产数目,企图多征收"物力钱",且采取高压政策,人民实受其苦。

大定五年(1165年),各地对通检之不均反应强烈,有司不得不向世宗奏报:"诸路通检不均,诏再以户口多寡、贫富轻重,适中定之。既而,又定通检地土等第税法。"这是对大定四年(1164年)通检出现的差误加以补正。

大定十五年(1175年)九月,开始进行推排。"上以天下物力,自通检以来十余年,贫富变易,赋调轻重不均,遣济南尹梁肃等二十六人,分路推排。"这是比通检稍微简略的确定资产的措施,目的仍然是据之以征收资产税。

大定二十年(1180年)四月,金世宗说:"猛安谋克户,富贫差发不均,皆自谋克内科之,暗者惟胥吏之言是从,轻重不一。自窝斡叛后,贫富反复,今当籍其夹户,推其家资,倘有军役庶可均也。"提议也要对猛安谋克户进行通检推排。世宗召集百官讨论时,在推排的内容上发生了争论。右丞相徒单克宁、平章政事唐括安礼、枢密副使宗尹等主张只验产业科差,不推奴婢孳畜、土地数目。左丞相完颜守道主张只验财产,多寡为四等,以作科差的依据。左丞蒲察通、右丞移剌道、都点检完颜襄主张尽括其奴婢、土地和牛具之数。他们说:"括其奴婢之数,则贫富自见,缓急有事差科,与一例差科者不同。请矣农隙,拘括地土牛具之数,各以所见上闻。"经过争论,世宗采纳蒲察通的意见,决定从中都路开始,进行资产推排。但是正式开始进行全面的推排是由大定二十二年(1182年)八月开始的。《金史·食货志》载:至大定二十二年八月,始诏令集耆老,推贫富,验土地牛具奴婢之数,分为上中下三等。以同知大兴府事完颜乌里也先推中都路,续遣户部主事按带等十四人与外官同分路推排。同年九月又下诏要求在推排中富者不得隐瞒牲畜,要求"覈实贫富造籍",克服差科不均的弊病。至大定二十三年(1183年)整个的资产推排方告结束。

此后,官僚们觉得几年一推排实是繁琐,因此,张汝弼、梁肃提出意见说:"天下民户通检既定,设有产物移易,自随业输纳。至于浮财,须有增耗,贫者自贫,富者自富,似不必屡推排也。"但是金世宗不同意这种意见,他说:"宰执之家多有新富者,故皆不愿也。"也无疑是说大官僚新富之家有私心。梁肃遂以自己为例,说曾为出使南宋的使臣,得到赏赐,所以自报物力钱增至六十余贯,认为频繁的通检推排容易奸由吏生,造成民心动摇。

大定二十六年(1186年),又以吏部侍郎李晏等分路推排。二十七年(1187年)推排结束,李晏等上奏推排结果,世宗提出疑问说:"朕以元推天下物力钱三百五万余贯,除三百万贯外,令减五万余贯。今减不及数,复续收二万余贯,即是实二万贯尔,而曰续收,何也?"回答说:这是过去推排中遗漏而今天自首的,以及百姓旧地原来无力耕种,而今天已经耕种的缘故。世宗说,过去得到的通检数字,今天推排就是察要看它们营运利息和消耗,房地产业的增加和减少。这人卖地,那人买地,都在旧通检数内。至于经营,这个强那个弱,强者产业增加,弱者产业减少,都应是在通检数字内的变化,而不应超出。推排资产是确定物力钱的依据,而物力钱是决定差役的方法,它的大数则不在于多一点或少一点。我所担心的是经营致富之家应当出的物力钱,反由贫穷之家负担。由此可见,世宗通检推排的目的在于使资产税负担趋向平均、合理。

从表3—3可以看出,到章宗时期,大小推排共进行了7次,多为临时性而为,有被水灾的、有遭兵祸的、有专门为了放免二税户的,但基本手段还是按照世宗时的操作规程进行,尤其是"十年一推"的制度在章宗朝固定了下来。"承安元年,尚书省奏,是年九月当推排,以有故不克。诏以冬已深,比事毕恐妨农作,乃权止之。"承安元年(1196年)距大定二十六年(1186年)恰为十年,而尚书省称"是年九月当推排",可见这时已经明确了十年为期的规定。这里的"有故",当指右丞相完颜襄在这年夏率兵北攻阻䪁,致通检推排未能如期举行,因而被推迟到次年十月。最后一次通检推排于泰和八年(1208年)九月开始进行,时距承安二年(1197年)的推排也已相隔十一年,但这同十年定期推排制度并不矛盾。因此,章宗还对贾守谦等推排官说:"卿等各宜尽心,一推之后,十年利害所关。"更进一步证明十年为期的规定是明确的。

宣宗时,朝廷大臣上疏:"国朝自大定通检后,十年一推物力",说明这时定期推排的思想已经成为共识。总之,十年之期的规定肯定是存在的,只是在实际执行过程中,根据实际情况经常变更,这也当在情理之中。

泰和八年(1208年)的推排是金朝历史上最后一次正式的、全国性的推排,此后,蒙古拥兵南下,金朝已无暇进行全国性的通检推排了。自此以后,虽然定期的、全国性的通检推排无法进行,但是,以均平赋役为目的推排物力的措施并未完全停止,各地州县往往根据具体情况,经常对民户的物力状况进行调查核实,其推排物力的具体方法和手段各不相同,但其目的和措施相差不大,因为这是由通检推排的作用和目的决定的。

三、通检推排的渠道

《金史》记载表明,金代历次通检推排均为按照地域和行政建制"分路"进行,金代的路制共分为三套系统,其一是总管府路,《金史·地理志》记载的就是这套路制,这也是最为人们熟悉的金代行政系统,世宗时全国共分 19 路,大定末增置凤翔路为 20 路,章宗时省并临潢府路,复为 19 路;其二是转运司路,共分为 13 路,辖境与总管府路互有出入;其三是按察司路,始置于章宗大定二十九年(1189 年),共分 9 路。日本学者小川裕人认为是总管府路,然后府、州、县,这样一个渠道施行的[69]。对此,刘浦江先生通过通检推排的相关史料记载进行分析后认为"路"指的是转运司路。

大定四年(1164 年)第一次通检推排时,世宗"遣信臣泰宁军节度使张弘信等十三人,分路通检天下物力而差定之"。[70]大定十五年(1175 年)第二次通检推排时,"遣济南尹梁肃等二十六人分路推排"。[71]大定二十六年(1186 年)第三次通检推排时,"遣吏部侍郎李晏等二十六人分路推排诸路物力"。[72]泰和八年(1208 年)第五次通检推排,"以吏部尚书贾守谦、知济南府事蒲察张家奴、莒州刺史完颜百嘉、南京路转运使宋元吉等十三员,分路同本路按察司官一员,推排诸路"。[73]又据《金史·食货志》记载承安间第四次通检推排的结果云:"承安三年九月,奏十三路籍定推排物力钱。"

上述记载表明,通检推排并非是像小川裕人所认为的那样按总管府路的系统进行的,因为每次通检推排所派出的特使不是 13 人就是 26 人,与总管府路的 19 路或 20 路都不相吻合,而显然是与 13 个转运司路之间存在着一定联系,可以这么认为,若每路派一人则为 13 人,若每路派两人则为 26 人。承安三年(1198 年)"奏十三路籍定推排物力钱"的记载更是一个明证,所谓"十三路"显然就是指转运司路。除此之外,还有一些旁证材料也有助于说明这个问题。《金史·梁肃传》云:"(大定)四年,通检东平、大名两路户籍物力,称其平允……朝廷敕诸路以东平、大名通检为准。"东平是山东西路总管府的治所,大名是大名府路总管府的治所,梁肃一人怎么会兼管两路的通检推排呢?据范成大《揽辔录》,山东西路转运司辖有山东西、大名府两总管府路,置司东平。这就是梁肃"通检东平、大名两路"的原因。又《金史·食货志》云:"大定元年,命陕西路参用宋旧铁钱。四年,浸不行,诏陕西行户部并两路通检官详究其事。"这里值得注意的是"陕西……两路通检官"的字样,陕西若以总管府论,共分设京兆府路、凤翔路、鄜延路、庆原路、临洮路等五路,但转运司路却只分东、西两路而已,所谓"两路通检官",毫无疑问就是指的转运司路。

同时,据《金元昌平崔村锣钹邑碑》记载,锣钹邑邑众为了保护本邑的财产,"本邑内点差李贵、李显、李昌、张昌、张从、纪公清、张琼等各人于运衙告诣申覆。"这个

"运衙",应该就是中都路转运司[24]。这条史料对通检推排主管部门判断的是一个有力支持。但是,检索《金史·百官志》,诸总管府(谓府尹兼领者)、诸府(谓非兼总管府事者,即散府)、诸节镇、诸防御州、诸刺史州、赤县、剧县,各级府衙均设有判官一员,"专掌通检推排簿籍",其中赤县、剧县由令、丞兼任,诸知镇、知城、知堡、知寨,"其设公使皆与县同,惟验户口置司吏"。就是说,日本学者小川裕人所说并不是没有道理,这条渠道专门有人负责这件事;相反,关于转运司路的记载,仅是讲到设有户籍判官二员,其职能是"不许别差,专管拘收徵克等事"[25]。这对刘浦江先生的推断确实是一个很大的挑战。可能的解释,作者认为推排单位以转运司路进行,每路负责人由皇帝钦点,作为钦差大臣赴各转运司路安排、部署、督办通检推排工作,在这个层级上,应该是钦差大臣督办,转运司负责实施,然后按照所属路府,向下安排进行,直至镇、城、堡、寨,最后的通检推排结果交由各路、府、州、县判官负责保管,并据此摊派赋役。在某种程度上说,转运司仅是按照钦差的要求协调这件事,具体组织还是由各府、州、县等进行。按照这种思路,具体路线图应该是:

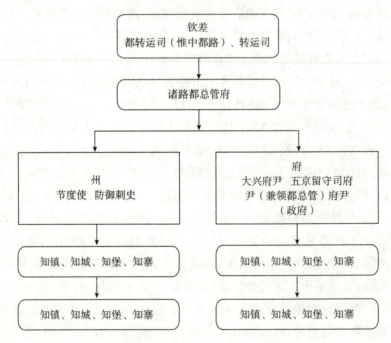

图3—2　通检推排实施路线图

通检推排的具体实施步骤,自世宗时起就形成了一套比较固定的程序。大定四年(1164年)初行通检推排时,"凡规措条理,命尚书省画一以行"。民户物力的勘定,大致是以"本家陈告,集坊村人户推唱"为主,然后再由推排官在此基础上核实多寡,据实申报。为防止推排官与地方豪民沆瀣一气,纳贿作弊,专门制定了"推排受财法"。这套规制为后来的历次通检推排所沿用,章宗承安二年(1197 年)第四次通检推排时,左谏议大夫高汝砺就曾上奏建议"预令有司照勘大定四年条理,严立罚赏,截日立限,关防禁约",可见大定四年的"条理"是行之有效的。[76]

四、对通检推排的评价

金代赋役制度的一个最大特点,就是赋役标准的统一,即除田亩两税(或牛头税)之外的一切赋役都按物力标准摊派,因此通检推排制度是金代兼具户口调查统计职能的基本经济制度。

1.传统观点

一般老一辈学者从阶级斗争的观点出发,持否定态度的较多。如前所述,尚钺认为这是以整理税收为名,对人民的掠夺。张博泉认为,通检推排目的是要"以革前弊",但结果是前弊未革,后弊又生,是对人民又一次新的掠夺。[77]漆侠、乔幼梅认为,通检推排主观上是为"均赋役"、"革前弊",但实行的结果不啻是对人民的新的掠夺。[78]

2.积极的一面

事实证明,通检推排是确定民户物力的一个行之有效的措施,它通过全国统一进行的调查核实工作,可以尽量减少可能出现的歧误,而且通检推排均在朝廷派出的特使的主持下进行,这在很大程度上防止了地方官隐瞒实情、虚报物力的现象发生。从《金史》记载可以看出,通检推排在许多地方成效还是明显的。

大定四年(1164 年),梁肃"通检东平、大名两路户籍物力,称其平允","朝廷敕诸路以东平、大名通检为准,于是始定"。[79]

杨伯元"凡两为推排定课使,累为审录官,人称其平"。这段记载在表彰杨伯元"称其乎允"、"人称其平"的同时,说明这些地区曾在一定程度上缓解了赋役不均的前弊。[80]通检推排最起码达到了两个目的。

一是平均赋役负担。从史料记载综合分析,通检推排的重点对象并非贫穷的普通民户,而是家资殷实,且仗恃权势逃避赋役的官豪和新贵。对于深受物力少而赋役重困扰的下层民户则利多于弊,通检不会加重他们的负担,还有可能改变产去税存的不合理状况,倒是权贵之家则有可能因隐匿的物力被通检出来而增加赋役负担。

二是量入为出,控制国家财政收支。《大金国志·世宗纪》载:

　　大定四年正月,诏造总计录,大略云:"正隆失德,土木、征伐相继而起,有司出纳动千万计,浩瀚连年,莫会其数。临急空乏,惟有取之于民。自今除每岁收支外,并将见管实在之数开具成册,使朝廷通知有余、不足之数,且以革去吏奸,候储积果多,然后方窠名之重轻,考拨定之数目,宽城州县,优恤疲民。"

这是金财政管理上的一大进步。在岁有收支预算的基础上,实行通检推排,控制国家的财税收支,以稳定其统治地位。

3.消极的一面

通检推排在实施过程中确实也存在着许多弊端,造成了一些社会问题,有些问题甚至是相当严重且较为普遍的,如果看不到这一点,那么对通检推排的评价也是不全面的。综合文献材料的记载,可以把通检推排的弊端归结为以下三点。[81]

其一推排造成物力妄增。大定四年(1164年)首次进行通检推排时,由于派往各路的推排使急于功利,"往往以苛酷多得物力为功,(张)弘信检山东州县尤为酷暴,棣州防御使完颜永元面责之曰:'朝廷以正隆差调不均,故命使者均之。今乃残暴,妄加民产业数倍,一有来申诉者,则血肉淋漓,甚者即殒杖下,此何理也?'弘信不能对,故惟棣州稍平"[82]。张弘信负责的是山东东路的推排工作,棣州防御使完颜永元以宗室之故,敢于违抗朝廷钦差的推排使,当面指责张妄增物力,而张亦不能奈其何,"于是棣州赋税得以实自占"[83]。其他各路的情况大致与山东东路相似,唯有梁肃主持的山东西路通检推排以平允见称,《金史·梁肃传》云:"(大定)四年,通检东平、大名两路户籍物力,称其平允。他使者所至皆以苛刻增益为功,百姓诉苦之。朝廷敕诸路以东平、大名通检为准,于是始定。"此次通检推排中妄增物力的问题是严重的,大定五年(1165年),"有司奏诸路通检不均,诏再以户口多寡、贫富轻重,适中定之"[84],即对大定四年通检推排的结果进行了核查和调整。

事实上,推排使妄增物力的现象只见于大定四年(1164年)的第一次通检推排中,这主要是因为当时任各路推排使的官员对通检推排的意义尚不明确,把它视为一项增加朝廷财政收入的措施,故以"多得物力为功"。由于此后世宗一再强调推排物力的宗旨不在于征收物力钱,并在物力钱总额上进行控制,总是要求减少旧额,因此以后的历次通检推排都没有再出现过类似的情况。所以严格说来,推排使妄增物力之弊在金代的通检推排中并不具有普遍性。

其二豪强劣绅欺瞒把持。元好问深有感触地说:"郡县通检,名为'聚讼',豪民猾吏囊橐为奸,若新增,若旧乏,往往不得其实,徒长告讦而已。"[85]承安二年(1197年)通检推排时,左谏议大夫高汝砺对推排中可能出现的欺诈行为进行分析说:"恐新强之家预为请嘱狡狯之人,冀望至时同辞推唱;或虚作贫乏,故以产业低价质典;及将财物徙置他所,权止营运。如此奸弊百端,欲望物力均一难矣。"[86]这些现象在其他碑刻资料中经常发现。如金代《张子行墓志》，墓主人张子行的父亲张煦作为"闲居乡里"的前任"兴中府兴中县令"，却能在宣德州的推排中得到任用，并且轻易免除了乡民的一千余贯物力钱，这一方面说明了张氏在宣德州的豪强大族地位，使得当地的通检推排不得不取决于他们。另一方面也说明了金代的通检推排往往操纵在豪民猾吏手中。[87]又如吕氏家族是中都大兴府的豪门大族，吕徵本人并无任何官职，但是他也能在乡里的通检推排中起决定性作用。"国家通籍，务在均当，主者胶固其上下，或君言以定，众服当论。"[88]因此，这是通检推排中的一个常见现象，豪强与州县胥吏勾结为奸，上下其手，致贫富难以分别，物力不得其实，因而造成赋役负担的不合理。

导致豪强猾吏"奸弊百端"的一个重要原因，是由于每次通检推排时限紧迫，各级推排官员很难对民户物力进行仔细核查。如孙镇记同州澄城县承安二年（1197年）通检推排的情况，谓"邑中里胥迫于限促，其间不胜差互"[89]。章宗时制定"人户物力随时推收法"，就是为了解决"推排时既问人户浮财物力，而又勘当比次，期迫事繁，难得其实"的问题[90]。不过相对而言，民户的不动产是比较容易核实的，最难于确定的是浮财，"其浮财物力，惟凭一时小民之语以为增减，有司惟务速定，不复推究其实。由是豪强有力者符同而幸免，贫弱寡援者抑屈而无诉"[91]。这些都是通检推排中带有普遍性的问题。

其三各路物力畸轻畸重。赵秉文《保大军节度使梁公（襄）墓铭》中的一段文字，透露了自世宗以来各路物力畸轻畸重状况的形成原因：

> 公在陕西，上《平赋书》，累数千言。其大略言大定四年行通检法，是时河南、陕西、徐、海以南屡经兵革，人稀地广，蒿莱满野，则物力少、税赋轻，此古所谓宽乡也；中都、河北、河东、山东久被抚宁，人稠地窄，寸土悉垦，则物力多、税赋重，此古所谓狭乡也。宽狭乡之地，至有水陆肥瘠四等，物力相悬不啻数十倍。后虽三经通推，并依旧额。臣恐瓶罍之诗，不独讥于古矣。书奏，上深嘉叹，命藏有司，将用之……及平赋之令未下，而宋人驿骚，督赋者病矣。识者服其有先见之明。[92]

通检推排本是为了使税负公平而进行的，出现这种情况也是金廷所始料不及的。大定四年（1164年）初行通检推排之时，由于河南、陕西诸路自靖康之变以后屡经战乱，社会经济残破不堪，故物力定得偏低，而中都、河北、河东、山东诸路以升平日久，人烟稠密，故物力定得较高。此后数十年间，河南、陕西等地的社会经济已逐渐得到恢复，但大定初形成的这种物力分配的格局，虽历经数次通检推排，仍基本维持原状，因此到了章宗时期，各地间物力不均的问题就显得非常突出了。其中河东物力之高、赋役之重可谓最为典型，《金史·石抹元毅传》云：

河东北路田多山坂硗瘠,大比时定为上赋,民力久困,朝廷令相地更赋,元毅以三壤法平之,民赖其利。

又《金史·张大节传》云:

章宗即位,擢中都路都转运使,因言河东赋重宜减,议者或不同,大节以它路田赋质之,遂命减焉。

这两条史料都记载河东减赋是章宗朝事,而赵秉文《曹忠敏公(望之)碑跋》有云:

又尝闻诸长老言,公奏河东地瘠民夥,与山东、河北不同,乞减物力三十余万贯,从之。而碑未及载。当俟得其实迹,为公一书再书而屡书之也。[⑧]

由此可以看出,通检推排所造成的各路物力畸轻畸重的状况,直至章宗末才得到纠正,这也是其饱受诟病的原因之一。

通检推排推行过程中确实存在许多问题,但是金朝统治者力图通过这一政策措施,既能达到富国强兵,又能使社会相对公平,最终能实现长治久安的目的。金章宗泰和八年(1208年),在通检推排开始前,章宗亲自召见贾守谦等十三位推排官,谆谆告诫:

朕选卿等随路推排,除推收外,其新强消乏户,虽集众推唱,然消乏者勿销不尽,如一户物力元三百贯,今蠲免二百五十贯犹有未当者。新强勿添尽,量存其力,如一户可添三百贯,而止添二百贯之类。卿等各宜尽心,一推之后十年利害所关,苟不副所任,罪当不轻也。[⑨]

从这段话可以看出皇帝的良苦用心,推排的目的不是要对老百姓敲骨吸髓,而是要"消旧乏"、"添新强",实现税负公平,而且,消旧乏务必消尽,不让无辜百姓遭殃;添新强不要添尽,要"量存其力"、涵养税源。并严厉告诫他们,一定要尽心尽力办好这件事,否则"罪当不轻也"。作为皇帝能够如此苦口婆心地亲自向臣下安排通检推排工作,其考虑问题之周全、用心之良苦,在中国历史上并不多见,足见通检推排在金朝政治经济和社会生活中的重要地位。

注　释:

① 何炳棣《1368—1953年中国人口研究》,附录五《宋金时期中国人口总数的估计》,第309页。

② 《辽史》卷3《兵卫志上》。

③⑧④㉓㉛㉚㉝㊴㊻㊺㊿㊱㉒㊣㉚⑦⑦⑦㊲㊳㊶㊾㊽　《金史》卷46《食货志一》。

⑤ 刘浦江《金代户籍制度刍论》,《民族研究》1995年第3期。

⑥ 《金史》卷55《百官志一》。

⑦ 参见刘浦江《金代户籍制度刍论》,载《民族研究》1995年第3期。

⑨ 《北行日录》(上),《攻媿集》卷111,文渊阁四库全书本。

⑩　《说郛》卷25。

⑪　《金史》卷121《石抹元毅传》。

⑫　周峰《金元昌平崔村锣钹邑碑考释》,《中国历史文物》2004 年第 1 期。

⑬　《金史》卷2《太祖纪》。

⑭　《金史》卷71《斡鲁传》。

⑮　《金史》卷74《宗翰传》。

⑯⑲⑳㊱　《金史》卷44《兵志》。

⑰　《金史》卷72《习古乃传》。

⑱　《金史》卷3《太宗纪》。

㉑　《金史》卷18《哀宗下》。

㉒　《金史》卷47《食货志二》。

㉔　《通典》卷7《食货七·历代盛衰户口》。

㉕　《山右石刻丛编》卷20《晋阳里汤王庙记》、《普照禅院碑》;《金石萃编》卷158《真清观牒》,《八琼室金石补正》卷123《南怀州修汤王庙记》。

㉖　《金史》卷46《食货一》。

㉗　元好问《中州集》卷2《李承旨晏》。

㉙　《金史》卷6《世宗纪上》;《金史》96《李晏传》。

㉛　《金史》卷94《完颜襄传》。

㉜　《金史》卷96《完颜襄传》。

㉞　《全辽文》卷5、卷8。

㉟　《创建静安寺碑铭》,《辽代石刻文编》,第88 页。

㊲　《金史》卷102《完颜弼传》。

㊳　《金史》卷109《陈规传》。

㊴　参见刘浦江《金代户籍制度刍论》,《民族研究》1995 年第 3 期。

㊶　《辽史》卷104《耶律昭传》。

㊷　参见刘浦江《金代户籍制度刍论》,《民族研究》1995 年第 3 期。

㊸　《金史》卷96《李愈传》。

㊹　《金史》卷44《兵志》;卷24《地理志》(上)所记部族名称与此略异。

㊺　散见《金史》卷44《兵志》;卷24《地理志上》;卷57《百官志三》。

㊼　基本史料来源于《金史》卷46《食货志一》,综合第六章第一节的内容进行测算。

㊽　《建炎以来系年要录》卷3《建炎元年癸巳》。

㊾　《建炎以来系年要录》卷51《绍兴二年戊子》。

㊿　《金史》卷3《太宗纪》。

52　《金史》卷47《食货志二》。

53　《金史》卷42《仪卫志下》。

54　《金史》卷44《兵制》。

55　《金史》卷9《章宗纪一》。

㊄　《大金集礼》卷34《岳镇海渎》。

㊄　《大金集礼》卷35《祠庙杂录》。

㊄　《金史》卷47《食货志一》。

⑳　赵光远《试论金世宗对州县民户的通检推排》,《中央民族学院学报》1981 年第 2 期;《再论金代的"通检推排"》,《辽金史论集》第 1 辑,上海古籍出版社 1987 年版;何俊泽《金朝史》,中国社会科学出版社 1992 年版;刘浦江《金代通检推排探微》,载《辽金史论》,辽宁大学出版社 1999 年版,第 242 页;曾代伟《金朝物力通检推排法述论》,《民族研究》1997 年第 5 期。

㊍　刘浦江《金代通检推排探微》,载《辽金史论》,第 242 页。

㊄　《辽代石刻文编》,第 61 页。

㊄　《辽代石刻文编》,第 121 页。

㊄　《辽代石刻文编》,第 13 页。

㊄　周峰《金元昌平崔村锣钹邑碑考释》,《中国历史文物》2004 年第 1 期。

㊄　小川裕人《关于金代的物力钱》(上),《东洋史研究》1940 年第 5 卷 6 号。

㊌　周峰《金元昌平崔村锣钹邑碑考释》,《中国历史文物》2004 年第 1 期。

㊄　《金史》卷57《百官志三》。

㊄　刘浦江《金代通检推排探微》,载《辽金史论》,第 245 页。

㊄　尚钺《中国历史纲要》,第 256 页;张博泉《金代经济史略》,第 144 页。

㊄　漆侠、乔幼梅《中国经济通史・辽夏金经济卷》,第 502—505 页。

㊄　《金史》卷89《梁肃传》。

㊀　《金史》卷97《杨伯元传》。

㊁　参见刘浦江《金代通检推排探微》,载《辽金史论》,第 245 页。

㊄　《遗山集》卷27《辅国上将军京兆府推官康公神道碑铭》。

㊄　周峰《金代张子行墓志三题》,《文物春秋》2002 年第 6 期。

㊄　任秀侠《吕徵墓表考释》,《北京文博》2001 年第 4 期。

㊄　《金文最》卷77《澄城县令艾公遗爱碑》。

㊄　《金史》卷107《高汝砺传》。

㊄　赵秉文《滏水集》卷 11。

㊄　赵秉文《滏水集》卷 20。

第四章　金代人口结构

人口结构是人口问题研究的一个重要内容,尤其是阶级结构、职业结构和家庭结构作为人口社会结构的最主要组成部分,对其进行深入探讨,能够使我们更好地把握金代整体的社会经济和人口状况。

第一节　金代的阶级结构

阶级结构是指某一特定社会的阶级构成(包括各阶级内部的阶层构成),各阶级、阶层的地位及其相互关系的总和。尽管阶级与阶层的概念和划分标准不同,辽金时期的社会性质争议也比较多,但金代同辽代一样属于阶级社会应该是事实,基于这种认识,我们仍然把金代社会同样划分为统治阶级与被统治阶级两大社会层面,居于统治地位,拥有政治、经济、文化特权的社会阶层称为统治阶级,包括以帝、后为中心的女真贵族阶层,渤海、契丹、奚、汉等族上层;被统治阶级包括具有一定的政治、经济、文化地位,但没有任何特权的读书人(包括部分地主阶层),即"士"阶层,和农民、工商业者的中下层,以及奴隶等社会底层。

一、统治阶级

1. 以帝、后为核心的女真贵族阶层

金朝是女真族建立的政权,因此,统治阶级的核心就是以帝、后、宗室、世戚为中心的女真贵族阶层。

(1)皇帝。承辽袭宋,金朝自开国始,仿汉制,以封建中央集权制为国体,最高统治者称皇帝。有金一代,建国后共历十帝。除末帝完颜承绪外,《金史》都有论:"太祖、太宗威制中国……哀宗之世无足为者。"这段史论同时也集中概括了金代九位皇帝的主要功过,末帝完颜承绪因在位仅一日(据《金史》记载),自然无所谓功过。熙宗天会十四年八月,又对建国前的九位祖先进行了追谥,分别为:景元皇帝、德皇帝、安皇帝、定昭皇帝、成襄皇帝、惠桓皇帝、圣肃皇帝、穆宪皇帝、孝平皇帝、恭简皇帝。加上熙宗、世宗、章宗对其父亲的追谥,金代建国前后皇帝合在一起共有二十二位。

同历代皇帝一样,金代皇帝的地位首先体现在至高无上的权力上。金朝建立之初,仍保留有军事民主制时期议事制度的遗风,皇帝的权力都受到一定的约束。金代皇权的变化,始于熙宗朝。金熙宗受汉文化的影响,汉儒"教以宫室之状,服御之美,妃嫔之盛,燕乐之侈,乘舆之贵,禁卫之严,礼仪之尊,府库之限,以尽中国为君之道"。于是,熙宗"出则清道警跸,入则端居九重,旧大功臣非性道不相合,仍非时莫得相见,瞻望墀阶洞分霄壤矣。"[①]正是熙宗朝真正建立起了专制主义中央集权体制,皇帝至高无上的地位得以确立。天会十三年(1135年),熙宗以国论右勃极烈、都元帅宗翰为太保,领三省事,以尚书令宋国王宗磐为太师。次年,又以宗翰、宗磐和太傅宗干并领三省事,虽然官秩正一品;但其职能不是"仪刑四海"、"仪刑端揆",就是"论道经邦,燮理阴阳"。实际上,从此剥夺了诸勃极烈对国事的决定权。天眷元年(1138年),又进行了更彻底的官制改革,最终废除了勃极烈制度,在中央确立了统一的三省六部制度,皇帝完全摆脱了宗室贵族的控制。海陵王即位后,于贞元二年(1154年),罢领三省事,置尚书令,位居丞相之上。正隆元年(1156年),"罢中书、门下省,止置尚书省"。又以枢密院代元帅府掌军事,通过这样的集权措施又进一步加强了皇权。到世宗时,恢复设三师:"皆正一品,师范一人,仪刑四海";三公:"皆正一品,论道经邦,燮理阴阳";尚书令:"正一品,总领纪纲,仪刑端揆"[②]。实际上三师、三公、尚书令不是论道就是仪刑,成了摆设,把左右丞相和平章政事列为宰相,以左右丞、参知政事为实际的掌权者,皇权地位进一步加强。从此,皇帝真正成了集立法、司法、行政大权于一身的人物。

其次,体现在威严奢华的礼仪上。建国初期,君臣之间的尊卑观念还比较淡漠,礼仪还比较简单。这方面的变化同样始于熙宗。天眷三年九月,"熙宗幸燕,始用法驾"[③]。在熙宗时所制定的朝参仪及常朝仪上,不仅对于日期有明确的规定,而且在朝仪的形式上,跪拜九叩也有严格的规定,群臣要遵循复杂的仪式行拜礼,然后方可奏事,处处彰显皇帝高高在上的地位。皇帝的车马仪仗也巍巍壮观,据《大金国志·仪卫》载:熙宗"始设仪卫将军、寝殿[小]底、弩手伞子,迨幸燕,始乘玉辂,服衮冕,仪从方整肃"。所用法驾,"凡用士卒万四千五十六人,摄官在外",可谓浩浩荡荡。海陵王时期,金朝的仪卫礼仪制度更加完备,"护从悉具,大率制度与中国等"。④遍览《金史·礼志》所记的尊号仪、圣诞上寿仪、朝参仪、常朝仪、肆赦仪、臣下拜赦诏仪等,以及《舆服志》中所记的天子车骆等无不表现了皇帝礼仪的奢华与威严。

最后,皇帝的地位体现在骄奢淫逸的生活上。金代皇帝生活的奢靡同样始自熙宗。金初同其权力和威仪一致,皇帝的生活非常简朴,到熙宗时则"荒于酒,与近臣饮,或继以夜。宰相入谏,辄饮以酒",甚至"酗酒妄杀,人怀危惧"⑤。海陵王荒淫无道的记载,不排除后世人为添油加醋,但其生活的奢靡应是事实,为了营建南京宫殿,"运一木之费至二千万,牵一车之力至五百人。宫殿之饰,遍傅黄金而后间以五采,金屑飞空如落雪。一殿之费以亿万计,成而复毁,务极华丽"⑥。接受前代君主的教训,世宗、章宗尚能过相对简朴的生活,但此后皇帝则不然,宣宗时,虽财政已相当困窘,并且又南迁汴都,皇帝供艺却并未稍减,哀宗时,被元军追击,避于蔡,在此绝境之下,他还想大选宫女,修建见山亭"为游息之所"⑦。皇帝生活之穷奢极欲,可见一斑。

(2)皇后、皇妃。同辽代的"耶律与萧"的世婚制相似,受部落联盟制的影响,女真部族也实行世婚制,所谓"金代,后不娶庶族,甥舅之家有周姬、齐姜之义。"⑧自昭祖至康宗时期,女真完颜氏部落联盟首领所娶的正室皆出自世婚部族。《金史·世戚传》载:"金之徒单、挈懒、唐括、蒲察、裴满、纥石烈、仆散皆贵族也,天子娶后必于是,公主下嫁必于是。"这7姓,加上《金史·后妃传》提到的乌古论、乌林答二姓,与完颜家族保持世婚关系的共9个部族的部长、贵族之家,达到以婚姻为手段来巩固联盟、扩充实力的目的。

金朝立国120年,除末帝完颜承绪情况不明外,其他9位皇帝的9位嫡尊皇后中,除宣宗的王皇后1人较为特殊以外,其余8位皆出自上述世婚家族,分别为徒单、蒲察、唐括、乌林答、裴满五个姓氏。其他以功或以子故被追尊为后者5人,分别为钦宪皇后纥石烈氏、光懿皇后裴满氏、宣献皇后仆散氏、光献皇后李氏以及明惠皇后王氏。5人中有3人出自九姓世婚家族,1人出自渤海,1人为汉族。

皇妃的情况较为复杂,《金史·后妃传》载:

> 国初诸妃皆无位号,熙宗始有贵妃、贤妃、德妃之号。海陵淫嬖,后宫寖多,元妃、姝妃、惠妃、贵妃、贤妃、宸妃、丽妃、淑妃、德妃、昭妃、温妃、柔妃凡十二位。大定后宫简少,明昌以后大备。

她们的出身较为广泛,基本由三大部分人构成,有女真人的九姓婚族,有契丹、渤海大族,也有汉族女子。就其地位而言,女真人的九姓婚族地位最高,契丹、渤海大族和汉族女子次之。总体情况是:太祖、太宗朝契丹妃子地位较高;熙宗、海陵、世宗朝渤海族妃子较多且地位较高;章宗以下诸帝,汉族女子为妃者日益增多,地位也比前朝高得多。

自熙宗开始,内宫妃嫔制度逐步完善,《金史·后妃传》载:

> 诸妃视正一品,比三夫人。昭仪、昭容、昭媛、修仪、修容、修媛、充仪、充容、充媛视正二品,比九嫔。婕妤九人视正三品,美人九人视正四品,才人九人视正五品,比二十七世妇。宝林二十七人视正六品,御女二十七人视正七品,采女二十七人视正八品,比八十一御妻。又有尚宫、尚仪、尚服、尚食、尚寝、尚功,皆内官也。

这样,有正式编制、级别的妃嫔就 120 人,除此之外,"又有尚宫、尚仪、尚服、尚食、尚寝、尚功,皆内官也"⑨。完全等同于中原王朝的三宫六院之制了。

后妃的地位首先体现在能够享受着很高的礼仪待遇。自熙宗后,接受中原王朝礼制,皇后、太后皆有册立礼仪。出行时按礼制各有卤薄、车辇、冠服。如《金史·仪卫志》载:"皇太后、皇后卤簿。用唐、宋制,共二千八百四十人。""天德二年,海陵立后,皇后乘龙饰肩舆,有司设二步障于殿之西阶,设扇左右各十,伞一,此盖殿庭导引之仪也。又设皇太后导从六十人,伞子不在数内,并服簇四盘雕团花红锦袄、金花幞头、涂金银束带。永寿、永宁宫导驾各三十人,伞子各二人,此亦常行之仪也。"真可谓浩浩荡荡,气势非凡,而且是"常行之仪"。⑩

后妃的地位还体现在优厚的经济待遇上。金代的太后、皇后、妃、嫔及宫人,都可按地位尊卑、品级高低支取岁俸,如:

> 太后、太妃宫,每岁各给钱二千万,彩二百段,绢千匹,绵五千两。诸妃,岁给钱千万,彩百段,绢三百匹,绵三千两。贞元元年,妃、嫔、婕妤、美人,及供膳女侍、并仙韶、长春院供应人等,岁给钱帛各有差……凡内职,贞祐之制,正一品,岁钱八千贯,币百段,绢五百匹,绵五千两。"⑪定制之外,还有其他支给。如孝懿皇后徒单氏,在章宗即位后,被尊为皇太后,诏有司岁奉金千两、银五千两、重币五百端、绢二千疋、绵二万两、布五百疋、钱五万贯。他所应用,内库奉之,毋拘其数。⑫

金代始终没有出现皇后专权的情况,这一点同辽代呈现出鲜明的对比。既没有出现辽太祖之后、太宗之母应天皇太后坑杀功勋大臣、擅立皇帝的现象,也没有辽景宗之后、圣宗之母承天皇太后独霸朝纲、皇帝坐冷板凳的情况,更没有出现如辽圣宗之后、兴宗之母钦哀皇太后将皇帝逼得:"我贵为天子,而与囚同答状耶?"以致"郁郁不乐"⑬这种罕见局面。非但如此,在金代甚至出现如海陵帝"以谏伐宋弑皇太后徒单氏于宁德宫,仍命即宫中焚之,弃其骨水中"的惨烈境况。作为皇帝的嫡母，仅仅向皇帝"谏伐宋"就招来如此杀身之祸，更不要说她们干预朝政了。

（3）宗室贵族。《金史》专门有《宗室表》载：

> 史臣记录"有称'宗室'者，有称'完颜'者"，"大定以前称'宗室'，明昌以后避睿宗讳称'内族'。"而且在大定、泰和之间，袒免以上亲皆有属籍，以叙授官，大功以上，薨卒辍朝，亲亲之道行焉。

即有明确的独立户籍，能够享受"以叙授官"和"薨卒辍朝"的特殊待遇。据《宗室表》记录，最后"右诸宗室可谱者凡十一族"，即能够查出谱系，世次清楚的皇族共十一族。

宗室贵族的地位首先表现在政治特权上。

一是垄断中央高官。建国初期担任过勃极烈官职的女真人共十二人，从谙班勃极烈吴乞买开始，直到继承其皇位的谙班勃极烈合剌，即完颜亶，即位为熙宗。这十二人均为皇曾叔祖、皇伯祖、皇太祖的后代，都是真正的"宗室近属"，作为军事民主制遗风的勃极烈制成员均由皇帝宗室贵族完全垄断。实行汉官制度以后，宗室贵族仍然占据着重要的职务，比如，最初领三省事的"三公"、"三师"都是这些宗室贵族，宗翰为太保，领三省事，尚书令宋国王宗磐为太师，宗翰、宗磐和太傅宗干并领三省事，宗弼任都元帅，后进拜太傅。从《金史·宗室表》可以看出后世宗室成员的任职状况，如宗贤为尚书左丞相，宗浩为尚书右丞相兼都元帅，宗宪为尚书右丞相，宗尹为平章政事，宗宁为平章政事，宗义为平章政事，宗叙为参知政事，承晖为右丞相，挞懒为左副元帅，充为左丞相，宗固为左丞相，宗本为左丞相。

二是控制地方政府。金初为了有效地统治其他诸部势力，在职官任用上实行"亲贵合一"的原则，就是要用血缘宗亲贵族来强化其政权。这一点在金初表现尤为突出。金太祖"与撒改分治诸部，匹脱水以北太祖统之，来流水人民撒改统之。"[14]同时，派其他宗室皇族作为"都统"往赴各地去镇摄归属诸路部落，《金史》所载太祖、太宗朝的都统有斡鲁古、阇母、阇哥、斡鲁、宗翰、宗望、婆卢火和挞懒等人，这些"都统"大多数成为所驻地区的路一级军政首脑。另外，随着大规模的灭辽伐宋战争的进行，宗室贵族对地方的控制权也越来越大，史载：

> 天会三年（1125年）斡离不、粘罕分道入侵南宋。东路之军斡离不主之，建枢密院于燕山，以刘彦宗主院事；西路之军粘罕主之，建枢密院于云中，以时立爱主院事。国人呼为"东朝廷"、"西朝廷"。[15]

三是世袭猛安谋克。作为金朝军事和行政合一的政治制度，最初凡部落首领和有功之人皆授，熙宗"天眷三年（1140年）罢汉、渤海千户谋克"[16]，唯女真等勋臣之家享此殊荣。"世袭千户,金国深重其赏,非宗室勋臣之家不封,勋臣之家亦止本色人及契丹、奚家而已"[17],经过这次调整,更加明确了宗室贵族在世袭猛安谋克方面的特权。到世宗时,有司曾建议"诸猛安谋克,怙其世袭多扰民,请同流官,以三十月为考"。但世宗还是听从了宗宪的意见,"凡猛安谋克,当明核善恶,进贤退不肖,有不职者,其弟侄中更择贤者代之。"[18]没有改变女真贵族的世袭特权,只不过在世袭的人选上稍加慎重罢了。金代地方的万户、猛安、谋克等官职都是由他们世袭和控制的。如金开国元勋完颜娄室死后,子活女"袭合扎猛安,代为黄龙府路万户"。女真贵族对猛安谋克等官职的承袭不仅限于父子,兄弟间亦允许。后来完颜活女又把自己掌管的奥吉猛安让给弟弟谋衍,并得到了朝廷的认可。[19]《金史·宗室传》也载:"阿喜,宗室子,好学问。袭父北京路笆柏山猛安,听讼明决,人信而爱之。"这说明宗室贵族世袭猛安谋克是很常见的。

四是参与重大决策。金代早期由于受原始军事民主制的影响,贵族特别是宗室贵族,拥有很大的参与决策的权利。这一点突出表现在"云州地区还宋"和"立储"两件事上。天会二年(1124年),在割山西郡县与宋的事情上,太宗原来主张遵先帝之命,"其速与之"[20],且多次下诏"割武、朔二州入于宋",但由于宗翰提出了"请勿割山西郡县(与宋)"或"请姑置勿割"的反对意见,最后"以宗翰言罢之"[21]。天会四年(1126年)在谙班勃极烈斜也和国论勃极烈宗干"改女直旧制,用汉官制度"[22]的坚持下,太宗同意在燕京地区设立尚书省。官员的迁授权力历来在朝廷,但是太宗即位后即授予了宗翰这方面的权利:"今寄尔以方面,如当迁授必待奏请,恐致稽滞,其以便宜从事"[23]。熙宗的袭位更能说明这个问题。"天会八年,谙班勃极烈杲薨,太宗意久未决。十年,左副元帅宗翰、右副元帅宗辅、左监军完颜希尹入朝,与宗干议曰:'谙班勃极烈虚位已久,今不早定,恐授非其人。合剌,先帝嫡孙,当立。'相与请于太宗者再三,乃从之。"[24]太宗本人即是以谙班勃极烈继位,他何尝不知道这一位置的重要性,但最终竟为宗翰、宗辅、希尹等人所左右,说明宗室贵族的权利之大。

正是皇室贵族拥有这样一系列的特权,因此他们会千方百计维护宗室血缘的纯洁性。世宗时"定皇族收养异姓男为子者徒三年,姓同者减二等,立嫡违法者徒一年"[25]。这种情况从熙宗进行封建化改革开始,特别是海陵王以后,由于加强皇权需要,皇帝开始"待宗室少恩,待大夫士少礼"。在强化皇权的过程中,宗室贵族政治权利和地位受到了很大的削弱和限制。

其次,经济上具有特殊地位,拥有巨额财富,主要是土地和奴婢。

表4—1　大定二十三年猛安谋克等土地、牛具数量^①

户别	户数	奴婢口数	垦田数（亩）	牛具数（具）
猛安、谋克户	615624	1345967	169038000	384771
在都宗室将军司户	170	27808	368375	304
迭剌、唐古二部五纠户	5585	18081	1602417	5066
合计	621379	1391856	171008792 +	390141

从表4—1可以看出，宗室贵族占有土地的数量是非常惊人的。一般猛安谋克户数是615624户，占有田数1690380顷，平均每户占有田数不过2顷半左右，而在都宗室将军司所辖宗室的户数仅170，但所占田数则是368375顷，平均每户占有田数竟高达近2167顷半左右。牛具数，一般猛安谋克户平均0.6具，也就是两家1具多一点；而在都宗室将军司所辖宗室户，每户1.8具，是一般猛安谋克户的三倍以上，超过一般州县户口更不知多少倍。据《金史·纳合椿年传》载：

椿年有宰相才，好推挽士类，然颇营产业，为子孙虑。冒占西南路官田八百余顷……温都思忠子长寿、椿年子猛安参谋合等三十余家凡冒占三千余顷。

宗室贵族占有奴碑的数量也是非常惊人的。据表4—1，大定二十三年，一般猛安谋克共615624户，奴婢1345967口，平均每户2个奴婢多一点；而在都宗室将军司共170户，拥有奴婢27808，平均每户拥有奴婢164人，是一般猛安谋克户的八十多倍。《金史·突合速传》载："（突合速）以次室受封，次室子因得袭其猛安。及分财异居，次室子取奴婢千二百口，正室子得八百口。"《金史·食货志》载：金世宗即位前，任东京辽阳府留守，有"奴婢万数，孳畜数千"。

另外宗室贵族还经常获得来自皇帝的巨额赏赐，立了军功要赏赐，皇帝高兴了也赏赐。什么原因都没有，对于那些"宗室子或不胜任官事"的人，世宗时则以散官的形式"量与廪禄，以赡足之"。那些宗室中被封王、公、侯、伯、子、男之人，还同时享受俸禄和食邑待遇。总之，宗室贵族户的经济待遇非常优厚，经济地位非常高，这也是他们能够过上骄奢淫侈生活的原因。

关于宗室户口的数量，前面章节有考证，到泰和七年，在都宗室将军司的户数会达到216，总口数达到35285，其中正口数为1204，奴婢口数为34081。户数216占总户数8413164的比重为0.003%，其正口数1204占总口数53532151的比重仅为0.002%，说明这部分处在整个社会顶端的人口是极其少的一部分，但他们是统治阶级上层中的上层，处在封建中央集权金字塔的塔尖，不仅控制着整个社会的政治、经济和文化资源，而且控制着其他99.988%人口的命运。

（4）世戚贵族。世戚贵族指的是与皇室互为婚姻的女真贵族，如《金史·世戚传》载：

“金之徒单、拏懒、唐括、蒲察、裴满、纥石烈、仆散皆贵族也，天子娶后必于是，公主下嫁必于是，与周之齐、纪无异，此昏礼之最得宜者，盛于汉、唐矣。”

上述记载共七姓。考《金史·后妃传》所列九姓世婚之族，包括徒单、蒲察、唐括、乌古论、乌林答、纥石烈、仆散、裴满，再加上完颜正好九姓，似乎同《世戚传》所列稍有出入，前者没有乌古论、乌林答，后者没有拏懒，两者相比较，应该是十姓才对，即：完颜、拏懒、唐括、蒲察、裴满、纥石烈、仆散、乌古论、乌林答、徒单。

世戚贵族不外乎两类：一是“娶后”，即皇帝娶后、妃形成的外戚，即后妃的父兄；二是“下嫁”，即皇帝女儿下嫁形成的甥舅关系。见于《世戚传》的后妃父兄有：熙宗悼平皇后之父裴满达（本名忽挞）及其子忽睹；海陵帝皇后父徒单恭（本名斜也）；世宗皇后兄乌林答晖（本名谋良虎）；章宗钦怀皇后父蒲察鼎寿（本名和尚）；哀宗皇后之弟徒单四喜。公主夫婿有：太祖女婿蒲察石家奴；宋王宗望女婿乌古伦蒲鲁虎；睿宗皇帝宗尧女婿唐括德温（本名阿里）；睿宗皇帝宗尧女婿乌古伦粘没曷；熙宗女婿徒单绎（本名术辈）；世宗侄女婿徒单思忠（本名宁庆）；世宗女婿乌林答复（本名阿里刺）；世宗女婿乌古伦元忠（讹里也）；世宗女婿唐括贡（本名达哥）；世宗女婿徒单公弼（本名习烈），加上蒲察阿虎迭、乌林答琳、徒单铭三人，共十九人。其实，世戚远不止此。仅世宗女婿乌古论元忠，其父、子三代均“尚主”：“父讹论，尚太祖女毕国公主。元忠幼秀异，世宗在潜邸以长女妻之，后封鲁国大长公主”，其子乌古论宜，“大定八年，尚海陵女。海陵女卒，大定二十一年，尚显宗女广平郡主。”[27]祖孙三代，娶妻均为公主，续玄亦为公主。

世戚贵族的特权表现在三个方面：

首先表现在地位尊贵至极。从《金史·世戚传》可检索到石家奴、裴满达、徒单恭、粘没曷、乌林答晖、蒲察鼎寿、徒单绎、乌林答复、乌古伦元忠、唐括贡、徒单公弼等二十余位世戚贵族，均担任要职。他们父子几代均与皇室结亲，如徒单绎“家世贵宠，自曾祖照至绎尚公主者凡四世云”。达到了“女为王后，己尚王姬，而自贵其贵，富厚不加焉，宠荣不与焉”。的目的。对于这些世戚贵族，虽皇帝对其不喜，也要适当安置，如乌古论元忠：“汝强悍自用，颛权而结近密。汝心叵测，其速之官。”但既是如此，仍“特加开府仪同三司、北京留守”。由此可见其政治特权之显贵。

其次，有世袭猛安谋克的特权。唐括德温，大定“十八年，追录其父挞懒并德温前后功，授其长子驸马都尉鼎世袭西北路没里山猛安，徙隶泰州。”

乌林答晖，"诏以晖第三子天锡世袭纳邻河猛安亲管谋克"。

徒单思忠，大定"十九年，上追念思忠辅立功，赠骠骑卫上将军，仍授其子铎武功将军、世袭中都路乌独浑谋克。"

三是优越的经济特权，同样拥有大量的土地和奴婢，经常可以获得丰厚的赏赐等。

以上可以看出，金代世戚贵族特权虽没有"耶律世保承祧之业，萧氏家传内助之风"的辽代大，但其政治经济待遇也仅次于皇室内族。终金一代，虽然有"以后戚怙势赃污不法"的裴满忽睹，但也有"既世联姻戚，女为皇后，长子辞不失凡三尚定国、景国、道国公主。其宠遇如此，未尝以富贵骄人"的蒲察鼎寿。总之，没有形成像辽末萧奉先那样外戚专擅朝政的现象，对此，《金史·世戚传》给予了充分的肯定："盖古者异姓世爵公侯与天子为昏因，他姓不得参焉。女为王后，己尚王姬，而自贵其贵，富厚不加焉，宠荣不与焉。使汉、唐行此道，则无吕氏、王氏、武氏之难，公主下嫁各安其分、各得其所矣。"

这部分人口作为皇亲国戚，无论婚、嫁，同皇室贵族在人口数量上应该大致相同或接近，户数会达到216，总口数达到35285，所以他们占总人口的比重也可以表述为：户数为0.003%，口数为0.002%，在数量上也是极少部分。

（5）皇、后二族之外的女真上层。我们这里女真上层主要指皇、后二族以外的拥有大量奴婢、土地，具有一定政治、经济特权的女真人，这部分人应该以女真在仕上层官员为主。

作为统治民族，皇、后二族之外的女真族同样在政治、经济、文化等方面占据重要地位，拥有其他民族所没有的特权，这是由其政权性质决定的。《三朝北盟会编》载赵子砥的《燕云录》中说："有兵权、钱谷，先用女真，次渤海，次契丹，次汉儿。汉儿虽刘彦宗、郭药师亦无兵权。"邓肃《饼间集》的《辞免除左正言札子》中的关于战利品分配时"其数虽同，其物不等，金人得锦，渤海得绞，契丹得绢织之类，而九州（原辽地汉人，注）所得者杂色而已"。从这些记载可以看出女真族的优越性。

女真族的优越性首先体现在政治特权上。都兴智先生把《金史》中的相关材料进行归类分析，发现几乎所有重要的职务都是由女真人担任的。朝廷中任职的三品以上官员，地方重要府、镇任职的官员，以及在宫廷内重要职权部门任职的官员，绝大部分是女真人，汉族多担任副职。虽然有些担任了正职，也多是翰林和御使等非军政要职。

表4—2 金代三品以上官员民族成分对照表

时代 族别	熙宗朝	海陵朝	世宗朝	章宗朝	宣宗朝以后	合计
女真	61	53	79	47	104	344
汉	24	35	54	48	59	220
渤海	5	6	9	2	1	23
契丹	3	8	6	3	8	28
奚	1	6			1	8
其他		1			3	4

从表4—2的统计可以看出,金代三品以上官员可考的总数为626人,其中女真344人超过总数的一半以上。各朝女真族三品以上官员数均超过其它各族的总和,只有章宗朝大体相当。

表4—3 金代宰执民族成分对照表

时代 族别	熙宗朝	海陵朝	世宗朝	章宗朝	宣宗朝以后	合计
女真	21	8	22	13	37	101
汉	4	5	10	9	12	40
渤海	1	3	4	1		9
契丹	1	1	1	1	1	5
奚	1	2				

表4—3更能说明问题,整个金朝时期共有宰执158人,竟有101人为女真人,占总数的三分之二,而且每个时期都占绝对多数。[28]

不仅如此,地方重要府州、军镇及宫廷内权要部门的官员,女真族仍然占据绝大多数。宋立恒根据海陵以后《金史》中所见留守、统军使、府尹、殿前都点检、宿直将军等任职情况进行统计,发现担任这些职务的共157人,其中汉族或其他民族不到30人,其他均为女真人。[29]

其实,再进一步推广到所有在仕官员同样如此,笔者在后面讨论职业结构时进行了测算,女真人官民比例为1:230,汉族人官民比例为1:1306。也就是说,女真人官民比是汉族官民比的5.7倍,这是由金朝政权性质决定的。我们这里不是讨论民族问题,所以不再深究。

另外,女真人在科举、升迁、荫官、俸禄等方面同样有其他民族所没有的待遇。例如,官吏升迁,女真族的特权非常明显。据张博泉、黄玉英在其主编的《女真史研究》第二编考证,女真进士一般及第后不到二十年便可官至三品,汉进士则需二十五或三十年,甚至更长的时间,女真进士有的及第十七年就可任宰相,而汉族进士升任此职最快也需二十四年。[30]

女真族上层的经济待遇同样非常优厚,以猛安谋克授田制为例,"其制,每末牛三头为一具,限民田二十五受田四顷四亩有奇,岁输粟大约不过一石,官民占田无过四十具。"这是对其占田进行的限制,说明实际占田比这要多,所以"有一家一口至三十顷者",尚有一家占田"三千余顷"。国家为了保证新授猛安谋克官员占有土地,大定二十年还规定:"定功授世袭谋克,许以亲族从行,当给以地者,除牛七具以下全给,十具以上四十具以下者,则于官豪之家量拨地六具与之。"[31]依此法令世袭谋克所占土地额为十三具,合土地52顷52亩有余。若猛安倍之,占地为105顷有奇。这与同级汉官县令、知府相比,是其职田的7.5倍,其数量绝非汉官职田俸禄所能及。[32]

根据后面章节的考证,女真族官员占到官员总数的41%,到泰和七年,女真族官员总数达到23776人,占整个社会总人口53532151的比重为0.044%。

2.渤海、契丹、汉族贵族阶层

如前所述,金朝的民族地位,女真第一,然后依次是渤海、契丹、奚、汉,他们中的上层贵族,或为金朝典章立仪,或冲锋陷阵,为金代的统一和发展做出了贡献,受到了金朝统治者的重用,当然也属于统治者之列。

(1)渤海贵族。渤海人在金朝总人口中所占比例虽然不多,但其文化层次较高,且与女真同源于靺鞨。太祖阿骨打在宁江州大捷后,曾召渤海梁福,令招谕其乡人曰:"女真、渤海本同一家。"[33]渤海人也不负所望,在女真灭辽伐宋、建立国家的过程中立下了汗马功劳。在辽代正如耶律阿保机所言,渤海为"世仇",因此,"契丹时不用渤海,渤海深恨契丹,金人兵兴,渤海先降,所以女真多用渤海为要职"[34],这也是渤海人在金代地位较高的一个重要原因。如渤海铁州人杨朴曾献计献策助阿骨打称帝立国,并参与制定朝仪制度。又如赐郭药师姓完颜,任大臭领三省事,任张浩为左丞相等等,渤海官吏备受青睐。女真皇室久与渤海大族有着婚姻联盟,金朝九帝中就有三人(海陵、世宗、卫绍王)生母是渤海人。世宗之即位,更赖其舅渤海人李石的策划与东京渤海人的拥戴。如前所述,"先用女真,次渤海,次契丹,次汉儿"的顺序,渤海人在金代是仅次于女真人的第二等民族,地位非常高。

据洪皓《松漠纪闻》卷上载:"渤海国……其王旧以大为姓,右姓曰高、张、扬、窦、乌、李,不过数种。"

渤海贵族的早期代表人物是杨朴。"杨朴者,辽东铁州人,本渤海大族。"《大金国志》云:"阿骨打用杨朴策,始称皇帝。"⑤这是他在金初政治上的突出表现,使阿骨打"变家为国"。因为他是辽朝进士,对辽朝社会与国情最为了解,所以当时金利用文书对辽展开外交攻势,其主意多出杨朴。杨朴还作为特使与宋订盟,马扩所撰《茅斋自叙》云:"差杨朴为聘使,报许十四日交割燕山后……交割南归。"杨朴还帮助阿骨打册立后宫,仿照西汉初年叔孙通定朝仪的故事,建议并制定了朝仪。

此后,在金代可以称得上是贵族的渤海大姓有三家,分别为大氏、李氏、张氏。

大氏是渤海国皇族,辽灭渤海以后,大氏仍为豪门显贵。金代大姓出现的人物有大药师奴、大家奴、大颖等,其代表人物是大㚟(挞不野),其先辽阳人,金攻破宁江州,他被金太祖收养,先被授猛安,兼同知东京留守事。此后以军功起家,在伐辽战争中,当辽军二十万来战时,他以"丈夫不得一决胜负,尚何为。苟临战不捷,虽死犹生也"的豪言壮语请缨出战,"麾本部兵横击,杀数百人,由是显名军中。"天会三年,在伐宋战争中,"独率本部兵,选善射者射其城楼,别以轻锐潜升于楼角之间,遂克其城。""复以骑二千与当海击败淮南贼十万,杀万余人"。不但勇猛绝伦,而且战功赫赫。因此,在金朝一直宠遇甚厚。天会四年(1174年)被命为统领渤海八个猛安。到海陵朝时期,他官至太傅,领三省事。病疾,海陵帝亲到府第探视,足见其地位之显赫。他有一子三女,据刘浦江考证,她们都成为了皇妃,一为海陵元妃;一为娘子大氏,后来亦进封元妃;一为世宗的柔妃。几为金朝世戚贵族之家。

李氏的代表人物是李石,日本学者外山军治考证李石就是渤海人,张博泉据《三朝北盟会编・族帐部曲录》载:"李受,渤海人。葛王(世宗)立,以母舅尝为参知政事"。认为,母舅身份作为参知政事的仅李石一人,所以李受就是李石,刘浦江亦认同这一观点。㊱李石不仅是贞懿皇后(世宗时所封)的弟弟,又是世宗元妃的父亲。李石"器识过人"㊲,宗辅为右副元帅时就引为部属,海陵时,世宗在东京任留守之职,李石是其主要谋士,他力劝世宗在非常时期先发制人,在东京辽阳称帝,有"定策之功"。其后又力劝世宗进驻中都,奠定了帝业大局。世宗即位后,被任为参知政事,后又拜为尚书令,位极人臣。后来世宗又纳其女入宫,大定元年(1161年)封贤妃,二年,进封贵妃,七年,进封元妃,是"下皇后一等,在诸妃之上"㊳的妃嫔。后来,她的二子允济又被章宗确定为继承人,即卫绍王。可见,李氏以外戚身份,其贵族地位同样是极其显赫的。

辽阳张氏贵族在金代的政治舞台非常活跃,其代表人物是张浩及其子张汝弼和侄张汝霖,均为显贵数朝之人。张浩历太祖、太宗、熙宗、海陵王、世宗五朝为官,至尚书令。海陵王即位之初,即召拜参知政事,贞元二年(1154 年)迁尚书右丞相兼侍中,翌年二月任左丞相,正隆六年(1161 年)七月拜太傅、尚书令,甚为海陵信任。海陵遇害,见风使舵,随即投向世宗。世宗不但原谅了他"在正隆时为首相,不能匡救,恶得无罪",而且因为"在省十余年,练达政务",又复拜太师、尚书令。㊴张浩家族的第二代重要人物,一是张浩的族兄玄征之子张汝弼,二是张浩之子张汝霖。他们在世宗朝都官至宰执,"时人荣之"㊵,其中张汝弼之妹还是世宗妃。世宗病重时,又提拔汝霖为平章政事,"与太尉徒单克宁、右丞相襄同受顾命",辅佐皇太孙登位。㊶章宗即位后,曾想为熙宗朝的"田珏党案"昭雪,但张汝霖出于私心坚决反对,章宗也奈之无何,只好说:"卿既以为不可,姑置之。"还是等张汝霖死了以后,这一冤案才得以昭雪㊷。这件事足以说明张氏贵族权倾朝野、地位显赫,连皇帝都要让三分。

(2)契丹贵族。契丹族作为亡辽的统治民族,其在金代历史上经历了几起几落。先是太宗时耶律余睹降而复叛,累及契丹大批贵族降将,"令诸路尽杀契丹"㊸,契丹上层势力第一次受挫。第二次是海陵末年至世宗初年的移剌窝斡、撒八起义,对契丹的贵族势力也造成了一定影响。但是总的说来,金王朝毕竟是从辽王朝的废墟上建起来的,金朝政治离不开契丹贵族的影响。检索《金史》,有影响的契丹耶律氏、萧氏人物不下二十人,入传的也有十余人,后妃亦有数人。如金初的耶律慎思,因率族众投降,"且言夏人以兵迎辽主,将渡河去。宗望移书夏人谕以祸福,夏人乃止。赐慎思姓完颜氏,官至仪同三司"㊹,并且荫及其子完颜元宜,几朝显贵。另外,还有耶律怀义,降金后任西南路招讨司使,经略西南路契丹官民;耶律涂山降金后,金廷以之为西北路招讨司使。又如熙宗废辽东汉、渤海千户谋克时,并未涉及契丹的猛安谋克。及至海陵朝,忌杀女真宗室权贵,契丹官员尤被信任,萧玉就曾被任命为尚书左丞相。

(3)汉族贵族。汉族人数众多,文化层次较高,其官员的实际能力一般又较强,是以一直为金朝所重视。但在金初,汉族士大夫分为两派,两派对金的态度有所不同,金对两派的任用和选取也各有所不同。一派是燕云地区的汉人,金人习惯称他们为汉人。因自唐以来这一地区长期兵连祸接,政权更迭频繁,他们的政治态度十分灵活,正如金世宗所说:"辽兵至则从辽,宋人至从宋,本朝至又从本朝。"他们能够很快得到金廷的重用。如刘彦宗、时立爱、任熊祥、韩企先、韩昉等一批辽末进士,降金后多被重用,帮助金朝制定各种典章制度和统治政策。据统计,辽末进士金初官至三品以上者 15 人,任宰执者竟达 7 人。他们在金初的政治舞台上扮演了非常重要的角色。另一派集中在原北宋地区,包括原北宋故土的汉人和南宋被扣的使者,金人习惯称之为南人。他们视南宋为正统,眷恋故国,对金持有敌意,即使是出仕金廷也心怀二意。因此,金朝在利用汉人官吏的过程中,相应地采取了"扬辽抑宋"对策。基于政治需要,金初也任用了某些南人,但置之高位而不重用,有名无实,最终又难免被除,如宇文虚中、高士谈、施宜生、王伦等名流。这种"扬辽抑宋"政策也表现在金初的汉人科举上。太宗时期的"南北选"规定:北人试词赋,南人试词赋、经义、策论,考试内容北人明显易于南人,加之"举场不公",南人多被落选。至金中期,由于南北讲和,民族矛盾相对缓和,汉族知识分子绝大多数也视金为"国朝",热衷于科场追逐名利,金之"扬辽抑宋"倾向才逐步消失,世宗说:"南人矿直敢为,汉人性奸,临事多避难。异时南人不习词赋,故中第者少,近年河南、山东人中第者多,殆胜汉人为官。"

从后面的考证可知,渤海、契丹、汉等族官员占到总数的 59%,照这个比例计算,到泰和七年,他们的总数达到 34214 人,占整个社会总人口 53532151 的比重为 0.064%。

事实上,他们的富贵显达并不是他们一个人的事,他们每个人代表了一个家庭,因此他们的人数,实际也就是户数。到泰和七年,整个统治阶级的人口状况应该是宗室、世戚、女真及渤海、契丹、汉等贵族人口数量之和,即:216×2+23776+34214=58422(户),占整个金朝总户数 8413164(户)的 0.7%,考虑到他们大部分妻妾成群,女婢不算在内,每个家庭的口户比也要高于全国平均数 6.4,如果设为 10 的话,当有口 584220,占总口数的比重为 1.1%。这就是金朝统治阶级的基本构成状况。

二、被统治阶级

相对居于统治地位的上述几个阶层,金代被统治阶级也可以分为三个阶层,一是士人阶层;二是农民、牧民、手工业者、商人,同时包括僧、尼、巫、道等;三是奴婢、驱口等。前两个阶层在法律上具有独立的人格和地位,但没有政治、经济、文化特权,他们中的大多数人是劳动者,自身参加生产劳动,部分拥有家庭奴婢。第三个阶层则是处于社会底层的那部分人口。

1. 士人

金代士人阶层,同辽代一样,指的是一般的读书人阶层,包括那些拥有部分田产、奴婢,但没有政治、经济、文化特权、没有入仕为官的人。

金虽以武得国,但非常重视文化教育,因而,读书人不仅数量庞大,而且社会地位和生活状况也比较好。如泰和元年(1201 年),"更定赡学养士法:生员,给民佃官田,人六十亩,岁支粟三十石。"[45]这就是说,读书人可享受"民佃官田"六十亩的地租,而且还可另外获得国家每年三十石的实物补助。对于这句话,有的学者认为是获"民佃官田",然后每亩向国家上交半石,共三十石,其余收入则归自己所有。这种理解是错误的。因为按《金史·食货志》记载,"上田可收一石二斗,中田一石,下田八斗"

如果照此计算,这个租额相当于百分之五十,与《金史·食货志》所讲,国家官田"募人佃之,官取三之一"是矛盾的。假使六十亩是上、中、下各二十,理论上说是平均收入为六十石,那么,佃农才交租二十石,而士人身份的人反而要交三十石,与情理不通㊻。

正是由于有这样的照顾政策,金代士人阶层始终热衷于进入上述各类学校读书,希望通过科举步入上层社会。因此,金代的教育非常发达。太宗时"兴庠序,设选举"。㊼当时除了汉人学校外,还新办女真字学校。熙宗推行汉化改革后,在全国范围内推行汉制,学校又有了进一步的发展。海陵天德三年始设国子监,置国子学。世宗大定六年(1166年)始置太学,十三年(1173年)增设女真国子学,十六年(1176年)置府学、州学,二十八年(1188年)建女真太学。州县学、乡校、私塾也随之发展起来。史称"大定、明昌间,文治为盛,教养既久,人物辈出。"㊽形成了"儒风丕变,庠序日盛"的形势㊾,当时的学校建设是"外县则令长司学之成坏,与公廨相授受,故往往以增筑为功"。在科举制度的政策引导下,"若仕进之路,则以词赋、明经取士,豫此选者多至公卿达官。捷径所在,人争走之。"出现了"文治既洽,乡校家塾弦诵之音相闻"的繁荣景象㊿。

读书人中一部分通过科举考试进入仕途,成为金统治阶级的重要组成部分,而且,一旦入仕,跨入统治阶级门槛,俨然判若两人。对此,刘祁深有感触:

> 南渡后,士风甚薄,一登仕籍,视布衣诸生遽为两途,至于征逐游从,辄相分别。故布衣有事,或数谒见在位者,在位者相报复甚希,甚者高居台阁,旧交不得见。故李长源愤其如此,尝曰:"以区区一第傲天下士邪?"已第者闻之多怒,至逐长源出史院,又交讼于官。士风如此,可叹![51]

另外一部分完成学业后,或为社会贤达,享誉一方;或性情所致,四方云游,他们属于士人阶层。《金史·隐逸传》所载:褚承亮、王去非、赵质、杜时昇、郝天挺、薛继先、高仲振、张潜、王汝梅、宋可、辛愿、王予可等十二人就属于这一类。如辛愿,"性野逸,居女几山下,自号女几野人。麻衣草履,以吟咏讲诵为事,虽六经百家无不通,但平生不为科举计"[52];这些人大部分"性野逸",不为斗米折腰。如元好问的老师郝天挺,"早衰多疾,厌于科举,遂不复充赋……为人有崖岸,耿耿自信,宁落魄困穷,终不一至豪富之门"。辽相赵思温后代赵质,"大定末,举进士不第,隐居燕城南,教授为业……召至行殿,命之官。固辞曰:'臣僻性野逸,志在长林丰草,金镳玉络非所愿也。况圣明在上,可不容巢、由为外臣乎。'上益奇之,赐田亩千,复之终身。"

正如前述,这些人虽然不仕,没有特权,但社会声望都比较高,一般"教授为业",即当教师为生。如高仲振辽东人,入居嵩山,"博极群书,尤深《易》、《皇极经世》

学",其弟子有张潜、王汝梅等。王汝梅通律学,"生徒以法经就学者,兼授以经学。诸生服其教,无敢为非义者"。如杜时升,"博学知天文,不肯仕进。隐居嵩、洛山中,以'伊洛之学'教后进,从学者甚众。"王去非因科举不第,"家居教授,束修有余辄分惠人。"曹汪也因科举失意,"居方城二十年,教授为业"。薛继先"南渡后,隐居洛西山中,课童子读书。"贞祐之后,金统治地域只有河南,陕西等地,"故仕进调官皆不得遽,入仕或守十余载,号重复累,"因此,有些士人即便有科举功名,也"往往归耕,或教小学养生"。㊿

金代各类官学在校读书人的数量,前后不同,国子监,海陵天德三年(1151 年)有"词赋、经义生百人,小学生百人"。太学,大定六年(1166 年)"初养士百六十人,后定五品以上官兄弟子孙百五十人,曾得府荐及终场人二百五十人,凡四百人。府学,大定十六年(1176 年)"凡十七处,共千人。"㊾当然,除此之外,还应有刺史州学和县学,以及县学以下的乡学和私学,学生也不在少数。㊽以上生员的数量大致为:国子监生 200 人 + 太学生 400 人 + 府州学生 1000 人 = 1600 人,考虑到这是不同时期的学生相加,大定十六年(1176 年)距天德三年(1151 年)已过去 25 年,三项合计应达 2000人。泰和七年(1207 年)距大定十六年(1176 年)业已过去 31 年,设学校培养 4 年一个周期,应该培养了 8 届学生,有 16000 人,到了"版籍之极盛"的泰和七年,达到20000 人应该没有问题,除去入仕为官的,自然死亡的,留下四分之一的话还有 5000人。另外,还有县学、乡校、私塾等学校,这些学校的学生如果不到上述学校读书,又没有相应成就的话,也很难称其为士。当然,通过其他途径,各方面达到一定造诣、取得一定成就的人可能还很多,但作为"士"这个阶层重要的不是他的数量,而是他们在社会上的地位和影响,尤其是在汉化日益深入的金国,他们的作用会更大。

2. 农民

同马背上的民族——契丹族不同,金代女真族是一个"以耕凿为业"、"耕垦树艺"的民族,建国后,其猛安谋克部民也仍然以农业为主,金太宗以后,"虑中州怀二三之意",大批猛安谋克户迁入中原,"与百姓杂处,计其户口,给官田,使自播种,以充口食,春秋量给衣,马殊不多,余并不支给"㊼。在金代社会中,特别是金朝的中期和后期,农民,包括自耕农和佃农仍应是社会成员的主体,而女真族的主体也是农民。

猛安谋克户进入中原后,使许多原来的汉人自耕农变成了佃农。如《金史·张行简传》所说,"括官田给军","名曰官田,实取之民以与之",即强夺汉人田地,授予以女真人为主体的猛安谋克户。但落后的女真人到中原后,"狃于宴安,习成骄惰"㊻他们往往"不亲稼穑,不令家人农作,尽令汉人佃莳","春则借农以种,夏则借人以耘,秋则借人以收","收其租入",甚至"预借三二年租课",有时"或种而不耘,听其荒芜者"⑱。金世宗企图对猛安谋克户的出租田地稍作限制,"自今皆令阅实各户人力,可耤几顷亩,必使自耕耘之,其力果不及者方许租赁。如惰农饮酒,劝农谋克及本管猛安谋克并都管,各以等第科罪。收获数多者则亦以等第迁赏。"但是,效果并不明显,最后到泰和四年(1204年)只得"定屯田户自种及租佃法"⑲。

由于受到女真族迁居中原,大肆掠夺原住民田地,以及人口增加的影响,金代农业社会中的租佃制愈来愈占主导地位。金朝后期的河南一带,"多全佃官田之家,坟茔、庄井俱在其中,率皆贫民"⑳。汉族佃农一般都属"贫民"。在当时的生产水平和社会条件下,地租额不论是多是少,佃农所承受的剥削总是残酷的,"职官公田岁入有数","百姓各随公宇就输,而吏或贪冒,多取以伤民"㉑。在开州长垣县,"县民佃镇防军田,既淤垫,有未尝投种者,营卒恃势征租不少贷,民无所诉,任其陵轹,有夺之牛者"㉒。

金朝农民负担各种税役,汉族等农民有夏秋两税等赋税:"大率分田之等为九而差次之,夏税亩取三合,秋税亩取五升,又纳秸一束,束十有五斤。"㉓这大致是个平均数。南宋楼钥于宋孝宗乾道五年(金世宗大定九年,1169年)在出使金国途中,走到雍丘县(今属河南杞县)一带,听到的金国税制是"二税输粟及米,亦纳绢,但薄而小,此间只是旧时风范"㉔。绢属夏税,故称"夏绢,凡丈尺小户,旧例合并全匹输纳,随村首目皆自敛掠"㉕。金朝夏税绢与宋朝夏税绢相似,农民田地少者,则不纳整匹,而是几户以至几十户"合并全匹输纳"。

女真人等猛安谋克户,同样是农民,但不输两税,而输牛头税,亦称牛具税,"其制每耒牛三头为一具,限民口二十五受田四顷四亩有奇,岁输粟大约不过一石,官、民占田无过四十具"。牛头税额每具最多不超过一石,或"每牛一具赋粟五斗",或"每牛一头止令各输三斗"㉖,合计九斗,约折合每亩0.12— 0.25升,显然比汉族农户的两税轻得多。甚至还有记载说:"其金人北军一家莳地不下数顷,既无税赋。"㉗这也反映了金朝民族歧视的一个侧面。

金朝农民须负担兵役、劳役等,金熙宗皇统时,"河决李固渡","调曹、单、拱、亳、宋五郡民修之,民有田一顷者出一夫,不及者助夫之费,凡二万四千夫"。金海陵王时大修宫殿,"夫役频并,每中人之家,止敢置地60亩,已该作夫头,一顷以上作队首"㉘。尽管在相当长的时期内,金朝一直以女真人作为军队的基干,但汉族农民的兵役负担也十分沉重。楼钥在胙城(今属河南延津)遇到的情况很能说明问题:

　　宿胙城县,途中遇老父云:女婿戍边,十年不归,苦于久役,今又送衣装与之。或云:新制大定十年(1170年)为始,凡物力五十贯者招一军,不及五十贯者率数户共之下者一二千者亦不免,每一军费八十缗,纳钱于官,以供此费。[69]
这尚是在没有大规模战争情况下的兵役负担。

在当时的经济技术水平下,金代农民自然不可能抵御各种天灾人祸。如《夷坚志甲·梁小二》载,金熙宗"皇统之中,河东荒饥,荐疫疠臻,流徙满道路"。宋人记载金海陵王时的汉族农民的境遇:

> 遇岁小歉,则输纳税赋民且不能给,何暇计糊口之有无,遇岁大熟,北库所收甚多,尽行和籴,其价必贱,则庄农供官科配愈难支持,是岁之丰歉,民皆被困,衣食不给。[70]

由于天灾人祸不断,农民经常遭遇破产的厄运,沦为奴隶。如宋人记载,金熙宗皇统时,"陕西连岁不雨,至是泾、渭、灞、浐皆竭,五谷焦槁,秦民无以食,争西入蜀。"宋朝官员"不敢纳,皆散去饿死。其壮者北人多买为奴婢,郡邑荡然矣。"[71][72]

据第三章测算(参见表3—2),到泰和七年(1207年),猛安谋克户和在都宗室将军司有7751357人,州县户口44696463人,州县户口的主体就是农民,而且主要是汉人。泰和七年(1207年)的天下人口为53532151人,州县人口的比重占到83%以上,如果除去工匠等其他人口,加上从事农业的女真人口,比重当不会低于85%。

3. 牧民

金代女真族非游牧民族,牧民主要是契丹、奚、党项等西北诸部的人民。金朝在西北部沿用辽制,设部族、乣、群牧等,《金史·完颜襄传》称"诸部族节度使及其僚属多用乣人","乣虽杂类,亦我之边民"。《金史·世宗纪》载,曾"诏西北路招讨司契丹民户","其不与叛乱及放良奴隶可徙乌古里、石垒部,令及春耕作"。

这些牧民主要有以下部族、详稳、群牧组成:

> 东北路部族乣军曰迭剌部,承安三年改为土鲁浑札石合节度使。曰唐古部,承安三年改为部鲁火札石合节度使。二部五乣,户五千五百八十五。其它若助鲁部族、乌鲁古部族、石垒部族、萌骨部族、计鲁部族、孛特本部族数皆称是。西北、西南二路之乣军十,曰苏谟典乣、曰耶剌都乣、曰骨典乣、唐古乣、霞马乣、木典乣、萌骨乣、咩乣、胡都乣凡九[73]

牧民比较突出的负担是兵役。由于女真军素质不断退化,北方游牧民族组成的乣军后来成为金军的精锐。海陵南伐,尽签契丹诸部为军,"而沿边契丹恐妻孥被邻寇钞掠,不可尽行,遂皆背叛。"正是这种沉重的兵役负担直接导致了契丹移剌窝斡和撒八大起义。在蒙古军队的进攻下,他们也是最早反戈叛金的人。

据表3—2测算,部族户口(含诸乣、群牧)1084331人,占全国总人口的比重为2%。这个数字不包括在"河南东路、河南西路、陕西路皆设提举、同提举,山东路止设提举"[74]的提举围牧所的牧民。

4. 工匠

金初女真人"无蚕桑,无工匠,舍屋车帐,往往自能为之。"[75]说明当时还没有专职工匠。金太祖破辽燕京后,即将"命习古乃、婆卢火监护长胜军,及燕京豪族工匠,由松亭关徙之内地"。[76]金军破北宋国都开封府,也屡次搜索匠人:"木匠五十人、竹瓦泥匠、石匠各三十人";"鞍作十人,玉匠一百人";"金银匠八十人";"冠子、帽子裁缝、染作、木工、铁工、银作"等,在撤退时,"押工役三千家北归"[77]。在占领中原后,"元帅府在陕西者,其官属往往豪压贫民为奴,起遣工匠千人东来,至河上。(耨盌温敦)思忠留止其人以闻,诏皆还之"[78]。

可见,人口掠夺是早期工匠的主要来源,其身份自然以奴隶为主,随着时间的推移,金朝官府也逐渐承袭宋制,对工匠实行差雇,并且,其人身也具有某种程度的自由。例如,《金史·梁肃传》载,金世宗时,发生尚辇局本把石抹阿里哥,与钉铰匠陈外儿共盗宫中造车银钉叶的事件;《金史·世宗纪》载,金世宗晚年时说:"今土木之工,灭裂尤甚,下则吏与工匠相结为奸,侵剋工物。"

同人身自由相适应,金廷差雇工匠,也支付工钱。《三朝北盟会编·炀王江上录》说,金海陵王差发工匠和人夫修缮"汴京大内","工匠日支米二升半,钱五十文,人夫亦如之"。金世宗命石琚与右丞苏保衡共同监护十六位工役,交代他说:"此役不欲烦民,丁匠皆给雇直,毋使贪吏夤缘为奸利"[79]。金章宗即位,"改造殿庭诸陈设物,日用绣工一千二百人,二年毕事"[80]。据《金史·百官志》记载,其工资标准如下:

> 诸局作匠人请俸,绣女都管钱粟五贯石,都绣头钱粟四贯石,副绣头三贯五百石,中等细绣人三贯石,次等细绣人二贯五百石,习学本把正办人钱支次等之半,描绣五人钱粟三贯石,司吏二人三贯石。修内司,作头五贯石,工匠四贯石,春秋衣绢各二匹。军夫除钱粮外,日支钱五十、米一升半。百姓夫每日支钱一百、米一升半。国子监雕字匠人,作头六贯石,副作头四贯石,春秋衣绢各二匹。长行三贯石,射粮军匠钱粟三贯石,春秋衣绢各二匹,习学给半。初习学匠钱六百,米六斗,春秋绢各一匹,布各一匹。民匠日支钱一百八十文。

从上述记载还可以看出,在金朝官营手工业中,有长期服役的官匠、军匠,临时雇募的民匠等。尽管如此,在财用困窘的情势下,也有强差而不支雇值的情况。程卓《使金录》载,金卫绍王时,正值对蒙古战事,军情紧急,为宋使修车的木工抱怨说:"此间官司不恤民,一应工役,自备工食及合用竹木等费",以至"子孙不敢世其业"[81]。

　　总的看来,到金朝中后期,工匠的社会地位和状况大致与北宋社会相似。"今少府监工匠、太常大乐署乐工,皆民也,而不得与试"[82],说明少府监的工匠并不是奴隶,而是有人身权利的"民"。官府差雇工匠,表明民间手工业中的雇佣制应占一定比例。金朝后期,这种记载更多。如《金史·李复亨传》:"汝州鲁山、宝丰,邓州南阳皆产铁,募工置冶,可以获利。"《金史·从坦传》也载完颜从坦上书:"平陆产银铁,若以盐易米,募工炼冶,可以广财用,备戎器。小民佣力为食,可以息盗。"

　　从《金史》记载可以看出,有的是诸局作匠人,他们是官营手工业工人,应该有一定的人身限制,不能随便改行,同时,民间也应有大量的自由手工业者,这部分人大部分是兼职而为,农忙时进行农作,农闲时靠手艺挣钱,所以他们的具体人数很难估量。

　　5. 商人

　　作为农业为主的民族,金初商业并不发达。随着与中原社会的融入,商业逐渐发展起来,商人也成为金代一个重要的社会阶层。《金文最》载:"市井致民,其来尚矣。缘情逐类,以聚货钱,以通财利。垄断之登,关司征税,贪残之为,率非善治"[83]。说明金代社会商人还是很活跃的。

　　贞祐以前,黄河以南一直十分荒凉,富庶区集中在山东、河北等地,如《金文最·济阳县创建先圣庙碑》说,"济南属县有七,水陆俱通,四方游贩岁集而日至者,莫如济阳"。《金文最·创建宝坻县碑》载,大兴府宝坻县作为国都属县之故,"居人市易,井肆联络","加之河渠运漕,通于海峤,篙师舟子,鼓楫扬帆,懋迁有无","其富商大贾,货置丛繁,既迁既引","鬻者兼赢,商求者不匮,大率资鱼盐之利"。这表明上述地区经济的繁荣是与商人"懋迁有无"相关,商人在金代社会中的作用可见一斑。

　　同历朝历代一样,商人地位居于士农工商"四民"之末,且税负很重。金世宗大定十六年(1176 年)规定:"商贾舟车不得用马。"[84]以示其与官员等的区别,同时商人也受到官府种种勒索,"定商税法,金银百分取一,诸物百分取三"[85]。在宋朝的商税中,"过税"为2%,"住税"为3%[86],税率与金相近。不但如此,在法定税负以外,商人还遭受许多的盘剥甚至掠夺,如明昌初,"禁指托亲王、公主奴隶占纲船,侵商旅及妄征钱债"[87]。由此看来,贵族们任意侵夺商贾赢利,是相当普遍的事,以致皇帝须亲自发布禁令。到了金晚期,对商人的税外剥削更重,金哀宗时,"绛、解民多业贩盐,由大阳关以易陕、虢之粟,及还渡河,而官邀籴其八,其旅费之外所存几何"[88]。掊剋盘剥如此,商人们的生意已经没法做下去了。

　　6. 僧、尼、巫、道阶层

　　金承辽之习俗,亦喜好佛事。如女真始祖函普之兄阿古乃即好佛事。[89]金初,金源内地也有佛事活动,如太宗天会元年在上京庆元寺有僧人献佛骨之事。[90]熙宗、海陵、世宗、章宗朝均有崇佛之事。据宋人记载，熙宗"以生子大赦，令燕、云、汴三台普度童行有籍于官者为僧及道士，奴婢欲脱隶役者才以数千，请嘱即得之，得度者亡虑三十万"[91]。海陵改元正隆之后，亲到宣华门迎佛，并赐诸寺僧"绢五百匹，采五十段，银五百两。"[92]世宗也"颇信神仙浮图之事"，他说："人皆以奉道佛、设斋读经为福，朕使百姓无冤，天下安乐，不胜于彼乎。"并于大定二十六年（1176年），赐大永安寺"田两千亩，粟七千株，钱两万贯。"[93]章宗对佛也不无好感。他的儿子洪辉生下后不久得了"急风"病，愈后，章宗令印《无量寿经》一万卷报谢，衍庆宫作普天大醮七日。皇子忒邻"生满百日，放僧道度牒三千道，设醮玄真观，宴于庆和殿。"[94]

但是，金代总的来说对佛教采取的是限制政策大于宽容政策，使佛教终不能像辽代那样形成一个僧侣贵族阶层。如太宗时期，赞同伪刘齐政权"不兴佛通"[95]和"凡浮屠老子之居，曩日所严奉以祈福者，一切废革"[96]的做法；海陵王即位后，于天德二年（1150年）制定禁令"禁二月八日迎佛"，正隆元年（1156年）二月，又遣刑部尚书纥石烈娄室等拘括"大兴府、平州路僧尼道士女冠等地，以授所迁之猛安谋克户"[97]。金世宗曾言："至于佛法，尤所未信。梁武帝为同泰寺奴，辽道宗以民户赐寺僧，复加以三公之官，其惑深矣。"在大定十九年又曾对宰臣说过"人多奉释老，意欲檄福。朕早年亦颇惑之，旋悟其非。"[98]章宗言："僧道以佛、老营利，故务在庄严闳侈，起人施利自多，所以为观美也。"[99]同时，自熙宗时起，多次采取放免二税户政策，断绝了寺院的经济基础。在这种政策下，金代佛教始终没有像辽代那样盛行，僧尼人数没有超过社会所能容纳的限度，更没有形成一个僧侣贵族阶层。

金代道教有了一定的发展，尤其是到了晚期，全真教发展非常迅速，但是也没有形成独立的政治势力。同时，纵览《金史》，时常有关于"巫"、"巫者"的记载，这是女真族原始宗教萨满教的巫师，尤其是金初，地位非常高，如昭祖生二男二女，不仅全为"巫者"所预测，且名字都是他们取的[100]。但他们同样没有形成一定的势力；相反，凡那些有"无妄之言"或借此谋反的巫、道之人，则会遭到严厉的镇压。

7. 奴婢、驱口

虽然对金代社会性质存有争议，但金朝奴隶制非常盛行是没有异议的。金代奴婢分为官奴婢和私人奴婢两大类，官奴婢包括："猛安谋克之奴婢免为良者，止隶本部为正户。凡没入官良人，隶宫籍监为监户，没入官奴婢，隶太府监为官户[101]"，即正户、监户、官户，在前期还有寺院的二税户。同时，还有大量的私人奴婢存在于猛安谋克户或少数汉人、契丹人、渤海人等贵族家庭中，而且，这个数字应该是很大的。

金代社会的奴婢来源主要有三部分：战俘、罪犯和债务，其中，战争俘虏所占比重最大。金朝统治者掳掠了大批契丹、汉人等充为奴隶。在灭辽时"所得（契丹）妃嫔儿女,尽分配诸军充赏"⑩。在对宋战争中,许多汉人沦为奴隶,甚至包括宋朝的大批王公贵族。《容斋三笔》卷三"黔黎遭兵之苦"条载:

> 靖康之后,陷于金人者,帝子王孙宫门仕族之家尽没为奴婢,使供作务,每人一月支稗子五斗,令自舂为米,得一斗八升,用为糇粮。岁支麻五把,令缉为裘,此外更无一钱一帛之入。男子不能缉者,则终岁裸体人。或哀之,则使执,虽时负火得暖气,然才出外取柴归,再坐火边,皮肉即脱落,不日辄死。惟喜有手艺,如医人、绣工之类,寻常只团坐地上,以败席或芦藉衬之,遇客至开筵,引能乐者使奏技,酒阑客散,各复其初,依旧环坐刺绣,任其生死视如草芥。

更有甚者,他们将被俘虏来的汉人"立价卖之",或"驱之鞑靼、夏国以易马,亦有卖于蒙古、室韦、高丽之域者"。

表4—4　金大定二十三年猛安谋克等户口奴婢比重表⑩

户别	户数	总口数	正口数	奴婢口数	奴婢所占比重(%)
猛安、谋克户	615624	6158636	4812669	1345967	22
在都宗室将军司户	170	28790	982	27808	97
迭剌、唐古二部五乣户	5585	137544	119463	18081	13
合计(平均)	621379	6324970	4933114	1391856	22

金朝奴婢社会地位非常低下,处于整个社会的最底层。金朝奴婢的社会地位比唐、宋时期更低,奴婢是主人的私家财产。金世宗时"推排"女真猛安谋克户"物力","推贫富,验土地、牛具、奴婢之数,分为上、中、下三等",奴婢是"物力"的重要统计内容,《金史·食货志》载:"括其奴婢之数,则贫富自见。"其身份还表现在服饰穿着上,"奴婢止许服绅绸、绢布、毛褐",不得"服明金","服罗"⑩。甚至,其人身安全亦没有保障。南宋范成大曾有诗云:"女僮流汗逐甊骍,云在淮乡有父兄。屠婢杀奴官不问,大书黥面罚尤轻。"诗人在题下注中说:"定兴县中客邸前,有婢两颊刺'逃走'二字,云是主人私自黥涅,虽杀之不禁"⑩。《金史》载,宋朝降金官员郑建充"性刚暴,常畜猘犬十数,奴仆有罪,既笞已,复嗾犬啮之,骨肉都尽"⑩。凶恶残暴,莫此为甚。金海陵王在位时,曾"多变易旧制","虽主决奴婢,亦论以违制",但后来却被正统派们视为"任情用法"而废弃⑩。即使被认为宽和仁政的金世宗也仅是对此稍作限制,世宗在大定十八年(1178年)规定,"定杀异居周亲奴婢,同居卑幼辄杀奴婢,及妻无罪而辄殴杀者罪"⑩,虽对杀奴稍作限制,但可用于赌博、婚嫁之资、贿赂等用,甚至有生焚奴婢殉葬之陋习⑩。这种在汉族地区是早已消亡了的恶俗,在这里还时有发生。

金朝奴婢在总人口中的比例相当大。如前所述,尽管有官户、监户、奴婢户和二税户四类奴婢户,但这四类户名并不能包括金代社会的全部奴婢,因为大量奴婢,尤其是私家奴婢并未单独立户。奴婢的民族成分比相当复杂,除大量汉民沦为奴婢外,也有其他民族,包括女真族。《金史·食货志》载:"女直奴婢如有得力,本主许令婚娉者,须取问房亲及村老给据,方许娉于良人。"

如表4—4所示,仅大定二十三年,猛安谋克户中奴婢所占比例已经达到了22%,在都宗室将军司户中甚至达到了97%。总比例约为22%,也就是说,在猛安谋克人口中接近四分之一的人口为奴隶身份,说明金代奴婢人数之多,也说明整个金代社会中期以前的奴隶制倾向是非常明显的。根据第二章的测算,到泰和七年,猛安谋克奴婢口数达到了1649617,在都宗室将军司奴婢口数达到34081,迭剌、唐古二部五糺奴婢为23160。即到了泰和七年,仅猛安谋克等三类户口中的奴婢总数将达1706858人,占总人口的比重为3.2%,若再加上其它奴婢口数字,总数当更多。当然这是理论上的推测,同时,一直在学界颇具争论的"驱户"、"驱丁"、"驱婢"问题,这里不再单独讨论,因为在《金史》多组数据里,均没有相关的记录,只是在不同的材料里有不同的名字,他们应该包括在了上述数字中。

三、各阶级阶层之间的变化及其对人口发展的作用

金代两大对立的社会集团统治阶级和被统治阶级之间的转化不像辽代那样明显,金代皇族没有出现犯罪或株连后身份转为奴隶的现象,也没有出现如辽代韩德让(耶律隆运)之流能从奴隶身份否极泰来、一跃而贵极人臣、一人之下万人之上的现象。

辽代用于囚禁、役使罪犯的场所称为"瓦里",其设置比较广泛,在朝廷、各斡鲁朵、各部族中都有。辽世宗以后规定,"内外戚属及世官之家,犯反逆等罪,复没入"。[⑩]这些没入瓦里的人不仅有皇族耶律氏成员,而且包括了后族萧氏和其他各部族的人。一旦被没入瓦里,他们即被剥夺了高贵的身份,成为皇家的奴隶,隶属于内廷的著帐诸局,"凡御帐、皇太后、皇太妃、皇后、皇太子、近位、亲王祗从、伶官,皆充其役"[⑪]。

金代前期,尤其是熙宗、海陵两朝,"屡杀宗室"[⑫],完颜亮"深忌宗室","欲尽除宗室勋旧大臣"[⑬]。但是,对整个家族并没有进行"籍其家"、没入"瓦里"等惩罚,甚至除个别受株连的家族成员遭到杀戮外,其他人还基本保留宗室地位。从金史记载来看,最严重的倒是金末被政变推翻的卫绍王、章宗时诛杀的郑王,家属长期被禁锢:"贞祐二年,迁都汴,诏凡卫绍王及郑厉王家人皆徙郑州,仍禁锢,不得出入。男女不得婚嫁者十九年。天兴元年,诏释禁锢。是时,河南已不能守,子孙不知所终。"[⑭]这

是对宗室被诛家属最严厉的惩罚了,虽然禁锢、不得婚嫁,而且前后持续四十余年,但终究没有将他们列入贱籍。上层贵族犯罪也仅及本人或主要亲属,严重者"籍其家产",并没有将其家人充为奴婢,这方面同金初的债务、刑罚奴婢又有很大不同。

金代世宗以后,随着封建经济的发展,奴隶免为良的事情越来越多。

大定二十九年(1189年),章宗即位当年,即将作为自己财产的奴婢放良:"宫籍监户旧系睿宗及大行帝、皇考之奴婢者,悉放为良。"[115]这是因为睿宗是其曾祖父宗辅,世宗是其祖父,"皇考"即其父允恭,章宗本人就是是他们的财产的继承人。此后,监户从良主要是从赎身的途径进行。大定二十九年(1189年)闰五月,"辛酉,制诸饥民卖身已赎放为良,复与奴生男女,并听为良"[116]。明昌元年(1190年)三月,"癸亥,礼官言:'其驱婢所生,旧制官给钱百贯,以资乳哺,尚书省请更给钱四十贯,赎以为良。'制可"[117]。即从名义上的主家哺养(实际上还是奴婢自己哺养)而仍为奴婢,变成国家"乳哺"而为良人,从而杜绝了一个奴婢的重要来源。对二税户的放免是章宗时的一大亮点。世宗时期放免量不过"六百余人",到章宗时期仅北京等路所免二税户,竟然一次达到"一千七百余户,万三千九百余口,此后为良为驱,皆从已断为定"[118]。同时章宗时期制定了《奴诱良人法》和《掠人为奴婢法》等法律并且出台了废除猛安谋克世袭制的法令。例如大安五年(1200年)正月庚戌,"定猛安谋克军前怠慢罢世袭制"[119],五月乙卯朔,"定猛安谋克斗殴杀人遇赦免死,罢世袭制。"[120]泰和八年(1208年)四月,"诏定猛安谋克承袭程试格。"[121]同时,对猛安谋克的土地出现的租佃现象加以法律肯定,如《金史·章宗纪四》载:泰和四年九月壬申,"定屯田户自种及租佃法"。凡"不能自耕,必以与人,又当取租"[122],对于原来的猛安谋克围猎地,"悉与民耕,虽禁地,听民持农器出入"[123]。到这时,金代女真人社会已经基本实现了封建化。

其实,奴隶身份的改变是生产力发展的必然结果,农民的租佃制生产效率远远高于奴隶制的耕作组织方式,这些奴隶主们也乐于纷纷将奴隶卖出,多置田产,雇人耕种,反而比蓄养大批奴隶成本低、收益高,因而也推动了社会阶层的改变。对于奴婢而言,自身地位的提高,极大地释放了他们的生产积极性,除了承担一定的地租和赋役外,有了自己的私有财产和人身自由,而随着自由农民家庭的发展,必然促进家庭人口的发展,从而使整个社会的人口和经济发展到一个更高的水平。

至于奴婢走上统治阶层,进而富贵腾达者并不多见。从史料看,金代具有奴婢身份的人也有参加科举考试的。皇统年间(1141年—1148年),赤盏晖知宋州,"属县民家奴王燮者,尝业进士,晖以钱五十万赎之,使卒其业,燮后至显官"[124]。《归潜志》也记载:"多福,池州人。少为人奴,后读书为学,第进士,其主良之。"[125]但从《金史》

记载看,似乎还有矛盾之处,如《金史·选举志一》载,泰和元年(1201 年)曾下诏"放良人不得应诸举,其子孙则许之"。到泰和六年(1206 年),奴免为良者方准予参加科举考试。也就是说,至少到章宗后期,奴婢还是不能参加科举应试的,那么这两个例子只能理解为,前者是先考取进士,后因故为奴,再被赎出,后者可能是宣宗以后的事了。

从贱籍平步青云的当属章宗元妃李师儿。

> 元妃李氏师儿,其家有罪,没入宫籍监。父湘,母王盼儿,皆微贱。大定末,以监户女子入宫……章宗好文辞,妃性慧黠,能作字,知文义,尤善伺候颜色,迎合旨意,遂大爱幸。明昌四年,封为昭容。明年,进封淑妃。父湘追赠金紫光禄大夫、上柱国、陇西郡公。祖父、曾祖父皆追赠。

章宗曾想立其为皇后,最后,因众臣反对,立后之事未成,但也"势位熏赫,与皇后侔矣"。其兄弟仗势跋扈,甚嚣尘上,但在章宗死后被设计陷害,"仍追除复系监籍,于远地安置。"[12]一切又归于复始。

当然,为官被免沦为平民者在任何一个朝代都是一个很正常的现象。同样,士农工商阶层的人士通过个人努力从不同的渠道求取功名,跻身统治阶级上层者更不乏其人,社会阶层间的这种流动是被统治阶级的要求,也是统治阶级的需要,这种人才的阶级、阶层间的流动维护了金代女真族的统治秩序,在一定程度上也促进了金代经济社会和人口的发展。

第二节　金代人口职业结构

人口的职业结构不同于阶级结构,更多的是研究一定历史条件下,人们社会分工的种类及其在社会发展中的地位和水平。按照金代的社会人口状况,其职业首推应该是农业,其次是牧业,然后依次是手工业、商业,最后是官员。

一、农业

农业是金王朝的立国之本,建国前女真人的农业已经得到了初步发展。至女真完颜部绥可时,完颜部迁到松花江支流阿什河流域,开始定居生活,在这里种植五谷,饲养家畜、纺麻织布,从事农业生产。"田宜麻谷,以耕凿为业","种植五谷"但尚不知蚕桑[①]。而其农业主要还是"种植稗子",说明农业发展处于原始阶段。随着女真完颜部的强盛,女真族农业经济地域也逐渐扩大。据史料记载:"自束沫

(今第二松花江)之北,宁江(今吉林扶余伯都呐古城)之东北,地方千余里,户口十余万,散居山谷间"的女真人,以"耕凿为业"[128]。农业经济已经成为女真人的主要经济生活内容。

随着女真族的不断壮大,生产力水平的不断提高,农业在女真族经济中的地位越来越重要。收国元年(1115年),金太祖完颜阿骨打即皇帝位,"阿离合懑与宗翰以耕具九为献,祝曰:'使陛下毋忘稼穑之艰难。'太祖敬而受之。"可见从太祖开始,金代统治者对农业就非常重视。此后历代皇帝,太宗、熙宗、完颜亮、世宗、章宗等,均奉此为基本国策。熙宗为了扩大农田耕种面积,采取了首先"弛禁"土地的措施,并将皇室占有的"护逻地"和"禁苑"隙地均行弛禁,官方的闲置土地分赐给百姓耕种和放牧。海陵王完颜亮曾派遣官吏到各路查看闲置撂荒的土地,并强调要充分开发和利用这些荒闲的土地。金世宗依旧遵循重视农业发展的道路。

正是金朝历任统治者的高度重视,其农业生产得到迅速发展。主要表现为:

一是农业生产技术大大提高。牛耕、生产工具的使用和推广是金代东北地区农业生产力发展的两大标志,这里的生产工具特指铁制农具。在金代,铁制农具的使用尤为突出,从当地出土的铁器可以说明这一点。在肇东县八里城一次就出土铁器700余件,其中出土的犁铧、犁镜、耤头、锄、镰、手镰、锹、锄草刀、垛叉等农业生产工具50多件[129]。在吉林省农安市万金塔、三宝、朝阳等乡同样发现金代的犁铧、镐、铁镰、犁镜等铁器[130]。在德惠等县也发现犁铧、镐、镰、铲等[131]。从以上出土的农具来看,涉及的范围比较广,出土农具的种类也很齐全,既有耕翻工具,也有收获工具。同时,说明金代的农业已经向精耕细作的方向发展。大量农具在这些地区出现,反映了这里曾是金代农业发展的重点区域,而且经济基础也比较雄厚。这个时期的农耕技术也得到了提高,不仅适用于旱田,还可以应用到水田。

二是农业耕地面积较大幅度扩展。从整个东北地区农耕区分布情况看,可分为上京路与咸平路地区、东京路与北京路地区、临潢府路区三个部分。金上京、东京等路均为典型的森林草原地区,森林草原下发育的土壤是黑土,受自然条件的影响,这些黑土层有良好的理化和生物特性,自然肥力高,生产潜力大。在金代,由上京沿松花江、第二松花江、拉林河至东京、咸平一带,形成"金源地"的重要经济开发区。金本土农耕区一直延伸到乌裕尔河流域。乌裕尔河是黑龙江省境内的内陆河,全长426公里,发源于小兴安岭山地,向西南流经克东、克山、依安、富裕、齐齐哈尔、杜尔伯特等市县。乌裕尔河处于松嫩平原的北端,其上游地区构成了金代农业开发的北界。辽代这一地区是以渔猎为主要生产方式的区域,金代的建立促进了这一地区经济由原来的渔猎、畜牧向农耕生产转型,使金代农耕区向北有了较大幅度的拓展。⑫

三是农业比重显著增加。金王朝建国后实行移民实内政策,将大批的渤海人、辽和北宋大批汉人、契丹人迁于金源内地和东北其他地区从事农业生产,还强令女真猛安谋克屯田垦荒,从而促进了该地区农业的恢复和发展。东北地区的辽河平原和松嫩平原以及长白山地区,在金代普遍得到了大规模的开发,并在地域上实现了彼此联合。这种局面也促使东北地区农业区域发生了变化。辽代东北地区主要农业区域基本围绕辽上京临潢府分布在今西拉木伦河流域。金代建都阿什河流域,阿什河流域的金上京不仅是金的政治中心,也是地区的经济中心。经过金代的地区开发,这一地区成为东北中部农业生产的中心。此外,由上京会宁府至今第二松花江沿线农业开发深度明显加强,逐渐成为东北地区内的主要农业垦殖区。同时,农耕区范围有了较大幅度扩展,其北界一直延伸到今乌裕尔河流域。说明金代东北地区的农业经济发展得到了很高程度的升华。⑬

四是从事农业生产的人口比辽代多。辽代基本上是"南农北牧"的格局,北部、西北部的契丹、奚、蒙古人以从事牧业为主,广大中原地区的汉人一直以农业为主。而金代的统治民族女真族也是以农业为主,而且在中原汉文明的影响下,其农耕技术水平得到了进一步的发展。原居于辽东,后被迁徙到各地的渤海族同样是以农业为传统生存方式。这样的话,金代农业人口数量是占绝对优势的,"四业"之中应该占到85%以上。

二、畜牧业

女真人起源于白山黑水之间,气候属于寒温带,自然条件方面既有松花江流域肥沃的黑土,宜于农耕,又多山多水,草深林密,宜于渔猎、牧畜。因此,除了农业、渔猎之外,畜牧业也是女真人的传统产业,在经济生活中占有重要地位。

1.金代畜牧业的主要构成

根据史书对女真人的早期记载,女真人过去"其国无牛,有车马……多猪无羊"⑬。善于养猪是女真金国畜牧业同辽、夏、元三国的最大不同之处,这一点同中原王朝的家庭畜牧业非常相似。这从另一个方面说明了女真人区别于契丹、党项、蒙古等游牧民族,而是同中原汉人一样以农业为主、家庭畜牧为副的自然经济模式。金代畜牧业主要以猪、马、牛、羊为主。

猪。一直到现在都是农业家庭的主要养殖副业。对女真人来说,猪的用途更为广泛,他们"食其肉,衣其皮。冬以豕膏涂身,厚数分,以御风寒"⑮。早在东汉时,当时称为挹娄的早期女真人便以"好养豕"⑯闻名。到唐朝时,女真人的养猪业更加兴旺,甚至达到"富人至数百口"[137]。到了金世宗时期,上京会宁府在大定二十五年(1185年)以前曾每年"贡猪二万",该府有"户三万一千二百七十"[138],则相当于近三分之二户每户交猪一头,由此可以推断,实际存栏数当远大于贡猪数。大定二十五年罢除此项岁贡,亦从侧面说明中原地区养猪量的增多,因而不需要舍近求远,从东北运猪了[139]。

马。是女真人最为重要的牧畜,其首要用途是打仗的坐骑,即"马者军旅所用"。女真实行兵民合一的军事制度,骑兵一直是其主要兵种,正如宋人张棣所说:"虏人用兵专尚骑,间有步者,乃签汉儿,悉非真虏人。取胜全不责于步,惟运薪水,掘壕堑,张虚势,搬粮草而已"[140]。女真人灭辽攻宋,正是仰仗其精锐的骑兵,也正是战争的需要推动了金代养马业的发展。马又是女真人日常必备的交通工具,女真平民无论围猎、出行,"上下崖壁如飞,济江不用舟楫,浮马而渡"。女真各级官吏的乘马由兵部供给,从一品以下至从九品以上,每人依次配给马10匹、7匹、5匹、4匹、3匹、2匹不等[141]。金章宗泰和七年(1207年),在仕官共47000余员,如果这样算下来的话,仅官员坐骑的用马数量就是非常惊人的。马也是女真人财产的重要组成部分,早期女真富户都拥有大量马匹,粘罕一次被盗马匹就有三百余匹之多。在女真婚俗中,尤其是女真贵族和富户的婚姻中,马是不可或缺的彩礼和嫁资。订婚时,男方要送彩礼:"婿牵马百匹,少者十匹,陈其前,妇翁选子姓之别马者视之,好则留,不好则退。留者不过什二三,或皆不中选,虽婿所乘亦以充数。"女真贵族甚至在死后还以马殉葬:"国俗多以良马殉葬。"[142]

牛。相对来讲,牛和羊作为女真的畜产出现的时间稍晚,但在建国之前也已经发展起来了。金世宗曾说:"马者军旅所用,牛者农耕之资,杀牛有禁,马亦何殊,其令禁之。"[143],说明牛是重要的生产资料,严禁随意宰杀,且其禁令在禁杀马之前。女真的牛头地制度规定:"每末牛三头为一具,限民口二十五授田四顷四亩有奇","官民占田无过四十具"[144]。牛也是重要的交通运输工具,"以牛负物,或鞍而乘之"[145],"以牛夫充递运者","未尝就役之家",则"征钱偿之",称为"牛夫钱"[146]。即牛和人必须为官府服运输劳役,否则,就要出牛夫钱。到了金世宗时期,养牛数量得到了迅猛发展。据大定二十三年(1183年)八月尚书省所奏,全国有"猛安二百二,谋克千八百七十八……牛具三十八万四千七百七十一。在都宗室将军司……牛具三百四。迭剌、唐古二部五乣,五千五百六十六。"[147]这样算下来,总计牛具数约为39万余,按规定"每末牛三头为一具",则有牛数约117万余头,而这还仅是汉族以外的私人所有牛数[148]。可见,到世宗时期金代养牛业是非常发达的。

羊。羊也是女真人的重要畜种。《高丽史》载:女真"土饶猪、羊、牛、马,马多骏"。宋人也说,女真"多牛羊"。普通羊皮是女真贫民和戍边士兵秋冬所用的衣料,富人则以羔皮为贵。羔皮帽为女真妇女所喜欢,"至直十数千,敌三大羊之价"。至世宗时期,养羊业得到了迅猛发展。大定十七年(1177 年)七月,"岁以羊皮三万赐给西北路戍兵。"十月,"诏以羊十万付乌古里石垒部畜牧,其滋息以予贫农。"明昌二年(1911 年)春正月,"诏赐陁括里部羊三万口、重币五百端、绢二千匹,以振其乏"⑭,由此可知,羊群总量是非常大的。

除上述猪、马、牛、羊等主要牧畜外,女真人还牧养驼和驴。它们主要用于运输,"多以牛驴负物",并出现了"以驼载为业"⑮的运输专业户。至金章宗时期,养驼业也发展起来。明昌六年(1195 年)三月,"以北边粮运,括群牧所、三招讨司猛安谋克、随仉及迭剌、唐古部诸抹、西京、太原官民驼五千充之"⑯。

2. 金代畜牧业以官营为主

金朝建国后,畜牧业发展的一个重要标志就是大量群牧机构的设置,群牧机构包括两类:一是群牧所,二是围牧所。

群牧所基本上是在继承和仿效契丹辽国的群牧机构基础上发展起来的。"金初因辽诸抹而置群牧,抹之为言无蚊蚋、美水草之地也。天德间,置迪河斡朵、斡里保、蒲速斡、燕恩、兀者五群牧所,皆仍辽旧名,各设官以治之……后稍增其数为九。契丹之乱遂亡其五"⑰。而且剩余"四所之所存者马千余、牛二百八十余、羊八百六十、驼九十而已。"⑱说明这次"契丹之乱",即移剌窝斡、撒八大起义对金国的畜牧业的打击是十分沉重的。

金世宗在大定七年(1167 年)前后,对群牧所采取了恢复性措施,在抚州(今河北张北县)、武平(今内蒙古敖汉旗东白塔子村)、临潢(今内蒙古巴林左旗)和泰州(今吉林大安东南他虎城)等地共设置了七个群牧所,"曰特满、忒满、斡覩只、蒲速椀、瓯里本、合鲁椀、耶鲁椀"⑲。此后,到章宗时又有所增置,共有"群牧十二处",包括"斡独椀(即斡覩只)群牧、蒲速斡(即蒲速椀)群牧、耶鲁椀群牧、讹里都群牧、椀斡群牧、欧里本(即瓯里本、斡里保)群牧、乌展(即兀者)群牧、特满群牧、驼驼都群牧、讹鲁都群牧、忒恩群牧、蒲鲜群牧。"⑳

金政府对群牧所专门设置官吏进行管理。据《金史·百官志三》载,金廷在中央设提控诸乌鲁古(女真语乌鲁古即汉语群牧所)一员,正四品,总管全国群牧所事务,有属吏女真司吏二人,译人一人,通事一人。各群牧所设使一员,女真语亦作乌鲁古使,从四品,副使一员,从六品,掌检校群牧畜养蕃息之事;判官一员,正八品,掌签判本所事;知法一员,从八品;属吏有司吏四人,译人一人,挞马十六人,使八人,副五人,判三人。又设扫稳脱朵,分掌诸畜,所谓"牛马群子也"。但同时又说"惟板底因(即蒲速椀）、乌鲜、忒恩、蒲鲜群牧依此置"。说明在群牧所的官吏设置情况并不完全相同，而是有所区别。

在群牧所从事牧畜职业的劳动者，在金初"因辽诸抹而置群牧所"时，以契丹、奚人为多。移剌窝斡起义失败后，金世宗为防范其继续反抗，将他们分别隶属于各女真猛安谋克[⑧]，另从奚、汉等族"诸色人内，选家富丁多、及品官家子、猛安谋克蒲辇军与司吏家余丁及奴，使之司牧，谓之群子，分牧马驼牛羊"。其中的"猛安谋克蒲辇军与司吏家余丁"和"家富多丁"的"丁"为一种类型，当是奚、汉、契丹等族中应承担赋役的成年男子；而"品官家子"，似属家丁、仆之类，地位略低于"丁"；身份最低的"奴"，是奴隶，但是他们的待遇比之从事其他生产劳动的奴隶要好些。按照规定，"驼马牛羊群子、挤酪人，皆三贯石"，由此看来，他们的经济待遇和生存状况要比单纯从事种植业的农民要强一些[⑥]。

圈牧所，又称提举圈牧所，章宗泰和二年（1202年）置。圈，《辞海》解释为养马的地方，同时又兼有监禁的意思，结合起来理解应该就是圈地养马的地方。《金史·百官志》载："提举圈牧所泰和二年置，隶各路统军司。河南东路、河南西路、陕西路皆设提举、同提举，山东路止设提举。"这样看来，设置圈牧所的地区，大致上相当于今陕西、河南、山东一带，即猛安谋克屯田、生活的地方，他们带来了北方较为发达的畜牧业，使这些地方的畜牧业进一步扩大，一些地方甚至牺牲原有汉民的耕地，圈而牧马、养羊。促使金朝廷设立圈牧所的另一个原因是金统治重心南移后，十分需要就近取得补给，仅靠北部群牧所系统供应已远不能满足需要，因此，急需开辟新的补给基地，以保证畜源，尤其是军马的供应，同时，这些地方汉族农民原本也有以农为主以牧为辅的传统，马牛羊的牧养也有相当数量，这几个条件结合在一起，促成了圈牧所，这一金代另一官营畜牧业机构在中原地区的设立。关于圈牧所，《金史》记载也仅见这一处，《三朝北盟会编》、《建炎以来系年要录》均不见记载，其详细情况不得而知。

通过努力，到了大定二十八年（1188年），"马至四十七万，牛十三万，羊八十七万，驼四千。"金代的国营畜牧业的增长速度是相当快的。

3. 金代私人畜牧业多以家庭副业的形式存在

在金建国后，私人牧业也有了新的发展。女真人素有牧畜传统，下自平民百姓，上至贵族官僚，均有牧畜。连金世宗当皇帝前，也有"孳畜数千"[⑧]。正隆以前，私人牧畜主要在今东北三江平原、内外长城和燕山山脉一带。海陵执政后，随着政治重心南移，大批猛安谋克迁到中原，女真人在自身受汉族封建经济影响而迅速从耕牧并重转向以农业为主的同时，也影响了中原地区的畜牧业，使之得到了进一步的发展。尤其是在世宗、章宗两朝，通过通检推排、"禁杀"牲畜、放宽对契丹人的种族限制等措施,推动了私人畜牧业的发展,更加丰富了中国传统社会农业为主,牧畜为副的自然经济形态的内涵。

综上所述,金代的畜牧业主要表现出以下特点。

一是从建国初期的亦农亦牧,农牧并重,发展到后来牧业在职业结构中的比例逐年下降。这种情况同女真族本身就是农业民族有直接的关系,他们南迁到中原以后,能够很快适应中原汉人的传统农耕方式,农业发展快于牧业发展,同时,也与南迁以后,尤其是海陵正隆年间以后,战争的减少对军马的需求减少有关。

二是其牧业结构中,养猪成为其中一个重要组成部分。这一点明显区别于传统北方少数民族的畜牧业构成,这种牧业结构直接影响了其民族生活习性,即猪的圈养和人的定居是相辅相成的,这同契丹、蒙古等民族的羊、马、驼为主而形成的游牧生活方式形成了鲜明的对比。这种民族习俗的接近也成为女真民族汉化道路上的一个原因之一。

三是世宗、章宗两朝时期,金国的畜牧业在战乱的废墟上得到了迅速恢复和发展,同他们对牧业的严格管理分不开。这时开始,不但建立了群牧所、圈牧所等官营牧业机构,同时大力鼓励和发展私人牧畜业。在管理方式上,有许多我们现代人可以借鉴的地方。

> 群牧官三周岁为满,所牧之畜以十为率,驼增二头,马增三匹,牛亦如之,羊增四口,而大马百死十五匹者,及能征前官所亏,三分为率,能尽征及征二分半以上,为上等,升一品级。驼增一,马牛增二,羊增三,大马百死二十五,征前官所亏二分以上,为中等,约量升除。驼不增,马牛增一,羊增二,大马百死三十,征亏一分以上,为下等,依本等除。余畜皆依元数,而大马百死四十,征亏不及一分者,降一等。[19]

从上述规定可以看出,把牲畜的增损作为考核的唯一指标,并把指标完全量化,使考核者与被考核者双方都很明确,既便于操作和执行,又可减少舞弊。尤其是考核结果直接与官吏的升降赏罚紧密联系在一起,这种办法显然有利于充分调动管理者和劳动者的积极性,对现代管理模式下的职业考核办法也有启发。

三、手工业

金代的手工业包括纺织、制盐、陶瓷、矿冶、雕版印刷和火器制造等,基本上是在辽宋基础上发展起来的。

1.纺织业

人类的生存"衣食为本",在农牧业发展的基础上,纺织业是首先必须发展的手工产业。女真"地饶山林,田宜麻谷"[158],纺织业从女真先世黑水靺鞨时期就已存在,真正得到发展是在建立国家,攻灭辽宋以后,将大批工匠迁往"内地",也带去了先进的纺织技术,使女真本土的纺织业有了新的发展。其产品经常作为官员俸给和犒赏有功人员的赐品。据《金史·百官志四》"百官俸给"条载,各级官员俸给中均有一部分以罗、绫、绢、帛、綵、绵等支付。章宗明昌六年二月,一次即赏赐北边将士绢5万匹,杂綵千端,衣446袭。承安元年十二月,劳赐北边将"绢五万疋"[159]。

金代纺织业分官营和民营两种。在纺织作坊比较集中的真定、平阳、太原、河间、怀州等设诸绫锦院,"掌织造常课疋段之事"[160]。金朝设有专门为宫廷服务的织造管理机构,有裁造署、文绣署、织染署、文思署等,隶属少府监。裁造署置令、丞、直长,"掌造龙凤车具、亭帐、铺陈诸物,宫中随位床塌、屏风、廉额、绦结等,以及陵庙诸物并省台部内所用物",有裁造匠6人,针工妇人37人。文绣署同样置令、丞、直长,"掌绣造御用并妃嫔等服饰,及烛笼照道花卉",有绣工1人,都绣头1人,副绣头4人,女496人。织染署亦置令、丞、直长,"掌织纴、色染诸供御及宫中锦绣币帛纱縠。"文思署置令、丞、直长,"掌造内外局分印合、伞浮图金银等尚辇仪鸾局车具亭帐之物并三国生日等礼物,织染文绣两署金线。"[161]

这些官营纺织作坊里的工匠同官府是雇佣关系。按照《金史·百官志》的记载,这些工匠及其管理者的薪水是:"绣女都管钱粟五贯石,都绣头钱粟四贯石,副绣头三贯五百石,中等细绣人三贯石,次等细绣人二贯五百石,习学本把正办人钱支次等之半,描绣五人钱粟三贯石,司吏二人三贯石。"从中可以看出,在官营手工业的匠人中有工头与普通匠人之别,而且根据技术熟练程度,工匠又分为几等。同时,还有专人培养学徒工。应该说,整个职业体系还是比较完整的。

除上述官民营纺织业外,而最为普遍的还是农村中农业与家庭手工业相结合的纺织业。据史料记载的一个家族的发展就很能说明问题,成氏自梁唐以来即为"巨族",及至金朝"乃至积年殷富,妇女治蚕丝麻枲以制衣服,虽有荒岁"亦不"罹冻馁之灾"[162]。这是传统男耕女织自然经济形态下的家庭纺织手工业典型。因此,如果把农民兼职从事纺织业的人口计算在内的话,纺织业的从业人口应该是非常多的,至少在手工业领域,这是占人口最多的一个职业。

2. 制盐业

《金史·食货志四》"盐制"记载:"初,辽、金故地滨海多产盐,上京、东北二路食肇州盐,速频路食海盐,临潢之北有大盐泺,乌古里石垒部有盐池,皆足以食境内之民,尝征其税。及得中土,盐场倍之。故设官立法加详焉。"

盐业在手工业生产中同样占有重要地位,不仅是人民生活日常所必须,也是国家税收的重要来源之一。唐代就有"天下之赋,盐利居半"的说法,辽、宋时制盐业已经有很大的发展,金承辽、北宋之后,也比较重视盐业经营,"榷货之目有十,而盐称首,国家经费惟赖盐课"[⑯]。

金朝每年盐的总产量史无记载,但据山东、沧州、宝坻、解州、西京、辽东、北京七盐使司旧课岁入贯文数及旧法每斤钱数加以核算,在大定二十九年(1189 年)前七盐使司盐产量总计已达 148253251 斤,不包括私卖盐。[⑯]

金代海盐产地分布于上京路、东京路、北京路、中都路、河北东路和山东东路;池盐产地分布于临潢府路、西京路、河东南路、庆原路;土盐产地分布于上京路、南京路、西京路、河东北路和鄜延路。分布相当广泛,有学者统计,金代有海盐产地 29 处、池盐产地 9 处、土盐产地 13 处、井盐产地 1 处(以县计),总计 52 处。其中就北京路、中都路、河北东路、山东东路来说,仅史籍明确记载从事海盐生产的盐场就有 24 个、务2 个。[⑯]因此,金代食盐产地以海盐产地为主,海盐生产在全国盐业生产中占有突出的地位。与辽代、北宋时期这些地区的海盐产地相比,增加较多,对于北方食盐产地的开发有着重要贡献。

3. 制瓷业

金代的制瓷业是在北宋原有的基础上逐渐恢复发展的。熙宗以后,北方各地原有的瓷窑开始陆续恢复生产。其中较著名的有钧州(河南禹县)窑、耀州(陕西耀县)窑和真定府(河北正定)的定窑。钧窑生产的瓷器像玫瑰一样娇艳,紫红青蓝相间,色彩复杂,极尽绚丽灿烂之至,称做"钧红",充分表现出当时劳动人民在瓷器装饰上的巨大成就。耀窑以生产青釉为主,器形多为饮食用具。定窑的生产多供宫廷和贵族享用。1973 年,在黑龙江绥滨中兴金代古城和墓群中出土的文物中,就有金代瓷器多件。其中的耀州窑菊花水波纹瓷碗,釉色是青中微微闪黄,碗心有菊花水波纹,制作非常精美。抚顺大官屯瓷窑,是东北地区最大的瓷窑,产品以黑釉为主,多生产缸、罐、瓶、壶等器皿,供应地区遍及东北各地[⑯]。

瓷窑业的恢复和发展大约是从金熙宗时期开始的。徐州萧县白土镇,其土白壤,生产的瓷器质量上乘。北宋时有姓邹的窑户曾经担任白器窑户的"总首",拥有三十多窑,工匠数几百人。金熙宗时这里的瓷窑已经恢复生产。1954 年出土的淡黄色瓷瓶上,刻画着:"白土镇窑户赵顺谨到花瓶一对,供奉本镇南寺慈氏菩萨。时皇统元年三月二十二日造。"标志着这个地区民营陶瓷业已有相当大的恢复和发展了。耀州窑也出土"正隆"钱和刻画着"大定二年"铭记的瓷片,同样说明了北方经济复苏的事实,以及金代劳动人民在制瓷技术上的重大创造。

金朝时北方地区的陶瓷业生产和其他手工业部门一样，就其生产分布的地点、产品推销与流传的范围来看，都比辽、宋时进一步扩大和发展。奉圣州在金时不是名瓷产地，但在该州永兴县西南的磨石窑，窑内即可容五百人，其他名窑规模之大亦可由此推知。

由上述有关"窑户"的记载可以看出，从事制瓷业的工匠是单独编户组织生产的，不同于"男耕女织"的家庭手工业，他们是专门的"工人阶层"，说明达到了一定数量，需要单独编户。一个普通的窑即可容纳500人，全国从事制瓷业的工人数量当不下数万人。

4. 矿冶业

矿冶是金代手工业中较为重要的门类，它直接关系到生产工具、军事实力、生活用品、货币流通以及财政税收，因而矿冶一向受到女真统治者的高度重视。

建国前女真人就会刳木为器，制造车船、烧炭炼铁、打制弓箭，在征服辽、北宋之后，中原汉族先进技术传到东北地区，其冶炼手工业就迅速发展起来。在今黑龙江省阿什河滨，发现矿井遗址 10 余处，冶铁炉址 50 余处。在辽宁绥中县后村金元遗址出土的 290 多件各类器物中有数十件铁器，其中农具就有 20 余件，此外还有铁凿、斧、钻头等工具和铁锅、熨斗、剪刀及门拉手、折页、锁、环、箍等生活用品多件；辽宁新民县前当铺村金元遗址出土的千余件器物中有农具、工具、生活用品和少量兵器等铁制器物数十件。这些铁器有两个特点，一是多数为锻造，少量为铸造，因而其技术水平不是很高，产量也不可能太高；二是兵器极少，只有铜、矛等物，说明东北地区冶铁手工业水平虽不太高，但已由初期的兵器产品为主向生产工具和生活用品为主的高级阶段发展。

中原地区的冶炼业建国后逐渐得到恢复，正隆二年（1157 年）"始议鼓铸"，"遣使检视随路金银铜铁冶"。金代中原地区的铁产地有大同府（今山西大同市）、朔州（今山西朔县）、云内州（今内蒙古土默特左旗）和大兴府（今北京市）、真定府（今河北正定）。金宣宗兴定三年（1219 年），又在汝州、宝丰、邓州（南阳）等产铁地区"募工置冶"。综合来看，金代的冶铁水平并没有超过前代。

但是金代的金银冶炼比辽宋有了长足进展。这主要得益于政府采取了开放政策，即由国家垄断改为"许民开采"。金代的金银冶炼业三次弛禁：一是大定三年（1163 年）"制金银坑冶许民开采，二十分取一税"。即由冶户自行开采金银铜矿，国家从矿产品中向冶户抽取 20% 的税额，其余任由冶户自行处理。这一税率比北宋王安石变法时的"二八抽分"制还要低，如此低的税额，有力地推动了矿冶生产的发展。二是大定五年（1165 年）进一步"听人射买宝山县银冶"。这里虽然是一个县的银冶

"听人射买",却有普遍性的意义,这一规定表明金代初步确定了冶户与国家的承买关系,税率依旧。三是大定十二年(1172年)彻底放开了金银冶炼,"诏金银坑冶,恣民采,毋收税"。金世宗认为:"金银,冶户任意开采,连山泽之利,当以与民,惟钱不当私铸。今国家财用丰盈,若流布四方与在官何异?"这种藏富于民的观点,殊为可贵,在今天也有其积极意义。在世宗这一观点指导下,大定二十七年政府又颁布了一个加惠农民的政策,"听民于农隙采银,承纳官课。"这里的"民"不是指采矿专业户冶户,而是指农民,政府为了使他们也得到一些利益,准许他们在农隙时采银,只是抽税的办法不同,采取课额制。到了章宗时,进一步实行"招募射买"。又鉴于以往的弊端,禁止权要、官吏、弓兵、里胥参与射买。"令州府长官一员提控,提刑司访察监督执行"⑩,切实让利于民。由于政策对头,出现了普遍开采的兴旺景象,仅坟山、西银山两地就出现了113个银冶场。正是这一正确的政策,使国家获得了大量金银,为我国首次出现法定银币提供了物质基础。

随着冶炼业的发展,金代煤(时称为石炭)的开采和使用也更加普遍,当时不仅炼铁、烧瓷等手工业大量使用石炭作燃料,民间取暖等也有用石炭的。其他,如铜矿业、铜钱和铜器铸造等工业,相较北宋虽有一定的恢复,但发展水平同样没有超过前代。

5. 印刷业

雕版印刷是一种特殊的手工业生产,金代的雕版印刷业在北宋的基础上也逐渐恢复起来,及至金世宗、章宗时期,已形成了中都、南京、平阳和宁晋等四大刊刻中心。中都的刊刻业主要在国子监,称监本,当然是官作坊。刻书主要内容有藏经、医书、文集、字典、诗文、戏文。赵城藏经原有7182卷,从皇统八年(1148年)至大定十三年(1173年),共雕刻了25年始成。国子监还大量刻印经史,作为教材,供各地学校学生习读。

平阳,是金代雕版印刷恢复最早且最为发达的地区,主要原因是平阳地处山西南部,金灭辽后再未遭干戈之苦,"故书坊时萃于此"。其次,平阳盛产枣木和梨木,墨而不破损,是金代闻名遐迩的上品。此外,太原有造墨场,供印刷之用。有此三者,平阳的雕版印刷业便迅速发展起来,出现了许多私家书坊和书铺,也涌现出许多著名的刻印商人,如李子文、张存惠等,前者刻印王朋寿《增广类林》等书,后者刻有《滏水文集》、《丹渊集》、《通鉴节要》等书。当地的地主、官僚们则"家置书楼,人蓄文库",蔚成风气。平阳刻书,雕刻精致"镌印极精",是金代水平极高者。瞿镛在《铁琴铜剑楼藏书目录》中称:"金本地理图中有款一行曰:平水(按即平阳)刘敏仲编。盖即校刻之人也。每半页十三行,行大字二十六至二十九不等,小字皆三十五。蝇头小楷,雕镂极工,虽南宋精椠不能及也。"近年来从西夏黑水城遗址发现的大批金代平水刻本亦足以佐证。平水本的另一特点是除刻字外,还刊刻优美的版画和人物像,如赵飞燕、班姬、绿珠、王昭君等,人物形象生动活泼。我国木版镂雕,从最早的佛教经典到金代的人物图像,乃是版画雕刻史上一个重要的变化,开启了元刻平话附图及明传奇附图之先河。

同辽代出书出境抵罪死不同,金代没有发现任何书禁的相关规定,其雕版印刷业发展非常迅速,同商业经济、城市生活、文化艺术的发展和繁荣密切关联,两者相互促进,又相互制约。尽管金代的雕版印刷业相当繁荣,但由于资料缺乏,对于官营和私营书坊、书铺的规模、经营情况及其内部诸关系尚不很清楚,需要留待以后继续研究⑩。

6.火器制造

火药是我国的四大发明之一,从北宋时起用于武器制造,有火球、火箭、火炮、火枪等。金人在同两宋的战争中,缴获火器,掳掠匠人,掌握了火器制作技术,并有所发展。金代著名的火药武器主要有火炮、铁火炮、飞火枪、震天雷等。《金史》卷113《赤盏合喜传》载:"注药以火发之,视前烧十余步,人亦不敢近。"蒙古军围汴时,"惟畏此二物"(指震天雷与飞火枪)。金末,天兴二年(1233年)正月,哀宗逃至归德(河南商丘南),蒙古兵追击而至,双方接战。蒲察官奴率忠孝军450人,"持火枪突入,北军不能支,即大溃"⑪。金兵依靠火枪取得了一次袭击蒙古兵的胜利。飞火枪是我国火器发展史上第一次装备集群士兵作战的单兵火枪,也是最早使用的一种单兵两用兵器。它的创制和使用,标志着我国单兵火枪的正式诞生。⑫但是,因火器制造行业不大,人数不多,故这里不再赘述。

其他手工业,如造船业也得到了发展。海陵时期张中彦发明的"鼓子卯",还有当时的撞冰船,就是造船技术上的杰出成就,世宗时的造船技术继续得到了发展;建筑业也有一定的成就,中都宫殿的修建,辽阳等处佛寺的建筑,都有自己的建筑特点。李俊民《庄靖集》中《重修真泽庙碑》写道:"由是感激奋厉,踊跃就役,斧斤者、陶瓷者、版筑者、圬墁者,不募而来。"可见民间在建筑中所需各种工匠无一不有,行业技术应该是很成熟的;造酒业至迟到大定时已经非常发达,设立了专门的酿酒人家,称为"酒户",向酒户征收酒税,并且是政府的一项重要收入。

金代各种手工业工匠的地位及其劳动组织和分工的情况,史料中记载很少。在前述《金史·百官志》记载工匠及其管理者的薪酬时的记载可以大概窥其一般:

诸局作匠人请俸,绣女都管钱粟五贯石,都绣头钱粟四贯石,副绣头三贯五百石,中等细绣人三贯石,次等细绣人二贯五百石,习学本把正办人钱支次等之半,描绣五人钱粟三贯石,司吏二人三贯石。修内司,作头五贯石,工匠四贯石,春秋衣绢各二匹。军夫除钱粮外,日支钱五十、米一升半。百姓夫每日支钱一百、米一升半。国子监雕字匠人,作头六贯石,副作头四贯石,春秋衣绢各二匹。长行三贯石,射粮军匠钱粟三贯石,春秋衣绢各二匹,习学给半。初习学匠钱六百,米六斗,春秋绢各一匹,布各一匹。民匠日支钱一百八十文。

从这段记载可以看出,金时各官府手工业的劳动组织和统治办法,基本上沿辽、北宋旧制,工匠有官匠与民匠的区别。官匠即长期在官府中服役的工匠,他们的俸给包括钱粟和春秋衣绢,这与宋工匠制度相同。民匠按日支给钱,应是临时从民间召雇的。在官府工匠中的都管、都头、副都头以及作头、副作头都是处于地位较高的管理人员,而且工匠又根据手艺的高低分为等第,依分工之不同而有着不同的工种名称,如中等细绣人、次等细绣人,以及细绣、描绣等不同分工,分工不同俸给也不尽相同。同时也有徒工,徒工又分习学和初习学两种,待遇也不同。从这些情况来看,官营手工业中的工匠基本是沿袭中原旧制恢复和发展起来的,工匠的身份与地位和奴隶不同,因为奴隶本身即是主人财产的一部分,奴隶主对奴隶只是如何养活他们,无须按不同手艺和地位规定俸给之制。

四、商业

正是在农牧业、手工业发展的基础上,金代的商业也到了恢复和发展,其标志一是金代城镇规模的扩大和其商品经济的繁荣;二是牙侩和商业行会的发展;三是榷场贸易的发展。

1.金代城镇规模的扩大

人户聚集的地区,一般地讲不仅是农业比较发展的地方,同时也是手工业和其他各种物产比较发达的地方。各地为互通有无,便会使商业发展起来,汇集成为大大小小的城市,而这些城市又是政治、经济、文化重地。现在虽然还不能确切地估算出各个城市的工商人口,但这些府州城中当时都聚集着相当数量工商者是没有问题的。

至金代中期,不但金源内地的会宁,北方的燕京,中原地区的名城汴京等城市,北方其他一些重要工商业城市也在不同程度上恢复起来。如平阳府,在金代社会经济恢复过程中,发展成为一个较为发达的工商业城市,同时也是当时一个著名的文化城市。从人口的聚集和重要工商业点的分布,可以反映出各地商业经济发达的盛况。(参见表4—5)

表4—5　五万户以上的府州资源、工商机构一览表^⑬

路	府州	所属县数	户数	重要物产	重要工商设置
西京路	大同府	7	98444	贡玛瑙环子、玛瑙数珠。产白驼、安息香、松明、松脂、黄连、百药煎、芥子煎、盐、捞盐、石绿、绿矾、铁、甘草、枸杞、碾玉砂、荆三棱、不灰木等	西京盐使司。燕子城、北羊城有榷场
	德兴府	6	80863		
	蔚州	5	56674		
山东东路	益都路	7	118718	产石器、玉石、沙鱼皮、天南星、半夏、泽泻、紫草。产盐	山东盐使司。在淄、密、宁海州设官营造茶作坊
	济南路	7	308469		
	登州	4	55913		
	宁海州	2	61933		
	莱州	5	68675		
	淄州	4	128622		
	棣州	3	82303		
	滨州	4	118589		
山东西路	东平府	6	118046		
	衮州	4	50099		
	博州	5	88046		
河北东路	沧州	5	104744	产无缝绵、沧盐、蒲席、马蔺花、香附子、钱虾蟹、乾鱼	沧州盐使司。河间府设绫锦院
	献州	2	50632		
	景州	6	65828		
	深州	5	56340		
河北西路	真定府	9	137137	产瓷器、刚、铁。有丹粉场、乌梨。药则有茴香、零陵香、御米壳、天南星、皂角、木瓜、芎、井泉石、玄精石	真定设绫锦院
	彰德府	5	77276		
	中山府	7	83490		
	邢州	8	80292		
	卫州	5	90112		
	洺州	9	73070		
	磁州	3	63417		

路	府州	所属县数	户数	重要物产	重要工商设置
河东南路	平阳府	10	136336	有书籍。产解盐、隰州绿、卷子布、龙门椒、紫团参、甘草、苍术	怀州、平阳设绫锦院
	绛州	8	131510		
	河中府	7	106539		
	泽州	6	59416		
	解州	6	71232		
	潞州	8	79232		
	怀州	4	86756		
河东北路	太原府	11	165862	产墨、有炼银洞、玛瑙石。药产松脂、白胶香、五灵脂、大黄、白玉石	太原设绫锦院,有造墨场
	代州	5	57690		
	汾州	5	87227		
南京路	开封府	15	1746210	产蜜蜡、香茶、心红、朱红、地龙、黄柏、有钧瓷	有南京交钞库。有药市四,榷场。蔡州有官营造茶作坊
	归德府	6	76389		
	单州	4	65545		
	河南府	9	55635		
	亳州	6	60535		
	宿州	4	55058		
大名府路	濮州	2	52948	产皱、縠、绢、梨肉、樱桃煎、木耳、硝	
	恩州	4	99119		
京兆府路	京兆州	12	93117	白芷、麻黄、白蒺藜、茴香、细辛。耀州产瓷器	
	华州	5	53800		
	耀州	4	50211		
鄜延路	延安府	7	88991		
	鄜州	4	82931		
凤翔路府	凤翔府	9	62302	产芎藭、独活、灯草、无心草、升麻、秦艽、骨碎补、羌活	

续表

路	府州	所属县数	户数	重要物产	重要工商设置
北京路	临潢府	5	67907	产鼹鼠、螺杯、茱萸梳、玳瑁鞍、酥乳饼、五味子	庆州朔平县有榷场务。北京盐使司
	大定府	11	60047		
咸平路	咸平府	8	56404		
	总督府				
中都路	大兴府	10	225592	贡罗、樱桃、绫。产金、银、铜、铁。药产滑石、半夏、苍术、代赭石、白龙骨、薄荷、五味子、白牵牛,以及栗、盐等	中都都麴使司、中都都商税务司、中都流泉务、中都木场等。宝坻盐使司
	涿州	5	114915		
	蓟州	5	69015		
	滦州	4	69806		
	保州		93021		

　　根据《金史·地理志》统计,金时共有镇 513 个,这些镇主要分布在山东东、西路(131 个)、南京路(98 个)、河北东、西路(71 个)、河东南、北路(70 个)、京兆路(37个)、大名路(23 个)、庆原路(23 个),其他如凤翔路、北京路、西京路、中都路、临洮路、鄜延路、东京路、上京路总数加起来才 60 个镇。因此,金代商业城镇比较发达的地区主要是今山东、河北、河南、山西广大地区,这些地区也是商业发达、商品经济繁荣的地区。礼部尚书赵秉文描写圣安集市的一首诗表现了当时中都市场的繁华热闹:

松轩却扇风仍好,

苔径无花雨亦香。

门外市声鏖午枕,

老僧原不下禅床。[174]

　　由于商业的恢复和发展,从城镇到乡村,到处都有商人活动的踪迹。蔡珪《燕山道中》:"独轮车重汗如浆,蒲秸芒鞋亦贩商。"[175]朱自牧《清河道中暮归》:"川平佛塔层层见,浪稳商舟尾尾行。"[176]这是商贩活跃在市镇乡间的写照。州县富商大贾的生意更为兴隆,"货置从繁","鬻者兼赢,求者不匮"[177]。

　　伴随着城市商业经济的发展,金朝政府商业税收也大幅增加。以中都为例,"大定间,中都税使司岁获十六万四千四百四十余贯,承安元年(1196 年)岁获二十一万四千五百七十九贯"。十几年间,中都的商税增加了五万余贯。

2. 牙侩和商业行会的发展

牙人,又称牙侩、牙商等,即经纪人,是为买卖双方说合交易并抽收佣金的居间商人。早在西汉时即已有牙人。《史记·货殖列传》中的“驵会”,又作驵侩,本指骏马,后指贩马人,就是牙人。随着商业的发展,唐宋以后形成了一个阶层。金代亦有牙人,元好问《杨叔能〈小亨集〉引》:“无为法家丑诋,无为牙郎转贩。”[178]天兴二年(1233年),息州行帅府事石抹九住“招负贩牙侩数百人为虎子军”[179],以抵御蒙古兵。一时竟能招数百人充军,足以说明从事此行者数量之多。

商人为维护自身利益,成立了许多商业行会。如,时人描绘同时期的南宋临安商业发展状况时,专门提到“行”:“市肆谓之‘行’者,因官府科索而得此名,不以其物大小,但合充用者,皆置为行。”[180]“市肆谓之‘团行’者,盖因官府回买而立此名,不以物大小,皆为团行。虽医卜、工役,亦有差使,则与当行同也。”[181]说明“团行”主要是同业商人为对付官府的“科索”和“回买”而成立的。金代商业的恢复和发展同样产生了行会组织,金代商人参加同一行业的称“行人”,同一商行的头人为“行头”、“引领”,往往由大商人兼任,以垄断本行的商品流通和价格,控制小商人。《辛巳泣蕲录》载,一名金军俘虏秦顺供称:“系潞州人,油面行为活,鄚王招我为军。”潞州并非是金朝的重要城市,也设置了行的组织。《北辕录》载金世宗时,在南京开封府接待宋使,尽管“人烟极凋残”,金方“接伴所得私觌,尽货于经,行户倍偿,都穷”。

考古工作者1978年在黑龙江阿城金上京城遗址北城附近的一座古建筑址地下发现一批银器,其中有一银锭,上有“行人王林”等字样,长14.8厘米、首宽8.9厘米、厚2厘米,重1950克;在此之前的1970曾出土另一银锭,上有“上京王二郎家”、“大定府张二郎”等字样,长14.8厘米、腰宽8.5厘米、厚2厘米,重1950克。这是金上京一带商业发达,有行、团之类的工商业者同业行会组织存在的有力证明。[182]

3. 榷场贸易的发达

《金史·食货志》载:“榷场,与敌国互市之所也。”榷场经济的发展说明生产的发展和交换的需要,检索《金史·食货志》,与宋之间开的榷场有10个之多,与西夏之间的榷场有7个,说明榷场贸易是很发达的。河南南部及山东南部,由于与南宋接近,农业虽多荒废,但商业活动在一些地区较为繁盛,特别是与南宋接壤地方。刘迎《淮安行》载:

“迄今井邑犹荒凉,居民生资惟榷场,马军步军自来往,南客北客相经商。迩来户口虽增出,主户中间十无一。里闾风俗乐过从,学得南人煮茶吃”[183]。

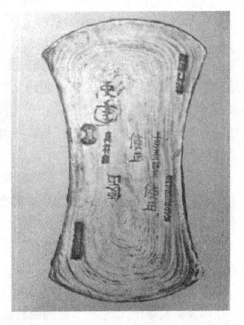

图4—1　"行人王林"银锭⑧　　　　　图4—2　"上京王二郎家"银锭⑧

这就是说并不是因为当地生产发达,而是由于榷场的设置而引起南北商人来往的活跃,这些"增出"的户口当是指外来的商人,数量甚至超过了当地人的十倍以上。另一方面,这首诗也反映了榷场周围有许多居民生活方式的变迁。政府取税所获也颇丰,据《金史·食货志》载:"泗州场,大定间,岁获五万三千四百六十七贯,承安元年,增为十万七千八百九十三贯六百五十三文。"

4. 货币制度的发展

金朝政府所发行的货币有铜币、银币、纸币三种。有金一代,一直为铜荒所困,不仅铜供应不足,铸钱生产所需费用也太高,且实际铸钱的数量非常少,"今阜通(在代州)、利通(在曲阳)两监,岁铸钱十四万余贯,而岁所费乃至八十余万贯,病民而多费,未见其利便也。宰臣以闻,遂罢代州、曲阳二监。"⑩正因为如此而促生了银币和纸币在金代的繁荣。

一是银币的使用。银在金代交易中作为货币流通已很盛行,但在承安二年(1197年)之前,银作为货币的形式是银锭,即按实际称重流通,承安二年(1197年),改铸为银币"承安宝货"。1988年黑龙江阿城发现一枚"承安宝货",长4.8厘米、首宽3厘米、厚0.55厘米、重58.8克,有"承安宝货壹两半"字样(见图4—3)。由银锭改铸为铸币,这是中国历史上银由流通进入法定货币的开始,同时也是中国货币用银的开始,这在中国币制的改革上不能不说是一重大进步。

图4—3　承安宝货

二是纸币始作为永久流通货币。金代纸币的发行早于铜币,并且因为上述同样的原因,纸币的发行又非常之滥,造成金朝币制同其他朝代相比非常混乱。同宋朝的"楮币"一样,金代前期的纸币"交钞"也有一定的使用年限,开始依宋先例规定流通期限以七年为一限界,至七年兑现或换新钞。虽对期限规定时有更易,但期满则即收回,停止其流通使用。章宗即位,将纸币通货改为永久流通,始将原定期限废除,"遂罢七年厘革之限,交钞字昏方换,法自此始。"[186]这是中国币制的一大变革,开创了纸币作为永久性法定货币的先河。

对于一般商人来说,经商仅仅是谋生的手段,不过有些商人也会在经商中成为很富有者,甚至可以用经商的盈利,来购买土地,演变为地主。如《夷坚乙志》载:宋进士董国庆因"中原陷,不得归",有妾"以治生为己任,罄家所有,买磨驴七、八头,麦数十斛,每得面,自骑驴入城鬻之,至晚负钱以归,率数日一出。如是三年,获利愈益多,有田宅矣"[188]。即是一例。尽管商人的数量很大,也有相当的经济实力,但其社会地位毕竟处于封建社会传统士、农、工、商"四民"中的末等。大定十六年(1176年)制:"商贾舟车不得用马"[189],以示其与官员等人的区别。明昌元年,由于自然灾害频繁,上封事者竟认为:"自古以农桑为本,今商贾之外又有佛、老与他游食,浮费百倍。农岁不登,流莩相望,此末作伤农者多故也"[190]。

五、各级官员

金同辽一样,为少数民族建立的王朝,其官员构成也同样有相同之处,所不同的是,《金史》对官员的数量、来源、职务、职责、监督、薪俸、奖励、惩处、退休(致仕)等的记载非常详细,"职有定位,员有常数,纪纲明,庶务举,是以终金之世守而不敢变焉。"[191]在这一点上,也突出表现了其"良史"的美誉。

1.官员的来源

同其他朝代一样,金代官员的来源,即选官的途径也是多样的,据《金史·选举志一》载:"自进士、举人、劳效、荫袭、恩例之外,入仕之途尚多,而所定之时不一。"

(1)科举。"辽起唐季,颇用唐进士法取人,然仕于其国者,考其致身之所自,进士才十之二三耳。金承辽后,凡事欲轶辽世,故进士科目兼采唐、宋之法而增损之。其及第出身,视前代特重,而法亦密焉。"金代科举制度相较辽代有了较大的发展,这当与金代的儒学发展、汉化程度较高有直接关系,因此,"终金之代,科目得人为盛。"[192]

《金史·选举志》从科举的开始、发展、衰落等全过程记载非常详细,对考试的组织、出题、监察等记载也很全面,一些专家也有专门的著述[193]。因此,这里就不再赘述。终金之世,经过科举途径而进入统治集团者,出现了一批治国安邦的人才。特别是世宗、章宗之世,"儒风丕变,庠序日盛,士由科第位至宰相者接踵"[194]。如石琚,天眷二年中进士第一,大定二年奉命详定制度,曾上疏言六事,大概言"正纲纪,明赏罚,近忠直,远邪佞,省不急之务,罢无名之役"[195],得到世宗的采纳。后拜参知政事、左丞。张行简,大定十九年进士第一,官至翰林学士承旨。"凡朝廷有大制度、大典册、大号令,至于记世宗、显宗、章宗三朝之宏体伟烈,未尝不经公之手"[196]。刘祁说,由于世宗"所用多敦朴谨厚之士,故石琚辈为相,不烦扰,不更张,偃息干戈,修崇学校","大定三十年几致太平"。章宗"崇尚儒雅,故一时名士辈出"[197]。大定明昌间金朝盛世的出现,是同石琚、张行简等进士出身的宰执、官员的作用分不开的。

进士出身的官员在统治机构中所占比例的增加,提高了统治集团成员的素质。世宗说:"夫儒者操行清洁,非礼不行。以吏出身者,习其贪墨,至于为官,习性不能迁改。政道兴废,实由于此。"又说:"起身刀笔者,虽才力可用,其廉介之节,终不及进士"[198]。

金代科举还有许多补充形式,如恩例、制举等。"明昌元年,定制,省元直就御试,不中者许缀榜末。"制举,"有贤良方正、能直言极谏、博学宏材、达于从政等科,试无常期。"另有武举,"尝设于皇统时。"至章宗泰和年间亦成定制:"凡武举,泰和三年格,上甲第一名迁忠勇校尉,第二、第三名迁忠翊校尉。中等迁修武校尉,收充亲军,不拘有无荫,视旧格减一百月出职。下等迁敦武校尉,亦收充亲军,减五十月出职"[199]。

(2)举荐。这是金代选官的另一途径。金代举荐在太祖、太宗时因扩张的需要便已经开始,但没有形成定式,经过世宗朝的发展,至章宗朝时已规范化了。泰和元年(1200年),章宗曾说:"德行才能非进士科所能尽,可通行保举之制。"[200]这样,"举荐"作为进士科选官的补充被正式确定下来。当时具体举荐的要求是："诏随朝六品、外路五品以上官,各举廉能官一员"。"随朝七品、外路六品以上职事官,举正七品以下职事官年未六十、不犯赃,堪任使者一人"。"随朝五品之要职,及外路三品官,皆具人阙进呈,以听制授。"从而明确了各级官员举荐的具体时间和数量。后来制定了专门举荐县令的辟举法,即宣宗兴定三年(1220年),"定辟举县令制。"该制度规定从六个方面考察县令:

> 一曰田野辟,二曰户口增,三曰赋役平,四曰盗贼息,五曰军民和,六曰词讼简。六事俱备为上等,升职一等;兼四事者为中等,减二资历;其次为下等,减一资历;否则为不称职,罢而降之,平常者依本格[201]。

从记载看,效果颇为不错:"辟举法行,县官甚多得人。"[202]

金代在实施举荐过程时,还进一步规定了举荐官员的连带责任要求,如大定三年(1164年),"定制,若察得所举相同者,即议旌除。若声迹秽滥,所举官约量降罚。"[203]章宗对此要求更严,明昌元年定制"如所举碌碌无过人迹者,元举官依例治罪。"宣宗兴定三年(1220年)又定制"称职,则元举官减一资历。中平约量升除。不称,罚俸一月"。如被选人犯有罪过,则元举官"一任不理资考"。即便三品以上官员举荐失当,也要被夺一至三个月的俸禄。兴定五年(1222年),更规定"举县令考平者,元举者不得复举"。使这一制度更加完备。看来,我们现在干部选拔提名实行责任追究制,在历史上是有先例的。但是,举荐终免不了任人唯亲的弊病,所以行之不久,便在最后完善该制度的当年,即宣宗兴定五年(1222年),由于"以举官或私其亲,或循于请求、或谬于鉴裁而妄举,数岁之间以滥去者九十余人,乃罢辟举县令之制。"[204]到哀宗正大时(1224年—1232年),此制度虽有恢复,但存在的时间已很短了。与荐举并存的,还有女真社会的世袭制,如世袭猛安、世袭谋克等。

(3)军功。军功历来是选官的传统途径,金代军功取仕有六个条件:

> 凡军功有六,一曰川野见阵,最出当先,杀退敌军。二曰攻打抗拒州县山寨,夺得敌楼。三曰争取船桥,越险先登。四曰远探捕得喉舌。五曰险难之间,远处报事情成功。六曰谋事得济,越众立功。[205]

对于因军功而擢升的规定,从熙宗到章宗时规定不一:

> 皇统八年(1149年)格,凡带官一命昭信校尉正七品以上者,初除主簿及诸司副使,正九品。二主簿及诸司使,正八品。三下令,从七品。四中令,正七品。五上令,或通注镇军都指挥使正七品及正将。其官不至昭信及无官者,自初至三任通注丞、簿,四下令,五中令,六上令及知城寨。从七品。

章宗大定二十九年(1190年),迁至镇国者取旨升除后,吏格之所定,女直人昭信校尉以上者,初下簿,二下令,三中令,四、五上令。女直一命迁至昭信校尉、余人至昭信已上者,初下簿,二中簿,三下令,四中令,五、六上令。凡至宣武将军以上者,初下令,二中令,三、四上令。[200]

(4)劳效和荫袭

劳效是专门针对任千户(即猛安)、谋克的女真官员所规定的升选制度,即《金史·选举志二》所载:"凡劳效,谓年老千户、谋克也。"其具体规定为:

> 大定五年,制河南、陕西统军司,千户四十年以上拟从七品,三十年千户、四十年以上之谋克从八品,二十年以上千户、三十年以上谋克从九品,二十年以上谋克与正班、与差使,十年以上赏银绢,皆以所历千户、谋克、蒲辇月日通算。

荫袭是指因自己的身份和地位,而使子弟获得相应的入仕待遇。《金史·选举志》载:"凡门荫之制,天眷中,一品至八品皆不限所荫之人。贞元二年,定荫叙法,一品至七品皆限以数,而削八品用荫之制。"这说明最初的门荫是不规范的,没有具体的所限人数,只是到了贞元二年才明确了各品级官员的门荫子弟人数,即:

> 凡诸色出身文武官一品,荫子孙至曾孙及兄弟侄孙六人,因门荫则五人。二品则子孙至曾孙及兄侄五人,因门荫则四人。三品子孙兄弟侄四人,因门荫则三人。四品、五品三人,因门荫则二人。六品二人,七品子孙兄弟一人,因门荫则六品、七品子孙兄弟一人。旧格,门荫惟七品一人,余皆加一人。明昌格,自五品而上皆增一人。

以及"旧制,司天、太医、内侍、长行虽至四品。如非特恩换授文武官资者,不许用荫……司天、太医迁至四品诏换文武官者,荫一人"。对不同的品官能够荫及的子孙数量、品级,规定非常明确。

正如《金史·选举志》所论:"入仕之途尚多",除上述途径外,还有很多,如吏员出职,即各级"刀笔吏"从业一定时间后可以出任一定级别的官员;恩例,在定制之外,由皇帝钦定的官员,这些行为大部分为临时的措施,"所定之时不一",在不同的时期制度变化较大,且不是官员来源的主要途径。

2.官员的规模和比例

《金史·百官志一》对官员的总体数量和发展有明确记载:

> 大定二十八年,在仕官一万九千七百员,四季赴选者千余,岁数监差者三千。明昌四年奏,周岁,官死及事故者六百七十,新入仕者五百一十,见在官万一千四百九十九,内女直四千七百五员,汉人六千七百九十四员。至泰和七年,在仕官四万七千余,四季部拟授者千七百,监官到部者九千二百九十余,则三倍世宗之时矣。

从上述记载可以看出，从大定二十八年（1189年）到泰和七年（1207年）18年间，金朝在仕官员从19700人发展到47000多人，再加上"四季赴选"、"四季部拟授"和"岁数监差"、"监官到部"者，共计57990人，后者比前期多出了三倍，官民比例达到了0.11%，从这一点就可以看出，金朝官员的选授数量到章宗朝时，发展是相当迅速的，如果再看看同时期的南宋庆元初期（1195年—1196年），在仕官员也有43000人[20]，尚不及金朝的在仕官47000人，从另一个角度说明了金朝后期全面汉化的进一步深入和封建制度的真正确立。

按照上述明昌四年的记载："见在官万一千四百九十九，内女直四千七百五员，汉人六千七百九十四员。"后面两组数字相加正好等于前一组，仅从字面理解，好像只有女真官员和汉族官员，事实肯定不是这样，因为史料记载其他民族官员虽然不占多数，但为数还是不少。这应该是到了章宗时期，随着社会汉化的深入，以汉族作为笼统的说法，包括了其他民族，这里主要是为了突出女真族的身份。女真族官员占到官员总数的41%，汉等族官员占到总数的59%。照这个比例计算，到泰和七年，女真族官员达到23776人，汉族官员达到34214人。如仅从总数上看，似乎汉族官员比女真族官员多出18%，其实，仔细考察，情况并不是这样。

按照第二章的考证，到泰和七年，猛安谋克正口（除奴婢口外）为6066455人，在都宗室将军司正口为1204人，合计为6067659人，这部分人口除少部分为契丹族外，大部为女真族人，设女真族占到90%，那么总人口应为5460893人，那么女真人的官民比例就是1:230。

根据第三章表3—2的考察，汉族人口应为44696463人，那么汉族人官民比例为1:1306。也就是说，女真人官民比是汉族官民比的5.7倍，从另一个方面证明了金朝女真族的社会地位和政权性质。

西汉、东汉、隋、唐的官民比例分别为：0.22%、0.27%、0.42%、0.7%，与他们相比较的话，金代的官民比例是0.11%，似乎并不高，但是隋唐的数字包括了内外文武官吏及其属吏[21]，而金代仅是"在仕官"，即品官，并不包括数量庞大的吏员集团，如以尚书省令史为代表的中央高级吏员，国史院书写和宫中诸局承应人有出身者，地方政府中的各种"刀笔"吏员等，这是一个相当大的群体，他们经过一定的工作年限，经考验也可"出职"为官员，而且，据史料记载，当为数不少，"金朝用人，大概由省令史迁左右司郎中、员外郎、首领官，取其簿书精干也。由左右首领官选宰相执政，取其奏对详敏也。其经济大略安在哉？此所以在位者多长于吏事也。"[22]由此看来，由省令史逐步走到宰执的位置上是一个非常稳定的途径。

如果将这些"准官员们"算在一起的话，金代泰和末年大致与同时期的南宋一样,也是官员比较冗滥的时期,尤其是南渡以后,这种情况当更为严重。贞祐四年,监察御史陈规上言:"不吝官爵以激人心,至有未满一任而并进十级,承应未出职而已带骠骑荣禄者,冗滥之极至于如此,复开鬻爵进献之门……朝授一官,暮升一职",文官如此,军官同样,"况今军官数多,自千户而上有万户、有副统、有都统、有副提控,十羊九牧……则是一千户所统不及百人,不足成其队伍矣。"这种情况下,其官员素质可想而知,以县令为例,"况县令之弊无甚于今,由军卫监当进纳劳效而得者十居八九,其桀黠者乘时贪纵,庸懦者权归猾吏。近虽遣官廉察,治其奸滥,易其疲软,然代者亦非选择,所谓除狼得虎也。"[20]官僚队伍到了这一地步,金朝的灭亡也就不远了。

第三节　金代家庭结构

金代人口中,汉族人口仍然占大多数,汉族人口的家庭结构同前朝相比没有大的变化,因此,这里重点探讨统治民族女真族的家庭结构问题。

一、核心家庭占主要地位

恩格斯在《家庭私有制和国家起源》一书中,对父权制为标志的核心家庭的产生有许多重要的论述,其中一些论述也符合女真早期小家庭的状况。"以经济条件为基础",亦即"以私有制对原始自然长成的公有制的胜利为基础"的一夫一妻制家庭形式在女真内部确立之后,小家庭逐渐成为主要家庭形式。

《金史·世纪》载:

> 生女直之俗,生子年长即异居。景祖九子,元配唐括氏生劾者,次世祖,次劾孙,次肃宗,次穆宗。及当异居,景祖曰:"劾者柔和,可治家务。劾里钵有器量智识,何事不成。劾孙亦柔善人耳。"乃命劾者与世祖同居,劾孙与肃宗同居。

这是关于生女真人兄弟析居情况的最早叙述,但绝不是女真人兄弟析居的开始,早在始祖函普之时就已出现这种情况:

> 金之始祖讳函普,初从高丽来,年已六十余矣。兄阿古乃好佛,留高丽不肯从,曰:"后世子孙必有能相聚者,吾不能去也。"独与弟保活里俱。始祖居完颜部仆干水之涯,保活里居耶懒。其后胡土门以曷苏馆归太祖,自言其祖兄弟三人相别而去,盖自谓阿古乃之后。

这是兄弟异居的一种表现形式,女真人的其他各部很早也出现兄弟分别而居的事实。世祖时，术虎部勃堇滓不乃居阿里矮村，其弟胜昆却居于胡不干村[211]。穆宗时斡准部也有这样的例子。"斡准部人冶剌勃堇、海葛安勃堇暴其族人斡达罕勃堇及诸弟屋里黑、屋徒门，抄略其家，及抄略阿活里勃堇家，侵及纳根涅所部。"[212]至太祖时，也有同样的记载。《金史·撒改传》亦载："及诸子长，国俗当异宫居。"说的就是这一历史现象。

标志这种私有制小家庭形式的，还有私有财产的出现。《金史·世纪》载，完颜部有贤女，年六十而未嫁。部众信服始祖，"谢以青牛一，并许归六十之妇。始祖乃以青牛为聘礼而纳之，并得其赀产。"《金史》还记载另一故事，同样说明了这一问题：

> 来流水乌萨札部杀完颜部人，昭祖往乌萨札部以国俗治之，大有所获，颁之于诸父昆弟而不及谢里忽。谢里忽曰："前日免汝于死者吾之力，往治乌萨札部者吾之谋也。分不及我，何邪。"昭祖于是早起，自赉间金列鞢往馈之。时谢里忽犹未起，拥寝衣而问曰："尔为谁？"昭祖曰："石鲁先择此宝，而后颁及他人，敢私布之。"谢里忽既扬言，颇不自安，至是乃大喜。列鞢者，腰佩也。[213]

诸父昆弟不但各有自己的财产，也有各自单独的住所和家室。同样的记载还有："生女直旧无铁，邻国有以甲胄来鬻者，倾赀厚贾以与贸易，亦令昆弟族人皆售之。"[214]这也是各有自己所支配财产的证明。

这些独立的家庭不仅有禾稼，还有场圃。《金史·太祖纪》中曾经记载，太祖因非常喜爱自己的兄弟斡带，因此，在睡觉的时候，"梦斡带之场圃火，禾尽焚，不可扑灭，觉而深念之，以为忧。是时，斡带已寝疾，太祖至闻之，过家门不下马，径至斡带所问疾。"[215]太祖与同母弟斡带，各有各的家门和居所，斡带有属于自己的场圃禾稼。其他材料也反映了他们不仅有牧马，还有属于自己的牧场。同样的例子，如《金史·世纪》载："腊醅等复略穆宗牧马、交结诸部。""腊醅、麻产驱掠来流水牧马。"又曰"腊醅、麻产使其徒旧贼秃罕及驼朵剽取户鲁不泺牧马四百，及富者粘罕之马合七百余匹，过青岭东，与乌春、斡谋罕交结。"[216]他们更通过各部间的掠夺战争，不断来增长自己小家庭的财富："桓赧恃其众，有必胜之心，下令曰：'今天门开矣，悉以尔车自随。凡乌古乃夫妇宝货财产恣尔取之，有不从者俘略之而去。'"[217]

随着猛安谋克地缘性组织的大规模迁徙，以血缘关系为主的氏族部落制进一步解体家庭规模越来越小，因而世宗感叹道："今之女直，不比前辈，虽亲戚世叙，亦不能知其详"，到章宗时，这种情况得到了进一步发展："突合速以次室受封，次室子因得袭其猛安。及分财异居，次室子取奴婢千二百口，正室子得八百口。"[218]而且，国家对这种办法进行了确认，章宗承安元年，在例行通检推排时下诏："遂定制，已典卖物业，止随物推收，析户异居者许令别籍。"[219]看来女真族家庭，孩子成年后不但分家还要分财产,而且国家对其予以认可。

金末,龙虎上将军术虎筠寿兄弟分家时:"及弟兄析居,公悉有以处之曰:'季弟通贵,无俟分财;其弟战殁,其孤当恤;小弱弟蚕失怙恃,尤可哀者。'孰多孰寡,咸适其当。公所取唯白玉帽环一双而已,曰:'此大门时物也!'"⑳实际上,个体小家庭已经成为女真社会的基本细胞。

这种年长异居在汉族家庭中同样如此,元好问就曾经记录过许多这样的事情。如记述山西河曲白全道之生平时,有这样一段文字:

> 初,僧舅既奉浮图,愍其家事不传,为李氏置后,意甚专,初不以异姓为嫌。已而事不果行。公承舅氏之意,挈此子养于家,以昆弟待之。大定初通检,因附属籍。舅已亡,又历三推之久,弟为妄人所教,遽求异财。公欣然以美田宅之半分之。人谓:"同胞而至别籍,往往起讼。白公乃无丝毫顾藉意,是难能也。"㉑

《大金国志·杂色仪制》载:"三代同居孝义之家,委属申覆朝廷,旌表门闾。"汉、唐之时行大宗之制,以五世为标准,宋代虽行小宗之制,旌门为四代,而金定为三代,即不同于汉、唐,同居范围也小于宋代。说明金代能够做到三代同堂的家庭就不多,更不要说四代、五代了,否则也就不需要表彰了。许多家庭"枝分派别",他们已经等同于封建社会的编户齐民。

生子年长即异居,分居后又有自己的住宅、财产、场圃、禾稼、车马甚至牧群,这是女真人由来已久的习俗。其他史料言及生女真,也多以户为单位,生女真世居"混同江以东,长白山鸭绿江之源……地方千里,户十余万。"㉒金代的猛实谋克,也是以户为基础而组建的。《金史·兵志》:"部族之数,初无定制,至太祖即位之二年,既以二千五百破耶律谢十,始命以三百户为谋克,谋克十为猛安。"㉓

二、兄弟分家不分居

金大定二十二年(1182年),世宗皇帝"以山东屯田户邻之于边鄙,命聚之一处,俾协力蚕种"。至于这么做的原因,右丞相乌古论元忠说:"彼方之人以所得之地为家,虽兄弟不同处,故贫者众。"也就是说,乌古论元忠将女真屯田户贫困的原因归结为兄弟没有同处,不相"协力"。在当时的生产力水平下,他的话有一定的道理,因此,参政粘割斡特剌说:"旧时兄弟虽析犹相聚种,今则不然,宜令约束之。"㉔说明女真族家庭虽以小家庭为主,但分家、分财、分地,并不分开居住,以便于互相帮助,共同进行农牧业生产,这也是女真发展壮大的成功经验。这种"兄弟虽析犹相聚种"的父系大家族家庭形态是女真家庭结构的特点之一。

粘割斡特剌说的"旧时",当指世宗以前的女真历史。《金史·完颜勖传》载:"凡部族,既曰某部,复曰某水之某,又曰某乡某村,以别识之。"其中的"某",应是其原属的部落,"某水之某",应是其原属的氏族或氏族的分支;而"某乡某村",则应是其大家族的聚居地。在这个聚居地里,可能住有一两个大家族,也可能住有几个大家族,每个大家族又包括有若干个个体家庭。史书有时也称这样的大家族为"族帐"。宋人马扩在宣和年间出使女真,随阿骨打自来流水东行围猎,见"每三五里之间,有一二族帐,每帐不过三五十家。"㉕应是当时女真人父系大家族的分布和组成的一般概况。

金建国后,这种聚族而居的例子非常多。以下几个例子很能说明问题:

《金史·海里传》:天辅二年(1118 年)三月,娄室为黄龙府万户,其族子"海里从徙于孰吉讹母"。

《金史·婆卢火传》:天辅五年(1121 年)二月,旧居按出虎水的安帝五代孙婆卢火徙居泰州,"唯族子撒剌喝尝为世祖养子,独不得徙。"

《金史·食货志》:"其居宁江州者,遣拾得、查端、阿里徒欢、奚挞罕等四谋克挈家属耕具徙于泰州。"

《金史·按答海传》:"海陵时,自上京徙河间,土瘠,诏按答海一族二十五家,从便迁居近地,乃徙平州。诏给平州官田三百顷,屋三百间,宗州官田一百顷。"

《金史·徒单克宁传》:"其先金源县人,徙居比古土之地,后徙置猛安于山东,遂占籍莱州。"大定十七年(1177 年)二月,徒单克宁到京师,"复拜平章政事,授世袭不扎土河猛安兼亲管谋克。"世宗曰:"朕欲尽徙卿宗族在山东者居近地,卿族多,官地少,无以尽给之。"于是,仅徙其最亲近的族人于近地。

这种家族聚居,协作进行的农业生产形式,一直存在于女真社会。到了金世宗时期,因受中原社会的影响,这种方式受到了一定的冲击,甚至影响了其农业生产的发展。除上述《金史·兵制》所载外,关于"聚居"或"析居"的记载很多。如大定六年(1166 年)十一月,"左丞完颜守道奏:'近都两猛安,父子兄弟往往析居,其所得之地不能赡,日益困乏。'上以问宰臣,良弼对曰:'必欲父兄聚居,宜以所分之地与土民相换易。虽暂扰,然经久甚便。'右丞石琚曰:'百姓各安其业,不若依旧便。'㉖上竟从良弼议。"不惜牺牲土民的利益,甚至不惜牺牲社会的稳定,用土地"相换易"的方式,也要实现"父兄聚居",可见这种观念在女真社会根植至深。

那么,这种聚居协作生产是怎么进行的呢?据宋人崔陟、孙准夫等使金时记载:"金人北军一家,莳地不下数顷,既无税赋。春则借农以种,夏则借人以耘,秋则借人以收。"㉗这是宋人关于女真族大家族"兄弟虽析犹相聚种"这一生产协作习俗的生动描述。

三、家庭成员及其地位

女真人的大家族,包括诸父及昆弟各个小家庭,这种大家族主要是其社会组织形式,而不是真正意义上的家庭。真正意义的家庭成员主要还是包括父母、未成家子女等组成的核心家庭。其他成员包括数量不等的奴婢,有时也还包括父母辈的姊妹、外甥和养子、继子等等具有抚养关系的亲属,这些只是个例。

1. 首先是核心家庭的家长:丈夫、父亲

一是丈夫相对于妻妾的特权。这种家庭完全是建立在丈夫统治之上的,妇女的地位非常低下。景祖正室唐括氏,虽能与景祖偕行,但在与蒲聂部拔乙门阳为和好时,却被景祖质于蒲聂部[㉗]。熙宗悼平皇后裴满氏,虽干预政事无所忌惮,终因熙宗积怒而被杀[㉘]。次室更同奴婢一样。昭祖次室达胡末就是被掠来的女婢[㉙]。《松漠纪闻》曾载太祖次室所生之诸子地位:"自固碖(宗干)以下皆为奴婢"[㉚]。一般女真人家的妇女地位也同家内的幼小或奴婢,他们可以出卖妻子以抵债[㉛],他们可以任意殴杀妻子。直至世宗时对这个问题才有所重视。《金史》卷7《世宗纪》:大定十八年(1138年)正月壬寅,"定杀异居周亲奴婢、同居卑幼,辄杀奴婢及妻无罪而辄殴杀者罪。"也就是说,不能没有任何理由杀妻;反过来说,只要有"莫须有"的理由就可以随时置妻子于死地,到哀宗末年,竟还发生杀妾食其肉的事。天兴二年(1233年)八月,元军召宋兵攻唐州,"城中粮尽,人相食,黑汉杀爱妾啖士,士争杀其妻子。"[㉜]可见女人家庭地位之低。夫妻结合的离异权利,也完全掌握在丈夫手中。女子必须忠贞不二,男人却有随意遗弃妻子的自由,而且被遗弃者的亲生子女,又必须留于夫家。哀宗时,总领完颜长乐,就是这样。他出妻柴氏,而将柴氏所生之幼子,交给另一妻室蒲察明秀抚育。[㉝]

二是父权对其子女和族人的监护。《金史·世纪》载:辽大安八年(1092年)五月,世祖弥留之际,"呼穆宗谓曰:'乌雅束柔善,若办集契丹事,阿骨打能之。'"世祖劾里钵,临终仍念念不忘功业和监护诸子之责,嘱托弟穆宗盈歌代为庇护其子。穆宗盈歌遵照兄命,"亦雅重太祖,出入必俱。太祖远出而归,穆宗必亲迓之"[㉞]。"德帝思皇后生安帝,季曰辈鲁,辈鲁与献祖俱徙海姑水,置屋宇焉。"[㉟]这与世祖、穆宗对阿骨打有些相近,辈鲁尽其为叔之责代为监护侄子,即献祖绥可,与之徙海姑水,成就了后来的大业。前文曾叙,昭祖被其叔谢里忽救命的故事也很能说明问题。《金史·世纪》:"昭祖欲稍立条教,诸父、部人皆不悦,欲坑杀之。已被执,叔父谢里忽知部众将杀昭祖,曰:'吾兄子,贤人也,必能承家,安辑部众,此辈奈何辄欲坑杀之,'亟往,弯弓注矢射于众中,劫执者散走,昭祖乃得免。"其后,昭祖以国俗治乌萨札部,亦是出于谢里忽的计谋。建国以后,类似这种庇护子侄及族人的事例也有,如卷八十四《昂传》:景祖弟跋黑之孙昂,"睦于兄弟,尤善施与,其亲族有贫困者,必厚给之。"海陵曾"益以四谋克。昂受亲管谋克,余三谋克让其族兄弟"。这些也都是父权另一个方面的表现。

2. 家庭成员第二位是妻、妾

虽说女真社会很早就进入了一夫一妻制,但是,同中原王朝一样,这种所谓的一夫一妻制也只是对妇女而言。男子可以一夫多妻,而女子则必须忠贞如一。正如恩格斯所说:"大量财富集中于一人之手并且是男子之手,而且这种财富必须传给这一男子的子女,而不是传给其他任何人的子女。为此,就需要妻子方面的一夫一妻制而不是丈夫方面的一夫一妻制,所以这种妻子方面的一夫一妻制根本没有妨碍丈夫的公开的或秘密的多妻制"[207]。

金朝不但贵族妻妾成群,一般官员或百姓也是有妻亦有妾,并且上升到了法律地位。海陵帝曾专门发布诏令:"命庶官许求次室二人,百姓亦许置妾。"[208]这种妻妾家庭在《金史》中也不乏记载。世宗曾听到这样一个故事:"有移剌余里也者,契丹人也,隶虞王猛安,有一妻一妾。妻之子六,妾之子四。妻死,其六子庐墓下,更宿守之。妾之子皆曰'是嫡母也,我辈独不当守坟墓乎'",这是孝睦的典型,世宗皇帝非常高兴:"上因猎,过而闻之,赐钱五百贯,仍令县官积钱于市,以示县民,然后给之,以为孝子之劝。"[209]《松漠纪闻》的记载有:"有女倡,而其良人皆有小妇、侍婢。"《大金国志》也有同样的记载:"无论贵贱,人有数妻。"

前文已述及,妻妾对丈夫的地位是从属的,丈夫甚至对她们有生杀予夺之权。从皇帝的话语中也可以看出,妻妾从来没有在兄弟亲属行列。大定十四年,世宗皇帝曾说:"自古兄弟之际,多因妻妾离间,以至相违。且妻者乃外属耳,可比兄弟之亲乎。"[210]妻妾从来都是"外属",而且把兄弟不睦的责任都归结为"妻妾离间",可见妻妾地位之低。

妻妾之间,妻的地位绝对高于妾,妻为正室,妾为侧室。妻所生子为嫡子,妾所生子为庶子。妻甚至可以找理由殴打甚至杀害妾,《金史》载:"志宁妻永安县主妒甚,尝杀孕妾"[211]。

妻、妾地位的不平等,直接导致其子女的地位自然也相应地有所不同。昭祖石鲁次室达胡末生有跋黑、仆里黑、斡里安三人。《金史·跋黑传》载:

> 跋黑及其同母弟二人,自幼时每争攘饮食,昭祖见而恶之,曰:"吾娶此妾而生子如此,后必为子孙患。"世祖初立,跋黑果有异志,诱桓赧、散达、乌春、窝谋罕离间部属,使贰于世祖。世祖患之,乃加意事之,使为勃董而不令典兵。

跋黑及其同母弟二人，仅是因为庶出，就受到亲生父亲的厌恶，自幼就受到不平等的待遇。长大后又不令其典兵，多年来由不平等带来的"怀有异志"是必然的。《松漠纪闻》叙及太祖阿骨打诸子时，所云："自固碥（宗干）以下皆为奴婢。"也是说其嫡庶诸子地位的不一。宗干的次室大氏，事其正室徒单氏"甚谨"，海陵在其即位之前，"自以其母大氏与徒单氏嫡妾之分，心常不安。"也是因其以庶子身份承继大位，地位卑微，自信心不足的缘故。

关于海陵帝的生母大氏，嫡母徒单氏之间的一些事情颇能说明这种嫡、妾之间的关系和海陵帝的矛盾心态：

> 徒单太后生日，酒酣，大氏起为寿。徒单方与坐客语，大氏跽者久之，海陵怒而出。明日，召诸公主宗妇与太后语者皆杖之。大氏以为不可。海陵曰："今日之事，岂能尚如前日邪。"[242]

虽贵为皇帝的生母，就因为是次室，所以在正室面前长跪不能起来，可见嫡妾之间地位之悬殊。而且，作为次室，海陵生母承认并接受这种地位："大氏病笃，恨不得一见。临终，谓海陵曰：'汝以我之故，不令永寿宫偕来中都。我死，必迎致之，事永寿宫当如事我。'"[243]可见社会观念、习俗影响之深。

母亲对子女有绝对的权威，甚至可以杀之。《金史》载：

> 景祖初立，乌古出酗酒，屡悖威顺皇后。后曰："巫言验矣，悖乱之人终不可留。"遂与景祖谋而杀之。部人怒曰："此子性如此，在国俗当主父母之业，奈何杀之？"欲杀景祖。后乃匿景祖，出谓众曰："为子而悖其母，率是而行，将焉用之？"吾割爱而杀之，乌古乃不知也，汝辈宁杀我乎？[244]

3. 家庭中其他成员就是子女

子女按照母亲地位有嫡庶之分，同时还有重长房和幼子的习俗。撒改为国相，就是重长房的一例，景祖因长子劾者柔和次子劾里钵有器量智识，命劾者与世祖同居，又越劾者而传世祖。及穆宗袭位，念长兄劾者不得立，命劾者长子撒改为国相。另《金史·赵隇传》载：

> 隇子孙、司徒张通古子孙皆不肖淫荡，破资产卖田宅。世宗闻之，诏曰："自今官民祖先亡没，子孙不得分割居第，止以嫡幼主之，毋致鬻卖。"仍著于令。

这一诏令，应是老宅归于嫡幼旧俗的重提。《金文·世纪》，叙及景祖元配五子的异居，仅云"劾者与世祖同居，劾孙与肃宗同居"，而未提及幼子穆宗，应是穆宗仍与景祖同居的缘故。可见女真人爱其嫡幼之俗由来已久。

除上述核心成员外，女真家庭中有时还包括抱养的丈夫或妻子姊妹的子女。《金史·海陵诸嬖传》："蒲察阿虎迭女叉察，海陵姊庆宜公主所生……海陵白太后欲纳叉察。太后曰：'是儿始生，先帝亲抱至吾家养之，至于成人。帝虽舅，犹父也，不可。'"这是姊妹之子女就养于男家的实例。《金史·章宗钦怀皇后传》：章宗钦怀皇后蒲察氏，父鼎寿尚熙宗郑国公主。后"就养于姨冀国公主，即长，孝谨如事所生。"这是姊妹的子女就养于姨家的实例。

出嫁之女归于父母（或其兄弟）家。《金史·乌古论德升传》：兴定二年（1218年），元兵复围太原，"城破，德升至府署，谓其姑及其妻曰：'吾守此数年，不幸力穷。'乃自缢而死。其姑及其妻皆自杀。"这是姑住在侄家的实例。《金史·海陵诸嬖传》：驸马都尉蒲察没里野女，熙宗时夫死，海陵欲纳之，夫家不从。及海陵篡位方三日，"诏遣阿里虎归父母家。阅两月，以婚礼纳之。"《金史·海陵后徒单氏传》，徒单斜也女为海陵后，海陵遇害，"世宗怜其无所依，诏归父母家于上京，岁赐钱二千贯，奴婢皆给官廪。"出嫁之女归于父母家，是收继婚趋于衰落时出现的迹象。⑳

四、家庭奴婢及其地位

家庭人口中包括非自由人，即奴婢人口，是金代家庭结构的一个突出特点，这一家庭结构一直贯穿金代社会始终。

1. 奴婢的数量和规模

《金史·食货志》载：大定二十年（1180年）四月，世宗与宰臣议通检推排，说道：

> 一谋克户之贫富，谋克岂不知。一猛安所领八谋克，一例科差。设如一谋克内，有奴婢二三百口者，有奴婢一二人者，科差与同，岂得平均。正隆兴兵时，朕之奴婢万数，孳畜数千，而不差一人一马，岂可谓平。

到大定二十二年八月，世宗皇帝"诏令集耆老，推贫富，验土地牛具奴婢之数，分为上中下三等。"㉑猛安谋克户有上中下三等之分，贫富是不一的，其所占之奴婢也是多寡不等的。一般猛安谋克户，有奴婢至二三百口者，也有仅一二人者。而世宗在辽阳为东京留守时，则有奴婢万数。再从《金史·太宗纪》：天会九年（1732年）四月己卯诏："户计其口而二三者，以官奴婢益之，使户为四口。"这样看来，建国初期一般的女真人户，至少也都应有一二奴婢。有的贵族也仅有奴婢数人者，如海陵时契丹人"安礼，长于吏事，廉谨自将，从帅府再伐宋，宝货人口一无所取。贵为执政，奴婢止数人，皆有契券，时议贤之。"这种情况应是个别现象，否则也不会"时议贤之"了。

《金史·食货志》关于大定二十三年三组户口数据的记录（见表2—3）和后面的考证已经详细地说明了这个问题。

通过表格数据可以发现，《金史·食货志》关于大定二十三年的记载对金世宗的话是个绝妙的注解："一谋克内，有奴婢二三百口者，有奴婢一二人者"，普通猛安谋克户户均奴婢口数也就是大约 2 个,在都宗室将军司都是女真贵族,其户均奴婢口高达 169 以上,多达二三百口者应不足为奇。

女真人的奴婢,包括在了家庭人口之内,因此,有时也以"家人","家奴"、"家婢"称之。称之为"家奴"、"家婢"的例子很多,也有称之"家人"的,虽然家人并不都是奴婢,但奴婢也可称之家人。如《金史・欢都传》:"既而闻之,放火者杯乃家人阿出胡山也,杯乃欲开此衅,故而诬欢都云。"又曰:"阿注阿果为变,因穆宗晨出猎,纠率七八人操兵入宅,夺据寝门,劫贞惠皇后及家人等。"这两处"家人"都应指家内的奴婢。《金史・食货志》:"山东、大名等路猛安谋克户之民,往往骄纵,不亲稼穑,不令家人农作,尽令汉人佃莳,取租而已。"这里的"亲"当指猛安谋克户之民,"家人"即指家内的奴婢口。宣宗贞祐三年(1215 年)五月二日,中都破,尚书右丞相兼都元帅定国公完颜承晖自杀殉国。《金史・承晖传》叙其临死前处理后事,"从容若平日,尽出财物,召家人随年劳多寡而分之,皆与从良书。"其所云之"家人"毫无疑问也是指奴婢,因为后面还有"与之从良书"。《金史・桓赧传》:"世祖闻肃宗败,乃自将,经舍很、贴割两水取桓赧、散达之家,桓赧、散达不知也。世祖焚其所居,杀略百许人而还。"对这桓赧、散达之家的百许人,应当包括正口与奴婢口,也就是说,它同时还包括着称之为"家人"的奴婢。

2. 家庭奴婢的地位和作用

早期女真社会,主人对奴婢握有生杀大权,视其为会说话的工具。《大金国志・初兴风土》载:"死者埋之而无棺椁,贵者生焚所宠奴婢,所乘鞍马以殉之。"他们的地位就如同鞍马一样。到了大定年间,这种情况发生了变化,"始定制杀异居周亲奴婢"和"辄杀奴婢"[⑳]者有罪,据此也可知,在此之前,主人是可以任意擅杀自己小家庭中的奴脾,以及同属于一个大家族中异居周亲的奴婢。同时,法律对奴隶犯主行为的处罚极严。"奴婢杀主者,皆斩。若奴婢詈主者,绞。"[㉑]奴碑骂了主人,就要处绞刑,确实非常严酷。

视家中的奴婢为会说话的工具和有生命的财物,更是女真人普遍的观念。在《金史》关于战俘的记载,多称其为"生口",主人甚至可以将奴婢如同金银牛马一样赏赐给有功之人。《金史・夹谷吾里补传》:收国二年(1116 年),"斡鲁伐高永昌、吾里补以数骑奋击于辽水之上,复以四十骑伏于津要,遇其候骑,击之,获生口,因尽知永昌虚实。太祖嘉之,赏奴婢八人。"奴婢视为女真家庭的私有财产是写进法律的,这一点从上述通检推排的规定就可以看出来。

女真人的家庭奴婢,主要用途两个,一是农业生产,二是家庭服务,且以前者为主,《金史》多有这方面记载。《金史・食货志》:"牛头税。即牛具税,猛安谋克部女直户所输之税也。其制每耒牛三头为一具,限民口二十五受田四顷四亩有奇,岁输粟大约不过一石,官民占田无过四十具。"这里所说的"民口",是包括"正口"与"奴婢口"在内的。大定二十三年(1183年)八月所奏猛安谋克户、垦地、牛具之数,可以证实这点。将奴婢口视为民口,制受田之限,正表明女真家庭奴婢是普遍用于从事田间农业劳动的。《金史·太宗纪》,天会九年(1131年)"四月己卯诏,'新徙戍边户,匮于衣食,有典质其亲属、奴婢者,官为赎之。户计其口而有二三者,以官奴婢益之,使户为四口。又乏耕牛者,给以官牛,别委官劝督田作。"国家不但替这些戍边户赎其典质的亲属和奴婢,而且还把不满四口人的户"益以官奴婢",就是要提高他们的生产能力。这方面记载还很多,《金史·食货志》:大定二十年(1180年),"以上京路女直人户,规避物力,自卖其奴婢,致耕田者少,遂以贫乏,诏定制禁之。"大定二十一年(1181年),金世宗曾说:"山东、大名等路猛安谋克户之民,往往骄纵不亲稼穑,不令家人农作,尽令汉人佃莳,取租而已。富家尽服纨绮,酒食游宴,贫者争慕效之,欲望家给人足,难矣。近已禁卖奴婢,约其吉凶之礼,更当委官问实户数,计口授地,必令自耕,力不赡者方许佃于人。仍禁其农时饮酒。"这是因为奴隶制的衰落,奴婢耕作积极性大大减退,再用奴婢农作已无大利可图,全国各地普遍地发生了出卖奴婢,以田佃于他人莳作的迹象。这也恰恰表明,在此之前正是利用奴婢来从事田间农作的。

纯粹用于家庭服务的奴婢主要存在于贵族和大奴隶主之家,从《金史·食货志》所载大定年间在都宗室将军司之户口、垦地、牛具之数来看,平均每户一百六十九人中,正口仅六人,奴婢口即占一百六十三人。奴婢数量如此之多,当是以家庭服务性的劳役为主。又《金史》卷7《世宗纪》:大定十三年(1173年)十一月"吏部尚书梁肃请禁奴婢服罗绮。上曰:'近已禁其服明金。行之以渐可也。且教化之行当自贵近始。'"进行田间农作的奴婢不可能服明金、罗绮,一般人家的奴婢也无力服罗绮,更不可能穿明金,这正表明贵族和大奴隶主家的奴婢多是用于家庭服务性的劳役。这些富人之家从事于家庭服务性劳役的家奴,也是分有等级的。有称之为"僮仆"的,也有称之为"用事奴"的,更有"总诸奴"的。[20]

从现代人口学角度来看,人口结构是一个非常宽泛的概念,包括的范围非常广,划分标准和方法也不尽相同,从类别上大体分为社会结构和自然结构,社会结构就包括了上述阶级、职业、家庭结构,另外还有民族结构、文化结构、语言结构等。自然结构包括地域结构、性比例结构、年龄结构等。鉴于史料和篇幅所限,我们这里重点讨论了阶级、职业、家庭结构三部分。

关于地域结构,实际同人口分布是一回事,放在第六章进行专门讨论。

关于民族结构,在本章讨论阶级结构、在第二章讨论有关户口数据、第三章讨论户口类型时均有涉及,基本点观点就是州县户口基本上就是汉族户口,猛安谋克户口基本上就是女真户口(除少数契丹、奚),诸部、诸乣、群牧所的户口基本上就是契丹、奚族的户口。奴婢基本上是汉人。表3—2"泰和七年三大户类户口及比重表"基本上把它们的结构和比例讲得非常清楚了,没必要专门进行重复讨论,故略。

关于性比例结构,由于笔者接触到的相关材料较少,没有深入探讨,仅在第二章讨论家庭人口规模时,专列了表2—2(家庭人口规模统计表),在表中将各家子、女数分别列入,如果计算的话,得出的结果是金代中晚期的性比例结构为137,这么高的性比恐怕并不符合实际。这个问题同其他问题,如文化结构、语言结构等一样,留待今后进一步研究吧。

注　释:

① 《三朝北盟会编》卷166,炎兴下帙。

② 《金史》卷55《百官志一》。

③ 《金史》卷43《舆服志上》。

④ 《大金国志》卷33《仪卫志》。

⑤ 《金史》卷4《熙宗纪》。

⑥ 《金史》卷5《海陵纪》。

⑦ 《金史》卷119《完颜仲德传》。

⑧⑨⑫ 《金史》卷63《后妃上》。

⑩ 《金史》卷42《仪卫志下》。

⑪㉛ 《金史》卷58《百官志》。

⑬ 《契丹国志》卷8。

⑭ 《金史》卷70《撒改传》。

⑮ 《大金国志》卷3《太宗文烈皇帝一》。

⑯ 《金史》卷80《大臬传》。

⑰ 《大金国志》卷35《除授》。

⑱ 《金史》卷70《宗宪传》。

⑲ 《金史》卷72《完颜活女传》。

⑳㉑㉓㉚ 《金史》卷3《太宗纪》。

㉒ 《金史》卷78《韩企先传》。

㉔ 《金史》卷4《熙宗本纪》。

㉕ 《金史》卷11《章宗纪三》。

㉖ 《金史》卷46《食货志一》。

㉗ 《金史》卷120《世戚传》。

㉘ 都兴智《金代的科举制度》,《金史论稿》第2卷,吉林文史出版社1992年版。转引自刘浦江《金朝的民族政

策与民族歧视》，载《辽金史论》，第 78 页。

㉙ 参见宋立恒《金代社会等级结构研究》，中央民族大学 2005 年博士学位论文，第 111 页。

㉚ 张博泉《金史论稿》第 2 卷，吉林文史出版社 1992 年版，第 404、408 页。

㉛㊽ 《金史》卷 47《食货志二》。

㉜ 参见宋立恒《金代社会等级结构研究》，中央民族大学 2005 年博士学位论文，第 116 页。

㉝ 《金史》卷 2《太祖纪》。

㉞ 《三朝北盟会编》卷 98，靖康中帙。

㉟ 《大金国志》卷 1《太祖元武皇帝上》。

㊱ 张博泉《〈辽阳市发现金代通慧圆明大师塔铭〉补正》，《考古》1987 年第 1 期；［日］外山军治《金朝史研究》，黑龙江朝鲜民族出版社 1988 年版，第 454—455 页；刘浦江《渤海世家与女真皇室的联姻——兼论渤海人的政治地位》，《辽金史论》，第 97 页。

㊲ 《金史》卷 86《李石传》。

㊳ 《金史》卷 64《后妃下》。

㊴ 《金史》卷 83《张浩传》。

㊵ 《金史》卷 83《张汝弼传》。

㊶ ⑧ 《金史》卷 83《张汝霖传》。

㊷ 《金史》卷 89《孟浩附田珏传》。

㊸ 《大金国志》卷 7《太宗文烈皇帝五》。

㊹ 《金史》卷 132《完颜元宜传》。

㊺ 《金史》卷 101《章宗纪》。

㊻ 王曾瑜《金朝户口分类制度和阶级结构》，《历史研究》1993 年第 6 期，第 53 页。

㊼ 《金史》卷 76《宗干传》。

㊽ 《遗山集》卷 18《嘉议大夫陕西东路转运使刚敏公神道碑铭》。

㊾ 《金史》卷 125《文艺传序》。

㊿ 《遗山集》卷 32《寿阳县学记》。

Ⓢ 《归潜志》卷 7。

Ⓢ 《归潜志》卷 2。

Ⓢ 以上所引，如无特别注明，均见《金史》卷 127《隐士传》。

Ⓢ 《金史》卷 51《选举志一》。

Ⓢ 参见宋立恒《金代社会等级结构研究》，中央民族大学 2005 年博士学位论文，第 71 页。

Ⓢ 《三朝北盟会编》卷 215《征蒙记》，卷 233《神麓记》。

Ⓢ 《三朝北盟会编》卷 244《金虏图经》；《建炎以来系年要录》卷 68。

Ⓢ 《金史》卷 12《章宗纪》。

Ⓢ 《金史》卷 107《高汝砺传》。

Ⓢ 《金史》卷 8《世宗纪》；卷 47《食货志》；卷 88《唐括安礼传》。

Ⓢ 《金史》卷 47《食货志》。

Ⓢ 楼钥《攻媿集》卷 111《北行日录上》。

(65) 《遗山集》卷20《顺安县令赵公墓碑》。

(66) 《金史》卷47《食货志二》。

(67) 《金文最》卷45《赠正奉大夫袭封衍圣公孔公墓表》。

(68) 《三朝北盟会编》卷230。

(69) 《北行日录》(上),《攻媿集》卷110。

(70) 《三朝北盟会编》卷230,炎兴下帙。

(71) 《建炎以来系年要录》卷147《绍兴十二年》。

(72) 以上部分内容请参见王曾瑜《金朝户口分类制度和阶级结构》,《历史研究》1993年第6期。

(73) 《金史》卷44《兵制》。

(74) 《金史》卷56《百官志二》。

(75) 《三朝北盟会编》卷3。

(76)(77) 《金史》卷2《太祖纪》。

(78) 《金史》卷84《耨盌温敦思忠传》。

(79) 《金史》卷88《石琚传》。

(81) 程卓《使金录》,载《新安文献志》卷34,文渊阁四库全书本。

(82) 《金史》卷51《选举志一》。

(83) 《金文最》卷20王朋寿《类林百篇赞》。

(84) 《金史》卷7《世宗纪》。

(85) 《金史》卷49《食货志》。

(86) 《宋史》卷186《食货志》。

(87) 《金史》卷9《章宗纪》。

(88) 《金史》卷49《食货志》。

(89)(100) 《金史》卷1《世纪》。

(91) 《建炎以来系年要录》卷149。

(92) 《金史》卷5《海陵纪》。

(93) 《金史》卷8《世宗纪下》。

(94) 《金史》卷93《章宗诸子》。

(95) 《金史》卷3《太宗纪》。

(96) 《金石萃编》卷154,《天宁万寿禅寺碑》。

(97) 《金史》卷47《食货志二》。

(98) 《金史》卷6《世宗纪上》;《金史》卷7《世宗纪中》。

(99) 《金史》卷10《章宗纪二》。

(101) 《金史》卷46《食货志一》。

(102) 曹勋《北狩见闻录》,文渊阁四库全书本。

(103) 《金史》卷46《食货志一》。

(104) 《金史》卷43《舆服志》;卷89《梁肃传》。

(105) 《石湖居士诗集》卷12《清远店》。

⑩⑥　《金史》卷 82《郑建充传》。

⑩⑦　《金史》卷 45《刑法志》。

⑩⑧　《金史》卷 7《世宗纪》。

⑩⑨　《三朝北盟会编》卷 3；《大金国志》卷 39；《金史》卷 63《贵妃定哥传》。

⑪⑩　《辽史》卷 61《刑法志上》。

⑪⑪　《辽史》卷 45《百官志一》。

⑪⑫　《金史》卷 4《熙宗纪》。

⑪⑬　《金史》卷 5《海陵纪》。

⑪⑭　《金史》卷 64《卫绍王后徒单氏传》。

⑪⑤⑪⑥⑪⑦　《金史》卷 9《章宗纪一》。

⑪⑧　《金史》卷 46《食货志一》。

⑪⑨　《金史》卷 9《章宗纪二》。

⑫⑩　《金史》卷 10《章宗纪三》。

⑫①　《金史》卷 11《章宗纪四》。

⑫②　《金史》卷 47《食货志二》。

⑫③　《金史》卷 9《章宗纪二》。

⑫④　《金史》卷 45《刑志》。

⑫⑤　《归潜志》卷 4。

⑫⑥　《金史》卷 64《章宗元妃李氏传》。

⑫⑦㉔④　《金史》卷 1《世纪》。

⑫⑧　《三朝北盟会编》卷 2，政宣上秩。

⑫⑨　肇东县博物馆《黑龙江肇东县八里城清理简报》，载《考古》1960 年第 2 期。

⑬⑩　庞国志《金代东北主要交通线研究》，载《北方文物》1994 年第 4 期。

⑬①　吉林省文物考古研究所《吉林省德惠县后城子金代古城发掘》，载《考古》1993 年第 8 期。

⑬②　参阅韩茂莉《金代东北地区的农业生产与地区开发》载《古今农业》2000 年第 4 期。

⑬③　参见冷雯雯《浅谈金代的农业》，载《赤峰学院学报》(汉文哲学社会科学版)2009 年第 7 期。

⑬④　《魏书》卷 100《勿吉传》。

⑬⑤⑬⑥　《后汉书》卷 85《挹娄传》。

⑬⑦　《旧唐书》卷 199《鞑靼传》。

⑬⑧　《金史》卷 24《地理志上》。

⑬⑨　参见乔幼梅《金代的畜牧业》，载《山东大学学报》(哲学社会科学版)1997 年第 3 期。

⑭⑩　张棣《金虏图经》，载《大金国志·附录二》。

⑭①⑮②⑮④　《金史》卷 44《兵制》。

⑭②　《三朝北盟会编》卷 230。

⑭③　《金史》卷 6《世宗纪上》。

⑭④⑭⑥　《金史》卷 47《食货志二》。

⑭⑤　《大金国志》附录 1，《女真传》。

⑭⑦　《金史》卷46《食货志一》。

⑭⑧　乔幼梅《金代的畜牧业》,载《山东大学学报》(哲学社会科学版)1997年第3期。

⑭⑨　《金史》卷9《章宗纪一》。

⑮⑩　《大金国志》附录3《金志》。

⑮①　《金史》卷10《章宗纪二》。

⑮③　《金史》卷87《仆散忠义传》。

⑮⑤　《金史》卷24《地理志上》。

⑮⑥　《金史》卷6《世宗纪上》。

⑮⑦　参见漆侠、乔幼梅《中国经济通史·辽夏金经济卷》,1998年版,第390页。

⑮⑧　《金史》卷46《食货志一》。

⑮⑨　《金史》卷54《选举志四》。

⑯⑩　《大金国志》卷39《初兴风土》。

⑯①　《金史》卷10《章宗纪》。

⑯②　《金史》卷57《百官志二》。

⑯③　《金史》卷56《百官志三》。

⑯④　《金文最》卷86,鹿汝弼《成氏葬祖先坟茔碑》。

⑯⑤　《金史》卷49《食货志四》。

⑯⑥　参见漆侠·乔幼梅《中国经济通史·辽夏金·经济卷》第421页。

⑯⑦　吉成名《论金代食盐产地开发》,《盐业史研究》2008年第3期。

⑯⑧　本节"制瓷业"、"矿冶业"、"印刷业"、"火器制造"等条目下相关材料请参阅张博泉《金代经济史略》,第47—61页。

⑯⑨　《金史》卷50《食货志五》。

⑰⑩　参见漆侠、乔幼梅《中国经济通史·辽夏金经济卷》,第418页。

⑰①　《金史》卷116《蒲查官奴传》。

⑰②　宋德金《金史》,第140页。

⑰③　参见张博泉《金代经济史略》,第72页。

⑰④　赵秉文《滏水集》卷8《圣安小集》。

⑰⑤　元好问《中州集》卷1,吉林出版集团有限责任公司2005年版。

⑰⑥　元好问《中州集》卷2。

⑰⑦　《金文最》卷69《创建宝坻县碑》。

⑰⑧　《遗山集》卷36 杨叔能《小亨集》引。

⑰⑨　《金史》卷119《娄室传》。

⑱⑩　耐得翁《都城纪胜》"诸行"条,文渊阁四库全书本。

⑱①　吴自牧《梦粱录》卷13"团行"条。

⑱②　宋德金《金史》,第148页。

⑱③　鲍春海等《金源文物图集》,哈尔滨出版社2001年版,第245页。

⑱④　鲍春海等《金源文物图集》,第246页。

⑱　元好问《中州集》卷 3。

⑱⑱　《金史》卷 48《食货志三》。

⑱　《夷坚乙志》卷 1《侠妇人》。

⑱　《金史》卷 7《世宗本纪》。

⑲　《金史》卷 46《食货志一》。

⑲　《金史》卷 55《百官志一》。

⑲　《金史》卷 51《选举志一》。

⑲　参见薛瑞兆《金代科举》,中国社会科学出版社 2004 年版。

⑲　《金史》卷 125《文艺志序》。

⑲　《金史》卷 88《石琚传》。

⑲　赵秉文《滏水集》卷 11《翰林学士承旨张文正公神道碑》。

⑲　刘祁《归潜志》卷 12《辩亡》。

⑲　《金史》卷 8《世宗纪下》。

⑲⑳㉑㉓㉔㉕㉖　《金史》卷 51《选举志一》。

㉒　《金史》卷 128《循吏传》。

㉗　洪迈《容斋续笔》卷 4 引南宋宁宗庆元二年(1196 年)四月臣僚奏对说,绍熙二年(1191 年)"合四选之数共三万三千五百十六员";至庆元二年时,已"无虑四万三千员"。

㉘　翦伯赞《论中国古代的封建社会》,载《历史问题论丛》,人民出版社 1962 年版,第 102 页;金观涛、刘青峰《兴盛与危机——中国古代超稳定结构》,法律出版社 2011 年版,第 29 页。

㉙　《归潜志》卷 7。

㉚　《金史》卷 109《陈规传》。

㉛㉞　《金史》卷 1《世纪》。

㉜　《金史》卷 67《钝恩传》。

㉝　《金史》卷 65《谢里忽传》。

㉟　《金史》卷 65《斡带传》。

㊱　《金史》卷 67《腊醅传》。

㊲　《金史》卷 67《桓赧传》。

㊳　《金史》卷 80《突合速传》。

㊴　《金史》卷 46《食货志一》。

㊵　《遗山集》卷 27《龙虎卫上将军术虎公神道碑》。

㊶　《遗山集》卷 24《善人白公墓表》。

㊷　《说郛》卷 25 引《北风扬沙录》。

㊸　参见王可宾《女真国俗》,吉林大学出版社 1988 年版,第 305 页。

㊹　《金史》卷 44《兵制》。

㊺　《三朝北盟会编》卷 4,马扩《茅斋自叙》。

㊻　《金史》卷 88《纥石烈良弼传》。

㊼　《三朝北盟会编》卷 230,炎兴下帙。

㉘㉙　《金史》卷 63《熙宗悼平皇后传》。

㉚　《金史》卷 68《欢都传》。

㉛㉟　《金史》卷 2《太祖纪》。

㉜　《松漠纪闻》上卷。

㉝　《金史》卷 123《乌古论黑汉传》。

㉞　《金史》卷 130《蒲察氏传》。

㊱　《金史》卷 65《辈鲁传》。

㊲　恩格斯《家庭、私有制和国家的起源》,第 73 页。

㊳　《金史》卷 5《海陵纪》。

㊴　《金史》卷 8《世宗纪下》。

㊵　《金史》卷 7《世宗纪中》。

㊶　《金史》卷 87《纥石烈志宁传》。

㊷㊸　《金史》卷 63《海陵嫡母徒单氏》。

㊺　参见王可宾《女真国俗》,第 69 页。

㊻　《金史》卷 46《食货志一》。

㊼　《金史》卷 7《世宗纪》。

㊽　叶潜昭《金律之研究》,台湾商务印书馆股份有限公司 1972 年版,第 113、115 页。

㊾　参见王可宾《女真国俗》,第 47 页,第 58 页。

第五章 金代的民族迁移

新朝代的建立总是伴随着大规模的人口迁移,金代同样如此。因辽代的南部边界仅到今河北北部、北京南部,所以其统治民族契丹族没有大规模向南部中原地区迁移;相反通过多次向南征伐,掳掠了中原地区大量人口向北契丹腹地迁移,东西方向疆土的辽阔决定了契丹族迁移的主体方向是"西移东进"。代之而起的女真金国,南部疆界推进到了淮河一线,辽阔的中原纳入囊中,掳掠中原汉民族北上"实内地"、女真族南下监视中原汉民族,这种"南下北上"的主体方向就成了其移民的主旋律。

第一节 女真族的迁移与分布

一、建国前的迁移和分布

金代建国前女真族的迁移和分布情况在辽代部分已做了论述,这里仅简要叙述。女真人是由黑水靺鞨演化而来的,黑水靺鞨自唐代起就居住在南至渤海国,"北至北海,东至大海,西至室韦,南北约二千里,东西约一千里"①的广阔地区,大致相当于现在的松花江下游和黑龙江中下游一带。渤海兴起以后,虽统一了靺鞨诸部,但黑水靺鞨始终独立于渤海之外。辽灭渤海,将渤海人举国外迁,使广阔的辽海地区人口大量减少,出现真空状态,女真乘机大举南迁,自东北向西南扩展占据了渤海的许多地方。

辽代女真分为两大部分,编入辽籍者称熟女真,未入辽籍者称生女真。熟女真大部分分布在辽东京道的东南部,即今辽东地区,它们是曷苏馆女真、南女真、北女真、乙典女真、黄龙府女真和顺化女真。还有一支熟女真——奥衍女真则被迁到了上京道北部,即今蒙古国首都乌兰巴托一带。生女真则是辽代女真族的主体,"地有混同江、长白山,混同江亦号黑龙江,所谓'白山、黑水'是也"②,因此,其主要分布于粟末水(今第二松花江)以北的今黑龙江、松花江中游和牡丹江流域。辽在女真诸部设有大王府,如濒海女真(又称东海女真),分布于今俄罗斯远东沿海地区,濒海女真国大王府;长白山女真,分布于长白山地区,设长白山女真大王府;鸭绿江女真,分布于鸭绿江流域,设鸭绿江女真大王府等等。

生女真主要分布在辽东京道的北部地区。在辽代的生女真中,又以完颜部为核心,从《金史》记载可以看出,该部是从东部向西南部、南部迁徙:始祖函普时居于"仆干水之涯",即今牡丹江上游地区,这时的女真部族"旧俗无室庐,负山水坎地,梁木其上,覆以土,夏则出随水草以居,冬则入处其中,迁徙不常。"③

至献祖绥可时,"徙居海古水,耕垦树艺,始筑室,有栋宇之制,人呼其地为纳葛里。'纳葛里'者,汉语居室也。自此遂定居于安出虎水之侧矣。"按(安)出虎水即今黑龙江省阿什河,这里曾经是渤海国的郑颉府所在地区,经济文化已经相当发达。这一地区后来便成为了金源肇兴之地。迁徙到原渤海国地区以后,由于周边民族的发展水平较高,使他们接触到了比较先进的文化,使得女真社会得以快速发展起来。

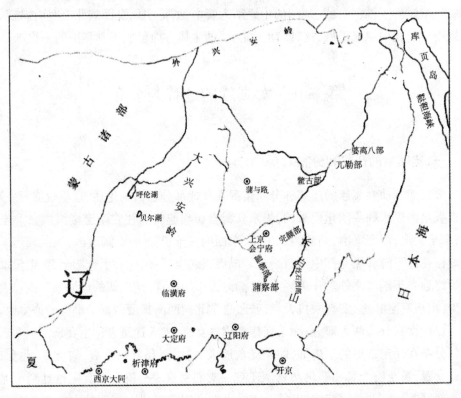

图5—1　金建国前后部族分布图

二、金代中期以前东北地区内部的民族迁徙

伴随着建国前后灭辽伐宋战争的进行,以金本土内部为中心的东北地区移民行动非常频繁,从《金史》中大致可以检索到以下移民事件④:

(收国元年,1115年)丙子,上自将攻黄龙府,进临益州。州人走保黄龙,取其余民以归。

(收国二年,1116年)正月戊子,诏曰:"自破辽兵,四方来降者众,宜加优恤。自今契丹、奚、汉、渤海、系辽籍女直、室韦、达鲁古、兀惹、铁骊诸部官民,已降或为军所俘获,逃遁而还者,勿以为罪,其酋长仍官之,且使从宜居处。"

(天辅二年,1118年)三月癸未朔,"以娄室言黄龙府地僻且远,宜重戍守,乃命合诸路谋克,以娄室为万户镇之。"太祖取黄龙府,娄室请曰:"黄龙一都会,且僻远,苟有变,则邻郡相扇而起。请以所部屯守。"太祖然之,仍合诸路谋克,命娄室为万户,守黄龙府。

(天辅二年,1118年)甲戌,辽通、祺、双、辽等州八百余户来归,命分置诸部,择膏腴之地处之。

(天辅二年,1118年)辽户二百来归,处之泰州。

(天辅五年,1121年)以境土既拓,而旧部多瘠卤,将移其民于泰州,及遣皇弟昱及族子宗雄按视其地。昱等莒其土以进,言可种植,遂摘诸猛安谋克中民户万余,使宗人婆卢火统之,屯种于泰州。婆卢火旧居阿注浒水,又作按出虎。至是迁焉。其居宁江州者,遣拾得、查端、阿里徒欢、奚挞罕等四谋克,挈家属耕具,徙于泰州,仍赐婆卢火耕牛五十。

(天辅六年,1122年)既定山西诸州,以上京为内地,则移其民实之。又命耶律佛顶以兵护送诸降人于浑河路,以皇弟昂监之,命从便以居。

(天辅七年,1123年)四月丁亥,命习古乃、婆卢火监护长胜军,及燕京豪族工匠,由松亭关徙之内地。

(天会元年,1123年)癸酉,发春州粟,赈降人之徙于上京者。

(天会元年,1123年)已巳,徙迁、润、来、隰四州之民于沈州。

(天会二年,1124年)丁酉,命徙移懒路都勃董完颜忠于苏濒水。

(天会三年,1125年)丁卯,以庞葛城地分授所徙乌虎里、迪烈底二部及契丹民。

(天会)七年(1129年)……诏谕班勃极烈曰:"比遣昂徙诸部民人于岭东,而昂悖戾,骚动烦扰,致多怨叛。"

（天会九年，1131 年）戊申，命以徒门水以西、浑疃、星显、僝蠢三水以北闲田，给曷懒路诸谋克。

（大定十七年，1177 年）诏西北路招讨司契丹民户，其尝叛乱者已行措置，其不与叛乱及放良奴隶可徙乌古里石垒部，令及春耕作。

（大定二十一年，1181 年）上曰："奚人六猛安，已徙居咸平、临潢、泰州，其地肥沃，且精勤农务，各安其居。女直人徙居奚地者，菽粟得收获否？"左丞守道对曰："闻皆自耕，岁用亦足。"

（大定）二十一年（1181 年）六月，徙银山侧民于临潢。

（大定二十四年，1184 年）丙午，尚书省奏徙速频、胡里改三猛安二十四谋克以实上京。

（大定二十五年，1185 年）甲子，诏于速频、胡里改两路猛安下选三十谋克为三猛安，移置于率督畔窟之地，以实上京。

（大定二十六年，1186 年）六月癸亥，尚书省奏速频、胡里改世袭谋克事，上曰："其人皆勇悍，昔世祖与之邻，苦战累年，仅能克复。其后乍服乍叛，至穆、康时，始服声教。近世亦尝分徙。朕欲稍迁其民上京，实国家长久之计。"

以上金本土内的迁徙共计 15 次，前后跨度达 71 年，也就是说在整个金代的中前期，其金源内地的人口迁徙一直没有停止过。从上述记载可以看出，金代本土内的移民基本表现为两个趋势，一是"实上京"，拱卫、充实金政治核心上京；二是以其他政治、军事要地为目的移民，移民所至之处多为交通冲要。

上京会宁府（今黑龙江省哈尔滨市阿城区南）是金前期的都城，为了加强这里的政治、经济实力，向这里迁徙了大量移民。仅上述 15 次迁徙，明确移往上京的就有 5 次，占三分之一。虽然文献中没有留下有关移民具体数额的记载，但从各类文物遗迹的出土来看，当时这里的经济是比较发达的，毕竟经过了金朝建国前后近百年的经营和大量汉族移民的辛勤垦殖，人口和社会经济得到了相当程度的发展。金太祖、太宗、熙宗时期，上京会宁府一带始终是金王朝经营的重点，海陵王迁都后，上京一带受到冷落，不但大量猛安、谋克被迁入中原地区，而且原来的宫殿也被毁掉，改为耕地。至世宗时期为了巩固自身统治，重倡女真传统，上京才受到重视，在重修宫殿的同时，又将胡里改、速频两路猛安、谋克迁至这一地区。据考胡里改路治所在今黑龙江依兰县马大屯，速频亦作恤品，位于今绥芬河流域，均在金王朝的东北边疆。前后两次从胡里改、速频两路共迁 54 谋克，依金初制度 300 户为一谋克，约 16200 户。将这些女真人移置上京一带，明显具有巩固和加强上京地区实力的意图。

泰州也是金本土内主要移民的目的地，这是因为泰州既处于金上京会宁府与辽故上京临潢府之间的交通线上，又是控制洮儿河流域的交通要道，在军事上具有十分重要的意义。天辅元年(1117年)女真人取泰州，次年就开始向这里移民，后来又将统领东北边疆军事的东北路招讨司设置在这里。朝廷除了将降户安置在这里，也将宗人旧部迁移至此。天辅五年(1121年)，"以境土既拓，而旧部多瘠卤，将移民于泰州"。为了确保这部分旧部族人对新居地满意，迁移前派一名皇弟及族人宗雄"按视其地"，经过实地踏勘，认为其地"可种植"，于是以宗人婆庐火为都统，迁猛安、谋克万余家于此。同时又将原居于宁江州的拾得、查瑞、阿里徒观、奚挞罕等四谋克，并家属、耕具一并迁于泰州，仍由婆庐火统管。按照"诸路以三百户为谋克，十谋克为猛安"的规定，由宁江州移至泰州的四猛安，约1.2万户，加之女真旧部宗人万户，共约2.2万多户居住在这里。

除上京、泰州两地外，另外的移民重点目的地是沈州、宁江州、黄龙府、兴州等。移迁、润、来、隰四州民于沈州，发生在太宗初年，就是因为沈州地处上京与西京、燕京的交通要冲上，同样道理，金初向宁江州、黄龙府的移民也都与政治、军事有关，他们都处于上京与东京交通往来的冲要地带，正如完颜娄室向太祖所请："黄龙一都会，且僻远，苟有变，则邻郡相扇而起。请以所部屯守。"金太祖同意了这一战略迁移，"太祖然之，仍合诸路谋克，命娄室为万户，守黄龙府。"

兴州是大凌河流域重要的城镇，为了防范这里的契丹人，并加强对北方的警备，金王朝曾迁梅坚河、徒门必罕、宁江速马剌三猛安于此。据考梅坚河猛安原居于上京梅坚河附近，徒门必罕猛安原居于今图们江附近，宁江速马剌猛安的原居地则在辽故宁江州一带，三猛安原居地都在上京路(见图5—2)。⑤

从以上叙述可以看出，金代东北内地的移民以女真猛安谋克户的迁移为主，迁移的目的均为屯田耕垦，戍守京师或交通要道，因为被迁移的女真猛安谋克户具有一定的农业基础，所以在一定程度上促进了东北内地的农业生产和经济发展。

三、女真族的南迁

女真族向中原汉人居住区的南迁，自太宗攻下辽南京道开始，直至金国灭亡一直没有停止，尤以太宗、熙宗、海陵、世宗、宣宗朝最为突出。

有明确记载的最早的一次迁移是金太宗天会四年(1126年)，时为南京路都统的完颜宗望，在向北宋进军中，命将士"分屯安肃、雄、霸、广信之境。"⑥这四个地方在今河北省雄县一带。根据《燕云录》记载，从金初攻入中原之后在河北、河东各地开始留兵驻守，"每州汉人、契丹、奚家、渤海、金人，多寡不同，大州不过留一千户，县镇百户，多阙额数"⑦。到天会十年(1132年)，"沿河、沿淮及陕西、山东等路，皆驻北军"⑧。挞懒在占领山东之后,"久居潍州(治今山东潍坊市)","每认山东以为己有"⑨。由此可以看出,从金军进军中原开始,其大规模移民就已经开始了。

图5—2　金代前期人口迁移分布图

金灭北宋后,忙于追击南宋,无暇顾及迁徙,在确立了黄河以北的统治后,扶持伪齐刘豫傀儡政权代其统治黄河以南地区,为了巩固在中原广大地区的统治秩序,金朝把大批女真族民户迁入中原。天会十一年(1133年)秋,进行了第二次大规模的迁徙:"悉起女真国土人散居汉地。女真,一部族耳,后既广汉地,恐人见其虚实,遂尽起本国之土人,棋布星列,散居四方。令下之日,比屋连村,屯结而起"⑩。"惟金主及将相亲属卫兵之家得留"⑪。由此可见,金朝这次移民的规模是空前的,似乎要把金源地区的女真族民户全部迁走。

熙宗时罢废伪齐政权,推翻挞懒主持与南宋达成的和议,重新夺回河南,并以强大的军事压力逼迫南宋订立了"绍兴和议",与南宋隔淮河南北对峙,实现了对淮河以北广大地区的直接统治。在这种形势下，金朝除了加强对淮河以北广大地区的控制，镇压汉族人民的反抗斗争外，还面临着因长期战乱而带来的社会残破、经济凋敝的问题。正是在这种情况下，熙宗继续大规模迁徙女真族民户到中原地区，并由此发展为猛安谋克屯田军制度。"凡女真、契丹之人，皆自本部徙居中州，与百姓杂处，计其户口，授以官田，使其播种，春秋量给衣马"，"凡屯田之所，自燕山之南、淮、陇之北皆有之，多至六万人，皆筑垒于村落间"⑫。关于南迁猛安谋克户的安置地域和人数，据《大金国志》附录三《屯田》条所记："今屯田去处，大名府、山东、河北、关西诸路皆有之，约一百三十余千户，每千户止三四百人。"根据这组数字计算，应为五万多人，与上述记载相差不多。但是，与"比屋连村，屯结而起"的移民情形相比，五六万之数似乎又太微不足道，很可能这两次的移民数字都是某一时期的记录，并不能全面反映移民的数量。即使如此，南迁猛安谋克户安置屯田的范围是十分广泛的。⑬这是女真族第三次大规模内迁。

海陵王弑熙宗自立为帝，为了摆脱女真贵族的掣肘，实现其"提兵百万西湖侧，立马吴山第一峰"的雄心壮志，开始"慕中国朝署之尊，密有迁都意"⑭。一些贵族也顺风承旨，上书海陵，"上京僻在一隅，官难于转漕，民难于赴遴，不若徙燕，以应天地之中"⑮。在这种情况下，不顾众臣反对，海陵王于贞元元年（1153 年）将都城自上京（今黑龙江省哈尔滨市阿城区南）迁至燕京（今北京市），并将女真人特别是上京路的女真人大批迁入中原，形成第四次内迁浪潮。关于这次迁移，《金史·兵志》记载：

> 贞元迁都，遂徙上京路太祖、辽王宗干、秦王宗翰之猛安，并为合扎猛安，及右谏议乌里补猛安，太师勖、宗正宗敏之族，处之中都。斡论、和尚、胡剌三国公，太保昂，詹事乌里野，辅国勃鲁骨，定远许烈，故果国公勃迭八猛安处之山东。阿鲁之族处之北京。按达族属处之河间。正隆二年，命兵部尚书萧恭等，与旧军皆分隶诸总管府、节度使，授田牛使之耕食，以蕃卫京国。

三上次男依据《金史·食货志》与若干列传的考证，实际迁徙移民的年代，是正隆元年（1156 年），而不是贞元元年，大约有 12 个猛安的女真人被移往华北⑯。上京路女真人是迁徙的重点。由于海陵王担心"上京宗室起而图之，故不问疏近，并徙之南"⑰。同时，海陵王以破釜沉舟之势派人"毁旧宫殿、诸大族第宅及储庆寺，仍夷其址而耕种之。"⑱以彻底断绝女真人的后路。

关于这次迁徙的规模，世宗在大定二十三年（1183 年）与宰臣的谈话中说："海陵自以失道，恐上京宗室起而图之，故不问疏近，并徙之南。岂非以汉光武、宋康王之疏庶得继大统，故有是心。过虑若此，何其谬也。"⑲从这段话可以看出这次迁徙"不问疏近，并徙之南"，被迁移的人口数量是很大的，若按照"三百户为谋克，十谋克为猛安"来计算,当有 36000 人左右迁至中原,造成上京地区极度空虚,以致于世宗在大定二十四年(1184 年)的上京之行中,下令"徙速频、胡里改三猛安二十四谋克以实上京。"⑳

海陵以后,东北民族较大规模的向中原地区迁徙已相对较少,但并没有完全停止。大定元年(1161 年)世宗在辽阳(今属辽宁省)入继皇位,辽阳的军队随迁首都。次年,又将亲己的"咸平府(治今辽宁开原县北)、济州(治今吉林农安县)二万人屯京师"㉑,即是其中人数较多的一次迁移。

为照顾女真大贵族利益而进行的迁徙,仅见于金世宗时。前面谈到,海陵王将一些属宗室的猛安迁居河间府,由于他们所居地土质较差,加之他们"居河间,侵削居民",金世宗为了安抚他们,接受蒲察鼎寿的奏请,将其转徙于土地较肥沃的平州(治今河北省卢龙县)地区。㉒

这一时期,关于女真人迁徙的个例,在史料中也不乏记载,如:

徒单克宁,"其先金源县人……后徙置猛安于山东,遂籍莱州"㉓。

高嗣荣,"女真人,姓钮祜禄氏,译曰高,世居盖州。金有中原,以强宗臣族分镇州郡,遂处沃州之宁晋"㉔。

蒲察元衡,"为某路贵族,国初迁种人屯戍中州,遂为真定人"㉕。

夹谷之奇,"其先出女真加古部,后讹为夹谷,由马纪领撒易水徙家于滕州"㉖。

奥屯忽都禄,"在女真为贵族……侨东平,宅而居之"㉗。

女真族第五次大规模南迁是从金末卫绍王开始,蒙古军大举入侵之后。由于蒙古军的猛烈进攻,上京留守徒单镒曾建议徙塞外的桓、昌、抚等州百姓进入内地,但卫绍王没有接受。在此后不久的大安三年(1211 年)十月,徒单镒派军队二万自东北入援中都,泰州(治今吉林洮安县境)刺史术虎高琪也率兵屯于通玄门外。徒单镒升任右丞相后,在其主持下应该还有其他一些东北的军队调入中原,为避蒙古军队的屠杀,可能还有东北人民迁入避难。

宣宗贞祐二年(1214 年),今内蒙古东部一些地方的居民也大批迁入中原。吴松弟考证,由于这些迁移是以府州为单位集体进行,因此在华北北部出现一些侨置府州。当年,临潢府(治今内蒙古巴林左旗西南)、全州(治今内蒙古翁牛特旗境)、庆州(治今内蒙古巴林左旗西)皆南迁,侨置于平州(治今河北卢龙县)。不久,因蒙古军进逼,在完颜合达的率领下,三府州的部分移民渡海迁入山东益都。临潢人韩天麟就是此次迁入并定居在益都的移民。兴州(治今河北承德市西南)同年也侨置于密云县(今北京密云县),北京路宋阿答阿猛安术甲脱鲁灰也率本部兵赴中都(今北京)扈从。全州和兴州在南迁前分别统属五猛安和三猛安,加上宋阿答阿猛安至少有九猛

安南迁。㉘

贞祐南渡以后，由于与蒙古作战接连败绩，女真军队望风而逃，导致了女真族人口的再次向南迁徙。

> 大河之北，民失稼穑，官无俸给，上下不安，皆欲逃窜。加以溃散军卒还相剽掠，以致平民愈不聊生。㉙
>
> （贞祐二年,1214年）八月，先以括地事未有定论，北方侵及河南，由是尽起诸路军户南来，共图保守㉚
>
> 自兵兴以来，河北溃散军兵，流亡人户，及山西、河东老幼，俱徙河南。㉛

迁徙的大概人数，如高汝砺言："河北军户徙居河南者几百万口"㉜，如果仅从人数来看，这是女真族向南人口迁徙流动最大规模的一次，但这一流动却是在军事失败、国势衰微情况下的狼狈之举，与往日征服者的姿态主动迁移不可同日而语。

女真族及其统治的金国正是在向中原迁徙的过程中发展壮大起来，给中国北方的历史发展也带来积极的影响，这是主要的，必须给予充分肯定。但是，女真族是以征服战争的胜利者和统治民族的姿态进入中原的，他们在金朝社会中始终处在特殊的地位上。普通的猛安谋克户也是女真族平民，同样是被统治阶级，但他们又是金朝立国的社会基础。比较汉族农民，猛安谋克户虽然承担着沉重的兵役，而他们的赋税负担却相对要轻得多，而且他们屯种的土地，这些用于分配的"官田"，又往往是剥夺汉族农民的私有土地而来。因此，女真族向中原迁徙引起的民族矛盾，尤其是土地问题，是金朝比较突出的社会问题之一。

四、南迁之后女真族的分布

从以上的分析可以看出，女真族的分布同它的迁徙过程相一致，经历了三个阶段的变化：建国初期仅限于关外东北的上京、东京、咸平三路，到中期遍布于长城内外的十二路，到后期基本迁到了河南地区。除了金末贞祐南渡后20年的灭亡期外，整个金代女真族的分布，在大定初期还是基本稳定的。因此，我们这里就以金代中期的女真族分布格局简略谈一下。关于这一点，三上次男先生、刘浦江先生、韩茂莉先生研究非常深刻，这些论述是在他们的研究基础上进行的㉝。

由于猛安谋克主要由女真族人口组成，前期虽然也包括部分契丹、奚、渤海和汉族人口，但毕竟他们不是多数，后来，又陆续撤消了非女真族的猛安谋克建制，因此，我们这里的推算和考论，把其他民族的成分忽略不计，这里的猛安谋克人口主要指的就是女真族人口。

从正隆四年征兵看猛安谋克的分布区域。正隆四年(1159年)二月遣使籍诸路猛安部族及州县渤海丁壮充军。"分往上京、速频路、胡里改路、曷懒路、蒲与路、泰州、咸平府、东京、婆速路、曷苏馆、临潢府、西南招讨司、西北招讨司、北京、河间府、真定府、益都府、东平府、大名府、西京路,凡年二十以上、五十以下者皆籍之"[34]。这些地方包括了十个一级行政区:上京路(会宁府、速频路、胡里改路、曷懒路、蒲与路)、咸平府路、东京路(辽阳府、婆速府路、曷苏馆路)、北京路(大定府、泰州、临潢府)、西京路(大同府、西南路招讨司、西北路招讨司)、河北东路(河间府)、河北西路(真定府)、山东东路(益都府)、山东西路(东平府)、大名府路(大名府)。此次籍猛安谋克充军,除中都路修造兵器、南京路营建汴京免签外,其他诸路猛安谋克悉数签之,因此可以认为,上述十路加上中都路和南京路,就是猛安谋克的全部分布地区。

大定五年(1165年)与宋订立"隆兴和议"后,世宗命"其存留马步军于河北东西、大名府、速频、胡里改、会宁、咸平府、济州、东京、曷速馆等路军内,约量拣取。其西南、西北招讨司,临潢府、泰州、北京、婆速、曷懒、山东东西路,并行放还"[35]。当时汉军已于大定二年(1162年)全部复员,因此这里所说的只能是猛安谋克军。此处所称留屯及放还的猛安谋克军的地区与正隆四年签军的范围完全一致(仅济州为正隆签军时所未提及,而济州属山东西路,亦不出上述十路范围之内)。

《金史·食货志》记载了大定二十三年(1183年)专门对猛安谋克户进行的一次全国范围的通检推排:"上虑版籍岁久贫富不同……乃令验实推排,阅其户口、畜产之数,其以上京二十二路来上。八月,尚书省奏。推排定猛安谋克户口、田亩、牛具之数。"此处称通检猛安谋克户口的范围为上京等二十二路,比"正隆签兵"时的猛安谋克人口的分布区域多出了十路,比《金史·地理志》所称金朝全国的"十九路"建制还要多三路,对这段文字的解释,刘浦江认为,除了上京、咸平、东京、北京、西京、中都、河北东西、山东东西、大名府、南京等十二路外,另外多出的十路应当是指:曷懒路(隶上京路,置总管府);速频路(隶上京路,置节度使);胡里改路(隶上京路,置节度使);蒲与路(隶上京路,置节度使);婆速府路(隶东京路,置总管府);曷苏馆路(隶东京路,置节度使。明昌间废罢,改置盖州);临潢府路(据谭其骧先生考定,临潢府路罢于章宗泰和五年)[36];西北路招讨司(置司桓州,隶西京路);西南路招讨司(置司丰州,隶西京路);东北路招讨司(置司泰州,隶北京路)。这十路全都在前述十二路范围之内,因此不管是二十二路还是十二路,实际上指的是同一范围,只是算法不同而已。

从女真进士的考试地点的设置和范围划定也可以进一步得到佐证。《金史·选举志》载,明昌元年(1190年)定制,以会宁、咸平、大兴、大同、大定、东平、益都七府为

女真策论进士的府试地点,并按照以下方案进行分配:

> 凡上京、合懒、速频、胡里改、蒲与、东北招讨司等路者,则赴会宁府试;咸平、
> 隆州、婆速、东京、盖州、懿州者,则赴咸平府试;中都、河北东西路者,则赴大
> 兴府试;西京并西南、西北二招讨司者,则赴大同府试;北京、临潢、宗州、兴
> 州、全州者,则赴大定府试;山东西、大名、南京者,则赴东平府试;山东东路
> 则试于益都。

这里提到的盖州系以曷苏馆路改置,隆州属上京路,懿、宗、兴、全四州均属北京路。这条史料所反映的女真人的居住区域,与前述十二路或二十二路的范围完全一致,可以进一步印证上文关于猛安谋克人口地理分布的结论。

日本学者三上次男在《金代女真研究》一书中,搜集了所有见于金代文献及考古材料中的猛安谋克部的冠称,其中有明确属地的共九十余个,这九十余个猛安、谋克分别隶属于长城以北的上京、咸平府、东京、北京、西京等五路及长城以南的中都、河北东西、大名府、山东东西、南京等七路。中原各路载有冠称的猛安、谋克共38个,其中大名府路2个,河北东路2个,河北西路4个,山东东路5个,山东西路7个,中都路8个,西京路9个,南京路1个。从分布看河北诸路(含中都、大名路)共占总数的42.1%,山东两路占31.6%,西京路占23.7%,南京路仅占2.6%,由金本土迁移至中原的猛安、谋克近73.7%被安置在河北、山东一带。在金朝全国十九路中,只有河东南、北路及陕西的京兆府、凤翔、鄜延、庆原、临洮五路未有猛安谋克民户涉足(参见表5—1)。

五、以女真族为主的猛安谋克数量

刘浦江先生考证,猛安谋克人口在上述地区的分布数量基本情况如下。

上京路。上京路是女真故地,虽然自太宗以后已有大批猛安谋克南迁,但这里仍是长城以北各路中猛安谋克人口最集中的地方。明昌四年(1193年)十月,尚书省奏称:"今上京、蒲与、速频、曷懒、胡里改等路,猛安谋克民户计一十七万六千有余。"若按照前面考证的年均增长率计算,泰和七年(1207年)上京路猛安谋克约为20万户,约合210万口。

东京、咸平、北京、西京四路。这几路属下的猛安谋克民户的数量均远低于上京路。大定十七年(1177年)春,东京路饥,尚书省奏请赈济"东京三路十二猛安"。"三路"者,系指东京路属下的东京(辽阳府)、婆速府路和曷苏馆路。东京路共12猛安,约合36000余户,到泰和七年(1207年)当增至47000余户口。如咸平、北京、西京三路的猛安谋克户也与东京路相当的话,则四路共计19万余户,合为200万口。

长城以南、黄河以北的中都、河北东西、山东东西、大名府等六路。

宣宗迁都汴京后,黄河以北的猛安谋克纷纷随之南迁。至贞祐四年(1216年)七月,河北六路猛安谋克已迁徙殆尽,迁入河南的猛安谋克人口多达百余万。但泰和末年这六路的猛安谋克人口却远比这个数字要多得多。自大安、崇庆以后,黄河以北猛安谋克人口遽减,一则死于蒙古军入侵,另一则死于红军起义。蒙古铁骑数年之间横扫中原,凡州县城池及猛安谋克村寨几乎无不残破。贞祐间起义于山东、河北等地的红袄军,其主要成分是在女真人的括地浪潮中失去土地的流民,他们"雠拨地之酷,睚眦种人,期必杀而后已。若营垒,若散居,若侨寓托宿,群不逞哄起而攻之,寻踪捕影,不遗余力,不三二日,屠戮净尽,无复噍类"㊲。红袄军的主要杀戮对象是女真人,主要攻击目标是女真人的猛安谋克村寨。因此贞祐四年(1216年)河北六路的猛安谋克人口当已减少过半,泰和七年的人口估计在300万左右。

南京路。泰和末猛安谋克人口估计约50—60万。金朝中期猛安谋克人口的这种地理分布状况一直保持到贞祐初年,宣宗南渡之前。

宣宗南迁后,将黄河以北的猛安谋克有计划地迁往河南,"侨置诸总管府以统之"。《金史·宣宗纪》记载了山东东西路、河北东路和大名府路四个行总管府的设置情况,从中可以看出这四路猛安谋克人口迁入河南后的分布地域。贞祐三年(1215年)八月,"置山东西路总管府于归德府及徐、亳二州";同年九月,"置河北东路行总管府于原武、阳武、封丘、陈留、延津、通许、杞诸县,以治所徙军户";同月,"置大名府行总管府于柘城县,以治所徙军户";兴定四年(1220年)十一月,"山东东路军户徙许州,命行东平总管府治之,判官一人分司临颍"。对这四路猛安谋克的安置贯穿着一个明显的意图,即以拱卫汴京为主要目的。山东西路猛安谋克就近迁置于归德府和徐州、亳州,可以扼守蒙古军从山东西进的道路。大名府路猛安谋克侨置于睢州柘城县,也是为的防备蒙古军从山东渡河西进。河北东路猛安谋克安置在京畿诸县,环绕于汴京周遭西、北、东三个方向,起着直接卫戍京师的作用。山东东路猛安谋克徙置于许州,则正当蒙古军绕道唐、邓北上汴京的要道,而后来蒙古军正是沿着这条路线攻至汴京的。总的来看,贞祐间迁入河南的猛安谋克安置较为集中,呈扇形地分布于以汴京为中心的若干州府,体现了金朝收缩战线、固守京师的战略意图。

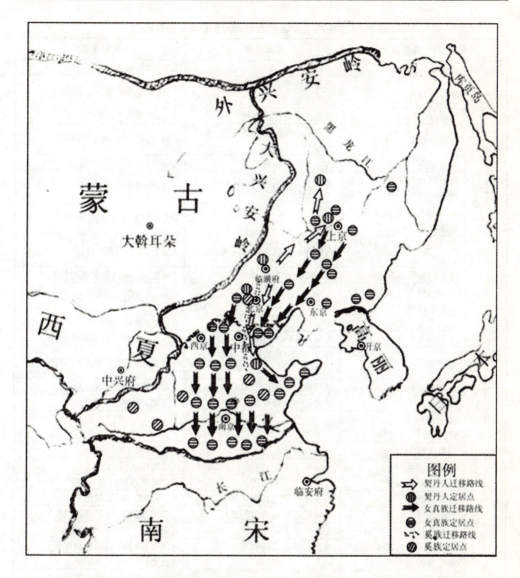

图5—3　金代中后期人口迁移分布图[13]

　　根据三上次男的统计,结合其他学者的考证,现将《金史》及其他史料中能够见
到的猛安谋克名称所属地域及原居住地列为一表,能够直观地看到猛安谋克在上述
十二路的分布及迁移情况。

表5—1　各路猛安谋克名称、原居住地及分布表®

各路猛安、谋克名称		原居住地	资料来源
上京路	上京路		
	托李爪猛安	不详	《金史》卷66《限可传》
	宋葛屯猛安	黑龙江哈尔滨市阿城附近的松花江流域	《金史》卷86《夹古胡剌传》
	速速保子猛安	黑龙江省阿什河流域	《金史》卷99《徒单镒传》
	牙塔懒猛安	黑龙江中游南岸支流鸭蛋河流域	《金史》卷104《纳坦谋嘉传》
	黄龙府路奥吉猛安	吉林长春市附近	《金史》卷72《谋衍传》
	隆州路和团猛安,列里没世袭谋克	吉林农安附近	《金史》卷73《宗宁传》
	济州和术海鸾猛安涉里斡设谋克	同上	《金史》卷82《仆散浑坦传》
	上京路移里闵斡论浑河猛安	吉林省长春县西驿马河流域	《金史》卷84《奔睹传》
	隆安路合懒合兀主猛安	吉林省延吉东南部	《金史》卷104《蒲察思忠传》
	本路曷懒兀主猛安敌骨论窟申谋克	同上	《金史》卷82《颜盏门都传》
	曷懒兀主猛安	同上	《金史》卷86《夹古查剌传》
	隆安府夺古阿邻猛安	吉林农安附近,原住地不详	《金史》卷120《徒单绎传》
	蒲与路 屯河猛安	黑龙江省佳木斯市的汤旺河流域	《金史》卷73《宗尹传》
	火鲁火疃谋克	俄罗斯外兴安岭南麓	《金史》卷24《地理志》
	合里宾忒千户	黑龙江省北部地区	《金史》卷24《地理志》
	奴古宜猛安乌古耶河谋克	黑龙江省哈尔滨呼兰区附近	《呼兰府志·地理志》
	胡里改路 胡里改猛安	黑龙江省依兰县附近	《金史》卷130《阿鲁传》
	合重混谋克	吉林省宁安县	《柳边纪略》卷11
	吊同圭阿邻谋克	吉林省镜泊湖附近	《宁安县志》卷三《古迹》
	速频路 宝邻山猛安	黑龙江省依兰县附近	《金史》卷70《思敬传》
	哲特猛安	吉林延边布尔哈图河流域	《金史》卷86《乌延蒲离黑传》
	曷懒合打猛安	吉林延吉东南	《金史》卷103《完颜铁哥传》
	乌古敌昏山世袭猛安	吉林延边图们江流域	《金史》卷80《乌延蒲卢浑传》
	曷懒路 爱也窟谋克	同上	《金史》卷82《乌延胡里改传》
	本路婆朵火河谋克	同上	《金史》卷82《乌延胡里改传》
	泰神必剌猛安	不详	《金史》卷103《完颜阿里不孙传》
	可陈山谋克	吉林省延边和龙县	（日本间岛省和龙县出土）

各路猛安、谋克名称	原居住地	资料来源
本路宁打浑河谋克	辽宁二道子河流域㊲	《金史》卷 80《阿鲁根没都鲁传》
忽土猛安	辽宁省昌图县八面城	《金史》卷 82《光英传》
毕沙河猛安	不详	《金史》卷 88《移剌道传》
钞赤邻猛安查不鲁谋克	辽宁省昌图县	《金史》卷 91《移剌成传》
酌赤烈猛安莎果歌仙谋克	同上	《金史》卷 121《石抹元毅传》
伊改河猛安	辽宁省开原叶赫河城㊵	《金史》121《纳兰淖赤传》
咸平路猛安	本路猛安,今辽宁开原附近	《金史》卷 122《陀满斜烈传》
胡底千户寨	辽宁昌图县八面城	《辽东行部志》
南谋懒千户寨	在今开原市北东辽河南岸的分水岭	《辽东行部志》
松瓦千户寨	吉林四平一面城㊶	《辽东行部志》
和鲁夺徒千户	流经西丰、开原的辽河支流寇河流域㊷	《辽东行部志》
叩畏千户营	辽宁开原东北 65 公里处㊸	《辽东行部志》
鼻里合土千户营	辽宁铁岭市南	《辽东行部志》
混里海巴哈谋克	辽宁昌图	《昌图府志·古迹》
东京路斡底必剌猛安	辽宁盖县附近	《金史》卷 128《蒲查郑留传》
盖州别里卖猛安奚曲谋克	辽宁盖县(当从上京方向移来)	《金史》卷 95《粘割斡特剌传》
盖州本得山猛安	辽宁省盖县	《金史》卷 104《斡鲁合打传》
盖州按春猛安	同上	《金史》卷 121《乌古论仲温传》
复州千户	辽宁省瓦房店市复州镇	《辽阳宣武将军高松哥墓志》
曷苏馆猛安	辽宁省瓦房店市复州镇	《金史》卷 5《海陵本纪》
合厮罕猛安	辽宁省大连市大连湾附近㊹	《金史》卷 66《齐传》
婆速路获火罗合打猛安	今辽宁省丹东市、凤城市附近	《金史》卷 93《琮传》
婆速路温海猛安	今辽宁省丹东市、凤城市附近	《金史》卷 103《纥石烈桓端传》
图鲁屋猛安黄蠡谋克印	朝鲜平安北道江界附近	(朝鲜平安北道满蒲镇发现)
北京路筈柏山猛安	不详	《金史》卷 66《阿喜传》
北京路窟白猛安陀罗山谋克	不详	《金史》卷 94《瑶里孛迭传》
北京路讹鲁古必剌猛安	黑龙江省呼兰河流域	《金史》卷 100《完颜伯嘉传》
北京路宋阿答阿传	疑为上京路宋曷屯猛安移来	《金史》卷 124《术甲脱鲁灰传》
北京三韩县烈虎等五猛安	老哈河与英金河交汇处	《金史》卷 124《地理志》
懿州胡土虎猛安	辽宁省阜新市的饶阳河流域㊺	《金史》卷 128《石抹元传》
兴州梅坚、徒门必罕、宁江速马剌三猛安		《金史》卷 24《地理志》
临潢府路曷吕斜鲁猛安	内蒙古巴林右旗西拉木伦河流域,原住地不详	《金史》卷 86《蒲查斡论传》
临潢府路赫沙阿世袭猛安	同上	《金史》卷 93《仆散揆传》
临潢府路昏斯鲁猛安	同上	《金史》卷 132《徒单贞传》
临潢府路斜剌阿猛安	同上	《金史》卷 132《徒单阿里出虎传》
泰州路颜河世袭谋克	吉林省白城市附近	《金史》卷 87《纥石烈志宁传》
东北路乌连苦河猛安	同上	《金史》卷 104《移剌福僧传》
东北路按出虎割里罕猛安	黑龙江省哈尔滨市附近	《金史》卷 122《蒲查娄室传》

续表

各路猛安、谋克名称		原居住地	资料来源
西京路	西北路招讨司		
		没里山猛安	不详	《金史》卷120《唐括德温传》
		宋葛斜斯浑猛安	上京宋葛屯,今黑龙江省松花江流域	《金史》卷127《温迪罕斡鲁补传》
		宋葛斜忒浑猛安	同上	《金史》卷24《地理志》
		梅坚必剌猛安	黑龙江省北部的一条河流	《金史》卷24《地理志》
		王敦必剌猛安	黑龙江省北部的一条河流	《金史》卷24《地理志》
		拿怜兀花速猛安	上京路纳邻河流域	《金史》卷24《地理志》
	西南路招讨司	胡论宋割猛安	上京路胡论河和宋葛屯居民联合组成	《金史》卷103《纥石烈桓端传》
		胡论宋葛猛安	同上	《金史》卷88《纥石烈良弼传》
		按出灰必剌罕猛安	上京路按出虎水迁来	《金史》卷103《完颜蒲剌传》
		延晏河猛安	不详	《金史》卷94《完颜安国传》
		西南路猛安	本路猛安	《金史》卷94《完颜安国传》
中都路		胡土霭哥蛮猛安	吉林省扶余县	《金史》卷85《豫王永成传》
		胡土爱割蛮世袭猛安	同上	《金史》卷93《仆散揆传》
		胡土哥蛮猛安	同上	《金史》卷102《仆散安贞传》
		和鲁忽土猛安	辽宁省西丰县	《金史》卷14《宣宗纪》
		和鲁忽土猛安忽邻河谋克	辽宁省西丰县	《金史》卷76《檀奴传》
		胡鲁土猛安	不详	《金史》卷97《移剌益传》
		火鲁虎必剌猛安	黑龙江省哈尔滨呼兰河流域	《金史》卷101《仆散端传》
		昏得浑山猛安曷速木单世袭谋克	吉林省辽宁省交界附近	《金史》卷64《钦宪皇后传》
		浑特山猛安	同上	《金史》卷120《徒单铭传》
		迭鲁猛安	黑龙江省哈尔滨呼兰河流域	《金史》卷14《宣宗纪》
		迭鲁世袭猛安蒲鲁吉必剌谋克	同上	《金史》卷99《徒单镒传》
		不扎土河猛安	不详	《金史》卷92《徒单克宁传》
		蓟州猛安	不详	《金史》卷121《术甲法心传》
		乌独浑谋克	不详	《金史》卷120《蒲查鼎寿传》
		中都路猛安人	本路猛安	《金史》卷122《尼庞古蒲鲁虎传》
南京路		南京路猛安阿古合住谋克	本路猛安	《金史》卷74《文传》
		按出虎猛安	今黑龙江省哈尔滨阿什河流域	《金史》卷92《曹望之传》
河北东路		美注海猛安	疑为盖州(辽宁盖县)迁来	《金史》卷11《章宗纪》
		算术海猛安	同时	《金史》卷94《丞相襄传》
		算主海猛安	同时	《金史》卷120《徒单公弼传》
		洮委必剌猛安	不详	《金史》卷103《完颜仲元》
		胡剌温猛安	黑龙江省绥化、铁力附近	《金史》卷7《世宗纪》
河北西路		爱也窟河世袭猛安阿里门河谋克	吉林省图们江上游地区	《金史》卷82《乌古论三河传》
		山春猛安人	疑为盖州(辽宁盖县)迁来	《金史》卷122《纥石烈鹤寿传》
		吾直克猛安	疑为从兀惹部(黑龙江北部)迁来	《金史》卷128《女奚烈守愚传》
		河北西路猛安人	本路猛安	《金史》卷101《乌古论庆寿传》

续表

各路猛安、谋克名称		原居住地	资料来源
山东东路	胡剌温猛安	黑龙江省海伦绥化之间的呼兰河流域	《金史》卷7《世宗纪》
	合里哥阿邻猛安	同上	《金史》卷11《章宗纪》
	把鲁古猛安	上京路拔鲁古	《金史》卷85《豫王永成传》
	把鲁古比剌猛安	吉林省农安县附近	《金史》卷85《潞王永德传》
	忒黑河猛安蘸合谋克	同上	《金史》卷44《兵志》
	伊里闵斡鲁浑猛安付母温山谋克	同上	《金史》卷44《兵志》
	伊里闵斡鲁浑猛安翕浦谋克	同上	《金史》卷44《兵志》
	因闵斡鲁浑谋克	同上	《金史》卷93《宗浩传》
	郑家塔割剌讹没谋克	不详	《金史》卷101《承晖传》
	益都路猛安人	本路猛安	《金史》卷103《乌古论礼传》
山东西路	瑶落河猛安	疑为北京路临潢府所辖契丹部落	《金史》卷7 卷《世宗纪》
	移马河猛安	同上	《金史》卷7《世宗纪》
	三顿猛安	东京路三屯河（今辽宁沧龙附近）	《金史》卷15《宣宗纪》
	三土猛安益打把谋克	同上	《金史》卷94《夹谷衡传》
	蒲底山挈兀鲁河谋克	今松花江与拉林河之间	《金史》卷65《斡者传》
	徒母坚猛安	黑龙江省北部地区	《金史》卷74《齐传》
	把鲁古世袭猛安	上京路拔卢古河流域（今吉林农安东）	《金史》卷85《永功传》
	按必出虎必剌猛安	今黑龙江省哈尔滨阿什河流域	《金史》卷85《允生传》
	盆买必剌猛安	上京路蒲卢关水	《金史》卷85《永成传》
	吾改必剌世袭谋克	不详	《金史》卷112《完颜合达传》
	斡可必剌谋克	不详	《金史》卷124《郭虾蟆传》
	东平府路猛安	本路猛安	《金史》卷132《纥石烈执中传》
大名府路	帕鲁欢猛安	吉林农安附近	《金史》卷103《纳兰胡鲁剌传》
	纳邻必剌猛安	黑龙江省双城县	《金史》卷104《乌林答兴传》
	纳林河猛安	同上	《金史》卷120《乌林答晖传》
	大名府海谷忽申猛安	吉林省张广才岭的大海沟流域	《金史》卷16《宣宗传》

注:1.除上述所列猛安谋克外,尚有27个有名称的猛安谋克单位,因不明所属地方,未予列入。

2.从上面所举的猛安、谋克部的冠称来看,长城以北从上京路起,咸平府路、东京路、北京路、西京路的各猛安、谋克名全都出现了。与此相反,在华北除中都路、南京路、河北东西路、山东东西路、大名府路等七路之外,看不到其他路的猛安、谋克的名称。这即证明猛安、谋克户的居住地正是在这十二路之内,同上面的论述是相一致的。

3.移入华北的猛安、谋克户冠称的由来是各自冠以故乡地名,他们是以一定的地区或部落为单位,集体迁入华北地区的,同时在移住地原则上也是分别按地区或部落结成集团聚居的,从地名中可以探索他们的原居住地。

　　4.上京路条下黄龙府、隆州路、济州路、隆安府所指其实为一个地方，天眷三年之前称黄龙府路，天眷三年改为济州，大定二十九年改为隆州，称隆安府是贞祐初年以后的事。况且，在立国之初，这种称"路"的说法比较随便，如："诏黄龙府路、南京路、东京路于所部各选如耶律晖者遣之。"⑯三上次男先生把它们列在黄龙府路条下，似为不妥，故这里将其略去，直接列在上京路下。

　　5.对原居住地的考证能详则详，或表示大概方位，不明则阙如。通过现属地范围和原居住地的比较，大概可以看出以女真人为主的猛安谋克部民的迁徙情况。

　　6.本表以三上次男《金代女真研究》的考证为主，参考了谭其骧《中国历史地图集·宋辽金时期》及张博泉、都兴智、韩茂莉等先生的综合考证。

第二节　汉族的迁移与分布

　　在与中原的战争中，将俘虏大量迁向草原地区，最成功者当是辽代，自耶律阿保机开始，对北迁汉人就"定配偶"、"种树艺"、置"汉城"，有力地推动了塞外农业生产和社会经济的发展，对辽朝立国219年，做出了不可磨灭的贡献。与辽相比，金从中原地区迁徙人口的规模与次数都不是太大，但文献中也有"太祖每收城邑，往往徙其民以实京师"之语，⑰说明这种迁徙还是非常频繁的。

一、主要文献记载

　　（天辅六年，1122年），既定山西诸州，以上京为内地，则移民实之……七年以山西诸部族近西北二边，且辽主未获，恐阴相结诱，复命皇弟昂与孛董稍喝等以兵四千护送，处之岭东，惟西京民安堵如故。⑱

　　（天辅六年，1122年），时国主自入燕后，所掳中原士大夫之家姝姬、丽色、光美、娟秀凡二三千人北归其国。⑲

　　（天辅七年，1123年），取燕京路。四月"尽徙六州氏族、富强、工技之民于内地。⑳金人既大得所欲，号职官、富户，因尽括六州之地，上户几二三万，起发由松亭关，去燕中。㉑

　　（天辅七年，1123年），且闻天祚北走鞑靼，经营擒之。乃遣左企弓等部所得燕山职官、富户，东取榆关，平滦路以归。㉒

　　（宋靖康二年，1127年）四月，金人以帝及皇后、皇太子北归，男女北迁者以五百人为一队，虏以数十骑驱之。㉓

　　敌既不能下南京（指应天府，在今河南商丘县南），乃自宁陵而上……至是，悉驱而北，舍屋焚烧殆尽。东至柳子（在今安徽濉溪县西南），西至西京（今洛阳市），南至汉上（指今湖北汉水流域），北至河朔，皆被其毒……郡县为之一空。㉔

（建炎四年，1130 年），传闻许（州，治今河南许昌市）汝（州，治今汝州市）郊，平民尽俘虏。[55]。

（天会元年，1123 年），从迁、润、来、隰四州之民于沈州[56]。

（天会五年，1127 年），金兵从汴京北撤时华人男女，驱而北者，无虑十余万[57]。

二、迁徙的主要过程

金朝中原汉人北迁，自太祖亲自将兵攻下燕京开始，以上史料的基本过程如下。

天辅六年（1122 年），金与宋订立海上之盟后，金宋夹击燕京，燕京僭越称帝的辽宗室耶律捏里死后，燕京不战而降，又在派遣大军追踪天祚帝时控制了河东大部分地区，"既定山西诸州，以上京为内地，则移其民以实之。"[58]金朝统治者所看重的是汉族人口所具有的各业生产技术，拥有这些人口就可以为他们创造源源而来的财富。因此，在金朝初年，掳掠和安置汉族人口与其军事进攻并重，太祖曾经三令五申，要求各位将领切实解决好掠获人口的安置问题，防止逃亡现象的发生。天辅七年（1123年），太祖下诏："郡县今皆抚定，有逃散未降者，已释其罪，更宜招谕之。前后起迁民户，去乡未久，岂无怀土之心？可令所在有司，深加存恤，毋辄有骚动。"[59]太祖曾想惩处性情暴戾，造成迁徙人户逃亡的皇弟昂，对谙班勃极烈（吴乞买，后为金太宗）说："比遣昂徙诸部民人于岭东，而昂悖戾，骚动烦扰，致多怨叛。其违命失众，当置重典。若或有疑，禁锢以待。"说明金朝统治者对汉族人口的迁徙、安置是十分重视的。

天辅七年（1123 年）四月，金朝与北宋在处理有关燕京所属州县的交涉中，金朝把从辽朝攻取的燕京及其属下的檀、顺、景、蓟四州交还北宋；北宋向金朝转交原来给辽朝的岁币 50 万匹两和每年送交金朝 100 万贯燕京代税钱。双方围绕归还俘户问题出现了分歧，金朝坚持在此前投降北宋的辽军将领郭药师及其统领的常胜军 8000余户（原来是辽东人，按金宋"海上之盟"的约定，辽东属于金军作战范围）应作为辽东俘户归还金朝。而北宋则以郭药师在金朝攻占燕京以前就投降了北宋，且已经因作战有功被授予官职，拒绝了金朝的要求。当时北宋与金朝谈判交涉此事的官员向朝廷建议："若以燕人代之，则不惟常胜军得为我军，又复得燕民田产，自可供养，不烦国家应办钱粮，此一举而两得之。"也就是用把燕京人送给金人，以留下郭药师的常胜军。北宋朝廷竟然批准了这个荒唐的建议，金朝也接受了这个解决方案。于是，金朝在撤出燕京之际，根据"燕山府所管州县百五十贯以上家业者，得三万余户，尽数起发，合境不胜残扰"[60]，只有涿、易二州因为靠近南部为宋先期占领，民户才没有被迁走。这次迁徙分两路出发，一是松亭关（今河北迁西县喜峰口）迁入东北："命习古乃、婆卢火监护长胜军及燕京豪强、工匠,由松亭关徙之内地。"这一路迁徙比较顺利。另一路由榆关经平州、滦州的移民出了问题,他们先是向金军统帅完颜宗翰游说,请求收回迁徙成命未果。当迁徙的队伍行至金朝南京平州时,部分人策动了辽朝降金的大臣,时任南京留守的张觉以兴辽为号召起兵反金,诱杀了辽降金的大臣左企弓、曹勇义等。开始较为顺利,曾数败金大将阇母,但随着金重兵的到来,遭到重创,张觉转而投降北宋,金朝据理指责北宋违背盟约,北宋不得已杀张觉,送其首级于金朝,并由此引发了金宋战争。虽然这批民户没有到金之内地,但回到燕京以后,田宅已为常胜军所占,竟成为"无宿食之地"[61]之人。

太宗即位后,在对北宋战争的同时,开始了把大批中原汉族人口迁徙到金朝内地。天会四年(1126年)闰十一月,金军攻占北宋都城开封,次年四月,金军撤离开封时,被带走的北宋徽、钦二帝皇室、外戚、官员、伎艺、工匠、娼优,各类人等十余万人,"华人男女驱而北者无虑十余万"[62],成为金朝向金源内地迁徙汉族人口最多的一次。

至天会六年(1128年),金朝基本占领了淮河以北的广大地区,尤其是在黄河以北的统治日趋稳固,在西路军统帅完颜宗翰的主持下,"迁洛阳、襄阳、颍昌、汝、郑、均、房、唐、邓、陈、蔡之民于河北"进入河北地区。这次迁徙人口的数量虽然不详,但从移民所出的地区如此之多,其数量也不会太少。

金朝的移民强徙,不仅在中原地区,随着战争的进行,淮河以南地区也不能幸免。天会五年(1127年),金灭北宋。七年,金军进入淮河以南,逼临长江,追击南宋皇帝赵构。由于事起仓促,在扬州等候渡江的数十万人民,"奔迸堕江而死者不啻大半,妇人无贵贱老幼悉被驱掳,不从者杀之"[63]。不久,金军渡过长江,于是江南地区又成为金人掳掠人口的区域。最惨的城市是建康府(以江宁府改名)的府城(今南京市)。正常情况下,城市有17万口,"流寓、商贩、游手往来不绝"者尚不在内。金军在此大肆屠杀以后,将幸存的市民尽驱而北,据说"凡驱而与俱者十之五"[64]。

天会八年十二月辛未,指挥中原金军的左副元帅宗维命令北方诸路州县,同在该日"大索南人",并"拘之于路",至癸酉日始停止搜捕。至次年春,"尽以铁索锁之云中(今山西大同市),于耳上刺官字以志之,散养民间,既而立价卖之。余者驱之达靼、夏国以易马,亦有卖于蒙古、室韦、高丽之域者"。仅寿州(治今安徽凤台县)便有450人被掠卖[65]。

曹勋于南宋初期出使金朝,到达金都城上京会宁府(今黑龙江阿城市),便看见:"自燕山向北,部落以三分为率,南人居其二。闻南使过,骈肩引颈,气梗不得语,但泣数行下,或以慨叹,仆每为挥涕惮见也。"[66]汉族移民占当地人口的2/3之比例不一定准确,但在他所见所闻地区中占多数应该可以肯定。因其记录非常详细,其中一个妇女显然是在汴京陷落时被掳掠北上的：“妾在靖康初，烽火满京师，城陷撞军人，掠去随虏儿。”[67]

除了被掳掠人口北迁入金源地区以外，南宋被扣留的使者也是一个重要的部分，因为他们都是南宋著名的文人学者、知识分子。时人说：“六飞南渡，使金者几三十辈，其得生渡卢沟（今河北永定河）而南者，鄱阳洪公皓、新安朱公弁、历阳张公邵，才三人耳”[68]，说明有相当数量的使者被留在了金源内地。

海陵王贞元元年（1153 年），金朝将都城从上京会宁府迁到中都大兴府（今北京市区），东北不再是金朝的中心地区。大批的女真人、契丹人和其他东北民族开始内迁中原，汉人向东北迁移的浪潮得以基本停止。[69]

金朝对汉族民户的强制迁徙是以军事征服为前提的，金军铁蹄所至，庐舍焚毁，田园抛荒，百姓背井流亡。迁徙途中，饱受颠沛流离之苦，即使随徽、钦二帝北行的皇室、后妃的性命都难以保全，普通百姓的悲惨境遇可想而知。“初，男女北迁者，以五百人为队，虏以数十骑驱之，如驱羊豕。京师人不能徒走远涉，稍不前，即敲杀，遗骸蔽野。”[70]而迁入金源地区的各阶层汉族人，包括帝王子孙、官宦士族多数人沦为官私奴婢，以供驱役。

大批汉族人口的迁入，为女真族加快走向封建化提供了外在动力，促进了金源地区的社会发展。主要表现在：

一是汉族人口的迁入，带来了先进的生产工具、技术，增加了经济开发所需要的劳动力资源，大大提高了金源地区农业及手工业的生产力水平。以农业生产为例，从各地出土的金朝种类繁多的铁制农具可见，比辽朝已有明显进步，在形制上与中原的农具非常接近，汉族人口的迁入，带来了我国古代东北农耕经济重要的发展时期。

二是数量众多的汉族知识分子的迁入，承担了传播汉族封建文明的重要角色，改变了女真族原来的闭塞、愚昧的落后状态。在金上京会宁府，“自金人兴兵后，虽渐染华风，然其国中之俗如故，已而往来中国，汴、洛之士多至其都，四时节序皆与中国侔矣。”[71]

三、北迁汉人的分布

由于出于本朝政治经济的需要，金朝不仅将汉人大量迁入东北各个主要地区，而且将大批辽代已定居东北的汉人也重新进行迁移。如前所述，天辅二年（1118 年），通（治今吉林四平市西）、祺（治今辽宁康平县东南）、双（治今铁岭市西南）、辽（治今新民县境）诸州八百余户来归，金太祖“命分置诸部，择膏腴之地处之”[72]。天辅七年，金军将来（治今辽宁绥中县西）、隰（治今绥中县东）等四州人民迁于沈州（治今辽宁沈阳市)^⑦。

因此,金代汉人在东北的地理分布同辽代有很大的不同。辽代汉人基本集中在今辽宁中部和西部、内蒙古东南部及吉林西部,金代则在此基础上将移民重点向东北扩展到以上京会宁府为中心的松花江以南的广大地区。

金代汉人的分布,首推金源内地的"京师"所在地。《金史》卷 133《张觉传》载:"太祖每收城邑,往往徙其民以实京师",因而都城会宁府(今黑龙江阿城市南)是金初移民的主要迁入地,汉人最为集中的地区,作为奴婢的南人占当地居民的半数。由于不堪压迫,天会六年(1128 年),"数千人同谋山中斫柴为名,尽置长柯大斧,欲劫其主",后被镇压^⑭。如前史料所述:"时国主自入燕已后,所掳中原士大夫之家姝姬丽色光美娟秀,凡二三千人北归其国,酣歌宴乐,惟知声色之娱。"北迁的工匠和文化人,被金朝强迫留居的南宋使节,也多居住于此。此外,一部分辽代已居东北的汉人,例如懿州(治今辽宁阜新县东北)的居民,也被迁于此^⑮。

其次,会宁府以南的黄龙府(治今吉林农安县)也是汉族移民的重要分布地区。当地既有宋朝的贵族,也有高级将领的家人,宋将李显忠之妻周氏便被掳掠于此作绣工,李显忠用重金雇人将其妻"用笼床"偷渡回来。无独有偶,"是时杨存中亦遣人取其故妻止于平江"^⑯,高级将领之妻尚如此,一般百姓被掳于此地者就更多了。会宁府以西的泰州(治今吉林洮安县境)一带为金东北路招讨司辖区,"(大定)十三年(1173 年),徙东北等戍边汉军于内地",说明在屯驻戍兵以防御北方部族的军队中,也有汉人组成的军队^⑰。"二帝自韩州移居五国城,五国城者在金国所都西楼之东北千里,金人将立刘豫乃请二帝徙居之此处",五国城,位于今黑龙江依兰县境内,从这里可以看出,这是宋徽宗囚禁之地^⑱。

第三,辽东、辽西和内蒙古西辽河流域。太宗天会八年(1130 年),"宗室仲晷等五百余人皆移居临潢府,而内侍黎安国等数百人在辽东"^⑲。金代在婆速路和曷懒路两总管府(两路辖今辽宁、吉林两省的东部山区及朝鲜东北部)各设有 2 名汉人司吏,两地的汉族移民可能也是在金初迁入的。

金朝在东北各地重新配置汉族移民,主要是政治、经济中心转移的结果,辽故都临潢府(治今内蒙古巴林左旗东南)和大定府(治今内蒙古宁城县西)为代表的西拉木伦河流域、西辽河流域是辽之"腹心地",汉族人口最为稠密,金灭辽以后,汉族人口的集中地区转移到了辽上京的松花江流域;金初移民以后,大定府的汉人数量显著减少。天辅六年,临潢府的汉人毛八十率二千六百余户降金^⑳,孔敬宗降金后,"天辅二年,诏敬宗与刘宏率懿州民徙内地,授世袭猛安,知安州事。"这些徙内地的降户当主要是汉人。同时,城中的汉人;"尽杀城中契丹"^㉑,估计临潢已基本成为汉人以及渤海人的居住地区。

　　吴松弟先生考证,金代各路、府、州处理文书案牍和衙门事务的人员称司吏,有汉人司吏和女真司吏两种,数量不等,分别根据当地的汉人和女真人数量而定,户多则多置,户少则少置。东北各路按察司和安抚司的汉人司吏,以上京(6 人)、东京(6 人)、北京(5 人)、临潢府(5 人)为多,可见此四路是东北汉人较多的地区。②

　　据《金史·章宗纪》,承安二年(1197 年)九月,“遣官分诣上京(治今黑龙江阿城市南)、东京(治今辽宁辽阳市)、北京(治今内蒙古宁城县境)、咸平(治今辽宁开原市境)、临潢、西京(治今山西大同市)等路招募汉军,不足则签军补之。”上述诸路除西京外均位于东北,由此可见金后期东北仍有大批汉人。元朝初期的将领和大臣中,不少人是居住东北的汉人。其中,张庭珍是临潢人,谢仲温是丰州(治今内蒙古呼和浩特市东)人,王克敬是大宁(今内蒙古宁城县西)人,崔敬是惠州(今河北平泉县南)人,高佑是抚州(今河北张北县)人③。

　　金继辽之后,大量汉人北迁,尤其是向东北地区的迁移,彻底改变了东北地区的汉人数量和民族构成,使汉族人口成为了东北地区第一大民族。金毓黻先生认为:东北地区“金代户数实增于辽代之二倍,则其移来人民之多,可以窥见矣。”④

第三节　契丹、奚、渤海等民族的迁移与分布

　　契丹族作为辽代的统治民族,国灭之后首先被作为强制迁徙的对象,契丹民族的迁徙一直伴随着金王朝的始终,作为被统治民族,奚、渤海同样摆脱不了被迁徙的命运。

一、契丹族的迁徙

　　契丹族作为辽代统治民族,金朝立国之后一直是金统治者监视的重点对象,采取的措施之一就是将其人口向以东北为主的“内地”进行迁徙。整个金朝,契丹族在前期、中期、后期的迁徙情况不尽相同。

1. 辽末金初耶律大石的西迁

　　《金史》对大石的西迁记载只有寥寥数语,《辽史》则对大石的西迁过程记载较为详细。耶律大石从金军中逃脱后,回到天祚帝身边,自己的苦口婆心并不为所领,且对其助立耶律淳为帝而心存芥蒂。感到自身生命安全受到威胁的大石,遂杀了天祚近侍萧乙薛、坡里括,自立为王,率铁骑二百连夜逃跑,脱离天祚控制。

北行三日,过黑水,见白达达详稳床古儿。床古儿献马四百,驼二十,羊若干。西至可敦城,驻北庭都护府,会威武、崇德、会蕃、新、大林、紫河、驼等七州,及大黄室韦、敌剌、王纪剌、茶赤剌、也喜、鼻古德、尼剌、达剌乖、达密里、密儿纪、合主、乌古里、阻卜、普速完、唐古、忽母思、奚的、糺而毕十八部王众,谕曰:"我祖宗艰难创业,历世九主,历年二百。金以臣属,逼我国家,残我黎庶,屠翦我州邑,使我天祚皇帝蒙尘于外,日夜痛心疾首。我今仗义而西,欲借力诸蕃,翦我仇敌,复我疆宇。惟尔众亦有轸我国家,忧我社稷,思共救君父,济生民于难者乎?"遂得精兵万余,置官吏,立排甲,具器伏。⑥

从这段记载看,耶律大石直接率领的契丹骑兵只有二百多人,沿途收拢诸部,达到精兵万余,到了虎思斡耳朵立国以后,传位其子夷列之时,"籍民十八岁以上,得八万四千五百户。"成为一个威震四方的政权。作为契丹族建立的政权,耶律大石的西辽对契丹人有着很强的吸引力,类似于窝斡、撒八"谋归于大石"⑧的记载经常出现,因此,在金代自始至终"西迁"都是契丹人心中的一个梦想,至于到底有多少人得以成功,目前没有更详细的记载,但从金世宗考虑自西北向东北金源内地迁移契丹人的举措来看,这种情况在金代中期还存在。大定十七年(1177年),世宗皇帝派遣监察御史完颜觌古速巡查边防,从行的四个契丹人:授剌、招得、雅鲁、斡列阿,竟然"自边亡归大石",世宗听说后,更加坚定了迁徙契丹人到金之内地的想法,诏曰:"大石在夏国西北。昔窝斡为乱,契丹等响应,朕释其罪,俾复旧业,遣使安辑之,反侧之心犹未已。若大石使人间诱,必生边患。遣使徙之,俾与女直人杂居,男婚女聘,渐化成俗,长久之策也。"⑩因此,前后追随耶律大石的契丹族人当不在少数。

2. 金初随着亡辽灭宋战争向辽上京临潢府、上京道其他地方和作为军队向中原地区的迁移

天辅六年(1122年),金军接连攻取辽中京、西京,天祚帝从西京逃至阴山以南,由于担心"山西部族缘辽主未获,恐阴相连结"⑧,都统杲"使希尹奏请徙西南招讨司诸部于内地"。太祖采纳宗望"中京残弊,刍粮不给,由上京为宜"的建议,将天祚帝活动地区西南招讨司的契丹部落迁至上京临潢府⑧。又,《金史·宗翰传》和《金史·杲传》均载金军夺取中京以后,"取中京实北京","北京"即上京临潢府,可见中京大定府的契丹人也于天辅六年被迁至上京临潢府。

但是,被迁到这里的契丹人大多不久便逃奔四方。《金史》卷65《昂传》载:"天辅六年,昂与稍喝以兵四千监护诸部降人,处之岭东,就以兵守临潢府。昂不能抚御,降人苦之,多叛亡者。上闻之,使出里底戒谕昂。已过上京,诸部皆叛去,惟章愍宫、小室韦二部达内地。"这时的契丹族人被四处分散处置,流离失所。

另一个重要的迁移地点是"岭东"的泰州。天辅二年,200 户契丹人被安置在泰州(今吉林洮安)㊿。天辅六年,又命耶律佛顶以兵护送诸降人于浑河路,以皇弟昂监之,命从便以居。⑪

这一时期另一次重要的迁移和人口损失就是耶律余睹的降而复叛所引起的。

耶律余睹是辽朝皇室近亲,辽末的重要将领之一,因被附马萧奉先诬陷,又迫于金兵压力而投降。天辅五年,耶律余睹率部族三千余户赴咸州(今辽宁开原城北)降金。由于担心其民"多强率而来者,恐在边生变",被"徙之内地㉒"。天辅六年五月,俘获枢密使得里底、节度使和尚、雅里斯、余里野等人,均被送往内地。㈢同年九月,辽节度使耶律慎思率所部在西南招讨司降金,也"诸部人入内地"。降金后,耶律余睹被委以都监之职,但是金朝并不真正信任他。而耶律余睹则自以为助金灭辽有功,对于久不提升官职"意不自安"。天会十年(1132 年)九月,耶律余睹奉命率军进攻漠北的耶律大石。当耶律余睹驻军曷董城时丢失金牌,越发引起金朝的怀疑,把他的妻子家人扣为人质。耶律余睹遂策划起兵叛金,谋泄,父子以游猎为名出奔,被鞑靼人杀死。这一事件发生后,不仅耶律余睹的部属,当时云中、河东、河北及燕京等地的契丹族官员全部被杀,金军前线最高指挥机构元帅府下令各地"诸将分捕余睹余党,仍令诸路尽杀契丹,诸路大乱,月余方止。诸契丹相温酋首率众蜂起,亡入夏国,及北奔沙漠。契丹附大金者,由此一乱,几成灰烬。"㉔甚至西路军统帅宗翰以所掠天祚帝元妃所置次室萧氏也被作为余睹党翼杀死,经此浩劫,辽朝时迁入长城一线以南的契丹族人口所剩无几。

根据陈述先生的研究,在辽亡以后,还有一部分以库烈儿为首的契丹部众向北迁徙,进入现在内蒙古东北部的根河流域,过着射猎生活,保持原有的氏族组织,后来部分契丹人陆续向这里集中,以后形成库烈儿部落,为现在达斡尔人的祖先。㉕

契丹族向中原地区迁移和分布。契丹作为伐宋的作战部队随同金军向南迁徙,在进入中原以后,也有一部分留在了中原。留在中原地区的契丹人广泛分布在今河北、河南、山东、山西、北京等地区。其他地区还有散居的契丹人,如永清县(今属河北)、大兴县(今北京市区西南)、清平(今地不详)、安肃(今河北徐水县)、大名、霸州(治今霸州市)等地都有契丹人㉖。除了河北和山东,陕西的京兆(今陕西西安市)和河东的太原(山西今市)等地也有契丹移民。㉗

3. 金代中期窝斡、撒八叛乱引起的迁移

经过金初的移民,今内蒙古草原的中部、东部及其边缘成为契丹人的重要分布地区。金在此设东北路(治泰州)、西北路(治桓州,今内蒙古正蓝旗西北)和西南路(治丰州,今内蒙古呼和浩特市以东)三个招讨司,并主要以契丹部族设乣军,用以防备

蒙古草原民族的南下[98]。正隆五年(1160年),金海陵王为南伐,准备"尽征西北路契丹丁壮"。契丹人担心,"(北方诸部)彼以兵来,则老弱必尽系累矣。"因此,契丹人撒八和移剌窝斡遂率西北路招讨司的契丹部众起义,"山后群牧、山前诸群牧皆应之",兵势甚盛,一度包围临潢府和泰州城。而且,咸平府(治今辽宁开原县北)的契丹人括里也集合2000余人起义,攻陷一些州县,甚至还打算进攻东京。[99]

世宗大定二年(1162年),金平定契丹人的起义。三年八月,罢契丹猛安谋克,"其户分隶女直猛安谋克"[100]。大定十七年(1177年),世宗"又以西南、西北招讨司契丹余党,心素狠戾,复恐生事,它时或有边隙,不为我用,令迁之于乌古里石垒部及上京之地"。[101]乌古里石垒部分布在今嫩江中游以西的雅鲁、绰尔两河流域。

除向东北迁徙外,还向河北和山东的大名府和东平府迁徙。窝斡、撒八乱后,为了监视这些参与叛乱的契丹人,大定二十一年金廷将遥落河和移马河的2个契丹猛安迁入山东西路,正如世宗所说:"今者移马河猛安,相错以居,甚符朕意。而遥落河猛安不如此可再遣兵部尚书张那也,按视其地,以杂居之。"[102]

关于这次迁徙,还有其他相关史料记载。金大定十七年(1177年)诏曰:

> 大石在夏国西北,昔窝斡为乱,契丹等响应,朕释其罪……遣使徙之,俾与女真杂居,男婚女聘,渐化成俗,长久之策也。于是徙西北路契丹人曾预窝斡乱者上京、济、利等路安置。[103]

这里提到将叛者迁到上述两个地方以外,还有两个地方,即济州,后改名为隆州,今吉林省农安县;利州,现辽宁省朝阳市喀喇沁左翼蒙古族自治县。并且使之与女真杂居,互相婚配,"渐化成俗",就是要从文化上同化他们,以达到长治久安的目的。

这次迁徙有个直接的原因,即前文所述,"(大定)十七年,诏遣监察御史完颜亲古速行边,从行契丹押剌四人,授剌、招得、雅鲁、斡列阿,自边亡归大石。"从行的四位契丹族官员竟趁巡边之机跑到耶律大石那儿去了,世宗皇帝当然非常震怒,随即命令:"大石在夏国西北。昔窝斡为乱,契丹等响应,朕释其罪,俾复旧业,遣使安辑之,反侧之心犹未已。若大石使人间诱,必生边患。"世宗皇帝对此还是相当慎重,与大臣进行了商议:

> 上欲徙窝斡逆党,分散置之辽东。良弼奏:"此辈已经赦宥,徙之生怨望。"
> 上曰:"此目前利害,朕为子孙后世虑耳。"良弼曰:"非臣等所及也。"于是以尝预乱者徙居乌古里石垒部。[104]

应该说世宗皇帝不愧为金代的"尧舜",考虑问题非常周到,在这次民族大迁徙中,一方面要求做好思想政治工作,派同为契丹族的兵部郎中移剌子元为西北路招讨都监,对他交代说:

　　"卿可省谕徙上京、济州契丹人,彼地土肥饶,可以生殖,与女真人相为婚姻,亦汝等久安之计也。"

　　另一方面,以武力为后盾,遣猛安一员以兵护送而东,"所经适路勿令与群牧相近,脱或有变,即使讨灭"。[106]

　　先礼后兵,手段不可谓不高,措施不可谓不严,确保对契丹人的移民计划顺利实施。在此基础上,大定十九年,又迁徙窝斡余党于临潢和泰州[106]。

　　4.金代中后期德寿、陁锁起义所引起的迁徙

　　金朝继承了辽朝的群牧养马制度和部族分番戍边制度,诸群牧主要是由契丹族牧民组成,金朝的东北、西北、西南路招讨司下各辖有数量不等的乣军,也是以契丹族为主,他们与各部族共同承担着分番戍边的任务,生产生活环境非常恶劣,而且经常受到女真贵族的剥削、歧视,这种民族情绪终于在蒙古高原诸部兴起南下的背景下爆发出来。章宗承安元年(1196年),"群牧契丹德寿、陁锁等据信州叛,伪建元曰身圣,众号数十万,远近震骇"。完颜襄在平叛的过程中,"诸乣亦剽略为民患,虑其与之合,乃移诸乣居之近京地,抚慰之"。这个"近京地",吴松弟先生认为是在当时的北京,现今内蒙古宁城县西。[107]

　　虽然没有参加叛乱的契丹族官员可以居住在原地,但是被迁移的还是有相当一部分。经过这几次迁徙,"岭东",即大兴安岭以东的内蒙古和东北地区已成为契丹人在长城以外地区的主要分布地域,西南路和西北路两招讨司境内的契丹人人数已经不多。

　　5.金末耶律(《金史》称移剌)留哥起义造成的契丹人流动

　　作为前代的统治民族,契丹族屡次发动武装反叛,也一直为金统治者所猜忌,尤其是居于"近京地"的契丹人,金统治者非常担心祸起肘腋,"疑辽民有异志,下令辽民一户,以二女真户夹居防之"[108]。在这种情况下,原为金北边千户的契丹人耶律留哥于已绍王崇庆元年(1212年)在隆州和韩州(今辽宁昌图县西北)发动起义,"数月至十余万",后攻下东京,占领了辽东州郡,并复国号辽,定都咸平府。在此期间,部属耶律厮不率众分列,在澄州(今海城市)称帝,为留哥所平,然后,留哥"还渡辽河,招抚懿州(今阜新市东北)、广宁(今北镇县)",然后率部回到辽国故都临潢府居住,虽然后来还有从留哥部分出去的通古、喊舍所部五万余人,但后来也迁居临潢府内。这样,至金代末年,以临潢府和大定府为主的东北地区还有相当数量的契丹族人。

二、奚族的迁徙

　　奚族是东北的古老民族之一,金代以前的基本分布情况在辽代部分已经充分阐

述,虽经辽朝多次迁徙,但主要分布地区仍然以辽的中京道地区,即金大定府路地区为主,同时广泛分布于辽西、辽东地区。在金初完颜阿骨打率军攻打黄龙府时,就曾有"九百奚营来降"[109]。

奚族在金代不同于契丹族,他们既无亡国之恨,也就很少有反叛情况的发生,因此也就不是金统治者的重点监视对象,没有发生因反叛而被强制迁徙,而主要是作为作战部队随金军南下作战,四处征伐造成的迁徙。

金朝在统一东北、平定奚族各部之后,在奚族各部也实行了军政合一的猛安谋克制度,奚人也因此被编入军队,随金军南下中原作战并留居中原,或后来在太宗朝时,随大批女真人迁居中原,史载,当时迁移之时"契丹、奚家亦有之"[110]。他们在今山东、山西等地区都留下了他们的身影。滨(治今山东滨州市北)、棣(治今惠民县北)二州是金初奚军的重要驻屯地,奚王后裔萧恭自江南追宋军返回后任德州防御使,就是负责管辖这一带的奚人[111]。今山西省境是奚人的另一个重要分布地区。以奚人遥辇昭古牙9猛安所置的奚军,金初内迁到山西北部,后迁到中部和南部[112]。

《金史·兵制》载:

> 天辅五年(1121 年)袭辽主,始有内外诸军都统之名。时以奚未平,又置奚路都统司,后改为六部路都统司,以遥辇九营为九猛安隶焉,与上京及泰州凡六处置,每司统五六万人。

也就是说,天辅五年以后,此九猛安隶属于六路都统司,每司五六万人,大约有近36 万奚人迁至临潢府(今内蒙古巴林左旗东南)和泰州(治今吉林洮安县东北),作为他们的驻屯地。《金史·食货志》有"西北路招讨司所管奚猛安"的记载,证明临潢府和泰州一带确是奚人重要聚居区,金将奚人猛安迁入这些边境地区,主要是为了边防上的需要。因此,奚族的分布地已由今北京北,向北扩展到今吉林省的西北地区,由于南下中原的原因,留在东北的人数应较前大大减少。

《金史·地理志》载:"云内州,下,开远军节度使。天会七年徙奚第一、第三部来戍"。说明这时(太宗天会七年,1129 年)又将奚的第一、第三两部迁入西京路的云内州(治今内蒙古土默特左旗东南)。

据《金史·移剌窝斡传》载:窝斡反叛后期,势穷力单,乃"收合散卒万余人,遂入奚部,以诸奚自益,时时出兵寇速鲁古淀、古北口、兴化之间"。这就是说,窝斡在奚人的支持下,经常袭扰速鲁古淀、古北口、兴化之间,这几个地方大概就在密云县北、承德西南,还是辽之中京道、金之北京路地区,这里在辽代之前就是奚人比较集中的地区,这些材料说明金代奚人的主要聚居区还在这里。

奚人的另一次大规模迁徙没有载明何时,但大定二十一年(1181 年)时候,世宗曾诏曰:"'奚人六猛安,已徙居咸平、临潢、泰州,其地肥沃,且精勤农务,各安其居。女直人徙居奚地者,菽粟得收获否?'左丞守道对曰:'闻皆自耕,岁用亦足。'"说明,至迟在大定二十一年之前,已有奚人的六个猛安远离故土,来到咸平、临潢、泰州,而且"各安其居",女直人则徙居奚地,来了个对换。这六个猛安,据吴松弟先生估计有14万余人,估计东北奚人很大一部分迁到了这里。[113]

蒙古军队向东进攻以后,奚人所居的一些府州开始向南迁移。例如,宣宗贞祐二年(1214年)临潢府侨置于平州(治今河北卢龙县)[114]。

经过上述一系列变动,奚原部族组织被打乱,部名有的转变为姓氏,史载大定年间奚族著姓有遥里氏、伯德氏、奥里氏、梅知氏、揣氏。金以后,再不见史书上有奚族活动的记载。

三、渤海族的迁徙

渤海族也是东北的古老民族,在辽代被耶律阿保机视为"渤海世仇"[115],其号称"海东盛国"遂为辽所灭,在辽代,渤海族多次被迁徙,在整个东北地区分布相当广泛。在西至今内蒙古西拉木伦河流域和今河北山海关附近,南至渤海北岸,北道今吉林南部,东到鸭绿江畔,同汉、契丹、女真、奚等民族交错居住。

因同女真族一样,同为靺鞨后裔,"勿吉七部",所以,渤海族在阿骨打起兵反辽时候,听从阿骨打的号召,"渤海女直本为一家",配合女真攻灭其世仇辽国,随后又南下加入攻宋的军队中,同女真、契丹、奚一样,同样有相当多的渤海人留在了中原。

女真起兵之初,居住今辽阳市地区的渤海户有五千余户,渤海兵三万人,金人"虑其难制,频年转戍山东",至辛酉岁(1141年),金熙宗"尽驱以行"[116]。据吴松弟考证,山东和燕京是渤海移民的主要聚居地之一。此外,通州(今北京通县)、大名(今河北同名地)、上党(今山西长治市)、京兆(今陕西西安市)和庆阳(在今甘肃同名)等地也有渤海移民分布,并且认为,由于女真人对渤海人留在东北不放心,绝大部分都迁到了中原,在东北的渤海人已经不多了[117]。这种判断或可商榷,但渤海人的大量南迁当是事实。

皇统五年(1145年),熙宗又罢"渤海猛安谋克承袭之制,浸移兵柄于其国人",即不让渤海人掌兵权。大定十七年(1177年),金世宗诏禁渤海人婚娶袭用旧俗[118],削弱其民族意识。此后,随着历史的前进,渤海人不再以一股独树一帜的政治力量存在,居民有的与女真或汉人融合。金亡后,渤海人被"视同汉人"。

纵观整个金朝移民史,对契丹、奚等民族的迁徙,除了签兵打仗以外,其中一个主要原因就是为了对他们进行监视,这同迁徙大批女真人到中原地区是为了监视汉人一样，都是出于民族压迫的需要。这一点，连号称"小尧舜"的世宗皇帝都丝毫没有掩饰。唐括安礼在对奏时说"猛安人与汉户，今皆一家"，竟然让世宗皇帝龙颜大怒，对其进行一番斥责后说："所谓一家者，皆一类也，女直、汉人，其实则二。朕即位东京，契丹、汉人皆不往，惟女直人偕来，此可谓一类乎？"作为皇帝，耿耿于某一件事，连最起码的普天下为一家的胸怀都没有，这恐怕是终金一代民族矛盾始终非常尖锐的根本原因所在。但是，不管统治者承认与否，民族迁移的一个直接后果就是加强了各民族间的沟通和交流，使民族融合成为不可抗拒的潮流。金代的人口迁移始终以民族迁移为主线，不管是女真族的南下、汉民族的北上、契丹族的西迁东进，都在实质上促进了民族融合的进一步发展，最终为中华民族的形成奠定了基础。

注　释：

① 乐史《太平寰宇记》卷175。

②③ 《金史》卷1《本纪一》。

④ 以上史料均摘自《金史》卷2《太祖纪》、《金史》卷72《完颜娄室传》等纪传部分，及《金史·食货志》等材料中。

⑤ 参见韩茂莉《辽金农业地理》，社会科学文献出版社1999年版，第155—157页。

⑥ 《金史》卷74《宗望传》。

⑦ 《三朝北盟会编》卷98，靖康中帙。

⑧ 李心传《建炎以来系年要录》卷53。

⑨ 《大金国志》卷10《熙宗孝成皇帝二》。

⑩ 《大金国志》卷8《太宗文烈皇帝六》；《金史》卷7《太宗纪下》。

⑪ 《建炎以年系年要录》卷68。

⑫ 《大金国志》卷12《熙宗孝成皇帝四》。

⑬ 参见王德忠《金朝社会人口流动及其评价》，《东北师范大学学报》2000年第6期。

⑭ 《金史》卷5《海陵纪》。

⑮ 《建炎以来系年要录》卷161。

⑯ 《金代女真研究》，第178—183页。

⑰⑲ 《金史》卷8《世宗纪下》。

⑱ 《金史》卷24《地理志上》。

⑳ 《金史》卷7《世宗纪中》

㉑ 《金史》卷6《世宗纪上》。

㉒ 《金史》卷47《食货志二》；卷120《蒲察鼎寿传》。

㉓ 《金史》卷92《徒单克宁传》。

㉔ 胡祗遹《紫山大全集》卷18《隐士高君墓志铭》。

㉕ 元好问《遗山集》卷20《蒲察公神道碑铭》。

㉖　《元史》卷174《夹谷之奇传》。

㉗　许有壬《至正集》卷51《济南路总管奥屯公神道碑》。

㉘　参见吴松弟《金代东北民族的内迁》，载《中国历史地理论丛》1995年第4期；另见葛剑雄主编，吴松弟著《中国移民史》第四卷，福建人民出版社1997年版，第129—133页。

㉙　《金史》卷101《抹捻尽忠传》。

㉚㉜　《金史》卷47《食货志二》。

㉛　《金史》卷108《胥鼎传》。

㉝　参见刘浦江《金代猛安谋克人口状况研究》，载《民族研究》1994年第2期；《金代女真研究》，第452页；《辽金农业地理》，第155—157页。

㉞　《金史》卷129《李通传》。、

㉟　《金史》卷87《仆散忠义传》。

㊱　谭其骧《金代路制考》，载《辽金史论文集》，辽宁人民出版社1985年版。

㊲　元好问《遗山集》卷28《临淄县令完颜公神道碑》。

㊳　本表以三上次男《金代女真研究》的考证为主，参考了谭其骧《中国历史地图集·宋辽金时期》及张博泉、都兴智等先生的综合考证。参见《金代女真研究》，第453—464页。

㊴　都兴智《论金代辽宁境内的猛安谋克与人口》，载《学术论坛》2007年第6期。

㊵　张博泉等《金史论稿》第1卷，吉林文史出版社1988年版，第300页。

㊶㊷㊸　张博泉等《金史论稿》第1卷，第300页。

㊹　都兴智《论金代辽宁境内的猛安谋克与人口》，载《学术论坛》2007年第6期。

㊺　都兴智认为位于新开河南的支流流域，即今阜新市北旧庙、满汉营子和八家子一带。《金史》记载，奥屯忠孝、石抹元、石抹仲温皆属胡土虎猛安，石抹氏即辽代的萧氏，奥屯氏是女真人，其祖居住在今吉林珲春市。由此来看，胡土虎猛安最早可能是从珲春之地迁居辽西，后成为一个由女真和契丹人混编的猛安。见都兴智《论金代辽宁境内的猛安谋克与人口》，载《学术论坛》2007年第6期。

㊻　《金史》卷74《宗翰传》；《金史》卷24《地理志上》。

㊼　《金史》卷133《张觉传》。

㊽㊽　《金史》卷46《食货志一》。

㊾　《大金国志》卷3《太宗纪》。

㊿　《金史》卷46《食货志一》。

51○52○　《三朝北盟会编》卷16，政宣上帙。

53○　《宋史》卷23《钦宗纪》。

54○　《三朝北盟会编》卷87，靖康中帙62。

55○　《紫微集》卷4，文渊阁四库全书本。

56○73○　《金史》卷3《太宗纪》。

57○　《建炎以来系年要录》卷4。

59○72○80○90○93○　《金史》卷2《太祖纪》。

60○　《三朝北盟会编》卷15，政宣上帙。

61○　《三朝北盟会编》卷18，政宣上帙。

㉒　《建炎以来系年要录》卷4。

㉓　《三朝北盟会编》卷121,炎兴下帙。

㉔　《建康集》卷4《建康掩骼记》,文渊阁四库全书本。

㉕　《建炎以来系年要录》卷40。

㉖　曹勋《松隐集》卷7《古诗序》,文渊阁四库全书本。

㉗　《松隐集》卷7《入塞》,文渊阁四库全书本。

㉘　胡次焱《梅岩文集》卷7《跋辀轩唱和诗集》,文渊阁四库全书本。

㉙　参见《中国移民史》第四卷《辽宋金元时期》,第69页。

㉚　《三朝北盟会编》卷9,政宣上帙。

㉛　《建炎以来系年要录》卷19。

㉞　《三朝北盟会编》卷98,靖康中帙。

㉟　《金史》卷75《孔敬宗传》。

㊱　《建炎以来系年要录》卷149。

㊲　《金史》卷44《兵志》载。

㊳　《大金国志》卷8《太宗文烈皇帝六》;又见《建炎以来系年要录》卷35。

㊴　《建炎以来系年要录》卷35。

㊶　《金史》卷75《卢彦伦传》。

㊷　参见《中国移民史》第四卷,《辽宋金元时期》,第74页。

㊸　《元史》卷167《张庭珍传》;卷169《谢仲温传》;卷184《王克敬传》;卷184《崔敬传》;王恽《秋涧集》卷61
　　《高君墓志铭》。

㊹　金毓黻《东北通史》,五十年代出版社1944年版,第365页。

㊺　《辽史》卷30《天祚皇帝四》。

㊻　《金史》卷133《窝斡传》。

㊼　《金史》卷88《唐括安礼传》。

㊽　《金史》卷78《时立爱传》。

㊾　《金史》卷74《宗望传》。

㊿　《金史》卷46《食货志》。

○92　《金史》卷133《耶律余睹传》。

○94　《大金国志》卷7《太宗文烈皇帝五》。

○95　陈述《大辽瓦解以后的契丹人》,载历史研究编辑部编《辽金史论文集》,1985年版,第297页。

○96　《金史》卷8《世宗纪》。

○97　参见《中国移民史》第四卷《辽宋金元时期》,第140页。

○98　据《金史》卷44《兵志》。参见陈述《大辽瓦解以后的契丹人》,载历史研究编辑部编《辽金史论文集》,1985
　　年版,第297页。

○99　《金史》卷133《移剌窝斡传》。

○100　《金史》卷6《世宗纪》。

○101○102　《金史》卷44《兵制》。

⑬⑯　《金史》卷 88《唐括安礼传》。

⑭　《金史》卷 88《纥石烈良弼传》。

⑯　《金史》卷 73《守能传》。

⑰　参见《中国移民史》第四卷,《辽宋金元时期》,第 80 页。

⑱　《元史》卷 149《耶律留哥传》。

⑲⑯　《辽史》卷 2《太祖下》。

⑩　《金史》卷 44《兵志》;卷 24《地理志上》;张棣《金虏图经·屯田》,《三朝北盟会编》卷 244。

⑪　《金史》卷 82《萧恭传》。

⑫　《金史》卷 44《兵制》:"所谓奚军者,奚人遥辇昭古牙九猛安之兵也。奚军初徙于山西,后分迁河东。"

⑬　参见《中国移民史》第四卷,《辽宋金元时期》,第 84 页。

⑭　《金史》卷 24《地理志》。

⑯　洪皓《松漠纪闻》卷上。

⑰　参见吴松弟《中国移民史》第四卷,《辽宋金元时期》,第 90 页。

⑱　《金史》卷 44《兵制》;卷 7《世宗纪中》。

第六章 金代的人口分布

前一章主要论述了金代各民族的人口迁移状况,从动态的角度,讨论了不同民族的迁移和分布形势。本章从静态的角度,以泰和七年为时间标准,分东北地区、长城内外地区、中原地区、西北地区四个区域讨论金代人口在经济社会发展鼎盛时期的分布形势,及相较辽宋时期的消长情况。在表述上,将原辽统治区作为一节,原北宋统治区作为一节。同时,为了后面的论述更为准确,第一节专门对有关数据进行了考证、规范和表述。

第一节 金代州县户口数据的复原和使用

《金史》的分府州户口,除少数散见于本纪、列传,绝大部分集中在《地理志》中。因此,本节及下面一节在参考前辈成果的基础上,对这部分州县户口数据进行了分析考证,以期能获得新的认识。

《金史·地理志》记载的分州县户口数据存在一些问题需要解决,主要表现在以下几个方面。

一是部分路、府没有户数记载,个别府州户数存在许多疑问。

二是所记载的户口总数与《食货志》不符。绝对数高出后者一百四十六万余户,明昌六年至泰和七年的年均增长率高达 13.8‰(参见下编表 2—1),因此刘浦江先生认为:"《地理志》的户口总计数字不可信据,泰和七年的户口总数自当以《食货志》为准。"[①]

三是分府州户口,皆只有户数而无口数。

四是没有说明户数的确切系年,且个别府州所载年份前后不一致。

以上四点是《金史·地理志》在户数记载方面最为诟病的地方,以致一些学者认为,对这些数据应弃之不用。笔者认为,修成于元顺帝至正四年(1344 年)的《金史》,距金朝灭亡(1234 年)已经过去了整整 100 年,加之金朝末年的火焚兵燹,能将户口数据整理到这种程度已实属不易,有个别的瑕疵是很正常的现象,弃之不用并不是实事求是的治史态度,应该在现有材料的基础上进行考证分析,从而使我们更好地认识金朝的户口状况。

一、《金史·地理志》的户口系年

前面综述部分,对《金史·地理志》的户口系年问题的研究状况进行了简单总结,为了便于对本书有关问题的讨论,这里把有关研究情况再做一简要介绍。

关于其户口年代,学术界主要有三种不同的看法:一是梁方仲、高树林的金末说;二是韩光辉、刘浦江、吴松弟等人的泰和七年(1207 年)说;三是王育民的无明确系年说说。

金末说最早源于梁方仲先生的《中国历代户口、田地、田赋统计》,其在编者注云:"《金史·地理志》未系年,然所记各地之废置沿革,有迟至金宣宗元光 2 年(1223 年)者,故可推向为金代末年的户数。"

金末兵荒马乱,基本统治区仅限于黄河以南地区,不仅人口数量远不及蒙古攻金以前的年代,也不可能再调查统计各地的人口,更遑论灭亡之年了,因此,金末说无法自圆其说,韩光辉、刘浦江、王育民等人对金末说均已明确表示否定。王育民主张各府州均系贞祐以前全盛时期的户数,但没有明确指出确切年度,并认为"《金史》作者对户口数字之所以均未系年,或因其从保存的金朝典籍中,各取其最盛时数字的关系"。这种说法,葛剑雄认为是对正史《地理志》体例的误解。历代正史《地理志》中的地方户口数据一般都采取该朝代极盛时期著籍户口的年代,作为统一的标准年度,而缺乏户口的个别单位会取另外阶段的数据代替之[②]。但是,无论如何,王育民先生将不同地方的户口数据系年进行分类考证还是做了大量的工作的,而且与葛剑雄先生的意见似乎并不矛盾。

韩光辉提出泰和七年说的主要依据是《金史·地理志》开封府下载有泰和末的数据。刘浦江认为,《金史·地理志》虽未明言为何时建制,但其记载实以泰和八年的行政建置为准,此后的废置沿革只是附记于泰和八年的州县建制之后,由于金代户口乃三年一籍,因而各府州的户数只能取此前一年即泰和七年的版籍。

吴松弟认同他们的泰和七年说,同时个别府州,例如遂州,户数可能是晚于泰和七年的户数。遂州于泰和四年废为县,贞祐二年(1214 年)复置为州,泰和七年时只是一县,不能单独上报户口,故此州户数很可能是复置为州的贞祐二年的数字。从这个角度看,王育民的说法也有一定道理。

因此,按照泰和七年是"金版籍之极盛也"的论断,无论是葛剑雄先生还是王育民先生实际上都不约而同地把《金史·地理志》的系年指向了泰和七年。可以确定,《金史·地理志》户口系年,泰和七年说是成立的。

笔者认为,能找到一个朝代的户口数据当然好,但是一个朝代为前朝修史,大都经过战争的浩劫,能找到相对集中的史料就不错了,如果再苛求修史者找到同一个年代的数据,未免有吹毛求疵之嫌。君不见,我们现在的许多数据同样存在着这样那样的问题,尤其是在人口统计方面。因此,如同现在数据统计上的个别问题不影响我们对当前形势的判断,数据年代问题上的瑕疵同样不影响我们对整个朝代人口问题的整体判断。

我们讨论金代户口分布形势,主要依据就是《地理志》,年代就确定为泰和七年。

二、阙载路州户数的复原

辽代的地方最高管理机构是"道",分别以五京来划分,即上京道、中京道、东京道、西京道、南京道,设"五京留守司兼府尹"、"五京都总管府",以下为"五京诸州属县"③。金代无"道"的建制,其地方最高行政建制是路,设总管府。《金史·地理志》的户口数据,其缺失部分尚有不少,正如其开篇所说:"虽贞祐、兴定危亡之所废置,既归大元,或有因之者,故凡可考必尽著之,其所不载则阙之。"据《金史·地理志》,金代的路共有19个有户数记载,此外还有蒲与路、合懒路、恤品路(速频路)、曷苏馆路、胡里改路、婆速府路等6个路不在这19路之中,也无户数记载。有的学者注意到六路户数问题。刘浦江认为"此六路(蒲与路、合懒路、恤品路(速频路)、曷苏馆路、胡里改路、婆速府路)只领猛安谋克户,《地理志》户数缺载。若计入这六路户数,《地理志》户数总计当在千万以上。"④但怎么处理没有给出明确意见。笔者认为蒲与路、胡里改路在上京路周围,合懒路、恤品路(速频路)、曷苏馆路、婆速府路、来远州地处东北平原南部,地理位置优越,适宜农作物生长,不可能没有人口居住。恤品路辽时称率宾府,笔者在前面测算过,人口有八百多户,太宗天会二年,以耶懒路都孛堇所居地贫瘠,遂迁居于此,这样其户口再经过一百多年的发展,定不在少数。婆速府路条下有一句话:"此路皆猛安户",说明这几路都一样,皆猛安户。但是,海陵期间,猛安谋克户皆"例罢万户",置总管府,设节度使,章宗承安年间,又陆续改设节度副使,在户籍管理上也应同州县户口。而且,大定二十三年以后,《金史·食货志》所记户口均为"天下户",因此,毫无疑问,泰和七年时这些路的户口也应等同州县户口管理,只是《金史·地理志》漏载了。

1. 上京路户数的复原

上京路已有户数记载,为54184户。与其他路相比户数少得出奇。实际上,这是由户数失载造成,只是狭义的上京路户数。根据学者们的研究,蒲与路、合懒路、恤品路(速频路)、曷苏馆路、胡里改路、婆速府路等6个路是路中之"路",地位与州相仿。其中前四个属广义的上京路⑤,金章宗明昌四年,曾议建常平仓,以备灾年之用,这时候尚书省奏:

> 今上京、蒲与、速频、曷懒、胡里改等路,猛安谋克民户计一十七万六千有余,每岁收税粟二十万五千余石,所支者六万六千余石,总其见数二百四十七万六千余石。臣等以为此地收多支少,遇灾足以赈济,似不必置⑥。

明确告诉我们这5路有176000多户,每年收205000多石税粮,支出才66000多石,不但告诉了我们户数,而且说明这一地方水土肥美,适宜农业生产,粮食收入大大超过支出,人口增殖自然应该很快,那么明昌四年(1193年)到泰和七年(1206年),共13年时间,人口应该增殖不少。按照上述户数年增值率11.38‰计算,每年增2003户,至泰和七年,这五路的户数增加了26037户,总户数应为202037户,考虑到前述数字176000"有余",因此,这个数字就取个整数202100户。这就是广义上京路的户数。

这里面还有一个问题,就是曷苏馆路问题,上述五路不包括曷苏馆路,因为这个数字是明昌四年的事。《金史·地理志上》载:"曷苏馆路,置节度使。天会七年,徙治宁州,尝置都统司,明昌四年废。"曷苏馆路正好在明昌四年废置,《金史·地理志上》盖州条下又载:

> 盖州,奉国军节度使,下。本高丽盖葛牟城,辽辰州。明昌四年,罢曷苏馆,建辰州辽海军节度使。六年,以与"陈"同音,更取盖葛牟为名。户一万八千四百五十六。

这就是说,曷苏馆路节度使改成了盖州节度使,而且有明确户数记载,所以曷苏馆路户数问题就不是问题了,因为在其他部分已经体现出来了,不能再重复计算。

上述五路中的上京路已有户数记载,为54184户,那么蒲与路、合懒路、恤品路、胡里改路四路的户数共有147916户,平均每路为36979户。

2. 东京路户口数据的恢复

东京路所属7个府州,分别为:辽阳府、澄州、沈州、贵德州、盖州、复州、来远州,一个路:婆速府路。前六个府、州均有户数记载,合计为:142733户,平均每州约为23789户。按照前文所用的邻近区域比较法,来远州、婆速府的户数分别为23789户,则东京路总户数可推定为190311户(142733+23789×2=190311)。

3.辽阳府户口数据的认定

《金史·地理志》载:"辽阳府……户四万六百四。辖州、府、军、城八十七。统县九。"金代相较辽代,已经过去了一百多年,前后两代辽阳府所辖范围也不一样,但二志关于辽阳府户数的记载却完全相同。《辽史·地理志》载:"府曰辽阳,户四万六百四。县四、镇一。"这种巧合的可能性不大,考虑到二史同时编修,更有可能的是誊抄时的错误。在前文蠡测辽代东京道户口时,根据邻近区域参照法,推测辽代辽阳府的户数应为 10257 户,那么,40604 户应为金代辽阳府的户数。

三、开封府户口数据的修正

南京路的户口数据大部分记录较为完整,只有开封府的记录为后世学者所诟病:"开封府,上……天德四年,户二十三万五千八百九十。泰和末,户百七十四万六千二百一十。"照此计算,从天德四年(1152 年)至泰和八年(1208 年),共 56 年时间,开封府户数年平均增长率高达 37‰,这在当时的社会经济环境和医药卫生条件下是根本办不到的。据《金史·食货志》,泰和七年天下户 7684438,开封府户数几占"天下"总户数的四分之一,这也显然不可能。[⑦]事实上,作为与敌对国家南宋的接壤地区,这里的人口恢复发展非常缓慢,这一点,在宋人的记录里也经常出现。南京(开封)"民间荒残自若,新城内大抵皆墟,至有犁为田处,旧城内市肆皆苟完而已,四望时见楼阁峥嵘,皆旧宫观,寺宇无不颓毁"[⑧],"人烟极凋残"。[⑨]范成大出使金国是在宋高宗乾道六年(1170 年),即金世宗大定九年,距天德四年已经过去 17 年了,还是如此残破,可见社会经济发展极其缓慢,人口恢复当不会太快。以如此之状态和速度,经过 37 年的发展,就能达到户口数占天下四分之一,这显然不符合事实。

从表 6—11 可以看出,金代泰和七年的户数记载应为 8413164 户,而《金史·地理志》的户数合计为 9879525 户(考证后数据,不包括未著户数的路、州)。这样,《地理志》比《食货志》净多出 1466361 户,南京路总户数为 2540185,而该地区作为北宋都城、京畿地区时仅为 1736513 户。如果比较金代南京路开封府和北宋京畿路的开封府,前者为 1746270,后者为 261117,竟然几为后者的七倍,要知道后者可是当时的首都,《东京梦华录》关于其盛世繁华的记载,一直为后人所津津乐道,相比之下,前者是与南宋战争的前沿,这样比较的话,更可以看出金代这组数据的不靠谱。(参见表 2—1《金史·食货志》所载几组全国户口数据)

其实,细考《地理志》,除开封府外,其余路府户口数字并无异常(参见表 6—1—表 6—16),只需将开封府户数厘清即能为我们解决这个问题打开思路。

开封府户数是《金史·地理志》少有的几个带有明确系年的府州户口记录:天德

四年(1152年)有户235890,泰和末有户1746210。并不是户数本身出了问题,而是户数的系年出了问题,确切地说,1746210户不可能出现在泰和年间。

贞祐二年(1214年)金朝为躲避蒙古军的大举进攻而迁都开封,引发了华北北部人民向黄河以南地区迁徙的浪潮,"河北军户徙居河南者几百万口"[⑩],开封一带的人口数量剧增。到蒙古军围攻开封时,"避兵居汴者"竟然达147万人,被围期间瘟疫、饿死之人就达百万之多。因此,韩光辉认为,开封府的1746210户大概是宣宗兴定年间至哀宗正大年间(1217—1232年)的统计数,估计《金史》作者在搜集与统计开封府户口资料时发生了混乱和错误,将迁都以后的军民户数代替了泰和七年该府的实际户数。从前文开封府天德四年至泰和七年的可能的户口增长率,也基本能证明韩光辉对泰和七年开封府户数错误原因的推测是正确的。

吴松弟对这一数据的推测从人口增长率开始,同时又通过《金史·食货志》的数据记录进行了校正。世宗大定二十七年至泰和七年(1187—1207年),全国户数的年平均增长率为10.8‰(本人测算为11.38),依此增长率,到泰和七年开封府大约应该有四十三万余户。但是,考虑到上述开封府和首都大兴府及户口号称繁庶的济南、大名两府比较后所得出的结论,开封府的户数不可能达到43万户,30万户左右可能比较接近实际。

关于30万户这一估计数,可以从另一个角度获得支持。《金史·地理志》路府州户数合计为9879525户,暂去除开封府1746210户,余8133315户。《金史·食货志》载泰和七年全国户数8413164,减去8133315,余下的约28万户应是开封府的户数。考虑到《金史·地理志》包含个别类似遂州那样的泰和七年以后的户数,应从9879425(吴松弟考证数据)中减去,开封府户数可达到30万左右。这就是泰和末年开封府的实际户数。[⑪]

应该说吴松弟先生考证非常缜密,本人亦从此说。

四、金代户口总数及人口密度推算方法

《金史·地理志》研究较早的学者当属梁方仲先生,其著作《中国历代户口、田地、田赋统计》甲表46《金代各路府州军的民户数及每县平均户数》计算其户口总数为9879624户,本人据中华书局点校本考证,河东北路汾州户数实应为87127,梁表误抄成87227,凤翔路凤翔府户数62303,梁表误抄成62302,两项合计误增99户,因此,《金史·地理志》的现有数字合计应为9879525户。根据上述考证,《金史·地理志》所载南京路开封府1746210有误,实际应为30万左右。如是,则《地理志》户数可修正为8433315户,如除去庆原路边将营11205户,则还有8422110户,这部分人

口应该是包括猛安谋克户口在内的"天下户",与《金史·食货志》的记载 8413164 相差似乎并不是太多。从这个角度可以进一步证明《金史·地理志》户口数据是泰和七年的数据。

综上所述,如不考虑修正开封府户数,理论上《金史·地理志》的总户数应为 9879525 + 147916(蒲与路、合懒路、恤品路、胡里改路) + 23789(婆速府路) + 23789(来远州) = 10075019,即金代鼎盛时期的户数应为 10075019 户。如修正开封府户数,则总数为 8628809 户。总之金代鼎盛时期的全部户数当在 800 万至 1000 万左右。

在下节讨论中,还涉及户口数据修正问题,所谓修正,是指在《金史·地理志》各路数据的基础上,对上京路、东京路失载人口补入,将南京路开封府多载人口去除。经过修正,金全国人口也有变动。其他各路人口数据虽未调整,但这种修正却会影响到其人口在全国的比重,因此每路均按修正前、修正后分开计算列表,上京路、东京路、南京路户数比重、人口密度修正前后均有明显变化,其他各路仅人口比重发生变化。现将修正前后的主要数据列表如下:

表 6—1   《金史·地理志》户口数据修正表

路别	面积 (Km^2)	原户数	原口数	修正户数	修正口数	户数比重	修正比重	人口密度	修正密度
上京路	1580891	54184	346778	202100	1293440	0.54%	2.34%	0.22	0.82
东京路	135496	142733	913491	190311	1217990	1.44%	2.20%	7.00	9.00
南京路	151746	2468125	15879238	1021915	6540256	24.98%	11.84%	104.6	43.00
诸路总计	3395028	9879525	63228960	8628809	55224378	100.00%	100.00%	18.6	16.30

关于金代各路、州、府人口数量,可以通过户数和口户比来推测。前已考证,泰和七年,金代口户比为 6.4,由此推算,金代泰和七年全国人口数量在 5120— 6400 万人左右。另外,根据谭其骧《中国历史地图集》,采用方格计算法,推算金代国土面积为近 340 万平方公里,由此可推算金代全国平均人口密度为 15—19 人,以下金各地人口密度均是在此基础上进行推算的。

第二节   金代各路人口分布(上)

为了能够对金代全国人口形势和辽、宋、金整体户口变化情况有一个总体认识,本章把金代全国划分为四个人口区域,即东北地区、长城内外、中原地区、西北地区。在分析考证时,通过图示、列表的方式进行直观表述,尽可能结合当地的历史地理环境对人口的影响,来分析阐述人口地理状况。

　　本节主要论述原属辽统治区的东北地区、长城内外地区,根据地理形势和行文方便,辽南京道、北宋北部部分州县,放在本节进行讨论。

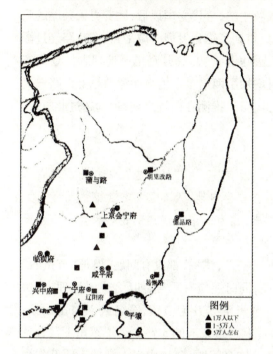

图6—1　金代东北地区人口形势示意图

一、东北地区诸路人口分布

　　金代东北地区包括上京路、咸平路、东京路,所辖范围基本上相当于辽代的东京道,北自外兴安岭,南到渤海湾、朝鲜北部,西起大兴安岭,东到日本海和库页岛。人口集中的主体部分同我国的东北黑龙江、吉林、辽宁三省基本一致,即东北平原地区,其他地方或人口极为稀少,或没有人居住。按原始数据,这个地区即便人口分布相对集中的地区人口也是比较稀少的,占全国总户数的2.7%,平均每平公里只有1人。修正后,东北平原的人口比重为5.4%,平均密度为每平方公里2人。三路之中,咸平路人口密度最大,上京路人口密度最小。

表6—2　金代东北地区人口密度表

路别	面积 (Km²)	户数	原口数	修正户数	修正口数	户数比重	修正比重	人口密度	修正密度
上京路	1580891	54184	346778	202100	1293440	0.54%	2.34%	0.22	0.82
咸平路	42524	71816	459622	71816	459622	0.73%	0.83%	11.00	11.00
东京路	135496	142733	913491	190311	1217990	1.44%	2.20%	7.00	9.00
合计	1758911	268733	1719891	464227	2971052	2.72%	5.40%	0.98	1.69

　　东北平原位于大、小兴安岭和长白山地之间,南北长约1000多公里,东西宽约400公里,面积达35万平方公里,是中国最大的平原。东北平原可分为3个部分,东北部主要是由黑龙江、松花江和乌苏里江冲积而成的三江平原;南部主要是由辽河冲积而成的辽河平原;中部则为松花江和嫩江冲积而成的松嫩平原。山环水绕、沃野千里,处于寒带、寒温带、温带和暖温带范围,有大陆性和季风型气候特征。夏季短促而

温暖多雨;冬季漫长而寒冷少雪。冬夏之间季风交替,非常适宜农业发展,现在是我国的大粮仓和重要的商品粮基地。

金代上京路、咸平路、东京路的人口主要集中在东北平原上,为"金之内地"。上京路在辽代为生女真所在地,过着渔猎、农牧生活,金代立国以后,凭着得天独厚的政治优势和良好的地理环境和气候条件,人口得到了迅猛发展。咸平路、东京路经过渤海国、辽代五百多年的开发和建设,人口发展也非常快。据《辽史·地理志》,辽代东京道户数为 102277 户,金之上京路比辽时增加了两倍多。值得注意的是上京路户口数是经过了三次南迁之后的统计所得,因此,可以推测在南迁之前,远远超过此数。

1. 上京路

《金史·地理志》载:

> 上京路,即海古之地,金之旧土也。国言"金"曰"按出虎",以按出虎水源于此,故名金源,建国之号盖取诸此。国初称为内地,天眷元年号上京。海陵贞元元年迁都于燕,削上京之号,止称会宁府,称为国中者以违制论。大定十三年七月,复为上京……府一,领节镇四,防御一,县六,镇一。

从本志及下表可以看出,"府一,防御一,县六,镇一"都没有问题,但是"节镇四"不知所云。所谓"节镇"应是设节度使的州,同时还应有军号,如《金史·地理志》解州条:"贞祐三年复升为节镇,军名宝昌";肇州条:"升为节镇,军名武兴";玉山条:"贞祐二年四月升为节镇,军曰镇安"等等。上京路条下的 5 路 1 个统军司不符合这个条件,一府,三州也不完全符合这个条件。这个问题,台湾中兴大学的王明荪先生曾经注意到,但没有深究[⑫],我们也暂作存疑。这里重点说说 5 路 1 个统军司的地位问题,因为这关系到户口数据的准确。

关于 5 路 1 个统军司,前面已经叙述,基本意见就是它们至少应是单独的府州级建制,或者说至少在户口统计上如此。前文曾提到:"(明昌四年十月)今上京、蒲与、速频、曷懒、胡里改等路,猛安谋克民户计一十七万六千有余,每岁收税粟二十万五千余石,所支者六万六千余石,总其见数二百四十七万六千余石。臣等以为此地收多支少,遇灾足以赈济,似不必置。"[⑬]在这里,似应从广义的角度理解,上京路与这几路是并列的关系,它们并不包含在"府一,领节镇四,防御一,县六,镇一"范围内,上京路54184 户当然也就不包含这 5 路 1 个统军司。在《金史》中,这种同样并列出现的情况还有,海陵"遣使分往上京、速频路、胡里改路、曷懒路、蒲与路、泰州、咸平府、东京、婆速路、曷苏馆、临潢府、西南招讨司、西北招讨司、北京、河间府、真定府、益都府、东平府、大名府、西京路,凡年二十以上、五十以下者皆籍之"。因此,本章分路计算人口数量时,对他们单列进行表示。

关于曷苏馆路的问题,前面也有述及。因为已改为盖州节度使,在其他部分已经体现出来了,这里不再单列。

上京会宁府及其辖县皆为新建筑城而置。会宁府即为太祖时之"皇帝寨",《大金国志》载:"国初无城郭,星散而居,呼曰皇帝寨,国相寨、太子庄,后升皇帝寨曰会宁府,建为上京。"[⑭]至于上京属县除倚县会宁外,曲江、宜春一县皆于世宗时建置。这一地区在辽代属生女真部,既无建制,也就没有户口记载,根据邻近区域比较分析,辽代户数当在 5000 左右。

肇州为辽时之出河店,辽时并无政区建置,金太宗天会八年以"太祖兵胜辽,肇基王绩于此,遂建为州",倚县始兴同时置;从名字就可以看出来,肇州取王基肇建之地,而始兴县则初始兴王之意。隆州为辽之黄龙府,金以旧地改置,虽辽之黄龙府辖五州、二县,金则仅置州与其倚县、一镇,然其政区地域仍如辽旧。根据前面辽代部分的考证,辽代这一地区户数当在 2000 左右。

隆州为辽之龙州,辖 5 州 3 县,据辽代部分考证,其直辖三县户数为 2514。

信州及其倚县武昌皆沿辽之旧信州而省废其定武县,辽代部分已经考证,户数为 1838。

表6—3　上京路金、辽户口比照表(修正以后数据)

金府州	金户数	金府州辖县	辽府州	辽户数
会宁府	31270	会宁、曲江、宜春	生女真海古之地	5000
肇州	5375	始兴	出河店	2000
隆州	10180	利涉	东京道龙州	6704
信州	7359	武昌	东京道信州	1838
蒲与路	36979		旧扶余地,辽属室韦	10000
合懒路	36979		蒲卢毛朵部	10000
恤品路	36979		东京率宾府	10000
胡里改路	36979			10000
合计	202100		合计	55542

蒲与路辽代并无建置,其地为室韦等部族之地,南起今呼兰、肇州以北,西境以今嫩江与金之泰州相接,治所往北三千里至火鲁火疃谋克,则抵今外兴安岭之境,东至今汤旺河(屯河)之地,其北方已达俄国之境。这一地区地广人稀,《金史》无明确的户数记录,仅上文所引一段史料对此有所述及,章宗明昌四年(1193 年)十月,尚书省

奏"上京、蒲与、速频、曷懒、胡里改等路,猛安谋克民户计一十七万六千有余……"根据上述材料记载,在前面章节中按照邻近区域参照法蠡测,该路同合懒路、恤品路、胡里改路户数均当为36979户,而在辽代既无大规模移民迁入,又无辽朝政府的刻意经营,户数当在10000户左右。

合懒路政区为吉林东南部延边朝鲜族自治州及朝鲜东北之咸镜南、北道。该地在辽代为熟女真部落,约为原渤海国之龙原、南海府,长白山以东显德府东部之地。辽灭渤海以后将将其纳入版图之内,金代合懒路同其他几个路一样,没有州县设置。

恤品路为辽之率宾府,迁耶懒路女真于此立为速频路节度使,其地又有押懒(耶懒)猛安。此地约为原渤海之安边、安远、率宾、东平四府之地,金代于此路下并无州、县之置。

胡里改路南部为原渤海国之怀远、铁利府,郢州及龙泉府北部,其北即为兀惹、吉里迷等部落之地。

按照前面考证,曷苏馆路明昌四年废,几经更名改为盖州,属东京道,户数已经在东京道列入,故这里仅存其地名,不能重复计入。关于这一点,谭其骧先生曾明确表示,"曷苏馆路自当属东京路,《志》列于上京路,亦误。"⑮

乌古迪烈统军司设于何时史无记载,其设主要为镇御乌古迪烈部,乌古部大致活动在海勒水(海拉尔河)、胪朐河(克鲁伦河)下游一带,敌烈部则在乌古部之西,胪朐河中游一带,为辽金北方之强邻,曾有数次反叛的记载。但于金太宗天会二年(1124年)"乌虎里、迪烈底两部来降",次年二月,"以庞葛城地分授所徙乌虎里、迪烈底二部及契丹民"⑯。二部由大兴安岭以西越岭而东,驻居于嫩江流域一带,庞葛城即为金初置统军司及改置招讨司初期的所在地,以镇乌古迪烈部为主。金代中期后,蒙古诸部兴起,北方边患南移,大定间改为东北路招讨司,所以将招讨司迁到了泰州。"熙宗罢统军司改招讨司,遣彦敬分僚属收牌印,谕诸部隶招讨司。"⑰也就说从熙宗开始,统军司就改为了招讨司。按《金史·地理志》,泰州属北京路,因此,我们现在讨论泰和七年的人口问题,自当将其纳入北京路讨论。鉴于《地理志》将其列入上京路,这里就姑且将其列入,户口问题不再计算。

从上述分析可以看出,金代上京路相较辽代户数增加近4倍,抛开个别数据的误载,也足以说明作为"金源"之地发展的巨大成就。

2.咸平路

《金史·地理志》载:"咸平路,府一,领刺郡一,县十。"

金代咸平路地域内,共有辽代七个州、六个县,在此基础上增置一府、一县。

咸平路初名咸州路,即辽之咸州安东军,其倚县为咸平,故《金史·地理志》称咸平府之倚县平郭"旧名咸平",于大定七年(1167年)更名。咸平府下辖八县,系将辽所置之州县省并而来。辽同州辖东平、永昌二县,金初为东平镇东军,大定廿九年省并更名为铜山县。辽银州辖延津、新兴、永平二县,金则废州省为新兴县。辽祺州倚县庆云,为密云汉俘所置,金则废州存县。辽肃州倚县清安,金则废州存县(降为县)。辽通州辖通远、安远、归仁、渔谷四县,金则存归仁县,余皆废省。咸平府仅荣安县未记其来源,根据相对位置推断,此县可能为辽之容州,金改为县。

　　韩州沿用辽之名称,但辽代的韩州只有倚县柳河,金代的韩州除柳河县外,增设临津为倚县,但记"未详何年置",而于韩州条下注"旧有营",王明荪先生推测,此当为王寂《辽东行部志》所言韩州之变迁。[18]

表6—4　咸平路金、辽户口比照表

金府州	金户数	金府州辖县	辽府州	辽户数
咸平府	56404	平郭、铜山、新兴、庆云、清安、荣安、归仁、玉山、	咸州	838
韩州	15412	临津、柳河	韩州	838
合计	71816		合计	1676

　　咸平所辖地区户数,辽代尚不及金代之零头,这应当与州县的废置、省并有关。

3.东京路

　　《金史·地理志》载:"东京路,府一,领节镇一,刺郡四,县十七,镇五。"细考之,仍有不符之处,应该是府一,领节镇一,刺郡六,县十九为妥。见表6—5。

表6—5　东京路金、辽户口比照表

金府州	金户数	金府州辖县	辽府州	辽户数
辽阳府	40604	辽阳、鹤野、宜丰、石城	辽阳府	10257
澄州	11935	临溟、析木	海州	1500
沈州	36892	乐郊、章仪、辽滨、挹楼、双城	沈州	1676
贵德州	20896	贵德、奉集	贵德州	1676
盖州	18456	汤池、建安、秀岩、熊岳	辰州	2000
复州	13950	永康、化成	复州	1676
来远州	23789		来远城	
婆速府路	23789			
东京路合计	190311			18785

东京辽阳府袭辽之旧城而置,辽时辖九县,金省并为四县,保留辽阳、鹤野二县,其余皆废,又将辽之宜丰、石城县并入,共为四县。

关于辽阳府的户数,前面已经述及,辽金两朝竟然惊人的一致,均为 40604 户,联系到辽金二史是在同一个朝代、同一班人马、同一个时期编纂,因此,应是人为之误。考虑到辽金两朝的周边环境、辽阳府的临近州县的户数情况,按照邻近区域参照法计算,辽代辽阳府的户数应为 10257,而金代辽阳府为 40604。

澄州即辽之海州,金保留之,但改其州名。

沈州及倚县乐郊皆沿辽之沈州、乐郊县,所辖各县基本上为辽代州所降置或更名而来。

贵德州及其倚县仍沿辽之旧。

盖州,奉国军节度使。本高丽盖葛牟城,辽辰州。明昌四年,罢曷苏馆,建辰州辽海军节度使。六年,以与"陈"同音,更取盖葛牟为名。

复州,下,刺史。辽怀远军节度,明昌四年降为刺史。

来远州,下。旧来远城,本辽熟女直地,大定二十二年升为军,后升为州。

婆速府路由金初统军司置为总管府,此路皆为猛安户,地在今辽宁丹东东北之九连城。

来远州和婆速府路均无户数记载,本章第二节蠡测户数分别为 23789 户,两地在辽代没有作为建制设置,户数均无所考,这里不再勉强蠡测。从汇总数据来看,东京道的总户数为 190311 户,而辽代这一地区仅为 18785 户,即使再加上宫卫户、骑军户等,距离金代的户数还是有很大的距离。

东京、咸平一带位于东北平原南部,自然条件优越,有利于农业生产,金初许亢宗使金,途中所见"州地平壤,居民所在成聚落,新稼殖遗,地宜稯黍"[19],农业生产非常发达,并且对上京、南京等地曾起到很大的支持作用,金代将辽东路转运司设置在咸平府[20],在朝廷的统一安排下,辽东一带的粮食被转运到各地,天会元年(1123 年)十二月,太宗诏令"诏以咸州以南,苏、复州以北,年谷不登,其应输南京军粮免之。"[21]此条虽系免粮之诏,但由此可知,定期由此向辽东、南京(此时指平州)一带输粮已成定制。大定年间武都为户部郎中时,曾依诏"由海道漕辽东粟赈山东"。明昌三年(1192 年)四月,尚书省奏:"辽东、北京路米粟素饶,宜航海以达山东。昨以按视东京近海之地,自大务清口并咸平铜善馆皆可置仓贮粟以通漕运,若山东、河北荒歉,即可运以相济。"所奏获准,说明这一地区经济发展确实有这个能力,同人口的迅速增长这一历史事实是相符合的。

二、长城内外诸路

长城内外诸路包括辽时三京之地：辽上京道，金之北京路；辽西京道，金之西京路；辽南京道，金之中都路。此三路之北部虽为草原地区，但在辽代农业生产已经得到了前所未有的开发，人口发展迅速；南部为传统农业耕作区，人口相对稠密。全区人口接近金朝全部的20%，平均每平方公里15人。金朝建立之初，几次"实内地"，均是从这三个地区向东北地区移民，使这一地区的农业生产和人口发展均受到严重影响，但是，随着完颜亮时期金代都城由上京会宁府迁至中都（燕京），大批以女真为主的猛安谋克户也迁到了这一地区，使这一地区的人口和经济社会得到了迅速发展，中都路地区人口最为密集，每平方公里达102人，为金代人口最为稠密的地区之一。

表6—6　金代长城内外地区人口密度、比重表

路别	面积	户数	口数	户数比重	修正比重	人口密度
北京路	421608	411237	2631917	4.20%	4.76%	6
西京路	260499	458144	2932122	4.63%	5.30%	11
中都路	52496	840576	5379686	8.50%	9.74%	102
合计	734603	1709957	10943725	17.30%	19.82%	15

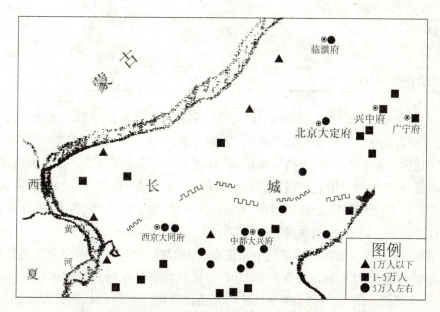

图6—2　金代长城内外地区户口形势示意图

1. 北京路

《金史·地理志》载:"北京路,府四,领节镇七,刺郡三,县四十二,镇七,寨一。"

表6—7　北京路金、辽户口对应表

金府州	金户数	金府州辖县	辽府州	辽户数
大定府	64047	大定、长兴、富庶、松山、神山、惠和、金源、和众、武平、静封、三韩	大定府	32112
利州	21296	阜俗、龙山	利州	3568
义州	30233	弘政、开义、同昌	宜州	7136
锦州	39123	永乐、安昌、神水	锦州	7136
瑞州	19953	瑞安、海阳、海滨	隰州	3568
广宁府	43161	广宁、望平、闾阳	显州	2514
懿州	42351	顺安、灵山	懿州	1676
兴中府	40927	兴中、永德、兴城、宜民	兴中府	3568
建州	11439	永霸	建州	7136
全州	9319	安丰		
临潢府	67907	临潢、长泰、卢川、宁塞、长宁	临潢府	36500
庆州	2007	朔平	庆州	14136
兴州	15970	兴化、宜兴	北安州	3568
泰州	3504	长春	长春	2000
北京路合计	411237		合计	124618

细考《金史·地理志》,节镇应为八,因广宁府本身也是镇宁军节度使。这一地区,金初分为北京、临潢府两路,临潢府"大定后罢路,并入大定府路"[②],其辖境大致相当于辽中京道全部、上京道西拉木伦河流域(上京道临潢府)及医巫间山西部、北端的州县,包括祖州、怀州、庆州、泰州、长春州、乌州、永州、仪坤州、龙化州、降圣州、饶州等。由于政治原因,金朝建国后,对这一地区的建制进行了大量省并,辽金的建制名称无法一一对照,只能大概进行参照计算。

根据笔者在前面的考证,辽代中京道有户151288,上京道临潢府及上述各州共有户69904,那么,这一地区共有户221192,辽代户均规模为8,人口共有1769536口。从表6—7可以看出,北京路共有411237户,金代户均规模为6.4,则合人口2631917口。从总数看似乎比辽高得多,但辽代户口包括了州县户口、诸宫卫户、骑军户口、部族户口等多种类型,上述户口只是其中一种,也就是州县户口,即农业人口部分,而金的户口统计则包括猛安、谋克在内的各类户口数。若农业民族与非农业民族各占一半的话,那么金的农业民族只有一百三十多万口。这样看来,金代北京路的经济社会发展规模与前朝相比,不但没有进步,还有缩小的趋势。

人口形势变化的原因有四个方面。

一是人口的迁徙。金朝建立之初,为了加强"内地"的经济发展,同时,为了削弱辽朝的统治根基,从契丹腹地,即上京道和中京道大量迁徙各族人民到东北地区,较大的迁徙有以下几次。

金天辅元年(1117年),金人攻克辽朝的长春州,把降附的女古、皮室四部及渤海人"徙之内地"。同年,又"徙成、川州人于同、银二州居之"。[23]

金天辅六年(1122年),金人攻占了辽中京,奚人屡叛。金军将其镇压以后,把一部分奚人迁往"内地",另一部分"徙之山西,后徙河东"。[24]

金大定十七年(1177年),金世宗以行边契丹人逃归西辽耶律大石为由,下令"徙西北路契丹人尝予斡窝乱者,上京、济、利等路安置"。同时,还将编入女真猛安谋克的奚人徙往咸平、泰州等地安置。[25]

通过一系列的迁移,对本来就不适宜农业生产的草原地带的农业发展起到了遏制作用,人口总量出现了大幅度下滑。

二是区域交通地位的改变。辽代中京道处于辽上京与中原地区交通的必经之地,上京道是"契丹腹地",全国交通的枢纽,交通地位促进了其经济的进一步发展。金朝建立以后,无论是定都上京会宁府,还是迁都燕京、南京(汴京),原辽代的上京道、中京道地区的交通地位都被边缘化了。

如果看一下地图,就会发现这几州或处在傍海道上,或位于大凌河沿岸,都地处交通要道,交通地位对这里经济发展起着重要作用。无论金前期以上京为都,还是海陵王迁都燕京之后,"内地"与中原地区的交通往来主要经过这里,促进了沿线的人口集中与农业开发,从文物考古的成果来看,临潢、北京两路各类农具的发现仍以辽西一带为多。辽宁新民县前当地铺的金代遗址发现铧、镰等农具及聚落遗址,法库县包家屯乡刘邦屯村金代居住遗址发现有铁铧、铁犁镜、耥头等农具,绥中县城后村发现金代铧犁、耥头、铁犁牵引、铁锄、锄板、镰等农具,都具有较高的工艺。

辽西之外,北京路其他地区农业生产的发展强度都不如前朝,如大定府一带原奚人居住区,本是辽代塞外经济发展程度最好的地方,金代国家政治中心由西拉木伦河流域转向阿什河流域,金代傍海道成为南北来往的主要通道,原来联系塞北与中原地区交通的大定府一线失去原有的区位优势,经济地位自然要下降。

三是地方行政建制的撤并。与辽代相比,金代北京路临潢府一带农业生产水平最低,金初共撤销辽 12 行政州,16 头下州,31 县的规模,曾设置临潢府路(后并入北京路),其辖境与辽上京道的核心区域基本相似,路下只置 3 州府,即临潢府、庆州、泰州,下辖 7 县,金对临潢府一带州县的撤并是有深刻的政治原因的,这些地方或与辽祖先传说有关,或是其祖先的重要活动地点,或是祖陵所在地。它们并不是发展农业生产最有利的地方,如永州、龙化州均在沙碛之中。通过这样一番省并,使农业开垦区更向临潢府附近集中。州县数额消减,人口与劳动力也相应减少。有学者考证,辽代以临潢府为核心的西拉木伦河流域,仅农业人口就有 50 万左右,金代包括非农业人口在内的全部人口不过 42 万。人口锐减必然影响土地开垦量,并造成农业生产衰落[26]。而农业生产衰落使人们抗御自然灾害的能力更差,因此在金代文献中屡屡见到赈济临潢饥民的记载。大定三年(1163 年)金遭遇饥荒,世宗诏令"临潢汉民逐食于会宁府、济、信等州"[27]。临潢府一带的汉民是从事农耕生产的主要农业人口,饥荒发生后,附近地区的收成都同样不景气,才被迫令这里的农民到数百里之外的会宁府去觅食,所以,这里的农业生产水平是很差的。大定九年饥荒,朝廷再次诏令,赈临潢等地猛安、谋克户[28]。灾荒之年如此,正常年份临潢之民也常自给不足,所欠粮食"藉北京等路商贩给之,倘以物贵或不时至,则饥饿之徒将复有如曩时",以致"杀太尉马,毁太府瓜果,出忿怨言起而为乱者"[29]经常发生。

四是劳役负担过重。劳动力减少已经滞缓了农业发展进程,大量非生产性劳役又进一步干扰了正常农业生产。明昌四年(1193 年)大理卿董师中上疏道:临潢一带"民有养马签军挑壕之役,财力大困,流移未复,米价甚贵"[30]。由此可知,这里百姓的主要劳役有三种:养马、签军、挑壕,在这些重役的压力下,不但当地财力大困,而且也不断造成人口流失。

由于以上原因,本来临潢府一带发展农业生产的自然条件就比其他地区差一些,金代出于政治、民族等原因,进一步削弱了这一地区的人口优势,使临潢府一带的农业更显落后,人口比辽代锐减,而兴中府一带的辽西地区,则由于交通区位优势,承接了西拉木伦河流域经济重心的轻移,成为新的主要农业垦殖区,人口得到了迅速发展。

另,北京路泰州条下后附有十九堡,临潢路境内有二十四堡障,鉴于此时,临潢路已并入北京路,因此,北京路范围内还应有边堡 43 个,当时省议每堡"置户三十",由政府进行营建,"上以年饥权寝",虽然营建停止了,但这些堡户还在。如果按照这个数字计算的话,43 个边堡共有户 1290,按 6.4 的口户比,应有口 8256。但是,由于不清楚这些户口是否已经计入全国户口总数,因此,这里权且蠡测,不再计入户口总数内。

此时,东北路招讨司已经迁至泰州,上述边堡即归其管理,但《地理志》在本路没有将其列入,其下辖的部族、诸乣列在了西京路条下,这里就不再讨论。

2.西京路

《金史·地理志上》载:"西京路,府二,领节镇七,刺郡八,县三十九,镇九。"细考之,应为节镇七,刺郡六,县四十。

表6—8　西京路金、辽户口对应表

金府州	金户数	金府州辖县	辽府州	辽户数
大同府	98444	大同、云中、宣宁、怀安、天成、白登、怀仁	大同府	38000
丰州	22683	富民	丰州	4316
弘州	22002	襄阴、顺圣	弘州	13000
净州	5938	天山	部族	
桓州	578	清塞	部族	
抚州	11380	柔远、集宁、丰利、威宁	建州	
德兴府	80868	德兴、妫川、缙山、望云、矾山、龙门	奉圣州	24000
昌州	1241	宝山		
宣德州	32147	宣德、宣平	归化州	10000
朔州	44890	鄯阳、马邑	朔州	9000
武州	13851	宁远	武州	5000
应州	32977	金城、山阴、浑源	应州	16000
蔚州	56674	灵仙、广灵、灵丘、安定、飞狐	蔚州	41000
云内州	24868	柔服、云川	云内州	10064
宁边州	6072	宁边	宁边州	5032
东胜州	3531	东胜	东胜州	10064
西京路合计	458144			161476

辽代西京道与金代西京路范围大致相当,包括了今山西省北部,河北省西北部和内蒙古自治区中部,其中心地区在大同周围。净州、桓州在辽代为部族地区,没有建州,为倒塌岭节度使所辖,抚州为秦国大长公主领地,当时户数已经无法考证,其余有户数的地区总计为161476户,再加上这三州的户数,辽代这一地区当有二十余万户,金代有户458144,仅从户数来看,金代比辽代户数增长了一倍还要多。通过考察下表还可以看到,除了德兴府和东胜州(当与区域和建制调整有关)及个别辽代无法对应的州县外,几乎每个州与辽代相比户口均成倍增加。

西京路大部分地区属大陆性季风气候,冬季漫长且寒冷干燥,夏季短暂且温热多雨,春秋凉爽,温差较大。在土地使用上,大同以南的武州、朔州、应州、蔚州等,以农业为主,人口密集,大同以北的云内州、丰州、东胜州、宣德州、桓州、宣德州等,以草原为主,人口稀疏。大同府所辖地域基本上是南农北牧,今天,大同市的牧坡草地的面积共有480331亩,占全市土地总面积的15.3%,约为耕地面积的一半。

翻阅《金史》发现,西京道的大部分地区在金代并不是风调雨顺,尤其是从事畜牧业的牧民,由于受自然条件限制,经常是赈灾、救济的对象。如《金史》两条记载:

> (世宗大定十八年)闰月辛丑,命赈西南、西北两招讨司民,及乌古里石垒部转户饥。

> (世宗大定十九年)四月已丑朔,诏赈西南路招讨司所部民。[31]

综合以上情况,金代户口相较辽代不可能有较大的明显增长,这种数量的变化应该另有原因,这个原因主要是两朝的管理体制不同,进而户口统计方式的不同造成的。

辽代州县户口单独统计,《辽史·地理志》的户籍数字不包括宫帐、部族、属国等,这同金代大定二十三年以后所称"奏天下户"相比是一个很大的不同。辽代政治体制一个突出的特色就是"因俗而治",《辽史·百官志二》称:"辽宫帐、部族、京州、属国,各自为军,体统相承,分数秩然。"各自为军,实质即各自作为一类户;宫帐、部族、京州、属国分属不同的户籍系统。《辽史·兵卫志》云:"二帐、十二宫一府、五京,有兵一百六十四万二千八百。宫丁、大首领、诸部族,中京、头下等州,属国之众,皆不与焉。"这就是说,我们所看到的数字:西京道200940户,仅是州县户口。前面对辽代部分户口的几个类别已作了详尽阐述,这里不再赘述。

西京路是金朝多民族聚居的地区,民族构成十分复杂,从"山后诸部族"一词在《金史》中反复出现即可看出,这里的民族种类多,人口也多。

"山后"一词频繁出现于有关金代历史的文献记载中,已经成为了一个重要的地理坐标。金代的"山后诸部族"分为部族节度使9个,详稳9处,群牧12处,包括了女真、契丹、奚、党项、唐古、迭剌、乌古、敌烈、鞑靼等族,囿于史料所限,"山后诸部族"远不止这些。正因为山后地区分布着如此众多的部族,其中的一些族属也难以考察清楚,所以当时人便以"山后诸部族"统称,他们是金代西京路人口的重要组成部分。

按照前面章节的考证,到泰和七年,迭剌、唐古二部五乣户的总户数应为7110,总口数为169574,正口为146414,奴婢口为23160。这样的话,每部族户数3555、口数84787;每乣户数1422,口数33915;如果群牧所(从四品)比照部族(节度使从三品)的话,部族户数按3500计算,口数按8400计算,泰和七年的部族、诸乣、诸群牧的户、口数分别为：

部族户数(8 个):28440,口数:678296;

诸乣户数(9 个):12798,口数:305235;

诸群牧所(12 个):42000,口数:100800;

(合计)户数:83238,口数:1084331。

也就是说,到了泰和七年,金代户口极盛时期,北部边疆的部、乣及群牧等人口户数达到了八万多户,百万以上人口。北方少数被统治民族(应该包括很少女真族)随着金王朝的兴盛,经济社会和人口也得到了发展。但囿于考证材料的缺乏,西京道诸府州县人口不知是否已经涵盖,这里作为认识北方游牧民族人口的一个角度,同北京路的边堡人口数目一样,不再计入金代全国户口总数。

3. 中都路

《金史·地理志》载:"中都路,辽会同元年为南京,开泰元年号燕京。海陵贞元元年定都,以燕乃列国之名,不当为京师号,遂改为中都。府一,领节镇三,刺郡九,县四十九。"

表6—9 中都路金、辽宋户口对应表

金府州	金户数	金府州辖县	辽宋府州	辽宋户数
大兴府	225592	大兴、宛平、安次、漷阴、永清、宝坻、香河、昌平、武清、良乡	(辽)析津府	102000
通州	35099	潞县、三河	(辽)潞县	9000
蓟州	69015	渔阳、遵化、丰润、玉田、平峪	(辽)蓟州	10000
易州	41577	易县、涞水	(辽)易州	52000
涿州	114912	范阳、固安、新城、定兴、奉先	(辽)涿州	34000
顺州	33433	温阳、密云	(辽)顺州	5000
平州	41748	卢龙、抚宁、海山、迁安、昌黎	(辽)平州	15000
滦州	69806	义丰、石城、马城、乐亭	(辽)滦州	10000
雄州	20411	归信、容城、保定	(宋)易阳郡	13013
霸州	41276	益津、文安、大城、信安	(宋)永清郡	15918
保州	93021	清苑、满城	(宋)保州	27456
安州	30532	渥城、葛城、高阳	(宋)顺安军	8650
遂州	11174	遂城	(宋)遂州	4445
安肃州	12980	安肃	(宋)安肃军	7197
合计	840576		合计	304679

中都路的范围大致在今天津市及河北省霸县、雄县、徐水、清苑、满城以北,太行山北段以东,八达岭、古北口至抚宁长城以南,抚宁、迁安以西。境内西部、北部为山区和丘陵,南部、东部、中部的广大地区以平原为主。其范围大致同辽代的南京道相当,横跨今天的北京、天津、河北两市一县,共有户840576,辽代这一地区共有户304679户。幽燕地区北部是山区,如果仅取今北京(金中都)以南的平原地区,每平方公里大概在百人以上。因此,时人曾言:"中都、河北、河东、山东久被服宁,人稠地窄,寸土悉垦,则物力多,赋税重,此古所谓狭乡也。"②

辽代的南京析津府已经是"户口安堵,人物丰庶……城北有市,陆海百货萃于其中。僧居佛寺冠于北方,锦绣组绮,精绝天下。蔬、蓏、果、实、稻、梁之类,靡不毕出,桑柘、麻麦、羊豕、雉兔,不问可知。水甘土厚,人多技艺"③。全面发展的地方经济达到了北京历史上空前的高度。金海陵王贞元元年(1153年)迁都于此,改名中都。从表6—9可以看出,金代的中都路大兴府户数为225592,而辽代的南京道析津府户数为102000,超过辽代一倍还要多;整个中都路的户数为840576,而辽南京道的户数为304679,这一地区的人口所以有较大的增长,其密度比辽朝高出一倍多,除了人口基数较高的原因外,还因为这里是金朝的都城所在地,格外加意治理,并集中了更多的人口。尽管金人初入塞内,曾在这一地区掳走大批人口,但其后又从东北地区移徙过来更多的女真等少数民族人口,尤其是海陵王迁都以后,作为金代的政治、经济、文化中心,人口的自然迁移,也是使这一地区得以在一个更高的人口基数上继续增长。贞元初,诏令"起上京诸猛安于中都、山东等路安置",同时,在强制迁徙的基础上,时任宰相张浩"请凡四方之民欲居中都者,给复十年,以实京城,从之"④。鼓励民众自愿向中都地区迁徙,这是中都地区人口增加的主要政策性因素。

北京作为封建王朝的都城,作为陪都始于辽,作为正式国都实始于金。金人当时就认识到了北京地理位置的重要性,梁襄在切谏世宗不要北巡出猎时论道:

> 燕都地处雄要,北倚山崄,南压区夏,若坐堂隍,俯视庭宇,本地所生,人马勇劲,亡辽虽小,止以得燕故能控制南北,坐致宋币。燕盖京都之选首也,况今又有官阙井邑之繁丽,仓府武库之充实,百官家属皆处其内,非同曩日之陪京也。居庸、古北、松亭、榆林等关,东西千里,山峻相连,近在都畿,易于据守,皇天本以限中外,开大金万世之基而设也。⑤

正是在金朝的百年经营之下,为今天北京的人口和经济社会发展奠定了"万世之基"。

第三节　金代各路人口分布（下）

本节主要论述原属北宋统治区的中原地区、西北地区。

一、中原地区诸路人口分布

广义的中原地区应该包括中都路、西京路及长城以南的其他地区，包括陕西为主的关中地区。但是，根据金代的地理环境和历史状况，我们将其界定为南京路、河东北路、河东南路、河北东路、河北西路、大名府路、山东东路、山东西路等 8 路，土地面积约占金统治区的 20%，而户数达 600 万左右，相当于金代户数的 60%—70%。这主要是由于该地区一个多世纪以来为北宋的政治、经济、文化中心所在，气候宜人，四季分明，多属平原，土地肥沃，对农作物十分有利。农业经济高度发展，人民生活相对安定，人口繁衍自然较快，北宋时人口密度为 19.4，略高于平均密度。自完颜亮当政以后，把中原地区变成金国政治经济的重心。猛安谋克三次大规模南迁，目的地正是中原，造成中原地区人口特别密集，人口密度高达每平方公里 50 人—60 人，其中大名府路人口最为稠密，每平方公里达二百多人。

表6—10　中原地区人口密度、比重表

路别	面积	户数	原口数	修正户数	修正口数	户数比重	修正比重	人口密度	修正密度
南京路	151746	2468125	15796000	1021915	6540256	25.0%	11.8%	104	43
河北东路	30663	413540	2646656	413540	2646656	4.2%	4.8%	86	86
河北西路	52398	726560	4649984	726560	4649984	7.4%	8.4%	89	89
山东东路	103483	1101259	7048058	1101259	7048058	11.1%	12.8%	68	68
山东西路	52862	476770	3051328	476770	3051328	4.8%	5.53%	58	58
大名府路	14882	494414	3164250	494414	3164250	5.0%	5.72%	213	213
河东北路	53042	452880	2898432	452880	2898432	4.6%	5.24%	55	55
河东南路	216205	785948	5030067	785948	5030067	8.0%	9.1%	23	23
总计	675281	6919496	44284774	5473286	35029030	70.0%	63.43%	66	52

贞祐南渡之前，黄河以北地区的河东北路、河东南路、河北东路、河北西路、大名府路、山东东路、山东西路等是金代人口最为稠密的地区，也是历次猛安谋克内迁的

重点地区。相比之下,以南京路为主的黄河以南地区则是人口相对薄弱区,如果以泰和末为时间节点的话,在此之前,这里的户口远没有赶上北宋时期,与南宋相邻的唐、邓、蔡、颖、泗等州,户口数甚至不及北宋的三分之一。整个趋势是,以黄河为界自南向北人口密度逐步增加,自北向南人口密度逐步变小。之所以造成这种结果,同金统治者的战略有关,目的就是要使同南宋交界地区成为相对的真空,避免战争中的损失,甚至达到坚壁清野、虚空待敌的军事目的。汴河的彻底淤塞就是在金代造成的,也是金政府有意为之。

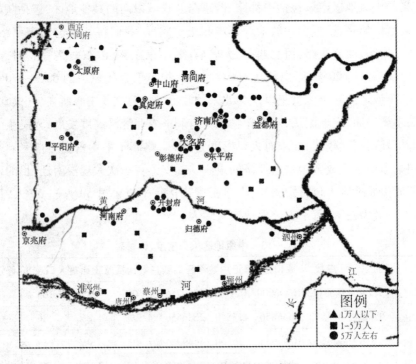

图 6—3　华北地区人口形势示意图

1. 南京路

《金史·地理志》载:"南京路,国初曰汴京,贞元元年更号南京。府三,领节镇三,防御八,刺史郡八,县一百五。"

南京路大体相当于今河南省的淮河以北、黄河以南地区,位于金代国土的南部,黄河中下游平原,东西长约 620 公里,南北长约 280 公里。前文曾经述及,这一地区在北宋为京畿地区,人口和经济社会都非常发达,但在金代的地位却非常特殊。从图 6—3 和表 6—11 可以看出,绝大部分地区的人口数都远低于北宋时期相应地区的户数,唐州、邓州等沿淮地区的州郡甚至不及北宋时期的五分之一。

　　正如前文所谈,造成这种状况的原因同金庭的战略决策有直接关系。金宋关系远不及辽宋关系,战争频仍,尤其是绍兴和议之前,两国一直处于交战状态。通过连年的战争,金人总结认为宋军的软肋在于后勤,只要"虚河南",就能实现孤立宋军的目的。河南总体人口少,经济上如粮草储备必然不足,宋军进入河南地区,当然会受到后勤保障不济的困扰,为了不至于因后勤而作战不利,宋军除了驻守外必然要不断运动就粮,而这时则是金朝的机会。在以后的宋金战争中,除了一线部队外,金军还注意河北的策应,比如泰和时宋军北伐,金军"以宋兵方炽,东北新调之兵未集,河南之众不足支,命河北、大名、北京、天山之兵万五千屯真定、河间、清、献等以为应。"㊳如河南方面迟滞宋军成功,则可以秋高马肥的骑兵优势击败宋军,如失守,则黄河守卫以备战。而宋军大量消耗于河南守军的迟滞,金军则呈以逸待劳之势。这样我们就也可以理解为什么不修汴河的原因,就是为了迟滞宋军北上的后勤供应。总的说来,河南路在金朝的军事地位以"迟滞"、"困敌"为主,没有将其作为经济社会发展的重点,表现在人口规模上远逊于前代。

表6—11　南京路金、宋辽人口对照表

金府州	金户数	金府州辖县	宋府州	宋户数
开封府	1746210	开封、祥符、阳武、通许、泰康、中牟、杞县、鄢陵、尉氏、扶沟、陈留、延津、洧川、长垣、封丘	开封府	261117
睢州	46360	襄邑、考城、柘城	拱州	30000
归德府	76389	睢阳、宁陵、下邑、虞城、谷热、楚丘	应天府	79741
单州	65545	单父、成武、鱼台、砀山	单州	61409
寿州	8677	下蔡、蒙城		126383
陕州	41010	陕县、灵宝、湖城、阌乡	陕州	47806
邓州	24989	穰城、南阳、内乡	邓州	114727
唐州	11031	泌阳、比阳、湖阳、桐柏	唐州	89955
裕州	8300	方城、叶县、舞阳		66000
河南府	55635	洛阳、渑池、登封、孟津、芝田、新安、偃师、宜阳、巩县	河南府	127767
嵩州	26649	伊阳、永宁、福昌长水	河南府	45000
汝州	35254	梁县、郏城、鲁山、宝丰	汝州	41587
许州	45587	长社、郾城、长葛、临颍、襄城	许昌郡	66041
钧州	18510	阳翟、新郑	许昌郡	18000
亳州	60535	谯县、鹿邑、卫真、城父、酂县、永城	亳州	130119

金府州	金户数	金府州辖县	宋府州	宋户数
陈州	26145	宛丘、项城南顿、商水、西华	淮宁府	32094
蔡州	36093	汝阳、遂平、上蔡、西平、确山、平舆	蔡州	98502
息州	9685	新息、真阳、褒信、新蔡	蔡州	36000
郑州	45657	管城、荥阳、密县、河阴、原武、氾水、荥泽	郑州	30976
颍州	16714	汝阴、颍上、泰和、沈丘	颍州	78174
宿州	55058	符离、临涣、灵璧、蕲	宿州	91483
泗州	8092	淮平、虹、临淮、睢宁	泗州	63632
合计	2468125			1736513

2. 河东北路、河东西路

表6—12　河东北路、河东南路金与辽宋户口比照表

路	金府州	金户数	金府州辖县	宋府州	宋户数
	太原府	165862	阳曲、太谷、平晋、清源、徐沟、榆次、祁、文水、交城、盂、寿阳	太原府	155263
	晋州	缺		寿阳县	
	忻州	32341	秀容、定襄	忻州	18186
	平定州	18296	平定、乐平	平定军	9306
	汾州	87127	西河、孝义、介休、平遥、灵石	汾州	51697
	石州	36528	离石、方山、孟门、温泉、临泉、宁乡	石州	15809
	葰州	8864		晋宁军	
河东北路	代州	57690	雁门、崞、五台、广武、繁畤	代州	33258
	隩州	7592	河曲	火山军	5045
	宁化州	6100	宁化	宁化军	1718
	岚州	17557	宜芳、合河、楼烦	岚州	13269
	岢岚州	5851	岚谷	岢岚军	2917
	保德州	3191	保德	保德军	963
	管州	5881	静乐	宪州	2722

续表

路	金府州	金户数	金府州辖县	宋府州	宋户数
河东南路	平阳府	136936	临汾、襄陵、洪洞、赵城、霍邑、汾西、岳阳、浮山、和川、冀氏	平阳府	75908
	隰州	25445	隰川、仵城、蒲、大宁、永和、石楼	隰州	38284
	吉州	13324	吉乡、乡宁	慈州	10000
	河中府	106539	河东、荣河、虞乡、万泉、临晋、河津、猗氏	河中府	70964
	绛州	131510	正平、曲沃、稷山、翼城、太平、垣曲、绛、平水	绛州	59903
	解州	71232	解、平陆、芮城、夏、安邑、闻喜	解州	113321
	泽州	59416	晋城、端氏、陵川、阳城、高平、沁水	泽州	44133
	潞州	79232	上党、壶关、屯留、长子、潞城、襄垣、黎城、涉	隆德府	52997
	辽州	15850	辽山、榆社、和顺、仪城	辽州	7315
	沁州	18059	铜鞮、武乡、沁源、绵	威胜军	19962
	怀州	86756	河内、修武、山阳、武陟	怀州	32311
	孟州	41649	河阳、王屋、济源、温	孟州	33481
合计		1238828			868732

《金史·地理志》载：

> 河东北路。宋河东路，天会六年析河东为南、北路，各置兵马都总管。府一，领节镇三，刺郡九，县三十九，镇四十，堡十，寨八。

> 河东南路，府二，领节镇三，防御一，刺郡六，县六十八，镇二十九，关六。

表6—12中金代的晋州户数缺载，考《金史·地理志》晋州条："晋州。兴定四年正月以寿阳县西张寨置。"这时，河东诸州县已经基本残破，升寨为州也是一个权宜之计，因不在本书讨论的时间范围之内，故其户数不再复原。考《宋史·地理志》：

> 石州，下，昌化郡，军事。旧带岚、石、隰三州都巡检使。元丰五年，置葭芦、吴堡二寨，隶州，因置二寨沿边都巡检使，遂令三州各带沿边都巡检使。初领县五，元符二年，升葭芦寨为晋宁军，以州之临泉县隶焉。大观三年，复以定胡县隶晋宁军。崇宁户一万五千八百九，口七万二千九百二十九。贡蜜、蜡。县三：离石，中。平夷，中。有伏落津寨。方山，下。

也就是说，葭州在北宋时曾升为晋宁军，但其地域还在石州范围内，因此北宋时石州的户数包括了葭州的户数，因此，葭州北宋一栏户数为空。

河东北路、河东南路大体相当于现在除雁北地区的山西省，这一地区是夹峙在黄河中游峡谷和太行山之间的一个高原地带，大部地区海拔在1000米以上，山区面积占全省总面积的72%。从地形看,是一个由许多复杂山脉构成的高台地。山脉众多,东部有太行山,西部有吕梁山,北部有恒山、五台山,南部有中条山,中部有太岳山。山脉延绵起伏,纵横排列。山西地区多山多水,丘陵、高原、盆地交错,既适合农业生产,又适合畜牧业的发展。辽宋时期,山西地区分属辽、宋两个王朝。辽取得燕云十六州之后,山西境内的云、应、寰、朔四州为山西北部农区,是辽朝境内经济、文化较为发达的地区。北宋由于北部与契丹对峙,西北又受西夏的威胁,山西属于宋的部分农区主要集中于汾、涑水流域和晋东南地区。宋因袭了周世宗改革,又大力兴修水利,农业生产得到一定程度发展,山西地区农田产量有了很大的提高。北宋末年时,土地兼并严重,大量农民丧失土地。随后在宋金战争中,山西人民大批南徙,人口剧减,农业急剧衰退。

从表6—12可以看出,金代两路的户数总数达到了1238828户,是同一地区北宋户数868732户1.5倍有余,说明,这一地区金代相较辽宋时期的发展是空前的。出现这种情况的原因主要有三个方面。

一是金代山西地区南北一统,不再是北宋时期的临边地区,战火平息、社会稳定,为经济的恢复和社会的发展、人口的增殖奠定了基础。辽与北宋时期,由于山西分属辽、宋两朝,又处于辽、北宋、西夏三大割据政权的交界地带,这一地区经常处在战争的阴影下。据前面辽代部分叙述可以看出,仅《续资治通鉴长编》记载,在岢岚州就有两次大的战事,代州有一次,从宋人的角度看,似乎占了不少便宜,内附多少口、斩首多少级,但这不免有自夸、邀功之词,实际上双方伤亡都不会小。著名的杨家将故事就是发生在这一地区,杨业也战死在这里。因此,金代的统一对于这一地区经济社会和人口发展的作用是毋庸讳言的。

二是人口大量迁入,导致了人口迅速机械性增长。辽朝末年战乱,云中地区的民户大量外逃,而山西宋地就是他们的主要避难所之一。大批生活于辽国境内的汉族民户流向山西中北部地区,北宋将其组织成为"义胜军"。金南下时义胜军纷纷倒戈,成为金人的内应力量。女真人占据辽、宋大部后,女真人南下入居的步伐紧随其军队的南下进攻,而迅速涌入山西地区。如天会十一年(1133年)"秋,起女真国土人散居汉地。女真,一部族耳。后既广汉地,恐人见其虚实。遂尽起本国之土人棋布星列,散居四方。令下之日,比屋连村,屯结而起"[30]。猛安谋克户的每次内迁,河东地区都是其主要目的地之一,这时期民族融合达到了空前的程度。靖康元年宋派遣到金朝议和的李若冰途经晋地时,女真军队占领区内已经是"番汉杂处"[38]。"绍兴和议"之后,金朝以猛安谋克为单位迁入山西地区的数量当更多。据《金史·兵志》载,置猛安谋克军于边境的州三十八,节度、刺史州十一,总共四十九。在今山西境内的边境州有河东北路的保德州和隩州；节度州有河东北路的太原。[39]

三是世宗、章宗时期的政治清明，经济发展。

金初，由于女真猛安谋克户的农耕水平较低，加之女真权贵以种种名义掠夺民田，致使山西地区农业衰退严重。"又闻山西田亦多为权要所占，有一家一口至三十顷者，以致小民无田可耕，徙居阴山之恶地，何以自存。"[40]连农业发达的河东地区，也是"稍凶荒则流亡相继"。[41]世宗即位后，限制了猛安某客户对民田的强占和掠夺，同时，兴修水利，奖励耕作。进入大定以后，山西地区的农业开始逐渐得到了恢复。章宗时，政府进一步重视兴修水利，"水田之利甚大，沿河通作渠，如平阳掘井种田俱可灌溉。"[42]金代山西地区兴办的水利项目共有14项。这些水利项目大多由民间自发兴办。如"通利渠"，是横跨洪洞、赵城、临汾三县的大型水利工程。《山西通志·洪洞》中记："通利渠在县西北三十里，金兴定二年（1218年）县民阎张创置，自赵城石字村滩内置堰开渠，导汾水下流，溉赵城石字、马牧二村地，洪洞辛村、北段、南段、公孙、程村、李村、杜戍七村地，临汾羊黄西、羊黄南、大明、阎侃、关村、大涧、王曲、孙曲九村，共二十一村地226顷82亩。渠旧名阎张云。"见于金代史料记载的还有广利民渠、潇水渠等，这些水里设施的兴修，进一步促进了农业生产水平的提高，有利于人口的发展。

从表6—12还可以看出，该地区南北自然条件差距较大，河东南路的户口明显高于河东北路的户数，如果换算为人口密度的话，更能说明问题。韩茂莉先生考证，河东北路平均人口密度为37.4人/平方公里，其中，以太原府最高，为61.7/平方公里，以下为忻州、汾州，均位于汾河谷地。河东南路平均人口密度为85.5人/平方公里，其中以平阳府最高，为101人/平方公里，以下为河中府、绛州、解州，均位于汾河、涑河谷地。位于太行山南麓的怀州、孟州，人口密度分别为166.6人/平方公里、124.9人/平方公里。[43]

到金朝后期，由于蒙古人的崛起和大举进攻，金宣宗迁都汴梁，"贞祐南渡"引发山西人口大量南迁。《金史》记载："自兵兴起来，河北溃散军兵、流亡人户，及山西、河东老幼，俱徙河南。"[44]蒙古人进一步向南发起进攻，山西地区首当其冲，为蒙古人最早据的地区之一。由于经济受到严重的破坏，大量民户逃往河南和陕西地区。到正大八年（1231年）金朝放弃山西全境，金朝与蒙军对山西地区的争夺长达近20年，这一过程中山西各地军民陆续南迁，数量可观。南迁的人口中还有不少士族大家，如李献能（河中人）、李汾（太原平晋人）、郝天挺（泽州陵川人）、王予可（河东吉州人）等。[45]

3.大名府路、河北东路、河北西路

《金史·地理志》载：

大名府路，宋北京魏郡。府一，领刺郡三，县二十，镇二十二。贞祐二年十月置行尚书省。

大名府，上，天雄军。旧为散府，先置统军司，天德二年罢，以其所辖民户分隶旁近总管府。正隆二年升为总管府，附近十二猛安皆隶焉，兼漕河事。产皱、縠、绢、梨肉、樱桃煎、木耳、硝。户三十万八千五百一十一。县十、镇十三。

河北东路。天会七年析河北为东、西路，各置本路兵马都总管。府一，领节镇二，防御一，刺郡五，县三十，镇三十五。

河北西路。天会七年析为西路。府三，领节镇二，防御二，刺郡五，县六十一。

河北东路的蠡州同北宋时期的河北西路永宁军为同一地区，《宋史·地理志》户数缺载，通过邻近区域参照，蠡测约为4000户。河北西路的威州由北宋时期的河北西路真定府井陉县升置，蠡测户数约10000户。

表6—13　大名府路、河北东路、河北西路金与北宋户口比照表

路	金府州	金户数	金府州辖县	宋府州	宋户数
大名府路	大名府	308511	元城、大名、魏县、冠氏、南乐、馆陶、夏津、朝城、清平、莘	大名府	155253
	恩州	99119	历亭、武城、清河、临清	恩州	51342
	濮州	52948	鄄城、范	濮州	31747
	开州	33836	濮阳、清丰、观城、长垣	开德府	82826
河北东路	河间府	31691	河间、肃宁	河间府	31930
	蠡州	29797	博野	永宁军	4000
	莫州	22933	任丘	莫州	14560
	献州	50632	乐寿、交河	乐寿县	20000
	冀州	3670	信都、南宫、衡水、武邑、枣强	冀州	66244
	深州	56340	静安、束鹿、武强、饶阳、安平	深州	36036
	清州	47875	会川、兴济、靖海	清州	6619
	沧州	104774	清池、无棣、盐山、南皮、乐陵	沧州	65852
	景州	65828	东光、阜城、将陵、吴桥、蓚宁、津	永静军	34193

续表

路	金府州	金户数	金府州辖县	宋府州	宋户数
河北西路	真定府	137137	真定、槁城、平山、栾城、获鹿、行唐、阜平、灵寿、元氏	真定府	92353
	威州	8310	井陉	井陉县	10000
	沃州	38185	平棘、临城、高邑、赞皇、宁晋、柏乡、隆平	庆源府	34141
	邢州	80292	邢台、唐山、内丘、平乡、任、沙河、南和、巨鹿	信德府	53613
	洺州	73070	永年、广平、宗城、新安、成安、肥乡、鸡泽、曲周、洺水	洺州	38817
	彰德府	77276	安阳、林虑、汤阴、临漳、辅岩	相州	36340
	磁州	63417	滏阳、武安、邯郸	磁州	36491
	中山府	83490	安喜、新乐、无极、永平、庆都、曲阳、唐	中山府	65935
	祁州	23382	鼓城、蒲阴、深泽	祁州	24484
	浚州	29319	黎阳、卫	浚州	3176
	卫州	90112	汲、新乡、苏门、获嘉、胙城	卫州	23204
	滑州	22570	白马、内黄	滑州	26522
合计		1634514		合计	1045678

　　大名府路、河北东路、河北西路大体上相当于现在的北京以南的河北省和河南省的黄河以北地区。这一地区在北宋时期也属于同辽国临界区域，澶渊之盟之前，辽宋战争也主要在这一地区展开，为了抵御契丹骑兵，甚至在雄州、霸州一代决滹沱河、巨马河(今白沟)等，人为制造沼泽地，因此，这一带在北宋时期没有得到很好的发展。相反，由于金代将其一统囊中，人口和社会经济得到了空前的发展，属于"久被抚宁，人稠地窄，寸土悉垦"的发达地区。从表6—13可以看出，金代河北西路的十二个府州，除祁州、滑州与北宋时相应地区户数大致相当外，其余几个府州均远高于北宋时期的相应府州，有的甚至数倍于彼。

　　金代初年的河北中部地区，据宋徽宗宣和六年(1124年)出使金国的许亢宗亲眼所见："东自碣石，西彻五台，幽州之地，沃野千里……山之南，地则五谷百果、良材美木，无所不有。"例如涿州(今河北涿州)即是"人物富盛，井邑繁庶"。河北东路的清州(今河北青县)虽"兵火之后"，仍然"居民万余家。"[46]这一广大地区作为燕京经济发展的腹地，显然与燕京的高度繁荣相适应。金世宗大定九年(1169年)，南宋使者楼钥进入河北境内后，发现"自此州县有城壁，市井繁盛，大胜河南……自南京(今河南商丘)来，饮食日胜，河北尤佳。可知其民物之盛否"。并特别指出定州新乐县(今河北新乐东北)"尤繁庶"。[47]清丰县"魏之大邑也,桑麻四野"。[48]"安州(今河北安新)原为宋朝的边防顺安军,至金朝变成内地后,发展成为富庶之地。原来作为国防工事的塘泊,得到充分利用,夏季"有菰蒲、菱芡、莲藕、鱼虾之饶",秋季水退后,"土壤衍沃,则得禾麻黍,亩收数种之利。"而且"舟车交辏,水行陆走,无往不通,贸迁有无,可殖厥货。故人物熙熙,生涯易足,民淳事简,素号易治。"[49]献州(今河北献县)"去城十里外,膏腴腰膴连阡接陌,桑荫障日。"[50]说明这一地区大部分地方农业生产状况相当好,有利于生产的发展和人口的增殖。

从表6—13可以看出,金代的大名府户数为308511,北宋的大名府为155253,人口规模整超过其一倍。

河北在金代的发展,还表现在一些新兴城镇的出现。宝坻县(今天津宝坻)就是典型例子。此地原是芦苇丛生的低洼之地,五代后唐设盐场,入辽后设新仓镇,至金朝更加繁荣,遂升为县。刘晞颜《创建宝坻县碑》载:

> 居人市易,井肆连络,阛阓杂沓……加之河渠运漕,通于海峤,篙师舟子,鼓楫扬帆,懋迁有无,泛历海岱、青兖之间,虽数百千里之远,徼之便风,亦不浃旬日而可至……其稻粱黍稷、鲥鱼虾鲊,不可胜食也……虽斧斤不入山林,而林木亦不可胜用也。其富商大贾,货置丛繁……其人烟风物富庶与夫衣食之源,其易如此,而势均州郡。

大定十一年(1171年),金世宗亲临此地,下令"此新仓镇人烟繁庶,可改为县"。此地以盐起家,"盐乃国之宝,取如坻如京之义,命之曰宝坻,列为上县。"[51]一个有着雄厚农业、渔业、手工业(盐业)基础、交通便利而商业昌盛的新县城诞生了。至金章宗承安三年(1198年)甚至曾升格为盈州,足见其发展之迅速。永济县(今河北丰润)也是新兴县。原来只是永济务,但"出丝枲、鱼盐,所宜稻粱黍稷",而且民物丰衍,赋入繁阜,大定年间升为县,并一跃"为蓟郡诸县之最"。总的来看,金代河北许多地方的经济状况已经超过了北宋时期。

历代京城都需要外地为其提供粮食等物资,金朝京城依赖的主要地区就是河北。金迁都中都后,规定各路沿河州县均设仓存贮当地及周边州县的税粮,具体提到的州县有如下几地:恩州之临清、历亭、景州之将陵(今山东临清南、武城西、德州)、东光、清州之兴济、会川、献州、深州之武强(今河北东光、沧州北、青县、献县、武强西)。凡地在今山东者,都是在永济渠即今南运河东岸,也即现山东与河北交界之地。金世宗大定二十一年(1181年)即诏"沿河恩、献等六州粟百万余石运至通州,辇入京师"。其产粮之丰盛,可以想见。地方财政和民间收入也非常富庶,如金宣宗时"河北州府钱多,其散失民间颇广。"这是人口和社会经济得以发展的主要原因[52]。

4.山东东路、山东西路

《金史·地理志》载：

　　山东东路，宋为京东东路，治益都。府二，领节镇二，防御二，刺郡七，县五十三，镇八十三。

　　山东西路，府一，领节镇二，防御二，刺郡五。

金代的山东东路、山东西路大体上包括现在的山东省及少部分淮北、苏北地区。

山东地区与河北一样，在金世宗时也是"久被抚宁，人稠地窄，寸土悉垦"的狭乡，恢复发展得较快，以至于金人认为"山东富庶甲天下"。如济南"风土甚好"，"济南属县有七，水陆俱通，四方游贩岁集而月至者，莫如济阳（今山东济阳）。济阳有桑蚕之饶，户口殷庶。"沂州（今山东临沂）、邳州（今江苏邳州南）广开水渠，改变种植结构，取得丰硕成果："比年邳、沂近河布种豆、麦，无水则凿井灌之"，开发土地六百余顷，"比之陆田，所收数倍"，豆类本身有肥田功能，豆麦轮作，又有水浇灌，产量因而大增。临近的砀山（今安徽砀山）等县，则利用陂湖自然水源，实行稻麦连作："水至则畦为稻田，水退种麦，所收倍于陆地。"[53]这一带的高产农田证明了农业的发达。

表6—14　山东东路、山东西路金宋户口比照表

路	金府州	金户数	金府州辖县	宋府州	宋户数
山东东路	益都府	118718	益都、临朐、穆陵、寿光、博兴、临淄、乐安	青州	95158
	潍州	30989	北海、昌邑、昌乐	潍州	44677
	滨州	118589	渤海、利津、蒲台、沾化	滨州	49991
	沂州	24035	临沂、费	沂州	82893
	密州	11082	诸城、安丘、高密、胶西	密州	144567
	海州	30691	朐山、赣榆、东海、涟水	海州	54830
	莒州	43240	莒、日照、沂水	密、沂州	60000
	棣州	82303	厌次、阳信、商河	棣州	39137
	济南府	308469	历城、临邑、齐河、章丘、禹城、长清、济阳	济南府	133321
	淄州	128622	淄川、长山、邹平、高苑	缁州	61152
	莱州	86675	掖、莱阳、即墨、胶水、招远	莱州	97427
	登州	55913	蓬莱、福山、黄、栖霞	登州	81723
	宁海	61933	牟平、文登	登州	40000

续表

路	金府州	金户数	金府州辖县	宋府州	宋户数
山东西路	东平府	118046	须城、东阿、阳谷、汶上、寿张、平阴	东平府	130305
	济州	40484	任城、金乡、嘉祥、郓城	济州	50718
	徐州	44689	彭城、萧、丰	徐州	64430
	邳州	27232	下邳、兰陵、宿迁	淮阳军	76087
	滕州	49009	滕、沛、邹	徐、兖州	33000
	博州	88046	聊城、堂邑、博平、荏平、高唐	博州	46492
	兖州	50099	嵫阳、曲阜、泗水、宁阳	袭庆府	71777
	泰安州	31435	奉符、莱芜、新泰	兖州	30000
	德州	15053	安德、平原、德平	德州	44591
	曹州	12677	济阴、定陶、东明	兴仁府	35980
合计		1578029		合计	1568256

从表6—14和图6—3可以看出,两路之北部地区的人口发展相对较为平衡,以济南府为例,其户数308469是北宋济南府户数133321的两倍有余,山东西路的棣州户数为83203户,而北宋京东东路棣州户数为39137,同样远超北宋同一地区的户数一倍有余。于此相对,金代南部地区的发展则远远落后于北宋时期,金政府出于对南宋战略的需要,对其与南宋接壤的地区实行"坚壁清野"政策,放缓甚至限制这一地区的发展。山东东路海州户数仅仅比北宋时的海州户数的一半稍强,就是一个明显的例子。

二、西北地区诸路人口分布

西北地区诸路包括京兆府路、凤翔路、鄜延路、庆原路、临洮路等6路,这一地区以现在的陕西省为主,加上宁夏回族自治区、甘肃省和青海省的部分地区,涵盖了北宋时期的永兴军路及秦凤路的大部分地区。除京兆府路和凤翔路的部分地区为渭河平原,其他大部分地区多为黄土高原和祁连山地。

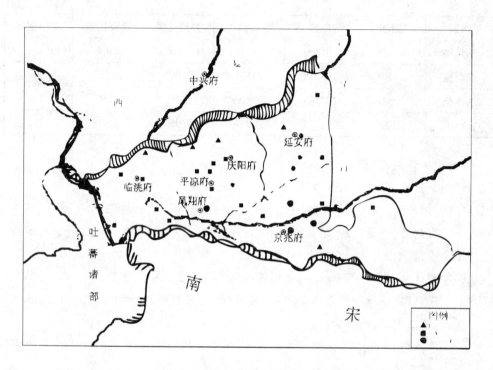

图 6— 4　西北地区人口形势示意图

西北地区与西夏和吐蕃、西域诸部为邻,除渭河平原外,其他地区条件相对较为
恶劣。从表 6—15 和图 6— 4 可以看出,渭河流域的京兆府、凤翔路的南部受宋金战
争的影响,人口损失较大,一直没有恢复到北宋的水平,尤其是京兆府路,其下所属的
京兆府、商州、虢州、乾州、同州、耀州、华州均不及北宋时期户数的一半。与此相反,
其西部、北部的诸路府州经营要优于北宋时期,表现在户口数字上,大部分都超过了
北宋时期。该地区约占金全部国土的 7%,人口比重则在 10% 左右,平均人口密度为
每平方公里 28 人,高于全国平均人口密度。西北地区的整个人口形势是自南向北、
自东向西逐步减少。人口密度较大的庆原路、京兆府路、鄜延路位于东部或南部,人
口密度为每平方公里 30 人— 40 人,地处西北边区的临洮路每平方公里只有 14 人。

表 6—15　金代西北地区人口密度、比重表

路别	面积	户数	口数	户数比重	修正比重	人口密度
京兆府路	49041	278626	1783206	2.8%	3.23%	36
凤翔路	52998	196122	1255181	2.0%	2.3%	24

续表

路别	面积	户数	口数	户数比重	修正比重	人口密度
鄜延路	43059	205809	1317178	2.1%	2.4%	31
庆原路	30564	193018	1235315	2.0%	2.2%	40
临洮路	50571	107764	689689	1.1%	1.25%	14
合计	226233	981339	6280570	9.9%	11.4%	28

《金史·地理志》载：

京兆府路，宋为永兴军路。皇统二年省并陕西六路为四，曰京兆，曰庆原，曰熙秦，曰鄜延。府一，领节镇一，防御一，刺郡四，县三十六，镇三十七。

凤翔路，宋秦凤路，治秦州。府二，领防御二，刺郡二，县三十三，城一，堡四，寨十四，镇十五。

鄜延路，府一，领节镇一，刺郡四，县十六，镇五，城二，堡四，寨十八，关二。

庆原路，旧作陕西西路。府一，领节镇二，刺郡三，县十八，镇二十三，城二，堡四，寨二十二，边将营八。

临洮路，皇统二年改熙州为临洮府，置熙秦路总管府，大定二十七年更今名。府一，领节镇一，防御一，刺郡四，县一十三，镇六，城六，堡十二，寨九，关二。

金代的陕西人口和社会经济恢复同样较慢。以京兆府为例，“府一，领节镇一，防御一，刺郡四，县三十六”，其中，京兆府户98177，同一地区的北宋京兆府户234699，也就是说，经过半个多世纪的发展，同一地区金代的户口尚不及北宋的二分之一。其余四州（包括节镇、防御、刺郡）的户数也均不及北宋同一地区的一半。海陵王天德二年（1150年），陕西转运使毛硕报告说：“陕右边荒，种艺不过麻、粟、荞麦，赋入甚薄。市井交易惟川绢、干姜，商贾不通，酒税之入耗减。”农业相当落后，商业萧条，赋税收入很少。至大定年间，仍与河南一样，还是“人稀地广，蒿莱满野”。如与西夏交界的保安州（今陕西志丹）“无所产，而且税少。”[54]大定以后，部分地区得到了较快的发展，如凤翔府郿县（今陕西眉县）金熙宗时还是“人烟凋敝，村落丘墟”，泰和年间引南山之水，修复旧渠通到县城，解决了长期困扰的缺水问题：“公室赖之，刍粟无忧……汲引灌溉，涂塈洗濯，无复向时之艰虞。”不久，“绿槐夹路，细柳交岸。龙须蘸碧，给万宇之焚膏；鹦粒翻红，被千门之饘篹。郁薁益渭南之珍味，桑麻增陕右之上腴。碾硙区计，仅有数千；园田畦计，不啻几万。有粟者，易为之粒，有麦者，易为之屑；有食者，易为之蔬。其利益不足缕白。”[55]水利事业的发展，使当地一跃而成为富饶之地。金朝后期，陕西农业经济已有较强的实力，成为向东部京畿地区输送粮食的主要地区。如金宣宗贞祐四年(1216年),胥鼎言,河东"常藉陕西、河南通贩物斛。"[56]兴定四年(1220年),陕西行省把胡鲁言:"陕西岁运粮以助关东";李复亨同时也指出:"河南驻跸,兵不可阙,粮不厌多。比年少有匮乏,即仰给陕西。陕西地腴岁丰,十万石之助不难,但以车运之费先去其半。"因建议漕运,"自夏抵秋,可漕三千余万斛。"[57]既有民间贩运,更有官方赋税调拨,一时间成了京师军粮的主要外援之地。这显然依赖于"地腴岁丰",是恢复开发的结果。[58]金末的镇戎州(今宁夏固原)"土壤肥沃,又且平衍",经过金代的经营,户数达到了10447户,而北宋同一地区户数仅为1961户,可谓一例。

表6—16　西北地区金宋人口对照表

路	金府州	金户数	金府州辖县	宋府州	宋户数
京兆府路	京兆府	98177	长安、咸宁、兴平、泾阳、临潼、蓝田、云阳、高陵、终南、栎阳、鄠、咸阳	京兆府	234699
	商州	3999	上洛、洛南	商州	73129
	虢州	10022	卢氏、朱阳、虢略	虢州	22490
	乾州	26856	奉天、醴泉、武亭、好畤	醴州	
	同州	35561	冯翊、朝邑、郃阳、澄城、韩城	同州	81011
	耀州	50211	华原、同官、美原、三原	耀州	102667
	华州	53800	郑、华阴、下邽、蒲城、渭南	华州	94750
凤翔路	凤翔府	62303	凤翔、宝鸡、虢、郿、盩厔、扶风、岐山、普润、麟游	凤翔府	143314
	德顺州	35449	陇、干水、洛、威戎、隆德、通边、治平	德顺军	29269
	平凉府	31033	平凉、潘原、崇信、华亭、化平	渭州	26584
	镇戎州	10447	东山、三川	镇戎军	1961
	秦州	40448	成纪、冶坊、甘谷、清水、鸡川、陇城、西宁、秦安	秦州	48648
	陇州	16442	汧阳、汧源、陇安	陇州	28370
鄜延路	延安府	88994	肤施、延川、延长、临真、甘泉、敷政、	延安府	50926
	丹州	13078	门山		
	保安州	7340	宜川	保安军	
	绥德州	12720	保安	绥德州	
	鄜州	62931	清涧	鄜州	35401
	坊州	20746	洛交、直罗、鄜城、洛川、中部、宜君	坊州	13408

路	金府州	金户数	金府州辖县	宋府州	宋户数
庆原路	庆阳府	46171	安化、彭原、合水	庆阳府	27853
	环州	9504	通远	环州	71
	宁州	34757	安定、定平、真宁、襄乐	宁州	37558
	邠州	47291	新平、淳化、宜禄、永寿、三水	邠州	58255
	原州	17800	临泾、彭阳	原州	23036
	泾州	26290	泾川、长武、良原、灵台	泾州	28411
	边将营	11205			
临洮路	临洮府	19721	狄道、当川、康乐	熙州	1893
	洮州	11337	通祐(军堡)、铁城(军堡)	洮州	
	积石州	5185	怀羌	积石军	
	兰州	11360	定远、龛谷、阿干	兰州	395
	巩州	36301	陇西、通渭、定西、通西、安西	巩州	4878
	会州	8918	保川	会州	
	河州	14942	枹罕、宁河	河州	1061
合计		981339		合计	1177150

　　通过比较鄜延路、庆阳路、凤翔路、临洮路等沿边地带的州县户口数据会发现,这些沿边地带的州县户数比北宋时期高出数倍之多。如临洮路的临洮府户数为19721,而同一地区北宋时期是1893,多出10倍还有余,其他如兰州、巩州、河州,比北宋时期均多出不啻数倍。庆原路的庆阳府、环州等亦高出北宋时期数倍之多。凤翔路、鄜延路同样存在这样的问题。出现这种情况,同当时的地缘政治有直接的关系。宋金两朝都以这一地区为西北边疆与西夏为邻,由于历史的原因,宋金关系、宋夏关系有很大的不同。宋夏之间,同当初宋辽关系一样,北宋一味要"收复失地"(其实,夏人已经在那儿生活了几代了),开始主动进攻,最后被动挨打,而且败多胜少,长期敌对。这是北宋时期造成这些沿边地带经济社会、人口发展落后的主要原因。

　　但金夏之间的关系就不一样,西夏向金称臣,履行与辽之间的义务,除个别时期外,基本上保持着和平共处的关系。边境地区战事少,边境战备就少,经济发展就快。这一特点还突出表现为金代边境堡寨数目比北宋有所减少。有学者曾统计,北宋元丰年间宋夏边境堡寨274座,而金夏边境地带的镇、城、关、堡寨,共计136座,比北宋时期正好减少一半。沿边地带人口密度大于 30 人/平方公里的州有德顺州、平凉府、延安府、鄜州、坊州、宁州、邠州、泾州,其中鄜州、邠州人口密度高达 60 人/平方公里以上^{⑤⑨}。

　　通过本章诸路府州的分析考证,可以基本得出如下结论:金代的经济社会在世宗、章宗两朝后得到了迅速发展,表现在人口上,金代统治区域内的人口数量比辽、北宋时期有较大幅度的提升,金代的户数总规模达到了 800—1000 万户,而相应区域内辽宋时期的户数总规模是 700 万户。从地域上看,金代北方尤其是东北地区的发展较快,人口规模远超辽宋时期。人口分布的总形势是以黄河以北的中都路、大名府路、河北东西两路及山东东西路两路的北部为中心最为密集,向四边逐步减少。

注　　释:

① 参见刘浦江《金代户口研究》,《历史研究》1994 年第 2 期。

② 葛剑雄《中国人口发展史》,第 198—199 页。

③ 《辽史》卷 48《百官志四》。

④ 刘浦江《金代户口研究》,《中国史研究》1994 年第 3 期

⑤ 日本学者三上次男认为,上京路具有广、狭两种意义。广义的上京路是指整个东北北部,即包括上京路(狭义的)、蒲与路、胡里改路、速频路、曷懒路等地方。狭义的上京路是指以上京会宁府为中心的一带地方。众所周知,这地方是女真人的老家,因而金把它叫做"内地"。除此以外,其他地方似乎没有汉人居住,因而也没有设置州、县。居民几乎全是猛安、谋克部的部民(三上次男《金代女真研究》,黑龙江人民出版社 1984 年版,第 465 页)。我国台湾学者王明荪谈这个问题时认为,"上京路下复辖有四路,此与东京路下辖有婆速府路同,为较特殊之政区规划,又上京路辖乌古迪烈统军司(后升招讨司),非一般之府州设置"。(王明荪《东北内蒙地区金代之政区及其城市发展》,载《史学集刊》2005 年第 3 期)

⑥ 《金史》卷 50《食货五》。

⑦ 韩光辉《〈金史·地理志〉户口系年正误》。

⑧ 范成大《揽辔录》,《说郛》卷 65,文渊阁四库全书本。

⑨ 周辉《北辕录》,《说郛》卷 56,文渊阁四库全书本。

⑩ 《金史》卷 47《食货二》。

⑪ 考证过程参见《中国人口史》第三卷,《辽宋金元时期》,第 213 页。

⑫ 王明荪《东北内蒙地区金代之政区及其城市发展》,载《史学集刊》2005 年第 3 期。

⑬㊹㊼㊻㊺ 《金史》卷 50《食货志五》。

⑭ 《大金国志》卷 33。

⑮ 谭其骧《金代路制考》,《辽金史论文集》,历史研究编辑部 1985 年版,第 541 页。

⑯ 《金史》卷 3《太宗纪上》。

⑰ 《金史》卷 84《白彦敬传》。

⑱ 王明荪《东北内蒙地区金代之政区及其城市发展》,载《史学集刊》2005 年第 3 期。

⑲　《钦定满洲源流考》卷11《疆域四》，文渊阁四库全书本。

⑳　《金史》卷24《地理志上》。

㉑　《金史》卷3《太宗纪》。

㉒　《金史·地理志》，临潢府条。习惯称呼有时将路名附于总管府名下，《金史》、《大金国志》经常有这种称
　　呼。大定府路即北京路。

㉓　《金史》卷88《斡鲁古传》。

㉔　《金史》卷44《兵制》。

㉕　《三朝北盟汇编》卷15。

㉖　韩茂莉《辽金农业地理》，第185页。

㉗㉘　《金史》卷6《世宗记》。

㉙㉚　《金史》卷95《董师中传》。

㉛　《金史》卷7《世宗纪中》。

㉜　赵秉文《滏水集》卷11《梁公墓铭》。

㉝　《大金国志》卷40《许奉使行程录》

㉞　《金史》卷83《张浩传》

㉟　《金史》卷96《梁襄传》

㊱　《金史》卷12《章宗纪四》。

㊲　《大金国志》卷8《太宗文烈皇帝六》。

㊳　《三朝北盟会编》卷57，靖康中帙。

㊴　参见张博泉《金史论稿》，第349页。

㊵㊶　《金史》卷47《食货志二》。

㊸　参见韩茂莉《辽金农业地理》，第201页。

㊹　《金史》卷108《胥鼎传》。

㊺　参见安介生《山西移民史》，山西人民出版社1999年版，第269—270页。

㊻　《大金国志》卷40《许奉使行程录》。

㊼　楼钥《攻媿集》卷111《北行日录上》。

㊽　《金文最》卷80《清丰县重修宣圣庙碑》。

㊾　《金文最》卷25，王仅《云锦亭记》。

㊿　《金文最》卷42，初昌绍《成趣园诗文序》。

[51]　《金文最》卷69，刘晞颜《创建宝坻县碑》。

[52]　请参阅程民生《试论金元时期的北方经济》，《史学月刊》2003年第3期。

[55]　《金文最》卷25《孔公渠水利记》，中华书局1990年版。

[56]　《金史》卷108《胥鼎传》。

[57]　《金史》卷27《河渠志》。

[58]　参见程民生《试论金元时期的北方经济》，《史学月刊》2003年第3期。

[59]　韩茂莉《辽金农业地理》，第229页。

参考文献

一、古代文献

1.（元）脱脱《辽史》，中华书局点校本 1974 年版。

2.（清）赵翼著，王树民校证《廿二史劄记校证》，中华书局 1984 年版。

3.（宋）叶隆礼《契丹国志》，上海古籍出版社 1985 年版。

4.（元）脱脱《金史》，中华书局点校本 1974 年版。

5.（宋）宇文懋昭《大金国志》，崔文印校正本，中华书局 1986 年版。

6.（金）张暐等《大金集礼》，商务印书馆 1936 年版。

7.（宋）范镇《东斋纪事》，中华书局点校本 1980 年版。

8.（金）元好问《中州集》，吉林出版集团有限责任公司 2005 年版摛藻堂《钦定四库全书荟要》影印本。

9.（金）元好问《遗山集》，吉林出版集团有限责任公司 2005 年版摛藻堂《钦定四库全书荟要》影印本。

10.（金）赵秉文《滏水集》，吉林出版集团有限责任公司 2005 年版摛藻堂《钦定四库全书荟要》影印本。

11.（金）刘祁著，崔文印点校《归潜志》，中华书局 1986 年版。

12.（宋）苏辙《栾城集》，上海古籍出版社 1987 年版。

13.（清）厉鹗《辽史拾遗》，商务印书馆 1936 年版。

14.（宋）余靖《武溪集》，文渊阁四库全书本，上海古籍出版社 1987 年版。

15.（宋）欧阳修《新唐书》，中华书局 1975 年版。

16.（宋）司马光《资治通鉴》，中华书局 1956 年版。

17.（后晋）刘煦《旧唐书》，中华书局 1975 年版。

18.（宋）王钦若《册府元龟》，中华书局 1960 年版。

19.（宋）薛居正《旧五代史》，中华书局 1976 年版。

20.（宋）欧阳修《新五代史》，中华书局 1974 年版。

21.（元）脱脱《宋史》，中华书局 1977 年版。

22.（宋）王溥《五代会要》，文渊阁四库全书本。

23.（宋）司马光《资治通鉴考异》，文渊阁四库全书本。

24.（北齐）魏收《魏书》，中华书局 1974 年版。

25.（唐）魏征《魏郑公谏录》，文渊阁四库全书本。

26.（唐）杜佑《通典》，中华书局 1988 年版。

27.（唐）魏征《隋书》，中华书局 1973 年版。

28.（元）陶宗仪《南村辍耕录》，中华书局 1959 年版。

29.（元）陶宗仪《说郛》，中国书店 1986 年版。

30.（清）永瑢等《四库全书总目》，中华书局 1965 年版。

31.（宋）李焘《续资治通鉴长编》，中华书局 1992 年版。

32.（清）徐松《宋会要辑稿》，中华书局影印本 1957 年版。

33.（汉）班固《汉书》，中华书局 1962 年版。

34.（南朝·宋）范晔《后汉书》，中华书局 1962 年版。

35.（宋）彭汝砺《鄱阳集》，文渊阁四库全书本。

36.（清）徐釚《词苑丛谈》，文渊阁四库全书本。

37.（宋）徐梦莘《三朝北盟会编》，上海古籍出版社 1987 年版。

38.（元）郝经《陵川集》，文渊阁四库全书本。

39.（元）苏天爵《滋溪文集》，国立中央图书馆编元代珍本文集汇刊本 1997 年版。

40.（宋）曾公亮《武经总要》，文渊阁四库全书本。

41.（宋）江少虞《宋朝事实类苑》，上海古籍出版社 1981 年版。

42.（宋）洪皓《松漠纪闻》，文渊阁四库全书本。

43.（元）梅尧臣《宛陵先生集》，文渊阁四库全书本。

44.（宋）苏颂《苏魏公集》，文渊阁四库全书本。

45.（宋）马端临《文献通考》，商务印书馆民国二十五年版。

46.（宋）太平老人《袖中锦》，文渊阁四库全书本。

47.（宋）《宣和画谱》，文渊阁四库全书本。

48.（宋）乐史《太平寰宇记》，中华书局 2000 年版。

49.（宋）李心传《建炎以来系年要录》，中华书局 1956 年版。

50.（清）钱大昕《潜研堂文集》，商务印书馆 1935 年版。

51.（宋）庄季裕《鸡肋编》，文渊阁四库全书本。

52.（宋）曹勋《北狩见闻录》，文渊阁四库全书本。

53.（宋）蔡绦《铁围山丛谈》，文渊阁四库全书本。

54.（明）杨士奇等《历代名臣奏议》，文渊阁四库全书本。

55.（宋）洪适《盘洲文集》，文渊阁四库全书本。

56.（宋）楼钥《攻媿集》，文渊阁四库全书本。

57.（元）苏天爵《元朝名臣事略》，文渊阁四库全书本。

58.（元）同恕《榘庵集》，山西古籍出版社 2003 年版。

59.（宋）周密《齐东野语》，文渊阁四库全书本。

60.（唐）杜佑《通典》，中华书局 1988 年版。

61.（宋）耐得翁《都城纪胜》，文渊阁四库全书本。

62.（宋）乐史《太平寰宇记》，中华书局 2000 年版。

63.（清）王昶《金石萃编》，中国书店 1985 年版。

64.（元）许有壬《至正集》，文渊阁四库全书本。

65.（宋）洪迈《容斋续笔》，国家图书馆出版社 2003 年版。

66.（宋）叶梦得《建康集》，文渊阁四库全书本。

67.（元）李庭撰《寓庵集》，上海古籍出版社 1995 年版。

68.（宋）张嵲《紫微集》，文渊阁四库全书本。

69.（宋）胡次焱《梅岩文集》，文渊阁四库全书本。

70.（元）胡祗遹《紫山大全集》，文渊阁四库全书本。

71.（清）《钦定满洲源流考》，文渊阁四库全书本。

72.（清）张金吾《金文最》，中华书局 1990 年版。

二、现代著作

1. 陈述《辽代史话》，河南人民出版社 1981 年版。

2. 刘浦江《二十世纪辽金史论著目录》，上海辞书出版社 2003 年版。

3. 刘浦江《辽金史论》，辽宁大学出版社 1999 年版。

4. 向南《辽代石刻文编》，河北教育出版社 1995 年版。

5. 葛剑雄《中国人口史》第一卷《导论、先秦至南北朝时期》，复旦大学出版社 2003 年版。

6.［美］魏特夫格（K. A. Wittfogel）、冯家昇《辽代中国社会史（907—1125 年）》，

台湾鼎文书局 1973 年版。

7. 张正明《契丹史略》,中华书局 1979 年版。

8. 赵文林、谢淑君《中国人口史》,人民出版社 1988 年版。

9. 葛剑雄《中国人口发展史》,福建人民出版社 1991 年版。

10. 王育民《中国人口史》,江苏人民出版社 1995 年版。

11. 袁祖亮《中国古代边疆民族人口研究》,中州古籍出版社 1999 年版。

12. 项春松《辽代历史与考古》,内蒙古人民出版社 1996 年版。

13. 佟宝山《阜新史》,东方出版社 1999 年版。

14. 路遇、滕泽之《中国人口通史》,山东人民出版社 2000 年版。

15. 谭其骧《长水集》,人民出版社 1987 年版。

16. 邹逸麟《辽代西辽河流域的开发》载《辽金史论集》第二辑,上海古籍出版社 1987 年版。

17. 葛剑雄《简明中国移民史》,福建人民出版社 1993 年版。

18. 盖之庸《内蒙古辽代石刻文研究》,内蒙古大学出版社 2002 年版。

19. 韩光辉《北京历史人口地理》,北京大学出版社 1996 年版。

20. 宋兆麟《伙婚与走婚》,云南人民出版社 2003 年版。

21. 李孝聪《中国区域历史地理》,北京大学出版社 2004 年版。

22. 李锡厚《临潢集》,河北大学出版社 2001 年版。

23. 张修桂、赖青寿编著《辽史地理志汇释》,安徽教育出版社 2001 年版。

24. 王青煜《辽代服饰》,辽宁画报出版社 2002 年版。

25. 罗春政《辽代书法与墓志》,辽宁画报出版社 2002 年版。

26. 罗春政《辽代绘画与壁画》,辽宁画报出版社 2002 年版。

27. 孟广耀《北部边疆民族史研究》(上、下册),黑龙江教育出版社 2002 年版。

28. 北京市文物研究所《北京龙泉务窑发掘报告》,文物出版社 2002 年版。

29. 国家图书馆善本金石组《辽金元石刻文献全编》(三册),北京图书馆出版社 2003 年版。

30. 盖之庸《探寻逝去的王朝——辽耶律羽之墓》,内蒙古大学出版社 2004 年版。

31. 何天明《辽代政权机构史稿》,内蒙古大学出版社 2004 年版。

32. 吴松弟《中国人口史》第三卷《辽宋金元时期》,复旦大学出版社 2000 年版。

33. 葛剑雄、吴松弟、曹树基《中国移民史》第四卷,福建人民出版社 1997 年版。

34. 罗继祖《辽史校勘记》,上海人民出版社 1958 年版。

35. 张国庆《辽代社会史研究》,中国社会科学出版社 2006 年版。

36. 文物编辑委员会《文物考古工作三十年》,文物出版社 1979 年版。

37. 魏国忠、朱国忱、郝庆云《渤海国史》,中国社会科学出版社 2006 年版。

38. 张广志《奴隶社会并非人类历史发展必经阶段研究》,青海人民出版社 1988 年版。

39. 爱宕松男《契丹古代史研究》,内蒙古出版社 1978 年版。

40. 完颜绍元《姓氏百问》,上海古籍出版社 2002 年版。

41. 梁方仲《中国历代户口、田地、田赋统计》,上海人民出版社 1980 年版。

42. 吴涛《北宋都城东京》,河南人民出版社 1984 年版。

43. 陈述《契丹社会经济史稿》,三联书店 1963 年版。

44. 陈述《契丹政治史稿》,人民出版社 1986 年版。

45. 孟志东《云南契丹后裔研究》,中国社会科学出版社 1995 年版。

46. 陈述主编《辽金史论集》第 1 辑,上海古籍出版社 1987 年版。

47. 陈述主编《辽金史论集》第 2 辑,书目文献出版社 1987 年版。

48. 陈述主编《辽金史论集》第 3 辑,书目文献出版社 1987 年版。

49. 陈述主编《辽金史论集》第 4 辑,书目文献出版社 1989 年版。

50. 陈述主编《辽金史论集》第 5 辑,文津出版社 1991 年版。

51. 张畅耕主编《辽金史论集》第 6 辑,社会科学文献出版社 2001 年版。

52. 穆鸿利、黄凤岐主编《辽金史论集》第 7 辑,中州古籍出版社 1996 年版。

53. 干志耿、王可宾主编《辽金史论集》第 8 辑,吉林文史出版社 1994 年版。

54. 徐振清、贾云江主编《辽金史论集》第 9 辑,中州古籍出版社 1996 年版。

55. 杨若薇《契丹王朝政治军事制度研究》,中国社会科学出版社 1991 年版。

56. 韩茂莉《辽金农业地理》,社会科学文献出版社 1999 年版。

57. 邢铁《户等制度史纲》,云南大学出版社 2000 年版。

58. 任崇岳主编《中国社会通史·宋元卷》,山西教育出版社 1996 年版。

59. 陈述《头下考》,《国立中央研究院历史语言研究所集刊》第 8 本第 3 分册,1939 年版。

60. 津田左右吉《津田左右吉全集》,日本岩波书店 1969 年版。

61. 赖青寿《唐后期方镇(道)建置研究》,《历史地理》第十七辑,上海人民出版社 2001 年版。

62. 冯家昇《辽史证误三种》,中华书局 1959 年版。

63. 漆侠《辽夏金经济史》,河北大学出版社 1998 年版。

64. 漆侠、乔幼梅《中国经济通史・辽夏金经济卷》，经济日报出版社1998年版。

65. 张碧波等主编《中国古代北方民族文化史・民族文化卷》，黑龙江人民出版社1993年版。

66. 王钟翰《中国民族史》，中国社会科学出版社1994年版。

67. 舒焚《辽史稿》，湖北人民出版社1984年版。

68. 金毓黻《东北通史》，社会科学战线出版社1981年版。

69.《简明人口学词典》编辑委员会编《简明人口学词典》，甘肃人民出版社1987年版。

70.《中国大百科全书・社会学》，中国大百科全书出版社1991年版。

71. 宋德金《辽金论稿》，湖北教育出版社2005年版。

72. 马克思、恩格斯《马克思恩格斯选集》第4卷，人民出版社1972年版。

73. [法]谢和耐著，耿昇译《中国五至十世纪的寺院经济》，甘肃人民出版社1987年版。

74. 项春松《赤峰古代艺术》，内蒙古大学出版社1999年版。

75. 河北省文物研究所《宣化辽墓壁画》，文物出版社2001年版。

76. 北京市文物研究所编《北京考古四十年》，北京燕山出版社1990年版。

77. 赵永春编注《奉使辽金行程录》，吉林文史出版社1995年版。

78. 乌盟文物工作站、内蒙古文物工作队《契丹女尸——豪欠营辽墓清理与研究》，内蒙古人民出版社1985年版。

79. 张博泉《金代经济史略》，辽宁人民出版社1981年版。

80. 张博泉《金史简编》，辽宁人民出版社1984年版。

81. 张静《元好问诗歌接受史》，中国社会出版社2009年版。

82. [美]何炳棣《明初以降人口及其相关问题(1368—1953)》，生活・读书・新知三联书店2000年版。

83. 胡焕庸、张善余《中国人口地理》，华东师范大学出版社1984年版。

84. 尚钺《中国历史纲要》，人民出版社1979年版。

85. [日]三上次男著，金启孮译《金代女真研究》，黑龙江人民出版社1984年版。

86. 宋德金《金史》，吉林人民出版社2004年版。

87. 张家驹《两宋经济重心的南移》，湖北人民出版社1957年版。

88. 何俊泽《金朝史》，中国社会科学出版社1992年版。

89. 都兴智《金代的科举制度》，《金史论稿》第2卷，吉林文史出版社1992年版。

90. 参见薛瑞兆《金代科举》，中国社会科学出版社2004年版。

91. 金观涛、刘青峰《兴盛与危机——中国古代超稳定结构》,法律出版社 2011 年版。

92. 王可宾《女真国俗》,吉林大学出版社 1988 年版。

93. 恩格斯《家庭、私有制和国家的起源》,人民出版社 2003 年版。

94. 叶潜昭《金律之研究》,台北商务印书馆 1972 年版。

95. 金毓黻《东北通史》,五十年代出版社 1944 年版。

96. 安介生《山西移民史》,山西人民出版社 1999 年版。

97. 张秀平、王晓明《影响中国的 100 本书》,广西人民出版社 1993 年版。

三、史学论文

1. 陈述《辽金两朝在祖国历史上的地位》,《辽金史论集》上海古籍出版社 1987 年版。

2. 袁震《宋代户口》,《历史研究》1957 年第 3 期。

3. 费国庆《关于〈宋代户口〉一文辽代部分的意见》,《历史研究》1958 年第 8 期。

4. 王孝俊《辽代人口问题研究综述》,《沈阳师范大学学报》2006 年第 6 期。

5. 韩茂莉《辽代前中期西拉木伦河流域以及毗邻地区农业人口探论》,《社会科学辑刊》2001 年第 6 期。

6. 杨福瑞《辽朝徙民置州考》,《昭乌达蒙族师专学报》1990 年第 3 期。

7. 杨福瑞《辽朝移民问题研究》,《昭乌达蒙族师专学报》(汉文哲学社会科学版)2004 年第 5 期。

8. 韩光辉《辽代中国北方人口的迁移及其社会影响》,《北方文物》1989 年第 2 期。

9. 王德忠《辽朝的民族迁徙及其评价》,《东北师大学报》1998 年第 4 期。

10. 韩光辉《辽金元明时期北京地区的人口迁移》,《中国史研究》1996 年第 4 期。

11. 申友良《辽金元时期东蒙古地区人口迁徙研究》,《内蒙古社会科学》1996 年第 1 期。

12. 马尚云《辽金时期中原汉人外迁与东北女真人内聚浅探》,《内蒙古大学学报》2005 年第 5 期。

13. 张弢、吕秀伟《辽代黑龙江地区汉族人口考述》,《黑龙江史志》2004 年第 4 期。

14. 宋立恒《金代社会等级结构研究》,中央民族大学 2005 年博士学位论文。

15. 张志勇《辽金对野生动物的保护及启示》,《北方文物》2004 年第 2 期。

16. 沈阳文物管理办公室《沈阳新乐遗址第二次发掘报告》,《考古学报》1985 年第 2 期。

17. 邢铁《隋唐五代户等制度研究》,《文史》1994 年第 40 辑。

18. 周峰等《金元昌平崔村锣钹邑碑考释》,载《中国历史文物》2004 年第 1 期。

19. 向南《〈辽史·地理志〉补正》,《社会科学辑刊》1990 年第 5 期。

20. 向南《辽代萧氏后族及其居地考》,载《社会科学辑刊》2003 年第 2 期。

21. 项春松《内蒙古赤峰地区辽代中小城镇的发现与研究》,《北方文物》1994 年第 1 期。

22. 张松柏等《辽高州调查记》,《内蒙古文物考古》1992 年第 1 期。

23. 蒋武雄《辽代佛教寺院经济初探》,载(台北)《空大人文学报》2000 年第 7 期。

24. 谭其骧《辽代"东蒙"、"南满"境内之民族杂处——满蒙民族史之一页》,载《长水集上》,人民出版社 1987 年版。

25. 刘浦江《辽朝的头下制度与头下军州》,《中国史研究》2000 年第 3 期。

26. 冯永谦《辽代头下州探索》,《北方文物》1986 年第 4 期。

27. 冯永谦《〈辽史·地理志〉考补——上京道、东京道失载之州军》,《社会科学战线》1998 年第 4 期。

28. 田淑华《辽金时期奚族在承德地区活动史迹探考》,载《北方文物》1997 年第 4 期。

29. 蔡美彪《试说辽耶律氏萧氏之由来》,《历史研究》1993 年第 5 期。

30. [日]岛田正郎著,何天明译《辽代契丹人的婚姻》,《蒙古学信息》2004 年第 3 期。

31. 富占军《内蒙古商都县前海子村辽墓》,《北方文物》1990 年第 2 期。

32. 靳风毅《辽宁朝阳前窗村辽墓》,《文物》1980 年第 12 期。

33. 邵国田《敖汉旗北三家辽代壁画墓》,《松州学刊》1987 年第 485 期。

34. 王善军《论辽代皇族》,《民族研究》2003 年第 5 期。

35. 姚从吾《说辽朝契丹人的世选制度》,杨家骆主编《辽史汇编》第 9 册,鼎文书局 1973 年版。

36. 李锡厚《辽朝汉族地主与契丹权贵的封建化》,《中国社会科学院历史研究所学刊》第 3 辑,商务印书馆 2004 年版。

37. 景爱《呼伦贝尔草原的地理变迁》,载《历史地理》1986 年第 4 辑。

38. [蒙]H. 赛尔奥德扎布著,衣力奇译《蒙古人民共和国的考古遗存简述》,载

《考古》1961 年第 3 期。

39. [苏]C.B 吉谢列夫著，阮西湖译《南西伯利亚和外贝加尔湖地区古代城市生活的新资料》，载《考古》1960 年第 2 期。

40. 张秀荣《辽代农业发展初探》，《首都师范大学学报》2000 年第 6 期。

41. 马沙《辽代制瓷业的产生及其历史贡献》，《文物世界》2002 年第 2 期。

42. 周宝珠《宋代东京开封府》，《河南师大学报增刊》1984 年。

43. 王德忠《论辽朝五京的城市功能》，《北方文物》2002 年第 1 期。

44. 王育民《辽朝人口考》，载《辽金史论集》第 5 辑，文津出版社 1991 年版。

45. 孟古托力《辽朝人口蠡测》，《学习与探索》1997 年第 5 期。

46. 王丽霞、张景明《辽代契丹民族的人口及特点》，《思想战线》2003 年第 4 期。

47. 孟广耀《契丹族人口探讨》，《辽金史论集》第 7 辑，中州古籍出版社 1996 年版。

48. 韩光辉《论〈辽史〉户、丁系年问题》，《北方文物》1999 年第 1 期。

49. 韩光辉、张清华《关于辽朝户口类型考察》，《北方文物》2003 年第 3 期。

50. 孟古托力《辽代户口述论——边疆户口制度的发展》，《黑龙江民族丛刊》1999 年第 4 期。

51. 孟古托力《辽代括户口探微——边疆户口制度的发展》，《黑龙江民族丛刊》2000 年第 3 期。

52. 孟古托力《辽代人口的若干问题探讨》，《北方文物》1997 年第 4 期。

53. 刘浦江《辽朝的头下制度与头下军州》，《中国史研究》2003 年第 3 期。

54. 刘浦江《辽朝横帐考——兼论契丹部族制度》，《北大史学》2001 年第 12 期。

55. 刘浦江《辽金的佛教政策及其社会影响》，《佛学研究》1996 年刊。

56. 费国庆《辽代的头下军州》，《曲阜师范学院学报》1963 年第 1 期。

57. 关树东《辽朝州县中的"道"、"路"问题探研》，《中国史研究》2003 年第 2 期。

58. 韩茂莉《辽代前中期西拉木伦河流域以及毗邻地区农业人口探论》，《社会科学辑刊》2001 年第 6 期。

59. 韩茂莉《辽代西拉木伦河流域聚落分布与环境选择》，《地理学报》2004 年第 7 期。

60. 张国庆《辽代牧、农经济区域的分布与变迁》，《民族研究》2004 年第 4 期。

61. 马利清、张景明《试析辽代社会经济发展在文献、实物中的体现》《内蒙古大学学报》2000 年第 2 期。

62. 王德忠《论辽朝社会阶层间的流动及其意义》，《东北师大学报》(哲学社会科学版)2005 年第 2 期。

　　63. 杨福瑞《辽潮徙民置州考论》,《昭乌达蒙族师专学报》1990 年第 3 期。

　　64. 周峰《辽代墓志铭考释》,《博物馆研究》2003 年第 1 期。

　　65. 朱子方《从出土墓志看辽代社会》,《社会科学辑刊》1979 年第 2 期。

　　66. 向南、杨若薇《论契丹族的婚姻制度》,《历史研究》1980 年第 5 期。

　　67. 陈述《大辽瓦解以后的契丹人》,《历史研究》编辑部编《辽金史论文集》第 297 页,1985 年版。

　　68. 叶启晓、干志耿《滇西契丹遗人与耶律倍之裔》,《北方文物》1995 年第 4 期。

　　69. 黄震云《云南契丹后裔和契丹姓氏》,《思想战线》1995 年第 2 期。

　　70. 都兴智《辽代契丹人姓氏及其相关问题考探》,《社会科学辑刊》2000 年第 5 期。

　　71. 宋德金《二十世纪中国辽金史研究》,《历史研究》1998 年第 4 期。

　　72. 张邦炜《辽宋西夏金时期少数民族的婚姻制度与习俗》,《社会科学研究》1998 年第 6 期。

　　73. 程妮娜《辽金时期渤海族习俗研究》,《学习与探索》2001 年第 2 期。

　　74. 李锡厚《辽代诸宫卫各色人户的身份》,《北京师范学院学报》1985 年第 4 期。

　　75. 韩光辉《辽代中国北方人口的迁移及其社会影响》,《北方文物》1989 年第 2 期。

　　76. 孟古托力《契丹族家庭探讨》,《学习与探索》1994 年第 4 期。

　　77. 杨保隆《辽代渤海人的逃亡与迁徙》,《民族研究》1990 年第 4 期。

　　78. 陈显昌《渤海国史概要(五)》,《齐齐哈尔师范学院学报》1984 年第 3 期。

　　79. 武玉环《辽代的赋役制度》,《北方文物》2003 年第 1 期。

　　80. 张国庆《辽代契丹人家庭考论》,《社会科学辑刊》1991 年第 2 期。

　　81. 蜀春《辽末婚姻政策与辽末政治》,《吉林大学社会科学学报》1986 年第 5 期。

　　82. 李文泽《辽代的官方教育与科举制度研究》,《四川大学学报》1999 年第 4 期。

　　83. 王成国《从契丹族俗看辽代经济生活》,《社会科学辑刊》1987 年第 3 期。

　　84. 郭康松《辽朝夷夏观的演变》,《中国史研究》2001 年第 2 期。

　　85. 蔡美彪《试说辽耶律氏萧氏之由来》,《历史研究》1993 年第 5 期。

　　86. 赵英霞《1995 年以来中国人口史研究综述》,《中国史研究动态》1999 年第 9 期。

　　87. 侯雁飞、王崇实《古代东北历史发展进程中几个问题的探讨》,《史学集刊》2002 年第 7 期。

88. 漆侠、乔幼梅《论辽夏金经济的发展及其历史地位》,《河北学刊》1994 年第 1 期。

89. 申友良《辽金元时期东蒙古地区经济发展述略》,《中央民族大学学报》1997 年第 5 期。

90. 申友良《辽金元时期东蒙古地区人口迁徙研究》,《内蒙古社会科学》1996 年第 1 期。

91. 孙进己《论民族融合的不同类型及中华民族融合的不同状况》,《史学集刊》2003 年第 1 期。

92. 刘浦江《说"汉人"——辽金时期民族融合的一个侧面》,《民族研究》1998 年第 6 期。

93. 申友良《辽金元时期东蒙古地区的民族融合》,《内蒙古社会科学》1997 年第 2 期。

94. 宋德金《辽金妇女的社会地位》,《中国史研究》1995 年第 3 期。

95. 陈晓莉《辽夏金代居住风俗》,《民俗研究》1995 年第 4 期。

96. 王社教《辽宋金元时期山西地区城镇体系和规模演变》,《陕西师范大学学报》2003 年第 7 期。

97. 乌凤丽《辽金元时期的利州》,《黑龙江民族丛刊》2004 年第 2 期。

98. 韩茂莉《辽金时期西辽河流域农业开发核心区的转移与环境变迁》,《北京大学学报》2003 年第 7 期。

99. 魏特夫、冯家昇著,王波然译《辽朝商业研究》,《辽宁师范大学学报》(社会科学版)2005 年第 3 期。

100. 吉成名《辽代食盐产地研究》,《盐业史研究》2006 年第 4 期。

101. 吕患成《辽金元时期辽河流域历史地理述略》,《松辽学刊》1995 年第 1 期。

102. 陈晓莉《辽金夏代饮食风俗》,《民俗研究》1995 年第 2 期。

103. 刘浦江《辽金的佛教政策及其社会影响》,《佛学研究》第 5 辑,中国佛教文化研究所 1996 年版。

104. 任崇岳《论辽西夏金元时期文化精神的特色》,《北方文物》2000 年第 2 期。

105. 王青《吉林省西部地区辽金时期的沙漠考古》,《北方文物》1996 年第 2 期。

106. 陈相伟《吉林省辽金考古综述》,《北方文物》1995 年第 4 期。

107. 李波《建平三家乡辽秦德昌墓清理简报》,《辽海文物学刊》1995 年第 2 期。

108. 王银田《大同辽代壁画墓刍议》,《北方文物》1994 年第 2 期。

109. 张博泉、武玉环《金代的人口与户籍》,《学习与探索》1989 年第 2 期。

110. 高树林《金代户口问题初探》,《中国史研究》1986 年第 1 期。

111. 王育民《金朝户口问题析疑》,《中国史研究》1990 年第 4 期。

112. 刘浦江《金代户口研究》,《中国史研究》1994 年第 2 期。

113. 韩光辉《〈金史·地理志〉户数系年正误》,《中国史研究》1988 年第 2 期。

114. 宋德金《金代社会与传统中国》,《中央民族大学学报》1995 年第 3 期。

115. 董克昌《大金在东亚各国中的地位》,《黑龙江民族丛刊》2001 年第 1 期。

116. 那国安《浅谈金代的历史贡献》,《黑龙江农垦师专学报》1999 年第 4 期。

117. 王曾瑜《金朝户口分类制度和阶级结构》,《历史研究》1993 年第 6 期。

118. 刘浦江《金代户籍制度刍论》,《民族研究》1995 年第 3 期。

119. 赵光远《金代的"通检推排"》,《学习与思考》1982 年第 4 期;《试论金世宗对州县民户的"通检推排"》,《中央民族学院学报》1981 年第 3 期;《金章宗为何对州县民户"通检推排"》,《北方文物》1996 年第 3 期;《再论金代的"通检推排"》,《辽金史论集》第 1 辑,上海古籍出版社 1987 年版。

120. 曾代伟《金朝物力通检推排法浅论》,《民族研究》1997 年第 5 期。

121. 董克昌《金廷的内迁外徙及其性质》,《黑龙江民族丛刊》1993 年第 2 期。

122. 王德忠《金朝社会人口流动及其评价》,《东北师大学报》(哲学社会科学版)2000 年第 6 期。

123. 刘浦江《金代"通检推排"探微》,《中国史研究》1995 年第 4 期。

124. 韩世明《金代人口迁徙问题管窥》,《文化学刊》2007 年第 5 期。

125. 刘浦江《金代猛安谋克人口状况研究》,《民族研究》1994 年第 2 期。

126. 王冰河《试论金中叶前人口的南北对流》,《吉林师范学院学报》1996 年第 1 期。

127. 石方《金代人口迁移与民族融合》,《辽金史论集》第 9 辑。

128. 韩光辉《辽金元明时期北京地区的人口迁移》,《中国史研究》1996 年第 4 期。

129. 谭其骧《金代路制考》,《辽金史论文集》,历史研究编辑部 1985 年版。

130. 周峰:《金元昌平崔村锣钹邑碑考释》,《中国历史文物》2004 年第 1 期。

131. [日]小川裕人《关于金代的物力钱》(上),《东洋史研究》1940 年第 5 卷第 6 号。

132. 周峰《金代张子行墓志三题》,《文物春秋》2002 年第 6 期。

133. 任秀侠《吕徽墓表考释》,《北京文博》2001 年第 4 期。

134. 刘浦江《金朝的民族政策与民族歧视》,载《辽金史论》,辽宁大学出版社

1999 年版。

135. 肇东县博物馆《黑龙江肇东县八里城清理简报》,《考古》1960 年第 2 期。

136. 庞国志《金代东北主要交通线研究》,《北方文物》1994 年第 4 期。

137. 吉林省文物考古研究所《吉林省德惠县后城子金代古城发掘》,《考古》1993 年第 8 期。

138. 冷雯雯《浅谈金代的农业》,《赤峰学院学报》(汉文哲学社会科学版)2009 年第 7 期。

139. 乔幼梅《金代的畜牧业》,《山东大学学报》(哲学社会科学版)1997 年第 3 期。

140. 吉成名《论金代食盐产地开发》,《盐业史研究》2008 年第 3 期。

141. 参见吴松弟《金代东北民族的内迁》,《中国历史地理论丛》1995 年第 4 期。

142. 都兴智《论金代辽宁境内的猛安谋克与人口》,《学术论坛》2007 年第 6 期。

143. 王明荪《东北内蒙地区金代之政区及其城市发展》,《史学集刊》2005 年第 3 期。

144. 程民生《试论金元时期的北方经济》,《史学月刊》2003 年第 3 期。

145. 翦伯赞《论中国古代的封建社会》,载《历史问题论丛》,人民出版社 1962 年版。

146. 黑龙江省文物考古工作队《绥滨中兴金代古城和墓群》,载《黑龙江古代文物》,黑龙江人民出版社 1979 年版。

147. 张博泉《〈辽阳市发现金代通慧圆明大师塔铭〉补正》,《考古》1987 年第 1 期。

148. [日]外山军治《金朝史研究》,黑龙江朝鲜民族出版社 1988 年版。

149. 刘浦江《渤海世家与女真皇室的联姻——兼论渤海人的政治地位》,载《辽金史论》,辽宁大学出版社 1999 年版。

150. 蒋松岩《辽金"二税户"及其演变》,《北方论丛》1981 年第 2 期。

151. 张博泉《辽金"二税户"研究》,《历史研究》1983 年第 2 期。

152. 张博泉《金代"驱"的身份与地位辨析》,《晋阳学刊》1988 年第 2 期。

153. 李涵、易学金《金代的"驱"不是奴婢吗——与张博泉先生商榷》,《江汉论坛》1986 年第 11 期。

154. 贾敬颜《金代的"驱"及其相关的几种人户》,《社会科学辑刊》1987 年第 5 期。

155. 李锡厚《论驱口》,《中国史研究》1995 年第 2 期。

156. [日]箭内亘《关于辽金时代的所谓乣军》,《史学杂志》1915 年第 26 编第
7 号。

157. [日]鸟山喜一《乣军质疑》,《史学杂志》1926 年第 37 编第 8 号。

158. 陈述《乣军考释初稿》,《历史语言研究所集刊》1949 年第 20 期。

159. 杨若薇《辽朝"乣"之探讨》,《历史研究》1986 年第 1 期。

160. 程妮娜《金朝西北部契丹等游牧民族的部族、乣制度研究》,《吉林大学社会
科学学报》2007 年第 5 期。

160. 王孝俊《辽代契丹族姓氏及其分布》,《中州学刊》2008 年第 1 期。

索引(按笔画为序)

(人名、地名、氏族名、国名、历史事件、典章制度等)

后　记

　　1990 年 7 月我从郑州大学历史系毕业,分配到河南财政税务高等专科学校工作。2004 年 9 月,在工作十几年后,本人有幸再回母校,攻读中国古代史专业博士学位,师从郑州大学历史学院教授,历史研究所所长,秦汉史、人口史专家袁祖亮先生研习中国人口史。在导师的要求和指导下,前后几届同学分工合作,每人分别负责中国人口史一部分时段的研究,我主动承担了辽、金人口史的研究任务。

　　无知者无畏,接担子容易,挑担子难。经过一段时间的学习以后,我才深感治辽、金人口史之难——尤其是对我这样历史专业荒疏多年,对人口史又了解不多的人。3 年博士研究生的学习时间太短,把辽、金两部分全部完成实在力不从心,经导师同意,毕业论文仅限于辽代,金代部分毕业后再行续补。在导师的亲切关怀和精心指导下,2007 年我博士研究生顺利毕业了,但每每忆起 3 年读博的经历,仍有如履薄冰之感;自此之后又经过了 5 年,其间我用各种借口搪塞,使后续工作延宕至今,想起当初对恩师和师兄弟们的承诺,自己像背负着十字架一样,时刻都有如临深渊之状,现在总算基本上有了一个交待。

　　借本书出版之际,我要深深地叩谢我的导师袁祖亮先生,是他渊博的学识启蒙了我的学术思路,是他勤奋的治学精神鼓舞了我勇往直前的决心;感谢河南省社会科学院任崇岳研究员对我博士学位毕业论文的精心审批和热情赐教;感谢郑州大学历史学院的姜建设教授、张旭华教授、杨天宇教授、安国楼教授、张民服教授、王星光教授等前辈专家学者的精心指导;感谢我的同学袁延胜、焦培民、李莎,感谢他们的无私帮助,尤其是同学焦培民在自己时间非常紧张的情况下,多次帮我审阅稿子,提出了许多建设性的意见;感谢中国社会科学院的周峰先生,在百忙之中为我搜集到了许多珍贵的资料,至今还没有面谢;感谢河南教育学院地理系的刘丽萍女士,繁忙工作之余为我测算了辽代的国土面积;更要感谢我的工作单位——河南财政税务高等专科学校的各位领导和同事们,没有他们的关心、支持和帮助,我就不可能顺利完成这项工作,本书同样凝聚了他们热情的鼓励和殷切的期望。

　　本书虽已注明引文出处,在这里也无法一一点名感谢各位辽金史和人口史学界的前辈,正是在他们丰硕成果的基础上才有了我这点小小的收获,桃李不言,下自成蹊,前辈们的心血和汗水本人时刻铭记在心;最后要感谢我的夫人丁慧敏女士,她替我承担了全部的家务劳动,使我全力以赴投入到学习和研究当中,军功章确有她的一半。

　　需要说明的是,责任编辑张秀平老师在篇章结构、关键内容等方面都提出了自己的真知灼见,付出了心血。特致谢忱。

　　由于本人学识有限,书中个别管窥蠡测之见尚不够周密,疏漏也在所难免,诚望各位前辈同仁斧正。

王孝俊

2012 年 10 月于河南财政税务高等专科学校

图书在版编目（CIP）数据

中国人口通史（1-11卷）辽金卷 /袁祖亮主编；王孝俊著.
-北京：人民出版社，2012
ISBN 978-7-01-010706-6/
Ⅰ.①中… Ⅱ.①袁… ①王… Ⅲ.①人口-历史-中国-辽金时代
Ⅳ.①C924.2
中国版本图书馆 CIP 数据核字（2012）第 030464 号

中国人口通史·辽金卷
ZHONGGUO RENKOU TONGSHI LIAOJINJUAN

主　　编：袁祖亮
作　　者：王孝俊
出版策划：张秀平
责任编辑：张秀平
装帧设计：曹　春

人民出版社出版发行
地　　址：北京朝阳门内大街 166 号
邮政编码：100706　www.peoplepress.net
经　　销：新华书店总店北京发行所经销
印　刷　厂：永恒印刷有限公司
出版日期：2012 年 10 月第 1 版　2012 年 10 月第 1 次印刷
开　　本：730 毫米×960 毫米　1/16
印　　张：32
字　　数：520 千字
书　　号：ISBN 978-7-01-010706-6/
定　　价：80.00 元